COLEÇÃO

amo Direito

Legislação Penal Especial

COLEÇÃO

amo Direito®

Lucas Ferreira Dutra
Thiago Nemi Bonametti

Legislação Penal Especial

EDITORA RIDEEL
Quem tem Rideel tem mais.

EXPEDIENTE

FUNDADOR **Italo Amadio (*in memoriam*)**
DIRETORA EDITORIAL **Katia Amadio**
EDITORAS **Janaína Batista**
Mayara Sobrane
EDITORA ASSISTENTE **Mônica Ibiapino**
PROJETO GRÁFICO **Sergio A. Pereira**
DIAGRAMAÇÃO **Textos & Livros**

Dados Internacionais de Catalogação na Publicação (CIP)
(Câmara Brasileira do Livro, SP, Brasil)

Dutra, Lucas Ferreira
Legislação penal especial / Lucas Ferreira Dutra, Thiago Nemi Bonametti. – São Paulo : Rideel, 2022.
(Coleção Amo Direito)

ISBN 978-65-5738-672-9

1. Direito penal I. Título II. Bonametti, Thiago Nemi III. Série.

22-2967 CDD 345
CDU 343.2

Índice para catálogo sistemático:
1. Direito penal

EDITORA RIDEEL

ABDR
EDITORA AFILIADA

Av. Casa Verde, 455 – Casa Verde
CEP 02519-000 – São Paulo – SP
e-mail: sac@rideel.com.br
www.editorarideel.com.br

1 3 5 7 9 8 6 4 2
0 7 2 2

Agradecimentos

Aos meus pais, avós, e tios, pelas inúmeras oportunidades e apoio incondicional a todos os meus projetos. À Mariana, pelas renúncias que possibilitaram minha dedicação a esse livro. À Francine e ao Mário, concurseiros, colegas e amigos, pelos *feedbacks* sobre o texto.

Thiago Nemi Bonametti

Sobre os autores

LUCAS FERREIRA DUTRA

Delegado de Polícia Federal. Bacharel em Direito pela Universidade de São Paulo – USP. Pós-graduado em Direito Penal Econômico pelo Instituto Brasileiro de Ciências Criminais – IBCCRIM e pela Universidade de Coimbra – Portugal.

THIAGO NEMI BONAMETTI

Delegado de Polícia no Estado de são Paulo. Professor concursado da Academia de Polícia Civil de São Paulo – Acadepol-SP. Professor universitário e de cursos preparatórios para concursos. Mestrando em Direito. Especialista em Direito Penal e em Direitos Difusos e Coletivos pela Escola Superior do Ministério Público do Estado de São Paulo – ESMP-SP. Bacharel em Direito pela Universidade Estadual Paulista Júlio de Mesquita Filho – UNESP. Foi Oficial de Promotoria e Analista Jurídico do Ministério Público do Estado de São Paulo – MPSP e Analista Jurídico do Ministério Público do Estado de Minas Gerais – MPMG.

Apresentação

Prezados leitores e caras leitoras,

A **Coleção Amo Direito** foi concebida com o propósito de dar a você o que existe de melhor e mais atualizado em doutrina, em todas as disciplinas cobradas em concursos públicos, de média e alta *performance*.

Os professores foram cuidadosamente selecionados, de maneira a formar um time que reúne autores com experiência docente, atuação prática e que são referência nacional em sua área de atuação.

A coleção apresenta, ainda, diversos atributos essenciais para facilitar o estudo e a fixação do conteúdo: objetividade e priorização de temas de maior incidência nos concursos públicos, esquemas gráficos, destaque para trechos relevantes nos parágrafos, permitindo leitura dinâmica, questões recentes de provas para treino e aprendizado.

Destacamos, também, a parceria com o Amo Direito, maior perfil jurídico das redes sociais, para trabalhar como aliado na divulgação de conteúdo jurídico para concurseiros.

Coordenadores
André Estefam e Ricardo Baronovsky

Acesse o vídeo dos autores

Sumário

CAPÍTULO 1
LEI Nº 2.889/1956 – GENOCÍDIO

1.1. Tipo penal

> Art. 1º Quem, com a intenção de destruir, no todo ou em parte, grupo nacional, étnico, racial ou religioso, como tal: (Vide Lei nº 7.960, de 1989).
>
> a) matar membros do grupo;
>
> b) causar lesão grave à integridade física ou mental de membros do grupo;
>
> c) submeter intencionalmente o grupo a condições de existência capazes de ocasionar-lhe a destruição física total ou parcial;
>
> d) adotar medidas destinadas a impedir os nascimentos no seio do grupo;
>
> e) efetuar a transferência forçada de crianças do grupo para outro grupo;
>
> Será punido:
>
> Com as penas do art. 121, § 2º, do Código Penal, no caso da letra *a*;
>
> Com as penas do art. 129, § 2º, no caso da letra *b*;
>
> Com as penas do art. 270, no caso da letra *c*;
>
> Com as penas do art. 125, no caso da letra *d*;
>
> Com as penas do art. 148, no caso da letra *e*;

O crime de genocídio pode ser praticado de cinco formas diferentes. Todas as formas correspondem a outros crimes previstos no Código Penal, porém, serão consideradas como crime de genocídio devido à presença do elemento subjetivo especial. Na verdade, esses crimes serão utilizados como meio de se praticar o crime de genocídio.

Por exemplo, no genocídio com a morte de membros do grupo, o agente se utiliza do crime de homicídio como um meio para a prática do genocídio. Porém, apesar de haver essa relação de meio e fim, não se aplicará o princípio da consunção, pois como veremos trata-se de bens jurídicos diferentes.

Aliás as penas do crime de genocídio serão as mesmas do correspondente crime previsto no Código Penal. Neste sentido, **trata-se de norma penal em branco ao avesso ou ao revés.**

Norma penal em branco	Norma penal em branco ao avesso
A descrição do tipo penal necessita de um complemento.	O preceito secundário (a pena) do tipo penal necessita de um complemento.

O objeto material são grupos nacionais, étnicos, raciais ou religiosos. Não há genocídio se a conduta recai sobre grupos com outras características como grupos identificados por determinada ideologia política, orientação sexual. etc.[1]

Trata-se de crime comum, que pode ser praticado por qualquer pessoa.

1.1.1. Bem jurídico tutelado

O crime de genocídio pode ser praticado mediante atos de homicídio, lesão corporal, etc. Porém o bem jurídico tutelado pelo genocídio não é o mesmo bem jurídico desses crimes utilizados como meio. Ou seja, o crime de genocídio mediante morte de membros do grupo não tutela diretamente a vida, como tutela o crime de homicídio.

Na verdade, **a criminalização do genocídio visa proteger a própria existência do grupo nacional, étnico, racial ou religioso, sendo assim um bem jurídico de caráter supraindividual ou coletivo**, compartilhado entre diversas pessoas.

Por óbvio o crime de genocídio também pode vir a lesionar outros bens jurídicos indiretamente, como a vida, a integridade física, a liberdade individual, etc.

Por se tratar de bens jurídicos diversos os crimes meios não serão absorvidos pelo crime fim de genocídio, devendo o autor responder por ambos os crimes, em concurso formal.[2]

1.1.2. Elemento subjetivo

O crime de genocídio é unicamente doloso, não havendo formas culposas de genocídio.

Para além do dolo genérico o crime possui um elemento subjetivo especial, um especial fim de agir. Esse elemento subjetivo especial é o que diferencia o crime de genocídio de outros crimes meio que podem ser utilizados para sua prática.

Esse elemento subjetivo especial é a intenção de destruir, no todo ou em parte, grupo nacional, étnico, racial ou religioso.

1.1.3. Formas de genocídio

O crime pode ser praticado:

a) **Causando a morte de membros do grupo:** Corresponde ao crime de homicídio qualificado, previsto no art. 121, § 2º, tendo a mesma pena cominada a este crime.

   Como já vimos aquele que comete genocídio, matando membros de um grupo, deve responder pelo crime de genocídio em concurso formal com o crime de homicídio.

   Caso a ação tenha ocorrido com vários crimes de homicídio nas mesmas circunstâncias de tempo lugar e modo, o agente responderá por estes em continuação delitiva, conforme art. 71, parágrafo único, do CP, com a pena podendo ser aumentada até o triplo.

b) **Causando lesão grave à integridade física ou mental de membros do grupo:** esta é uma norma penal em branco, de forma que devemos buscar em outra norma o que seria "lesão

1 CUNHA, Rogério Sanches; ARAÚJO, Fábio Roque; COSTA, Klaus Negri. *Crimes federais*. 5. ed. rev., ampl. e atual. Salvador: JusPodivm, 2021.

2 STF – RE 351.487/RR – rel. Min. Cézar Peluso – j. 3-8-2006.

grave". O Código Penal descreve a lesão corporal de natureza grave em seu art. 129, §§ 1º e 2º.

Cabe ressaltar que doutrinariamente o art. 129, § 2º, é conhecido como lesão corporal gravíssima, porém devemos concluir que ao dizer "lesão grave" o tipo de genocídio faz referência tanto à lesão grave quanto à gravíssima.

A pena prevista para esse tipo de genocídio é o da lesão corporal gravíssima do art. 129, § 2º.

Notem que a lesão corporal no Código Penal é apenas aquela física. Já o tipo penal do genocídio é mais amplo fazendo referência também à lesão mental.

c) **Submetendo o grupo intencionalmente a condições de existência capazes de ocasionar-lhe a destruição física total ou parcial:** a pena é a mesma do crime de envenenamento de água potável ou de substância alimentícia ou medicinal, previsto no art. 270 do CP. Esta, na verdade, seria uma das formas de se praticar essa espécie de genocídio, pois o envenenamento da água potável de um grupo pode ocasionar a destruição deste.

   O tipo penal, porém, é bastante aberto, sendo possível imaginar outras formas, como a privação do grupo a alimentos ou a remédios.

   O verbo submeter denota uma ação que se prolonga no tempo, assim, **trata-se de crime permanente,** no qual sua consumação se protrai no tempo enquanto o grupo for submetido a tais condições de existência.

d) **Adotar medidas para impedir nascimentos no grupo:** a pena é a mesma do crime de provocar aborto, sem o consentimento da gestante (art. 125 do CP).

   Novamente temos um tipo penal aberto, que pode ser praticado de diversas formas além do aborto. Pode configurar este crime a esterilização em massa das pessoas do grupo, a separação forçada entre homens e mulheres, etc.

e) **Efetuar transferência forçada de crianças do grupo para outro grupo:** corresponde ao crime de sequestro e cárcere privado previsto no art. 148 do CP, sendo a pena a mesma desse crime.

   Trata-se de fato de uma espécie de privação de liberdade das crianças do grupo, porém com a posterior transferência da criança de um grupo para outro.

Cabe ressaltar ainda que, em virtude do princípio da legalidade, não configura tal crime a transferência forçada de adolescentes ou adultos, visto que a norma diz apenas crianças. Sabemos que criança, segundo o Estatuto de Criança e do Adolescente, é aquela pessoa de até 12 anos de idade incompletos.

1.1.4. Consumação

Todos os crimes previstos no art. 1º são crimes formais, pois se consumam com a prática do verbo nuclear, independentemente de o autor conseguir alcançar o resultado de destruir no todo ou em parte o grupo ou não.

Por exemplo, no caso de genocídio praticado por meio de lesão corporal, o crime estará consumado quando ocorrer a lesão a membros do grupo, mesmo que esta lesão não cause destruição no todo ou em parte do grupo.

A tentativa é possível nas hipóteses em que o delito é praticado mediante mais de uma conduta (condutas plurissubsistentes). Por exemplo, é possível uma tentativa de genocídio quando o agente pratica atos para matar membros do grupo, com a com a intenção de destruir, no todo ou em parte este grupo, porém não consegue por circunstâncias alheias à sua vontade.

No caso das condutas de "submeter intencionalmente o grupo a condições de existência capazes de ocasionar-lhe a destruição física total ou parcial" (art. 1º, *c*, da Lei nº 2.889/1996) e "adotar medidas destinadas a impedir os nascimentos no seio do grupo" (art. 1º, *d*, da Lei nº 2.889/1996) a tentativa parece não ser possível.

1.2. Associação para o genocídio

Art. 2º Associarem-se mais de 3 (três) pessoas para prática dos crimes mencionados no artigo anterior: (Vide Lei nº 7.960, de 1989).

Pena: Metade da cominada aos crimes ali previstos.

O tipo criminaliza a associação para a prática dos crimes anteriormente descritos como genocídio.

Atenção:

Este crime exige a associação de mais de 3 pessoas, ou seja, no mínimo 4 pessoas. Já a associação criminosa prevista no Código Penal fala em 3 ou mais, ou seja, satisfaz-se com 3 pessoas.

Associação criminosa (art. 288 do CP)	Associação para o genocídio (art. 2º da Lei 2.889/56)
Associarem-se **3 (três) ou mais** pessoas para o fim específico de cometer crimes.	Associarem-se **mais de 3 (três)** pessoas para prática dos crimes mencionados no artigo anterior.

Trata-se de crime permanente, que estará em consumação enquanto durar a associação.

O crime é formal pois se consuma com a mera associação de mais de três pessoas para a prática de crimes de genocídio, mesmo que nenhum crime de chegue a ser praticado.

A pena cominada é metade das penas previstas para o crime de genocídio. Essa norma traz um enorme problema, pois pode ser que nenhum dos atos de genocídio seja praticado pela associação, restando de toda forma o crime associativo consumado.

Entende a doutrina, porém, que a pena do crime de associação para o genocídio deve ser retirada do art. 8º da Lei de Crimes Hediondos (Lei nº 8.072/1990). Tal artigo diz que:

Art. 8º Será de três a seis anos de reclusão a pena prevista no art. 288 do Código Penal, quando se tratar de crimes hediondos, prática da tortura, tráfico ilícito de entorpecentes e drogas afins ou terrorismo.

Por sua vez, o art. 1º, parágrafo único, I, da Lei de Crimes Hediondos define o genocídio como crime hediondo, assim a associação para o genocídio seria uma associação para prática de crime hediondo.

Atenção:

Conforma Lei nº 8.072/1990 a própria associação para o genocídio configura em si mesmo crime hediondo.

1.3. Incitação ao genocídio

Art. 3º Incitar, direta e publicamente alguém a cometer qualquer dos crimes de que trata o art. 1º: (Vide Lei nº 7.960, de 1989).

Pena: Metade das penas ali cominadas.

§ 1º A pena pelo crime de incitação será a mesma de crime incitado, se este se consumar.

§ 2º A pena será aumentada de 1/3 (um terço), quando a incitação for cometida pela imprensa.

Incitar significa estimular, induzir, encorajar alguém a fazer algo.

É crime especial com relação aquele previsto no art. 286 do Código Penal, de incitação ao crime:

Incitação ao crime

Art. 286 Incitar, publicamente, a prática de crime:

Pena detenção, de três a seis meses, ou multa.

O crime do Código Penal trata de uma incitação a qualquer crime, de forma genérica, ao passo que o tipo penal ora analisado trata da incitação específica ao crime de genocídio, em todas suas modalidades prevista no art. 1º.

Se por um lado a incitação ao crime do Código Penal tem como bem jurídico tutelado a paz pública, **a incitação específica ao genocídio, por outro lado, tutela o mesmo bem jurídico tutelado pelo crime de genocídio, ou seja, a existência de grupo nacional, étnico, racial ou religioso.** [3]

O sujeito ativo do crime pode ser qualquer pessoa, sendo, portanto, crime comum.

3 LIMA, Renato Brasileiro de. *Legislação criminal especial comentada. Volume único.* 9. ed. Salvador: JusPodivm, 2020.

Já com relação ao sujeito passivo, diferentemente do que ocorre com o crime do art. 286 do CP, que tem como sujeito passivo a coletividade, a incitação ao genocídio teria como sujeito passivo a pessoa que foi incitada, já que a norma diz incitar "alguém". [4]

Parte da doutrina classifica este delito como **de crime de perigo abstrato e de mera conduta**, que se consuma independentemente da prática do crime por aquele que foi incitado, com a mera incitação.[5]

Já outra parte defende que se trata de **crime material**, pois exige-se o resultado de incitação para consumação do crime, ou seja, o crime é consumado quando alguém foi incitado a cometer genocídio.[6]

Diversamente do previsto no art. 1º, o tipo penal não faz menção à "intenção" específica, de forma que não há elemento subjetivo especial.

O crime é punido com metade das penas cominadas aos crimes previstos no art. 1º. Assim, a pena do crime de incitação para o genocídio dependerá da modalidade de genocídio incitada.

Como vimos, a associação para o genocídio utilizou da mesma técnica legislativa, e teria, portanto, as mesmas penas que a incitação ao genocídio. Porém, como também já visto, a pena da associação para o genocídio é dada pela Lei nº 8.072/1990.

Atenção:

Conforme disposto no art. 3º, § 1º desta Lei de Genocídio, caso a pessoa incitada de fato pratique o crime de genocídio, aquele que incitou o crime incorrerá na mesma pena do crime de genocídio praticado.

Essa punição ao incitador com a mesma pena daquele que cometeu o crime de genocídio é reflexo de teoria monista ou unitária adotada como regra pelo Código Penal, em seu art. 29, *caput.*

Art. 29 Quem, de qualquer modo, concorre para o crime incide nas penas a este cominadas, na medida de sua culpabilidade.

Conforme essa teoria, qualquer pessoa que concorre para a prática de um crime, seja como autor, coautor ou partícipe, deve responder pelo mesmo crime.

A pena ainda é aumentada de 1/3 se a incitação é cometida pela imprensa. Justifica-se a causa de aumento, já que a ação pode atingir um número maior de pessoas. Considerando os meios modernos de comunicação, deve-se aplicar a causa de aumento a incitações praticadas por meio da imprensa televisiva e da internet.

4 LIMA. Op. cit.

5 MOUSINHO. Paulo Reyner Camargo. In: GARCEZ. William. *Legislação Criminal Especial Comentada.* Salvador: Editora JusPodivm, 2021.

6 LIMA. Op. cit.

1.4. Causas de aumento de pena

Art. 4º A pena será agravada de 1/3 (um terço), no caso dos arts. 1º, 2º e 3º, quando cometido o crime por governante ou funcionário público.

Apesar de usar o termo "agravar", trata-se de causa de aumento, que deve ser aplicada na terceira fase de cálculo da pena, segundo método trifásico.

A causa de aumento vale para todos os crimes previstos na lei, e terá incidência quando o sujeito ativo for governante ou funcionário público. Pode-se entender governante como os chefes dos poderes executivo municipal, estadual e federal. Já o conceito de funcionário público é extraído do art. 327 do Código Penal.

Art. 327 Considera-se funcionário público, para os efeitos penais, quem, embora transitoriamente ou sem remuneração, exerce cargo, emprego ou função pública.

§ 1º Equipara-se a funcionário público quem exerce cargo, emprego ou função em entidade paraestatal, e quem trabalha para empresa prestadora de serviço contratada ou conveniada para a execução de atividade típica da Administração Pública.

1.5. Tentativa

Art. 5º Será punida com 2/3 (dois terços) das respectivas penas a tentativa dos crimes definidos nesta lei.

Atenção:

A causa de diminuição da tentativa no crime de tortura é diferente da regra geral prevista no código penal.

Tentativa no Código Penal (art. 14, parágrafo único)	Tentativa na Lei de Genocídio (art. 5º)
Diminuição de 1/3 a 2/3 da pena do crime consumado	Punição com 2/3 da pena do crime consumado

1.6. Caráter não político do crime

Art. 6º Os crimes de que trata esta lei não serão considerados crimes políticos para efeitos de extradição.

Conforme o art. 5º, LII, da CF, o Brasil não concede extradição de estrangeiro por crime político ou de opinião. Essa garantia constitucional visa proteger estrangeiros, que se refugiaram no Brasil, de perseguições políticas no exterior.

Porém, a Lei de Genocídio diz expressamente que os crimes previstos nessa lei não podem ser considerados crimes políticos para fins de extradição. Assim, estrangeiro que praticou genocídio não pode alegar que se trata de crime político para que não seja extraditado.

Esse dispositivo reproduz aquilo que diz o art. VII da Convenção para Prevenção e a Repressão do Crime de Genocídio de 1948 da ONU (Decreto nº 30.822/1952).

1.7. Hediondez

A Lei nº 8.072/1990, em seu art. 1º, parágrafo único, considera o crime de genocídio como crime hediondo.

A lei faz referência aos arts. 1º, 2º e 3º, da Lei de Genocídio. **Assim, tanto a prática do genocídio propriamente dito, quanto a associação para o genocídio e a incitação ao genocídio são crimes hediondos**.

Sendo crimes hediondos, estes são inafiançáveis e insuscetíveis de graça, anistia ou indulto, conforme art. 5º, XLIII da CF e art. 2º da Lei nº 8.072/1990.

1.8. Extraterritorialidade incondicionada

Conforme art. 5º do Código Penal, a lei penal brasileira aplica-se a crimes cometidos no território nacional.

Porém, conforme art. 7º do Código Penal, a lei penal brasileira também pode ser aplicada a crimes praticados no exterior, em casos específicos. A aplicação da lei penal brasileira a crimes cometidos no exterior tem o nome de extraterritorialidade da lei penal.

O art. 7º, I, do Código Penal, traz as hipóteses de extraterritorialidade incondicionada, quando a lei brasileira se aplica ainda que o agente tenha sido absolvido ou condenado no estrangeiro (art. 7º, § 1º, do CP).

Entre essas hipóteses encontra-se o **crime de genocídio cometido no estrangeiro, quando o agente for brasileiro ou domiciliado no Brasil** (art. 7º, I, *d*, do CP).

Importante para Concursos:

O STF já decidiu que o agente não pode responder à ação penal no Brasil se já foi processado criminalmente, pelos mesmos fatos, em um Estado estrangeiro, pois isso violaria o princípio do *"ne bis in idem"* previsto em Tratados Internacionais.[7]

1.9. Previsão em Convenção Internacional

A Convenção para Prevenção e a Repressão do Crime de Genocídio de 1948 da ONU (Decreto nº 30.822/1952), proclama que os países-parte confirmam que o genocídio, quer

7 STF – 2ª T. – HC 171118/SP – rel. Min. Gilmar Mendes – j. 12-11-2019.

cometido em tempo de paz ou em tempo de guerra, é um crime contra o Direito Internacional, exigindo que estes países se comprometam a prevenir e punir o genocídio.

Essa obrigação assumida pelo Brasil no plano internacional fez com que o país, poucos anos após a internalização da Convenção, promulgasse a Lei nº 2.889/1956, criminalizando o genocídio.

A definição de genocídio para a Convenção é idêntica àquela prevista no art. 1º da Lei de Genocídio.

> **Convenção para Prevenção e a Repressão do Crime de Genocídio de 1948**
>
> ARTIGO II
>
> Na presente Convenção entende-se por genocídio qualquer dos seguintes atos, cometidos com a intenção de destruir no todo ou em parte, um grupo nacional, étnico, racial ou religioso, como tal:
>
> a) matar membros do grupo;
>
> b) causar lesão grave à integridade física ou mental de membros do grupo;
>
> c) submeter intencionalmente o grupo à condição de existência capazes de ocasionar-lhe a destruição física total ou parcial;
>
> d) adotar medidas destinadas a impedir os nascimentos no seio de grupo;
>
> e) efetuar a transferência forçada de crianças do grupo para outro grupo.

1.10. Crime previsto no Estatuto de Roma

> Artigo 5º
>
> Crimes da Competência do Tribunal
>
> 1. A competência do Tribunal restringir-se-á aos crimes mais graves, que afetam a comunidade internacional no seu conjunto. Nos termos do presente Estatuto, o Tribunal terá competência para julgar os seguintes crimes:
>
> a) O crime de genocídio;
>
> (...)

O Estatuto de Roma (Decreto nº 4.388/2002) prevê a competência do Tribunal Penal Internacional para julgar o crime de genocídio, em seu art. 5º, 1, a.

Já o art. 6º do Estatuto define o que seria genocídio para o Estatuto:

> Para os efeitos do presente Estatuto, entende-se por "genocídio", qualquer um dos atos que a seguir se enumeram, praticado com intenção de destruir, no todo ou em parte, um grupo nacional, étnico, racial ou religioso, enquanto tal:
>
> a) Homicídio de membros do grupo;
>
> b) Ofensas graves à integridade física ou mental de membros do grupo;

c) Sujeição intencional do grupo a condições de vida com vista a provocar a sua destruição física, total ou parcial;

d) Imposição de medidas destinadas a impedir nascimentos no seio do grupo;

e) Transferência, à força, de crianças do grupo para outro grupo.

Podemos observar que a definição de genocídio para o Tribunal Penal Internacional é praticamente idêntica àquela trazia pelo art. 1º da Lei nº 2.889/1956. Isto ocorre, pois, a lei brasileira, bem como o Estatuto de Roma, tomou por base a já comentada Convenção para Prevenção e a Repressão do Crime de Genocídio de 1948 da ONU.

Cabe ressaltar que o Brasil se submete à jurisdição do Tribunal Penal Internacional, pois ratificou o Estatuto de Roma, conforme art. 5º, § 4º, da CF.

Art. 5º

(...)

§ 4º O Brasil se submete à jurisdição de Tribunal Penal Internacional a cuja criação tenha manifestado adesão.

Atenção:

conforme a Constituição Federal, o crime de genocídio estaria sujeito à prescrição, porém, conforme o art. 29 do Estatuto de Roma, os crimes sujeitos à competência do Tribunal Penal Internacional não prescrevem. Nesse sentido, alguns entendem que o genocídio seria também crime imprescritível.

1.11. Competência

Atenção:

Via de regra, a competência para processar e julgar o crime de genocídio será da justiça estadual.

O crime de genocídio está previsto em Convenção internacional, porém isso não basta para que o crime seja de competência da justiça federal, conforme art. 109, V, da CF. É necessário também que o crime tenha caráter de internacionalidade ou transnacionalidade. Ausente esse caráter a competência será da justiça estadual.

Art. 109. Aos juízes federais compete processar e julgar:

(...)

V – os crimes previstos em tratado ou convenção internacional, quando, iniciada a execução no País, o resultado tenha ou devesse ter ocorrido no estrangeiro, ou reciprocamente;

Por outro lado, **caso o genocídio envolva povos indígenas, a competência para processar e julgar este crime será da justiça federal**, conforme art. 109, XI, da CF. Como o genocídio envolve a própria existência do grupo, não há como negar que sua prática contra povos indígenas envolva "disputa sobre direitos indígenas".

> **Art. 109.** Aos juízes federais compete processar e julgar:
>
> (...)
>
> **XI** – a disputa sobre direitos indígenas.

Aliás, esse foi o caso do único julgamento de genocídio no Brasil. No episódio, conhecido como massacre de Haximu, garimpeiros mataram 12 indígenas, na fronteira entre Brasil e Venezuela.

Via de regra, o crime de genocídio deve ser julgado por juiz singular e não por tribunal do júri, pois não se trata de crime doloso contra a vida, e sim contra a existência de grupo nacional, étnico, racial ou religioso.

Atenção:

O crime de genocídio previsto no art. 1º, *a*, praticado com a morte de membros do grupo será julgado pelo Tribunal do Júri Estadual ou Federal, a depender do caso. Isto pois, os agentes responderão pelo crime de genocídio em concurso formal com os crimes de homicídio, os quais devem ser julgados pelo Tribunal do Júri, que exerce força atrativa com relação aos crimes conexos ao homicídio. (art. 78, I, do CPP).[8]

1.12. Quadro sinótico

Memorização e Revisão	
Genocídio	Crime formal e comum Elemento subjetivo especial: intenção de destruir, no todo ou em parte, grupo nacional, étnico, racial ou religioso Norma penal em branco ao avesso: Seu preceito secundário exige complementação
Formas de genocídio	**a)** Matar membros do grupo **b)** Causar lesão grave à Integridade física ou mental de membros do grupo **c)** Submeter intencionalmente o grupo a condições de existência capazes de destruí-lo **d)** Adotar medidas destinadas a impedir nascimentos no grupo **e)** Efetuar transferência forçada de crianças de um grupo para outro
Bem jurídico tutelado	Existência do grupo nacional, étnico, racial ou religioso
Associação para o genocídio	Associação de mais de três pessoas (no mínimoquatro) para a prática de crimes de genocídio: – Crime formal e permanente – Pena dada pela Lei nº 8.072/1990

8 STF – RE 351.487/RR – rel. Min. Cézar Peluso – j. 3-8-2006.

Incitação ao genocídio	Incitar, direta e publicamente alguém a cometer crimes de genocídio. – Mesmo bem jurídico do crime de genocídio – Pena: metade do crime incitado, ou a mesma deste, se ele se consumar – Aumento de 1/3 se for cometido pela imprensa
Causas de aumento de pena	Aumento de 1/3 se o crime é cometido por governante ou funcionário público
Tentativa	– Punida com 2/3 da pena do crime consumado – Regra diversa da prevista no CP (diminuição de 1/3 a 2/3)
Caráter não político do crime	Crimes da lei não podem ser considerados crimes políticos para fins de extradição.
Hediondez	– Todos os crimes previstos na lei são hediondos – Crimes insuscetíveis de graça, anistia e indulto – Crimes inafiançáveis.
Extraterritorialidade incondicionada	– Crime sujeito à lei brasileira, embora cometido no exterior, quando o agente for brasileiro ou domiciliado no Brasil. – Agente é punido segundo a lei brasileira, ainda que absolvido ou condenado no estrangeiro.
Previsão em Convenções Internacionais	– Convenção para Prevenção e a Repressão do Crime de Genocídio de 1948 da ONU (Dec. nº 30.822/1952) – Estatuto de Roma (Dec. nº 4.388/2002)
Prescrição	– Constituição Federal: prescritível – Estatuto de Roma: imprescritível
Competência	– Regra Geral: justiça estadual – Crime conexo a homicídio: Tribunal do Júri – Se dotado de internacionalidade ou afetar direitos indígenas: justiça federal

1.13. Questões de concurso

1. **(PM-BA – Soldado da Polícia Militar – IBFC -2017)** Considere as disposições da Lei Federal nº 2.889, de 1º de outubro de 1956 e assinale a alternativa <u>INCORRETA</u>.

A) Comete o crime de genocídio quem, com a intenção de destruir, no todo ou em parte, grupo racial, matar membros do grupo.

B) Comete o crime de genocídio quem, com a intenção de destruir, no todo ou em parte, grupo nacional, causar lesão grave à integridade física ou mental de membros do grupo.

C) Comete o crime de genocídio quem, com a intenção de destruir, no todo ou em parte, grupo étnico, ofender membro do grupo.

D) Comete o crime de genocídio quem, com a intenção de destruir, no todo ou em parte, grupo religioso, submeter intencionalmente o grupo a condições de existência capazes de ocasionar-lhe a destruição física total ou parcial.

E) Comete o crime de genocídio quem, com a intenção de destruir, no todo ou em parte, grupo étnico ou religioso, adotar medidas destinadas a impedir os nascimentos no seio do grupo.

Gabarito: C

2. **(TJ-DFT – Titular de Serviços e Notas e de Registros – CEBRASPE – 2019)** Acerca das regras de territorialidade e de extraterritorialidade da lei penal, assinale a opção correta.

A) Crime de genocídio praticado fora do território brasileiro poderá ser julgado no Brasil quando cometido contra povo alienígena por estrangeiro domiciliado no Brasil.

B) O brasileiro que praticar crime em território estrangeiro poderá ser punido, devendo ser aplicada ao fato a lei penal brasileira, ainda que o agente não mais ingresse no Brasil.

C) Crime contra a administração pública nacional praticado no exterior ficará sujeito à lei brasileira quando o agente criminoso que estava a serviço da administração regressar ao Brasil.

D) Crime praticado em embarcação de propriedade de governo estrangeiro, quando se encontrar em mar territorial brasileiro, ficará sujeito à lei penal brasileira.

E) Crime praticado em aeronave brasileira de propriedade privada em território estrangeiro não se sujeita à lei penal brasileira, mesmo que não seja julgado no exterior.

Gabarito: A

3. **(TRF 1ª Região – Juiz Federal – CESPE – 2011)** Assinale a opção correta considerando a aplicação da lei que cuida do delito de genocídio e outros elementos contidos no objeto de direito penal.

A) Para configurar crime de genocídio, impõe-se fim especial de agir do sujeito ativo, seja com o escopo de destruir, no todo ou em parte, grupo nacional, étnico, racial ou religioso, com assassinato de grupo específico de pessoas, seja com o de provocar dano grave à integridade física ou mental do grupo, sendo o delito inafiançável e imprescritível.

B) Na lei que regulamenta a infração penal de genocídio, este não é considerado crime político para efeitos de extradição, e a tentativa, de forma diversa da prevista no CP, deve ser punida com dois terços da pena prevista para o crime.

C) Há crime de genocídio caso o governador de estado da Federação ordene a retirada compulsória de tribo indígena de determinada região, de modo a evitar a demarcação do território e com o escopo de submeter intencionalmente o grupo a condições de existência capazes de ocasionar-lhe a destruição física total ou parcial. Nessa hipótese, a pena é agravada da metade por se tratar de delito praticado por governante.

D) Ocorrendo a morte de uma única vítima integrante de certa etnia de silvícolas, causada de forma dolosa e praticada em atividade típica de grupo de extermínio, com a intenção de destruir o grupo, haverá crime hediondo de homicídio qualificado, infração penal dolosa contra a vida, mesmo que cometido por um só agente, porque, nessa situação, o que se tutela é a vida do indivíduo considerado em si mesmo.

E) De acordo com o princípio da especialidade, haverá crime previsto na lei de manipulação genética caso o agente adote medidas com a finalidade específica de impedir nascimentos no seio de determinado grupo nacional, étnico, racial ou religioso.

Gabarito: "A" e "B". *Essa questão foi anulada por ter duas respostas certas. Notem que se considerou que o genocídio seria imprescritível com base no Estatuto de Roma.

CAPÍTULO 2
LEI Nº 7.960/1989 – PRISÃO TEMPORÁRIA

2.1. Natureza jurídica

A prisão temporária é espécie de medida cautelar. As medidas cautelares visam, como já diz o nome, acautelar, proteger algo, no caso a investigação criminal.

Mais especificamente se trata de uma medida cautelar pessoal, uma prisão cautelar. Prisão cautelar é gênero da qual existem duas espécies, prisão temporária e prisão preventiva.

Podemos conceituar a prisão temporária como: **Prisão cautelar decretada pela autoridade judiciária mediante representação da autoridade policial ou requisição do Ministério Público, com prazo de duração preestabelecido, cabível exclusivamente durante a fase de investigação preliminar, quando houver fundadas razões da prática de algum dos crimes listados no art. 1º, III da Lei nº 7.960/1989 ou de crimes hediondos ou equiparados.**

2.2. Requisitos para decretação da prisão temporária

> **Art. 1°** Caberá prisão temporária:
>
> **I** – quando imprescindível para as investigações do inquérito policial;
>
> **II** – quando o indicado não tiver residência fixa ou não fornecer elementos necessários ao esclarecimento de sua identidade;
>
> **III** – quando houver fundadas razões, de acordo com qualquer prova admitida na legislação penal, de autoria ou participação do indiciado nos seguintes crimes: (...)

A lei diz que "caberá prisão temporária" trazendo nas sequências três incisos. A lei não deixa claro se seriam requisitos alternativos ou cumulativos. Quanto a isso surgiram algumas correntes doutrinárias:

a) Os incisos são alternativos: Segundo esta corrente bastaria a presença de qualquer um dos incisos para que pudesse ser decretada a prisão temporária.

Essa corrente sofre duras críticas no sentido de que, se assim fosse, a prisão poderia ser decretada simplesmente com base em indícios de autoria da prática de crimes, perdendo sua função cautelar.

b) Os três incisos são cumulativos: Conforme esta corrente a prisão temporária somente poderia ser decretada com a presença dos três incisos.

Essa posição acaba por limitar muito o escopo da prisão temporária, pois raramente alguém investigado por um dos crimes previstos no inciso III não tem residência fixa ou não fornece elementos necessários ao esclarecimento de sua identidade.

c) **O inciso III deve ser sempre combinado com o inciso I (posição do STF):** Esta corrente defende que somente cabe a prisão temporária quando houverem fundadas razões da prática de um dos crimes previstos no inciso III, aliado ao fato de que a prisão é imprescindível para as investigações.

Segundo essa corrente, a combinação dos incisos II e III não permite a prisão, pois o simples fato do investigado não ter residência fixa, ou não ter fornecido elementos necessários ao esclarecimento de sua identidade pode não representar um risco à eficácia das investigações.[1]

Essa doutrina trabalha com dois requisitos para a decretação de medidas cautelares pessoais no processo penal, o *fumus comissi delict* e o *periculum libertatis.*

O *fumus comissi delict* são os indícios de autoria da prática de um crime (inciso III), ao passo que o *periculum libertatis* seria o risco que o processo ou a investigação corre com a manutenção do investigado em liberdade (inciso I).

d) **O inciso III deve estar sempre presente, devendo ser combinado com o inciso I ou o inciso II (corrente majoritária doutrinariamente):** Esta corrente defende que a prisão temporária pode ser decretada se houverem fundadas razões da prática de um dos crimes previstos no inciso III, somadas ao fato de que a prisão é essencial para as investigações ou ao fato de que o investigado não tem residência fixa ou não forneceu elementos necessários ao esclarecimento de sua identidade.

Essa corrente também trabalha com os conceitos de *fumus comissi delict* e *periculum libertatis,* porém entende, diferentemente da corrente anterior, que o *periculum libertatis* resta configurado tanto no inciso I quanto no inciso II.

Importante para Concursos:

No julgamento conjunto das ADIs 4.109 e 3.360, o STF deu interpretação conforme a constituição à Lei de Prisão Temporária. Nos termos do voto do Min. Gilmar Mendes, a maioria dos ministros decidiu fixar os seguintes critérios para fundamentar a prisão temporária:

Critérios fixados pelo STF para decretação de prisão temporária
1) For imprescindível para as investigações do inquérito policial, sendo proibida sua utilização como prisão para averiguações ou em violação ao direito à não autoincriminação;
2) Houver fundadas razões de autoria ou participação do indiciado nos crimes previstos no art. 1º, II da Lei nº 7.960/1989, vedada a analogia ou interpretação extensiva do rol previsto no disposto;
3) For justificada em fatos novos ou contemporâneos que fundamentem a medida, conforme art. 312, § 2º do CPP;
4) A medida for adequada à gravidade concreta do crime, às circunstâncias do fato e às condições pessoais do indiciado, conforme art. 282, II do CPP;
5) Não for suficiente a imposição de medidas cautelares diversas, previstas nos arts. 319 e 320 do CPP.

1 LIMA. Op. cit.

2.2.1. Imprescindibilidade da prisão temporária para as investigações

> Art. 1° Caberá prisão temporária:
>
> I – quando imprescindível para as investigações do inquérito policial;
>
> (...)

A lei diz que cabe a prisão temporária quando imprescindível para as investigações do inquérito policial.

O vocábulo "imprescindível" é um elemento normativo aberto, que dependerá da valoração feita pelo intérprete. Cabe à autoridade requisitante da prisão demostrar o porquê de tal prisão ser necessária às investigações.

A imprescindibilidade pode derivar, por exemplo, do fato de o investigado estar destruindo provas ou coagindo testemunhas.

Essa imprescindibilidade da prisão temporária deve ser lida em conjunto com o art. 282, § 6º e art. 310, II, ambos do Código de Processo Penal. Segundo tais artigos a prisão preventiva somente deve ser decretada quando não cabível a imposição de medidas cautelares diversas da prisão. Esse pensamento deve valer igualmente para a prisão temporária.

Assim, **somente será cabível a prisão temporária caso a autoridade requisitante demostre que outras medidas cautelares são insuficientes ou inadequadas para se atingir o resultado almejado.**

Esse raciocínio deriva diretamente do princípio da proporcionalidade, segundo o qual se duas medidas são aptas a alcançar determinado resultado, deve-se optar por aquela que cause menos danos aos direitos individuais.

Apesar da norma falar em "investigações do inquérito policial" a doutrina tem admitido uma **interpretação extensiva** desse inciso, a **permitir a decretação da prisão temporária no âmbito de outras espécies de investigação preliminar**, como o procedimento de investigação criminal (PIC) do Ministério Público ou a comissão parlamentar de inquérito (CPI).

2.2.1.1. *Momento de decretação*

Como a norma faz referência à expressão "investigações do inquérito policial", entende-se que **a prisão temporária é uma prisão que somente pode ser decretada – e mantida – durante as investigações preliminares.**

A fase investigativa vai até o recebimento da denúncia por parte de juiz, a partir daí começa o processo penal.

Assim, a decretação de uma prisão temporária somente pode se dar até o recebimento da denúncia, e se alguém estiver preso temporariamente, com o recebimento da denúncia, essa pessoa deve ser posta em liberdade, se não houver conversão da prisão temporária em preventiva.

Essa limitação é uma das diferenças entre a prisão temporária e a prisão preventiva, visto que essa última pode ser decretada tanto na fase investigativa quanto na fase processual.

2.2.2. Ausência de residência fixa ou não fornecimento de elementos necessários ao esclarecimento de sua identidade

> **Art. 1º** Caberá prisão temporária:
> (...)
> **II** – quando o indicado não tiver residência fixa ou não fornecer elementos necessários ao esclarecimento de sua identidade; (...)

Esse inciso nos diz que cabe a prisão temporária para que seja esclarecida a identidade do investigado quando este não tiver residência fixa ou não fornecer elementos necessários para que seja identificado.

A lei fala em "indiciado"[2], porém deve-se interpretar a norma de forma extensiva, de forma a valer para qualquer investigado, não sendo necessário o prévio indiciamento.

Segundo a jurisprudência, a falta de residência fixa somente pode justificar a prisão se isso impedir por completo a localização do investigado.

Importante para Concursos:

Julgou o STF que não cabe prisão preventiva fundada na falta de residência fixa do acusado, decorrente da condição de morador de rua[3]. Este mesmo raciocínio pode ser aplicado à prisão temporária.

Cabe ressaltar que existe modalidade similar de prisão preventiva, a chamada prisão preventiva identificadora (art. 312, 1º, do Código de Processo Penal).

PRISÃO TEMPORÁRIA IDENTIFICADORA	PRISÃO PREVENTIVA IDENTIFICADORA
Caberá prisão temporária quando o investigado não fornecer elementos necessários ao esclarecimento de sua identidade.	Será admitida a prisão preventiva quando houver dúvida sobre a identidade civil da pessoa ou quando esta não fornecer elementos suficientes para esclarecê-la, devendo o preso ser colocado imediatamente em liberdade após a identificação, salvo se outra hipótese recomendar a manutenção da medida.

Devemos lembrar que se houverem dúvidas quanto à identidade civil do investigado, conforme art. 3º da Lei nº 12.037/2009, este pode ser identificado criminalmente.

2.2.3. Fundadadas razões da prática de crimes definidos nesta lei

> **Art. 1º** Caberá prisão temporária:
> (...)

2 Na verdade, a lei possui um erro grafia, estando escrito "indicado".
3 STF – 2ª T. – HC 97177/DF – rel. Min. Cezar Peluzo – j. 8-9-2009.

II – quando houver fundadas razões, de acordo com qualquer prova admitida na legislação penal, de autoria ou participação do indiciado nos seguintes crimes:

a) homicídio doloso (art. 121, *caput*, e seu § 2°);

b) sequestro ou cárcere privado (art. 148, *caput*, e seus §§ 1° e 2°);

c) roubo (art. 157, *caput*, e seus §§ 1°, 2° e 3°);

d) extorsão (art. 158, *caput*, e seus §§ 1° e 2°);

e) extorsão mediante sequestro (art. 159, *caput*, e seus §§ 1°, 2° e 3°);

f) estupro (art. 213, *caput*, e sua combinação com o art. 223, *caput*, e parágrafo único);

g) atentado violento ao pudor (art. 214, *caput*, e sua combinação com o art. 223, *caput*, e parágrafo único);

h) rapto violento (art. 219, e sua combinação com o art. 223 *caput*, e parágrafo único);

i) epidemia com resultado de morte (art. 267, § 1°);

j) envenenamento de água potável ou substância alimentícia ou medicinal qualificado pela morte (art. 270, *caput*, combinado com art. 285);

l) quadrilha ou bando (art. 288), todos do Código Penal;

m) genocídio (arts. 1°, 2° e 3° da Lei n° 2.889, de 1° de outubro de 1956), em qualquer de suas formas típicas;

n) tráfico de drogas (art. 12 da Lei n° 6.368, de 21 de outubro de 1976);

o) crimes contra o sistema financeiro (Lei n° 7.492, de 16 de junho de 1986).

p) crimes previstos na Lei de Terrorismo. (Incluído pela Lei nº 13.260, de 2016)

O inciso III traz um **rol taxativo** de crimes que permitem a decretação da prisão temporária.

Para além dos crimes previstos neste rol, será cabível a prisão temporária para os crimes hediondos ou equiparados a hediondos, conforme art. 2º da Lei 8.072/90.

Não é previsto nenhum crime na modalidade culposa que possibilite a prisão temporária.

A lei diz que deve haver "fundadas razões de acordo com qualquer prova admitida na legislação penal", assim, não basta a mera suspeita da prática de crime com relação ao investigado. É preciso que já existam provas do seu envolvimento na prática criminosa, mesmo que sejam provas ainda não muito robustas, já que ainda estamos em fase de investigação.

Com relação aos crimes em si, cabem alguns apontamentos, pois com o passar dos anos houve alterações legislativas que não foram acompanhadas pela Lei de Prisão Temporária, o que pode causar certas confusões.

a) Homicídio doloso (art. 121, *caput*, e seu § 2°): A lei permite a prisão temporária no caso de homicídio simples, bem como no caso de homicídio qualificado, em suas diversas hipóteses.

A lei faz referência ao art. 121, *caput* e a seu § 2º, assim não é possível prisão temporária no caso de homicídio privilegiado, ou seja, aquele praticado impelido por motivo de relevante valor social ou moral, ou sob o domínio de violenta emoção, logo em seguida a injusta provocação da vítima (art. 121, § 1º do CP).

Atenção:

Conforme art. 1º, I, da Lei nº 8.072/1990, o homicídio praticado em atividade típica de grupo de extermínio e o homicídio qualificado são crimes hediondos.

b) Sequestro ou cárcere privado (art. 148, *caput*, e seus §§ 1° e 2°):

A lei permite a prisão temporária no caso de:

Sequestro ou cárcere privado simples (art. 148, *caput*)	Sequestro ou cárcere privado qualificado (art. 148, § 1º): I – se a vítima é ascendente, descendente, cônjuge ou companheiro do agente ou maior de 60 (sessenta) anos; II – se o crime é praticado mediante internação da vítima em casa de saúde ou hospital; III – se a privação da liberdade dura mais de quinze dias. IV – se o crime é praticado contra menor de 18 (dezoito) anos; V – se o crime é praticado com fins libidinosos	Sequestro ou cárcere privado qualificado pelo resultado de grave sofrimento físico ou moral a vítima (art. 148, § 2º)

Todas as modalides de sequestro ou cárcere privado permitem prisão temporária.

c) Roubo (art. 157, *caput*, e seus §§ 1°, 2° e 3°):

A lei permite a prisão temporária no caso de:

Roubo simples (art. 157, *caput*)	Roubo impróprio (art. 157, § 1º) – Emprego de violência contra a pessoa ou grave ameaça é empregado logo depois de subtraída a coisa, a fim de assegurar a impunidade do crime ou a detenção da coisa para si ou para terceiro.	Roubo majorado (art. 157, § 2º): I – Revogado **(Redação dada pela Lei nº 13.654, de 2018)** II – se há o concurso de duas ou mais pessoas; III – se a vítima está em serviço de transporte de valores e o agente conhece tal circunstância. IV – se a subtração for de veículo automotor que venha a ser transportado para outro Estado ou para o exterior; V – se o agente mantém a vítima em seu poder, restringindo sua liberdade. VI – se a subtração for de substâncias explosivas ou de acessórios que, conjunta ou isoladamente, possibilitem sua fabricação, montagem ou emprego. VII – se a violência ou grave ameaça é exercida com emprego de arma branca;	Roubo qualificado pela lesão grave ou pela morte (art. 157, § 3º)

Atenção:

O roubo majorado pela restrição de liberdade da vítima (art. 157, § 2º, V) e roubo qualificado pela lesão grave ou morte (art. 157, § 3º) são considerados crimes hediondos, conforme art. 1º, II, *a* e *c*, da Lei nº 8.072/1990.

Atenção:

A lei não faz referência ao § 2º-A do art. 157, que trata do roubo com emprego de arma de fogo (inciso I) e do roubo com destruição ou rompimento de obstáculo mediante o emprego de explosivo ou de artefato análogo que cause perigo comum (inciso II) e também não faz referência ao § 2º-B do art. 157 que trata do roubo com emprego de arma de uso restrito ou proibido.

O roubo circunstanciado pelo emprego de arma de fogo (art. 157, § 2º-A, I) ou pelo emprego de arma de fogo de uso proibido ou restrito (art. 157, § 2º-B) são definidos como crimes hediondos, portanto, com relação a estes não há discussão quanto ao cabimento da prisão temporária.

A discussão resta com relação ao roubo com destruição ou rompimento de obstáculo mediante o emprego de explosivo ou de artefato análogo que cause perigo comum (art. 157, § 2º-A, II), uma vez que não se encontra nem na lei de prisão temporária nem na lei de crimes hediondos.

Parte de doutrina entende que esses parágrafos são apenas um desdobramento do crime de roubo e não um delito autônomo, de forma que se a figura simples do *caput* admite a prisão temporária, as figuras circunstanciadas também devem admitir.[4]

d) Extorsão (art. 158, *caput*, e seus §§ 1° e 2°):

A lei permite a prisão temporária no caso de:

Extorção simples (art. 158, *caput*)	Extorção majorada pelo concurso de duas ou mais pessoas ou pelo emprego de arma (art. 158, § 1º)	Extorção praticada mediante violência (art. 158, § 2º)

Nenhuma dessas formas de extorsão é considerada crime hediondo pela Lei nº 8.072/1990.

Notem que a extorsão majorada pelo emprego de arma não exige que seja utilizada arma de fogo, bastando o emprego de qualquer tipo de arma.

Temos aqui a mesma discussão com relação ao roubo, visto que a lei não traz elencado o art. 158, § 3º, qual seja a extorsão mediante a restrição da liberdade da vítima (sequestro-relâmpago).

4 LIMA. Op. cit.

Porém aqui a discussão se resolve no sentido de que o sequestro-relâmpago (art. 158, § 3º) é definido como crime hediondo, permitindo, portanto, a prisão temporária.

e) **Extorsão mediante sequestro (art. 159, *caput*, e seus §§ 1°, 2° e 3°):**

A lei permite a prisão temporária no caso de:

Extorção mediante sequestro simples (art. 159, *caput*)	Extorção mediante sequestro qualificada por durar mais de 24h, o sequestrado ser menor de 18 anos ou maior de 60 anos ou se o crime é cometido por bando ou quadrilha (art. 159, § 1º)	Extorção mediante sequestro que resulta lesão corporal grave (art. 159, § 2º)	Extorção mediante sequestro que resulta em morte (art. 159, § 3º)

A lei permite a prisão temporária em todas as modalides de extorsão mediante sequestro. Todas as modalidades são definidas como crimes hediondos.

f) **Estupro (art. 213, *caput*, e sua combinação com o art. 223, *caput*, e parágrafo único):** O art. 223 do Código Penal, que trazia figuras qualificadas para o crime de estupro, foi revogado pela Lei nº 12.015/2009, que trouxe essas figuras qualificadas para os parágrafos do art. 213.

A Lei de Crimes Hediondos socorre mais uma vez a Lei de Prisão Temporária, pois o estupro e suas formas qualificadas (art. 213, *caput* e §§ 1º e 2º) são definidos como crimes hediondos.

g) **Atentado violento ao pudor (art. 214, *caput*, e sua combinação com o art. 223, *caput*, e parágrafo único):** O crime de atentado violento ao pudor foi revogado pela Lei nº 12.015/2009. Este crime consistia em constranger alguém, mediante violência ou grave ameaça, a praticar ou permitir que com ela se pratique ato libidinoso diverso da conjunção carnal.

Após 2009, essa conduta passou a ser criminalizada como estupro (art. 213) que passou a abarcar a prática não somente da conjunção carnal, mas também de outro ato libidinoso. Assim, não houve *abolitio criminis*, mas, sim, continuidade normativo típica, uma vez que o crime somente se deslocou para outro tipo penal.

h) **Rapto violento (art. 219, e sua combinação com o art. 223 *caput*, e parágrafo único):** Este crime foi revogado pela Lei nº 11.106/2005. A ação criminosa consistia em raptar mulher honesta, mediante violência, grave ameaça ou fraude, para fim libidinoso.

Essa mesma lei trouxe a possibilidade de qualificação do crime de sequestro ou cárcere privado se o crime é praticado com fins libidinosos (art. 148, § 1º, V).

A alínea *b* permite a prisão temporária em qualquer das hipóteses de sequestro ou cárcere privado.

i) **Epidemia com resultado de morte (art. 267, § 1°):** É considerado crime hediondo.

j) **Envenenamento de água potável ou substância alimentícia ou medicinal qualificado pela morte (art. 270, *caput*, combinado com art. 285):**

Atenção:

Não podemos confundir o crime do art. 270 do Código Penal com o crime do art. 273 do Código Penal:

	Envenenamento de água potável ou substância alimentícia ou medicinal qualificado pela morte (art. 270, combinado com art. 285)	Falsificação, corrupção, adulteração ou alteração de produto destinado a fins terapêuticos ou medicinais (art. 273)
Previsto na Lei de Prisão Temporária	SIM	NÃO
Previsto na Lei de Crimes Hediondos	NÃO	SIM

Assim, ambos os crimes permitem a prisão temporária, porém com prazos diversos.

l) **Quadrilha ou bando (art. 288), todos do Código Penal:** O crime de quadrilha ou bando foi substituído pelo crime de associação criminosa, no mesmo art. 288 do Código Penal, pela Lei nº 12.850/2013.

Para configuração do crime de quadrilha ou bando, exigia-se a associação de mais de três pessoas, ou seja, ao menos quatro pessoas. Já para a configuração do crime de associação criminosa, basta a associação de três pessoas.

Assim, toda quadrilha ou bando configuraria também uma associação criminosa, havendo, portanto, uma continuidade normativa típica. Nesse sentido, entende-se que essa alínea continua válida, devendo-se apenas ler "associação criminosa" onde se lê "quadrilha ou bando".[5]

Por outro lado, a lei não faz qualquer referência ao art. 288-A do Código Penal, que tipifica o crime de constituição de milícia privada. É forçoso entender que não é cabível prisão temporária para o crime previsto no art. 288-A, tendo em vista o princípio da legalidade.

É necessário ressaltar que apesar da Lei nº 7.960/1989 permitir a prisão temporária no caso de associação criminosa não é possível a prisão no caso de organização criminosa, tendo em vista que os crimes previstos na Lei nº 12.850/2013 não integram o rol taxativo de crimes que permitem a prisão temporária.

No entanto, o crime de organização criminosa, quando direcionado à prática de crime hediondo ou equiparado, é considerado crime hediondo (art. 1º, pag. único, V, da Lei nº 8.072/1990), permitindo, nesses casos, a decretação da prisão temporária.

Atenção:

Associação criminosa	Organização criminosa
Permite prisão temporária	Somente será cabível prisão temporária se a organização criminosa for direcionada à prática de crimes hediondos ou equiparados

5 LIMA, Op. cit.

m) Genocídio (arts. 1°, 2° e 3° da Lei n° 2.889, de 1° de outubro de 1956), em qualquer de suas formas típicas:

A lei permite a prisão temporária no caso de:

Crime de genocídio (art. 1º da Lei nº 2.889/1956)	Associação para o genocídio (art. 2º da Lei nº 2.889/1956)	Incitação ao genocídio (art. 3º da Lei nº 2.889/1956)

Atenção:

Devemos atentar ao fato de que o crime de associação para o genocídio, previsto no art. 2º da Lei nº 2.889/1956 é crime hediondo, permitindo a prisão temporária pelo prazo de 30 dias prorrogáveis por mais 30 dias. Outras espécies de associação criminosa tem o prazo geral de cinco dias prorrogável por igual período.

n) Tráfico de drogas (art. 12 da Lei n° 6.368, de 21 de outubro de 1976): A Lei nº 6.368/1976 foi revogada pela Lei nº 11.343/2006.

Não surgem maiores questionamentos quanto ao cabimento da temporária com relação ao tráfico de drogas, pois o tráfico de drogas é crime equiparado a hediondo.

A discussão na verdade se encontra em saber quais dos crimes previstos na Lei nº 11.343/2006 são crimes equiparados a hediondos e, portanto, permitiriam a prisão temporária.[6]

o) Crimes contra o sistema financeiro (Lei n° 7.492, de 16 de junho de 1986):

Os principais crimes previstos nesta lei são:

Gestão fraudulenta e gestão temerária de instituição financeira (art. 4º)	Fazer operar instituição financeira sem autorização ou com autorização obtida mediante de declaração falsa (art. 16)	Aplicar em finalidade diversa da prevista em lei ou contrato, recursos provenientes de financiamento (art. 17)	Efetuar operação de câmbio não autorizada, com o fim de promover evasão de divisas (art. 22)

p) Crimes previstos na Lei de Terrorismo: O inciso diz crimes previstos na Lei de Terrorismo e não apenas crime de terrorismo. Assim, todos os crimes previstos na Lei de Terrorismo (Lei nº 13.260/2016) estão sujeitos a prisão temporária.

Crimes previstos na Lei de Terrorismo (Lei nº 12.260/2016)

Atos de terrorismo (art. 2º);	Promover constituir, integrar ou prestar auxílio à organização terrorista (art. 3º)	Preparação para o terrorismo (art. 5º)	Financiamento ao terrorismo (art. 6º).

Além disso, o crime de terrorismo é equiparado a crime hediondo, restando a discussão quanto a quais crimes da Lei de Terrorismo seriam crimes equiparados.[7]

6 Para aprofundar nesta temática ver Lei de Crimes Hediondos (Lei nº 8.072/1990).
7 Para aprofundar nesta temática ver Lei de Crimes Hediondos (Lei nº 8.072/1990).

2.3. Procedimento

Art. 2° A prisão temporária será decretada pelo Juiz, em face da representação da autoridade policial ou de requerimento do Ministério Público, e terá o prazo de 5 (cinco) dias, prorrogável por igual período em caso de extrema e comprovada necessidade.

§ 1° Na hipótese de representação da autoridade policial, o Juiz, antes de decidir, ouvirá o Ministério Público.

§ 3° O Juiz poderá, de ofício, ou a requerimento do Ministério Público e do Advogado, determinar que o preso lhe seja apresentado, solicitar informações e esclarecimentos da autoridade policial e submetê-lo a exame de corpo de delito.

§ 4° Decretada a prisão temporária, expedir-se-á mandado de prisão, em duas vias, uma das quais será entregue ao indiciado e servirá como nota de culpa.

§ 4º-A O mandado de prisão conterá necessariamente o período de duração da prisão temporária estabelecido no *caput* deste artigo, bem como o dia em que o preso deverá ser libertado. (Incluído pela Lei nº 13.869. de 2019)

§ 5° A prisão somente poderá ser executada depois da expedição de mandado judicial.

§ 6° Efetuada a prisão, a autoridade policial informará o preso dos direitos previstos no art. 5° da Constituição Federal.

§ 7º Decorrido o prazo contido no mandado de prisão, a autoridade responsável pela custódia deverá, independentemente de nova ordem da autoridade judicial, pôr imediatamente o preso em liberdade, salvo se já tiver sido comunicada da prorrogação da prisão temporária ou da decretação da prisão preventiva. (Incluído pela Lei nº 13.869. de 2019

Importante para Concursos:

A prisão temporária terá prazo de duração de 5 (cinco) dias prorrogável por igual período em caso de extrema e comprovada necessidade.

Caso se trate de **crime hediondo ou equiparado a hediondo o prazo será de 30 (trinta) dias prorrogável por igual período em caso de extrema e comprovada necessidade,** conforme art. 2º, § 4º da Lei nº 8.072/1990.

A Lei de Prisão Temporária veda a possibilidade de o juiz decretar de ofício a prisão temporária. A prisão somente pode ser decretada caso o juiz seja provocado mediante representação da autoridade policial ou requerimento do Ministério Público.

Aliás, conforme a redação atual do art. 282, § 2º, do Código de Processo Penal nenhuma medida cautelar pode ser decretada de ofício pelo juiz, seja na fase processual, seja na fase de investigação criminal.

Com efeito, a possibilidade de decretação de medidas cautelares de ofício pelo juiz sempre foi muito criticada pela doutrina por ferir o sistema acusatório, que demanda uma atuação imparcial e equidistante das partes pelo juiz.

Importante para Concursos:

Com relação a legitimidade para requerer prisões:

PRISÃO TEMPORÁRIA	PRISÃO PREVENTIVA
- Autoridade policial mediante representação - Ministério Público	- Autoridade Policial mediante representação (durante o inquérito policial) - Ministério Público - Querelante - Assistente da acusação

Na prisão temporária, o querelante não tem legitimidade, pois nenhum dos crimes que possibilitam a prisão temporária é de iniciativa privada.

Já com relação ao assistente da acusação, este somente existe na fase processual, sendo que a prisão temporária só ocorre durante a investigação preliminar.

Caso o pedido seja feito por meio de representação da autoridade policial, deve o juiz, antes de decidir, ouvir o Ministério Público.

Cabe ressaltar que **o juiz tem o prazo de 24 horas para decidir acerca da representação ou requerimento de prisão temporária**. Esse prazo se inicia com o recebimento da representação ou requerimento.

Caso o juiz indefira o pedido de prisão temporária feito pelo Ministério Público, será cabível Recurso em Sentido Estrito (RESE) contra a decisão, conforme interpretação extensiva do art. 581, V do Código de Processo Penal, que trata do recurso contra decisão que indefere a prisão preventiva.

Notem que, conforme o § 4º-A, a prisão temporária deve ter seu prazo de duração estabelecido expressamente no mandado, bem como este deve conter a data em que o preso deverá ser libertado.

Nesse sentido, pode o juiz decretar a prisão por tempo inferior daquele máximo previsto em lei. Ou seja, o juiz pode, por exemplo, ao invés de decretar a prisão pelo prazo de 5 (cinco) dias, decretá-la apenas por três dias.

Decorrido o prazo da prisão, a pessoa presa deve ser colocada em liberdade, independentemente de nova ordem da autoridade judicial, salvo em caso de prorrogação da temporária ou decretação da prisão preventiva.

Atenção:

A prisão preventiva, ao contrário da prisão temporária, não possui prazo de duração determinado.

Atenção:

A autoridade policial não pode revogar a prisão temporária e libertar o preso antes do prazo, caso entenda que a prisão já cumpriu com sua finalidade. Neste caso, deve a autoridade policial representar ao juiz pela revogação da prisão.

2.4. Cômputo do prazo da prisão

§ 8º Inclui-se o dia do cumprimento do mandado de prisão no cômputo do prazo de prisão temporária.

O prazo da prisão temporária começa a correr da data da efetivação da prisão e deve ser contado conforme preceitua o art. 10 do Código Penal, incluindo-se o dia do começo no cômputo do prazo. Trata-se assim de **prazo de natureza material.**

2.5. Separação dos presos temporários

Art. 3° Os presos temporários deverão permanecer, obrigatoriamente, separados dos demais detentos.

Este artigo vai ao encontro do art. 84 da Lei de Execução Penal, que prescreve que o preso provisório deve ficar separado daquele preso já condenado por sentença transitada em julgado.

Essa separação visa evitar que pessoas que ainda não tiveram seu processo transitado em julgado, e ainda são presumidamente inocentes, se envolvam com criminosos condenados, que podem representar uma má influência. Além disso, visa proteger a integridade física dos presos provisórios, evitando o contato com presos já condenados, que presumivelmente são mais perigos.

2.6. Prazo para conclusão do inquérito policial

Discute-se na doutrina como a prisão temporária afetaria o prazo de conclusão do inquérito policial.

Sabemos que, conforme a regra geral do art. 10, *caput* do CPP, o inquérito tem o prazo de 30 (dias) prorrogáveis, quando se trata de investigado solto e de 10 (dias) quando se trata de investigado preso.[8]

Conforme art. 3º-B, § 2º, o prazo de duração do inquérito, no caso de investigado preso, pode ser prorrogado, uma única vez, por até 15 dias.[9]

8 Existem prazos em leis especiais que não serão objeto de estudo no momento.
9 Tal norma está com sua eficácia suspensa em virtude de decisão do Min. Luiz Fux nos autos das ADI's 6.298, 6.300 e 6.305.

Segundo parte da doutrina, como a prisão temporária é decretada para auxiliar as investigações, o prazo da conclusão do inquérito policial será o mesmo da prisão temporária.

Na regra geral, a prisão temporária tem o prazo de 5 dias prorrogáveis por mais 5 dias. Nesse sentido, o inquérito deveria terminar em 10 dias, o mesmo prazo previsto no art. 10 do CPP.

Já no caso de crimes hediondos ou equiparados, como a prisão temporária tem o prazo de 30 dias prorrogável por igual período, o inquérito policial terá o prazo de 60 dias para ser concluído.[10]

Por outro lado, existe doutrina que defende que o prazo da prisão temporária em nada afeta o prazo de conclusão do inquérito, e que, enquanto durar a prisão temporária, deve o prazo ser contado como se o investigado estivesse solto. Isto porque o prazo existente na Lei nº 7.960/1989 é o prazo de duração da prisão e não para conclusão do inquérito.

Neste sentido, na apuração de um crime hediondo, por exemplo, o investigado poderia ficar preso temporariamente por até 60 dias, e caso houvesse, após este prazo, a decretação da prisão preventiva, aí passaria a correr o prazo de investigado preso, pois a prisão preventiva não possui prazo definido.[11]

2.7. Crimes da Lei de Abuso de Autoridade

> **Art. 12.** Deixar injustificadamente de comunicar prisão em flagrante à autoridade judiciária no prazo legal:
>
> **Pena** – detenção, de 6 (seis) meses a 2 (dois) anos, e multa.
>
> **Parágrafo único.** Incorre na mesma pena quem:
>
> **I** – deixa de comunicar, imediatamente, a execução de prisão temporária ou preventiva à autoridade judiciária que a decretou;
>
> (...)
>
> **IV** – prolonga a execução de pena privativa de liberdade, de prisão temporária, de prisão preventiva, de medida de segurança ou de internação, deixando, sem motivo justo e excepcionalíssimo, de executar o alvará de soltura imediatamente após recebido ou de promover a soltura do preso quando esgotado o prazo judicial ou legal.

A Lei nº 13.869/2019, Lei de Abuso de Autoridade, prevê, em seu art. 12º, dois crimes relacionados à prisão temporária.

Pratica o crime do art. 12º, parágrafo único, I, aquele que deixa de comunicar, imediatamente, a execução da prisão temporária ao juiz que a decretou.

Já o crime do art. 12, parágrafo único, IV, diz respeito ao prolongamento da prisão temporária de forma injustificada.

10 Neste sentido Renato Brasileiro de Lima; em: LIMA, op. cit.

11 Posição de Marcio Alberto Gomes Silva; em: SILVA, Marcio Alberto Gomes. *Processo Penal para Carreiras Policiais*. 6. ed. rev. ampl. e atual. Salvador: JusPodivm, 2021.

Trata-se de **crimes próprios que somente podem ser praticados por aquela autoridade pública responsável por notificar a prisão temporária ao juiz e promover a soltura do preso após esgotamento do prazo dessa prisão,** via de regra o delegado de polícia.

2.8. Quadro sinótico

Requisitos da prisão temporária – STF: Cumulação dos incisos I e III ou I, II e III.	I – imprescindível para as investigações do inquérito policial II – quando o indicado não tiver residência fixa ou não fornecer elementos necessários ao esclarecimento de sua identidade III – fundadas razões de autoria ou participação nos crimes previstos na lei
Legitimidade	– Delegado de Polícia – Ministério Público – Não pode ser decretada de ofício pelo juiz
Prazo para decisão do juiz	24h a partir do recebimento da representação ou requerimento
Prazo de duração	– Crimes comuns: 5 + 5 – Crimes hediondos ou equiparados: 30 + 30
Contagem do prazo de duração	Inclui-se o dia do cumprimento no cômputo do prazo da prisão
Libertação	Após decorrido o prazo, o preso deve ser posto imediatamente em liberdade, independentemente de nova ordem judicial
Separação de presos	Presos temporários devem permanecer separados dos demais detentos

2.9. Questões de concurso

1. **(PM-PA – Soldado – IADES – 2021)** Quanto à prisão temporária, assinale a alternativa correta.

A) O despacho que decretar a prisão temporária deverá ser fundamentado e prolatado dentro do prazo de até 72 horas, contadas a partir da data da suposta infração investigada.

B) A prisão temporária poderá, excepcionalmente e diante da gravidade do caso, ser executada independentemente da expedição de mandado judicial.

C) Por expressa disposição legal, os presos temporários deverão permanecer, obrigatoriamente, separados dos demais detentos.

D) Exclui-se o dia do cumprimento do mandado de prisão no cômputo do prazo de prisão temporária.

E) A decretação da prisão temporária pelo juiz competente pressupõe, sempre, pelo menos o recebimento da denúncia contra o acusado.

Gabarito: C.

2. **(PEFOCE – Perito Criminal – Engenharia Civil – IDECAN – 2021)** Juarez, identificado civilmente e com residência fixa, está sendo investigado pela prática de homicídio com culpa consciente. Delegado de Polícia e Ministério Público entendem que a prisão temporária é essencial para as investigações, pois verificaram fortes indícios de que Juarez estaria ameaçando as testemunhas do delito. Nessa hipótese, assinale a alternativa correta.

A) É cabível prisão temporária pelo prazo de 5 dias prorrogáveis por igual período.

B) Não é cabível a prisão temporária por falta de previsão legal para a hipótese.

C) Não cabe prisão temporária porque ainda não existe processo, e sim apenas investigação.

D) O juiz, ciente das atitudes de Juarez, poderá decretar a prisão temporária de ofício.

E) Não cabe prisão temporária, mas sim prisão preventiva, tendo em vista as atitudes de Juarez.

Gabarito: B.

3. **(PC-RN – Delegado de Polícia Civil Substituto – FGV – 2021)** Aberto inquérito para apurar a prática do crime de roubo majorado pela restrição da liberdade da vítima, na forma do Art. 157, § 2º, V, do Código Penal, praticado em 05/01/2021, a autoridade policial, presentes fundados indícios de autoria, entendeu ser imprescindível às investigações a decretação da prisão temporária do indiciado Henrique, ainda que esse possua residência fixa. Diante da situação apresentada, a prisão temporária do agente:

A) poderá ser decretada pelo juiz, ainda que de ofício, pelo prazo inicial máximo de cinco dias;

B) poderá ser decretada pelo juiz, mediante representação, pelo prazo inicial de trinta dias;

C) não poderá ser decretada, por não se tratar de crime hediondo ou previsto no rol da legislação aplicável;

D) não poderá ser decretada pelo juiz, pois o acusado possui residência fixa;

E) poderá ser decretada pelo juiz, por representação do delegado, dispensada a manifestação do Ministério Público.

Gabarito: B.

4. **(PEFOCE – Auxiliar de Perícia – IDECAN – 2021)** O Juiz Federal da Seção Judiciária X decretou, de ofício, a prisão temporária por 10 dias de Jonas, que estava sendo acusado pela prática do delito de evasão de divisas, tipificado no parágrafo único do art. 22 da Lei nº 7.492/1986. O mandado de prisão já especificava a data de soltura de Jonas, caso não fosse, posteriormente, decretada a prisão preventiva ou prorrogada a prisão temporária. Acerca do que foi escrito acima e com base na legislação a respeito do tema prisão temporária, assinale a alternativa correta.

A) A prisão temporária decretada é ilegal, já que não constam no rol de crimes previstos no artigo 1º da Lei nº 7.960/1989 os delitos contra o sistema financeiro nacional.

B) A decretação da prisão temporária está correta, já que a legislação sobre o tema previu a decretação de ofício e pelo prazo de dez dias, prorrogáveis por igual período em caso de extrema e comprovada necessidade.

C) A legalidade da decisão de prisão temporária é questionável, já que o enunciado deixou claro que a decisão exarada pelo magistrado, embora de acordo com as disposições processuais previstas da Lei nº 7.960/1989, inovou ao determinar a liberdade de Jonas, dispensando o alvará de soltura determinado pelo magistrado processante.

D) A legalidade da decisão de prisão temporária é inquestionável, já que o enunciado deixou claro que a decisão exarada pelo magistrado está de acordo com as disposições processuais previstas da Lei nº 7.960/1989, sobretudo ao determinar a liberdade de Jonas, dispensando o alvará de soltura.

E) A decretação da prisão temporária está incorreta, já que o magistrado não pode decretar essa prisão de ofício, bem como o correto prazo da medida constritiva é de cinco dias, podendo ser prorrogado por igual período em caso de extrema e comprovada necessidade.

Gabarito: E.

5. **(PEFOCE – Auxiliar de Perícia – IDECAN – 2021)** Simone foi denunciada pelo Ministério Público pela prática, em tese, de delito de homicídio doloso. Na inicial acusatória, além da narrativa fática e rol de testemunhas, o promotor de justiça requereu a prisão temporária da denunciada, sob a alegação de que referida cautelar se afigurava imprescindível às investigações e a colheita de provas, com vistas à verdade real dos fatos. O juiz recebeu a denúncia e, em

decisão bem fundamentada, decretou a prisão temporária de Simone pelo prazo legal. Nessa hipótese, assinale a alternativa correta.

A) Não foi correta a decisão do juiz. No caso, a prisão temporária é incabível, pois, mesmo sendo imprescindível às investigações, a denunciada estava devidamente identificada, e isso impede a decretação desse tipo de prisão cautelar.

B) Foi correta a decisão do juiz, pois o crime em questão está no rol de cabimento da lei que trata da prisão temporária, e a imprescindibilidade da medida para as investigações, aliada à boa fundamentação por parte do juiz, justificam a decisão.

C) Não foi correta a decisão do juiz. No caso, a prisão temporária é incabível, pois esse tipo de prisão cautelar apenas tem lugar na fase investigativa e, na hipótese, a denúncia já havia sido recebida.

D) Foi correta a decisão do juiz, pois atendeu aos requisitos legais pertinentes ao caso. Inclusive, o juiz poderia ter decretado a cautelar independentemente de pedido do Ministério Público, se assim entendesse essencial à verdade real.

E) Não foi correta a decisão do juiz, pois, embora seja cabível a prisão temporária ao caso, a busca da verdade real não é fundamento apto à decretação da medida.

Gabarito: C.

6. **(PC-RR – Agente Carcerário – CESPE – 2003)** Considerando as disposições legais pertinentes aos crimes hediondos, julgue o item que se segue.

No crime de genocídio, a prisão temporária deverá ser decretada pelo prazo de cinco dias, prorrogável por igual período.

Gabarito: Errado.

7. **(SGA-AC – CESPE – 2007)** Julgue o item a seguir, relativos à prisão.

Cabe prisão temporária quando houver fundadas razões, de acordo com qualquer prova admitida na legislação penal, acerca da autoria do indiciado no crime de roubo qualificado, não cabendo, todavia, em relação ao crime de roubo simples.

Gabarito: Errado.

CAPÍTULO 3
LEI Nº 8.072/1990 – CRIMES HEDIONDOS

3.1. Introdução e fundamento constitucional da Lei de Crimes Hediondos

A Lei de Crimes Hediondos foi promulgada em 1990, dois anos após a Constituição Federal de 1988, e isso não foi por mero acaso. A Constituição Federal praticamente determinou a edição de uma legislação especificamente para tratar de crimes graves, chamados de hediondos ou equiparados a eles.

Isso porque a Constituição Federal previu no **inciso XLIII de seu art. 5º** que "a lei considerará crimes inafiançáveis e insuscetíveis de graça ou anistia a prática da tortura, o tráfico ilícito de entorpecentes e drogas afins, o terrorismo e os definidos como crimes hediondos, por eles respondendo os mandantes, os executores e os que, podendo evitá-los, se omitirem".

Trata-se de um **mandado constitucional de criminalização explícito**, pois a Constituição Federal obriga expressamente que a lei ordinária criminalize com mais rigor a tortura, o tráfico de drogas, o terrorismo, e outros crimes que a lei venha a considerar hediondos.

Atenção:

os mandados de criminalização podem ser **explícitos**, como é o caso dos crimes hediondos e equiparados, **ou implícitos**, quando a ordem ao legislador ordinário é extraída de um conjunto de valores da Constituição Federal não tão evidente. Exemplo de mandado de criminalização implícito é a corrupção eleitoral, porque decorre indiretamente da previsão constitucional de que o Brasil é um Estado Democrático de Direito, e este só existe com eleições livres de corrupção. [1]

Importante para Concursos:

o **STF reconhece a existência tanto de mandados de criminalização explícitos como implícitos.**[2]

1 MORAES, Alexandre Rocha Almeida de. A teoria dos mandados de criminalização e o combate efetivo à corrupção. *Revista Jurídica ESMP-SP*, vol. 5, p. 43-68, 2014.

2 "(...) os mandatos constitucionais de criminalização atuam como limitações à liberdade de configuração do legislador penal e impõem a instituição de um sistema de proteção por meio de normas penais (...) Outras vezes cogita-se mesmo

A Lei de Crimes Hediondos veio atender a esse mandamento constitucional expresso, visando garantir a proteção adequada aos bens jurídicos protegidos pelos crimes hediondos e equiparados. Com isso, a lei consagra o princípio constitucional da vedação à **proteção deficiente** a esses bens jurídicos.

Há entendimentos, entretanto, de que a Lei de Crimes Hediondos é severa demais e configura expressão do **direito penal do inimigo** de Gunther Jakobs. Mas apesar de algumas inconsticionalidades reconhecidas pontualmente pelo Supremo Tribunal Federal, a Lei de Crimes Hediondos persiste no ordenamento jurídico brasileiro, encontrando guarida tranquila na jurisprudência.

3.2. Crimes hediondos e equiparados e o sistema de classificação

Fato é, então, que em atendimento ao comando constitucional a Lei nº 8.072/1990 traz um rol de crimes considerados **propriamente hediondos, em seu art. 1º**, e um outro rol de crimes considerados **equiparados a hediondos, em seu art. 2º.**

Os delitos equiparados a hediondos, na realidade, assim são chamados porque sempre deverão ter esse tratamento mais gravoso, imposto pela Constituição Federal, independentemente do rol de hediondos que o legislador ordinário prever ou alterar.

Importante para Concursos:

o rol de crimes hediondos não pode ser confundido com os **crimes equiparados a hediondos, que são os crimes de tortura, o crime de tráfico ilícito de drogas, e o terrorismo**. Apesar das consequências serem as mesmas, é comum que algumas provas confundam o candidato cobrando essa diferença. A **dica é lembrar da sigla T-T-T,** as três letras "t", iniciais da **T**ortura, do **T**ráfico de drogas, e do **T**errorismo, crimes que a Constituição desde logo taxou de equiparados a hediondos.

Crimes equiparados a hediondos	
Tortura	T
Tráfico de drogas	T
Terrorismo	T

O rol de crimes hediondos e equiparados a hediondos é taxativo, de modo que os crimes que não estiverem previstos expressamente na lei não poderão receber o tratamento mais gravoso que a lei traz. Assim, o sistema de identificação de crimes hediondos adotado

de mandatos de criminalização implícitos, tendo em vista uma ordem de valores estabelecida pela Constituição. Assim, levando-se em conta o dever de proteção e a proibição de uma proteção deficiente ou insuficiente (*untermassverbot*), cumpriria ao legislador estatuir o sistema de proteção constitucional penal adequado(...)". Trecho do voto do Min. Gilmar Mendes na Ação direta de inconstitucionalidiade n. 3112/DF. *DJe* de 26-10-2007, do Supremo Tribunal Federal.

pelo Brasil é o **sistema legal**, em consagração do princípio da legalidade. Se o crime praticado constar do rol, será hediondo, mas se não estiver, não há como fazer analogia ou interpretação extensiva para atribuir essa natureza a ele.

Atenção:

outros sistemas não adotados pelo Brasil são o sistema **judicial**, pelo qual o julgador definiria no caso concreto se o crime é hediondo ou não, **e o sistema misto**, pelo qual o julgador avaliaria se o crime é hediondo sopesando critérios prévios fixados em lei (e não propriamente um rol de crimes). Nesses dois sistemas, entretanto, haveria insegurança jurídica na definição caso a caso.

Entretanto, a lei ressalva que **tanto a modalidade tentada quanto consumada** são consideradas hediondas, e assim uma vez no rol, o crime não perderá a natureza de hediondo ou equiparado simplesmente porque o agente não conseguiu consumar o crime por circunstâncias alheias à sua vontade.

Já os **crimes militares previstos no Código Penal Militar não são considerados hediondos,** justamente porque não estão expressamente mencionados na Lei de Crimes Hediondos. A partir da Lei nº 13.491/2017, entretanto, surgiu controvérsia doutrinária porque essa lei alterou a redação do art. 9º, II, do Código Penal Militar para prever que serão crimes militares também os previstos na legislação comum (Código Penal e leis penais) se praticados por militar nas circunstâncias da alinea *a* à *e* daquele dispositivo, dentre as quais está o crime praticado por militar no exercício da função.

Nesse caso, parte da doutrina entende que se o crime praticado pelo militar for da legislação comum (e não do Código Penal Militar) e estiver no rol de crimes hediondos, ele poderá ser considerado hediondo. Para outra parcela, entretanto, essa ampliação dos crimes militares foi inconstitucional e a interpretação dos crimes militares deve ser restrita.[3]

Importante para Concursos:

o **Superior Tribunal de Justiça** já decidiu que a lei de crimes hediondos não se aplica aos crimes militares por falta de previsão legal.[4] E o **Supremo Tribunal Federal** já decidiu que não há inconstitucionalidade nesse tratamento diferenciado, porque apesar de não ser aplicável a Lei de Crimes Hediondos aos crimes militares, em muitos casos a lei militar é mais gravosa do que a lei comum. [5] Esses entendimentos, entretanto, foram anteriores à referida Lei nº 13.491/2017.

3 Tramita no Supremo Tribunal Federal a Ação Direta de Inconstitucionalidade nº 5901 em face da Lei nº 13.491/2017, que ampliou os crimes militares para toda a legislação penal comum quando praticados em determinadas circunstâncias.

4 Superior Tribunal de Justiça. HC 30.056/RJ – 6ª T. – j. 16-11-2004 – *DJ* 23-5-2005.

5 Supremo Tribunal Federal – HC 86.459 – 2ª T. – j. 5-12-2006 – *DJ* 2-2-2007.

3.3. Art. 1º: rol de crimes hediondos consumados ou tentados

A Lei de Crimes Hediondos foi promulgada em 1990, mas sofreu diversas alterações justamente em razão do sistema legal adotado pelo Brasil, eis que para ser considerado hediondo o crime deve estar previsto expressamente na Lei de Crimes Hediondos.

Diante da adoção do **sistema legal** para definição de crimes hediondos, mostra-se imprescindível a verificação um a um dos crimes constantes do rol de crimes hediondos.

> **Art. 1º** São considerados hediondos os seguintes crimes, todos tipificados no Dec.-lei nº 2.848, de 7 de dezembro de 1940 – Código Penal, consumados ou tentados

3.3.1. Homicídio

Homicídio (art. 121), quando praticado em atividade típica de grupo de extermínio, ainda que cometido por um só agente, e homicídio qualificado (art. 121, § 2º, I, II, III, IV, V, VI, VII e VIII).

O **homicídio qualificado** curiosamente **não estava originalmente no rol** de crimes hediondos quando do advento da Lei nº 8.072 no ano de 1990. Ele foi inserido por uma alteração feita pela Lei nº 8.930 no ano de 1994, após dois grandes casos de homicídio que causaram comoção social, as chacinas da Candelária e de Vigário Geral, bem como o assassinato da artista Daniela Perez.

O inciso ainda foi alterado posteriormente pela Lei nº 13.964/2019, que ficou conhecida como "Pacote Anticrime", para fazer constar também o homicídio qualificado pelo emprego de arma de uso restrito ou proibido, qualificadora que foi inserida pela mesma lei no inciso VIII, do art. 121, do Código Penal.

> **Atenção:**
>
> pela redação atual do art. 1º, I, da Lei de Crimes Hediondos, são considerados hediondos o homicídio simples ou qualificado praticado em atividade típica de grupo de extermínio, e todas as formas de homicídio qualificado.

3.3.2. Homicídio privilegiado e homicídio qualificado-privilegiado

O **homicídio privilegiado** (art. 121, § 1º, do Código Penal) **não é hediondo,** porque não está previsto taxativamente na lei de crimes hediondos, e porque seria incoerente catalogar como hediondo um crime cometido em situação que o legislador entendeu ser menos grave.

Assim, se estiver presente uma das hipóteses ali previstas, que são tecnicamente **causa de diminuição de pena,** ficará afastado o caráter hediondo do homicídio. É o caso do homicídio praticado por motivo de relevante valor social ou moral, ou sob o domínio de violenta emoção logo em seguida a injusta provocação da vítima.

Motivo de relevante valor moral é aquele que corresponde aos interesses individuais do autor do homicídio, e o exemplo mais conhecido é o da eutanásia, em que o pai põe fim ao sofrimento do filho, desligando os aparelhos que o mantêm artificialmente vivo em virtude de uma doença incurável e em fase terminal.

Motivo de relevante valor social é o assim entendido pela coletividade, e o exemplo emblemático da doutrina é o do homicídio do traidor da pátria, buscando "proteger" os interesses da nação.

A terceira hipótese de "privilégio" é o homicídio praticado sob **domínio de violenta emoção** após injusta provocação da vítima. Alguns requisitos devem ser observados nesse caso. O primeiro é que o agente deve estar sob domínio da violenta emoção e não apenas influenciado por ela, ou seja, deve estar arrebatado emocionalmente pela situação. Deve também haver injusta provocação da vítima, o que, entretanto, não se confunde com agressão, pois nesse caso poderá haver legítima defesa, e não homicídio privilegiado. E, por fim, a reação deve ser imediata, logo em seguidia, sem premeditação.[6]

Caso uma dessas situações de privilégio seja concomitante a uma qualificadora de ordem objetiva, o homicídio será **qualificado e privilegiado ao mesmo tempo**. As situações que diminuem a pena e que são chamadas de privilegiadoras do homicídio são relacionadas ao motivo, que o legislador entendeu "nobre" e menos grave. Já as qualificadoras são situações mais graves, algumas relacionadas aos motivos (como o motivo fútil), e outras relacionadas aos meios (como o veneno) ou aos modos de execução (como a emboscada).

Não é logicamente possível que o crime seja ao mesmo tempo praticado por motivo menos grave (relevante valor moral por exemplo), e por motivo mais grave (motivo fútil, por exemplo). Assim, só será possível a figura do homicídio qualificado e privilegiado ao mesmo tempo se a qualificadora for objetiva, isto é, relacionada aos meios ou modos de execução.

Importante para Concursos:

"a jurisprudência do STF é firme no sentido do reconhecimento da conciliação entre homicídio objetivamente qualificado e ao mesmo tempo subjetivamente privilegiado. Noutro dizer, tratando-se de circunstância qualificadora de caráter objetivo (meios e modos de execução do crime), é possível o reconhecimento do privilégio (sempre de natureza subjetiva)".[7]

Atenção:

o homicídio qualificado-privilegiado não é considerado hediondo pela jurisprudência, e o Superior Tribunal de Justiça tem vários precedentes no sentido de que "por incompatibilidade

6 MASSON, Cleber. *Direito Penal. Vol. II. Parte especial*. 11. ed. Rio de Janeiro: Forense, 2017.

7 HC 98.265 – 1ª T. – rel. Min. Ayres Britto – j. 24-3-2010– *DJe* 14-5-2010.

axiológica e por falta de previsão legal, o homicídio qualificado-privilegiado não integra o rol dos denominados crimes hediondos".[8]

3.3.3. Homicídio simples praticado em atividade típica de grupo de extermínio

O **homicídio simples** só será hediondo se for praticado em atividade típica de grupo de extermínio. Apesar de a Lei de Crimes Hediondos não mencionar "homicídio simples", a doutrina entende que esse é o caso, porque se o homicídio for qualificado ele será hediondo de qualquer forma. Assim, resta essa hipótese, do homicídio em atividade típica de grupo de extermínio para tornar hediondo o homicídio simples.

A introdução dessa hipótese na Lei de Crimes Hediondos ocorreu apenas em 1994, com a alteração feita pela Lei nº 8.930/1994. E apenas em 2012 o Código Penal foi alterado (pela Lei nº 12.720) para prever uma causa de aumento parecida no § 6º, do art. 121, do Código Penal, que fixa aumento de pena entre um terço até a metade "se o crime for praticado por milícia privada, sob o pretexto de prestação de serviço de segurança, ou por grupo de extermínio".

Grupo de extermínio é a reunião de pessoas que geralmente se intitulam justiceiros e matam pessoas que eles catalogam como criminosas. Já a **milícia privada** é o grupo de pessoas armadas que se reúnem sob a batuta de garantirem segurança em comunidades carentes, geralmente dominando o território onde o estado não está presente, por meio da força.

A doutrina diverge sobre a **quantidade mínima de agentes para configuração de milícia privada ou grupo de extermínio**. Para alguns, deve-se usar o critério para configuração da associação para o tráfico de drogas (art. 35 da Lei nº 11.343/2006), ou seja, duas pessoas. Para outros, deve haver no mínimo três pessoas, na linha do que se exige para o crime de associação criminosa (art. 288 do Código Penal). E para uma terceira corrente seria necessário no mínimo quatro pessoas, tal como se exige para o crime de organização criminosa (art. 2º da Lei nº 12.850/2013).

O entendimento mais prevalente na doutrina é o segundo, de que o grupo se forma com a existência de ao menos três pessoas. De todo modo, não é necessária a configuração da causa de aumento para que o crime seja considerado hediondo.

Atenção:

para configuração da hediondez basta que o homicídio seja praticado em **atividade típica** de grupo de extermínio, não se exigindo que seja efetivamente praticado pelo grupo de extermínio, o que é exigido apenas para configuração da causa de aumento.

8 STJ – HC 153728/SP – 5ª T. – j. 13-4-2010 – *DJe* 31-5-2010.

A rigor, a lei também considera hediondo o homicídio praticado em atividade típica de grupo de extermínio **ainda que por uma única pessoa**, mas parte da doutrina entende que essa previsão deve ser entendida no sentido de que o grupo deve existir, mas será hediondo ainda que o executor do homicídio esteja sozinho no ato.[9]

Outra questão importante é que a lei de crimes hediondos mencionou apenas a atividade de **grupo de extermínio, e não catalogou como hediondo o homicídio praticado em atividade de milícia privada ou por milícia privada.**

É possível, entretanto, que um homicídio praticado **por milícia privada seja executado em atividade típica de grupo de extermínio**, caso em que será hediondo e incidirá a causa de aumento. É possível também que o homicídio praticado por milícia privada seja eventualmente qualificado, caso em que será hediondo diante da existência da qualificadora.

Na prática realmente é muito difícil que o homicídio praticado em atividade típica de grupo de extermínio seja simples, pois é bem provável que haja no mínimo uma motivação torpe ou fútil, ou algum meio que dificulte a defesa da vítima, o que qualificará o crime e o tornará hediondo de qualquer maneira.

Não se exige número mínimo de vítimas para a configuração do grupo de extermínio ou milícia privada. Haverá a causa de aumento e a caracterização da hediondez ainda que haja apenas uma vítima.

3.3.4. Homicídio qualificado

Todas as formas de homicídio qualificado são consideradas crime hediondo, exceto, como visto, no caso de a qualificadora ser compatível com uma das causas de diminuição relativas ao chamado "homicídio privilegiado", pois o homicídio qualificado-privilegiado não é considerado hediondo.

As **qualificadoras do homicídio estão nos incisos I a VIII, do § 2º ,do art. 121, do Código Penal**, e estão relacionadas aos motivos mais graves (incisos I e II); aos meios (inciso III); ao modo de execução (inciso IV); e aos fins do crime (inciso V). Mais recentemente foi previsto o feminicídio (inciso VI); além do homicídio contra alguns agentes públicos da área de segurança pública e seus familiares (inciso VII); e, por fim, o homicídio praticado com arma de fogo de uso restrito ou proibido (inciso VIII).

Tendo em vista que a configuração da qualificadora no caso concreto é o que tornará o crime hediondo, é importante verificar alguns aspectos dessas qualificadoras previstas nos incisos do § 2º, do art. 121, do Código Penal.

A primeira, do inciso I, prevê o homicídio praticado por **motivo torpe,** que é aquele repugnante, abjeto, e para o qual a própria lei traz um exemplo, mencionando o homicídio mediante paga ou promessa de recompensa, que é conhecido como "homicídio mercenário". Nesse caso, o crime é de concurso necessário de pessoas, pois deve haver o mandante e o executor.

9 LIMA. Op. cit.

Importante para Concursos:

há divergência se a qualificadora se aplica ao mandante. O ponto central é saber se a qualificadora é elementar do tipo ou apenas uma circunstância, porque nos termos do art. 30 do Código Penal as elementares subjetivas se comunicam aos coautores, mas as circunstâncias subjetivas não. O Superior Tribunal de Justiça tem decisões nos dois sentidos. [10]

O segundo inciso trata do **motivo fútil,** que é o motivo banal, absolutamente desproporcional e inadequado, como no exemplo do indivíduo que mata o outro por uma dívida de dois reais.

Atenção:

a jurisprudência entende que a ausência de motivo não se confunde com motivo fútil, de modo que se o motivo do crime não for provado não incidirá a qualificadora.[11]

O terceiro inciso trata dos meios **insidiosos, cruéis, ou dos quais possa resultar perigo comum.** O Código Penal exemplifica alguns desses meios como sendo veneno, fogo, explosivo, asfixia, ou tortura, mas ao final se vale de previsão genérica "ou outro meio insidioso ou cruel ou de que possa resultar perigo comum".

O meio **insidioso** é o meio traiçoeiro, dissimulado. Já o meio **cruel** é o que causa sofrimento desnecessário à vítima. O veneno, por exemplo, pode configurar meio insidioso, se ministrado sem o conhecimento da vítima, ou eventualmlente meio cruel, se ministrado à força.[12] Exemplo de meio que pode resultar **perigo comum** é o explosivo.

No **inciso IV, estão os modos de execução que dificultam ou impedem a defesa da vítima.** A lei exemplifica com a traição, a emboscada, e a dissimulação, mas ao final abre a possibilidade de que qualquer meio que dificulte ou impossibilite a defesa da vítima sirva de qualificaora. Agir com **traição** é atacar subitamente e de forma sorrateira a vítima descuidada, golpeando-a pelas costas por exemplo. **Emboscar** é fazer tocaia dissimulada para surpreender a vítima. **Dissimular** é esconder a intenção maldosa e agressiva, aproximando-se, por exemplo, como amigo, para que a vítima não se prepare contra o ataque. [13]

A **quinta qualificadora** do homicídio é a do homicídio praticado com a finalidade de assegurar a execução, a ocultação, a impunidade ou vantagem de outro crime (inciso V,

10 Entendendo que é elementar e que se aplica ao mandante: Superior Tribunal de Justiça AgInt no REsp nº 1.681.816 / GO – rel. Min. Nefi Cordeiro – 6ª T. – j. 3-5-2018 – *DJe* 15-5-2018. Entendendo que se o conselho de sentença entendeu que se aplica ao mandante não cabe ao Tribunal fazer reforma: Superior Tribunal de Justiça HC nº 447.390/SC – rel. Min. Laurita Vaz – 6ª T. – j. 23-4-2019. Entendendo que não se aplica ao mandante: Superior Tribunal de Justiça AgRg no AREsp n. 1.473.963/RN – rel. Min. Reynaldo Soares da Fonseca – 5ª T. – j. 27-8-2019.

11 Superior Tribunal de Justiça: AgRg no REsp 171805 /GO – rel. Min. Maria Thereza de Assis Moura – 6ª T. – j. 21-8-2018 – *DJe* 30-8-2018.

12 HUNGRIA, Nelson. *Comentários ao Código Penal. Volume V. Artigos 121 a 136.* 5. ed. Rio de Janeiro: Forense, 1979. p. 170-171.

13 HUNGRIA. Op. cit., p. 168-169.

do § 2°, do art. 121, do Código Penal). O homicídio praticado **para assegurar a execução de outro crime** será qualificado mesmo que o crime intencionado seja futuro e não chegue a ser executado. No segundo caso, para assegurar **ocultação,** e no terceiro, para assegurar **impunidade** de outro crime, o homicídio é efetivado com a intenção de destruir a prova de outro crime ou fugir de suas consequências. Na quarta situação, para assegurar **vantagem** de outro crime, o homicídio tem o fim de garantir que o criminoso usufrua de qualquer vantagem direta ou indireta do outro delito.[14]

Atenção:

a qualificadora do inciso V, do § 2°, do art. 121, do Código Penal **não incidirá** se o homicídio for praticado para assegurar a execução, ocultação, impunidade ou vantagem **de contravenção penal**, pois a lei foi explícita ao mencionar crime, não mencionando contravenção penal.

A sexta qualificadora do homicídio, chamada de **feminicídio**, foi inserida pela Lei nº 13.104/2015, qualificando o homicídio praticado contra a mulher por razões da condição de sexo feminino (inciso VI, do § 2°, do art. 121, do Código Penal).

A mesma lei inseriu o § 2°-A no art. 121, do Código Penal para explicar que **há razões de condição de sexo feminino quando o crime envolver violência doméstica e familiar** (nos termos da Lei nº 11.340/2006), ou **menosprezo ou discriminação à condição de mulher**.

A lei de 2015 também alterou a o inciso I, do art. 1º, da Lei de Crimes Hediondos para garantir que essa hipótese seja considerada crime hediondo. O dispositivo depois foi alterado por outras leis para inclusão no rol de hediondos outras qualificadoras do homicídio mais recentes (as dos incisos VII e VIII, do § 2°, do art. 121, do Código Penal).

A doutrina diverge sobre a **natureza jurídica da qualificadora do feminicídio**, se é subjetiva, pois relacionada aos motivos, ou se é objetiva, porque a situação de vulnerabilidade facilita a execução do crime. Mas a jurisprudência tem considerado que se trata de qualificadora objetiva.

Importante para Concursos:

para o Superior Tribunal de Justiça, a qualificadora do feminicídio é de **natureza objetiva**, [15] de modo que é possível **compatibilizá-la com a qualificadora do motivo torpe** em imputação simultânea. [16]

14 HUNGRIA. Op. cit., p. 170-171.

15 STJ. HC 430222 / MG Relator Min. JORGE MUSSI, QUINTA TURMA, Julgamento 15/03/2018, *DJe* 22/03/2018.

16 "as qualificadoras do motivo torpe e do feminicídio não possuem a mesma natureza, sendo certo que a primeira tem caráter subjetivo, ao passo que a segunda é objetiva, não havendo, assim, qualquer óbice à sua imputação simultânea". Superior Tribunal de Jusutiça. AgRg no AREsp 1166764/MS – rel. Min. Antonio Saldanha Palheiro – 6ª T. – j. 6-6-2019 – *DJe* 17-6-2019.

O inciso VII do § 2°, do art. 121, do Código Penal qualifica o homicídio praticado "**contra autoridade ou agente descrito nos arts. 142 e 144 da Constituição Federal, integrantes do sistema prisional e da Força Nacional de Segurança Pública,** no exercício da função ou em decorrência dela, ou contra seu cônjuge, companheiro ou parente consanguíneo até terceiro grau, em razão dessa condição".

Nesse caso, é necessário demonstrar que o crime foi praticado no exercício da função ou em razão da função exercida. É possível, portanto, que a qualificadora incida mesmo quando o crime for praticado contra agente aposentado, desde que em razão da função que ele exercia.

O dispostivo abrange os **integrantes das Forças Armadas** (Marinha, Exército e Aeronáutica), além dos agentes e autoridades da **Polícia Federal,** das **Polícias Civis,** da **Polícia Rodoviária Federal,** da **Polícia Ferroviária Federal,** das **Polícias Militares e Corpos de Bombeiros Militares.** Também ficam abrangidas as **Guardas Municipais** e os **agentes de segurança viária,** que constam respectivamente no §§ 8º e 10º, do art. 144, da Constituição Federal.

Estão protegidos pela qualificadora ainda os **agentes do sistema prisional em geral.** Com a criação da **Polícia Penal,** pela Emenda Constitucional nº 109, os agentes penitenciários passaram a integrar a carreira de policiais penais, porém o dispositivo é mais abrangente, protegendo os atuantes na execução de medidas socioeducativas de adolescentes infratores.

A previsão da **Força nacional de Segurança Pública** garante que os policiais convocados para integrarem o programa de cooperação de segurança pública brasileiro, sob coordenação da Secretaria Nacional de Segurança Pública (SENASP), também estejam abarcados.

A redação da qualificadora abrange também o homicídio contra familiares desses agentes, desde que o parentesco seja **sanguíneo, e até o terceiro grau.**

Atenção:

o dispositivo tratou expressamente do **parentesco sanguíneo,** tornando **inviável a ampliação contra a lei para abranger os parentes por afinidade** (decorrentes do casamento ou união estável) **e o parentesco civil** (adoção). Nesse caso, a falha legislativa não pode ser suprida sem lei, sob pena de violação ao princípio da legalidade, de modo a se configurar analogia *in malam partem.*

A **qualificadora do inciso VIII, do § 2°, do art. 121** foi inserida pela Lei nº 13.964/2019, porém o dispositivo havia sido vetado, e acabou entrando em vigor apenas depois da **derrubada do veto pelo Congresso Nacional.**

A mesma Lei nº 13.964/2019 alterou o inciso I, do art. 1º, da Lei de Crimes Hediondos para acrescentar essa qualificadora como crime hediondo. Até a derrubada do veto, entretanto, essa previsão da Lei dos Crimes Hediondos não tinha aplicação, porque a nova qualificadora havia sido vetada.

Atenção:

a qualificadora trata do emprego de armas de uso restrito ou proibido, cuja definição é feita por normas infralegais, que complementam a qualificadora que é, portanto, **norma penal em branco.**[17]

3.3.5. Lesão corporal dolosa de natureza gravíssima

Lesão corporal dolosa de natureza gravíssima (art. 129, § 2º) e lesão corporal seguida de morte (art. 129, § 3º), quando praticadas contra autoridade ou agente descrito nos arts. 142 e 144 da Constituição Federal, integrantes do sistema prisional e da Força Nacional de Segurança Pública, no exercício da função ou em decorrência dela, ou contra seu cônjuge, companheiro ou parente consanguíneo até terceiro grau, em razão dessa condição;

Essa hipótese de crime hediondo foi inserida na Lei nº 8.072/1990 pela Lei nº 13.142/2015, que foi a mesma lei que criou a qualificadora do homicídio contra autoridade ou agente de segurança pública ou seus familiares (inciso VII do § 2º, do art. 121, do Código Penal), e que também inseriu uma causa de aumento no crime de lesões corporais dolosas quando praticado nessas mesmas circunstâncias (art. 129, § 12. do Código Penal).

No caso das lesões corporais, entretanto, **serão hediondas apenas a lesão corporal gravíssima ou a lesão corporal seguida de morte** contra esses agentes ou autoridades mencionadas na lei, no exercício da função ou em razão dela, ou contra o cônjuge, companheiro ou parente consanguíneo até terceiro grau, em razão dessa condição.

É interessante perceber que **a Lei de Crimes Hediondos usa a expressão lesão corporal gravíssima,** embora o Código Penal não traga essa nomenclatura. O art. 129 do Código Penal trata das lesões corporais no seu *caput*, e das lesões corporais graves nos seus §§ 1º e 2º. Como as situações do § 2º são mais graves do que as do § 1º, a doutrina convencionou chamá-las de lesões corporais gravíssimas, embora isso não esteja escrito no Código Penal.

De todo modo, fato é que a Lei de Crimes Hediondos está se referindo à **hipótese de lesão corporal gravíssima do § 2º, do art. 129, do Código Penal,** que é a lesão corporal da qual resulta: incapacidade permanente para o trabalho; enfermidade incurável; perda ou inutilização de membro, sentido ou função; deformidade permanente; ou aborto.

A **outra hipótese hedionda é a da lesão corporal seguida de morte,** prevista no art. 129, § 3º. O crime, nesse caso, não se confunde com o de homicídio, porque aqui a intenção do agente é lesionar, e em razão de sua conduta, por culpa, acaba ocorrendo a morte da

17 A definição de armas de uso restrito e proibido é dada pelo Dec. federal nº 10.030 de 30 de setembro de 2019, que aprova o regulamento de produtos controlados, e sua alteração feita pelo Dec. nº 10.627 de fevereiro de 2021.

vítima. Trata-se de um crime preterdoloso, ou seja, em que há dolo na conduta antecedente de lesionar, e culpa no resultado morte.

Em ambos os casos, obviamente, a hediondez do crime de lesão corporal gravíssima ou seguida de morte dependerá de o crime ter sido praticado contra agente no exercício da função ou em razão dela, ou contra seus familiares especificamente mencionados, em razão dessa condição.

Atenção:

a doutrina chama de **hediondez condicionada** o fato de que os crimes de lesão corporal gravíssima e lesão corporal seguida de morte **só serem hediondos se preenchida a condição de a vítima se encaixar na situação funcional,** mencionada na causa de aumento do § 12, do art. 129, do Código Penal.

Neste tópico, valem as mesmas observações feitas com relação à qualificadora do homicídio funcional e seu caráter hediondo (art. 121, § 2º, VII).

3.3.6. Roubo

Roubo: circunstanciado pela restrição de liberdade da vítima (art. 157, § 2º, V); circunstanciado pelo emprego de arma de fogo (art. 157, § 2º-A, I) ou pelo emprego de arma de fogo de uso proibido ou restrito (art. 157, § 2º-B); Qualificado pelo resultado lesão corporal grave ou morte (art. 157, § 3º).

O inciso II, do art. 1º, da Lei de Crimes Hediondos foi **amplamente alterado pela Lei nº 13.964/2019,** que ficou conhecida como "Pacote Anticrime". Antes era hediondo apenas o roubo com resultado morte, chamado de "latrocínio" pela doutrina e que era assim mencionado pela Lei de Crimes Hediondos.

Com a alteração, **manteve-se a previsão de hediondez para o roubo com resultado morte** do art. 157. § 3º. do Código Penal, agora abrangendo também o resultado de lesão grave, previsto no mesmo parágrafo, e **acrescentou-se** o roubo com a causa de aumento de **restrição de liberdade da vítima** (art. 157, § 2º, V), além do roubo com a causa de aumento pelo **emprego de arma de fogo, ou arma de fogo de uso proibido ou restrito** (respectivamente art. 157, § 2º-A, I, e § 2º-B, do Códdigo Penal).

O **emprego de qualquer arma de fogo** durante o roubo tornará o crime hediondo, seja de uso permitido, restrito ou proibido, de acordo com a classificação do decreto regulamentador. Entretanto, **o roubo com faca ou outra arma branca não será hediondo por falta de previsão legal.**

Importante para Concursos:

não se confunda e não caia em pegadinhas. O **roubo majorado** pela destruição de obstáculo mediante o **emprego de explosivo ou artefato análogo** que cause perigo comum (art. 157 § 2º-A, II, do Código Penal) **não foi previsto como crime hediondo.** Entretanto, **o furto** qualificado **com emprego de explosivo ou artefato análogo** que cause perigo comum, apesar de mais brando, **foi previsto como hediondo.**

Figuras do crime de roubo	Hediondo?
Roubo (*caput*, do art. 157, do CP)	**Não**
Roubo majorado (incisisos II, III, IV, VI, VII, do § 2º, do art. 157, do CP). Exemplo: com arma branca; ou de explosivos.	**Não**
Roubo com restrição de liberdade da vítima (inciso V, do § 2º, do art. 157, do CP)	Sim
Roubo com emprego de arma de fogo ou arma de fogo de uso proibido ou restrito (inciso I do § 2º-A, e § 2º-B, do art. 157, do CP)	Sim
Roubo com resultado lesão grave (inciso I, do § 3º, do art. 157)	Sim
Roubo com resultado morte, "latrocínio" (inciso II, do § 3º, do art. 157)	Sim

Atenção:

como regra o crime de roubo não é hediondo. Como o roubo só será hediondo se praticado nas modalidades especificamente mencionadas pela lei de crimes hediondos a doutrina classifica essas situações aqui em estudo de **hediondez condicionada.**

O resultado de lesão grave ou morte no roubo, **mesmo se derivado de culpa**, tornará o crime hediondo. Isso porque o roubo com resultado de lesão grave ou morte é um crime qualificado pelo resultado, em que haverá dolo na conduta inicial (de roubar), e dolo ou culpa no resultado de lesão grave ou morte.

A **lesão grave que resulta do roubo** pode ser também a chamada lesão gravíssima, eis que o Código Penal, no §§ 1º e 2º, do art. 129, trata ambas apenas como graves.

Os **resultados** lesão grave ou morte, entretanto, **devem decorrer da violência** empregada no roubo. Assim, se a morte ou lesão grave advierem apenas de ameaça não incidirá a qualificadora e, por consequência, o crime não será hediondo.

Atenção:

No caso do resultado morte, o chamado latrocínio, deve-se lembrar da **Súmula nº 610 do Supremo Tribunal Federal**, de que "há crime de latrocínio quando o homicídio se consuma, ainda que não se realize o agente a subtração de bens da vítima". Assim, sempre que houver morte, o latrocínio será considerado consumado.

Mas, **se a morte for de um dos ladrões sem erro na execução, não haverá latrocínio.** Assim, não haverá latrocínio no caso de um dos roubadores ser morto: pelo parceiro de crime sem erro na execução; por intervenção de um policial em legítima defesa de terceiros, ou caso a morte do autor do roubo derive de legítima defesa da vítima.

Eventualmente, se o comparsa matou o outro para ficar com o produto da subtração, poderá haver concurso entre o crime de homicídio do comparsa e de roubo das vítimas.

Importante para Concursos:

a morte do comparsa durante o roubo só configurará latrocínio se ela decorrer de erro na execução pelo outro coautor. Isto é, caso a morte seja de um dos envolvidos no roubo em regra não haverá latrocínio, exceto se o comparsa que o matou tiver mirado na vítima ou terceira pessoa, e por erro (*aberratio ictus*) acabou acertando o comparsa. Nesse caso, prevê o art. 73 do Código Penal que o agente responderá como se tivesse acertado quem pretendia, que no caso era pessoa inocente.

De outro lado, **a morte de qualquer pessoa, não apenas da vítima do crime patrimonial,** desde que não seja um dos coautores do roubo, **configurará latrocínio.** Haverá latrocínio, portanto, caso os roubadores matem um segurança patrimonial, embora o alvo da subtração seja outra pessoa.

Atenção:

segundo a jurisprudência do Superior Tribunal de Justiça e do Supremo Tribunal Federal, **também responde por latrocínio o comparsa do roubo armado que não fez o disparo que gerou a morte da vítima ou terceira pessoa**, porque a prática de roubo armado torna previsível a possibilidade de um resultado mais grave.[18]

3.3.7. Extorsão qualificada

Extorsão qualificada pela restrição da liberdade da vítima, ocorrência de lesão corporal ou morte (art. 158, § 3º).

Antes da alteração feita pela Lei nº 19.964/2019, que ficou conhecida como "pacote anticrime", **a Lei de Crimes Hediondos considerava hedionda apenas a extorsão com resultado morte prevista no art. 158, § 2º**, do Código Penal. Diante do sistema adotado pela Lei de Crimes Hediondos, isso gerava discussão se a extorsão qualificada pela restrição de liberdade, conhecida como "sequestro relâmpago", prevista no art. 158, § 3º, do Código Penal, seria hedionda quando dela também resultasse morte.

Como a extorsão na modalidade sequestro relâmpago com resultado morte não estava expressamente prevista como crime hediondo, a doutrina se dividia, parte entendendo que em face do princípio da legalidade e do sistema legal da Lei de Crimes Hediondos não seria possível considerar esse crime como hediondo.

18 *"Aquele que se associa a comparsas para a prática de roubo, sobrevindo a morte da vítima, responde pelo crime de latrocínio, ainda que não tenha sido o autor do disparo fatal ou a participação se revele de menor importância." STF. RHC 133575 / PR – 1ª T. – rel. Min. Marco Aurélio – j. 21-2-2017 – publicação 16-5-2017.*

Outra parcela, entretanto, entendia que o **art. 158, § 3º** com resultado morte deveria ser também hediondo, porque mais grave do que o **art. 158, § 2º, e porque nesse caso a pena do crime é equiparada pelo próprio Código Penal, ao crime de extorsão mediante sequestro, que também é hediondo.** Assim, para essa posição, seria ilógico que um crime com as mesmas penas de outro crime hediondo não fosse considerado hediondo.

Apesar de ser mais grave e ter como consequência a morte da vítima, como esse crime está em outro dispositivo eram fortes as posições entendendo que mesmo que resultasse morte, se a extorsão fosse com restrição de liberdade, não poderia ser considerada hedionda, porque não estava prevista expressamente na Lei de Crimes Hediondos.

Com a alteração da Lei nº 13.964/2019, o legislador resolveu essa lacuna, tornando hedionda a figura do § 3º, do art. 158, do Código Penal.

Entretanto, a alteração retirou do rol a extorsão com resultado morte (sem restrição de liberdade), prevista no art. 158, § 2º, do Código Penal. A lei arrumou uma das lacunas, prevendo todas as formas de sequestro relâmpago como hediondas, inclusive com resultado morte, mas retirou do rol a extorsão com resultado morte.

Ou seja, por falta de previsão legal, se a extorsão não envolver restrição de liberdade o crime não será hediondo, ainda que haja o resultado morte da vítima.

Assim, não são hediondos o crime de extorsão do *caput*, do art. 158, do Código Penal, nem a sua forma qualificada pela morte, prevista no § 2º. **É hedionda apenas a extorsão na modalidade do § 3º, que é a extorsão com restrição de liberdade da vítima,** com ou sem morte ou lesão grave.

Se a vítima sofrer lesão grave ou morte em decorrência dessa extorsão com restrição de liberdade, o crime também será hediondo (porque também está previsto no § 3º, do art. 158), com a diferença de que a pena será maior, equiparada à da extorsão mediante sequestro.

O crime do **art. 158, § 3º,** é **conhecido como "sequestro-relâmpago"** porque envolve a restrição da liberdade da vítima para que os criminosos consigam obter a vantagem. Exemplo desse tipo de crime é o arrebatamento rápido da vítima, colocada no carro dos criminosos, que com ela se dirigem a vários caixas eletrônicos, forçando-a a entregar os cartões e senhas para fazerem transferências bancárias.

Apesar do nome, entretanto, esse crime **não pode ser confundido com o de extorsão mediante sequestro do art. 159 do Código Penal.** O leitor menos atento pode se confundir porque o Código Penal (parte final do § 3º, do art. 158) prevê que a extorsão com restrição de liberdade terá a mesma pena da extorsão mediante sequestro se houver o resultado lesão grave ou morte da vítima.

Na extorsão mediante sequestro prevista no art. 159 do Código Penal há duas vítimas: a pessoa que é sequestrada, e a que é extorquida a pagar pela liberdade da outra. Na extorsão qualificada pela restrição de liberdade, prevista no art. 158, § 3º, há apenas uma vítima, que tem sua liberdade restringida e é extorquida.

3.3.8. Extorsão mediante sequestro

Extorsão mediante sequestro e na forma qualificada (art. 159, *caput*, e §§ 1º, 2º e 3º);

Todas as formas de extorsão mediante sequestro são crimes hediondos. Tanto a forma do *caput*, como as formas qualificadas dos §§ 1º a 3º estão expressamente previstas no rol da Lei nº 8.072/1990.

No *caput* do art. 159 o crime é de "sequestrar pessoa com o fim de obter, para si ou para outrem, qualquer vantagem, como condição ou preço do resgate". Esse crime não se confunde com o chamado "sequestro-relâmpago" que é modalidade de extorsão do artigo anterior (art. 158, § 3º, do Código Penal), porque aqui há duas vítimas, o sequestrado e o extorquido.

Atenção:

o entendimento majoritário na doutrina é de que **a vantagem deve ser patrimonial,** porque o crime está no título dos crimes contra o patrimônio, e que **essa vantagem deve ser indevida** porque se for devida poderá haver o crime de exercício arbitrário das próprias razões em concurso com o crime de sequestro e cárcere privado (arts. 345 e 148 do Código Penal, respectivamente).

No § 1º, há qualificadora relativa à duração do sequestro (se durar mais de 24 horas); à situação do sequestrado (se menor de 18 ou maior de 60 anos); e se ocrime for cometido em bando ou quadrilha (leia-se, associação criminosa na forma do art. 288 do Código Penal, que teve sua redação alterada pela Lei nº 12.850/2013).

Nos §§ 2º e 3º, estão as qualificadoras pelo resultado lesão grave ou morte da vítima, com penas de reclusão de 16 a 24 anos ou de 24 a 30 anos, respectivamente.

3.3.9. Estupro

Estupro (art. 213, *caput* e § § 1º e 2º);

Todas as formas de estupro, simples ou qualificadas, são consideradas hediondas porque previstas no rol da Lei nº 8.072/1990.

Após a alteração da Lei nº 12.015/2009, os crimes de estupro e atentado violento ao pudor foram unidos no mesmo dispositivo legal, sendo revogado o art. 214 do Código Penal, que tratava do atentado violento ao pudor, mas mantida a criminalização da conduta no art. 213, que teve sua redação alterada para prever como estupro a conduta de "constranger alguém, mediante violência ou grave ameaça, a ter conjunção carnal ou a praticar ou permitir que com ele se pratique outro ato libidinoso".

Atenção:

a revogação do art. 214 do Código Penal pela Lei nº 12.015/2009 não gerou *abolitio criminis* do atentado violento ao pudor, porque a prática de "outro ato libidinoso" mediante violência ou grave ameaça passou a ser prevista no art. 213. Houve, portanto, **continuidade normativa-típica.**

Apesar de atualmente não haver dúvida que o estupro simples também é crime hediondo, antes da Lei nº 12.015/2009 havia discussão doutrinária sobre o caráter hediondo do estupro e do atentado violento ao pudor na forma simples. Isso porque a Lei de Crimes Hediondos previa em seu rol os arts. 213 e 214 do Código Penal combinados com o art. 223, sendo que este último previa as formas qualificadas desses crimes. Mesmo naquela época, entretanto, a jurisprudência já havia se consolidado entendendo que a forma simples também era hedionda.[19]

As atuais qualificadoras, também consideradas hediondas, ocorrerão se resultar **lesão grave** à vítima ou se a vítima for **menor de dezoito anos e maior de quatorze** anos (art. 213, § 1º, do Código Penal); ou se da conduta **resultar a morte** da vítima (art. 213, § 2º).

Caso a vítima tenha **menos de quatorze anos, o crime será de estupro de vulnerável** do art. 217-A do Código Penal, também considerado hediondo, como será visto a seguir.

3.3.10. Estupro de vulnerável

Estupro de vulnerável (art. 217-A, *caput* e §§ 1º, 2º, 3º e 4º);

Assim como o crime de estupro, **o crime de estupro de vulnerável é considerado hediondo em todas as suas modalidades**, eis que constam do rol da Lei de Crimes Hediondos tanto a figura do *caput* do art. 217-A do Código Penal, como as formas qualificadas dos §§ 1º, 3º e 4º.

No *caput* a conduta criminalizada é de "ter conjunção carnal ou praticar outro ato libidinoso com menor de 14 (catorze) anos", sendo que no parágrafo primeiro há equiparação com relação as mesmas condutas com pessoa que, "por enfermidade ou deficiência mental, não tem o necessário discernimento para a prática do ato, ou que, por qualquer outra causa, não pode oferecer resistência".

Essas situações de vulnerabilidade eram hipóteses em que se presumia a violência no crime de estupro. Após a Lei nº 12.015/2009, o art. 224 do Código Penal, que previa essa presunção de violência foi revogado, e o conceito de vulnerável "vítima menor de quatorze anos, ou que por enfermidade ou deficiência mental, não tem o necessário discernimento para a prática do ato, ou ainda que, por qualquer outra causa, não pode oferecer resistência", passou a ser **elemento objetivo do tipo penal** do art. 217-A do Código Penal.

Assim, conhecendo essa situação da vítima, o entendimento majoritário é de que o autor do crime responderá por estupro de vulnerável, sem que se possa discutir se no caso concreto havia ou não a vulnerabilidade, isto é, se a vítima tinha ou não experiência sexual, já tinha relacionamento amoroso com o autor, etc.

19 STF. HC 101.694/RS – rel. Min. Cármen Lúcia – j. 4-5-2010 – *DJe* 4-6-2010. STJ. REsp 1.110.520/SP – 3ª T. – rel. Min. Maria Thereza de Assis Moura – j. 26-9-2012 – *DJe* 4-12-2012.

Atenção:

é este o teor da **Súmula nº 593 do Superior Tribunal de Justiça:**

> "o crime de estupro de vulnerável configura-se com a conjunção carnal ou prática de ato libidinoso com menor de 14 anos, sendo **irrelevante o eventual consentimento da vítima para a prática do ato, experiência sexual anterior ou existência de relacionamento amoroso com o agente".**

No mesmo sentido é a posição do **Supremo Tribunal Federal.**[20]

Entretanto, há parcela doutrinária que critica essa previsão legal, sustentando que a lei deveria permitir a análise da vulnerabilidade no caso concreto. Para o professor Guilherme Nucci,[21] por exemplo, a vulnerabilidade deveria ser absoluta no caso das crianças (menores de 12 anos), mas relativa no caso de adolescentes menores de 14 anos, situação em que deveria ser avaliado o caso concreto.

Esse raciocínio pode ser útil para resolver polêmicas práticas, a exemplo da situação de namorados entre 13 e 18 anos de idade, porém não encontra respaldo na jurisprudência, tal como a chamada exceção de Romeu e Julieta.

Importante para Concursos:

a chamada **exceção de Romeu e Julieta** pretende resolver a polêmica do caso do relacionamento entre jovens com pequena diferença de idade. Considerando que o casal estaria na mesma fase de descoberta da sexualidade, essa doutrina entende que havendo consentimento para o ato, não seria razoável tipificar como crime a conduta entre os adolescentes, ainda que um deles já tenha completado 18 anos. **O nome deriva da famosa peça de Shakespeare, eis que Julieta tinha treze anos quando se relacionou com Romeu.** Alguns tribunais estaduais já aplicaram essa teoria, porém restringindo-a para o caso de maiores de 12 anos (excluindo as crianças, portanto). Mas os tribunais superiores não encampam esse entendimento.

Por fim, nos §§ 3º e 4º há qualificadoras com penas maiores se da conduta **resultar lesão corporal grave ou morte**, respectivamente punidas com dez a vinte anos de reclusão, e doze a trinta anos de reclusão.

---

20 STF. HC 101456/MG – 2ª T. – rel. Min. Eros Grau – j. 9-3-2010 – *DJe* 30-4-2010.

21 (...) perdemos uma oportunidade ímpar para equiparar os conceitos com o Estatuto da Criança e do Adolescente, ou seja, criança é a pessoa menor de 12 anos; adolescente, quem é maior de 12 anos. Logo, a idade de 14 anos deveria ser eliminada desse cenário. A tutela do direito penal, no campo dos crimes sexuais, deve ser absoluta, quando se tratar de criança (menor de 12 anos), mas deveria ser relativa ao cuidar do adolescente (maior de 12 anos). É o que demanda a lógica do sistema legislativo, se analisado em conjunto. A despeito de ter a lei optado pela vulnerabilidade absoluta, há, em nossa visão, uma exceção à regra, visto que o Brasil é um país de natureza continental, com costumes e valores diferenciados em suas regiões. Sabe-se da existência de casais, em união estável, com filhos, possuindo a mãe seus 12 ou 13 anos (por vezes, até menos). Formou-se uma família, cuja proteção advém da Constituição Federal, não podendo prevalecer a lei ordinária (...)". NUCCI, Guilherme de Souza. *Manual de direito penal*. 16. ed. Rio de Janeiro: forense, 2020. p. 1189.

3.3.11. Epidemia com resultado morte

Epidemia com resultado morte (art. 267, § 1º).

O **crime do art. 267 do Código Penal** criminaliza a conduta de "causar epidemia, mediante a propagação de germes patogênicos". Entretanto, o crime **só será hediondo se houver o resultado morte.** Assim, a figura simples do art. 267, *caput* e a culposa do **§ 2º** não são hediondas.

Epidemia "é a doença contagiosa que surge rapidamente em um local e atinge simultaneamente um grande número de pessoas". **Endemia** é a "doença infecciosa que, em face das características do ambiente, manifesta-se em determinada região", como a dengue. Já a **pandemia** "é a epidemia que se alastra de forma desproporcional e simultaneamente em várias regiões, difundindo-se por diversos países ou até mesmo por vários continentes".[22]

O crime é o de causar epidemia, isto é, dar origem, mas a doutrina diverge se o crime é de perigo abstrato ou perigo concreto. Diante da redação do tipo, **muitos autores entendem que o crime é de perigo concreto,** pois é necessário demonstrar a instalação da epidemia e com isso é inevitável a demonstração do perigo.[23]

O resultado morte que torna a figura qualificada e também hedionda deve ser culposo. Assim, o crime de epidemia com resultado morte é classificado como **preterdoloso**, pois há dolo na conduta inicial de causar a epidemia, mas o resultado morte é culposo, não querido pelo agente. Se houver intenção também de matar, o crime poderá ser de homicídio ou até genocídio.

3.3.12. Falsificação, corrupção

Falsificação, corrupção, adulteração ou alteração de produto destinado a fins terapêuticos ou medicinais (art. 273, *caput* e §§ 1º, 1º-A e 1º-B)

O ***caput*** do art. 273 do Código Penal pune a conduta do "falsificador de medicamentos", prevendo as condutas de "falsificar, corromper, adulterar ou alterar produto destinado a fins terapêuticos ou medicinais".

Já **o § 1** pune a conduta do "comerciante dos medicamentos falsos", prevendo as condutas de quem "importa, vende, expõe à venda, tem em depósito para vender ou, de qualquer forma, distribui ou entrega a consumo o produto falsificado, corrompido, adulterado ou alterado".

A pena do crime é altíssima, de reclusão de 10 a 15 anos, e foi alterada para esse montante pela Lei nº 9.677/1998, que ficou conhecida como "Lei dos Remédios" após **escândalos envolvendo a falsificação de medicamentos na década de 1990**, notadamente pílulas anticoncepcionais vendidas sem a substância de princípio ativo. Essa mesma lei incluiu o crime no rol da Lei de Crimes Hediondos.

O crime é de **perigo abstrato**, ou seja, o legislador presume que a prática das condutas gera perigo à saúde.

22 MASSON, Cleber. *Direito Penal. Vol. II. Parte especial.* 11. ed. Rio de Janeiro: Forense, 2017. p. 371.
23 GUEIROS, Artur; JAPIASSÚ, Carlos Eduardo. *Direito Penal. Volume único.* São Paulo: Atlas, 2018. p. 919.

Ocorre que **no § 1º-A** o legislador previu que o crime abrange não apenas medicamentos, suas matérias-primas, insumos farmacêuticos, e produtos de uso em diagnóstico, **mas também se aplica para cosméticos e saneantes**.

E **mais ainda, no § 1º-B,** a lei penal prevê que haverá o crime se as condutas do § 1º (importar, vender, etc.) abrangerem produtos **sem registro ou de procedência ignorada** (incisos I e V), dentre outras situações.

Cosméticos são produtos que servem para o embelezamento humano, enquanto saneantes servem à higienização. E por isso a doutrina critica intensamente a equiparação desses produtos com medicamentos para os fins do crime do art. 273, principalmente em razão da pena bastante alta e do caráter hediondo do crime. **Sustenta-se que há evidente violação ao princípio da proporcionalidade.**

Por isso, há fortes posicionamentos doutrinários no sentido de que o **art. 273, § 1º-A deve ser interpretado restritivamente,** considerando-se o crime como de **perigo concreto,** isto é, que depende da demonstração de efetiva potencialidade de dano à saúde do cosmético ou saneante. [24]Isso para tornar mais proporcional sua aplicação nesse caso específico.

Atenção:

no que se refere à importação de remédio sem registro (art. 273, § 1º-B, inciso I, do Código Penal), **o Supremo Tribunal Federal, em sede de repercussão geral, fixou a seguinte tese**:

> "**é inconstitucional a aplicação do preceito secundário do artigo 273 do Código Penal, com a redação dada pela Lei 9.677/1998 – reclusão de 10 a 15 anos** – à hipótese prevista no seu parágrafo 1º-B, inciso I, que versa sobre a importação de medicamento sem registro no órgão de vigilância sanitária. Para esta situação específica, fica repristinado o preceito secundário do artigo 273, na redação originária – reclusão de um a três anos e multa".[25]

Atenção:

na mesma linha, o Superior Tribunal de Justiça já tinha precedentes entendendo ser inconstitucional o preceito secuntário do art. 273, § 1º-B, do Código Penal, porém a corte entendia inconstitucional o preceito secundário para outros incisos do § 1º-B (e não apenas para o inciso I mencionado pelo STF), e entendia que a pena cabível seria a do crime de Tráfico de Drogas. [26]

24 LIMA. Op. cit., p. 342.

25 RE 979962 – Repercussão Geral – Tribunal Pleno – rel. Min. Roberto Barroso – j. 24-3-2021 – publicação 14-6-2021.

26 "No julgamento da Arguição de Inconstitucionalidade no HC 239.363/PR, a Corte Especial deste Superior Tribunal de Justiça declarou a inconstitucionalidade do preceito secundário do art 273, § 1º-B do Código Penal, autorizando a aplicação analógica das penas previstas para o crime de tráfico de drogas, contudo ainda prevalece nesta Turma a compreensão de inaplicabilidade das causas de aumento e redução de pena do tráfico ao delito do art. 273, § 1º-B do CP."

Todas as formas dolosas do crime do art. 273 do Código Penal são hediondas. **Mas a forma culposa (§ 2º, do art. 273) não é hedionda.**

3.3.13. Favorecimento da prostituição

Favorecimento da prostituição ou de outra forma de exploração sexual de criança ou adolescente ou de vulnerável (art. 218-B, caput, e §§ 1º e 2º).

O crime do art. 218-B do Código Penal foi inserido pela Lei nº 12.015/2009. Anos depois, nas proximidades da realização da Copa do Mundo no Brasil, **a Lei nº 12.978/2014 inseriu esse crime no rol de crimes hediondos** e mudou seu *nomen juris*, embora sem alterar a redação do tipo penal.

Essa alteração se deu porque a nomenclatura era equivocada ao intitular o crime como "favorecimento da prostituição ou outra forma de exploração sexual de vulnerável".

O crime de favorecimento da prostituição ou outra forma de exploração sexual não se confunde com o crime do art. 244-A do Estatuto da Criança e do adolescente, que tratava do crime de submeter criança ou adolescente à prostituição ou exploração sexual, eis que esse crime foi tacitamente revogado pela inclusão do art. 218-B no Código Penal.

Além do verbo submeter, estão tipificados também o ato de induzir ou atrair à prostituição, ou outra forma de exploração sexual, ou ainda facilitar, impedir ou dificultar que abandone.

O art. 218-B é uma forma especial de favorecimento à prostituição (art. 228 do Código Penal), específica para vítimas menores de 18 anos, ou pessoas que não tenham o necessário discernimento para o ato sexual.

Prostituição é a atividade habitual em que os atos sexuais são negociados em troca de pagamento não necessariamente monetário. [27]

No § 1º, há previsão de multa se houver intenção de vantagem econômica, o que revela que o crime do *caput* pode ser praticado mesmo sem interesse econômico. A figura também é considerada hedionda.

No § 2º, inciso I, há equiparação com as mesmas penas para o "cliente" que praticar conjunção carnal ou outro ato libidinoso com menor de dezoito anos na situação de exploração prevista no *caput*. A vítima nesse caso deve ser maior de 14 anos, pois caso contrário o crime será de estupro de vulnerável, disposto no art. 217-A do Código Penal.

Atenção:

A doutrina explica que **pouco importa se a vítima já está inserida há muito tempo na prostituição ou que a relação do cliente tenha sido eventual.**[28] A intenção da legislação é punir o cliente para evitar que haja demanda para a exploração sexual de menores de 18 anos. Essa previsão legal no art. 218-B do Código Penal acabou com a discussão que

27 LIMA. Op. cit., p. 343-344.
28 LIMA. Op. cit. p. 344.

existia com relação ao "cliente eventual" não detalhada no antigo art. 244-A do Estatuto da Criança e do Adolescente, de modo que os precedentes de jurisprudência que entendiam como atípica a conduta do cliente eventual restaram superados.

Já no § 2º, I, igualmente hediondo, a lei pune o proprietário, gerente ou responsável pelo local em que haja a exploração ou prostituição mencionada no *caput*. Aqui a figura se apresenta como uma forma qualificada do crime de casa de prostituição do art. 229 do Código Penal.

3.3.14. Furto qualificado pelo emprego de explosivo ou de artefato análogo que cause perigo comum

Furto qualificado pelo emprego de explosivo ou de artefato análogo que cause perigo comum (art. 155, § 4º-A).

A Lei nº 13.964/2019 chamada de "Pacote Anticrime" inseriu a qualificadora do furto com explosivo (art. 155, § 4º-A do Código Penal) no rol de crimes hediondos.

É a única hipótese de furto considerada hedionda, derivada da preocupação do legislador com o exponencial aumento de ocorrências envolvendo a explosão para o furto de caixas eletrônicos, fato que levou ao surgimento dessa qualificadora e, posteriormente, a sua inclusão no rol de crimes hediondos.

Parte da doutrina entende que a inclusão de uma modalidade de furto no rol de crimes hediondos viola o **princípio da proporcionalidade**, inclusive porque nem o roubo com emprego de explosivos (art. 157, § 2º, VI do Código Penal) é considerado hediondo.

Já a qualificadora do **§ 7º, do art. 155**, que trata do furto **de** substâncias explosivas ou acessórios que possam levar **à** sua fabricação, montagem ou emprego, **não foi considerada hedionda, apesar de ter a mesma pena**.

Importante para Concursos:

o furto com emprego de explosivos não se confunde com o furto de explosivos. São qualificadoras com as mesmas penas, de quatro a dez anos de reclusão e multa, porém previstas respectivamente no **§** 4º-A e **§** 7º, do art. 155, do Código Penal. **Mas somente a primeira, o furto com explosivos, é considerada hedionda.**

3.4. Art. 1º parágrafo único. Rol de crimes hediondos

Art. 1º (...)

Parágrafo único. Consideram-se também hediondos, tentados ou consumados:

O parágrafo único traz outros crimes também considerados hediondos.

3.4.1. O crime de genocídio

O crime de genocídio, previsto nos arts. 1º, 2º e 3º da Lei nº 2.889, de 1º de outubro de 1956

A lei considera hediondo **não apenas o crime de genocídio do art. 1º da Lei nº 2.889/1956** mas também os delitos de **associação para fins de genocídio** (art. 2º) e **incitação ao genocídio** (art. 3º).

O art. 1º trata do crime de genocídio propriamente dito, abrangendo as condutas previstas na alínea *a* à e) praticadas com a "a intenção de destruir, no todo ou em parte, grupo nacional, étnico, racial ou religioso".

As **penas variam de acordo com a conduta praticada**, que podem ser **a)** matar membros do grupo (penas do art. 121, § 2°, do Código Penal); **b)** causar lesão grave à integridade física ou mental de membros do grupo (penas do art. 129, § 2°,); **c)** submeter intencionalmente o grupo a condições de existência capazes de ocasionar-lhe a destruição física total ou parcial (penas do art. 270); **d)** adotar medidas destinadas a impedir os nascimentos no seio do grupo (penas do art. 125); **e)** efetuar a transferência forçada de crianças do grupo para outro grupo (penas do art. 148).

O **art. 2º trata do crime** de associação para o genocídio, prevendo a conduta de "associarem-se mais de três pessoas para prática dos crimes mencionados no artigo anterior", punido com metade da pena dos casos do art. 1º.

Entretanto, **a doutrina alerta que o art. 2º da Lei nº 2.889/1956 deve ser lido em conjunto com o art. 8 da Lei nº 8.072/1990**, que prevê que a pena do crime do art. 288 do Código Penal (associação criminosa) será de três a seis anos de reclusão quando se tratar de crimes hediondos ou equiparados.

Atenção:

Os crimes associativos em regra não são hediondos. As exceções são o presente art. 2º da Lei nº 2.889/1956, e o crime de organização criminosa quando voltada à prática de crimes hediondos ou equiparados, que será visto mais à frente. Outros crimes de associação criminosa, como o do art. 288, o do art. 288-A do Código Penal, e o crime do art. 35 da Lei nº 11.343/2006, não são considerados hediondos. Aliás, nem mesmo o crime de integrar organização criminosa é hediondo, exceto no caso de a organização ser voltada à prática de crimes hediondos ou equiparados.

O crime de genocídio, principalmente na conduta de matar membros do grupo, não pode ser confundido com o homicídio praticado em atividade típica de grupo de extermínio. A finalidade especial do crime de genocídio é a de destruir no todo ou em parte determinado grupo.[29] Também são diferentes os crimes, porque o **sujeito passivo do crime de genocídio**

29 LIMA. Op. cit. p. 346.

é específico aos grupos mencionados na lei (grupo nacional, étnico, racial ou religioso), ao passo que o homicídio em atividade típica de grupo de extermínio é crime contra a vida.

Atenção:

o **Supremo Tribunal Federal** já decidiu que no caso de genocídio com mortes de membros do grupo atacado em circunstâncias semelhantes de tempo e lugar o agente deve responder por vários homicídios em continuidade delitiva em concurso formal impróprio com o crime de genocídio, caso em que, havendo imputação de homicídio, a competência será do Tribunal do Júri. [30]

O crime de posse ou porte ilegal de arma de fogo de uso proibido, previsto no art. 16 da Lei nº 10.826, de 22 de dezembro de 2003; o crime de comércio ilegal de armas de fogo, previsto no art. 17 da Lei nº 10.826, de 22 de dezembro de 2003; o crime de tráfico internacional de arma de fogo, acessório ou munição, previsto no art. 18 da Lei nº 10.826, de 22 de dezembro de 2003;

Com a edição da Lei nº 13.964/2019 o legislador ajustou os crimes do Estatuto do Desarmamento taxados de hediondos, prevendo três figuras delitivas como crime hediondo, a saber, a posse ou porte ilegal de arma de fogo proibido do art. 16, comércio ilegal do art. 17, e tráfico internacional do art. 18.

Com a inclusão do art. 17 e do art. 18 da Lei nº 10.826/2003 no rol de crimes hediondos o legislador corrigiu uma omissão muito criticada na doutrina, pois anteriormente era hediondo apenas o art. 16, o que escancarava a desproporcionalidade no fato de crimes mais graves do Estatuto do Desarmamento não serem hediondos. Isso foi corrigo, mas algumas polêmicas ainda persistem.

Antes dessa alteração de 2019, **a Lei nº 13.497/2017** havia previsto como hediondo o crime de porte ou posse ilegal de arma de fogo de uso restrito do art. 16 da Lei nº 10.826/2003 (estatuto do desarmamento), sendo que a redação do art. 16 tratava em conjunto de armas de uso restrito e armas de uso proibido[31].

Com a mudança da Lei nº 13.964/2019, o crime do art. 16 teve inserido o § 2º, prevendo uma qualificadora para o crime do *caput* ou do § 1º quando a arma for de uso proibido, mantendo-se o *caput* e o agora § 1º (antes parágrafo único) para as armas e acessórios e munições de uso restrito.

Entretanto, a qualificadora desse § 2º **não tipifica** o porte ou posse ilegal de **acessórios e munições de uso proibido**, tratando apenas do porte ou posse ilegal de armas de fogo de uso proibido, ao contrário do *caput* e § 1º, que quando tratam do porte ou posse ilegal de arma de fogo de uso restrito tipificam também o porte ou posse ilegal de acessórios e munições de uso restrito.

30 STF. RE 351487/RR – Tribunal Pleno – rel. Min. Cezar Peluso – j. 3-8-2006 – publicação: 10-11-2006.
31 Para os detalhes sobre os conceitos remetemos o leitor aos comentários sobre o estatuto do desarmamento.

E na mesma alteração a Lei de Crimes Hediondos foi modificada para prever como **hediondo "a posse ou porte ilegal de arma de fogo de uso proibido".** Mas, de forma contraditória, a atual redação da Lei de Crimes Hediondos menciona que é hediondo o art. 16 da Lei nº 10.826/2003, sem restringir apenas ao § 2º, que é o dispositivo que atualmente trata das armas de uso proibido.

Daí a dúvida: é crime hediondo o art. 16 inteiro do Estatuto do Desarmamento, diante do critério legal adotado pela Lei dos Crimes Hediondos, ou apenas seu § 2º, diante da descrição apenas de armas de uso proibido?

Para grande parte da doutrina é hediondo somente o § 2º, diante do tratamento diferenciado dado pela lei atualmente, que especificou o crime para armas de uso proibido no § 2º, do art. 16, do Estatuto do Desarmamento.[32] E mais ainda, como a posse ou porte ilegal de acessórios e munições **de uso proibido** não está mencionadaa nesse dispositivo, que **trata apenas de armas** de uso proibido, a posse ou porte desses acessórios ou munições de uso proibido não pode ser considerada hedionda.

No mesmo sentido, a posse ou porte ilegal de arma de fogo, acessórios e munições de uso restrito, e as condutas do § 1º relacionadas a armas, acessórios e munições de uso restrito, não são mais hediondas, e nesse ponto a Lei nº 13.964/2019 é benéfica e deve retroagir.

Por fim, a Lei nº 13.964/2019 alterou a Lei de Crimes Hediondos para incluir no rol também os crimes de comércio ilegal de armas de fogo do **art. 17** e o crime de tráfico internacional de arma, acessório, ou munição do **art. 18.** E **todas as figuras delitivas desses artigos são hediondas, inclusive suas figuras equiparadas de seus parágrafos, porque a lei não fez restrição alguma.**

Com relação às especificidades desses crimes do Estatuto do Desarmamento, os conceitos de arma de uso restrito e proibido, e demais peculiaridades, remetemos o leitor ao capítulo referente aos comentários à Lei nº 10.826/2003.

3.4.2. O crime de organização criminosa

O crime de organização criminosa, quando direcionado à prática de crime hediondo ou equiparado.

O crime de organização criminosa está previsto no art. 2º da Lei nº 12.850/2013, porém **o delito em si não é considerado hediondo, exceto se a organização criminosa se voltar à prática de delito hediondo ou equiparado.**

Atenção:

outros crimes associativos, como o crime do art. 288 do Código Penal não são hediondos ainda que a associação esteja voltada à prática de crimes hediondos. Nem mesmo a associação para o tráfico do art. 35 da Lei nº 11.343/2006 é considerada crime hediondo.

32 É o raciocínio de LIMA. Op. cit. p. 348.

Conforme já visto, outra exceção a essa regra é o crime de associação para o genocídio, que consta por si só do rol de crimes hediondos (art. 1º, parágrafo único, I) e por isso é considerado hediondo (art. 2º da Lei nº 2.889/1956).

3.5. Crimes equiparados a hediondos

A doutrina distingue os crimes hediondos dos crimes equiparados a hediondos porque a Constituição Federal previu em seu art. 5º, XLIII, que

> "a lei considerará crimes inafiançáveis e insuscetíveis de graça ou anistia a **prática da tortura, o tráfico ilícito de entorpecentes e drogas afins, o terrorismo e os definidos como crimes hediondos,** por eles respondendo os mandantes, os executores e os que, podendo evitá-los, se omitirem."

Como já visto, trata-se de um mandamento de criminalização desses crimes expressamente destacados, e daqueles que a lei ordinária vier a catalogar como hediondos. Assim, tecnicamente são hediondos os crimes constantes da Lei nº 8.072/1990, e equiparados a eles os crimes de tortura, tráfico ilícito de drogas, e terrorismo. Com relação aos delitos equiparados aos hediondos, entretanto, o legislador não tem margem para avaliação, pois a própria Constituição os estabilizou em seu texto, demandando tratamento mais rigoroso a eles.

3.5.1. Crime equiparado a hediondo: tortura

O **crime de tortura** está previsto na Lei nº 9.455/1997 e tutela a dignidade da pessoa humana, direito fundamental previsto no art. 5º, III, da Constituição Federal ("ninguém será submetido à tortura nem a tratamento desumano ou degradante").

Todas as figuras típicas da Lei nº 9.455/1997 são consideradas equiparadas aos crimes hediondos[33], porém há autores que defendem que a tortura por omissão do art. 1º, § 2º, da Lei nº 9.455/1997 não é equiparado à hediondo.

Com relação às especificidades de cada um dos crimes, remetemos o leitor aos comentários específicos à referida lei.

3.5.2. Crime equiparado a hediondo: tráfico ilícito de entorpecentes e drogas afins

O **tráfico ilícito de entorpecentes** e drogas afins está tipificado na Lei nº 11.343/2006, a chamada "Lei de Drogas". Entretanto, há mais de uma figura típica tratando de tráfico de drogas e outros crimes relacionados, o que gera discussão sobre quais tipos penais são considerados hediondos.

Tráfico de drogas propriamente dito são os crimes tipificados no art. 33, *caput* e § 1º da Lei nº 11.343/2006. Entretanto, o art. 44 da mesma lei traz vedações típicas dos crimes

33 LIMA. Op. cit. p. 989.

hediondos, proibindo graça, indulto, anistia, etc., para os crimes dos arts. 33, *caput* e §§ 1º, 34, 35, 36, e 37 da Lei de Drogas.

Essa previsão serve como indicativo de quais crimes seriam considerados tráfico de drogas para fins de tê-los como equiparados aos crimes hediondos.

E realmente, **à exceção do art. 35,** que trata da associação para o tráfico, a jurisprudência e a doutrina entendem que **são equiparados a hediondos os crimes dos arts. 33, *caput* e § 1º** (tráfico de drogas), **34** (tráfico de maquinário), **36** (financiamento do tráfico de drogas) **e 37** (colaboração como informante do tráfico), todos da Lei nº 11.343/2006.

O financiamento do tráfico de drogas (art. 36) não deixa de ser participação nos crimes do art. 33 *caput* ou § 1º, ou art. 34. Inclusive, antes da Lei nº 11.343/2006, na antiga Lei de Drogas, quem financiasse o tráfico de drogas ou de maquinário respondia pelo mesmo crime que o traficante. [34] Atualmente a conduta foi separada no art. 36 para ter pena mais severa, em nítida exceção à teoria monista. Daí que, por lógica, o crime do art. 36 também é considerado equiparado à hediondo.

Igualmente, **o crime do art. 37,** que prevê a conduta de "colaborar como informante, com grupo, organização ou associação destinados à prática de qualquer dos crimes previstos nos arts. 33, *caput* e §§ 1º, e 34", é considerado equiparado à hediondo, porque é inegável que essa conduta concorre para a prática do tráfico de drogas.

Já **o crime de associação para o tráfico do art. 35 historicamente nunca foi considerado hediondo,** mesmo sob a égide da Lei de Drogas anterior [35], e esse entendimento persiste sob a vigência da Lei nº 11.343/2006.

Por fim, o chamado **tráfico privilegiado** (§ 4º, do art. 33, da Lei nº 11.343/2006) **não é considerado equiparado à hediondo, conforme previsão expressa no art. 112, § 5º** da Lei de Execuções Penais, incluído pela Lei nº 13.964/2019.[36]

Atenção:

a Súmula nº 512 do Superior Tribunal de Justiça foi cancelada diante da decisão do Supremo Tribunal Federal no HC n. 118.533, no qual a Suprema Corte decidiu que "o tráfico de entorpecentes privilegiado (art. 33, § 4º, da Lei nº 11.313/2006) não se harmoniza com a hediondez do tráfico de entorpecentes definido no *caput* e § 1º do art. 33 da Lei de Tóxicos". Atualmente o art. 112, § 5º, da Lei de Execuções Penais, incluído pela Lei nº 13.964/2019, expressamente encampa esse entendimento.

34 LIMA. Op. cit., p. 351.

35 Supremo Tribunal Federal. HC nº 83017/RJ – 1ª T. – rel. Min. Carlos Britto – j. 2-9-2003 – publicação: 23-4-2004.

36 O chamado "tráfico privilegiado" é uma hipótese de diminuição de pena para o autor dos crimes do art. 33, *caput* e § 1º, desde que seja primário, de bons antecedentes, não se dedique às atividades criminosas nem integre organização criminosa. E havia discussão se a aplicação dessa causa de diminuição de pena teria o condão de retirar o caráter de equiparado a hediondo do crime. A jurisprudência do Superior Tribunal de Justiça chegou se consolidar no sentido de que o privilégio não afastava o caráter de equiparado a hediondo, porém o Supremo Tribunal Federal decidiu em contrário.

Também não são equiparados a hediondos os crimes do art. 28, art. 33, § 2º, art. 33, § 3º, art. 38, e art. 39 da Lei nº 11.343/2006, eis que em nenhum deles há tipificação de conduta relacionada ao comércio de drogas.

3.5.3. Crime equiparado a hediondo: terrorismo

O crime de **terrorismo está atualmente previsto na Lei nº 13.260/2016,** que veio suplantar uma deficiência legislativa que gerava discussões sobre a efetiva existência de tipificação da conduta de terrorismo como crime.

Para alguns, mesmo antes da edição da Lei nº 13.260/2016, a conduta de terrorismo estaria tipificada no art. 20 da Lei nº 7.170/83 (antiga lei de crimes contra a segurança nacional, já revogada pela Lei n. 14.197/2021), por mencionar atos de terrorismo, porém a maioria da doutrina rechaçava essa tese por entender que a lei não trazia um conceito certo de "terrorismo".

O **art. 2º, da Lei nº 13.260/2016** finalmente definiu o crime de terrorismo como sendo a prática por um ou mais indivíduos, de um dos atos discriminados no seu parágrafo primeiro (incisos I a V), desde que

> "por razões de xenofobia, discriminação ou preconceito de raça, cor, etnia e religião, e quando cometidos com a finalidade de provocar terror social ou generalizado, expondo a perigo pessoa, patrimônio, a paz pública ou a incolumidade pública".

Na sequência, a lei traz outros crimes relacionados a terrorismo no **art. 3º** (organização terrorista), **art. 5º** (preparação de terrorismo) **e art. 6º** (financiamento ao terrorismo).

Atenção:

a **doutrina diverge** sobre quais os crimes da Lei nº 13.260/2016 devem ser considerados equiparados a hediondos.

Para a corrente restritiva, apenas o crime do art. 2º deve ser considerado equiparado à hediondo, pois ali é que está o conceito de terrorismo propriamente dito, tipificando efetivamente o crime de terrorismo, ao passo que os outros crimes trazem condutas apenas relacionadas a terrorismo. Como o art. 2º traz uma definição categórica de terrorismo, alguns autores entendem que somente esse crime configura o terrorismo ao qual a Constituição Federal se refere como crime equiparado à hediondo. [37]

Para a corrente ampliativa, todos os crimes da Lei nº 13.260/2016 devem ser considerados hediondos, pois o art. 17 da mesma lei assegura que "aplicam-se as disposições da Lei nº 8.072, de 25 de julho de 1990, aos crimes previstos nesta Lei". E, ainda, porque a expressão

37 Com esse posicionamento: LIMA. Op. cit., p. 921.

"terrorismo" está efetivamente impregnada em todos os crimes da Lei nº 13.260/2016. É nossa posição.[38]

3.6. Art. 2º *caput*: vedação à concessão de anistia, graça, indulto e fiança

> **Art. 2º** Os crimes hediondos, a prática da tortura, o tráfico ilícito de entorpecentes e drogas afins e o terrorismo são insuscetíveis de:
>
> **I** – anistia, graça e indulto;
>
> **II** – fiança.

O **art. 5º, XLIII, da Constituição Federal** dispõe que:

> "a lei considerará crimes **inafiançáveis e insuscetíveis de graça ou anistia** a prática da **tortura**, **o tráfico ilícito de entorpecentes** e drogas afins, **o terrorismo** e os **definidos como crimes hediondos,** por eles respondendo os mandantes, os executores e os que, podendo evitá-los, se omitirem."

Atendendo ao comando constitucional, **o art. 2º da Lei nº 8.072/1990** dispõe que esses crimes são insuscetíveis de **anistia, graça e indulto** (inciso I) **e fiança** (inciso II).

Importante para Concursos:

uma boa forma de memorizar é usar o mnemônico **FIGA**:

Os crimes hediondos, a prática da tortura, o tráfico ilícito de entorpecentes e drogas afins e o terrorismo são insuscetíveis de:	
F	Fiança
I	Indulto
G	Graça
A	Anistia

É **importante ainda** não confundir os crimes insuscetíveis de fiança, graça, ou anistia, com os crimes imprescritíveis, o que é sempre objeto de provas e confunde o candidato:

CRIME	INAFIANÇAVEL	IMPRESCRITÍVEL	INSUSC. GRAÇA/ANISTIA/INDULTO
T-T-T (tráfico, tortura e terrorismo).	Sim	Não	Sim
Hediondo	Sim	Não	Sim
Racismo	Sim	Sim	Não
Ação de grupos armados contra a ordem constitucional e o Estado Democrático	Sim	Sim	Não

38 Também com esse entendimento: GARCEZ, William. *Legislação Criminal Especial comentada*. Salvador: Juspodivm, 2021. p. 38.

3.6.1. Anistia, Graça e Indulto

Os institutos da anistia, da graça e do indulto **são situações de "clemência soberana"** em que o Estado abdica do direito de punir em busca de pacificação social, movido por razões de política criminal.[39]

A anistia é o esquecimento jurídico da infração penal, apagando **fatos** considerados crimes. Seu foco não são indivíduos, mas determinados fatos considerados criminosos que, com base na anistia, passam a não mais sê-los. Seus efeitos, obviamente, atingirão as pessoas que eventualmente tenham praticado esses fatos determinados, mesmo que já condenadas, e a consequência será a extinção da punibilidade.

A **anistia é efetivada por meio de lei federal de competência do Congresso Nacional** (art. 48, VIII, da Constituição Federal) e via de regra não pode ser recusada porque é efetivada por lei na qual o Estado abre mão do direito de punir.

Já a graça e o **indulto** são de competência do Presidente da República, por meio de decreto presidencial (art. 84, XII, e parágrafo único, da Constituição Federal), podendo ser delegado a Ministro de Estado, Procurador-Geral da República ou Advogado Geral da União.

Tanto a **graça como o indulto se referem a pessoas** e incidem após o trânsito em julgado da condenação, gerando a extinção da punibilidade (indulto e graça **totais**). Mas a **graça é individual** e em regra deve ser requerida pelo interessado, ao passo que o **indulto é coletivo**, e é normalmente espontâneo, a exemplo dos comuns indultos natalinos.

Alguns autores tratam ainda do **indulto parcial**, também chamado de **comutação de pena**, que nada mais é do que o indulto que não extingue a punibilidade, apenas diminui a pena a ser cumprida[40].

Atenção:

A **Súmula nº 631 do Superior Tribunal de Justiça** prevê que "o indulto extingue os efeitos primários da condenação (pretensão executória), mas não atinge os efeitos secundários, penais ou extrapenais". Ou seja, **afasta a aplicação da pena ou medida de segurança (efeitos primários)**, mas a condenação continua tendo força para gerar reincidência, e não afasta a obrigação de indenizar a vítima, por exemplo.

Percebe-se que a Constituição Federal menciona **apenas a vedação à graça e à anistia**, ao passo que a lei ordinária veda também o indulto. Para a maioria da doutrina, **não há** incompatibilidade entre o texto da lei e a Constituição Federal, porque o entendimento majoritário é o de que **a graça nada mais é do que o indulto individual**, de modo que quando a Constituição veda a concessão de graça (indulto individual), também está vedando o indulto (coletivo).

39 ESTEFAM, André. *Direito penal: parte geral (arts. 1º a 120)*. 7. ed. São Paulo: Saraiva Educação, 2018. p. 568.
40 ESTEFAM, André, op. cit., 2018. p. 570.

Atenção:

O Supremo Tribunal Federal entende que não há inconstitucionalidade do inciso I, do art. **2º**, da Lei nº 8.072/1990, porque "o art. 5º, XLIII, da Constituição, que proíbe a graça, gênero do qual o indulto é espécie, nos crimes hediondos definidos em lei, não conflita com o art. 84, XII, da Lei Maior". [41]

No mesmo sentido, **a jurisprudência também entende incabível a comutação (indulto parcial)** nos crimes hediondos e equiparados.

Atenção:

já decidiu o **STJ** que

> "é **vedada** a concessão de indulto **ou de comutação** aos condenados por crimes hediondos ou outros a eles equiparados, entre os quais se insere o tráfico de drogas sem a incidência do art. 33, § 4º, da Lei nº 11.343/2006. Regra do art. 2º, I, da Lei nº 8.072/1990 e do art. 5º, XLIII, da CF". [42]

No caso do **crime de tortura, há ainda outra discussão, pois o art. 1º, § 6º, da Lei nº 9.455/1997,** que trata do crime de tortura, prevê que esse delito "é inafiançável e insuscetível de graça ou anistia", **sem mencionar a proibição do indulto.** Como a lei do crime de tortura é posterior à Lei de Crimes Hediondos, parte da doutrina sustenta que o indulto não pode ser vedado nos crimes de tortura. Mas prevalece que a proibição do indulto decorre diretamente da Constituição Federal quando esta proíbe a graça.

Atenção:

o **Supremo Tribunal Federal** entende que realmente não cabe indulto nos crimes de tortura, e já decidiu que:

> "a concessão de indulto aos condenados a penas privativas de liberdade insere-se no exercício do poder discricionário do Presidente da República, limitado à vedação prevista no inciso XLIII do artigo 5º da Carta da República. (...) **revela-se inconstitucional a possibilidade de que o indulto seja concedido aos condenados por crimes hediondos, de tortura**, terrorismo ou tráfico ilícito de entorpecentes e drogas afins, independentemente do lapso temporal da condenação (...)". [43]

Por fim, o **indulto humanitário**, assim chamado quando o indulto é concedido por motivo de deficiência física ou estado debilitado de saúde do condenado, é em princípio

41 STF. HC nº 90364 – Tribunal Pleno – rel. Min. Ricardo Lewandowski – j. 31-10-2007 – publicação: 30-11-2007.
42 AgRg no HC 670378/SP – 5ª T. – rel. Min. Reynaldo Soares da Fonseca – j. 15-6-2021 – *DJe* 21-6-2021.
43 STF. ADI n. 2795 MC/DF – Medida Cautelar na Ação Direta de Inconstitucionalidade – Tribunal Pleno – rel. Min. Maurício Corrêa – j. 8-5-2003 – publicação: 20-6-2003.

também vedado aos crimes hediondos e equiparados, eis que a lei não fez distinção. Entretanto, muitos autores entendem cabível mesmo nos crimes hediondos e equiparados, consagrando o princípio da dignidade da pessoa humana.

Na jurisprudência, há precedentes do **STJ admitindo** o indulto humanitário em crimes hediondos e equiparados [44], mas em sentido contrário também há precedente do **STF proibindo** o indulto humanitário em crime equiparado **à** hediondo.[45]

3.6.2. Inafiançabilidade e liberdade provisória

A **inafiançabilidade** dos crimes hediondos e equiparados está expressamente prevista na Constituição Federal (**art. 5º, XLIII**), e foi reiterada no art. **2º**, II, da Lei nº 8.072/1990.

Atenção:

além dos crimes hediondos e equiparados, a Constituição Federal também considera inafiançáveis os crimes de **racismo** (art. **5º, XLIII) e a ação de grupos armados, civis ou militares, contra a ordem constitucional e o Estado Democrático** (art. **5º**, XLIV), o que é previsto também no art. 323 do Código de Processo Penal.

Importante para Concursos:

o **STF** decidiu que **a injúria racial** (art. 140, **§** 3º, do Código Penal) **é uma espécie do gênero racismo** e, por isso, considerou o crime imprescritível nos termos do art. **5º**, XLII, da Constituição Federal.[46] No mesmo sentido, **já havia consolidado o STJ.**[47]

Fiança é caução real, prestada mediante pagamento em dinheiro ou entrega de valores, assegurando que o acusado cumprirá com obrigações processuais em liberdade, indicando (com o pagamento), que tem interesse em se apresentar à Justiça para obter a restituição do valor ao final (arts. 327 e 344 do Código de Processo Penal).[48]

Atenção:

A fiança pode servir como medida contracautelar substitutiva da prisão em flagrante delito (**art. 310, III,** do Código de Processo Penal). Ou como medida cautelar autônoma,

44 STJ. AgRg no HC nº 419354/SP – 6ª T. rel. Min. maria Thereza de Assis Moura – j. 20-2-2018 – *DJe* 26-2-2018.
45 STF. HC 118213/SP – 2ª T. – rel. Min. Gilmar Mendes – j. 6-5-2014 – publicação: 4-8-2014.
46 STF. HC 154.248/DF
47 "Nos termos da orientação jurisprudencial desta Corte, com o advento da Lei nº 9.459/1997, introduzindo a denominada injúria racial, criou-se mais um delito no cenário do racismo, portanto, imprescritível, inafiançável e sujeito à pena de reclusão". STJ. AgRg no AREsp 734.236/DF – 6ª T. – Min. Nefi Cordeiro – *DJe* 8-3-2018.
48 MORAES, Rafael Francisco Marcondes de. *Prisão em flagrante delito constitucional*. Salvador: JusPodivm, 2018. p. 215.

cumulada ou não com outras medidas cautelares diversas da prisão (**art. 319, VIII,** do Código de Processo Penal.

Como a proibição de fiança aos crimes hediondos e equiparados deriva da própria Constituição Federal, durante algum tempo se entendeu que essa proibição levava à proibição também de liberdade provisória, mas **esse entendimento está superado.**[49]

Inclusive, originalmente esse dispositivo da Lei de Crimes Hediondos que proíbe a concessão de fiança (art. **2º**, II) proibia também a liberdade provisória. Entretanto, com a edição da Lei nº 11.464/2007 **o dispositivo passou a vedar apenas a concessão de fiança**, muito em razão da mudança da jurisprudência.

O entendimento que levou a essa alteração legislativa **é de que** vedar abstratamente a liberdade provisória, sem avaliação do caso concreto, **viola a presunção de não culpabilidade** (art. 5º, LVII, da CF), porque tornaria automática a prisão em todos os casos de crimes hediondos ou equiparados, mesmo que no caso concreto não se vislumbre perigo na liberdade do indivíduo.

Essa prisão automática violaria ainda a **exigência de fundamentação** para qualquer ordem de prisão pela autoridade judiciária competente (art. 5º, LXI, da CF).

Diante desses outros dispositivos, entende-se que a Constituição Federal deve ser lida de forma integral, sistemática, e principalmente levando em conta o disposto em seu **art. 5º, LXVI,** que prevê que "ninguém será levado à prisão ou nela mantido, quando a lei admitir a liberdade provisória, com ou sem fiança".

Com base nesse dispositivo, a doutrina entende que há duas modalidades de liberdade provisória, uma com fiança e outra sem fiança. Assim, entende-se que embora seja vedada a concessão de fiança aos crimes hediondos e equiparados, **não pode ser proibida automaticamente a concessão de liberdade provisória sem fiança,** devendo essa análise ser feita pelo juiz no caso concreto.

Atenção:

consolidando esse entendimento, **na ADI n. 3112** o Supremo Tribunal Federal declarou a inconstitucionalidade de dispositivos da Lei nº 10.826/2003 (Estatuto do Desarmamento) que vedavam a liberdade provisória em alguns dos crimes ali previstos, argumentando que "o texto magno não autoriza a prisão *ex lege*, em face dos princípios da presunção de inocência e da obrigatoriedade de fundamentação dos mandados de prisão pela autoridade judiciária competente".[50]

49 Chegou a decidir o STF, em precedente já superado, que "a proibição de liberdade provisória, nos casos de crimes hediondos e equiparados, decorre da própria inafiançabilidade imposta pela Constituição da República à legislação ordinária (Constituição da República, art. 5º, XLIII") HC 93302 – 1ª T. – rel. Min. Carmen Lucia – j. 25-3-2008 – publicação: 9-5-2008.

50 STF. ADI n. 3112 – Tribunal Pleno – rel. Min. Ricardo Lewandowski – j. 2-5-2007 – publicação: 26-10-2007.

Atenção:

no mesmo sentido, o Supremo Tribunal Federal reconheceu incidentalmente a inconstitucionalidade da vedação à liberdade provisória prevista no *caput* do art. 44 da Lei nº 11.343/2006, com relação aos crimes de tráfico de drogas. [51]

3.7. Art. 2º, § 1º: regime inicialmente fechado

Art. 2º (...)

§ 1º A pena por crime previsto neste artigo será cumprida inicialmente em regime fechado.

O § 1º, do art. 2º, da Lei nº 8.072/1990 prevê que a pena decorrente de condenação por crime hediondo ou equiparado deverá ser cumprida em regime **inicialmente** fechado. Antes da alteração efetivada pela Lei nº 11.464/2007 o dispositivo era ainda mais restritivo e previa que a pena deveria ser cumprida em regime **integralmente** fechado.

Ambas as disposições, entretanto, acabaram sendo afastadas pelo Supremo Tribunal Federal por considerar que **violam o princípio da individualização da pena** previsto no art. 5º, XLVI, da Constituição Federal.

Atenção:

a individualização da pena pode ser: **1. Legislativa,** em que o legislador escolhe os fatos a serem punidos, as penas cabíveis, e os critérios de fixação da pena**. 2. Judiciária,** ao fim da instrução processual, feita pelo juiz na sentença, dando contornos concretos à previsão legislativa. **3. Executória,** durante o cumprimento da pena, com avaliação pelo juiz dos benefícios cabíveis ao sentenciado tendo em vista sua ressocialização.[52]

Na redação original do § 1º, do art. 2º, da Lei nº 8.072/1990, que previa regime integralmente fechado para os condenados por crimes hediondos e equiparados, grande parte da doutrina já criticava essa vedação completa, entendendo que feria o princípio da individualização da pena. E o tema ficou mais sensível ainda quando **a Lei nº 9.455/1997 (Lei de Tortura)** entrou em vigor e passou a prever que nos crimes de tortura o condenado deveria **apenas iniciar** o cumprimento da pena em regime fechado. Afinal, como um crime equiparado à hediondo (tortura) poderia ter tratamento diferente dos demais?

Então, **no HC nº 82.959**, em controle difuso de constitucionalidade, mas com eficácia *erga omnes*, o Supremo Tribunal Federal decidiu que o princípio da individualização da pena

51 STF. HC n. 104339 – Tribunal Pleno – rel. Min. Gilmar Mendes – j. 10-5-2012 – publicação: 6-12-2012.
52 NUCCI, 2020, op. cit., p. 104.

impede que o legislador vede a progressão de regime em abstrado. Isto é, a lei não pode impedir a individualização executória da pena, de modo que ao juiz da execução deve caber a apreciação dos requisitos para progressão no caso concreto.[53]

Atenção:

no mesmo sentido é a **Súmula Vinculante nº 26**:

> "para efeito de progressão de regime no cumprimento de pena por crime hediondo, ou equiparado, o juízo da execução observará a inconstitucionalidade do art. 2º da Lei nº 8.072, de 25 de julho de 1990, sem prejuízo de avaliar se o condenado preenche, ou não, os requisitos objetivos e subjetivos do benefício, podendo determinar, para tal fim, de modo fundamentado, a realização de exame criminológico."

Importante para Concursos:

essa guinada jurisprudêncial do STF, passando a considerar a vedação em abstrato da progressão de regime como incompatível com o princípio da individualização da pena é **exemplo de mutação constitucional.**

Na sequência, **a Lei nº 11.464/2007** alterou o § 1º, do art. 2º, da Lei nº 8.072/1990, passando a prever que o regime de cumprimento de pena por crime hediondo ou equiparado deveria ser **apenas inicialmente fechado**, admitindo, com isso, a progressão de regime posterior. E ainda inseriu requisitos temporais mais gravosos no § 2º (atualmente revogado) do mesmo artigo.

Nesse ponto, **a alteração acabou sendo mais gravosa** (*novatio legis in pejus*), pois a progressão de regime já era admitida desde que o Supremo Tribunal Federal afastou o disposto no anterior §1º, do art. 2º, da Lei nº 8.072/1990, e a Lei nº 11.464/2007, posterior, trouxe requisitos mais gravosos para progressão de regime em condenações por crimes hediondos ou equiparados no § 2º do mesmo artigo, respectivamente de 2/5 e 3/5 para primários ou reincidentes.

Importante para Concursos:

esses patamares mínimos de cumprimento para progressão, mais gravosos, não se aplicam aos crimes hediondos e equiparados cometidos até o dia 28 de março de 2007, que tinham

53 "Conflita com a garantia da individualização da pena – art. 5º, XLVI, da Constituição Federal – a imposição, mediante norma, do cumprimento da pena em regime integralmente fechado. Nova inteligência do princípio da individualização da pena, em evolução jurisprudencial, assentada a inconstitucionalidade do art. 2º, § 1º, da Lei nº 8.072/1990." STF. HC nº 82.959 – Tribunal Pleno – rel. Min. Marco Aurélio – j. 23-2-2006 – publicação: 1º-9-2006.

tratamento mais benéfico diante da decisão do STF mencionada, e a esses crimes persiste a necessidade de cumprimento de apenas 1/6 da pena no regime anterior[54].

Atenção:

esse entendimento foi consolidado na **Súmula nº 471 do STJ:** "os condenados por crimes hediondos ou assemelhados cometidos antes da vigência da Lei nº 11.464/2007 sujeitam-se ao disposto no art. 112 da Lei nº 7.210/1984 (Lei de Execução Penal) para a progressão de regime prisional".

O art. 112 da Lei nº 7.210/1984 foi alterado novamente pela Lei nº 13.964/2019 ("Pacote Anticrime"), que trouxe novos patamares para a progressão de regime nos crimes hediondos e equiparados. Porém com relação aos crimes cometidos até o dia 28 de março de 2007 o posicionamento do STJ persiste.

Apesar da permissão legal para progressão de regime, novamente o Supremo Tribunal Federal se pronunciou, **no HC nº 111.840,**[55] entendendo que também a **exigência de regime inicialmente fechado fere o princípio da individualização da pena** e "os critérios para a fixação do regime prisional inicial devem-se harmonizar com as garantias constitucionais, sendo necessário exigir-se sempre a fundamentação do regime imposto, ainda que se trate de crime hediondo ou equiparado". E se fosse intenção do constituinte restringir o regime inicial de pena dos crimes hediondos, teria feito a restrição no seu texto tal como fez no art. 5º, XLIII quando os tornou inafiançáveis e insuscetíveis à graça e à anistia.

Importante para Concursos:

como o **crime de tortura** é equiparado à hediondo, muitos autores entendem que a mesma razão de decidir do STF no HC nº 110.840 com relação ao § 1º, do art. 2º, da Lei nº 8.072/1990 se aplica à imposição de regime inicial fechado nos crimes de tortura (§ 7º, do art. 1º da Lei nº 9.455/1997). Ou seja, entendem que também no crime de tortura o regime inicial de pena deve ser fixado pelo juiz no caso concreto[56]. **O STJ também tem precedentes nesse sentido**[57]. Entretanto, **o STF tem precedente no sentido de que não afronta a Constituição Federal**[58] o regime inicial fechado obrigatório especificamente no caso do crime de tortura.

54 LIMA. Op. cit., p. 368.

55 (...) "Ordem concedida tão somente para remover o óbice constante do § 1º do art. 2º da Lei nº 8.072/1990, com a redação dada pela Lei nº 11.464/07, o qual determina que "[a] pena por crime previsto neste artigo será cumprida inicialmente em regime fechado". Declaração incidental de inconstitucionalidade, com efeito ex nunc, da obrigatoriedade de fixação do regime fechado para início do cumprimento de pena decorrente da condenação por crime hediondo ou equiparado." STF. HC nº 111840 – Tribunal Pleno – rel. Min. Dias Toffoli – j. 27-6-2012 – publicação: 17-12-2013.

56 É a posição de LIMA. Op. cit., p. 369.

57 STJ. RHC 76642-RN – 6ª T. – rel. Min. Maria Thereza de Assis Moura – j. 11-10-2016 – *DJe* 28-10-2016. E STJ HC nº 286925-RR – 5ª T. rel. Min. Laurita Vaz – j. 13-5-2014 – *DJe* 21-5-2014.

58 STF. HC nº 123.316 – 1ª T. – rel. Min. Marco Aurélio – j. 9-6-2015 – publicação: 6-8-2015.

Atenção:

guardam pertinência com o tema a **Súmula nº 718 do STF:**

"a opinião do julgador sobre a gravidade em abstrato do crime não constitui motivação idônea para a imposição de regime mais severo do que o permitido segundo a pena aplicada. E a **Súmula nº 719 do STF:** "a imposição do regime de cumprimento mais severo do que a pena aplicada permitir exige motivação idônea".

3.8. Progressão de regime

O **§ 2º, do art. 2º, da Lei nº 8.072/1990,** que trazia requisitos temporais mais gravosos para progressão de regime por condenações em crimes hediondos ou equiparados (de acordo com a Lei nº 11.464/2007), **foi revogado pela Lei nº 13.964/2019,** e a progressão de regime do condenado por crime hediondo ou equiparado passou a ser disciplinada **nos incisos V, VI, VII, e VIII, do art. 112, da Lei nº 7.210/1984** (Lei de Execução Penal), enquanto o requisito temporal para os crimes não hediondos ou equiparados está disciplinado nos incisos I a IV do mesmo artigo.

Esses incisos tratam dos **requisitos objetivos** para a progressão de regime, que nada mais são do que o **tempo mínimo de cumprimento** no regime inicial para que o apenado possa progredir para regime menos gravoso.

Além desses, há também **requisitos subjetivos** que se referem à **boa conduta carcerária,** atestada pelo diretor do estabelecimento penal, conforme previsto no **§ 1º, do art. 112, da Lei nº 7.210/1984.**

Atenção:

além do atestado do diretor do estabelecimento penal, a jurisprudência entende que **é possível que o juiz se valha também do exame criminológico.** Apesar da obrigatoriedade desse exame ter acabado com a Lei nº 10.792/2003, que retirou a exigência do art. 112 da Lei de Execução Penal, tanto o **STF (Súmula Vinculante nº 26)** como o **STJ (Súmula nº 439)** admitem que o juiz fundamente a necessidade do exame para avaliar o mérito do condenado para progressão de regime.

Importante para Concursos:

a Lei de Organização Criminosa prevê uma exceção ao cumprimento do requisito objetivo para progressão de regime, no caso de **colaboração premiada** após a sentença, prevendo que um dos benefícios pode ser a admissão de "progressão de regime ainda que ausentes os requisitos objetivos" **(art. 4º, § 5º, da Lei nº 12.850/2013).**

Os incisos mencionados preveem a seguinte **graduação no requisito temporal** para progressão de regime:

Porcentagem de cumprimento da pena para progressão	Condição do apenado	Detalhe do crime	Observação
16% da pena	**primário**	crime **sem** violência à pessoa ou grave ameaça	
20% da pena	**reincidente**	crime **sem** violência à pessoa ou grave ameaça	
25% da pena	**primário**	crime cometido **com violência** à pessoa ou grave ameaça	
30% da pena	**reincidente**	crime cometido **com violência** à pessoa ou grave ameaça	
40% da pena	**primário**	**crime hediondo ou equiparado** sem resultado morte	
50% da pena	**primário**	**crime hediondo ou equiparado**, com resultado **morte**	vedado o livramento condicional
50% da pena	**Primário** ou **reincidente**	exercer o **comando**, individual ou coletivo, de **organização criminosa** estruturada **para a prática de crime hediondo ou equiparado**	
50% da pena	**Primário** ou **reincidente**	crime de constituição de **milícia privada**	**Atenção: não é crime hediondo**
60% da pena	**reincidente**	Específico em crime **hediondo ou equiparado**	
70% da pena	**reincidente**	Específico em crime **hediondo ou equiparado com resultado morte**	vedado o livramento condicional.

Atenção:

o **crime de constituição de milícia privada do art. 288-A do Código Penal não é crime hediondo ou equiparado**, porém o legislador o colocou em critério gravoso para a progressão de regime apenas após cumprimento de metade da pena.

Especificamente com relação aos crimes hediondos e equiparados, verifica-se que o patamar mínimo de cumprimento de pena começa em 40% e pode chegar a até 70%, de acordo com os **incisos V, VI, VII, e VIII, do art. 112, da Lei nº 7.210/1984.**

O **inciso V** prevê que se a condenação for por um crime hediondo ou equiparado, porém o condenado for **primário** e o crime **não tiver tido o resultado morte**, o requisito objetivo estará cumprido com **40% da pena**, o que equivale ao mesmo montante antes da alteração da Lei nº 13.964/2019, eis que a previsão do revogado § 2º, do art. 2º, da Lei nº 8.072/1990 era de cumprimento de 2/5 da pena, que é o mesmo que 40%.

Entretanto, o **inciso VI, *a*,** dispõe que se a condenação for por crime hediondo ou equiparado **com resultado morte**, ainda que **primário**, o condenado deverá **cumprir 50% da**

pena, e terá vedado o benefício de livramento condicional. É o caso, por exemplo, do crime de "latrocínio", previsto no art. 157, § 3º, II, do Código Penal. Nesse caso, a alteração da Lei nº 13.964/2019 foi mais gravosa, não podendo retroagir.

Já o **inciso VI, *b*,** prevê que aquele que for condenado pelo crime do art. 2º, § 3º, da Lei nº 12.850/2013, **comandando** organização criminosa **voltada à prática de crimes hediondos ou equiparados** também **terá de cumprir 50% da pena** para ter direito à progressão. Nesse caso, **não há distinção entre primários e reincidentes**, e a Lei nº 12.850/2013 (Lei de Organização Criminosa), também alterada pela Lei nº 13.964/2019, prevê que o condenado que comande organização criminosa **não terá direito à progressão** de regime se houver elementos indicando a manutenção do vínculo associativo (§ 9º, do art. 2º, da Lei nº 12.850/2013).

E pelo **inciso VI, *c*, também será exigido no mínimo 50%** de cumprimento da pena ao condenado pelo crime de constituir milícia privada. A **alínea *c*,** do inciso VI, do art. 112, da Lei nº 7.210/1984 não menciona o dispositivo, porém **entende-se que se refere ao crime do art. 288-A do Código Penal,**[59] que abrange não apenas a constituição de milícia privada, (rubrica do tipo penal), mas também organização paramilitar, grupo ou esquadrão.

Por sua vez, o **inciso VII** exige o **patamar de 60%** de cumprimento da pena ao **condenado por crime hediondo ou equiparado reincidente especificamente** em crimes hediondos ou equiparados, porém **não se exige que a reincidência seja no mesmo crime,** bastando que seja também por crime hediondo ou equiparado.

Nesse ponto, a alteração da Lei nº 13.964/2019 foi benéfica, pois apesar do tempo mínimo de cumprimento ter permanecido igual, pois o revogado § 2º, do art. 2º, da Lei nº 8.072/1990 exigia cumprimento de 3/5 da pena, que é o mesmo que 60%, o entendimento majoritário era de que **a previsão anterior não exigia reincidência específica**, se contentando com a reincidência genérica, porque não fazia a distinção.

Como **a atual previsão exige reincidência específica**, caso a reincidência seja genérica (por um crime não hediondo ou equiparado) o requisito mínimo será de **40%** do cumprimento da pena se o crime hediondo não teve resultado morte, ou **50%** se o crime hediondo ou equiparado teve resultado morte, nos termos dos incisos V e VI, *a*.

Atenção:

no caso do **condenado por crime hediondo sem resultado morte, porém reincidente genérico** (não específico em crime hediondo), há lacuna nas hipoteses de progressão. Na falta de previsão, aplica-se a do inciso V, que é de 40% para condenados primários, e essa **hipótese retroage, porque é inferior aos 3/5 que a lei anterior definia nesses casos**. Assim decidiu o **STJ**.[60]

59 LIMA. Op. cit., p. 376.

60 "(...) dado que a lei não dispõe sobre o lapso de progressão para o caso, é necessário suprir a lacuna legal, o que se dá por meio da aplicação do patamar referente ao condenado primário, já que o percentual de 50% se destina aos delitos hediondos que resultam em morte da vítima, diferentemente dos autos, que tratam de tráfico de drogas, além do fato de o patamar de 60% fazer referência apenas aos reincidentes específicos em crime hediondo, situação também diversa da apresentada. 4. Dadas as ponderações acima, concluo que a hipótese em análise trata de lei penal mais

Finalmente, o **inciso VIII** prevê a progressão de regime após cumprimento mínimo de **70%** da pena no caso de condenado **reincidente em crime hediondo ou equiparado com resultado morte.** Não é necessário que a reincidência seja exatamente no mesmo crime, porém a reincidência deve ser específica em crimes hediondos ou equiparados e com resultado morte. Assim, mesmo que o crime gerador da reincidência seja hediondo ou equiparado, se não houver resultado morte, a progressão se dará em patamar mais brando.

Se **por exemplo** o condenado por homicídio qualificado (crime hediondo com resultado morte), for reincidente específico em razão de condenação anterior por tráfico de drogas (equiparado à hediondo sem resultado morte), sua progressão se dará com 60% da pena, porque reincidente específico em crimes hediondos ou equiparados (**inciso VII**), mas sem resultado morte em ambos.

Importante para Concursos:

a jurisprudência já entendia que o cometimento de falta grave interrompe a contagem do tempo para progressão de regime, conforme consta da **Súmula nº 534 do STJ:** "a prática de falta grave interrompe a contagem do prazo para a progressão de regime de cumprimento de pena, o qual se reinicia a partir do cometimento dessa infração". Com a entrada em vigor da Lei nº 13.964/2019 esse **entendimento foi positivado no § 6°, do art. 112, da Lei de Execução Penal,** que prevê que

> "o cometimento de falta grave durante a execução da pena privativa de liberdade interrompe o prazo para a obtenção da progressão no regime de cumprimento da pena, caso em que o reinício da contagem do requisito objetivo terá como base a pena remanescente".

Atenção:

o chamado **tráfico "privilegiado"** previsto no art. 33, § 4º, da Lei nº 11.343/2006 não é considerado equiparado à hediondo pela jurisprudência. Reforçando esse entendimento, a Lei nº 13.964/2019 inseriu **o § 5º, do art. 112, da LEP,** prevendo que esse crime **não é considerado hediondo ou equiparado para fins de progressão de regime.**

3.8.1. Progressão de regime em crime hediondo e equiparado e condenada gestante ou mãe

O art. 112, § 3º, da Lei de Execução Penal, incluído pela Lei nº 13.769/2018 traz **tratamento mais brando na progressão de regime da mulher gestante ou mãe** responsável por crianças ou pessoa com deficiência.

---

benéfica ao apenado, de forma que é mister o reconhecimento de sua retroatividade, dado que o percentual por ela estabelecido, qual seja, de 40% das reprimendas impostas, é inferior à fração de 3/5, anteriormente exigida para a progressão de condenados por crimes hediondos, sejam reincidentes genéricos ou específicos. (...)" STJ. AgRg no HC 693210/SP – 6ª T. – rel. Min. Rogerio Schietti Cruz – j. 19-10-2021 – *DJe* 25-10-2021.

O dispositivo **não faz distinção se a condenação foi ou não por crime hediondo ou equiparado**, e por isso parte da doutrina entende que esse tratamento mais benéfico é específico e se aplica para qualquer crime, inclusive hediondos ou equiparados, desde que preenchidos os requisitos ali previstos.[61]

Os **requisitos** constantes dos incisos I a V do referido parágrafo são: I. que a mulher não tenha cometido crime com violência ou grave ameaça à pessoa; II. nem contra seu filho ou dependente; III. já tenha cumprido ao menos 1/8 (um oitavo) da pena no regime anterior; IV. seja primária e tenha bom comportamento carcerário, comprovado pelo diretor do estabelecimento; V. não tenha integrado organização criminosa.

Há, todavia, entendimento contrário, no sentido de que caso a condenação seja por crime hediondo ou equiparado, a progressão de regime da mulher, mesmo que se enquadre nos requisitos do art. 112, § 3°, da LEP, deverá seguir a regra para os crimes hediondos e equiparados.[62]

Atenção:

O **STJ** decidiu que

> "o **art. 112, § 3°, da LEP**, incluído pela Lei nº 13.769/2018 prevê, **independente da prática de crime comum ou hediondo**, requisitos mais brandos para a progressão de regime no caso de mulher gestante ou que for mãe ou responsável por crianças ou pessoas com deficiência. (...) **Não existe, na norma em apreço, óbice à progressão especial em hipótese de cometimento de tráfico de drogas**".[63]

3.9. Outros benefícios penais e da Lei de Execução Penal

Apesar de haver críticas de parte da doutrina, **entende-se ser possível a substituição da pena privativa de liberdade por restritiva de direitos** em crimes hediondos ou equiparados, desde que preenchidos os requisitos do **art. 44 do Código Penal,** dentre os quais está que o crime não seja cometido com violência ou grave ameaça à pessoa. É o caso do crime de tráfico de drogas.

Atenção:

o STF, no HC **nº** 97256, decidiu que remover "o óbice da parte final do art. 44 da Lei nº 11.343/2006, assim como da expressão análoga "vedada a conversão em penas restritivas de direitos", constante do § 4º do art. 33 do mesmo diploma legal". E declarou incidentalmente a **inconstitucionalidade da proibição de substituição da pena privativa de liberdade pela pena restritiva de direitos.**

61 É a posição de LIMA. Op. cit., p. 377.
62 MASSON, Cleber. *Direito Penal parte geral (art. 1º ao 120)*. 14. ed. São Paulo: Método, 2020. p. 491.
63 STJ. HC nº 653556/SP – 6ª T. – rel. Min. Rogerio Schietti Cruz – j. 22-6-2021 – *DJe* 28-6-2021.

A **suspensão condicional da pena (*sursis*)** prevista no art. 77 do Código Penal também é cabível segundo a jurisprudência dos tribunais superiores, exceto no caso de tráfico de drogas, eis que o art. 44 da Lei nº 11.343/2006 veda expressamente. Assim já decidiu o Supremo Tribunal Federal respectivamente no HC nº 84414 [64] e no HC nº 101919. [65]

Importante para Concursos:

a suspensão condicional da pena, **ou *sursis* da pena** (art. 77 do CP) **é diferente do *sursis* processual** (art. 89 da Lei nº 9.099/1995). A suspensão da pena é uma alternativa ao cumprimento da pena aplicada, suspendendo sua execução. Já a suspensão do processo é um acordo processual entre a acusação e o autor do fato que suspende o curso da ação penal mediante condições que, se cumpridas, levarão à extinção da punibilidade.[66]

Também **não há óbice à prisão domiciliar** ao condenado por crime hediondo ou equiparado, desde que preenchidos os requisitos do art. 117 da Lei de Execução Penal, entendendo o **Supremo Tribunal Federal** que a questão é de **proteção à dignidade da pessoa humana**, eis que a prisão domiciliar cabe em casos de doença grave, idosos com mais de 70 anos, condenada com filho menor ou deficiente físico ou mental, ou condenada gestante.[67]

O benefício da saída temporária como regra também cabe aos condenados por crimes hediondos ou equiparados. Entretanto, após a alteração da Lei nº 13.964/2019, o **art. 122, § 2º, da LEP** passou a prever que não terá direito à saída temporária o condenado que cumpre pena por praticar **crime hediondo com resultado morte**. Curiosamente, entretanto, a vedação legal **não mencionou os crimes equiparados** a hediondos com resultado morte (como a tortura, por exemplo), e por isso parcela da doutrina entende que, para esses, por mais ilógico que pareça, o benefício é cabível.

3.10. Art. 2º, § 3º: Recurso em liberdade

Art. 2º

(...)

§ 3º Em caso de sentença condenatória, o juiz decidirá fundamentadamente se o réu poderá apelar em liberdade.

64 "A interpretação sistemática dos textos relativos aos crimes hediondos e à suspensão condicional da pena conduz à conclusão sobre a compatibilidade entre ambos." STF. HC 84414 – 1ª T. – rel. Min. Marco Aurélio – j. 14-9-2004 – publicação: 26-11-2004.

65 "O óbice, previsto no artigo 44 da Lei nº 11.343/06, à suspensão condicional da pena imposta ante tráfico de drogas mostra-se afinado com a Lei nº 8.072/90 e com o disposto no inciso XLIII do artigo 5º da Constituição Federal." STF. HC 101919 – 1ª T. – rel. Min. Marco Aurélio – j. 6-9-2011 – publicação 26-10-2011.

66 ESTEFAM, op. cit., p. 491.

67 "O fato de o paciente estar condenado por delito tipificado como hediondo não enseja, por si só, uma proibição objetiva incondicional à concessão de prisão domiciliar, pois a dignidade da pessoa humana, especialmente a dos idosos, sempre será preponderante, dada a sua condição de princípio fundamental da República". STF. HC 83358 – 1ª T. – rel. Min. Carlos Britto – j. 4-5-2004 – publicação: 4-6-2004.

A previsão do **§ 3º, do art. 2º, da Lei de Crimes Hediondos** é semelhante à que existia no já revogado art. 594 do Código de Processo Penal, na mesma tônica de impor o recolhimento à prisão como requisito para admissibilidade de recurso defensivo.

Entretanto, o **Supremo Tribunal Federal**[68] **e o Superior Tribunal de Justiça não mais admitem essa restrição ao direito ao duplo grau de jurisdição** assegurado no art. 8º, § 2º, alínea *h*, da Convenção Americana sobre Direitos Humanos (Pacto de São José da Costa Rica), da qual o Brasil é signatário.

Atenção:

o **STJ** consolidou esse entendimento na **Súmula nº 347:** "o conhecimento de recurso de apelação do réu independe de sua prisão".

Assim, o réu tem o direito de recorrer independentemente de recolhimento à prisão, e mesmo se fugir do estabelecimento penal seu recurso deverá ser conhecido e analisado. Todavia, **é plenamente cabível que o juiz decrete a prisão preventiva caso presentes os seus requisitos,** e é essa análise que será feita por ocasião da sentença.

3.11. Art. 2º, § 4º: Prazo de prisão temporária

Art. 2º

(...)

§ 4º A prisão temporária, sobre a qual dispõe a **Lei nº 7.960, de 21 de dezembro de 1989**, nos crimes previstos neste artigo, terá o prazo de 30 (trinta) dias, prorrogável por igual período em caso de extrema e comprovada necessidade.

A prisão temporária está prevista na Lei nº 7.960/1989 e é uma espécie de prisão cautelar decretada pelo juiz, por representação da autoridade policial ou do membro do Ministério Público, durante a fase de investigação quando essa prisão se mostrar imprescindível para as investigações (inciso I, do art. 1º), ou o indicado não tiver residência fixa ou não fornecer elementos necessários ao esclarecimento de sua identidade (inciso II, do art. 1º) **e desde que o crime em apuração esteja no rol do inciso III, do art. 1º.**

Ao contrário da prisão preventiva, que não tem prazo fixo, a prisão temporária tem prazo certo. A prisão temporária para os crimes previstos na Lei nº 7.960/1989 terá prazo máximo de cinco dias prorrogáveis por mais cinco.

Entretanto, a previsão no **§ 4º, do art. 2º, da Lei nº 8.072/1990 além de ampliar o prazo** para **até trinta dias prorrogáveis por mais trinta dias** caso o crime investigado seja hediondo ou equiparado, **ampliou o rol de crimes que admitem prisão temporária,** eis que

68 "Independe do recolhimento à prisão o regular processamento de recurso de apelação do condenado. II – O decreto de prisão preventiva, porém, pode subsistir enquanto perdurarem os motivos que justificaram a sua decretação. III – A garantia do devido processo legal engloba o direito ao duplo grau de jurisdição, sobrepondo-se à exigência prevista no art. 594 do CPP.(...)" STF. HC n. 88420 – 1ª T. – rel. Min. Ricardo Lewandowski – j. 17-4-2007 – publicação: 8-6-2007.

alguns crimes hediondos não constam do rol da Lei nº 7.960/1989, como o crime de estupro de vulnerável do art. 217-A do Código Penal.

Nada impede que o juiz fixe prazo menor de prisão, afinal o prazo é o máximo permitido. De todo modo, **o prazo é material**, contado a partir do dia que efetivada a prisão, inclusive, e contando-se o **último** dia (art. 10 do Código Penal).

Findo o prazo, o preso deve ser colocado em liberdade **independentemente de expedição de alvará de soltura**, caso não sobrevenha prorrogação ou decretação de prisão preventiva (art. 2º, §§ 7º e 8º, da Lei nº 7.960/1989, incluído e com redação da Lei nº 13.964/2019, respectivamente).

3.12. Art. 3º: Estabelecimentos de segurança máxima

> **Art. 3º** A União manterá estabelecimentos penais, de segurança máxima, destinados ao cumprimento de penas impostas a condenados de alta periculosidade, cuja permanência em presídios estaduais ponha em risco a ordem ou incolumidade pública.

O art. 3º da Lei de Crimes Hediondos, em caráter nitidamente **programático**, manda que a União mantenha estabelecimentos penais de segurança máxima. Entretanto, a concretização dessa previsão é recente, e ainda são poucos os presídios federais.

A existência de presídios sob administração da união, entretanto, traz à tona a questão da competência do juízo da execução penal. Estando sujeito à administração federal, compete à Justiça Federal o processo de execução, conforme já decidiu o Superior Tribunal de Justiça.[69]

Atenção:

a *contrario sensu* a **Súmula nº 192 do STJ** confirma esse entendimento ao prever que "compete ao juízo das execuções penais do Estado a execução das penas impostas a sentenciados pela Justiça Federal, Militar ou Eleitoral, quando recolhidos a estabelecimentos sujeitos à administração estadual".

É no mesmo sentido o disposto no **art. 4º, § 1º, da Lei nº 11.671/2008**, que prevê, com relação à **transferência de presos em estabelecimentos de segurança máxima,** que "a execução penal da pena privativa de liberdade, no período em que durar a transferência, ficará a cargo do juízo federal competente".

3.13. Art. 5º: Livramento condicional

> **Art. 5º** Ao art. 83 do Código Penal é acrescido o seguinte inciso:
>
> "Art. 83. .....

69 STJ. Conflito de Competência nº 154679-RJ – 3ª Seção – rel. Min. Reynaldo Soares da Fonseca – j. 11-10-2017 – *DJe* 24-10-2017.

> **V** – cumprido mais de dois terços da pena, nos casos de condenação por crime hediondo, prática da tortura, tráfico ilícito de entorpecentes e drogas afins, e terrorismo, se o apenado não for reincidente específico em crimes dessa natureza."

O **livramento condicional** está previsto no art. 83 do Código Penal e se presta a antecipar a liberdade, visando à reinserção social, desde que o condenado preencha requisitos objetivos e subjetivos, submetendo-se a algumas condições para ficar livre. Não se confunde, entretanto, com a progressão de regime.

A Lei de Crimes Hediondos alterou o Código Penal para tornar mais rigorosos os requisitos para livramento condicional nas condenações por crimes hediondos ou equiparados. E posteriormente o mesmo dispositivo do Código Penal foi alterado para **acrescentar o crime de tráfico de pessoas** dentre os que merecerão requisito objetivo maior para livramento condicional (**Lei nº 13.344/2016**).

Assim, para crimes hediondos ou equiparados e tráfico de pessoas, o art. 83, V, do Código Penal exige **dois terços do cumprimento da pena**, enquanto para crimes não hediondos ou equiparados a exigência é de apenas um terço. E **obsta completamente** o benefício caso haja **reincidência em crime específico.**

Entretanto **a lei não definiu essa reincidência específica** para fins de obstar o livramento condicional e, por isso, há discussão doutrinária, resumida em **três correntes.**

A **primeira**, largamente **majoritária**, entende que basta a reincidência em qualquer crime hediondo ou equiparado para que o livramento condicional seja obstado.

A **segunda** sustenta que a reincidência **deve ser específica exatamente no mesmo delito,** de modo que não estaria obstado o benefício se a reincidência se desse em crime hediondo ou equiparado distinto da nova condenação.

Já a **terceira corrente** argumenta que a reincidência específica que impede o livramento condicional é aquela em crime hediondo ou equiparado que **tutele o mesmo bem jurídico**, embora não necessariamente no mesmo tipo penal.

Atenção:

a Lei nº 13.964/2019 trouxe duas outras vedações ao livramento condicional, impedindo o benefício ao **1.** condenado por cometer crime hediondo ou equiparado com resultado morte mesmo se primário **2.** Ao condenado reincidente em crime hediondo ou equiparado com resultado morte. (art. 112, VI, *a*, e inciso VII, da Lei de Execuções Penais, respectivamente).

Já **Lei nº 11.343/2006 (Lei de Drogas)** trouxe previsão semelhante no parágrafo único, do art. 44, no sentido de que nos crimes mencionados no *caput* do art. 44 (arts. 33, *caput* e § 1º, e 34 a 37) o livramento condicional dar-se-á após o cumprimento de dois terços da pena, vedada a concessão ao reincidente específico. Como o dispositivo faz menção específica a alguns crimes da também especial Lei de Drogas, **entende-se que a reincidência específica nesse caso se refere apenas a crimes de tráfico de drogas.**

3.14. Art. 6º: Alteração de penas de crimes do Código Penal

Art. 6º Os arts. 157, § 3º; 159, *caput* e seus §§ 1º, 2º e 3º; 213; 214; 223, *caput* e seu parágrafo único; 267, *caput* e 270; *caput*, todos do Código Penal, passam a vigorar com a seguinte redação:

"Art. 157. § 3º Se da violência resulta lesão corporal grave, a pena é de reclusão, de cinco a quinze anos, além da multa; se resulta morte, a reclusão é de vinte a trinta anos, sem prejuízo da multa.

Art. 159. Pena – reclusão, de oito a quinze anos.

§ 1º Pena – reclusão, de doze a vinte anos.

§ 2º Pena – reclusão, de dezesseis a vinte e quatro anos.

§ 3º Pena – reclusão, de vinte e quatro a trinta anos.

Art. 213. Pena – reclusão, de seis a dez anos.

Art. 214. Pena – reclusão, de seis a dez anos.

Art. 223. Pena – reclusão, de oito a doze anos.

Parágrafo único. Pena – reclusão, de doze a vinte e cinco anos.

Art. 267. Pena – reclusão, de dez a quinze anos.

Art. 270. Pena – reclusão, de dez a quinze anos.

O art. 6º da Lei de Crimes Hediondos apenas alterou os parâmetros mínimo e máximo de pena de alguns crimes do Código Penal ali mencionados.Atualmente, entretanto, esses tipos penais já foram alterados por outras leis, sugerindo-se a leitura atualizada diretamente no Código Penal.

3.15. Art. 7º: Colaboração premiada no crime de extorsão mediante sequestro

Art. 7º Ao art. 159 do Código Penal fica acrescido o seguinte parágrafo:

"Art. 159. .... § 4º Se o crime é cometido por quadrilha ou bando, o co-autor que denunciá-lo à autoridade, facilitando a libertação do seqüestrado, terá sua pena reduzida de um a dois terços."

Essa alteração feita no art. 159 do Código Penal encontra-se, na nossa opinião, revogada tacitamente pela Lei nº 9.807/1999, que trouxe tratamento mais benéfico. [70] Para maiores detalhes sobre o instituto da colaboração premiada, remetemos o leitor aos comentários à Lei nº 12.850/2013 A redação do parágrafo 4º do artigo 159 do Código Penal, ainda, foi posteriormente alterada pela Lei n. 9.269/96, no sentido de que "se o crime é cometido em concurso, o concorrente que o denunciar à autoridade, facilitando a libertação do seqüestrado, terá sua pena reduzida de um a dois terços".

70 Nesse sentido também: LIMA. Op. cit., p. 403.

3.16. Art. 8º: Modalidade qualificada do crime do art. 288 do Código Penal

Art. 8º Será de três a seis anos de reclusão a pena prevista no **art. 288 do Código Penal**, quando se tratar de crimes hediondos, prática da tortura, tráfico ilícito de entorpecentes e drogas afins ou terrorismo.

Parágrafo único. O participante e o associado que denunciar à autoridade o bando ou quadrilha, possibilitando seu desmantelamento, terá a pena reduzida de um a dois terços.

A Lei de Crimes Hediondos **fixou moldura de pena mínima e máxima maior** para o crime de **associação criminosa** (art. 288 do Código Penal) quando **voltada à prática de crimes hediondos ou equiparados.**

Importante para Concursos:

o crime de associação criminosa, com essa nova moldura decorrente do fato de ser voltada à prática de crimes hediondos, **não é, em si, um crime hediondo. Não se deve confundir** essa hipótese, que apenas muda a pena do crime de associação, **com o crime de organização criminosa** direcionada à prática de crimes hediondos, que está no rol de crimes hediondos.

Atenção:

como não se trata de um novo crime, mas apenas de um novo preceito secundário (a moldura de pena), a aplicação dessa pena de três a seis anos de reclusão **não impede a aplicação também da causa de aumento** prevista no parágrafo único, do art. 288.

Mas não tem aplicação mais ao crime de tráfico, pois a Lei nº 11.343/2006 tipificou na lei especial o crime de associação para o tráfico (art. 35 da Lei nº 11.343/2006), com pena até maior, de três a dez anos.

Já **no parágrafo único** do art. 8, a Lei de Crimes Hediondos inaugurou o instituto da delação premiada, atualmente regulamentado extensamente na Lei nº 12.850/2013.

3.17. Art. 9º: Causa de aumento para alguns crimes do Código Penal

Art. 9º As penas fixadas no art. 6º para os crimes capitulados nos arts. 157, § 3º, 158, § 2º, 159, *caput* e seus §§ 1º, 2º e 3º, 213, *caput* e sua combinação com o art. 223, *caput* e parágrafo único, art. 214 e sua combinação com o art. 223, *caput* e parágrafo único, todos do Código Penal, são acrescidas de metade, respeitado o limite superior de trinta anos de reclusão, estando a vítima em qualquer das hipóteses referidas no art. 224 também do Código Penal.

O art. 9º da Lei de Crimes Hediondos previa uma causa de aumento para alguns crimes do Código Penal quando presente alguma das situações de vulnerabilidade do art. 224 do mesmo Código.

Diante da revogação do art. 224 do Código Penal, entretanto, entende-se que o art. 9º da Lei nº 8.079/1990 foi tacitamente revogado.

3.18. Art. 10: Contagem de prazo na antiga lei de drogas

> **Art. 10.** O art. 35 da Lei nº 6.368, de 21 de outubro de 1976, passa a vigorar acrescido de parágrafo único, com a seguinte redação:
>
> "Art. 35. ....
>
> **Parágrafo único.** Os prazos procedimentais deste capítulo serão contados em dobro quando se tratar dos crimes previstos nos arts. 12, 13 e 14."

O art. 10 se aplicava à anterior Lei de Drogas (Lei nº 6.368/1976), já revogada pela atual Lei de Drogas (Lei nº 11.343/2006), de modo que **esse dispositivo foi tacitamente revogado.**

3.19. Quadro sinótico

Aspectos gerais da Lei de Crimes Hediondos	
- **Mandado constitucional de criminalização explícito:** a Constituição Federal determinou a edição da Lei ao prever no inciso XLIII de seu art. 5º que "a lei considerará crimes inafiançáveis e insuscetíveis de graça ou anistia à prática da tortura, o tráfico ilícito de entorpecentes e drogas afins, o terrorismo e os definidos como crimes hediondos, por eles respondendo os mandantes, os executores e os que, podendo evitá-los, se omitirem". - **Sistema de classificação adotado:** sistema legal, pois o rol de crimes hediondos e equiparados a hediondos é taxativo. - **Sistemas NÃO adotados:** **1. judicial**, pelo qual o julgador definiria no caso concreto se o crime é hediondo ou não. **2. sistema misto**, pelo qual o julgador avaliaria se o crime é hediondo sopesando critérios prévios fixados em lei (e não propriamente um rol de crimes). - **Crimes militares: STJ** já decidiu que a Lei de Crimes Hediondos não se aplica, por falta de previsão legal. E o **STF** já decidiu que não há inconstitucionalidade nesse tratamento diferenciado, porque em muitos casos a lei militar é mais gravosa do que a lei comum. Mas a **Lei nº 13.491/2017** pode mudar esses posicionamentos, pois alterou a redação do art. 9º, II, do Código Penal Militar para prever que serão crimes militares também os previstos na legislação comum (Código Penal e leis penais) se praticados por militar nas circunstâncias da alinea *a* à *e* daquele dispositivo.	
Art. 1º: rol de crimes hediondos consumados ou tentados	
Homicídio (art. 121), quando praticado em atividade típica de grupo de extermínio, ainda que cometido por um só agente, e homicídio qualificado (art. 121, § 2º, incisos I, II, III, IV, V, VI, VII e VIII).	- São considerados hediondos o homicídio simples ou qualificado praticado em atividade típica de grupo de extermínio, e todas as formas de homicídio qualificado. - O homicídio privilegiado (art. 121, § 1º, do Código Penal) não é hediondo, porque não está previsto, e seria incoerente catalogar como hediondo um crime cometido em situação que o legislador entendeu ser menos grave; - O homicídio qualificado-privilegiado não é considerado hediondo. O STJ entende que "por incompatibilidade axiológica e por falta de previsão legal, o homicídio qualificado-privilegiado não integra o rol dos denominados crimes hediondos". - O homicídio simples só será hediondo se for praticado em atividade típica de grupo de extermínio.

Lesão corporal dolosa de natureza gravíssima (art. 129, § 2º) e lesão corporal seguida de morte (art. 129, § 3º), quando praticadas contra autoridade ou agente descrito nos arts. 142 e 144 da Constituição Federal, integrantes do sistema prisional e da Força Nacional de Segurança Pública, no exercício da função ou em decorrência dela, ou contra seu cônjuge, companheiro ou parente consanguíneo até terceiro grau, em razão dessa condição;	- Apenas a lesão corporal gravíssima (§ 2º, do art. 129, do Código Penal), ou a lesão corporal seguida de morte contra esses agentes ou autoridades e os parentes mencionados; - O dispositivo tratou expressamente do parentesco sanguíneo, tornando inviável a ampliação contra a lei para abranger os parentes por afinidade (decorrentes do casamento ou união estável) e o parentesco civil (adoção). Nesse caso, a falha legislativa não pode ser suprida sem lei sob pena de violação ao princípio da legalidade. A mesma observação vale para a hipótese do homicídio qualificado nessa mesma situação.
Roubo: **- circunstanciado pela restrição de liberdade da vítima (art. 157, § 2º, V);** **- circunstanciado pelo emprego de arma de fogo (art. 157, § 2º-A, I) ou** **- pelo emprego de arma de fogo de uso proibido ou restrito (art. 157, § 2º-B);** **- Qualificado pelo resultado lesão corporal grave ou morte (art. 157, § 3º).**	**São hediondos**: - Roubo com restrição de liberdade da vítima (inciso V, do § 2º, do art. 157, do CP) - Roubo com emprego de arma de fogo ou arma de fogo de uso proibido ou restrito (inciso I, do § 2º-A, e § 2º-B, do art. 157, do CP) - Roubo com resultado lesão grave (inciso I, do § 3º, do art. 157) - Roubo com resultado morte, "latrocínio" (inciso II, do § 3º, do art. 157) **Não são hediondos**: - Roubo (*caput* do art. 157 do CP) - Roubo majorado (incisisos II, III, IV, VI, VII, do § 2º, do art. 157 do CP). **Atenção:** roubo com faca (arma branca) e roubo de explosivos não são hediondos. **Importante: Súmula nº 610 do STF** diz que "há crime de latrocínio quando o homicídio se consuma, ainda que não se realize o agente a subtração de bens da vítima". Assim, sempre que houver morte o latrocínio será considerado consumado.
Extorsão qualificada pela restrição da liberdade da vítima, ocorrência de lesão corporal ou morte (art. 158, § 3º).	- Não são hediondos o crime de extorsão do *caput* do art. 158 do Código Penal, nem a sua forma qualificada pela morte, prevista no § 2º. - É hedionda apenas a extorsão na modalidade do § 3º, que é a extorsão com restrição de liberdade da vítima, com ou sem morte ou lesão grave; - O crime do art. 158, § 3º, é conhecido como "sequestro-relâmpago", porque envolve a restrição da liberdade da vítima para que os criminosos consigam obter a vantagem. Não pode ser confundido com o de extorsão mediante sequestro do art. 159 do Código Penal, em que há duas vítimas, a pessoa sequestrada e a que é extorquida.
Extorsão mediante sequestro e na forma qualificada (art. 159, caput, e §§ 1º, 2º e 3º)	- Todas as formas de extorsão mediante sequestro são crimes hediondos. - Tanto a forma do *caput*, como as formas qualificadas dos §§ 1º a 3º estão expressamente previstas no rol da Lei nº 8.072/1990
Estupro (art. 213, *caput* e § § 1º e 2º)	- Todas as formas de estupro, simples ou qualificadas, são consideradas hediondas. - Caso a vítima tenha menos de quatorze anos o crime será de estupro de vulnerável do art. 217-A do Código Penal, também considerado hediondo
Estupro de vulnerável (art. 217-A, *caput* e §§ 1º, 2º, 3º e 4º);	- O crime de estupro de vulnerável é considerado hediondo em todas as suas modalidades **Importante:** a Súmula nº 593 do STJ diz que "o crime de estupro de vulnerável configura-se com a conjunção carnal ou prática de ato libidinoso com menor de 14 anos, sendo irrelevante o eventual consentimento da vítima para a prática do ato, experiência sexual anterior ou existência de relacionamento amoroso com o agente".

Epidemia com resultado morte (art. 267, § 1º)	- Só será hediondo se houver o resultado morte. - A figura simples do art. 267 *caput* e a culposa do § 2º não são hediondas;
Falsificação, corrupção, adulteração ou alteração de produto destinado a fins terapêuticos ou medicinais (art. 273, *caput* e § 1º, § 1º-A e § 1º-B).	- A pena do crime, de reclusão de 10 a 15 anos foi alterada pela Lei nº 9.677/1998, que ficou conhecida como "lei dos remédios" após escândalos envolvendo a falsificação de medicamentos na década de 1990, notadamente pílulas anticoncepcionais vendidas sem a substância de princípio ativo. - Essa mesma lei incluiu o crime no rol da lei de crimes hediondos. **Importante:** no que se refere à importação de remédio sem registro (art. 273, § 1º-B, I, do Código Penal), o Supremo Tribunal Federal, em sede de repercussão geral, fixou a seguinte tese: "é inconstitucional a aplicação do preceito secundário do artigo 273 do Código Penal, com a redação dada pela Lei nº 9.677/1998 – reclusão de 10 a 15 anos – à hipótese prevista no seu § 1º-B, inciso I, que versa sobre a importação de medicamento sem registro no órgão de vigilância sanitária. Para essa situação específica, fica repristinado o preceito secundário do art. 273, na redação originária – reclusão de um a três anos e multa".
Favorecimento da prostituição ou de outra forma de exploração sexual de criança ou adolescente ou de vulnerável (art. 218-B, *caput*, e §§ 1º e 2º).	- A Lei nº 12.978/2014 inseriu esse crime no rol de crimes hediondos e mudou seu *nomen juris*, embora sem alterar a redação do tipo penal. - O art. 218-B é uma forma especial de favorecimento à prostituição (art. 228 do Código Penal), específica para vítimas menores de 18 anos, ou pessoas que não tenham o necessário discernimento para o ato sexual - No § 2º, I, há equiparação com as mesmas penas para o "cliente" que praticar conjunção carnal ou outro ato libidinoso com menor de dezoito anos na situação de exploração prevista no *caput*. - Já no § 2º, I, igualmente hediondo, a lei pune o proprietário, gerente ou responsável pelo local em que haja a exploração ou prostituição.
Furto qualificado pelo emprego de explosivo ou de artefato análogo que cause perigo comum (art. 155, § 4º-A).	- A Lei nº 13.964/2019 chamada de "pacote anticrime" inseriu a qualificadora do furto com explosivo no rol de crimes hediondos; - Aqualificadora do § 7º, do art. 155, que trata do furto de substâncias explosivas ou acessórios que possam levar a sua fabricação, montagem ou emprego, não foi considerada hedionda, apesar de ter a mesma pena;
Art. 1º parágrafo único: continuação do rol de crimes hediondos	
O crime de genocídio, previsto nos arts. 1º, 2º e 3º da Lei nº 2.889, de 1º de outubro de 1956.	- Considera hediondos não apenas o crime de genocídio do art. 1º da Lei nº 2.889/1956 mas também os delitos de associação para fins de genocídio (art. 2º) e incitação ao genocídio (art. 3º). **Importante:** os crimes associativos em regra não são hediondos. As exceções são o presente art. 2º da Lei nº 2.889/1956, e o crime de organização criminosa quando voltada à prática de crimes hediondos ou equiparados, que será visto mais a frente.
O crime de posse ou porte ilegal de arma de fogo de uso proibido, previsto no art. 16 da Lei nº 10.826/2003; **O crime de comércio ilegal de armas de fogo, previsto no art. 17 da Lei nº 10.826/2003;**	- A Lei nº 13.964/2019 ajustou os crimes do Estatuto do Desarmamento taxados de hediondos, prevendo três figuras: a posse ou porte ilegal de arma de fogo **proibido** do artigo 16, **comércio ilegal** do art. 17, e **tráfico internacional** do artigo 18.

O crime de tráfico internacional de arma de fogo, acessório ou munição, previsto no art. 18 da Lei nº 10.826/2003;	- Antes os arts. 17 e 18 não eram hediondos; - **Art. 16:** é hediondo somente o parágrafo segundo, porque a lei especificou o crime para armas de uso proibido nesse parágrafo. E como menciona apenas armas de uso proibido, a posse ou porte de acessórios ou munições de uso proibido não pode ser considerada hedionda. - **Lei mais benéfica:** a posse ou porte ilegal de arma de fogo, acessórios e munições de uso restrito, e as condutas do parágrafo primeiro relacionadas a armas, acessórios e munições de uso restrito, não são mais hediondas, e nesse ponto a Lei nº 13.964/2019 é benéfica e deve retroagir.
O crime de organização criminosa, quando direcionado à prática de crime hediondo ou equiparado	- O crime de organização criminosa (art. 2º da Lei nº 12.850/2013) não é considerado hediondo, exceto se a organização criminosa se voltar à prática de delito hediondo ou equiparado. **Atenção:** outros crimes associativos, como o crime do artigo 288 do Código Penal não são hediondos ainda que a associação esteja voltada à prática de crimes hediondos. Nem mesmo a associação para o tráfico do art. 35 da Lei nº 11.343/2006 é considerada crime hediondo.
Crimes equiparados a hediondos	
Tortura	- Todas as figuras típicas da Lei nº 9.455/1997 são consideradas equiparadas aos crimes hediondos. **Atenção:** há autores que defendem que a tortura por omissão do art. 1º, § 2º, da Lei nº 9.455/1997 não é equiparado a hediondo.
Tráfico ilícito de entorpecentes e drogas afins	- A jurisprudência e a doutrina entendem que são equiparados a hediondos os crimes dos arts. - 33 *caput* e § 1º (tráfico de drogas); - 34 (tráfico de maquinário); - 36 (financiamento do tráfico de drogas); e - 37 (colaboração como informante do tráfico), todos da Lei nº 11.343/2006. **Atenção:** a súmula 512 do Superior Tribunal de Justiça foi cancelada diante da decisão do Supremo Tribunal Federal no HC n. 118.533, em que decidiu que "o tráfico de entorpecentes privilegiado (art. 33, § 4º, da Lei nº 11.313/2006) não se harmoniza com a hediondez do tráfico de entorpecentes definido no caput e § 1º do art. 33 da Lei de Tóxicos". Atualmente o artigo 112, § 5º da Lei de Execuções Penais, incluído pela Lei nº 13.964/2019, expressamente encampa esse entendimento.
Terrorismo	- O crime de terrorismo está atualmente previsto na Lei nº 13.260/2016; - Quais dos crimes da lei de terrorismo são considerados hediondos? - **Corrente restritiva**: apenas o crime do art. 2º, pois ali é que está o conceito de terrorismo propriamente dito, tipificando efetivamente o crime de terrorismo, enquanto os outros crimes trazem condutas apenas relacionadas a terrorismo; - **Corrente ampliativa** (nossa posição): todos os crimes da Lei nº 13.260/2016 devem ser considerados hediondos, pois o art. 17 da mesma lei assegura que "aplicam-se as disposições da Lei nº 8.072, de 25 de julho de 1990, aos crimes previstos nesta Lei". E ainda, porque a expressão "terrorismo" está efetivamente impregnada em todos os crimes da Lei nº 13.260/2016;

<table>
<tr><th colspan="2">Art. 2º caput: vedação à concessão de anistia, graça, indulto e fiança</th></tr>
<tr><td>Art. 2º Os crimes hediondos, a prática da tortura, o tráfico ilícito de entorpecentes e drogas afins e o terrorismo são insuscetíveis de:
I - anistia, graça e indulto;
II - fiança.</td><td>- Art. 5º, inc. XLIII, da CF/1988: "a lei considerará crimes inafiançáveis e insuscetíveis de graça ou anistia a prática da tortura, o tráfico ilícito de entorpecentes e drogas afins, o terrorismo e os definidos como crimes hediondos, por eles respondendo os mandantes, os executores e os que, podendo evitá-los, se omitirem."
- Mnemônico: F. I. G. A
- Anistia: é o esquecimento jurídico da infração penal, apagando fatos considerados crimes. Seu foco não são indivíduos, mas determinados fatos considerados criminosos. É efetivada por lei.
- Graça e indulto: de competência do Presidente da República, por decreto presidencial (art. 84, XII e parágrafo único, da CF/1988), podendo ser delegado a Ministro de Estado, Procurador-Geral da República ou Advogado Geral da União. A graça é individual e o indulto é coletivo.
- Supremo Tribunal Federal: "o art. 5º, XLIII, da Constituição, que proíbe a graça, gênero do qual o indulto é espécie, nos crimes hediondos definidos em lei, não conflita com o art. 84, XII, da Lei Maior". (HC nº 90364).
- Súmula nº 631 do Superior Tribunal de Justiça: "o indulto extingue os efeitos primários da condenação (pretensão executória), mas não atinge os efeitos secundários, penais ou extrapenais".</td></tr>
<tr><td>Inafiançabilidade e liberdade provisória</td><td>- Originalmente o dispositivo da lei de crimes hediondos que proíbe a concessão de fiança (art. 2º, II) proibia também a liberdade provisória. Entretanto, com a edição da Lei nº 11.464/2007 o dispositivo passou a vedar apenas a concessão de fiança, muito em razão da mudança da jurisprudência.
- Entende-se que vedar abstratamente a liberdade provisória, sem avaliação do caso concreto, viola a presunção de não culpabilidade (art. 5º, LVII, da CF), porque tornaria automática a prisão em todos os casos de crimes hediondos ou equiparados, mesmo que no caso concreto não se vislumbre perigo na liberdade do indivíduo, o que violaria também a exigência de fundamentação para qualquer ordem de prisão pela autoridade judiciária competente (art. 5º, LXI, da CF).
- STF na ADI n. 3112: declarou a inconstitucionalidade de dispositivos da Lei nº 10.826/2003 (Estatuto do Desarmamento) que vedavam a liberdade provisória em alguns dos crimes ali previstos, argumentando que "o texto magno não autoriza a prisão ex lege, em face dos princípios da presunção de inocência e da obrigatoriedade de fundamentação dos mandados de prisão pela autoridade judiciária competente".</td></tr>
<tr><th colspan="2">Art. 2º § 1º: regime inicialmente fechado</th></tr>
<tr><td>Art. 2º (...)
§ 1º A pena por crime previsto neste artigo será cumprida inicialmente em regime fechado.</td><td>- Prevê que a pena decorrente de condenação por crime hediondo ou equiparado deverá ser cumprida em regime inicialmente fechado. Antes da alteração da Lei nº 11.464/2007 o dispositivo previa que a pena deveria ser cumprida em regime integralmente fechado.
- Ambas as disposições foram afastadas pelo Supremo Tribunal Federal por considerar que violam o princípio da individualização da pena previsto no art. 5º, XLVI, da Constituição Federal.</td></tr>
</table>

	- **Súmula Vinculante nº 26:** "para efeito de progressão de regime no cumprimento de pena por crime hediondo, ou equiparado, o juízo da execução observará a inconstitucionalidade do art. 2º da Lei nº 8.072, de 25 de julho de 1990, sem prejuízo de avaliar se o condenado preenche, ou não, os requisitos objetivos e subjetivos do benefício, podendo determinar, para tal fim, de modo fundamentado, a realização de exame criminológico." - **Súmula 471 do STJ:** "os condenados por crimes hediondos ou assemelhados cometidos antes da vigência da Lei nº 11.464/2007 sujeitam-se ao disposto no art. 112 da Lei nº 7.210/1984 (Lei de Execução Penal) para a progressão de regime prisional". - **Supremo Tribunal Federal (HC nº 111.840):** também a exigência de regime inicialmente fechado fere o princípio da individualização da pena. - **Súmula nº 718 do STF:** "a opinião do julgador sobre a gravidade em abstrato do crime não constitui motivação idônea para a imposição de regime mais severo do que o permitido segundo a pena aplicada. - **Súmula nº 719 do STF:** "a imposição do regime de cumprimento mais severo do que a pena aplicada permitir exige motivação idônea".
Progressão de regime em crimes hediondos e equiparados	
2º do art. 2º da Lei nº 8.072/1990 foi revogado pela Lei nº 13.964/2019	- **Requisitos objetivos**: a progressão de regime do condenado por crime hediondo ou equiparado passou a ser disciplinada nos **incisos V, VI, VII, e VIII, do art. 112, da Lei nº 7.210/1984** (Lei de Execução Penal), enquanto o requisito temporal para os crimes não hediondos ou equiparados está disciplinado nos incisos I a IV do mesmo artigo; - **Requisitos subjetivos:** boa conduta carcerária, atestada pelo diretor do estabelecimento penal, conforme previsto no § 1º, do art. 112, da Lei nº 7.210/1984. - **Exame criminológico**: em complemento ao atestado do diretor do estabelecimento, a jurisprudência entende que é possível que o juiz se valha do exame criminológico. Apesar da obrigatoriedade desse exame ter acabado com a Lei nº 10.792/2003 que retirou a exigência do art. 112 da Lei de Execução Penal, tanto o STF (Súmula Vinculante nº 26) como o STJ (Súmula nº 439) admitem que o juiz fundamente a necessidade do exame para avaliar o mérito do condenado para progressão de regime. - **Exceção ao requisito objetivo**: na Lei de Organização Criminosa, no caso de colaboração premiada após a sentença, um dos benefícios pode ser a admissão de "progressão de regime ainda que ausentes os requisitos objetivos" (art. 4º, § 5º, da Lei nº 12.850/2013). - **Requisito temporal:** especificamente com relação aos crimes hediondos e equiparados, verifica-se que o patamar mínimo de cumprimento de pena começa em 40% e pode chegar a até 70%, de acordo com os incisos V, VI, VII, e VIII do art. 112 da Lei nº 7.210/1984. Vide tabela no item "progressão de regime". **Atenção:** no caso do condenado por crime hediondo sem resultado morte, porém reincidente genérico (não específico em crime hediondo), há lacuna nas hipoteses de progressão. Na falta de previsão, aplica-se a do inciso V, que é de 40% para condenados primários, e essa hipótese retroage, porque inferior aos 3/5 que a lei anterior definia nesses casos. Assim decidiu o STJ no AgRg no HC 693210 / SP.

	- **Tráfico privilegiado** (art. 33, § 4º, da Lei nº 11.343/2006) não é considerado equiparado a hediondo pela jurisprudência. E a Lei nº 13.964/2019 inseriu o § 5º, do art. 112 da LEP prevendo que esse crime não é considerado hediono ou equiparado para fins de progressão de regime. - **Condenada gestante ou mãe**: "o art. 112, § 3°, da LEP, incluído pela Lei nº 13.769/2018 prevê, independente da prática de crime comum ou hediondo, requisitos mais brandos para a progressão de regime no caso de mulher gestante ou que for mãe ou responsável por crianças ou pessoas com deficiência. (...) Não existe, na norma em apreço, óbice à progressão especial em hipótese de cometimento de tráfico de drogas". STJ. HC nº 653556 / SP
Outros benefícios penais e da Lei de Execução Penal	
Entende-se ser possível a substituição da pena privativa de liberdade por restritiva de direitos em crimes hediondos ou equiparados, desde que preenchidos os requisitos do art. 44 do Código Penal. - STF, no HC nº 97256, decidiu que remover "o óbice da parte final do art. 44 da Lei 11.343/2006, assim como da expressão análoga 'vedada a conversão em penas restritivas de direitos', constante do § 4º, do art. 33 do mesmo diploma legal". E declarou incidentalmente a inconstitucionalidade da proibição de substituição da pena privativa de liberdade pela pena restritiva de direitos. - Não há óbice à prisão domiciliar ao condenado por crime hediondo ou equiparado, desde que preenchidos os requisitos do art. 117 da Lei de Execução Penal. Segundo o STF, a questão é de proteção à dignidade da pessoa humana, eis que a prisão domiciliar cabe em casos de doença grave, idosos com mais de 70 anos, condenada com filho menor ou deficiente físico ou mental, ou condenada gestante. - O benefício da saída temporária como regra também cabe aos condenados por crimes hediondos ou equiparados. Com a alteração da Lei nº 13.964/2019, o art. 122, § 2º, da LEP passou a prever que não terá direito à saída temporária o condenado que cumpre pena por praticar crime hediondo com resultado morte. Mas não mencionou os crimes equiparados a hediondos.	
Recurso em liberdade, prisão temporária e livramento condicional	
Art. 2º **(...)** **§ 3º Em caso de sentença condenatória, o juiz decidirá fundamentadamente se o réu poderá apelar em liberdade.**	- STJ. Súmula nº 347: "o conhecimento de recurso de apelação do réu independe de sua prisão".
Art. 2º **(...)** **§ 4º A prisão temporária, sobre a qual dispõe a Lei nº 7.960, de 21 de dezembro de 1989, nos crimes previstos neste artigo, terá o prazo de 30 (trinta) dias, prorrogável por igual período em caso de extrema e comprovada necessidade.**	- A previsão além de ampliar o prazo para até trinta dias prorrogáveis por mais trinta dias caso o crime investigado seja hediondo ou equiparado, ampliou o rol de crimes que admitem prisão temporária, eis que alguns crimes hediondos não constam do rol da Lei nº 7.960/1989, como o crime de estupro de vulnerável do art. 217-A do Código Penal. - Nada impede que o juiz fixe prazo menor de prisão - Findo o prazo, o preso deve ser colocado em liberdade independentemente de expedição de alvará de soltura.
Art. 3º A União manterá estabelecimentos penais, de segurança máxima, destinados ao cumprimento de penas impostas a condenados de alta periculosidade, cuja permanência em presídios estaduais ponha em risco a ordem ou incolumidade pública	- Caráter nitidamente programático, manda que a União mantenha estabelecimentos penais de segurança máxima. Entretanto, a concretização dessa previsão é recente, e ainda são poucos os presídios federais. - Súmula nº 192 do STJ: "compete ao juízo das execuções penais do Estado a execução das penas impostas a sentenciados pela Justiça Federal, Militar ou Eleitoral, quando recolhidos a estabelecimentos sujeitos à administração estadual".

Art. 5º Ao art. 83 do Código Penal é acrescido o seguinte inciso: **"Art. 83.** **V – cumprido mais de dois terços da pena, nos casos de condenação por crime hediondo, prática da tortura, tráfico ilícito de entorpecentes e drogas afins, e terrorismo, se o apenado não for reincidente específico em crimes dessa natureza."**	A Lei de Crimes Hediondos alterou o Código Penal para tornar mais rigorosos os requisitos para livramento condicional nas condenações por crimes hediondos ou equiparados. E posteriormente o mesmo dispositivo do Código Penal foi alterado para acrescentar o crime de tráfico de pessoas dentre os que merecerão requisito objetivo maior para livramento condicional (Lei nº 13.344/2016). – Para crimes hediondos ou equiparados e tráfico de pessoas, o art. 83, V do Código Penal exige dois terços do cumprimento da pena, enquanto para crimes não hediondos ou equiparados a exigência é de apenas um terço. E obsta completamente o benefício caso haja reincidência em crime específico. – **Três correntes sobre a reincidência que obsta o livramento condicional:** 1. Largamente majoritária, entende que basta a reincidência em qualquer crime hediondo ou equiparado para que o livramento condicional seja obstado. 2. Sustenta que a reincidência deve ser específica exatamente no mesmo delito, de modo que não estaria obstado o benefício se a reincidência se desse em crime hediondo ou equiparado distinto da nova condenação. 3. argumenta que a reincidência específica que impede o livramento condicional é aquela em crime hediondo ou equiparado que tutele o mesmo bem jurídico, embora não necessariamente no mesmo tipo penal. **Atenção:** a Lei nº 13.964/2019 trouxe duas outras vedações ao livramento condicional, impedindo o benefício ao 1. condenado por cometer crime hediondo ou equiparado com resultado morte mesmo se primário 2. Ao condenado reincidente em crime hediondo ou equiparado com resultado morte. (art. 112, VI, *a*, e inciso VII, da Lei de Execuções Penais, respectivamente).
Alterações em outras legislações	
Art. 6º: Os arts. 157, § 3º; 159, *caput* e seus §§ 1º, 2º e 3º; 213; 214; 223, caput e seu parágrafo único; 267, caput e 270; caput, todos do Código Penal, passam a vigorar com a seguinte redação:	– Apenas alterou os parâmetros mínimo e máximo de pena de alguns crimes do Código Penal ali mencionados. Atualmente, entretanto, a maioria dos dispositivos já foi alterada por outras leis mais recentes, sugerindo-se a leitura atualizada diretamente no Código Penal.
Art. 7º: Ao art. 159 do Código Penal fica acrescido o seguinte parágrafo: **"Art. 159..... § 4º Se o crime é cometido por quadrilha ou bando, o co-autor que denunciá-lo à autoridade, facilitando a libertação do seqüestrado, terá sua pena reduzida de um a dois terços."**	– Para mais detalhes sobre o instituto da colaboração premiada, remetemos o leitor aos comentários à Lei nº 12.850/2013 – O parágrafo já teve sua redação alterada também pela Lei n. 9269/96, que prevê que "se o crime é cometido em concurso, o concorrente que o denunciar à autoridade, facilitando a libertação do seqüestrado, terá sua pena reduzida de um a dois terços".
Art. 8º Será de três a seis anos de reclusão a pena prevista no art. 288 do Código Penal, quando se tratar de crimes hediondos, prática da tortura, tráfico ilícito de entorpecentes e drogas afins ou terrorismo. **Parágrafo único. O participante e o associado que denunciar à autoridade o bando ou quadrilha, possibilitando seu desmantelamento, terá a pena reduzida de um a dois terços**	– moldura de pena maior para o crime de associação criminosa (art. 288 do CP) quando voltada à prática de crimes hediondos ou equiparados. – Esse crime de associação criminosa não é, entretanto, um crime hediondo. Essa hipótese não se confunde com o crime de organização criminosa direcionada à prática de crimes hediondos, que está no rol de crimes hediondos. – Não se trata de novo crime, apenas mudança do preceito secundário, de modo que não impede a aplicação também da causa de aumento prevista no parágrafo único do art. 288.

Art. 9º: As penas fixadas no art. 6º para os crimes capitulados nos arts. 157, § 3º, 158, § 2º, 159, *caput* e seus §§ 1º, 2º e 3º, 213, caput e sua combinação com o art. 223, caput e parágrafo único, 214 e sua combinação com o art. 223, *caput* e parágrafo único, todos do Código Penal, são acrescidas de metade, respeitado o limite superior de trinta anos de reclusão, estando a vítima em qualquer das hipóteses referidas no art. 224 também do Código Penal.	– Diante da revogação do art. 224 do Código Penal entende-se que o art. 9º da Lei nº 8.079/1990 foi tacitamente revogado.
Art. 10. O art. 35 da Lei nº 6.368, de 21 de outubro de 1976, passa a vigorar acrescido de parágrafo único, com a seguinte redação: "Art. 35. Parágrafo único. Os prazos procedimentais deste capítulo serão contados em dobro quando se tratar dos crimes previstos nos arts. 12, 13 e 14."	O art. 10 se aplicava à anterior Lei de Drogas (Lei nº 6.368/1976), já revogada pela atual lei de drogas (Lei nº 11.343/2006), de modo que esse dispositivo foi tacitamente revogado.

3.20. Questões de concurso

1. **(PC/BA – Delegado de Polícia – VUNESP – 2018)** Considere o seguinte caso hipotético.

A Força Nacional está atuando legalmente em Salvador. O civil "X", irmão de um Policial Militar do Estado de São Paulo que integra a Força Nacional, residente na referida cidade, se envolveu em acidente de trânsito sem vítimas, ao abalroar o veículo do condutor "Y". Após se identificar como irmão do Militar do Estado integrante da Força Nacional, foi violentamente agredido por "Y", que confessou ter assim agido apenas por saber dessa condição. As agressões provocaram lesões corporais gravíssimas no civil "X". Diante do exposto, é correto afirmar que o crime praticado por "Y"

A) não é considerado hediondo, pois a legislação contempla apenas o crime de homicídio doloso perpetrado contra o Militar do Estado.

B) é considerado hediondo, apenas por se tratar de uma lesão corporal dolosa de natureza gravíssima, independentemente da condição da eventual vítima.

C) não é considerado hediondo, pois a legislação não contempla lesão corporal dolosa de natureza gravíssima como crime hediondo.

D) é considerado hediondo, pois o civil "X" foi vítima de lesão corporal dolosa de natureza gravíssima apenas por ser irmão de Militar do Estado em razão de sua função.

E) somente seria considerado hediondo se o crime de lesão corporal dolosa de natureza gravíssima fosse perpetrado contra o próprio Militar do Estado em razão de sua função.

Gabarito: D.

2. **(PC/PI – Delegado de Polícia – NUCEPE – 2018)** Acerca dos Crimes hediondos, marque a alternativa CORRETA.

A) São considerados hediondos o Infanticídio e o Estupro.

B) A tentativa de homicídio simples ou de homicídio qualificado constituem-se crimes hediondos.

C) É possível a liberdade provisória aos autores de crimes hediondos e equiparados.

D) Dependendo da gravidade do crime, é cabível ao juiz classificar o crime como hediondo.

E) Tratando-se de crime hediondo ou equiparado, o condenado por crime de tortura, em qualquer modalidade, deverá iniciar o cumprimento da pena em regime fechado.

Gabarito: C.

3. **(TJ/PA – Juiz de Direito – CESPE – 2019)** Conforme a Lei nº 8.072/1990, é considerado hediondo o crime de

A) favorecimento da prostituição ou de outra forma de exploração sexual de mulheres.

B) infanticídio.

C) extorsão qualificada por qualquer resultado.

D) lavagem de dinheiro.

E) epidemia com resultado morte.

Gabarito: E.

4. **(PRF – Policial Rodoviário Federal – CESPE/CEBRASPE – 2021)** A respeito da identificação criminal, do crime de tortura, do abuso de direito, da prevenção do uso indevido de drogas, da comercialização de armas de fogo e dos crimes hediondos, julgue o item que se segue.

Caso três pessoas associadas, com divisão de tarefas, subtraiam substância explosiva, estará configurado crime hediondo.

Gabarito: Errado.

5. **(DPE-SC – Defensor Público – FCC – 2021)** Considera-se hediondo o crime de

A) fraude eletrônica praticada contra pessoa idosa.

B) roubo circunstanciado pelo emprego de arma.

C) extorsão na forma simples ou qualificada.

D) furto qualificado pelo emprego de explosivo.

E) aborto provocado por gestante ou terceiro.

Gabarito: D.

6. **(TJ/GO – Juiz Substituto – FCC – 2021)** Segundo tese fixada pelo Superior Tribunal de Justiça, os apenados que, embora tenham cometido crime hediondo ou equiparado sem resultado morte, e que não sejam reincidentes em delito de natureza semelhante, poderão progredir de regime prisional quando tiverem cumprido ao menos

A) sessenta por cento da pena.

B) oitenta por cento da pena.

C) cinquenta por cento da pena.

D) quarenta por cento da pena.

E) setenta por cento da pena.

Gabarito: D.

7. **(TJ/MT – Juiz Substituto – VUNESP – 2018)** Perseu cometeu um crime hediondo e Medusa o crime de tráfico de entorpecentes. Considerando o disposto, expressamente, na Constituição Federal no tocante aos direitos e garantias fundamentais, é correto afirmar que

A) Perseu não terá direito à fiança e nem à obtenção de graça ou anistia, e Medusa terá direito à fiança, mas não à graça ou à anistia.

B) Perseu e Medusa terão direito à fiança, mas ambos não terão direito à obtenção de graça ou anistia.

C) Perseu e Medusa não terão direito à fiança e nem à obtenção de graça ou anistia, mas os crimes de ambos são sujeitos à prescrição.

D) Perseu não terá direito à fiança, graça ou anistia, mas seu crime é sujeito à prescrição, enquanto que Medusa terá direito à fiança, graça e anistia e o crime cometido por ela sujeita-se à prescrição.

E) ambos não terão direito à fiança nem à obtenção de graça ou anistia, e os crimes por eles cometidos são considerados imprescritíveis.

Gabarito: C.

8. **(PF – Delegado de Polícia Federal – CESPE/CEBRASPE – 2021)** Em relação ao disposto na Lei nº 9.613/1998, que se refere à lavagem de dinheiro, julgue o item a seguir.

O crime de lavagem de dinheiro está, consoante a lei, equiparado ao crime hediondo.

Gabarito: Errado.

9. **(TRF – 3ª REGIÃO – Juiz Federal Substituto – 2018)** Relativamente ao crime de tráfico transnacional de drogas (art. 33 da Lei nº 11.343/2006) e considerando a atual jurisprudência do Supremo Tribunal Federal e do Superior Tribunal de Justiça, é CORRETO afirmar que:

A) Não é possível a concessão de liberdade provisória por se tratar de crime equiparado a hediondo.

B) É vedada a conversão da pena privativa de liberdade em penas restritivas de direitos.

C) A fixação do regime inicial para cumprimento da pena privativa de liberdade deve observar apenas as regras previstas nos arts. 33 e 59 do Código Penal.

D) A aplicação da causa de diminuição de pena prevista no art. 33, § 4º, da Lei nº 11.343/2006 não afasta a hediondez do crime de tráfico de drogas.

Gabarito: C.

10. **(PC/RN – Delegado de Polícia Civil Substituto – FGV – 2021)**

Aberto inquérito para apurar a prática do crime de roubo majorado pela restrição da liberdade da vítima, na forma do art. 157, § 2º, V, do Código Penal, praticado em 05/01/2021, a autoridade policial, presentes fundados indícios de autoria, entendeu ser imprescindível às investigações a decretação da prisão temporária do indiciado Henrique, ainda que esse possua residência fixa. Diante da situação apresentada, a prisão temporária do agente:

A) poderá ser decretada pelo juiz, ainda que de ofício, pelo prazo inicial máximo de cinco dias;

B) poderá ser decretada pelo juiz, mediante representação, pelo prazo inicial de trinta dias;

C) não poderá ser decretada, por não se tratar de crime hediondo ou previsto no rol da legislação aplicável;

D) não poderá ser decretada pelo juiz, pois o acusado possui residência fixa;

E) poderá ser decretada pelo juiz, por representação do delegado, dispensada a manifestação do Ministério Público.

Gabarito: B.

CAPÍTULO 4
LEI Nº 8.137/1990 – CRIMES CONTRA A ORDEM TRIBUTÁRIA

4.1. Introdução e considerações iniciais importantes

Apesar de comumente ser lembrada pelos crimes contra a **ordem tributária,** a Lei nº 8.137/1990 também protege a **ordem econômica** e as **relações de consumo.** São poucos artigos, e realmente **os mais importantes são os dois primeiros artigos,** que em seus vários incisos e parágrafo único (no caso do art. 1º) definem **os crimes praticados por particulares contra a ordem tributária.**

Atenção:

no **art. 3º** estão crimes praticados por funcionários públicos contra a ordem tributária. Já **no art. 4º** estão crimes contra a ordem econômica, que foram intensamente modificados em 2011 pela Lei nº 12.529/2011. E, por fim, **no art. 7º** estão os crimes contra as relações de consumo.

Crimes da Lei nº 8.137/1990			
Arts. 1º e 2º	**Art. 3º**	**Art. 4º**	**Art. 7º**
Crimes contra a ordem tributária	Crimes de funcionários públicos contra a ordem tributária	Crimes contra a ordem econômica	Crimes contra as relações de consumo

Importante para Concursos:

em geral o **art. 1º da Lei nº 8.137/1990 tem incidência muito maior em provas** do que os demais artigos dessa lei. Na sequência em nível de cobrança estão o art. 7º, e o art. 3º. A sugestão, portanto, é focar no art. 1º e suas distinções para as figuras do art. 2º.

Há **outros crimes fora da Lei nº 8.137/1990 que também podem ser considerados crimes tributários,** como o crime de **descaminho** (art. 334 do Código Penal), o de **sonegação de contribuição previdenciária** (art. 337-A do CP), e o de **apropriação indébita previdenciária** (art. 168-A do CP).

Por isso, algumas previsões genéricas envolvendo os crimes da Lei nº 8.137/1990 também se aplicam a esses outros crimes. Juntos **todos formam o chamado Direito Penal Tributário.**

4.2. Artigos 1º e 2º: crimes contra a ordem tributária

4.2.1. Aspectos gerais dos crimes contra a ordem tributária

As figuras do art. 1º e do art. 2º tratam dos crimes contra a ordem tributária e são parecidas, mas **as do art. 1º são mais graves**, punidas com dois a cinco anos de reclusão, ao passo que **as do art. 2º são mais brandas,** punidas com detenção de seis meses a dois anos.

4.2.2. Elemento subjetivo

Não existem crimes culposos contra a ordem tributária na Lei nº 8.137/1990. Todos **são dolosos,** admitindo em tese também o dolo eventual.

Prevalece que **basta o dolo genérico**, sendo desnecessária a comprovação de qualquer finalidade específica de sonegar tributos (dolo específico), a não ser em algumas hipóteses do art. 2º. Mas **há posição minoritária** sustentando a necessidade de finalidade específica.

Importante para Concursos:

prevalece no **Superior Tribunal de Justiça** que basta **o dolo genérico** [1,2], o que inclusive constou do item 7 da publicação nº 90 da **Jurisprudência em teses do STJ**, no sentido de que "o tipo penal do art. 1º da Lei nº 8.137/1990 prescinde de dolo específico, sendo suficiente a presença do dolo genérico para sua caracterização".[3]

4.2.3. Bem jurídico tutelado

Os crimes contra a ordem tributária tutelam a **arrecadação tributária**, o próprio **erário público**, e a **administração pública** e a **fé pública.**

4.2.4. Competência

A competência para julgamentos dos crimes contra a ordem tributária poderá ser da **Justiça Federal ou Estadual (ou do Distrito Federal),** tendo em vista que há tributos estaduais, e a competência federal só se justifica se o crime atingir bens, serviços ou o interesse da União, nos termos do art. 109, IV, da Constituição Federal.

Assim, se o **tributo envolvido for federal** a competência será da **Justiça Federal,** mas se o **tributo for estadual**, a competência será da **Justiça Estadual.**

---

1 "(...) é assente na jurisprudência do Superior Tribunal de Justiça que os crimes contra a ordem Tributária previstos no artigo 1º da Lei nº 8.137/1990 prescinde de dolo específico, bastando para a subsunção à norma o não recolhimento do tributo(...)". STJ. AgRg no AREsp 900.438/RS. Relator Ministro JORGE MUSSI. QUINTA TURMA. Julgamento: 06/02/2018, *DJe* 19/02/2018.

2 "(...) Em crimes de sonegação fiscal e de apropriação indébita de contribuição previdenciária, este Superior Tribunal de Justiça pacificou a orientação no sentido de que sua comprovação prescinde de dolo específico sendo suficiente, para a sua caracterização, a presença do dolo genérico consistente na omissão voluntária do recolhimento, no prazo legal, dos valores devidos." STJ. AgRg no REsp 1477691/DF – 6ª T. – rel. Min. Nefi Cordeiro – j. 11-10-2016 – *DJe* 28-10-2016. **No mesmo sentido:** AgRg no AREsp 493.584/SP – 5ª T. – rel. Min. Reynaldo Soares da Fonseca – j. 2-6-2016 – *DJe* 8-6-2016.

3 STJ. Jurisprudência em teses. Edição nº 90, relacionada a julgados publicados até 1-9-2017. Item 7.

Atenção:

também existem **tributos municipais**, mas se for esse o caso a competência também será em regra da **Justiça Estadual ou do Distrito Federal**.

Entretanto, se a conduta **envolver tanto tributos federais como estaduais** ou municipais, a competência **será atraída para a Justiça Federal** com relação a todos eles, nos termos da Súmula nº 122 do Superior Tribunal de Justiça.

Atenção:

a **Súmula nº 122 do STJ** prevê que "*compete à Justiça Federal o processo e julgamento unificado dos crimes conexos de competência federal e estadual, não se aplicando a regra do art. 78, II, a, do Código de Processo Penal*".

Tributo sonegado	Competência
Estadual	Justiça Estadual/Distrital
Municipal	Justiça Estadual/Distrital
Federal	Justiça Federal
Federais e Estaduais ou Municipais	Justiça Federal
Estaduais e Municipais	Justiça Estadual/Distrital

4.2.5. Sujeito ativo e sujeito passivo dos crimes contra a ordem tributária

O **sujeito ativo** será toda pessoa obrigada ao pagamento do tributo, da obrigação acessória, ou da penalidade pecuniária (multa), que abrange o contribuinte e o responsável tributário, nos termos do art. 121 do Código Tributário Nacional (CTN). **Mas também poderá ser qualquer pessoa física,** no caso de a pessoa obrigada ser pessoa jurídica.

Assim, o crime é comum, podendo ser praticado por qualquer pessoa, conforme inclusive previsto no **art.11 da Lei nº 8.137/90.** O STF e o STJ já decidiram nesse sentido.[4] [5]

Nesse sentido, aliás, constou da publicação **"jurisprudência em teses" do STJ,** que

> "a autoria e a participação no crime do art. 1º, I, da Lei nº 8.137/1990 prescindem de que os agentes integrem o quadro da pessoa jurídica ou o polo passivo do procedimento administrativo-fiscal, ou ainda, que sejam responsáveis pelo cumprimento da obrigação tributária, desde que demonstrado o envolvimento com a prática criminosa (art. 11 da Lei nº 8.137/1990)".[6]

4 "(...) Crime contra a ordem tributária. Imputação de responsabilidade penal. Terceiro estranho ao quadro social da pessoa jurídica. Possibilidade. Art. 11 da Lei 8.137/90(...)". STF. HC 121719/RN – rel. Min. Gilmar Mendes – j. 24-11-2015 – publicação: 27-6-2016.

5 STJ. AgRg no AREsp 718217/ES – 6ª T. – rel. Min. Rogerio Schietti Cruz – j. 7-12-2017 – *DJe* 15-12-2017.

6 STJ. Publicação jurisprudência em teses. Edição nº 176, extraída de julgados até 13-8-2021. Item 2.

Atenção:

há **corrente doutrinária que entende que o crime é próprio** do contribuinte. Entretanto, muitas vezes o crime é cometido por meio da pessoa jurídica, mas os responsáveis são pessoas físicas. E não há possibilidade de responsabilização penal da pessoa jurídica por crimes tributários, eis que a responsabilidade penal de pessoa jurídica é restrita a crimes ambientais e ainda é muito controversa (art. 173, § 5º, da CF/1988).

A **responsabilidade penal é sempre subjetiva**, de modo que será responsável penalmente o **administrador de fato** que praticar a conduta, podendo ou não ser o sócio, diretor, que consta dos quadros formais da emrpesa. **Em direito penal não cabe responsabilidade objetiva**, de modo que não basta que o agente configure nos quadros societários, é preciso demonstrar que ele foi o responsável pela conduta, inclusive porque é comum que o verdadeiro sonegador utilize interposta pessoa que figure formalmente como administrador.[7]

O **sujeito passivo**, de outro lado, será o ente estatal competente para exigir o pagamento da obrigação tributária, nos termos do art. 119 do Código Tributário Nacional, ou seja, a União, os Estados, o Distrito Federal, ou os Municípios.

4.2.6. Tributo, contribuição social e qualquer acessório

O art. 1º da Lei nº 8.137/1990 dispõe que configura o crime reduzir ou suprimir tributo, contribuição social e qualquer acessório. **Tributo é gênero**, e suas **espécies** são: **impostos** (art. 16 do Código Tributário Nacional – CTN), **taxas** (art. 77 do CTN), **contribuições de melhoria** (art. 81 do CTN), **empréstimos compulsórios** (art. 148 da CF/1988), e **contribuições especiais** (art. 149 da CF/1988).

ESPÉCIES DE TRIBUTOS	
Impostos	Obrigação tem como fato gerador uma situação independente de contraprestação estatal específica. **Ex.**: Imposto de Renda
Taxas	Têm como fato gerador o exercício do poder de polícia ou um serviço específico. **Ex.**: Licenciamento veicular
Contribuições de melhoria	Para fazer frente ao custo de obras públicas que gerem valorização de imóvel
Empréstimos compulsórios	Instituído para despesas extraordinárias decorrentes de calamidade pública, ou guerra externa; ou para investimento público urgente e de interesse nacional
Contribuições especiais	Contribuições sociais, de intervenção no domínio econômico, de interesse de categorias profissionais, ou para custeio da seguridade social.

7 Assim já decidiu o STJ: "(...) o decreto condenatório proferido nos autos está fundado na certeza de que o agravante, apesar de não constar como sócio-gestor no contrato constitutivo da sociedade empresária, era administrador, de fato, da empresa, responsável pelas decisões gerenciais e pela condução das atividades negociais desenvolvidas. A contribuição verificada para a prática do delito fiscal autoriza, sim, a imputação da responsabilidade criminal, conforme previsão expressa no art. 11 da Lei nº 8.137/1990 (...)". STJ. AgRg no AREsp 527398/SC – 5ª T. – rel. Min. Reynaldo Soares da Fonseca – j. 3-4-2018 – *DJe* 13-4-2018.

Atenção:

apesar da lei mencionar **tributo, contribuição social e qualquer acessório**, atualmente entende-se que as **contribuições sociais são espécies de tributo.** Elas foram inseridas especificamente para não haver dúvida quanto à configuração do crime, porque já houve discussão se as contribuições seriam ou não tributo. De todo modo, suprimindo ou reduzindo um ou outro, haverá o crime, **inclusive as obrigações acessórias**.

Já **obrigações acessórias** são impostas para auxiliar a fiscalização e a arrecadação dos tributos, não necessariamente de caráter patrimonial. Exemplo é a obrigação de emissão de notas fiscais, e de guardar determinados documentos. A questão é que uma vez não adimplida a obrigação acessória, ela ensejará a aplicação de penalidade pecuniária, geralmente multa, que se tornará uma obrigação principal (art. 113, § 1º, do CTN).

4.2.7. Sonegação, elisão e inadimplemento

Os crimes contra a ordem tributária **são também comumente chamados de crimes de sonegação fiscal.** Mas não podem ser confundidos com **elisão fiscal** ou com o **mero inadimplemento do tributo**.

Atenção:

Sonegação é reduzir ou suprimir tributo por meio de alguma fraude. **Elisão** é prática permitida, legal, de evitar a incidência do fato gerador e consequentemente diminuir a tributação, mas decorrente de planejamento tributário feito de acordo com a legislação. **Inadimplemento** é simplesmente não pagar tributo, e se todas as declarações e contabilidade estiverem corretas, não haverá crime.

4.3. Art. 1º: suprimir ou reduzir tributo

Art. 1° Constitui crime contra a ordem tributária suprimir ou reduzir tributo, ou contribuição social e qualquer acessório, mediante as seguintes condutas: (Vide Lei nº 9.964, de 10.4.2000)

I – omitir informação, ou prestar declaração falsa às autoridades fazendárias;

II – fraudar a fiscalização tributária, inserindo elementos inexatos, ou omitindo operação de qualquer natureza, em documento ou livro exigido pela lei fiscal;

III – falsificar ou alterar nota fiscal, fatura, duplicata, nota de venda, ou qualquer outro documento relativo à operação tributável;

IV – elaborar, distribuir, fornecer, emitir ou utilizar documento que saiba ou deva saber falso ou inexato;

V – negar ou deixar de fornecer, quando obrigatório, nota fiscal ou documento equivalente, relativa a venda de mercadoria ou prestação de serviço, efetivamente realizada, ou fornecê-la em desacordo com a legislação.

Pena – reclusão de 2 (dois) a 5 (cinco) anos, e multa.

Parágrafo único. A falta de atendimento da exigência da autoridade, no prazo de 10 (dez) dias, que poderá ser convertido em horas em razão da maior ou menor complexidade da matéria ou da dificuldade quanto ao atendimento da exigência, caracteriza a infração prevista no inciso V.

4.3.1. Tipo objetivo

O crime do art. 1º da Lei nº 8.137/1990 é de **suprimir ou reduzir** tributo ou contribuição social e qualquer acessório, o que deve ser lido como suprimir ou reduzir o **pagamento** de tributo. As condutas devem ser praticadas por **uma das condutas vinculadas dos incisos I a IV** que trazem modalidades de **fraudes** cujo resultado será justamente a supressão (total) ou a redução (parcial) do pagamento do tributo ou obrigação acessória.

Já no **inciso V** há um crime formal relacionado à negativa ou omissão de fornecer nota fiscal, ou de fornecê-la em desacordo com a lei. E no **parágrafo único** há um crime especial de desobediência às exigências das autoridades fazendárias. Com relação a essas duas últimas figuras (inciso V e parágrafo único), há polêmicas doutrinárias e jurisprudenciais que serão mais bem aprofundadas.

Inciso I – omitir informação, ou prestar declaração falsa às autoridades fazendárias;

A fraude do inciso I pode ser praticada **de duas formas**. A primeira é mediante **omissão de informação**, como, por exemplo, aquele que teve renda tributável, deixar de entregar a declaração de rendimentos, o que levará a supressão do pagamento do imposto. A segunda é praticada por ação, **prestando declaração falsa**, como, por exemplo, declarar um valor menor de rendimentos para reduzir o pagamento do imposto.

Atenção:

o **objeto** em ambos os casos é a **declaração** que deve ser apresentada à autoridade fazendária, o que distingue essa fraude daquela do inciso II.

Inciso II – fraudar a fiscalização tributária, inserindo elementos inexatos, ou omitindo operação de qualquer natureza, em documento ou livro exigido pela lei fiscal;

A fraude do **inciso II** também pode ser praticada **por ação ou por omissão.**

Na **primeira**, o agente frauda a fiscalização **inserindo elementos inexatos** no documento ou livro fiscal, como, por exemplo, o comerciante que registra venda menor, gerando a redução do pagamento do tributo.

Na segunda, por omissão, o agente **omite informação** no documento ou livro, deixando de registrar as operações, por exemplo, e com isso gerando a supressão do pagamento do tributo.

Em ambos os casos essa modalidade se distingue do inciso I, porque **aqui a fraude recai sobre livro ou documento exigido pela lei fiscal,** e não sobre declaração como no inciso anterior.

Atenção:

trata-se de **norma penal em branco**, que depende da definição legal dos livros e documentos obrigatórios pela lei fiscal.

Inciso III – falsificar ou alterar nota fiscal, fatura, duplicata, nota de venda, ou qualquer outro documento relativo à operação tributável;

O **inciso III** trata de uma **modalidade especial de falsificação material**, verdadeira contrafação com relação a documentos relativos a operações tributáveis. A **falsificação** pode ser total, com a produção integral de um documento falso novo, ou parcial, ao passo que a **alteração** é a modificação de partes do documento verdadeiro existente, tornando-o falso.

Exemplo do crime é a impressão de dois talonários de notas com numeração idêntica, sendo entregue ao consumidor a nota com o valor correto, mas preenchida outra de mesmo número no segundo talonário, com valor menor, sendo esta a que é efetivamente levada a registro para diminuir a incidência de tributo.

Atenção:

a lei traz **rol exemplificativo** dos documentos cuja falsificação configura o crime (nota fiscal, fatura, duplicata, e nota de venda), mas logo em seguida abre espaço à **interpretação analógica** ao prever que também configura o crime a falsificação ou alteração de **qualquer outro documento relativo à operação tributável.**

Inciso IV – elaborar, distribuir, fornecer, emitir ou utilizar documento que saiba ou deva saber falso ou inexato;

O inciso IV traz uma **forma especial de falsidade material e ideológica**, e ainda de **uso de documento** falso.

Os vários verbos, ***elaborar, distribuir, fornecer, emitir ou utilizar*** revelam que o tipo é **misto alternativo**, configurando apenas um crime a prática de vários dos núcleos no mesmo contexto.

O **objeto** nesse caso é o **documento**, conceito **mais amplo** que o contido nos demais incisos. Documento **falso** é o materialmente falsificado, ao passo que o documento **inexato** é o produto de falsidade ideológica.

Inciso V – negar ou deixar de fornecer, quando obrigatório, nota fiscal ou documento equivalente, relativa a venda de mercadoria ou prestação de serviço, efetivamente realizada, ou fornecê-la em desacordo com a legislação.

No **inciso V, há um crime formal** de negar, deixar de fornecer, ou fornecer em desacordo com a lei, nota fiscal quando obrigatório, no caso de efetivada venda de mercadoria ou prestação de serviço.

Negar é uma conduta comissiva, quando, por exemplo, o comerciante se recusa a fornecer a nota ao cliente que a pede.

Mas o crime também pode ser **omissivo**, quando o agente simplesmente **não fornece a nota.** É uma situação infelizmente tão corriqueira no Brasil que muitos Estados criaram programas de recompensa ao consumidor que pede nota fiscal, para incentivar que o comerciante seja instado a emiti-la.

O crime ainda pode ser praticado **mediante emissão da nota em desacordo com a legislação,** eis que a descrição diferente das mercadorias ou outras irregularidades pode levar à redução ou supressão de tributos.

Atenção:

a expressão **"ou documento equivalente"** abre a possibilidade de **interpretação analógica,** abrangendo outros documentos que não exatamente a nota fiscal, porém com a mesma finalidade.

Importante para Concursos:

parte da doutrina entende que o crime do inciso V é material, pois deve seguir a regra do *caput,* que exige a supressão ou redução do tributo. Entretanto, **para provas é melhor ficar com a posição de que o crime do inciso V é formal** por não ter sido incluído no teor da Súmula Vinculante do STF, **conforme já decidiu o STJ**. [8]

Parágrafo único: a falta de atendimento da exigência da autoridade, no prazo de 10 (dez) dias, que poderá ser convertido em horas em razão da maior ou menor complexidade da matéria ou da dificuldade quanto ao atendimento da exigência, caracteriza a infração prevista no inciso V.

No **parágrafo único,** há uma **modalidade especial de desobediência,** tipificando o não atendimento de exigência da autoridade fazendária no prazo de dez dias, com possibilidade de que esse prazo seja convertido em horas.

Atenção:

a configuração desse crime de desobediência **não está vinculada à existência ou não do crime do inciso V.**

8 "(...) Cinge-se a controvérsia à análise da necessidade de esgotamento da instância administrativo-fiscal para o desencadeamento da persecução penal na hipótese do inciso V do artigo 1º da Lei nº 8.137/1990, considerando que o Supremo Tribunal Federal, na Súmula Vinculante n. 24, reconheceu tão somente que "não se tipifica crime material contra a ordem tributária, previsto no art. 1º, incisos I a IV, da Lei nº 8.137/90, antes do lançamento definitivo do tributo". (...) Nos termos da jurisprudência desta Corte, o crime descrito no art. 1°, V, da Lei nº 8.137/1990 ostenta natureza formal, ao contrário das condutas elencadas nos incisos I e IV do referido dispositivo, e a sua consumação prescinde da constituição definitiva do crédito tributário. Por consectário, o prévio exaurimento da via administrativa não configura condição objetiva de punibilidade." STJ. RHC 31062/DF – 5ª T. – rel. Min. Ribeiro Dantas – j. 2-8-2016 – *DJe* 12-8-2016

Há **discussão doutrinária** sobre a classificação do crime do parágrafo único como **material ou formal.**

A **primeira corrente** entende que o crime é **formal**, e por isso independe de qualquer supressão ou redução do pagamento do tributo, porque exigir esse resultado naturalístico seria incoerente uma vez que a não entrega dos documentos fiscais obrigatórios impediria essa apuração.[9]

Já a **segunda corrente** entende que o crime é material porque é apenas mais uma maneira de cometer o crime do *caput* do art. 1º da Lei nº 8.137/1990, exigindo assim o reultado material de supressão ou redução de tributo.[10]

> **Atenção:**
>
> outra questão relevante sobre esse crime do parágrafo único é que **a tipificação pode confrontar o direito à não autoincriminação**, o chamado princípio do ***nemo tenetur se detegere*** (art. 5º, LXIII, da CF/1988) pelo qual ninguém é obrigado a produzir prova contra si.

Isso porque se a entrega dos documentos fiscais puder demonstrar a prática de algum crime, entende-se que o agente não seria obrigado a produzir essa prova contra si mesmo. Mas essa omissão é justamente a previsão típica, de modo que o crime puniria a inércia em produzir prova contra si mesmo, exigindo uma conduta que a Constituição Federal garante que o contribuinte não é obrigado a tomar.

4.3.2. Consumação e tentativa

Incisos I a IV

Aas figuras dos **incisos I a IV são crimes materiais**, que preveem e exigem o resultado da supressão (total) ou a redução (parcial) do pagamento do tributo ou obrigação acessória para sua consumação.

Como são crimes materiais, o **Supremo Tribunal Federal pacificou que a consumação das figuras dos incisos I a IV do art. 1º depende do lançamento definitivo do tributo.**

> **Atenção:**
>
> é o teor da **Súmula Vinculante nº 24:** *Não se tipifica crime material contra a ordem tributária, previsto no art. 1º, incisos I a IV, da Lei nº 8.137/1990, antes do lançamento definitivo do tributo.*

Lançamento definitivo significa a constituição do crédito tributário sem que haja dúvida, ou seja, acabada a discussão administrativa sobre a existência do tributo. **Antes**

9 **O STJ tem precedentes nesse sentido.** STJ. HC 241770/RJ – 6ª T. – rel. Min. Rogerio Schietti Cruz – j. 21-6-2016 – *DJe* 29-6-2016.

10 **Com esse entendimento:** LIMA. Op. cit., p. 247.

do lançamento definitivo o Supremo Tribunal Federal **não admite sequer a instauração de inquérito policial,** a não ser que a investigação seja necessária para apuração do próprio débito [11]. O lançamento definitivo é, assim, **condição objetiva de punibilidade ou elemento normativo do tipo.** [12]

É que uma vez que a lei menciona tributo, exige-se **a dupla tipicidade,** ou seja, **a tributária,** no sentido de que haja tributo devido, **e a penal,** que é a previsão típica da Lei nº 8.137/1990. **Não sendo devido o tributo não haverá crime.**

Atenção:

é o caso da venda de livros, que está sujeita *à* imunidade tributária conforme alínea *d*, do inciso VI, do art. 150, da Constituição Federal, de modo que **não há tipicidade tributária.**

Finalizada a parte administrativa, o crime se aperfeiçoará, consumando-se, e **a partir daí começará a correr o prazo prescricional.**

Nos casos dos **incisos I a IV do art. 1º a tentativa é cabível,** mas sua tipificação é controversa. Há doutrina que sustenta que apesar de cabível, a tentativa dos crimes do art. 1º estaria tipificada no inciso I, do art. 2º, que não exige resultado. Para mais detalhes, remetemos o leitor aos comentários a esse dispositivo em específico.

Inciso V

Já o crime do inciso V é formal e se consuma independentemente de qualquer resultado naturalístico, sendo **dispensável também o lançamento definitivo do crédito tributário.** [13]

Atenção:

o STJ consolidou em sua publicação **"jurisprudência em teses" que** "o delito **do art. 1º, V**, da Lei nº 8.137/1990 **é formal e prescinde do processo administrativo fiscal** para o desencadeamento da persecução penal, não se sujeitando aos termos da Súmula Vinculante nº 24 do STF". [14]

11 "(...) Diante da recusa da empresa em fornecer documentos indispensáveis à fiscalização da Fazenda estadual, tornou-se necessária a instauração de inquérito policial para formalizar e instrumentalizar o pedido de quebra do sigilo bancário, diligência imprescindível para a conclusão da fiscalização e, conseqüentemente, para a apuração de eventual débito tributário. 6. Deste modo, entendo possível a instauração de inquérito policial para apuração de crime contra a ordem tributária, antes do encerramento do processo administrativo-fiscal, quando for imprescindível para viabilizar a fiscalização. STF. HC 95443/SC – rel. Min. Ellen Gracie – j. 2-2-2010 – publicação: 19-2-2010.

12 "falta justa causa para a ação penal pela prática do crime tipificado no art. 1º da Lei 8.137/1990 que é material ou de resultado, enquanto não haja decisão definitiva do processo administrativo de lançamento, quer se considere o lançamento definitivo uma condição objetiva de punibilidade ou um elemento normativo de tipo". STF HC 81.611/DF – Tribunal Pleno – rel. Min. Sepúlveda Pertence – j. 10-12-2003 – publicação: 13-5-2005.

13 Há corrente doutrinária no sentido de que o inciso V também seria material, conforme comentários ao dispositivo.

14 STJ. Jurisprudência em teses. Edição nº 90, relacionada a julgados publicados até 01/09/2017. Item 10.

Parágrafo único

Por fim, no **parágrafo único**, segundo entendimento do **STJ**, o crime se **consuma com a falta de atendimento à exigência** da fazenda no prazo assinalado[15]. Trata-se de **crime a prazo,** e independe de resultado. Sendo crime omissivo próprio, **não admite tentativa.**

Atenção:

há quem entenda que a figura do parágrafo único é crime material que deve seguir a regra do *caput* do art. 1º e, adotado esse entendimento, a consumação ocorrerá com a redução ou supressão do tributo.

4.3.3. Tipo misto alternativo e concurso de várias fraudes

As **várias modalidades de fraude** previstas nos incisos do art. 1º revelam que se trata de **tipo misto alternativo**, isto é, há várias formas de se praticar a supressão ou redução do pagamento do tributo, e incidindo em qualquer delas haverá o crime. Assim, mesmo que o agente pratique várias fraudes, se a supressão ou redução for de apenas um tributo, haverá um crime só.

Atenção:

é o mesmo raciocínio, por exemplo, do crime de tráfico de drogas, que possui vários verbos, e mesmo que, por exemplo, o agente tenha em depósito, traga consigo e venda, no mesmo contexto, responderá por apenas um crime de tráfico.

Entretanto, no caso de serem suprimidos ou reduzidos os pagamentos de **mais de um tributo** há duas correntes: **1. Para a primeira, há crime único** e não concurso de crimes, porque a tutela é da ordem tributária, e não de cada tributo, e porque muitas vezes não há como sonegar apenas um tributo[16]. **2.** Já **para a segunda corrente, há concurso formal** nos termos do art. 70 do Código Penal[17].

15 "(...) A falta de atendimento da exigência feita pela autoridade fiscal, para que seja apresentada a documentação solicitada, é o que basta para a configuração do crime previsto no parágrafo único do art. 1º da Lei n. 8.137/1990. A consumação do crime ocorre com a simples inobservância à exigência da autoridade fiscal (falta de atendimento dessa exigência (...)". STJ. AgRg no AREsp 1126039/SP – 5ª T. – rel. Min. Reynaldo Soares da Fonseca – j. 21-11-2017 – *DJe* 29-11-2017.

16 "(...) Não há concurso formal, mas crime único, na hipótese em que o contribuinte, numa única conduta, declara Imposto de Renda de Pessoa Jurídica com a inserção de dados falsos, ainda que tal conduta tenha obstado o lançamento de mais de um tributo ou contribuição". STJ. REsp 1294687/PE – 6ª T. – rel. Min. Maria Thereza de Assis Moura – j. 15-10-2013 – *DJe* 24-10-2013.

17 Art. 70: "quando o agente, mediante uma só ação ou omissão, pratica dois ou mais crimes, idênticos ou não, aplica-se-lhe a mais grave das penas cabíveis ou, se iguais, somente uma delas, mas aumentada, em qualquer caso, de um sexto até metade. As penas aplicam-se, entretanto, cumulativamente, se a ação ou omissão é dolosa e os crimes concorrentes resultam de desígnios autônomos, consoante o disposto no artigo anterior. Parágrafo único – Não poderá a pena exceder a que seria cabível pela regra do art. 69 deste Código."

4.3.4. Absorção dos crimes de falso

Os crimes do art. 1º **envolvem fraudes para suprimir ou reduzir pagamento** de tributo. Surge dúvida, então, sobre eventual concurso entre o crime de sonegação e as falsidades anteriores, efetivadas para que se obtivesse a redução ou supressão do tributo.

A solução é a mesma com relação ao crime de estelionato e as fraudes utilizadas como meio. Nos termos da **Súmula nº 17 do STJ**, "quando o falso se exaure no estelionato, sem mais potencialidade lesiva, é por este absorvido".

Assim, **se a potencialidade lesiva do falso se esgota no ato fim a que se destinava,** o entendimento majoritário é de que **o crime-meio fica absorvido,** restando apenas a imputação pelo crime-fim, tendo como base o **princípio da consunção.**

Atenção:

o **Supremo Tribunal Federal** já decidiu que "descabe confundir o meio para a prática do crime com a autonomia deste último. Na sonegação fiscal, o falso não se mostra crime autônomo, mas meio relativo à prática do primeiro".[18] O **STJ** também consolidou esse entendimento na publicação **"jurisprudência em teses",** no sentido de que "*aplica-se o princípio da consunção ou da absorção quando o delito de falso ou de estelionato (crime--meio) é praticado única e exclusivamente com a finalidade de sonegar tributo (crime-fim).*"[19]

4.3.5. Pagamento do tributo: extinção de punibilidade

Por **razões de política criminal,** várias leis se sucederam prevendo a extinção da punibilidade de crimes contra a ordem tributária quando o agente pagasse o tributo devido. A intenção dessa política é fazer o contribuinte efetivamente pagar os valores, com o benefício de que, o fazendo, ficará livre do processo criminal. Para o Estado, interessa mais que haja o recolhimento dos valores do que punir criminalmente o sonegador.

Atenção:

o atual entendimento **consolidado tanto do STF quanto no STJ é o de que o** pagamento do tributo **a qualquer tempo extingue a punibilidade** de crimes contra a ordem tributária, **mesmo depois do trânsito em julgado** da condenação.

Inicialmente o **art. 34 da Lei nº 9.249/1995** [20] **previa** que o pagamento do tributo geraria a extinção da punibilidade de crime contra a ordem tributária desde que esse pagamento fosse feito **até o recebimento da denúncia.**

18 STF. HC 76847/MG – 2ª T. – *rel. Min. Marco Aurélio – j.* 9-6-1998 – publicação: 4-9-1998.
19 STJ. Publicação jurisprudência em teses. Edição nº 99, item 2.
20 Art. 34. Extingue-se a punibilidade dos crimes definidos na Lei nº 8.137, de 27 de dezembro de 1990, e na Lei nº 4.729, de 14 de julho de 1965, quando o agente promover o pagamento do tributo ou contribuição social, inclusive acessórios, antes do recebimento da denúncia.

Entretanto, com o advento da **Lei nº 10.684/2003, seu art. 9º, § 2º,**[21] trouxe redação semelhante, mas **sem qualquer restrição temporal**, prevendo simplesmente que o pagamento integral dos débitos extinguiria a punibilidade dos crimes dos **arts. 1º e 2º** da Lei nº 8.137/1990, e dos arts. **168-A** (apropriação indébita previdenciária) e **337-A** (sonegação de contribuição previdenciária) do Código Penal.

Atenção:

como esse novo dispositivo (art. 9º, § 2º da Lei nº 10.684/2003) **não restringiu temporalmente** o pagamento até o recebimento da denúncia **o STF passou a entender que o pagamento a qualquer tempo extingue a punibilidade**.[22]

Já **o STJ alinhou-se ao STF** admitindo também que o pagamento a qualquer tempo é causa de extinção de punibilidade.[23]

Atenção:

o pagamento do tributo não extingue a punibilidade no crime de descaminho (art. 334 do Código Penal), porque o crime não está no rol autorizador, e tanto o **STJ quanto o STF** entendem que se trata de crime formal, e que o bem jurídico tutelado ultrapassa o valor do imposto, porque além de lesar a ordem tributária, atinge a estabilidade das atividades comerciais, dando azo à concorrência desleal. [24] [25]

21 O rol dos crimes abrangidos está no caput do art. 9º, que trata do parcelamento do débito (vide comentários no tópico referente ao parcelamento). No parágrafo segundo, então, consta que: "extingue-se a punibilidade dos crimes referidos neste artigo quando a pessoa jurídica relacionada com o agente efetuar o pagamento integral dos débitos oriundos de tributos e contribuições sociais, inclusive acessórios."

22 STF. HC 85.452/SP – 1ª T. – rel. Min. Eros Grau – j.17-5-2005 – publicação: 3-6-2005. **E ainda:** STF. RHC 128.245/SP – 2ª T. – rel. Min. Dias Toffoli – j. 23-8-2016 – publicação: 21-10-2016.

23 A corte considerou que "se no histórico das leis que regulamentam o tema o legislador ordinário, no exercício da sua função constitucional e de acordo com a política criminal adotada, optou por retirar o marco temporal previsto para o adimplemento da obrigação tributária redundar na extinção da punibilidade do agente sonegador, é vedado ao Poder Judiciário estabelecer tal limite, ou seja, dizer o que a Lei não diz, em verdadeira interpretação extensiva não cabível na hipótese, porquanto incompatível com a ratio da legislação em apreço. E, assim, não há como se interpretar o artigo 9º, § 2º, da Lei 10.684/2003 de outro modo, senão considerando que o adimplemento do débito tributário, a qualquer tempo, até mesmo após o advento do trânsito em julgado da sentença penal condenatória, é causa de extinção da punibilidade do acusado". STJ. HC 362.478/SP – 5ª T. – rel. Min. Jorge Mussi – j. 14-9-2017 – *DJe* 20-9-2017. Entedimento reiterado no AgRg no AREsp 1772918/SP – 5ª T. – rel. Min. Ribeiro Dantas – j. 3-8-2021 – *DJe* 10-8-2021.

24 O crime de descaminho não está no rol da previsão legal que autoriza extinção da punibilidade pelo pagamento. Apesar disso, entendia-se que era possível, por ser também um crime contra a ordem tributária. Entretanto, isso mudou, pois o STJ passou a entender que se trata de crime formal, que gera prejuízo a outras atividades do comércio interno, não afetando apenas a ordem tributária. Assim, atualmente entende-se que não cabe a extinção da punibilidade pelo pagamento do tributo quando o crime for de descaminho. STJ. RHC 43.558-SP – 5ª T. – rel. Min. Jorge Mussi – j. 5-2-2015 – *DJe* 13-2-2015.

25 (...) O Supremo Tribunal Federal e o Superior Tribunal de Justiça firmaram compreensão no sentido de que a consumação do crime de descaminho independe da constituição definitiva do crédito tributário, haja vista se tratar de crime formal, diversamente dos crimes tributários listados na Súmula Vinculante n. 24 do Pretório Excelso. 3. Cuidando-se de crime formal, mostra-se irrelevante o parcelamento e pagamento do tributo, não se inserindo, ademais, o crime de descaminho entre as hipóteses de extinção da punibilidade listadas na Lei nº 10.684/2003. De fato, referida lei se aplica apenas aos delitos de sonegação fiscal, apropriação indébita previdenciária e sonegação de contribuição previdenciária. Dessa forma, cuidando-se de crime de descaminho, não há se falar em extinção da punibilidade pelo pagamento. STJ. HC 271.650/PE – 5ª T. – rel. Min. Reynaldo Soares da Fonseca – j. 3-3-2016 – *DJe* 9-3-2016.

4.3.6. Parcelamento do tributo: suspensão da pretensão punitiva

A mesma **Lei nº 10.684/2003,** no *caput* do seu art. 9º **trata do parcelamento dos débitos tributários** dos crimes dos arts. 1º e 2º da Lei nº 8.137/1990, e dos arts. **168-A** (apropriação indébita previdenciária) **e 337-A** (sonegação de contribuição previdenciária) do Código Penal, prevendo que ficará **suspensa a pretensão punitiva do estado durante o período** em que a pessoa jurídica estiver incluída no regime de parcelamento.

Já o § 1º do mesmo art. 9º prevê que **a prescrição criminal não correrá durante o período de suspensão** da pretensão punitiva.

> **Atenção:**
>
> **antes** da Lei nº 10.684/2003, à época do art. 34 da Lei nº 9.249/1995, **o mero parcelamento formalizado antes do recebimento da denúncia gerava a extinção da punibilidade**, porque o dispositivo falava apenas em pagamento, e o parcelamento é uma forma de pagamento fracionada. Com a Lei nº 10.684/2003 o parcelamento foi mencionado expressamente, prevendo-se que apenas suspende a pretensão punitiva.

Posteriormente, o **art. 69 da Lei nº 11.941/2009,** mantendo a política de parcelamento, previu que seria **extinta a punibilidade** dos crimes contra a ordem tributária (art. 1º e 2º da Lei nº 8.137/1990), do crime de apropriação indébita previdenciária (art. 168-A do Código Penal), e do crime de sonegação de contribuição previdenciária (art. 337-A do Código Penal), **após o pagamento dos débitos que tivessem sido objeto de parcelamento.**

> **Atenção:**
>
> a partir da Lei nº 11.941/2009 é que **passou a ser possível o parcelamento dos débitos decorrentes de contribuições previdenciárias,** que era proibido pelo disposto no art. 7º da Lei nº 10.666/2003.

Entretanto, a **Lei nº 12.382/2011** mudou a sistemática porque **criou um requisito temporal** ao incluir o § 2º no art. 83 da Lei 9.430/1996, prevendo que, na hipótese de parcelamento de tributo, ficaria suspensa a pretensão punitiva do estado, **desde que o pedido de parcelamento seja feito antes do recebimento da denúncia.** De resto, manteve que após o pagamento de todas as parcelas ocorrerá a extinção da punibilidade.

Como visto no item anterior, o STF entende que as legislações convivem harmoniosamente, e que o pagamento integral do débito tributário mesmo após o trânsito em julgado da condenação extingue a punibilidade.

> **Atenção:**
>
> **há quem entenda que a Lei nº 12.382/2011 revogou tacitamente o art. 9º, § 2º, da Lei nº 10.684/2003 e o art. 69 da Lei nº 11.941/2009**, porque como o parcelamento que suspende

a pretensão punitiva só pode ser feito até o recebimento da denúncia, deve-se concluir, para essa corrente, que o pagamento que extingue a punibilidade também só pode ser feito até o recebimento da denúncia.[26]

Pensamos, entretanto, que **são situações distintas** o parcelamento, que realmente pode ser feito apenas até o recebimento da denúncia, e o eventual pagamento integral do débito, que não sofre restrição temporal.

Importante para Concursos:

em resumo, para provas, de acordo com a jurisprudência, o pagamento do tributo a qualquer tempo extinguirá a punibilidade. Mas o pedido de **parcelamento deve ser feito antes do recebimento da denúncia**, caso em que ficará suspensa a pretensão punitiva e o prazo prescricional até o pagamento de todas as parcelas para então, ao final, ser decretada a extinção da punibilidade. Caso o parcelamento seja rescindido, o Estado retoma a pretensão punitiva.

Tabela resumo

	Pagamento integral	Parcelamento
Se aplica para	Arts. 1º e 2º da Lei 8.137/1990; e arts. 168-A e 337-A do Código Penal.	Arts. 1º e 2º da Lei 8.137/1990; e arts. 168-A e 337-A do Código Penal.
NÃO se aplica	Art. 334 do Código Penal	Art. 334 do Código Penal
Consequência	Extingue punibilidade a qualquer tempo, mesmo depois do trânsito em julgado.	Suspensão da punibilidade enquanto vigente o parcelamento (se pedido até o recebimento da denúncia). E extinção da punibilidade com o fim do parcelamento.

Atenção:

o **STJ já decidiu que o pagamento da multa** imposta pelo não atendimento à exigência do fisco (inciso V, do art. 1º) **não afasta a figura típica,** porque o STF entende que o crime é formal, e porque essa previsão de pagamento não consta da legislação que trata da extinção da punibilidade pelo pagamento[27].

4.3.7. Lei de repatriação de valores

A **Lei nº 13.254/2016** instituiu o Regime Especial de Regularização Cambial e Tributária (RERCT), visando incentivar a repatriação de recursos, bens ou direitos de origem lícita, não

26 **Com esse entendimento**: LIMA. Op. cit., p. 307.

27 "O pagamento da penalidade pecuniária imposta ao contribuinte que deixa de atender às exigências da autoridade tributária estadual quanto à exibição de livros e documentos fiscais não se adequa a qualquer das hipóteses previstas no parágrafo 2º do artigo 9º da Lei nº 10.864/03." STJ. REsp 1630109/RJ – 6ª T. – rel. Min. Maria Thereza de Assis Moura – j. 14-2-2017 – *DJe* 22-2-2017.

declarados ou declarados incorretamente, remetidos, mantidos no exterior ou repatriados por residentes ou domiciliados no país.

Com isso, **criou situações de extinção da punibilidade** para aqueles que aderirem ao programa mediante entrega da declaração dos recursos, bens e direitos sujeitos à regularização, pagando integralmente o imposto e a multa.

A lei exige, entretanto, que isso seja feito **antes do trânsito em julgado** da decisão criminal condenatória, e expressamente prevê que **não pode se beneficiar** da causa de extinção de punibilidade a **pessoa que tenha sido condenada penalmente por um dos crimes** que menciona.

A lei prevê a possibilidade de extinção de punibilidade dos crimes previstos:

Extinção da punibilidade no Regime Especial de Regularização Cambial e Tributária (RERCT)	
No art. 1º e nos incisos I, II e V do art. 2º da Lei nº 8.137/1990	**Crimes contra a ordem tributária.** Todos do art. 1º, e do art. 2º apenas os incisos I, II e V.
Na Lei nº 4.729/1965	Crimes de sonegação fiscal.
No art. 337-A do Código Penal	Crime de sonegação de contribuição previdenciária
Nos arts. 297, 298, 299, e 304 do Código Penal.	Crimes de falsificação de documento público e particular, falsidade ideológica, e uso de documento falso.
No art. 22, *caput*, e parágrafo único da Lei nº 7.492/1986	Crime contra o sistema financeiro nacional. **Art. 22. *Caput*:** *Efetuar operação de câmbio não autorizada, com o fim de promover evasão de divisas do País.* **Parágrafo único:** *quem, a qualquer título, promove, sem autorização legal, a saída de moeda ou divisa para o exterior, ou nele mantiver depósitos não declarados à repartição federal competente.*
No art. 1º da Lei nº. 9.613/1998 quando o objeto do crime for bem, direito ou valor proveniente, direta ou indiretamente, dos crimes previstos nos incisos I a VI;	Crimes de lavagem de dinheiro (atualmente não exigem mais crimes antecedentes mencionados nos incisos).

4.3.8. Arrependimento posterior

O ressarcimento do dano em outros crimes, como o furto, geralmente ocasiona apenas o arrependimento posterior (art. 16 do Código Penal), que beneficia o agente apenas com redução de pena, e não tem efeitos tão benéficos, como a extinção da punibilidade a qualquer tempo. Por isso, o tratamento benevolente do legislador para com os sonegadores de tributos é motivo de crítica doutrinária.

4.3.9. Princípio da insignificância

Pelo princípio da insignificância, entende-se que o direito penal deve ser reservado aos casos de efetivo e relevante ataque a bens jurídicos importantes, não devendo se ocupar de bagatelas e condutas de pouca gravidade, sob pena de banalização. O Direito Penal traz sanções privativas de liberdade, graves, e não deve se ocupar de condutas que não ofendam de forma relevante bens jurídicos importantes para a convivência em sociedade.

O **Supremo Tribunal Federal** definiu as balizas mínimas para a verificação do princípio de forma geral, considerando que a conduta será insignificante penalmente quando houver mínima ofensividade da conduta; inexistir periculosidade social do ato; for reduzido grau de reprovabilidade do comportamento; e for inexpressiva a lesão provocada. Definida essa ausência de gravidade, entende-se que fica afastada a própria tipicidade material e, portanto, não haverá crime.

VETORES/PRESSUPOSTOS DA INSIGNIFICÂNCIA, SEGUNDO O STF
– **M**ínima ofensividade da conduta – **A**usência de periculosidade social da ação – **R**eduzido grau de reprovabilidade do comportamento – **I**nexpressividade da lesão jurídica provocada. Mnemônico: **MARI**

Esse princípio aplica-se também aos crimes contra a ordem tributária. Além desses critérios mencionados, que levam em conta a reincidência, e outros elementos, o principal **parâmetro é o valor do tributo devido.**

Atualmente **tanto o Supremo Tribunal Federal quanto o Superior Tribunal de Justiça entendem que esse valor é de 20 mil reais,** porque as Portarias nº 75 e nº 130/2012 do Ministério da Fazenda consideram que abaixo disso é inviável a execução fiscal, e atualizaram o valor previsto na antiga redação do art. 20 da Lei nº 10.522/2002.[28]

Afinal, se o próprio fisco não considera o valor relevante o suficiente para justificar sequer execução fiscal, muito menos o direito penal poderia se ocupar de tutelar sonegação de tributos abaixo desse valor.

Atenção:

o **art. 20 da Lei nº 10.522/2002** em sua redação original previa o arquivamento das execuções fiscais da dívida ativa da União quando o valor fosse igual ou inferior a R$ 2.500,00. A Lei nº 11.033/2004 alterou a redação o artigo para aumentar esse valor para R$ 10.000,00. **Atualmente**, entretanto, a **Lei nº 13.874/2019 deu nova redação ao artigo para autorizar que esse valor mínimo seja fixado em ato do Procurador-Geral da Fazenda Nacional.**

Essa alteração na Lei nº 10.522/2002 não foi sem razão. É que **o STJ relutou a aplicar o valor de R$ 20.000,00 fixado nas portarias mencionadas,** entendendo que elas não poderiam atualizar o valor mínimo (subindo para 20 mil reais) que servia de base ao princípio da insignificância, porque eram atos administrativos que não teriam o condão de subordinar a aplicação da lei penal. Na época, o art. 20 da Lei nº 10.522/2002 trazia o limite mínimo de R$ 10.000,00 para as execuções fiscais da União, e as portarias aumentaram esse valor para o dobro.

Em 2018, entretanto, em sede de repercussão geral, o STJ acabou se curvando ao entendimento do STF, porque a portaria na prática leva à ausência de execuções fiscais em valores abaixo de vinte mil reais.[29]

---

28 "(...) considera-se, para a avaliação da insignificância, o patamar de R$ 20.000,00, previsto no art 20 da Lei nº 10.522/2002, atualizado pelas Portarias nº 75 e 130/2012 do Ministério da Fazenda". STF. HC 120617/PR – rel. Min. Rosa Weber – j. 4-2-2014 – publicação: 20-2-2014.

29 "Incide o princípio da insignificância aos crimes tributários federais e de descaminho quando o débito tributário verificado não ultrapassar o limite de R$ 20.000,00 (vinte mil reais), a teor do disposto no art. 20 da Lei nº 10.522/2002, com as atualizações efetivadas pelas Portarias nº 75 e 130, ambas do Ministério da Fazenda. (Tese revisada sob o rito do art. 1.046 do CPC/2015 – TEMA 157)." STJ. Jurisprudência em teses. Edição nº 174. Item 9 (REsp 1709029/MG – j. 28-2-2018 – *DJe* 4-4-2018.

Atualmente, como visto, o art. 20 da Lei nº 10.522/2002 autoriza expressamente que o valor mínimo seja fixado por ato do Procurador Geral da Fazenda Nacional.

Atenção:

esse valor, que agora ambas as cortes concordam ser de vinte mil reais, **não inclui juros, correção, e multas,** sendo aferido somente com base no valor do crédito tributário originário.[30]

O princípio da insignificância **também se aplica ao crime de descaminho** (art. 334 do Código Penal). **Mas não se aplica ao crime de contrabando** (art. 334-A do Código Penal), porque este envolve **mercadorias proibidas**[31].

Atenção:

entretanto, **no caso do descaminho** algumas decisões do STF têm **indicado maior resistência na aplicação do princípio da insignificância**, o que pode sugerir uma mudança de posicionamento. A Corte tem levado em conta o fato de que o descaminho é tido como crime formal, e tutela outros bens jurídicos.[32]

No **caso de tributos estaduais, a referência da Lei nº 10.522/2002** e atos do Procurador Geral da Fazenda Nacional **não se aplica.** [33]

Atenção:

apesar de não aplicar o parâmetro da legislação federal, **o STJ admite o mesmo raciocínio, mas usando com base a legislação do Estado.** Assim, se o Estado tiver previsão de não execução fiscal até determinado valor, esse parâmetro pode servir para definir o débito insignificante com relação à sonegação de tributos estaduais. Em caso do Estado de São

30 STJ. RHC 74.756/PR – 5ª T. – rel. Min. Ribeiro Dantas – j. 13-12-2016 – *DJe* 19-12-2016.

31 STF. HC 131205/MG – 1ª T. – rel. Min. Cármen Lúcia j. 6-9-2016 – publicação: 22-9-2016.

32 "(...)1. O critério objetivo-formal invocado pela defesa – quantum para ajuizamento das execuções fiscais – para aplicação do princípio da insignificância não se coaduna com (a) a proteção dos bens jurídicos tutelados pelo crime de descaminho e (b) a independência das responsabilidades nas esferas administrativa, cível e penal. (...)2. É pacífica a jurisprudência desta CORTE no sentido de que a demanda penal proposta pela prática do crime de descaminho não se sujeita às condições procedimentais de natureza administrativa referentes aos delitos materiais contra a ordem tributária. (...) Com efeito, a Lei 10.522/2002, nas condições postas nesta impetração, não dispensa a Fazenda Nacional de cobrar os seus créditos, não renuncia ao seu direito de executar, muito menos afirma que o crédito é inexpressivo (vide arts. 2º, 18, §1º e 20). (...) o expressivo montante de R$ 12.409,74 não pode ser considerado irrelevante ou insignificante, aliada à efetiva ofensa a interesses caros ao Estado e à coletividade, impede o reconhecimento da atipicidade da conduta do agente." STF. HC 144193 AgR/SP – 1ª T. – rel. Min. Alexandre de Moraes – j. 15-4-2020 – publicação: 4-9-2020. **E em sentido semelhante:** STF. HC 128063/PR – 1ª T. – rel. Min. Marco Aurélio – j. 10-4-2018 – publicação: 1º-6-2018.

33 "Não se estende aos demais entes federados (Estados, Municípios e Distrito Federal) o princípio da insignificância no patamar estabelecido pela União na Lei nº 10.522/2002 previsto para crimes tributários federais, o que somente ocorreria na existência de legislação local específica sobre o tema." STJ. Jurisprudencia em teses. Edição nº 174. Item 10.

Paulo, a corte admitiu o princípio diante da lei estadual[34]. Mas em caso no Estado do Pará[35], como o valor do débito era maior do que o limite na lei local, a corte não aplicou o princípio da insignificância.

Crime	Admite a aplicação do princípio da insignificância?
Crime contra a ordem tributária (Lei nº 8.137/1990)	Sim, até 20 mil reais
Descaminho (art. 334 do Código Penal)	Sim, em tese até 20 mil reais
Contrabando (art. 334-A do Código Penal)	Não, pois envolve mercadorias proibidas

4.4. Art. 2º Outros crimes contra a ordem tributária

Art. 2° Constitui crime da mesma natureza:

I – Fazer declaração falsa ou omitir declaração sobre rendas, bens ou fatos, ou empregar outra fraude, para eximir-se, total ou parcialmente, de pagamento de tributo;

II – deixar de recolher, no prazo legal, valor de tributo ou de contribuição social, descontado ou cobrado, na qualidade de sujeito passivo de obrigação e que deveria recolher aos cofres públicos;

III – exigir, pagar ou receber, para si ou para o contribuinte beneficiário, qualquer percentagem sobre a parcela dedutível ou deduzida de imposto ou de contribuição como incentivo fiscal;

IV – deixar de aplicar, ou aplicar em desacordo com o estatuído, incentivo fiscal ou parcelas de imposto liberadas por órgão ou entidade de desenvolvimento;

V – utilizar ou divulgar programa de processamento de dados que permita ao sujeito passivo da obrigação tributária possuir informação contábil diversa daquela que é, por lei, fornecida à Fazenda Pública.

Pena – detenção, de 6 (seis) meses a 2 (dois) anos, e multa.

4.4.1. Aspectos gerais

Nas figuras do art. 2º da Lei nº 8.137/1990 o bem jurídico tutelado é o mesmo dos crimes do art. 1º. Os sujeitos ativo e passivo também guardam semelhança com o disposto no art. 1º.

Mas os **crimes do art. 2º são menos graves,** punidos com detenção (e não reclusão como o art. 1º) de seis meses a dois anos. São infrações de menor potencial ofensivo que se sujeitam **ao Juizado Especial Criminal (Lei nº 9.099/1995).**

34 "parece-me encontrar amparo legal a tese da defesa quanto à possibilidade de aplicação do mesmo raciocínio ao tributo estadual, especialmente porque no Estado de São Paulo vige a Lei Estadual n. 14.272/2010, que prevê hipótese de inexigibilidade de execução fiscal para débitos que não ultrapassem 600 (seiscentas) Unidades Fiscais do Estado de São Paulo – UFESPs, podendo-se admitir a utilização de tal parâmetro para fins de insignificância." STJ. HC 535063 / SP – 3ª Seção – rel. Min. Sebastião Reis Júnior – j. 10-6-2020 – *DJe* 25-8-2020.

35 STJ. AgRg-HC 549.428/PA – 5ª T. – rel. Min. Jorge Mussi – j. 19-5-2020 – *DJe* 29-5-2020.

4.4.2. Inciso I do art. 2º e distinção

Inciso I do art. 2º e distinção dos crimes dos incisos I a IV do art. 1º

As demais condutas previstas no art. 2º são diversas, mas a do **inciso I, do art. 2º é bem próxima daquelas dos incisos I a IV, do art. 1º**, porque envolve informação falsa ou fraude para eximir-se de pagamento de tributo. Aliás, a figura do inciso I, do art. 2º é até **mais ampla,** pois menciona **"outra fraude".**

Art. 1º incisos I a IV (fraudes para suprimir ou reduzir pagamento de tributo)	Art. 2º inciso I (fraude com intenção de eximir-se total ou parcialmente do pagamento)
I - omitir informação, ou prestar declaração falsa às autoridades fazendárias; II - fraudar a fiscalização tributária, inserindo elementos inexatos, ou omitindo operação de qualquer natureza, em documento ou livro exigido pela lei fiscal; III - falsificar ou alterar nota fiscal, fatura, duplicata, nota de venda, ou qualquer outro documento relativo à operação tributável; IV - elaborar, distribuir, fornecer, emitir ou utilizar documento que saiba ou deva saber falso ou inexato;	I - Fazer declaração falsa ou omitir declaração sobre rendas, bens ou fatos, ou empregar outra fraude, para eximir-se, total ou parcialmente, de pagamento de tributo
Pena: reclusão de 2 (dois) a 5 (cinco) anos, e multa.	**Pena**: detenção, de 6 (seis) meses a 2 (dois) anos, e multa.
Para muitos a tentativa é tipificada no art. 2º inciso I da Lei nº 8.137/1990	Para muitos autores é a forma tentada dos incisos I a IV do art. 1º da Lei nº 8.137/1990

Há duas correntes doutrinárias para distinguir essa hipótese do inciso I do art. 2º das fraudes dos incisos I a IV do art. 1º.

A primeira corrente, majoritária, sustenta que os crimes do art. 1º são materiais (incisos I a IV), e o do art. 2º é formal, de modo que **o inciso I do art. 2º seria figura tentada do primeiro.** É que o art. 1º exige que haja o resultado de redução ou supressão do pagamento de tributo mediante uma das condutas fraudulentas ali descritas nos **incisos I a IV.**

De outro lado, o crime do art. 2º se contenta com a conduta visando eximir-se do tributo ou acessório. Para essa vertente, então, **o crime do art. 1º não comportaria tentativa** (porque a figura tentada estaria no art. 2º), **e o crime do art. 2º não teria exaurimento** (porque se tiver configurará o crime do art. 1º).

Já a **segunda corrente** sustenta que não é correto utilizar a classificação dos crimes para distingui-los. A diferença residiria no fato de que os crimes do art. 1º têm como objeto o fato gerador do tributo (nascimento da obrigação), ao passo que o do inciso I do art. 2º tem como objeto a constituição, exclusão ou extinção do crédito tributário (lançamento e constituição do crédito).

Importante para Concursos:

a corrente mais aceita é a primeira, que consequentemente é a melhor para provas objetivas.

O **crime do inciso I do art. 2º** é formal e de mera conduta, crime de atentado, e não se exige lançamento definitivo para sua consumação[36]. Não admite tentativa. Para consumação, basta a declaração falsa, ou outra fraude, com o **fim específico** de eximir-se do pagamento de tributo.

4.4.3. Demais incisos do art. 2º

Inciso II: deixar de recolher, no prazo legal, valor de tributo ou de contribuição social, descontado ou cobrado, na qualidade de sujeito passivo de obrigação e que deveria recolher aos cofres públicos

Trata da chamada **apropriação indébita tributária**, que não exige qualquer fraude, bastando que o sujeito deixe de recolher o valor de tributo **descontado** ou **cobrado**, se apropriando dos valores.

Basta o dolo genérico, segundo entendimento consolidado do STJ, [37]e o crime pode ocorrer mesmo que o agente mantenha as anotações transparentes, eis que não é exigida nenhuma clandestinidade ou fraude na conduta[38].

É o que ocorre, por exemplo, com o Imposto de Renda Retido na Fonte. O valor é **descontado** pelo empregador do salário do empregado, e em seguida o empregador deve fazer o recolhimento à Receita Federal. Se o responsável fizer o desconto, mas não recolher, haverá apropriação indébita do valor do tributo.

Exemplo de tributo **que é cobrado** e pode ser apropriado é o do Imposto sobre Produtos Industrializados (IPI), que é cobrado pelo vendedor e o consumidor paga o valor a mais do tributo, que deve ser recolhido pelo vendedor à União.

Atenção:

no **caso do ICMS**, o **STJ consolidou** entendimento em sua publicação **"jurisprudência em teses",** de que

> "a conduta de não recolher imposto sobre circulação de mercadorias e prestação de serviços – ICMS em operações próprias ou em substituição tributária enquadra-se formalmente no tipo previsto no art. 2º, II, da Lei nº 8.137/1990 (apropriação indébita tributária), desde que comprovado o dolo de apropriação e a contumácia delitiva".[39]

36 STJ. HC 385.144 – 5ª T. – rel. Min. Reynaldo Soares da Fonseca – j.19-9-2017 – *DJe* 26-9-2017.

37 STJ. Jurisprudência em teses. Edição nº 174, relacionada a julgados publicados até 18-6-2021. **Item. 4.** "Para a configuração do crime de apropriação indébita tributária (art. 2º, II, da Lei nº 8.137/1990), basta que o agente deixe de recolher os valores devidos ao fisco de forma consciente (dolo genérico), não sendo necessária a comprovação da intenção de causar prejuízo aos cofres públicos (dolo específico).".

38 STJ. Jurisprudência em teses. Edição nº 174, relacionada a julgados publicados até 18-6-2021. **Item 6.** Para a configuração do delito de apropriação indébita tributária (art. 2º, II, da Lei nº 8.137/1990), o fato de o agente registrar, apurar e declarar, em guia própria ou em livros fiscais, o imposto devido não tem o condão de elidir ou exercer nenhuma influência na prática do delito, pois a clandestinidade não é elementar do tipo.

39 STJ jurisprudência em teses. Edição nº 174, relacionada a julgados publicados até 18-6-2021. **Item 5.**

Atenção:

divergindo de alguns Tribunais Regionais Federais, o **Superior Tribunal de Justiça** decidiu que eventual **crise financeira** da empresa **pode configurar inexibildade de conduta diversa,** que afasta a culpabilidade no crime do art. 2º, II, da Lei nº 8.1.37/1990.[40]

Por fim, se os valores não repassados forem de **contribuições previdenciárias** o crime será o do **art. 168-A do Código Penal.**

Em resumo, o crime é doloso, bastando o dolo geral, eis que não exige fim específico (ao contrário do inciso I do art. 2º). É instantâneo, que se consuma com o escoamento do prazo legal para o recolhimento (norma penal em branco), e que não admite tentativa.

Inciso III: exigir, pagar ou receber, para si ou para o contribuinte beneficiário, qualquer percentagem sobre a parcela dedutível ou deduzida de imposto ou de contribuição como incentivo fiscal

O inciso III, do art. 2° tipifica **crime do particular** correlato ao crime do funcionário público do art. 3º.

São condutas que visam compartilhar ilicitamente de dedução de imposto como benefício fiscal. Por **exemplo,** as doações de valores para entidades beneficentes são montantes que podem ser deduzidos do imposto de renda. A pessoa faz a doação e o responsável pela entidade entrega a documentação de que recebeu o valor, para que o doador possa utilizar para deduzir de seu imposto de renda.

O crime pode ocorrer se o responsável pela entidade de caridade, que é um particular, **exigir** uma parcela dessa dedução da pessoa que fizer a doação em troca da entrega desse recibo que possibilitará a dedução. Na prática, o responsável pela entidade de caridade pegará parte do valor que será deduzido do imposto do doador. No mesmo exemplo, o doador que **pagar** o valor para quem for conceder o documento que permitirá o benefício fiscal também cometerá o crime.

Por fim, o terceiro verbo é **receber,** que pode se configurar, por exemplo, no caso de profissional liberal que recebe valores para fornecer documento a ser apresentado à receita para fins de dedução do imposto renda.

Atenção:

no verbo **exigir**, à semelhança do crime de concussão, não há grave ameaça.

40 STJ. Publicação jurisprudência em teses. Edição nº 176, extraída de julgados até 13-8-2021. Item 12. STJ. AgRg no AREsp 1813382/GO – 5ª T. – rel. Min. Reynaldo Soares da Fonseca – j. 22-6-2021 – *DJe* 28-6-2021.

Em resumo, o crime é **doloso,** na modalidade **exigir o crime é formal,** consumando-se com a exigência, e não admitindo tentativa, exceto se a exigência for por escrito. Nas demais, **pagar, ou receber, o crime é material,** dependendo do efetivo pagamento ou recebimento dos valores, e que admite a forma tentada.

Atenção:

trata-se de **norma penal em branco**, que depende da legislação tributária definir qual é a parcela dedutível ou deduzida de imposto ou de contribuição como incentivo fiscal.

Inciso IV: deixar de aplicar, ou aplicar em desacordo com o estatuído, incentivo fiscal ou parcelas de imposto liberadas por órgão ou entidade de desenvolvimento

O crime trata do **desvio de finalidade** na aplicação de incentivos fiscais. As condutas são **deixar de aplicar** incentivo fiscal ou parcela de imposto liberada (conduta omissiva) ou **aplicá-lo em desacordo** com o previsto (conduta comissiva).

Incentivos fiscais podem se dar, por exemplo, na forma de isenções de tributo para que o responsável invista em outra área. O ente arrecadador renuncia a parte do tributo para fomentar investimento em outro setor. Assim, comete o crime quem se aproveita dessa hipótese, agraciado com a isenção, e deixa de aplicar o valor ou aplica em desacordo com o determinado.

Atenção:

trata-se de **norma penal em branco** que depende da legislação tributária definir como os recursos mencionados devem ser aplicados para que seja possível verificar se foram aplicados em desacordo.

No **primeiro caso, deixar de aplicar,** o crime é omissivo, consumando-se com o escoamento do prazo para aplicação do recurso e, sendo crime omissivo próprio, **não admite tentativa.** Na segunda hipótese, o crime é comissivo, que se consuma quando o agente aplica o recurso em desacordo com a norma, e nesse caso admite tentativa. Exige-se **dolo apenas geral** (não há finalidade especial) em ambos os casos.

Inciso V: utilizar ou divulgar programa de processamento de dados que permita ao sujeito passivo da obrigação tributária possuir informação contábil diversa daquela que é, por lei, fornecida à Fazenda Pública

O último inciso do art. 2º trata da **utilização ou divulgação de programa** que permita contabilidade paralela, também chamada de "caixa dois".

O crime é doloso, e o **programa deve ser capaz de permitir ao sujeito passivo da obrigação tributária manter informações diversas** das previstas em lei.

Na conduta de **utilizar, entende-se que o crime é próprio** do contribuinte ou responsável tributário. Mas na conduta de **divulgar** entende-se que **o crime é comum,** podendo ser praticado por qualquer pessoa, como o programador que desenvolveu o *software*.

Pune-se a **mera utilização ou divulgação dolosa** do *software* (programa). O crime é **formal**, que independe do resultado. **Utilizar é conduta unissubsistente** que não pode ser fracionada, e por isso **não admite a tentativa**. Já **divulgar** é conduta que pode ser fracionada, **admitindo tentativa**, embora de difícil configuração na prática.

> **Atenção:**
>
> se do uso do programa **resultar supressão ou redução do tributo**, o crime será o do art. 1º, I, da Lei nº 8.137/1990.

4.5. Art. 3º: crimes funcionais contra a ordem tributária

> **Art. 3°** Constitui crime funcional contra a ordem tributária, além dos previstos no Código Penal:
>
> **I** – extraviar livro oficial, processo fiscal ou qualquer documento, de que tenha a guarda em razão da função; sonegá-lo, ou inutilizá-lo, total ou parcialmente, acarretando pagamento indevido ou inexato de tributo ou contribuição social;
>
> **II** – exigir, solicitar ou receber, para si ou para outrem, direta ou indiretamente, ainda que fora da função ou antes de iniciar seu exercício, mas em razão dela, vantagem indevida; ou aceitar promessa de tal vantagem, para deixar de lançar ou cobrar tributo ou contribuição social, ou cobrá-los parcialmente.
>
> **Pena** – reclusão, de 3 (três) a 8 (oito) anos, e multa.
>
> **III** – patrocinar, direta ou indiretamente, interesse privado perante a administração fazendária, valendo-se da qualidade de funcionário público. Pena – reclusão, de 1 (um) a 4 (quatro) anos, e multa.

4.5.1. Bem jurídico tutelado e noção

Os delitos protegem a administração pública, especificamente a administração tributária e a ordem tributária.

São **crimes especiais** com relação aos dos arts. 314, 316, 317 e 321 do Código Penal. Assim, no eventual conflito aparente de normas, será aplicado o art. 3º da Lei nº 8.137/1990 por força do **princípio da especialidade.**

Art. 3º da Lei nº 8.137/1990	Forma específica do crime de
Inciso I	Extravio, sonegação ou inutilização de livro ou documento (art. 314 do Código Penal).
Inciso II	Concussão e corrupção passiva (arts. 316 e 317 do Código Penal)
Inciso III	Advocacia administrativa (art. 321 do Código Penal)

Importante para Concursos:

como os crimes funcionais do art. 3º da Lei nº 8.137/1990 são semelhantes, mas específicos com relação a alguns crimes do Código Penal é comum o examinador tentar confundir o candidato descrevendo algumas condutas tipificadas no Código Penal e perguntando se estão previstas no art. 3º da Lei nº 8.137/1990. Por exemplo, **não está tipificado no art. 3º em estudo a facilitação de descaminho ou contrabando,** que é crime previsto no art. 318 do Código Penal.

4.5.2. Sujeito ativo e sujeito passivo

São crimes **próprios,** tendo como **sujeito ativo** o "funcionário público", o servidor fazendário.

Atenção:

a qualidade de servidor público **é elementar dos crimes**, de modo que se comunica ao particular, que poderá responder pelos crimes do art. 3º da Lei nº 8.137/1990 junto com o servidor caso saiba dessa condição dele, nos termos do art. 30 do Código Penal.

Aplica-se o **conceito de "funcionário público" do *caput* art. 327 do Código Penal,** e de funcionário público por **equiparação** do **§ 1º** do mesmo artigo. Entretanto, **não é possível aplicar a causa de aumento** do § 2º do referido art. 327 do CP, porque o dispositivo menciona que se aplica aos crimes do capítulo em que está inserido no Código Penal.[41]

Importante para Concursos:

a **Súmula nº 147 do STJ** prevê que "*compete à Justiça Federal processar e julgar os crimes praticados* ***contra funcionário público federal,*** *quando relacionados com o exercício da função*". No mesmo sentido, a jurisprudência do STJ prevê competência da Justiça Federal quando o crime for **praticado** por servidor publico federal no exercício de suas funções e com ela relacionado, sendo necessária a demonstração dessa relação com a função.[42]

O **sujeito passivo** é o Estado em geral, e especificamente o ente tributante (União, Estados, Distrito Federal ou Municípios), dependendo do caso.

4.5.3. Elemento subjetivo

São **todos dolosos**, bastando o dolo genérico.

41 **Art. 327** Considera-se funcionário público, para os efeitos penais, quem, embora transitoriamente ou sem remuneração, exerce cargo, emprego ou função pública. **§ 1º** – Equipara-se a funcionário público quem exerce cargo, emprego ou função em entidade paraestatal, e quem trabalha para empresa prestadora de serviço contratada ou conveniada para a execução de atividade típica da Administração Pública. **§ 2º** – A pena será aumentada da terça parte quando os autores dos crimes previstos neste Capítulo forem ocupantes de cargos em comissão ou de função de direção ou assessoramento de órgão da administração direta, sociedade de economia mista, empresa pública ou fundação instituída pelo poder público.

42 STJ. CC 148162/SP – 3ª Seção – rel. Min. Reynaldo Soares da Fonseca – j. 23-11-2016 – *DJe* 2-12-2016.

4.5.4. Tipo objetivo

Inciso I: extraviar livro oficial, processo fiscal ou qualquer documento, de que tenha a guarda em razão da função; sonegá-lo, ou inutilizá-lo, total ou parcialmente, acarretando pagamento indevido ou inexato de tributo ou contribuição social;

O **crime do inciso I** é uma **forma especial do crime de sonegação de livro ou documento** do art. 314 do Código Penal.

As condutas são **extraviar**, ou seja, dar destino diverso, desviar. Ou **sonegar**, que é não devolver, ocultar. E **inutilizar**, que significa destruir, total ou parcialmente, tornando inútil. Todas com relação aos livros oficiais, processo fiscal, ou qualquer documento, que são **o objeto do crime**.

Atenção:

como a lei usa fórmula genérica ao final (qualquer documento), admite-se a interpretação analógica.

É crime **material**, que se consuma com o resultado de acarretar pagamento indevido ou inexato de tributo, em virtude do extravio de qualquer documento, sonegação ou inutilização pelo servidor responsável por sua guarda.

Atenção:

o **elemento especializante** que o diferencia do crime do Código Penal é justamente o resultado de causar pagamento indevido ou inexato de tributo.

Entretanto, não se exige qualquer finalidade especial, bastando o dolo de extraviar, sonegar ou inutilizar.[43]

A **tentativa é admissível.** Mas há quem entenda que a tentativa desse crime está tipificada no art. 314 do Código Penal.

Importante para Concursos:

apesar de a conduta de extraviar dar a impressão de que se trata de um descuido do servidor, esse mero descaso ou desleixo não configurará o crime. **Exige-se o dolo** de extraviar.

As principais **distinções desse crime** do art. 3º, inciso I, da Lei nº 8.137/1990 **daquele do art. 314 do Código Penal** é que lá a conduta não envolve pagamento indevido ou inexato de tributo, o crime é formal, e a pena é significativamente menor.

43 Para alguns autores o crime exige finalidade especial de acarretar o pagamento indevido ou inexato de tributo ou contribuição especial, e que a ausência desse dolo específico configura o crime do art. 314 do Código Penal. Nesse sentido: LIMA. Op. cit., p. 263.

Art. 3º, I, da Lei nº 8.137/1990	Art. 314 do Código Penal
Extraviar livro oficial, processo fiscal ou qualquer documento, de que tenha a guarda em razão da função; sonegá-lo, ou inutilizá-lo, total ou parcialmente, acarretando pagamento indevido ou inexato de tributo ou contribuição social	Extraviar livro oficial ou qualquer documento, de que tem a guarda em razão do cargo; sonegá-lo ou inutilizá-lo, total ou parcialmente
Pena: reclusão, de 3 (três) a 8 (oito) anos, e multa	**Pena:** reclusão, de um a quatro anos, se o fato não constitui crime mais grave
Crime material	Crime formal

Inciso II: exigir, solicitar ou receber, para si ou para outrem, direta ou indiretamente, ainda que fora da função ou antes de iniciar seu exercício, mas em razão dela, vantagem indevida; ou aceitar promessa de tal vantagem, para deixar de lançar ou cobrar tributo ou contribuição social, ou cobrá-los parcialmente.

O crime do **inciso II** é **forma especial** dos crimes de **concussão** e de **corrupção passiva** (arts. 316 e 317 do Código Penal), previstos juntos em um crime só que abarca os verbos **exigir** (igual ao crime de concussão) **e solicitar, receber ou aceitar** (igual ao crime de receptação passiva), vantagem indevida ou promessa de vantagem.

O **elemento especializante** que difere esse crime daqueles do Código Penal **é a finalidade de deixar de lançar ou cobrar tributo, ou cobrar parcialmente**.

Atenção:

além do dolo geral, portanto, há necessidade de elemento subjetivo específico, a finalidade mencionada. Havendo esse elemento especial, o crime é esse, e não o de corrupção passiva ou concussão.

O crime **também difere do excesso de exação** do art. 316, § 1º, do Código Penal, porque lá não há exigência, solicitação, recebimento ou aceitação de vantagem ou promessa indevida, assim como lá não existe o dolo específico de deixar de lançar ou cobrar tributo ou cobrá-los parcialmente.

Art. 3º, II, da Lei nº 8.137/1990	Concussão: Art. 316 *caput* do CP	Excesso de exação: Art. 316, § 1º, do CP	Corrupção passiva: Art. 317 do CP
Exigir, solicitar ou receber, para si ou para outrem, direta ou indiretamente, ainda que fora da função ou antes de iniciar seu exercício, mas em razão dela, vantagem indevida; ou aceitar promessa de tal vantagem, para deixar de lançar ou cobrar tributo ou contribuição social, ou cobrá-los parcialmente	Exigir, para si ou para outrem, direta ou indiretamente, ainda que fora da função ou antes de assumi-la, mas em razão dela, vantagem indevida	Se o funcionário exige tributo ou contribuição social que sabe ou deveria saber indevido, ou, quando devido, emprega na cobrança meio vexatório ou gravoso, que a lei não autoriza	Solicitar ou receber, para si ou para outrem, direta ou indiretamente, ainda que fora da função ou antes de assumi-la, mas em razão dela, vantagem indevida, ou aceitar promessa de tal vantagem
reclusão, de 3 (três) a 8 (oito) anos, e multa.	reclusão, de 2 (dois) a 12 (doze) anos, e multa.	reclusão, de 3 (três) a 8 (oito) anos, e multa	reclusão, de 2 (dois) a 12 (doze) anos, e multa

Mas **o particular** que eventualmente oferecer ou prometer vantagem responderá pelo crime de **corrupção ativa do art. 333 do Código Penal.**

O **crime é formal** e consuma-se com a exigência, solicitação, recebimento, ou aceitação da promessa, mesmo que sem o efetivo pagamento ou o ato irregular do servidor. **Admite-se tentativa.**

Atenção:

no **caso do verbo receber é possível que o crime já tenha se consumado antes**, com a exigência, solicitação ou aceitação da promessa. Nesse caso, o recebimento será mero exaurimento do crime já consumado.

Inciso III: patrocinar, direta ou indiretamente, interesse privado perante a administração fazendária, valendo-se da qualidade de funcionário público. Pena – reclusão, de 1 (um) a 4 (quatro) anos, e multa.

A última figura típica do art. 3º da Lei nº 8.137/1990, a do **inciso III é forma especial** de **advocacia administrativa** do art. 321 do Código Penal.

O **elemento especializante** que diferencia o crime da Lei de Crimes Contra a Ordem Tributária daquele do Código Penal é o fato de o **interesse ser patrocinado perante a administração fazendária** (e não a administração pública em geral).

Atenção:

o crime em estudo também não pode ser confundido com o crime do art. 337-G do Código Penal, inserido pela Lei nº 14.133/2021 (Licitações e Contratos), que ocorre **quando o interesse patrocinado se relacionar com licitação pública.**

Art. 3º, III, da Lei nº 8.137/1990	Advocacia administrativa: art. 321 do Código Penal	Patrocínio de contratação indevida: art. 337-G do Código Penal
Patrocinar, direta ou indiretamente, interesse privado perante a administração fazendária, valendo-se da qualidade de funcionário público	Patrocinar, direta ou indiretamente, interesse privado perante a administração pública, valendo-se da qualidade de funcionário	Patrocinar, direta ou indiretamente, interesse privado perante a Administração Pública, dando causa à instauração de licitação ou à celebração de contrato cuja invalidação vier a ser decretada pelo Poder Judiciário
Pena: reclusão, de 1 (um) a 4 (quatro) anos, e multa	**Pena:** detenção, de um a três meses, ou multa	**Pena:** reclusão, de 6 (seis) meses a 3 (três) anos, e multa.
Não há distinção se o interesse é legítimo ou ilegítimo	**Se o interesse é ilegítimo**: Pena – detenção, de três meses a um ano, além da multa.	-

O crime **se consuma com o mero patrocínio do interesse privado**, ou seja, a intermediação, pouco importando que venha a surtir o efeito pretendido. **Em regra, não admite tentativa**, porém será possível no caso de a conduta ser praticada por escrito.

Atenção:

a **pena do inciso III é menor do que a dos crimes dos incisos I e II,** todos do art. 3º da Lei nº 8.137/1990 em estudo. Nesse crime, a pena é **de reclusão de um a quatro anos**, admitindo suspensão condicional do processo, ao contrário dos incisos I e II em que a pena é de reclusão de três a oito anos. Porém ainda é substancialmente maior do que a pena do crime de advocacia administrativa do Código Penal.

Atenção:

o **STJ** já decidiu que apesar de ser antiético, **não pratica esse crime o auditor fiscal que corrige erros de português em impugnação administrativa** que posteriormente é apresentada pelo contribuinte junto à Administração Fazendária.[44]

4.6. Art. 4º: crimes contra a ordem econômica

Art. 4° Constitui crime contra a ordem econômica:

I – abusar do poder econômico, dominando o mercado ou eliminando, total ou parcialmente, a concorrência mediante qualquer forma de ajuste ou acordo de empresas;

II – formar acordo, convênio, ajuste ou aliança entre ofertantes, visando

a) à fixação artificial de preços ou quantidades vendidas ou produzidas;

b) ao controle regionalizado do mercado por empresa ou grupo de empresas;

c) ao controle, em detrimento da concorrência, de rede de distribuição ou de fornecedores.

Pena – reclusão, de 2 (dois) a 5 (cinco) anos e multa.

4.6.1. Bem jurídico tutelado e noção

Os crimes do art. 4º da Lei nº 8.137/1990 protegem a **ordem econômica**, ou seja, a integridade da economia nacional, do sistema que rege a comercialização e produção de bens materiais sujeitos à negociação.

O Brasil é uma **economia de mercado**, mas a Constituição Federal tempera o sistema com os ditames da **justiça social,** vacinando que a ordem econômica se destina a assegurar a todos vida digna, e mandando que a lei reprima o abuso do poder econômico que objetive

44 "No caso, as instâncias ordinárias não noticiam que a recorrente tenha atuado, valendo-se da sua qualidade de funcionária, perante a administração fazendária, para facilitar ou influenciar eventual julgamento favorável ao terceiro. Desse modo, não se pode tomar como típica a conduta da recorrente de proceder à correção, "quanto aos aspectos gramatical, estilístico e técnico", das impugnações administrativas anteriormente confeccionadas pelos causídicos do administrado. Não se pode inferir que o conhecimento técnico a respeito de alguma área profissional seja decorrência exclusiva da ocupação de determinado cargo público. Muito embora a conduta perpetrada pela recorrente possa ser avaliada sob o aspecto ético, tem-se que ela não se justapõe à conduta típica descrita no art. 3º, III, da Lei dos Crimes contra a Ordem Tributária. Recurso especial provido para absolver a recorrente, ante o reconhecimento da atipicidade da sua conduta". (STJ. REsp 1770444/DF – 6ª T. – j. 8-11-2018 – *DJe* 3-12-2018).

dominar mercados, eliminar concorrência, e aumentar arbitrariamente os lucros (arts. 170[45] e 173, § 4º,[46] da Constituição Federal).

São **esses bens jurídicos que** o crime do **art. 4º da Lei nº 8.137/1990** objetiva proteger.

Originalmente **a lei possuía figuras típicas nos arts. 5º e 6º, que acabaram revogados** pela Lei nº 12.529/2011, que estruturou o Sistema Brasileiro de Defesa da Concorrência. Por meio dessa mesma lei, ainda foram **revogados os incisos III a VII** e foi **alterada a redação do inciso I,** do art. 4º, da Lei nº 8.137/1990. Por fim, ainda foi alterada a pena prevista para as condutas do art. 4º, tornando-se **cumulativas as penas de multa e privativa de liberdade.**

Atenção:

em virtude da mudança na pena da atual redação do crime do inciso II, do art. 4º, **a pena mínima não é mais apenas multa**, eis que agora a pena de multa é cumulativa com a privativa de liberdade que é de dois a cinco anos. Assim, **não cabe mais a suspensão condicional do processo**, que antes era admitida em razão da pena mínima ser a de multa isolada, que era obviamente inferior a um ano de pena privativa de liberdade (requisito para suspensão condicional do processo).

4.6.2. Competência

O **art. 109, VI, da CF/1988** prevê que "aos juízes federais compete processar e julgar nos casos determinados por lei, [os crimes] contra o sistema financeiro e a ordem econômico-financeira". Mas as figuras típicas do art. 4º da Lei nº 8.137/1990 **são contra a ordem econômica**, e não contra a ordem econômico-financeira, e **a lei não faz nenhuma menção à competência da Justiça Federal.**

Assim, entende-se que a competência **será como regra da Justiça Estadual. Só será da Justiça Federal** quando o crime for em *detrimento de bens, serviços ou interesse da União ou de suas entidades autárquicas ou empresas públicas,* nos termos do **inciso IV,** do art. 109, da CF/1988.

Atenção:

o **STJ tem entendimento consolidado** no sentido de que "como **as Leis nºs 8.137/1990 e 8.176/1991**, que tratam de crimes contra a ordem econômica, não definiram a competência

45 *Art. 170. A ordem econômica, fundada na valorização do trabalho humano e na livre iniciativa, tem por fim assegurar a todos existência digna, conforme os ditames da justiça social, observados os seguintes princípios: I – soberania nacional; II – propriedade privada; III – função social da propriedade; IV – livre concorrência; V – defesa do consumidor; VI – defesa do meio ambiente, inclusive mediante tratamento diferenciado conforme o impacto ambiental dos produtos e serviços e de seus processos de elaboração e prestação; VII – redução das desigualdades regionais e sociais; VIII – busca do pleno emprego; IX – tratamento favorecido para as empresas de pequeno porte constituídas sob as leis brasileiras e que tenham sua sede e administração no País. Parágrafo único. É assegurado a todos o livre exercício de qualquer atividade econômica, independentemente de autorização de órgãos públicos, salvo nos casos previstos em lei.*

46 *Art. 173... § 4º A lei reprimirá o abuso do poder econômico que vise à dominação dos mercados, à eliminação da concorrência e ao aumento arbitrário dos lucros.*

para o processo e julgamento dos crimes nelas previstos, **compete, em regra, à Justiça Estadual o exame de crimes nelas previstos".**[47]

4.6.3. Sujeito ativo e sujeito passivo do crime

O **sujeito ativo** pode ser **qualquer pessoa** que abuse do poder econômico. Geralmente se trata do empresário, mas este pode ser qualquer pessoa atuando por qualquer modalidade de empresa, como individualmente, pessoa física. Há quem entenda, entretanto, que o crime é próprio do empresário.[48]

O **sujeito passivo** é a **sociedade** em geral, prejudicada com a ausência de concorrência.

Atenção:

trata-se de **crime vago**, em que o sujeito passivo é indeterminado (a coletividade).

4.6.4. Elemento subjetivo

Os dois crimes previstos nos incisos são **dolosos**, não havendo forma culposa. No **inciso I, basta o dolo geral**, já no **inciso II, há necessidade de dolo específico** (finalidade especial).

4.6.5. Tipo objetivo

Inciso I: abusar do poder econômico, dominando o mercado ou eliminando, total ou parcialmente, a concorrência mediante qualquer forma de ajuste ou acordo de empresas

O **inciso I criminaliza o abuso do poder econômico** que prejudica a livre-concorrência.

Atenção:

todo empresário tem, em maior ou menor grau, poder econômico dentro da cadeira produtiva em que atua. **O que a lei pune é o abuso** desse poder, atuando com uma forma predefinida (ajuste ou acordo) e alcançando o resultado de dominar o mercado ou elimintar a concorrência.

Geralmente, entretanto, o crime é praticado pelo grande empresário, que abusa de sua condição superior no mercado para prejudicar ou eliminar a concorrência menor e mais vulnerável.

---

47 "O eventual deslocamento da competência para o julgamento de tais delitos para a Justiça Federal depende da demonstração de ofensa direta a bens, serviços ou interesses da União, suas autarquias ou empresas públicas, nos exatos termos do inciso IV do art. 109 da Carta Magna, o que se daria, por exemplo, diante de eventual dano ou ameaça de dano que tivesse o condão de atingir vários Estados da Federação, prejudicar setor econômico estratégico para a economia nacional ou o fornecimento de serviços essenciais". STJ. CC 152511/MT – 3ª Seção – rel. Min. Reynaldo Soares da Fonseca – j. 14-6-2017 – *DJe* 26-6-2017.

48 **Entendendo que o crime é próprio do empresário**: HABIB, Gabriel. *Leis penais especiais*. Salvador: 10. ed. Salvador: JusPodivm, 2018. p. 783. **Entendendo, como nós, que o crime é comum:** LIMA. Op. cit., p. 270.

Atenção:

o **meio de execução é vinculado**, exigindo-se que haja alguma forma de **ajuste ou acordo** de empresas.

Em virtude dessa previsão da forma de execução **há discussão doutrinária sobre o concurso de pessoas.** Para a **primeira corrente, o crime é de concurso necessário**, pois seria exigido o ajuste ou acordo entre dois empresários. Para **uma segunda corrente, entretanto,** o crime pode ser praticado por apenas um dos empresários sem que o outro queira o resultado, ou saiba da possibilidade desse resultado, ou dessa intenção, de modo que apenas um deles pode cometer o delito (sozinho). Partilhamos dessa segunda corrente.

O **crime é material**, que exige o resultado de domínio do mercado ou eliminação da concorrência para se configurar. **Admite tentativa.**

Inciso II: formar acordo, convênio, ajuste ou aliança entre ofertantes, visando...

O **inciso II** trata da **formação de cartel** (acordo, convênio, ajuste ou aliança), com **três finalidades específicas** e, portanto, exigindo dolo geral e o elemento subjetivo específico.

Atenção:

a **grande distinção** das figuras do inciso II para a do inciso I é que **na formação de cartel o crime é formal, bastanto o acordo,** convênio, ajuste ou aliança **com uma das finalidades específicas** das alíneas *a* a *c*, para a consumação do crime. Já o crime do inciso I é material e exige o resultado efetivo de dominação do mercado ou eliminação da concorrência.

Para parte da doutrina, entretanto, as previsões são desnecessárias, porque o inciso I já abrange o abuso de poder econômico praticado por meio de qualquer ajuste ou acordo.

De todo modo, configurará o crime o **ajuste com as finalidades** de:

a) **fixar preços de forma artificial,** isto é, passar a ideia de falta do produto, ou de aumento, para tabelar o preço conforme convier, o que prejudica a concorrência.
b) **controle do mercado regional,** isto é, pretendeu o legislador tipificar também o domínio menor do mercado, em âmbito local/regional.
c) **controle da rede de distribuição ou de fornecedores.** Com isso o agente poderia manipular o fornecimento aos seus concorrentes, dominando o mercado.

Atenção:

O STJ consolidou em sua publicação "jurisprudência em teses" que "a tipificação do crime de **formação de cartel** previsto no art. 4º, II, da Lei nº 8.137/1990 **exige a demonstração** de que as empresas, por meio de acordos, ajustes ou alianças, **objetivam o domínio do mercado**".[49]

49 STJ. Jurisprudência em teses. Edição nº 174, relacionada a julgados publicados até 18-6-2021. Item. 8.

O crime é formal e **se consuma com a formação do acordo**, ajuste, convênio ou aliança entre os ofertantes, independentemente do efetivo domínio de mercado. A **tentativa é admissível.**

Abuso do poder econômico (inciso I, do art. 4º, da Lei nº 8.137/1990)	Formação de cartel (inciso II, do art. 4º, da Lei nº 8.137/1990)
Crime **material**	Crime **formal**
Basta **dolo genérico**	Exige **dolo específico** (finalidade especial) de a) fixação artificial de preços ou quantidades vendidas ou produzidas; b) controle regionalizado do mercado por empresa ou grupo de empresas; c) controle, em detrimento da concorrência, de rede de distribuição ou de fornecedores.
Pena: reclusão, de 2 (dois) a 5 (cinco) anos e multa	**Pena:** reclusão, de 2 (dois) a 5 (cinco) anos e multa

Atenção:

muito se fala na formação de cartel, porém os crimes do art. 4º também podem tipificar **alguns casos de *dumping***, que é a operação empresarial abaixo da linha do lucro, forçando a concorrência também a operar no negativo. Com isso, as empresas menores acabam falindo por não conseguirem operar tanto tempo no prejuízo. Essa conduta pode ser praticada por ajuste entre as maiores empresas do segmento, o que tipificaria o crime.

4.6.6. Conflito aparente de normas

Há crimes contra a ordem econômica específicos à atividade envolvendo combustíveis na Lei nº 8.176/1991.

4.7. Art. 7º: crimes contra as relações de consumo

Art. 7º Constitui crime contra as relações de consumo:

I – favorecer ou preferir, sem justa causa, comprador ou freguês, ressalvados os sistemas de entrega ao consumo por intermédio de distribuidores ou revendedores;

II – vender ou expor à venda mercadoria cuja embalagem, tipo, especificação, peso ou composição esteja em desacordo com as prescrições legais, ou que não corresponda à respectiva classificação oficial;

III – misturar gêneros e mercadorias de espécies diferentes, para vendê-los ou expô-los à venda como puros; misturar gêneros e mercadorias de qualidades desiguais para vendê-los ou expô-los à venda por preço estabelecido para os demais mais alto custo;

IV – fraudar preços por meio de:

a) alteração, sem modificação essencial ou de qualidade, de elementos tais como denominação, sinal externo, marca, embalagem, especificação técnica, descrição, volume, peso, pintura ou acabamento de bem ou serviço;

b) divisão em partes de bem ou serviço, habitualmente oferecido à venda em conjunto;

c) junção de bens ou serviços, comumente oferecidos à venda em separado;

d) aviso de inclusão de insumo não empregado na produção do bem ou na prestação dos serviços;

V – elevar o valor cobrado nas vendas a prazo de bens ou serviços, mediante a exigência de comissão ou de taxa de juros ilegais;

VI – sonegar insumos ou bens, recusando-se a vendê-los a quem pretenda comprá-los nas condições publicamente ofertadas, ou retê-los para o fim de especulação;

VII – induzir o consumidor ou usuário a erro, por via de indicação ou afirmação falsa ou enganosa sobre a natureza, qualidade do bem ou serviço, utilizando-se de qualquer meio, inclusive a veiculação ou divulgação publicitária;

VIII – destruir, inutilizar ou danificar matéria-prima ou mercadoria, com o fim de provocar alta de preço, em proveito próprio ou de terceiros;

IX – vender, ter em depósito para vender ou expor à venda ou, de qualquer forma, entregar matéria-prima ou mercadoria, em condições impróprias ao consumo;

Pena – detenção, de 2 (dois) a 5 (cinco) anos, ou multa.

Parágrafo único. Nas hipóteses dos incisos II, III e IX pune-se a modalidade culposa, reduzindo-se a pena e a detenção de 1/3 (um terço) ou a de multa à quinta parte.

4.7.1. Bem jurídico tutelado e noção

Os crimes do art. 7º **tutelam as relações de consumo**, garantindo a transparência, lisura, e equilíbrio nas relações. A lei atende ao **mandamento constitucional do art. 5º, XXXII**[50], juntamente com o Código de Defesa do Consumidor, que também prevê alguns crimes contra as relações de consumo. Trata-se de um **bem jurídico coletivo**, de todos os consumidores.

Atenção:

apesar de terem sido **editadas no mesmo ano** (1990), **a Lei nº 8.137/1990 é posterior ao CDC** (Lei nº 8.078/1990), gerando discussão sobre a revogação de alguns crimes do CDC. A despeito dessas questões específicas, os **crimes contra as relações de consumo da Lei nº 8.137/1990** devem ser vistos no **contexto da ordem econômica,** isto é, das condutas relacionadas aos consumidores que têm também reflexo nas relações de mercado e ordem econômica.

Importante para Concursos:

a pena dos crimes do art. 7º da Lei nº 8.137/1990 é de detenção de dois a cinco anos ou multa. Ao contrário do crime do art. 4º, esse preceito secundário não foi ajustado, **e permanece sendo possível a aplicação isolada de multa, o que revela que a pena mínima é inferior a um ano** de pena privativa de liberdade, eis que pode ser aplicada apenas multa. Assim, **admite-se a suspensão condicional do processo** (art. 89 da Lei nº 9.099/1995). Mas como **a pena máxima é superior a dois anos**, não são infrações de menor potencial ofensivo.

50 Art. 5º ... XXXII – o Estado promoverá, na forma da lei, a defesa do consumidor;

4.7.2. Sujeito ativo e passivo do crime

O **sujeito ativo** é o fornecedor do produto ou serviço, restrito à pessoa física, porque a responsabilidade penal não abarca a pessoa jurídica (a não ser para crimes ambientais).

Atenção:

segundo o art. 3º do CDC, fornecedor é *toda pessoa física ou jurídica, pública ou privada, nacional ou estrangeira, bem como os entes despersonalizados, que desenvolvem atividade de produção, montagem, criação, construção, transformação, importação, exportação, distribuição ou comercialização de produtos ou prestação de serviços.*

O **sujeito passivo** é o **consumidor**, que segundo **o art. 2º do CDC**, é *toda pessoa física ou jurídica que adquire ou utiliza produto ou serviço como **destinatário final.***

4.7.3. Elemento subjetivo

Os crimes são **punidos a título de dolo**, porém há previsão expressa de **modalidades culposas nos incisos II, III e IX.**

Atenção:

apenas nos casos dos **incisos II, III, e IX admite-se a forma culposa.** São as condutas de venda ou exposição de mercadoria com embalagem ou descrição em desacordo; mistura de mercadorias e gêneros diferentes; e venda ou exposição à venda de matéria-prima ou mercadoria imprópria para o consumo.

Sendo culposos, **a pena é reduzida de um terço,** se for aplicada a de detenção, **ou de um quinto, se for aplicada a de multa**. Igualmente, podendo ser simplesmente a pena de multa, cabe suspensão condicional do processo, porém mesmo com a redução de um terço, a pena máxima continua superior a dois anos, não cabendo transação penal.

Modalidades dolosas (incisos I a IX, do art. 7º da Lei nº 8.137/1990)	Detenção de 2 a 5 anos ou apenas multa.
Modalidades que admitem também a forma culposa (incisos II, III, e IX do art. 7º da Lei nº 8.137/1990)	Redução de 1/3 se for aplicada detenção. Redução de 1/5 se for aplicada a multa.

4.7.4. Crimes em espécie

Inciso I: favorecer ou preferir, sem justa causa, comprador ou freguês, ressalvados os sistemas de entrega ao consumo por intermédio de distribuidores ou revendedores

O dispositivo **criminaliza o tratamento discriminatório entre consumidores**, de **favorecer** (com desconto, regalias, etc.) ou **preferir** (escolher, optar por um em vez do outro), **sem justa causa.**

Atenção:

justa causa é elemento normativo do tipo, que se houver, afasta o crime. Por exemplo, se o serviço for diferenciado, melhor, ou dotado de certa exclusividade, terá preços também diferenciados, como por exemplo estacionamentos VIPs em shoppings. Nesse caso, há serviço agregado, que não é ofertado em igualdade de condições e, por isso, não configura o crime.

Importante para Concursos:

se a discriminação disser respeito **a raça, cor, etnia, religião ou procedência nacional, o crime será da Lei nº 7.716/1989,** a exemplo da conduta de impedir acesso ou recusar atendimento em restaurantes, bares, confeitarias, ou locais semelhantes abertos ao público (art. 8º da Lei nº 7.716/1989).

O crime é **doloso**, bastando o **dolo geral.** Não há previsão da modalidade culposa, e **se consuma** com a venda ou comercialização em favor de um e em detrimento de outro, sem justa causa.

Inciso II: vender ou expor à venda mercadoria cuja embalagem, tipo, especificação, peso ou composição esteja em desacordo com as prescrições legais, ou que não corresponda à respectiva classificação oficial;

Trata do crime de expor à venda ou vender mercadoria com características em desacordo com a lei ou a classificação oficial. Assim, trata-se de **norma penal em branco,** complementada pela definição legal que regulamenta as especificações da mercadoria ou sua classificação oficial.

Atenção:

se a mercadoria estiver vencida, **imprópria para consumo, o crime será o do inciso IX,** do art. 7º, da Lei nº 8.137/1990.

O crime pode ser **doloso,** bastando o **dolo geral, ou ainda culposo,** caso em que haverá redução de um terço na pena de detenção ou de um quinto na pena de multa.

Expor à venda é crime permanente, que ocorre enquanto a mercadoria estiver exposta com embalagem, tipo, composição, peso ou especificação irregular. Nesse caso, **a conduta se consuma com a mera exposição à venda**, ainda que o produto não seja vendido. Nesse caso, não cabe a tentativa.

Já na **modalidade vender,** o crime se consuma com a efetiva venda, que ocorre com a **tradição do bem móvel**. Nesse caso, é possível fracionar a conduta e, por isso, **é cabível a tentativa.**

Atenção:

o crime do art. 63 do Código de Defesa do Consumidor[51] persiste para a conduta de omitir dizeres ou sinais ostensivos sobre a nocividade ou periculosidade de produtos, praticada por publicidade, e para a conduta de deixar de alertar de forma escrita e ostensiva sobre a periculosidiade do serviço a ser prestado.

Inciso III: misturar gêneros e mercadorias de espécies diferentes, para vendê-los ou expô-los à venda como puros; misturar gêneros e mercadorias de qualidades desiguais para vendê-los ou expô-los à venda por preço estabelecido para os demais mais alto custo

O inciso III criminaliza **a mistura de gêneros ou mercadorias diferentes** para vender ou expor como puros, ou a mistura com qualidades diferentes para expor ou vender pelo preço da porção de maior qualidade.

Atenção:

não há crime em misturar os gêneros ou mercadorias a fim de baratear o custo. O crime é fazer isso para vendê-los como se fossem o produto de maior qualidade ou puro, que obviamente têm mais valor.

O crime é doloso e exige-se finalidade especial. Na modalidade misturar espécies diferentes, a finalidade é vender como puro, ao passo que, na modalidade misturar produtos de qualidades diferentes, a finalidade é vendê-los pelo preço dos de maior custo.

O crime é **crime formal**, que **se consuma com a mistura** dos gêneros ou mercadorias, com o elemento subjetivo específico de vender ou expor à venda como se fossem puros ou pelo preço daquele de qualidade maior. **A consumação independe da efetiva venda ou exposição.**

Atenção:

há também a previsão **da modalidade culposa** no parágrafo único.

Inciso IV: fraudar preços por meio de:

A conduta do inciso IV, do art. 7º, da Lei nº 8.137/1990 é **fraudar preços** por meio de **condutas vinculadas,** mencionadas da **alínea *a* à *d*,** que são **alternativas,** eis que a prática de

51 *Art. 63. Omitir dizeres ou sinais ostensivos sobre a nocividade ou periculosidade de produtos, nas embalagens, nos invólucros, recipientes ou publicidade: Pena – Detenção de seis meses a dois anos e multa. § 1º Incorrerá nas mesmas penas quem deixar de alertar, mediante recomendações escritas ostensivas, sobre a periculosidade do serviço a ser prestado. § 2º Se o crime é culposo: Pena Detenção de um a seis meses ou multa.*

mais de uma delas, no mesmo contexto, levará ao cometimento de apenas um crime, pois o tipo é misto alternativo.

Art. 4º, IV, da Lei nº 8.137/1990	
*Fraudar **preços** por meio de*	*a) alteração, sem modificação essencial ou de qualidade, de elementos tais como denominação, sinal externo, marca, embalagem, especificação técnica, descrição, volume, peso, pintura ou acabamento de bem ou serviço;*
*Fraudar **preços** por meio de*	*b) divisão em partes de bem ou serviço, habitualmente oferecido à venda em conjunto;*
*Fraudar **preços** por meio de*	*c) junção de bens ou serviços, comumente oferecidos à venda em separado;*
Fraudar **preços** por meio de	*d) aviso de inclusão de insumo não empregado na produção do bem ou na prestação dos serviços;*

Na **alínea *a*,** o crime **difere do crime do inciso II,** do art. 7º, porque aqui **há necessariamente alteração do preço.** As alterações não são na mercadoria ou no produto, mas, sim, em sinais externos, com a finalidade específica de fraudar os preços.

Nas **alíneas *b* e *c*,** a fraude é praticada pela divisão de bem ou serviço **habitualmente** oferecido à venda em conjunto, ou junção dos que são **comumente** vendidos em separado. **Habitualmente** e **comumente** são elementos normativos que exigem que seja demonstrado que os bens ou serviços são vendidos separados ou em conjunto de acordo com os costumes locais.

Atenção:

é o exemplo do serviço de troca de óleo vendido sempre em conjunto, habitualmente, com a troca do filtro, tudo pelo valor de R$ 250,00. Se o comerciante dividir os serviços e passar a cobrar R$ 180,00 por cada um, totalizando R$ 360,00, haverá o crime. Porém, é necessário fazer a prova de que o preço antes era outro. Não há o crime em ajustar como os serviços são prestados sem fraudar o preço.

Já na alínea *d*, a fraude consiste em avisar que o produto contém algum atrativo que não possui, fraudando assim o preço. É o exemplo de avisar que determinado suco artificial de laranja possui vitamina C, se o suco não possuir.

O crime é doloso, porém não é necessária nenhuma finalidade especial, **basta o dolo geral.** E se **consuma com a fraude do preço**, isto é, oferta do produto com o preço fraudado, independentemente de eventual prejuízo ao consumidor, tratando-se de **delito formal. Não há** previsão da figura culposa.

Inciso V: elevar o valor cobrado nas vendas a prazo de bens ou serviços, mediante a exigência de comissão ou de taxa de juros ilegais

Criminaliza a cobrança **abusiva** de juros ou comissão **nas vendas a prazo.**

Atenção:

não é proibida a cobrança de juros ou de um valor maior na venda a prazo. O crime é cobrar acima do permitido legalmente. Assim, trata-se de **norma penal em branco**, que é complementada pelo limite legal de juros ou comissão.

O crime é **doloso**, mas **basta o dolo geral.** Não há previsão da forma culposa.

O crime **é formal, e se consuma com a cobrança** do valor abusivo, pouco importando se o consumidor eventualmente aceitar pagar ou se recusar.

Inciso VI: sonegar insumos ou bens, recusando-se a vendê-los a quem pretenda comprá--los nas condições publicamente ofertadas, ou retê-los para o fim de especulação;

O inciso VI é dividido em duas partes. **Na primeira forma,** o fornecedor se recusa a vender produtos nas condições que ofertou. Nesse caso, o crime protege os consumidores de propaganda enganosa, veiculada para atraí-lo à loja, e que se vê frustrado pela recusa do vendedor.

Atenção:

é o crime de quem anuncia determinadas condições de venda (geralmente promoção, ou algo interessante ao consumidor), mas depois esconde a mercadoria para não honrar o anúncio, usando a oferta apenas como emboscada para atrair consumidores à loja.

Importante para Concursos:

o crime em estudo revogou o art. 2º, inciso I da Lei nº 1.521/1951 (Lei de Crimes Contra a Economia Popular).

Na **segunda forma**, o crime é reter os produtos em estoque para especulação. Há, portanto, finalidade especial na conduta, que é a intenção de causar especulação. Retendo insumos ou bens, o fornecedor afeta a relação entre **oferta e demanda**, gerando o aumento do preço.

Os crimes **são dolosos**, não havendo previsão de forma culposa. No primeiro caso, da recusa de venda, **basta o dolo geral.** Já no **segundo caso, além do dolo exige-se** o **elemento subjetivo específico**, que é a finalidade de especulação.

Os crimes são **formais** e se consumam no momento da recusa de venda, ou com a simples retenção imbuída da finalidade especial.

Inciso VII: induzir o consumidor ou usuário a erro, por via de indicação ou afirmação falsa ou enganosa sobre a natureza, qualidade do bem ou serviço, utilizando-se de qualquer meio, inclusive a veiculação ou divulgação publicitária;

No inciso VII, a conduta é **induzir a erro**, que significa enganar, ludibriar. Essa indução a erro **deve ser feita por meio de indicação ou afirmação falsa com relação à natureza ou qualidade** de bem ou serviço, o que é comumente feito por divulgação publicitária, mas que pode também ser feita por qualquer meio.

É crime material que exige que o consumidor seja efetivamente levado a erro, o que geralmente ficará demonstrado com a aquisição do produto ou serviço.

Atenção:

o inciso VII do art. 7º da Lei nº 8.137/1990 exige resultado material, e por isso **difere dos crimes dos arts. 66, 67 e 68** do Código de Defesa do Consumidor[52], que não exigem o resultado de que o consumidor seja induzido a erro.

O crime é **doloso**, bastando o dolo geral. Admite-se a tentativa, mas dependendo do caso concreto, não havendo a efetiva indução do consumidor a erro, a tentativa pode estar tipificada nos mencionados arts. 66, 67 ou 68 do CDC.

Inciso VIII: destruir, inutilizar ou danificar matéria-prima ou mercadoria, com o fim de provocar alta de preço, em proveito próprio ou de terceiros;

O inciso VIII criminaliza a prática abusiva de destruir, inutilizar, danificar mercadoria ou matéria-prima a fim de provocar alta de preços.

O crime **não se confunde com o de dano** do art. 163 do Código Penal, porque a **conduta é voltada especificamente para matéria-prima ou mercadoria** (objeto material do crime), **e imbuída da finalidade especial** de provocar alta de preços em proveito próprio ou de terceiros.

Atenção:

há, assim, uma **finalidade especial,** voltada ao aumento de preço, que tem reflexos nas relações de consumo.

Outra diferença é que **no crime do inciso VIII não há necessidade da matéria-prima ou mercadoria ser alheia.** Se o agente destruir as próprias coisas, o crime também pode se configurar.

Atenção:

a conduta no inciso VIII também difere daquela do inciso VI, do art. 7º, da Lei nº 8.137/1990, porque lá há mera retenção, ao passo que no inciso VIII há destruição, inutilização ou danificação.

O crime se consuma com a destruição, inutilização ou danificação, ainda que o agente não consiga provocar o aumento de preços, que é apenas a finalidade exigida. Tratando-se de crime plurissubsistente, é admissível a tentativa se o agente não conseguir sequer danificar a mercadoria.

52 Art. 66. Fazer afirmação falsa ou enganosa, ou omitir informação relevante sobre a natureza, característica, qualidade, quantidade, segurança, desempenho, durabilidade, preço ou garantia de produtos ou serviços: Pena – Detenção de três meses a um ano e multa. § 1º Incorrerá nas mesmas penas quem patrocinar a oferta. § 2º Se o crime é culposo; Pena – Detenção de um a seis meses ou multa. Art. 67. Fazer ou promover publicidade que sabe ou deveria saber ser enganosa ou abusiva: Pena Detenção de três meses a um ano e multa. Art. 68. Fazer ou promover publicidade que sabe ou deveria saber ser capaz de induzir o consumidor a se comportar de forma prejudicial ou perigosa a sua saúde ou segurança: Pena – Detenção de seis meses a dois anos e multa.

Atenção:

o inciso VIII, do art. 7º, da Lei nº 8.137/1990 **revogou tacitamente o disposto no art. 3º, I, da Lei nº 1.521/1951** (crimes contra a economia popular), que previa a conduta de "destruir ou inutilizar, intencionalmente e sem autorização legal, com o fim de determinar alta de preços, em proveito próprio ou de terceiro, matérias-primas ou produtos necessários ao consumo do povo".

Inciso IX: vender, ter em depósito para vender ou expor à venda ou, de qualquer forma, entregar matéria-prima ou mercadoria, em condições impróprias ao consumo;

O crime pune a venda, exposição, manutenção em depósito ou entrega de matéria-prima ou mercadoria em condições impróprias para consumo. Entretanto, **o elemento normativo do tipo** "em condições impróprias para consumo" não é definido pela lei.

Atenção:

trata-se de **norma penal em branco**, porque a definição de impróprio é complementada pelo **art. 18, § 6º, do CDC, que define como impróprios** para uso e consumo os produtos cujos **prazos de validade estejam vencidos**; os **deteriorados, adulterados**, avariados, falsificados, corrompidos, fraudados, **nocivos à vida ou à saúde, perigosos** ou, ainda, aqueles **em desacordo com as normas** regulamentares de fabricação, distribuição ou apresentação; ou ainda os que, por **qualquer motivo, revelem-se inadequados** ao fim a que se destinam.

Considerando o conceito legal de produtos impróprios para consumo, é de se perguntar: **será necessária a perícia para essa constatação da impropriedade da mercadoria ou matéria-prima ou basta atestar o curso do prazo de validade?** Segundo o entendimento prevalente no Superior Tribunal de Justiça e no Supremo Tribunal Federal, **é necessária a realização de perícia.**

O entendimento atualizado do **Superior Tribunal de Justiça** é no sentido de que "*há necessidade de realização de exame pericial nos produtos pretensamente impróprios, a fim de que seja comprovada a sua real nocividade para consumo humano, sob pena de inaceitável responsabilidade penal objetiva*".[53]

No mesmo sentido é o **entendimento do Supremo Tribunal Federal**, que já decidiu que é necessária a comprovação da impropriedade do produto e sua efetiva inadequação para consumo, não bastando o mero curso do prazo de validade.[54]

53 "conquanto parte da doutrina e da jurisprudência entendam que o delito previsto no art. 7º, IX, da Lei nº 8.137/1990, crime formal, de perigo abstrato, seja norma penal em branco, cujo elemento normativo do tipo "impróprio para consumo" deve ser complementado pelo disposto no art. 18, § 6º, do Código de Defesa do Consumidor, a jurisprudência do Superior Tribunal de Justiça entende que há necessidade de realização de exame pericial nos produtos pretensamente impróprios, a fim de que seja comprovada a sua real nocividade para consumo humano, sob pena de inaceitável responsabilidade penal objetiva". STJ. RHC 69.692/SC – 6ª T. – rel. Min. Rogerio Schietti Cruz – 6-6-2017 – *DJe* 13-6-2017. E STJ. AgRg no REsp 1902045/SC – 5ª T. – rel. Min. Ribeiro Dantas – j. 3-8-2021 – *DJe* 10-8-2021.

54 STF. HC 90779/PR – rel. Min. Carlos Britto – j. 17-6-2008 – publicação: 24-10-2008.

Importante para Concursos:

o candidato deve ficar atento, pois há **precedentes antigos do STJ e do STF** considerando presumida a impropriedade dos produtos quando ultrapassado o prazo de validade, bastando a perícia constatando que estavam fora do prazo de validade e não necessariamente impróprios. Tais entendimentos, entretanto, estão ultrapassados.[55]

Há discussão doutrinária a respeito da possível **revogação do art. 175 do Código Penal pelo inciso IX, do art. 7º,** da Lei nº 8.137/1990 em estudo. Isso porque o crime do Código Penal prevê as condutas de "enganar, no exercício de atividade comercial, o adquirente ou consumidor: I – vendendo, como verdadeira ou perfeita, mercadoria falsificada ou deteriorada; II – entregando uma mercadoria por outra". **Há três correntes sobre o tema:**

Para a primeira, o art. 175 inteiro foi revogado tacitamente, pois a matéria foi tratada integralmente pela Lei nº 8.137/1990.

Para a **segunda corrente,** à qual nos filiamos, apenas o inciso I, do art. 175, do Código Penal foi revogado, porque a entrega de mercadorias em condições impróprias para consumo abarca apenas as mercadorias falsificadas ou deterioradas.[56]

Já para uma **terceira corrente,** o crime do art. 175 persiste para a figura do adquirente, conceito mais amplo do que mero consumidor, para tipificar o crime contra o distribuidor ou revendedor, por exemplo.[57]

O crime é **formal** e **se consuma com a venda, exposição à venda, manutenção em depósito ou entrega.** Não há necessidade de que o consumidor sofra algum dano pela mercadoria ou matéria-prima imprópria.

A exposição à venda e a manutenção em depósito são crimes permanentes. No caso da **manutenção em depósito,** deve ainda ser demonstrada **a finalidade de venda,** (dolo específico). Não haverá o crime no depósito dos produtos impróprios para o correto descarte, por exemplo.

Nos verbos **vender, ter em depósito e entregar,** é possível fracionar a conduta, sendo **cabível a tentativa.** Mas no caso de venda ou entrega se o agente já tiver exposto à venda antes de vender ou entregar, o crime já terá se consumado (com a exposição à venda). Na **conduta de expor à venda,** não é possível fracionar a conduta e, por isso, **não há que se falar na forma tentada.**

55 STJ – RHC 40921 – 5ª T. – rel. Min. Jorge Mussi – j. 22-4-2014 – *DJe* 29-4-2014. STJ. RHC 15087/SP – 6ª T. – rel. Min. Hamilton Carvalhido – j. 21-2-2006 – *DJ* 5-2-2007 – p. 379. E STF. RHC 80.090/SP – rel. Min. Ilmar Galvão – j. 9-5-2000 – publicação: 16-6-2000.

56 **Também adotando essa segunda corrente**: HABIB. Op. cit., p. 1008.

57 **Adotando essa terceira corrente:** LIMA. Op. cit., p. 288.

Atenção:

o crime **admite a forma culposa**, com redução de um terço na pena de detenção ou de um quinto na pena de multa.

4.8. Arts. 8° a 10: das multas

Art. 8° Nos crimes definidos nos arts. 1° a 3° desta lei, a pena de multa será fixada entre 10 (dez) e 360 (trezentos e sessenta) dias-multa, conforme seja necessário e suficiente para reprovação e prevenção do crime.

Parágrafo único. O dia-multa será fixado pelo juiz em valor não inferior a 14 (quatorze) nem superior a 200 (duzentos) Bônus do Tesouro Nacional BTN.

Art. 9° A pena de detenção ou reclusão poderá ser convertida em multa de valor equivalente a:

I – 200.000 (duzentos mil) até 5.000.000 (cinco milhões) de BTN, nos crimes definidos no art. 4°;

II – 5.000 (cinco mil) até 200.000 (duzentos mil) BTN, nos crimes definidos nos arts. 5° e 6°;

III – 50.000 (cinqüenta mil) até 1.000.000 (um milhão de BTN), nos crimes definidos no art. 7°.

Art. 10. Caso o juiz, considerado o ganho ilícito e a situação econômica do réu, verifique a insuficiência ou excessiva onerosidade das penas pecuniárias previstas nesta lei, poderá diminuí-las até a décima parte ou elevá-las ao décuplo.

O art. 8º disciplina a pena de multa para os crimes dos arts. 1º a 3º da Lei nº 8.137/1990, ou seja, com relação aos crimes contra a ordem] tributária, incluídos os crimes funcionais contra a ordem tributária.

A pena de multa no direito penal é calculada em dois momentos. No **primeiro,** o juiz **estabelece a quantidade** de dias-multa, que variam entre 10 a 360 dias-multa, parâmetro previsto no Código Penal e que o dispositivo da Lei nº 8.137/1990 repete. Já no **segundo momento,** o juiz fixa **o valor** de cada dia-multa, e nesse parâmetro **o dispositivo inova** com relação ao Código Penal.

Pena de Multa no Código Penal	Pena de na Lei nº 8.137/1990 para os crimes dos arts. 1º a 3º
Art. 49 – A pena de multa consiste no pagamento ao fundo penitenciário da quantia fixada na sentença e calculada em dias-multa. Será, no mínimo, de 10 (dez) e, no máximo, de 360 (trezentos e sessenta) dias-multa. **§ 1º** – O valor do dia-multa será fixado pelo juiz não podendo ser inferior a um trigésimo do maior salário mínimo mensal vigente ao tempo do fato, nem superior a 5 (cinco) vezes esse salário. **§ 2º** – O valor da multa será atualizado, quando da execução, pelos índices de correção monetária.	**Art. 8°** Nos crimes definidos nos arts. 1° a 3° desta lei, a pena de multa será fixada entre 10 (dez) e 360 (trezentos e sessenta) dias-multa, conforme seja necessário e suficiente para reprovação e prevenção do crime. **Parágrafo único.** O dia-multa será fixado pelo juiz em valor não inferior a 14 (quatorze) nem superior a 200 (duzentos) Bônus do Tesouro Nacional BTN.

No **Código Penal, o valor** de cada dia-multa **varia entre 1/30 do salário mínimo até 5 salários mínimos** (art. 49 do CP) e em alguns casos é possível que seja triplicado (art. 60, § 1º, do Código Penal). Já **no parágrafo único do art. 8º** da Lei nº 8.137/1990 **esse parâmetro**

seria de 14 a 200 Bonus do Tesouro Nacional (BTN). Ocorre que o BTN era um indicador da variação inflacionária que foi extinto pela Lei nº 8.177/1991.

Atenção:

em virtude da extinção do indicador mencionado pelo art. 8º da Lei nº 8.137/1990, **parte da doutrina entende que deve ser aplicado o parâmetro do Código Penal,** que é subsidiário, corrente à qual nos filiamos. Já para **outra corrente,** deve-se substituir o índice extinto por outro índice oficial da inflação.

Importante para Concursos:

o **Superior Tribunal de Justiça adota a primeira posição,** no sentido de que

> "a extinção da BTN, a que faz referência o art. 8º, parágrafo único, da Lei nº 8.137/1990, não conduz à inaplicabilidade da pena de multa, pois tratando-se dos crimes contra a ordem tributária, aplica-se, subsidiariamente, a regra geral contida no art. 49, § 1º, do Código Penal".[58]

Já **no art. 9º**, a lei traz **parâmetros para conversão da pena de privativa de liberdade em multa** com relação aos crimes dos **arts. 4º** (contra a ordem econômica) **e 7º** (contra as relações de consumo), eis que os arts. 5º e 6º foram revogados. **Igualmente, entretanto, o índice adotado foi o BTN, já extinto.**

Por fim, **no art. 10º** a lei prevê parâmetros diferentes para as penas pecuniárias relacionadas aos crimes da Lei nº 8.137/1990.

No Código Penal, o juiz deve levar em conta a **situação econômica** do réu, podendo **aumentar a multa até o triplo** se a considerar ineficaz. Já **no art. 10 da Lei nº 8.137/1990** os parâmetros são o **ganho ilícito e a situação econômica** do réu, podendo o juiz multiplicar o valor até dez vezes se entender insuficiente, ou diminuir até a décima parte, se entender excessivamente onerosa a pena.

Art. 60 do Código Penal	Art. 10 da Lei nº 8.137/1990
Art. 60 – Na fixação da pena de multa o juiz deve atender, principalmente, à **situação econômica do réu.** **§ 1º** – A multa pode ser **aumentada até o triplo,** se o juiz considerar que, em virtude da situação econômica do réu, é ineficaz, embora aplicada no máximo.	**Art. 10.** Caso o juiz, considerado o **ganho ilícito** e a **situação econômica do réu,** verifique a insuficiência ou excessiva onerosidade das penas pecuniárias previstas nesta lei, poderá **diminuí-las até a décima** parte **ou elevá-las ao décuplo.**

58 STJ. AgRg nos EDcl no REsp 1789596/DF – 6ª T. – rel. Min. Nefi Cordeiro – j. 19-5-2020 – *DJe* 25-5-2020. E ainda AgRg no REsp 1531334/DF – 6ª T. – rel. Min. Maria Thereza de Assis Moura – j. 1º-10-2015 – *DJe* 23-10-2015.

4.9. Art. 11: disposições gerais

Art. 11. Quem, **de qualquer modo**, inclusive por meio de pessoa jurídica, **concorre para os crimes definidos nesta lei,** incide nas penas a estes cominadas**, na medida de sua culpabilidade.**

Parágrafo único. Quando a venda ao consumidor for efetuada por sistema de entrega ao consumo ou por intermédio de outro em que o preço ao consumidor é estabelecido ou sugerido pelo fabricante ou concedente, o ato por este praticado não alcança o distribuidor ou revendedor.

O **art. 11** repete a previsão do art. 29 do Código Penal, no sentido de que o particular ou qualquer pessoa pode responder como coautor ou partícipe dos crimes contra a ordem tributária, ordem econômica, e relações de consumo.

O **parágrafo único** se aplica aos crimes do art. 7º, contra as relações de consumo, separando a responsabilidade do fabricante do distribuidor ou revendor, nas hipóteses de venda intermediada em que o preço é fixado pelo fabricante.

4.10. Art. 12: causas de aumento ("agravantes")

Art. 12. São circunstâncias que podem agravar de 1/3 (um terço) até a metade as penas previstas nos arts. 1°, 2° e 4° a 7°:

I – ocasionar grave dano à coletividade;

II – ser o crime cometido por servidor público no exercício de suas funções;

III – ser o crime praticado em relação à prestação de serviços ou ao comércio de bens essenciais à vida ou à saúde.

As **causas de aumento** previstas **no art. 12** foram erroneamente chamadas de agravantes pela lei. Como trazem parâmetros de aumento mínimo e máximo elas são tecnicamente causas de aumento a serem avaliadas na terceira fase da dosimetria da pena.

Se quaisquer dos crimes contra a ordem tributária (art. 1º e 2º), contra a ordem econômica (art. 4º) e contra as relações de consumo (art. 7º), ocasionar grave dano à coletividade, for cometido por funcionário público no exercício das funções, ou atingir bens ou serviços essenciais à vida ou à saúde, a pena será **aumentada de um terço à metade.**

Atenção:

as causas de aumento **não se aplicam aos crimes do art. 3º,** que são os praticados por funcionários públicos, **por falta de previsão legal**, eis que o art. 12 menciona apenas os arts. 1º, 2º, 4º e 7º da Lei nº 8.137/1990.

A hipótese do **inciso I,** de **grave dano à coletividade** pode ocorrer caso **o valor do tributo sonegado seja muito alto.** É o que consolidou o **Superior Tribunal de Justiça** na publicação "jurisprudência em teses", no sentido de que "o expressivo valor do tributo sonegado pode ser considerado fundamento idôneo para amparar a majoração da pena prevista no inciso I, do art. 12, da Lei nº 8.137/1990".[59]

Atenção:

discute-se **qual o valor que configura grave dano** à coletividade e justifica a aplicação da majorante. Na publicação "jurisprudência em teses" **o STJ consolidou** entendimentos de que **vale, analogamente, adotar-se para tributos federais o critério já administrativamente aceito na definição de créditos prioritários, fixado em R$ 1.000.000,00** (um milhão de reais), no art. 14, *caput*, da Portaria nº 320/PGFN. [60] [61]

A **majorante do inciso II** se aplica quando os crimes forem praticados por servidor público no exercício das funções.

Atenção:

apesar de a lei usar aqui a expressão **"servidor público",** que no âmbito do direito administrativo é mais restrita do que a antiga expressão "funcionário público" do Código Penal, entende-se que não foi importado o conceito mais restrito, aplicando-se o art. 327 do Código Penal, conforme comentários ao art. 3º da Lei nº 8.137/1990.

Já a **majorante do inciso III** se refere aos **serviços essenciais** à vida e à saúde, aplicando-se o conceito do art. 10 da Lei nº 7.783/1989, que define os serviços essenciais para fins de greve.[62]

Causas de aumento de um terço até a metade aplicáveis aos crimes dos arts. 1°, 2° e 4° a 7°	
Ocasionar grave dano à coletividade	Segundo o STJ: a partir de um milhão de reais (definição de crédito prioritário pela PGFN)
Ser o crime cometido por servidor público no exercício de suas funções	Assim como as outras causas de aumento, não se aplica aos crimes do art. 3º da Lei nº 8.137/1990 (crimes funcionais contra a ordem tributária)
Ser o crime praticado em relação à prestação de serviços ou ao comércio de bens essenciais à vida ou à saúde.	Serviços essenciais mencionados pelo art. 10 da Lei nº 7.783/1989 (Lei de Greve)

59 STJ. Jurisprudência em teses. do STJ. Edição nº 90, relacionada a julgados publicados até 1º-9-2017. Item 1.

60 STJ. Publicação jurisprudência em teses. Edição n. 176, extraída de julgados até 13/08/2021. **Item 9.** A exemplo do AgRg no AREsp 1420471/SP – 5ª T. – rel. Min. Ribeiro Dantas – j. 16-3-2021 – *DJe* 19-3-2021.

61 Em precedente um pouco anterior a Corte chegou a decidir que danos a partir de dois milhões de reais já justificam a causa de aumento STJ. AgRg-AREsp 1.268.981 – 5ª T. – rel. Min. Reynaldo Soares da Fonseca – j. 17-5-2018 – *DJe*: 30-5-2018.

62 Segundo o dispositivo, são os serviços de: tratamento e abastecimento de água; produção e distribuição de energia elétrica, gás e combustíveis; assistência médica e hospitalar; distribuição e comercialização de medicamentos e alimentos; funerários; transporte coletivo; captação e tratamento de esgoto e lixo; telecomunicações; guarda, uso e controle de substâncias radioativas, equipamento e materiais nucleares; processamento de dados ligados a serviços essenciais; controle de tráfego aéreo e navegação aérea; compensação bancária; atividades médico-periciais relacionadas com o regime geral de previdência social e a assistência social; atividades médico-periciais relacionadas com a caracterização do impedimento físico, mental, intelectual ou sensorial da pessoa com deficiência, por meio da integração de equipes multiprofissionais e interdisciplinares, para fins de reconhecimento de direitos previstos em lei, em especial na Lei nº 13.146, de 6 de julho de 2015 (Estatuto da Pessoa com Deficiência); outras prestações médico-periciais da carreira de Perito Médico Federal indispensáveis ao atendimento das necessidades inadiáveis da comunidade; atividades portuárias.

4.11. Art. 15: ação penal

Art. 15. Os crimes previstos nesta lei são de **ação penal pública**, aplicando-se-lhes o disposto no art. 100 do Código Penal.

Todos os crimes da Lei nº 8.137/1990 são de **ação penal pública incondicionada**, e se o art. 15 não existisse isso não mudaria, eis que essa é a regra, salvo quando a lei excepciona (art. 100, *caput* e § 1º do Código Penal).

Atenção:

a **Súmula nº 609 do STF** também prevê que "é pública incondicionada a ação penal por crime de sonegação fiscal".

4.12. Art. 16: delação premiada

Art. 16. Qualquer pessoa poderá provocar a iniciativa do Ministério Público nos crimes descritos nesta lei, fornecendo-lhe por escrito informações sobre o fato e a autoria, bem como indicando o tempo, o lugar e os elementos de convicção.

Parágrafo único. Nos crimes previstos nesta Lei, cometidos em quadrilha ou coautoria, o coautor ou partícipe que através de confissão espontânea revelar à autoridade policial ou judicial toda a trama delituosa terá a sua pena reduzida de um a dois terços.

O art. 16 da Lei nº 8.137/1990 **regulamentou a delação premiada de forma bem incipiente,** ao contrário das modernas hipóteses de delação premiada em outras legislações. Assim, remetemos o leitor aos comentários à Lei nº 12.850/2013, que trata das organizações criminosas e regulamenta o instituto de forma mais completa.

4.13. Quadro sinótico

<table>
<tr><th colspan="4">Lei nº 8.137/1990</th></tr>
<tr><td colspan="4">Além da ordem tributária, a Lei também protege a ordem econômica e as relações de consumo. Os dispositivos mais importantes são, o art. 1º, suas distinções para o art. 2º. Na sequencia em nível de relevância para provas estão o art. 7º e o art. 3º.</td></tr>
<tr><th colspan="4">Crimes da Lei nº 8.137/1990</th></tr>
<tr><td>Arts. 1º e 2º</td><td>Art. 3º</td><td>Art. 4º</td><td>Art. 7º</td></tr>
<tr><td>Crimes contra a ordem tributária</td><td>Crimes de funcionários públicos contra a ordem tributária</td><td>Crimes contra a ordem econômica</td><td>Crimes contra as relações de consumo</td></tr>
<tr><th colspan="4">Arts. 1º e 2º Crimes contra a ordem tributária</th></tr>
<tr><th colspan="4">Aspectos gerais</th></tr>
<tr><td colspan="4">– Não existem crimes culposos contra a ordem tributária
– Basta o dolo genérico: STJ, item 7 da publicação n. 90 da Jurisprudência em teses, "o tipo penal do art. 1º da Lei nº 8.137/1990 prescinde de dolo específico, sendo suficiente a presença do dolo genérico para sua caracterização"
– Competência: pode ser da Justiça Federal ou Estadual, dependendo do tributo. No caso de tributos municipais a competência será da Justiça Estadual ou Distrital. Se houver sonegação de tributos federais, a competência será atraída para a Justiça Federal.
– Súmula nº 122 do STJ: "compete à Justiça Federal o processo e julgamento unifi cado dos crimes conexos de competência federal e estadual, não se aplicando a regra do art. 78, II, a, do Código de Processo Penal".</td></tr>
</table>

- Tributo é gênero. Suas espécies são: impostos (art. 16 do CTN), taxas (art. 77 do CTN), contribuições de melhoria (art. 81 do CTN), empréstimos compulsórios (art. 148 da CF/1988), e contribuições especiais (art. 149 da CF/1988). - Sonegação, elisão e inadimplemento: Sonegação é reduzir ou suprimir tributo por meio de alguma fraude. Elisão é prática permitida de evitar a incidência do fato gerador e consequentemente diminuir a tributação. Inadimplemento é simplesmente não pagar tributo, e se todas as declarações e contabilidade estiverem corretas, não haverá crime.	
Art. 1º	
Art. 1º, I a IV. **Art. 1°** Constitui crime contra a ordem tributária suprimir ou reduzir tributo, ou contribuição social e qualquer acessório, mediante as seguintes condutas: (Vide Lei nº 9.964/2000) **I** - omitir informação, ou prestar declaração falsa às autoridades fazendárias; **II** - fraudar a fiscalização tributária, inserindo elementos inexatos, ou omitindo operação de qualquer natureza, em documento ou livro exigido pela lei fiscal; **III** - falsificar ou alterar nota fiscal, fatura, duplicata, nota de venda, ou qualquer outro documento relativo à operação tributável; **IV** - elaborar, distribuir, fornecer, emitir ou utilizar documento que saiba ou deva saber falso ou inexato;	- Crimes materiais, envolvem fraudes para supressão ou redução do pagamento do tributo. Súmula Vinculante - Súmula Vinculante nº 24: Não se tipifica crime material contra a ordem tributária, previsto no art. 1º, I a IV, da Lei nº 8.137/1990, antes do lançamento definitivo do tributo. - Lançamento definitivo significa a constituição do crédito tributário sem que haja dúvida, ou seja, acabada a discussão administrativa sobre a existência do tributo. É condição objetiva de punibilidade ou elemento normativo do tipo.
Art. 1º inciso V **V** - negar ou deixar de fornecer, quando obrigatório, nota fiscal ou documento equivalente, relativa à venda de mercadoria ou prestação de serviço, efetivamente realizada, ou fornecê-la em desacordo com a legislação.	- Crime formal, que pode ser comissivo (negar), ou omissivo (não fornecer). - Parte da doutrina entende que também é crime material, mas a jurisprudência entende que é formal. - Dispensa lançamento definitivo do tributo
Art. 1º parágrafo único **Parágrafo único.** A falta de atendimento da exigência da autoridade, no prazo de 10 (dez) dias, que poderá ser convertido em horas em razão da maior ou menor complexidade da matéria ou da dificuldade quanto ao atendimento da exigência, caracteriza a infração prevista no inciso V.	- Modalidade especial de desobediência - Sua configuração não está vinculada à existência ou não do crime do inciso V. - Se consuma com a falta de atendimento à exigência, independentemente de resultado. É crime a prazo.
Pagamento, parcelamento, arrependimento e princípio da insignificância	
- PAGAMENTO: Por razões de política criminal várias leis se sucederam prevendo a extinção da punibilidade de crimes contra a ordem tributária quando o agente paga o tributo devido. Para o Estado, interessa mais que haja o recolhimento dos valores do que punir criminalmente o sonegador. - Entendimento do STF e do STJ é de que o pagamento do tributo a qualquer tempo extingue a punibilidade de crimes contra a ordem tributária, mesmo depois do trânsito em julgado da condenação (STF - HC 85.452/SP e STJ. HC 362.478/SP). - PARCELAMENTO: o pedido de parcelamento deve ser feito antes do recebimento da denúncia, caso em que ficará suspensa a pretensão punitiva e o prazo prescricional até o pagamento de todas as parcelas para então, ao final, ser decretada a extinção da punibilidade. Caso o parcelamento seja rescindido o Estado retoma a pretensão punitiva. - ARREPENDIMENTO posterior: o ressarcimento do dano em outros crimes, como o furto, ocasiona apenas o arrependimento posterior (art. 16 do Código Penal), que traz apenas redução de pena. O tratamento benevolente do legislador para com os sonegadores de tributos é motivo de crítica doutrinária. - INSIGNIFICÂNCIA: tanto o Supremo Tribunal Federal como o Superior Tribunal de Justiça entendem que o parâmetro de insignificância nos crimes contra a ordem tributária é o valor de 20 mil reais, porque as Portarias nº 75 e nº 130/2012 do Ministério da Fazenda consideram que abaixo disso é inviável a execução fiscal, e atualizaram o valor previsto na antiga redação do art. 20 da Lei nº 10.522/2002. - Tributos Estaduais e insignificância: o STJ admite que seja usado como parâmetro a legislação estadual que fixe valor mínimo para execução fiscal (STJ - HC 535063 / SP). - CONTRABANDO: o crime do art. 334-A do Código Penal não admite o princípio da insignificância porque ali as mercadorias são proibidas.	
Art. 2º	
Art. 2º, inciso I **I** - fazer declaração falsa ou omitir declaração sobre rendas, bens ou fatos, ou empregar outra fraude, para eximir-se, total ou parcialmente, de pagamento de tributo;	Distinção das fraudes do art. **1º: duas correntes. 1.** Majoritariamente entende-se que os crimes do art. 1º são materiais (inciso I a IV), e o do art. 2º é formal, de modo que o inciso I do art. 2º seria figura tentada do primeiro. **2.** A diferença residiria no fato de que os crimes do art. 1º têm como objeto o fato gerador do tributo (nascimento

	da obrigação), enquanto o do inciso I, do art. 2º, tem como objeto a constituição, exclusão ou extinção do crédito tributário (lançamento e constituição do crédito). – **Crime formal e de mera conduta**. Não admite tentativa. Basta a declaração falsa ou outra fraude com finalidade específica de eximir-se do pagamento de tributo.
Art. 2º, II a V **II** – deixar de recolher, no prazo legal, valor de tributo ou de contribuição social, descontado ou cobrado, na qualidade de sujeito passivo de obrigação e que deveria recolher aos cofres públicos; **III** – exigir, pagar ou receber, para si ou para o contribuinte beneficiário, qualquer percentagem sobre a parcela dedutível ou deduzida de imposto ou de contribuição como incentivo fiscal; **IV** – deixar de aplicar, ou aplicar em desacordo com o estatuído, incentivo fiscal ou parcelas de imposto liberadas por órgão ou entidade de desenvolvimento; **V** – utilizar ou divulgar programa de processamento de dados que permita ao sujeito passivo da obrigação tributária possuir informação contábil diversa daquela que é, por lei, fornecida à Fazenda Pública.	Inciso II: apropriação indébita tributária, que não exige fraude. Exemplo: o Imposto sobre Produtos Industrializados (IPI) é cobrado pelo vendedor e o consumidor paga o valor a mais do tributo, que deve ser recolhido pelo vendedor à União. Se em vez disso o vendedor se apropriar do valor, haverá o crime. Iniciso III: compartilhamento ilícito de dedução de imposto. Exemplo: doações de valores para entidades beneficentes são montantes que podem ser deduzidos do imposto de renda. A pessoa faz a doação e o responsável pela entidade entrega a documentação de que recebeu o valor. O crime pode ocorrer se o responsável pela entidade exigir uma parcela dessa dedução da pessoa que fizer a doação em troca da entrega desse recibo que possibilitará a dedução. Inciso IV: desvio de finalidade na aplicação de incentivos fiscais. Exemplo: isenções de tributo para que o responsável invista em outra área. Comete o crime aquele que, beneficiado, não aplica o valor ou o aplica em desacordo. Inciso V: utilização ou divulgaão de programa para contabilidade paralela, ou caixa dois. Se houver supressão de tributo, o crime será o do inciso I, do art. **1º**, da Lei nº 8.137/1990.
Art. 3º Crimes de funcionários públicos contra a ordem tributária	
Aspectos gerais	
– São crimes especiais com relação aos crimes dos arts. 314, 316, 317 e 321 do Código Penal. – Não está tipificado no art. 3º a facilitação de descaminho ou contrabando, que é crime previsto no art. 318 do Código Penal. – São crimes próprios do servidor público fazendário – Súmula nº 147 do STJ prevê que "compete à Justiça Federal processar e julgar os crimes praticados contra funcionário público federal, quando relacionados com o exercício da função". – Jurisprudência do STJ: competência da Justiça Federal quando o crime for praticado por servidor público federal no exercício de suas funções e com ela relacionado.	
Art. 3º, I **I** – extraviar livro oficial, processo fiscal ou qualquer documento, de que tenha a guarda em razão da função; sonegá-lo, ou inutilizá-lo, total ou parcialmente, acarretando pagamento indevido ou inexato de tributo ou contribuição social;	– forma especial do crime de sonegação de livro ou documento do art. 314 do Código Penal; – crime material, que exige o resultado de causar pagamento indevido ou inexato de tributo. – **Pena:** reclusão, de 3 (três) a 8 (oito) anos, e multa.
Art. 3º, II **II** – exigir, solicitar ou receber, para si ou para outrem, direta ou indiretamente, ainda que fora da função ou antes de iniciar seu exercício, mas em razão dela, vantagem indevida; ou aceitar promessa de tal vantagem, para deixar de lançar ou cobrar tributo ou contribuição social, ou cobrá-los parcialmente.	– Forma especial dos crimes de concussão e de corrupção passiva (arts. 316 e 317 do CP), previstos juntos em um crime só que abarca os verbos exigir e solicitar, receber ou aceitar, vantagem indevida ou promessa de vantagem. – Exige finalidade específica de deixar de lançar ou cobrar tributo ou cobrar parcialmente. – Não se confunde com o crime de excesso de exação, do art. 316, §1º do Código Penal, que não exige finalidade específica, e não há exigência, solicitação, recebimento ou aceitação. – **Pena:** reclusão, de 3 (três) a 8 (oito) anos, e multa.

<table>
<tr><td>Art. 3º, III
III – patrocinar, direta ou indiretamente, interesse privado perante a administração fazendária, valendo-se da qualidade de funcionário público.</td><td>– Forma especial de advocacia administrativa do art. 321 do Código Penal.
– Diferente do crime do art. 337-G do Código Penal, inserido pela Lei nº 14.133/2021 (Licitações e Contratos), que ocorre quando o interesse patrocinado se relacionar com licitação pública.
– STJ: não pratica esse crime o auditor fiscal que corrige erros de português em impugnação administrativa que posteriormente é apresentada pelo contribuinte junto à Administração Fazendária (STJ. REsp 1770444/DF).
– Pena: reclusão, de 1 (um) a 4 (quatro) anos, e multa.</td></tr>
<tr><td colspan="2">Art. 4º Crimes contra a ordem econômica</td></tr>
<tr><td>Art. 4° Constitui crime contra a ordem econômica:
I – abusar do poder econômico, dominando o mercado ou eliminando, total ou parcialmente, a concorrência mediante qualquer forma de ajuste ou acordo de empresas;
II – formar acordo, convênio, ajuste ou aliança entre ofertantes, visando a) à fixação artificial de preços ou quantidades vendidas ou produzidas; b) ao controle regionalizado do mercado por empresa ou grupo de empresas; c) ao controle, em detrimento da concorrência, de rede de distribuição ou de fornecedores.
Pena – reclusão, de 2 (dois) a 5 (cinco) anos e multa.</td><td>– A Lei nº 12.529/2011 estruturou o Sistema Brasileiro de defesa da concorrência, e revogou incisos do art. 4º, alterou a redação do inciso I, e tornou cumulativas as penas de multa e privativa de liberdade.
– A pena mínima não é mais apenas multa, eis que agora a pena de multa é cumulativa com a privativa de liberdade que é de dois a cinco anos. Assim, não cabe mais a suspensão condicional do processo.
– STJ: "como as Leis nºs 8.137/1990 e 8.176/1991, que tratam de crimes contra a ordem econômica, não definiram a competência para o processo e julgamento dos crimes nelas previstos, compete, em regra, à Justiça Estadual o exame de crimes nelas previstos" (STJ. CC 152511 / MT).
– Crime vago: o sujeito passivo é indeterminado.
– Inciso I: para alguns, é crime de concurso necessário, exigindo dois empresários em acordo. Para outros, é possível que um dos empresários não queira o resultado, e apenas o outro cometa o crime. É crime material, e o meio de execução é vinculado (acordo ou ajuste).
– Inciso II: formação de cartel (acordo, convênio, ajuste ou aliança), com três finalidades específicas e, portanto, exigindo dolo geral e o elemento subjetivo específico. Distinção do inciso I, lá o crime é material, aqui, no inciso II, é formal.</td></tr>
<tr><td colspan="2">Art. 7º Crimes contra as relações de consumo</td></tr>
<tr><td colspan="2">Aspectos gerais</td></tr>
<tr><td>Art. 7° Constitui crime contra as relações de consumo:
I – favorecer ou preferir, sem justa causa, comprador ou freguês, ressalvados os sistemas de entrega ao consumo por intermédio de distribuidores ou revendedores;
II – vender ou expor à venda mercadoria cuja embalagem, tipo, especificação, peso ou composição esteja em desacordo com as prescrições legais, ou que não corresponda à respectiva classificação oficial;
III – misturar gêneros e mercadorias de espécies diferentes, para vendê-los ou expô-los à venda como puros; misturar gêneros e mercadorias de qualidades desiguais para vendê-los ou expô-los à venda por preço estabelecido para os demais mais alto custo;
IV – fraudar preços por meio de:
a) alteração, sem modificação essencial ou de qualidade, de elementos tais como denominação, sinal externo, marca, embalagem, especificação técnica, descrição, volume, peso, pintura ou acabamento de bem ou serviço;</td><td>– Protegem as relações de consumo, atendendo mandamento constitucional (art. 5º, XXXII, da CF/1988);
– Conflito com o CDC: a Lei nº 8137/1990 é posterior. Mas os crimes contra as relações de consumo da Lei nº 8.137/1990 devem ser vistos no contexto da ordem econômica, isto é, das condutas relacionadas aos consumidores que têm também reflexo nas relações de mercado e ordem econômica.
– A pena mínima é a de multa isolada, por isso admite-se suspensão condicional do processo (art. 89 da Lei nº 9.099/1995), apesar de não ser infração de menor potencial ofensivo.
– Sujeito ativo é o fornecedor do produto ou serviço, restrito à pessoa física;
– Sujeito passivo é o consumidor, que segundo o art. 2º do CDC, é toda pessoa física ou jurídica que adquire ou utiliza produto ou serviço como destinatário final.
– Apenas nos casos dos incisos II, III, e IX admite-se a forma culposa.</td></tr>
</table>

b) divisão em partes de bem ou serviço, habitualmente oferecido à venda em conjunto; **c)** junção de bens ou serviços, comumente oferecidos à venda em separado; **d)** aviso de inclusão de insumo não empregado na produção do bem ou na prestação dos serviços; **V** – elevar o valor cobrado nas vendas a prazo de bens ou serviços, mediante a exigência de comissão ou de taxa de juros ilegais; **VI** – sonegar insumos ou bens, recusando-se a vendê-los a quem pretenda comprá-los nas condições publicamente ofertadas, ou retê-los para o fim de especulação; **VII** – induzir o consumidor ou usuário a erro, por via de indicação ou afirmação falsa ou enganosa sobre a natureza, qualidade do bem ou serviço, utilizando-se de qualquer meio, inclusive a veiculação ou divulgação publicitária; **VIII** – destruir, inutilizar ou danificar matéria-prima ou mercadoria, com o fim de provocar alta de preço, em proveito próprio ou de terceiros; **IX** – vender, ter em depósito para vender ou expor à venda ou, de qualquer forma, entregar matéria-prima ou mercadoria, em condições impróprias ao consumo; **Pena** – detenção, de 2 (dois) a 5 (cinco) anos, ou multa. **Parágrafo único.** Nas hipóteses dos incisos II, III e IX pune-se a modalidade culposa, reduzindo-se a pena e a detenção de 1/3 (um terço) ou a de multa à quinta parte	– Inciso IX: STJ entende que "há necessidade de realização de exame pericial nos produtos pretensamente impróprios, a fim de que seja comprovada a sua real nocividade para consumo humano, sob pena de inaceitável responsabilidade penal objetiva". (STJ – AgRg no REsp 1902045/SC). No mesmo sentido, o STF decidiu no HC 90779/PR.
Art. 8º a 10: pena de multa	
Art. 8° Nos crimes definidos nos arts. 1° a 3° desta lei, a pena de multa será fixada entre 10 (dez) e 360 (trezentos e sessenta) dias-multa, conforme seja necessário e suficiente para reprovação e prevenção do crime. Parágrafo único. O dia-multa será fixado pelo juiz em valor não inferior a 14 (quatorze) nem superior a 200 (duzentos) Bônus do Tesouro Nacional BTN. **Art. 9°** A pena de detenção ou reclusão poderá ser convertida em multa de valor equivalente a: I – 200.000 (duzentos mil) até 5.000.000 (cinco milhões) de BTN, nos crimes definidos no art. 4°; II – 5.000 (cinco mil) até 200.000 (duzentos mil) BTN, nos crimes definidos nos arts. 5° e 6°; III – 50.000 (cinquenta mil) até 1.000.000 (um milhão de BTN), nos crimes definidos no art. 7°. Art. 10. Caso o juiz, considerado o ganho ilícito e a situação econômica do réu, verifique a insuficiência ou excessiva onerosidade das penas pecuniárias previstas nesta lei, poderá diminuí-las até a décima parte ou elevá-las ao décuplo	– Disciplina a aplicação da pena de multa para os crimes contra a ordem tributária e os crimes funcionais contra a ordem tributária. – **Fixação da pena de multa:** primeiro, o juiz estabelece a quantidade de dias-multa, que variam entre 10 a 360 dias-multa, parâmetro previsto no Código Penal e que o dispositivo da Lei nº 8.137/1990 repete. No segundo momento, o juiz fixa o valor de cada dia-multa, e nesse parâmetro o dispositivo inova com relação ao Código Penal. – STJ: "a extinção da BTN, a que faz referência o art. 8º, parágrafo único, da Lei n° 8.137/1990, não conduz à inaplicabilidade da pena de multa, pois tratando-se dos crimes contra a ordem tributária, aplica-se, subsidiariamente, a regra geral contida no art. 49, § 1º, do Código Penal". AgRg nos EDcl no REsp 1789596 / DF.
Art. 12: causas de aumento (para os crimes dos artS. 1º, 2º, 4º, e 7º)	
Art. 12. São circunstâncias que podem agravar de 1/3 (um terço) até a metade as penas previstas nos arts. 1°, 2° e 4° a 7°: **I** – ocasionar grave dano à coletividade;	– STJ: vale, analogamente, adotar-se para tributos federais o critério já administrativamente aceito na definição de créditos prioritários, fixado em R$ 1.000.000,00 (um milhão de reais) (AgRg no AREsp 1420471 / SP).

Art. 12, II **II** – ser o crime cometido por servidor público no exercício de suas funções;	– Aplica-se o conceito do art. 327 do Código Penal.
Art. 12, III **III** – ser o crime praticado em relação à prestação de serviços ou ao comércio de bens essenciais à vida ou à saúde.	– Serviços essenciais à vida e à saúde. Aplicando-se o conceito do art. 10 da Lei nº 7.783/1989, que define os serviços essenciais para fins de greve.
ART.15: AÇÃO PENAL	
Art. 15. Os crimes previstos nesta lei são de ação penal pública, aplicando-se-lhes o disposto no art. 100 do Código Penal	– Súmula nº 609 do STF também prevê que "é pública incondicionada a ação penal por crime de sonegação fiscal".
ART. 16: DELAÇÃO PREMIADA	
Art. 16. Qualquer pessoa poderá provocar a iniciativa do Ministério Público nos crimes descritos nesta lei, fornecendo-lhe por escrito informações sobre o fato e a autoria, bem como indicando o tempo, o lugar e os elementos de convicção. Parágrafo único. Nos crimes previstos nesta Lei, cometidos em quadrilha ou coautoria, o coautor ou partícipe que através de confissão espontânea revelar à autoridade policial ou judicial toda a trama delituosa terá a sua pena reduzida de um a dois terços.	– O art. 16 da Lei nº 8.137/1990 regulamentou a delação premiada de forma bem incipiente, ao contrário das modernas hipóteses de delação premiada em outras legislações.

4.14. Questões de concurso

1. **(TJ/RS – Titular de serviços de notas e de registros – VUNESP – 2019)** A conduta de formar ajuste entre ofertantes, visando à fixação artificial de preços, é tipificada como crime contra

A) a ordem econômica.

B) as relações de consumo.

C) a ordem tributária.

D) o consumidor.

E) a fé pública.

Gabarito: A.

2. **(Câmara Legislativa do DF – Inspetor de Polícia Legislativa – FCC – 2018)** Ulisses, auditor fiscal do município, em auditoria realizada na empresa Skintrade Confecções, constatou irregularidades fiscais no referido estabelecimento. A pretexto de reduzir ou perdoar as referidas dívidas junto ao fisco municipal, exigiu do proprietário da confecção determinado valor em dinheiro. Nesta hipótese, Ulisses cometeu crime

A) funcional contra a ordem tributária.

B) de prevaricação.

C) de condescendência criminosa.

D) de corrupção ativa.

E) de excesso de exação.

Gabarito: A.

3. **(PC/GO – Delegado de Polícia Substituto – CESPE – 2017)** Considere os seguintes atos, praticados com o objetivo de suprimir tributo: 1) Marcelo prestou declaração falsa às autoridades fazendárias; 2) Hélio negou-se a emitir, quando isso era obrigatório, nota fiscal relativa à venda de determinada mercadoria; 3) Joel deixou de fornecer nota fiscal relativa à prestação de serviço efetivamente realizado. Nessas situações, conforme a Lei nº 8.137/1990 e o entendimento do STF, para que o ato praticado tipifique crime material contra a ordem tributária, será necessário o prévio lançamento definitivo do tributo em relação a

A) Hélio e Joel.

B) Marcelo apenas.

C) Hélio apenas.

D) Joel apenas.

E) Hélio, Marcelo e Joel.

Gabarito: B.

4. **(SEFAZ/DF – Auditor Fiscal – CESPE – 2020)** À luz da legislação penal brasileira, julgue o item a seguir.
Auditor-fiscal que exigir vantagem indevida para deixar de lançar ou de cobrar tributo devido por contribuinte terá cometido o crime de concussão previsto no Código Penal.

Gabarito: Errado.

5. **(PC-SE – Delegado de Polícia – CESPE – 2020)** Acerca de crimes contra a ordem tributária e contra a administração pública, julgue o item a seguir.
Negar o pagamento de determinado tributo cujo fato gerador tenha ocorrido normalmente constitui crime de elisão fiscal.

Gabarito: Errado.

6. **(Prefeitura de Andradas – MG – Advogado – IPEFAE – 2020)** Analise as frases abaixo e assinale a opção correta.

I. Constitui crime contra a ordem tributária reduzir tributo e qualquer acessório, mediante a omissão de informações junto às autoridades fazendárias.

II. Constitui crime contra a ordem tributária suprimir contribuição social e qualquer acessório, mediante fraude a fiscalização tributária, inserindo elementos inexatos, ou omitindo operação de qualquer natureza, em documento ou livro exigido pela lei fiscal.

III. Constitui crime contra a ordem tributária suprimir tributo, ou contribuição social e qualquer acessório, mediante a negativa de fornecimento de nota fiscal ou documento equivalente, relativa a venda de mercadoria ou prestação de serviço, efetivamente realizada, ou fornecê-la em desacordo com a legislação.

Das assertivas, estão corretas apenas aquelas que constam em:

A) I.

B) I e II.

C) III.

D) I, II e III.

Gabarito: D.

7. **(PCRN - Delegado de Polícia Civil Substituto - FGV - 2021)** Sávio possui um pequeno comércio de venda de material de escritório. Considerando a situação financeira precária da empresa e procurando reduzir o valor do tributo devido, Sávio praticou uma série de condutas que, em tese, tipificariam o delito do art. 1º, I, da Lei nº 8.137/1990 (constitui crime contra a ordem tributária suprimir ou reduzir tributo, ou contribuição social e qualquer acessório, mediante as seguintes condutas: inciso I - omitir informação, ou prestar declaração falsa às autoridades fazendárias). Sobre o delito tipificado na referida legislação, e de acordo com a posição da jurisprudência dos Tribunais Superiores, é correto afirmar que:

A) o prazo prescricional começa a contar da data da conduta de omitir informação;

B) é punível quando praticado através de conduta dolosa ou culposa, comissiva ou omissiva;

C) é, em tese, de natureza material, pois somente estará configurado com o lançamento definitivo do tributo;

D) é classificado como formal, restando consumado com a omissão da informação capaz de reduzir o tributo devido;

E) permite que a expressividade do valor do tributo sonegado possa ser concomitantemente utilizada para elevar a pena base e depois como majorante na terceira etapa ao aplicar a pena.

Gabarito: C.

8. **(MPE-MG - Promotor de Justiça substituto - FUNDEP - 2021)** Sobre os crimes contra a ordem tributária, assinale a alternativa CORRETA:

A) O pagamento integral do débito tributário, incluindo todos os acessórios, extingue a punibilidade do agente, mesmo se realizado após o oferecimento da denúncia.

B) O crime de apropriação indébita tributária não se aplica à omissão de recolhimento de ICMS próprio.

C) É cabível a tipificação da tentativa de sonegação fiscal com base no art. 1º, I a IV, da Lei nº 8.137/1990.

D) As modalidades culposas dos crimes contra a ordem tributária não dependem da prévia constituição do crédito tributário.

Gabarito: A.

9. **(PCPR - Delegado de Polícia - NC-UFPR - 2021)** Diversas são as hipóteses em que o contribuinte possui o dever de prestar declarações às autoridades fazendárias, sendo que o ato daquele que reduz ou suprime tributo por omitir informação ou prestar declaração falsa às autoridades fazendárias constitui a conduta típica descrita no art. 1º, I, da Lei nº 8.137/1990, hipótese de crime material contra a ordem tributária. Sobre os crimes materiais contra a ordem tributária, assinale a alternativa correta.

A) A conduta descrita no art. 1º, I, da Lei nº 8.137/1990 depende da constituição definitiva do tributo para a sua caracterização típica, nos termos da Súmula Vinculante nº 24 do STF.

B) De acordo com o STJ, com relação aos crimes materiais contra a ordem tributária, o prazo prescricional começa a contar da ação ou omissão típica, sendo irrelevante o momento da constituição do tributo.

C) O STJ entende que aquele que deixa de fornecer nota fiscal, nos termos do art. 1º, V, da Lei nº 8.137/1990, na mesma linha da tipificação descrita no art. 1º, I, da Lei nº 8.137/1990, pratica crime material contra a ordem tributária, sendo indispensável nessa hipótese a constituição do tributo para a caracterização típica.

D) Com base em entendimento consolidado nos tribunais superiores, por incidência do princípio da insignificância, é formalmente atípica a conduta de quem, por meio de declaração falsa, suprime tributo no valor de R$ 30.000,00.

E) O STF não admite a aplicação da Súmula Vinculante nº 24 a fatos anteriores à sua edição, por se tratar de hipótese de retroação de norma mais gravosa ao réu.

Gabarito: A.

10. **(SEFAZ-CE – Auditor Fiscal Jurídico da Receita Estadual – CESPE – 2021)** Com base na legislação penal, julgue o próximo item.

O contribuinte que omitir informação da autoridade fazendária cometerá crime contra a ordem tributária, independentemente da supressão ou redução do tributo, porque essa conduta caracteriza violação de obrigação acessória.

Gabarito: Errado.

CAPÍTULO 5
LEI Nº 9.296/1996 – LEI DE INTERCEPTAÇÃO TELEFÔNICA

5.1. Natureza jurídica da interceptação telefônica

A interceptação telefônica **é meio de obtenção de prova pelo qual há a violação do sigilo das comunicações telefônicas, mediante autorização judicial, para fins de investigação criminal.**

Além de meio de obtenção de prova, a interceptação telefônica também pode ser conceituada como medida cautelar probatória, pois visa angariar provas que seriam perdidas caso a medida não fosse levada a cabo.

Atenção:

A doutrina faz esta classificação com relação às provas.[1]

Fonte de prova	Meio de prova	Meio de obtenção de prova
Pessoa ou coisa da qual se extraia a prova – Ex.: testemunhas, peritos, acusados, documentos, etc.	Forma pela qual a fonte de prova é introduzida no processo – Ex: Termo de declarações, interrogatório, laudo pericial, etc.	Procedimento regulado em lei realizado com o objetivo de conseguir provas – Ex.: Busca e apreensão, interceptação telefônica, etc.

A doutrina também diferencia os conceitos de interceptação telefônica, escuta telefônica e gravação telefônica:[2]

Interceptação telefônica	Escuta telefônica	Gravação telefônica
Captação da conversa por um terceiro, sem o conhecimento de nenhum dos interlocutores.	Captação da conversa por terceiro, com o conhecimento de um dos interlocutores	Captação da conversa por um dos interlocutores, sem o conhecimento do outro interlocutor.

Para além desses conceitos, a lei dispõe expressamente sobre a captação ambiental, que ocorre quando a conversa é captada por meio de algum equipamento eletrônico diretamente do ambiente onde os interlocutores estão tendo a conversa.

O procedimento previsto para a interceptação telefônica também se aplica a escuta telefônica, visto que em ambos os casos existe a captação de conversa feita por terceiro.

1 LIMA. Op. cit.
2 LIMA. Op. cit.

Já com relação à gravação telefônica, entendia-se que esta não estava regulada pela Lei nº 9.296/1996, não sendo necessária autorização judicial, notadamente quando a gravação era utilizada por pessoa vítima de crime para gravar conversa com o criminoso, ou quando usada para provar a inocência de alguém.

No entanto, a licitude da gravação telefônica tem sido discutida após a regulamentação ter trazido a captação ambiental pelo Pacote Anticrime, como veremos.

5.1.1. Proteção constitucional e legal

> **Art. 5º** da CF:
>
> (...)
>
> **XII** – é inviolável o sigilo da correspondência e das comunicações telegráficas, de dados e das comunicações telefônicas, salvo, no último caso, por ordem judicial, nas hipóteses e na forma que a lei estabelecer para fins de investigação criminal ou instrução processual penal; (Vide Lei nº 9.296, de 1996)

A constituição prevê como direito fundamental em seu art. 5º, XII o sigilo das comunicações telefônicas. Porém, esse direito fundamental não é absoluto, de forma que pode ser relativizado por ordem judicial, para fins de investigação criminal na forma da lei.

Importante para Concursos:

O STF entende que não há direitos ou garantias fundamentais que se revistam de caráter absoluto, de forma que esses diretos e garantias podem ser relativizados em face do interesse público ou em respeito aos direitos e garantias de terceiros.[3]

Uma das leis que regulamenta o art. 5º, XII, é exatamente a Lei nº 9.296/1996.

> **Art. 1º** A interceptação de comunicações telefônicas, de qualquer natureza, para prova em investigação criminal e em instrução processual penal, observará o disposto nesta Lei e dependerá de ordem do juiz competente da ação principal, sob segredo de justiça.
>
> **Parágrafo único**. O disposto nesta Lei aplica-se à interceptação do fluxo de comunicações em sistemas de informática e telemática.

Atenção:

A interceptação somente pode se dar para fins de investigação criminal ou instrução processual penal, **não sendo possível realizar interceptação telefônica em um inquérito civil ou em procedimento administrativo disciplinar.**

3 STF, Pleno. RMS 23.452/RJ – rel. Min. Celso de Mello – j. 16-9-1999.

Importante para Concursos:

Interceptação produzida em investigação criminal ou ação penal pode ser utilizada em procedimento administrativo disciplinar (PAD), desde que devidamente autorizado pelo Juízo Criminal competente, respeitado o contraditório e ampla defesa, como prova emprestada.[4]

Com relação às comunicações pela internet, a Lei nº 12.965/2014, Marco Civil da Internet, traz uma proteção específica deste tipo de comunicação, dispondo em seu art. 7º, II:

> **Art. 7º** O acesso à internet é essencial ao exercício da cidadania, e ao usuário são assegurados os seguintes direitos:
>
> **II** – Inviolabilidade e sigilo do fluxo de suas comunicações pela internet, salvo por ordem judicial, na forma da lei;

Conforme parágrafo único, do art. 1º, da Lei nº 9.296/1996, esta lei se aplica somente ao fluxo de comunicações, e não à comunicação estática, ou seja, aquela que já chegou a seu destino e se encontra armazenada de alguma forma.

Atenção:

A quebra de sigilo dos dados telemáticos de uma conversa armazenada em um celular não está submetida à Lei nº 9.296/1996. A quebra de sigilo do conteúdo de comunicações armazenadas em meio eletrônico, deve ser feita com base na Lei nº 12.965/2014. Dispõe o art. 7º, III e art. 10º daquela Lei:

> **Art. 7º** O acesso à internet é essencial ao exercício da cidadania, e ao usuário são assegurados os seguintes direitos:
>
> (...)
>
> **III** – inviolabilidade e sigilo de suas comunicações privadas armazenadas, salvo por ordem judicial;
>
> **Art. 10.** A guarda e a disponibilização dos registros de conexão e de acesso a aplicações de internet de que trata esta Lei, bem como de dados pessoais e do conteúdo de comunicações privadas, devem atender à preservação da intimidade, da vida privada, da honra e da imagem das partes direta ou indiretamente envolvidas.
>
> (...)
>
> **§ 2º** O conteúdo das comunicações privadas somente poderá ser disponibilizado mediante ordem judicial, nas hipóteses e na forma que a lei estabelecer, respeitado o disposto nos incisos II e III do art. 7º.

4 STJ, MS 14.140/DF – rel. Min. Laurita Vaz – j. 26-9-2012.

Assim:

Lei de Interceptação Telefônica (Lei nº 9.296/1996)	Marco Civil da internet (Lei nº 12.965/2014)
– Interceptação de comunicações telefônicas – Interceptação do fluxo de comunicações em sistema de informática e telemática	– Quebra de sigilo de comunicações armazenadas em sistema de informática ou telemática

Importante para Concursos:

Os tribunais superiores têm considerado ilícito o acesso ao conteúdo de conversas armazenadas em celular sem autorização judicial.[5]

Importante para Concursos:

5ª Turma do STJ entendeu que é válida prova produzida com base na agenda telefônica do investigado acessada sem autorização judicial. Dados constantes da agenda telefônica não estariam abarcados pela proteção constitucional.

5.1.2. Requisitos

Art. 2º Não será admitida a interceptação de comunicações telefônicas quando ocorrer qualquer das seguintes hipóteses:

I – não houver indícios razoáveis da autoria ou participação em infração penal;

II – a prova puder ser feita por outros meios disponíveis;

III – o fato investigado constituir infração penal punida, no máximo, com pena de detenção.

Parágrafo único. Em qualquer hipótese deve ser descrita com clareza a situação objeto da investigação, inclusive com a indicação e qualificação dos investigados, salvo impossibilidade manifesta, devidamente justificada.

A lei traz hipóteses de quando não será admitida a interceptação telefônica, apresentando requisitos negativos. Lendo de outra forma temos que os requisitos para a interceptação telefônica são:

a) **Haver indícios suficientes de autoria ou participação em infração penal**: Este requisito trata do chamado *fumus comissi delicti*, essencial para decretação de qualquer medida cautelar. Para sua configuração, é necessária prova de materialidade e indícios de autoria ou participação.

b) **A prova não pode ser produzida por outros meios:** Sendo a interceptação telefônica medida altamente invasiva, esta deve ser utilizada somente quando a prova não puder ser obtida por outros meios de prova menos invasivos.

   Assim, a medida deve ser decretada levando-se em consideração o princípio da proporcionalidade, notadamente da proporcionalidade em sentido estrito.

5 STF – HC 168.052/SP – 2ª T. – rel. Min. Gilmar Mendes – j. 20-10-2020.

Importante para Concursos:

Conforme o STJ, é ônus da defesa, quando alega violação ao disposto no art. 2º, II, da Lei nº 9.296/1996, demonstrar que existiam, de fato, outros meios investigativos disponíveis às autoridades para a elucidação dos fatos à época na qual a medida invasiva foi requerida.[6]

c) **A infração penal investigada deve ser punida com pena de reclusão:** Infrações penais punidas com prisão simples ou com detenção não podem ser investigadas com uso da interceptação telefônica.

Esse requisito novamente diz respeito ao princípio da proporcionalidade, de forma que uma medida tão invasiva somente deve ser utilizada para investigar crimes graves.

Neste sentido, a interceptação não pode ser utilizada, por exemplo, para investigar crime de ameaça (art. 147 do CP), o qual é punido apenas com pena de detenção.

Contravenções penais também não podem ser investigadas com a utilização de interceptação telefônica, pois são punidas no máximo com pena de prisão simples.

Importante para Concursos:

É legítima a prova obtida por meio de interceptação telefônica para apuração de delito punido com detenção, se conexo com outro crime apenado com reclusão.[7]

d) **Delimitação da situação objeto da investigação:** Para que o juiz possa aferir se estão presentes os outros requisitos legais, o pedido de interceptação telefônica deve descrever com clareza o objeto de investigação. A lei também exige, quando possível, a qualificação daqueles que sofrerão da medida de interceptação.

5.1.3. Procedimento

Art. 3º A interceptação das comunicações telefônicas poderá ser determinada pelo juiz, de ofício ou a requerimento:

I – da autoridade policial, na investigação criminal;

II – do representante do Ministério Público, na investigação criminal e na instrução processual penal.

Art. 4º O pedido de interceptação de comunicação telefônica conterá a demonstração de que a sua realização é necessária à apuração de infração penal, com indicação dos meios a serem empregados.

§ 1º Excepcionalmente, o juiz poderá admitir que o pedido seja formulado verbalmente, desde que estejam presentes os pressupostos que autorizem a interceptação, caso em que a concessão será condicionada à sua redução a termo.

§ 2º O juiz, no prazo máximo de vinte e quatro horas, decidirá sobre o pedido.

6 STJ – HC 254.976/RN – 5ª T. – rel. Min. Jorge Mussi – j. 29-10-2014.
7 STJ – AgRg no REsp 1.717.551/PA – j. 24-5-2018.

Art. 5° A decisão será fundamentada, sob pena de nulidade, indicando também a forma de execução da diligência, que não poderá exceder o prazo de quinze dias, renovável por igual tempo uma vez comprovada a indispensabilidade do meio de prova.

Art. 6° Deferido o pedido, a autoridade policial conduzirá os procedimentos de interceptação, dando ciência ao Ministério Público, que poderá acompanhar a sua realização.

§ 1° No caso de a diligência possibilitar a gravação da comunicação interceptada, será determinada a sua transcrição.

§ 2° Cumprida a diligência, a autoridade policial encaminhará o resultado da interceptação ao juiz, acompanhado de auto circunstanciado, que deverá conter o resumo das operações realizadas.

§ 3° Recebidos esses elementos, o juiz determinará a providência do art. 8° , ciente o Ministério Público.

Art. 7° Para os procedimentos de interceptação de que trata esta Lei, a autoridade policial poderá requisitar serviços e técnicos especializados às concessionárias de serviço público.

Art. 8° A interceptação de comunicação telefônica, de qualquer natureza, ocorrerá em autos apartados, apensados aos autos do inquérito policial ou do processo criminal, preservando-se o sigilo das diligências, gravações e transcrições respectivas.

Parágrafo único. A apensação somente poderá ser realizada imediatamente antes do relatório da autoridade, quando se tratar de inquérito policial (Código de Processo Penal, art.10, § 1°) ou na conclusão do processo ao juiz para o despacho decorrente do disposto nos arts. 407, 502 ou 538 do Código de Processo Penal.

(...)

Art. 9° A gravação que não interessar à prova será inutilizada por decisão judicial, durante o inquérito, a instrução processual ou após esta, em virtude de requerimento do Ministério Público ou da parte interessada.

Parágrafo único. O incidente de inutilização será assistido pelo Ministério Público, sendo facultada a presença do acusado ou de seu representante legal.

5.2. Legitimidade para requerer a interceptação telefônica

Segundo a letra da lei, a interceptação telefônica pode ser determinada mediante representação da autoridade policial, durante a fase de inquérito policial, mediante requerimento do Ministério Público, ou mesmo de ofício pelo Juiz.

Atenção:

Entende-se que a decretação de medidas cautelares de ofício pelo juiz viola o sistema acusatório previsto na Constituição Federal. O Pacote Anticrime trouxe alterações ao Código de Processo Penal, vedando a decretação de medidas cautelares de ofício pelo juiz:

Art. 282. As medidas cautelares previstas neste Título deverão ser aplicadas observando-se a:

(...)

§ 2º As medidas cautelares serão decretadas pelo juiz a requerimento das partes ou, quando no curso da investigação criminal, por representação da autoridade policial ou mediante requerimento do Ministério Público. (Redação dada pela Lei nº 13.964, de 2019)

Por "autoridade policial", entende-se o Delegado de Polícia Civil ou Federal responsável pela condução da investigação.

Atenção:

O STJ entende ser lícito o requerimento de interceptação telefônica formulado pela Polícia Militar, desde que ratificado pelo Ministério Público.[8]

Apesar desse entendimento do STJ, a Corte Interamericana de Direitos Humanos decidiu no caso Escher, que, em investigações de crimes comuns (não militares), somente as polícias civis e federais são legitimadas para solicitar a interceptação telefônica.[9]

O pedido de interceptação deve indicar a necessidade da medida para apuração da infração penal, bem como os meios que serão utilizados. Conforme a lei, o juiz tem o prazo de 24h para decidir sobre o pedido.

Importante para Concursos:

Excepcionalmente o pedido de interceptação telefônica pode ser formulado oralmente. Mas somente poderá ser deferido após sua redução a termo.

5.2.1. Prazo de duração

A interceptação pode ser decretada incialmente pelo prazo de até 15 dias. Conforme a lei este prazo é "renovável por igual tempo uma vez comprovada a indispensabilidade do meio de prova". A péssima redação do dispositivo faz com que existam diferentes correntes com relação ao prazo máximo:

a) **Prazo máximo de 30 dias:** A expressão "uma vez" diz respeito à quantidade de vezes que poderá ser renovada a interceptação telefônica.

b) **Prazo máximo de 60 dias:** Conforme a CF/1988 (art. 136), durante o Estado de Defesa é possível a limitação do direito ao sigilo de comunicações telegráficas e telefônicas. Como o Estado de Defesa somente pode durar 60 dias então a limitação a este direito em tempos de normalidade também não poderia exceder este prazo.

c) **Prazo máximo indefinido, desde que comprovada sua indispensabilidade (corrente dominante):** A expressão "uma vez" está ligada a comprovação da indispensabilidade e não a quantidade de vezes em que seria possível a renovação da medida.

---

8 STJ – RHC 90.125/SC – 6ª T. – rel. Min. Nefi Cordeiro – j. 7-8-2018.

9 CIDH, Caso Escher e outros vs Brasil – j. 6-7-2009.

Por óbvio essas renovações devem guardar razoabilidade. Em caso concreto, o STJ considerou ilícitas provas produzidas por interceptação telefônica que foi renovada de forma ininterrupta por mais de 2 anos.[10][11]

Atenção:

A prorrogação não pode se dar de forma automática, sendo sempre necessária nova autorização judicial, fundamentada, que demostre a necessidade desta renovação.

5.2.2. Cumprimento da medida

Sendo deferido o pedido, a lei diz que a interceptação deve ser conduzida pela autoridade policial. Esta autoridade policial seria o Delegado de Polícia Civil ou Federal, já que são essas polícias, via de regra, as responsáveis por investigações criminais.

Importante para Concursos:

Segundo o STJ não restringe à polícia civil a atribuição (exclusiva) para a execução da medida restritiva de interceptação telefônica, ordenada judicialmente. Em caso concreto, o STJ considerou legal a interceptação telefônica conduzida pelo Ministério Público em parceria com a Subsecretaria de Inteligência da Secretaria de Estado de Segurança.[12]

Conforme a lei, caso haja gravação da comunicação interceptada, esta deve ser transcrita.

Importante para Concursos:

Para o STJ, **não é necessário a degravação integral das escutas telefônicas**, tendo em vista que tal medida pode ser inviável em face da complexidade dos fatos investigados e da quantidade de horas de gravações.[13] Apesar de não exigir a degravação integral da interceptação o STJ exige que as partes tenham acesso à integralidade dos diálogos interceptados.

Ainda conforme o STJ, essa degravação não precisa ser feita por peritos oficiais, pois não se trata de exame de corpo de delito.[14]

Ao fim da diligência a autoridade policial deve encaminhar o resultado da interceptação ao juiz, com autocircunstanciado, contendo resumo da operação.

Esses autos devem ser apensados ao inquérito policial ou ao processo criminal, preservando-se o sigilo das diligências, gravações e transcrições respectivas.

---

10 STJ – HC 76686/PR – 6ª T. – rel. Min. Nilson Naves – j. 9-9-2008.

11 AZEVEDO, Breno. *Da razoabilidade do prazo da interceptação telefônica em face ao sigilo das comunicações*. Disponível em: <http://www.conteudojuridico.com.br/consulta/Artigos/53649/da-razoabilidade-do-prazo-da-interceptao-telefnica--em-face-ao-sigilo-das-comunicaes>. Acesso em: 18 abr. 2022.

12 STJ – RHC 78743/RJ – 5ª T. – rel. Min. Reynaldo Soares da Fonseca – j. 13-11-2018.

13 STJ – HC 278.794/SP – 6ª T. – rel. Min. Rogerio Schietti Cruz – j. 7-10-2014.

14 STJ – AgRg no AREsp 583598/MG – 6ª T. – rel. Min. Rogerio Schietti Cruz – j.12-6-2018.

No caso do inquérito policial, esse apensamento somente deve ocorrer imediatamente antes do relatório final apresentado pelo Delegado de Polícia. Já no caso de ação penal o apensamento deve se dar imediatamente antes da sentença.

Cabe ressaltar que o investigado e seu defensor devem ter acesso ao resultado da interceptação logo que esta esteja formalizada nos autos, quando seu conhecimento não importar em prejuízo a diligências em andamento, conforme Súmula Vinculante nº 14.

> Sumula Vinculante nº 14: É direito do defensor, no interesse do representado, ter acesso amplo aos elementos de prova que, já documentados em procedimento investigatório realizado por órgão com competência de polícia judiciária, digam respeito ao exercício do direito de defesa.

Caso a polícia não disponha de meios próprios para realizar a interceptação, a autoridade policial pode requisitar serviços e técnicos especializados às concessionárias de serviço público.

Conforme art. 9º, a gravação que não interessar a prova pode ser destruída por decisão judicial. Essa destruição pode ser requerida pelo Ministério Público ou por qualquer parte interessada, como por exemplo, alguém que tratou de assuntos íntimos, sem relação com os fatos, com algum dos investigados, e teve sua conversa gravada.

5.3. Captação ambiental

> **Art. 8º-A.** Para investigação ou instrução criminal, poderá ser autorizada pelo juiz, a requerimento da autoridade policial ou do Ministério Público, a captação ambiental de sinais eletromagnéticos, ópticos ou acústicos, quando:(Incluído pela Lei nº 13.964, de 2019)
>
> **I** – a prova não puder ser feita por outros meios disponíveis e igualmente eficazes; e (Incluído pela Lei nº 13.964, de 2019)
>
> **II** – houver elementos probatórios razoáveis de autoria e participação em infrações criminais cujas penas máximas sejam superiores a 4 (quatro) anos ou em infrações penais conexas. (Incluído pela Lei nº 13.964, de 2019)
>
> **§ 1º** O requerimento deverá descrever circunstanciadamente o local e a forma de instalação do dispositivo de captação ambiental. (Incluído pela Lei nº 13.964, de 2019)
>
> **§ 2º** A instalação do dispositivo de captação ambiental poderá ser realizada, quando necessária, por meio de operação policial disfarçada ou no período noturno, exceto na casa, nos termos do inciso XI do *caput* do art. 5º da Constituição Federal. (Incluído pela Lei nº 13.964, de 2019) § 3º A captação ambiental não poderá exceder o prazo de 15 (quinze) dias, renovável por decisão judicial por iguais períodos, se comprovada a indispensabilidade do meio de prova e quando presente atividade criminal permanente, habitual ou continuada. (Incluído pela Lei nº 13.964, de 2019)
>
> **§ 4º** A captação ambiental feita por um dos interlocutores sem o prévio conhecimento da autoridade policial ou do Ministério Público poderá ser utilizada, em matéria de defesa, quando demonstrada a integridade da gravação. (Incluído pela Lei nº 13.964, de 2019)
>
> **§** 5º Aplicam-se subsidiariamente à captação ambiental as regras previstas na legislação específica para a interceptação telefônica e telemática. (Incluído pela Lei nº 13.964, de 2019)

A Lei nº 13.964/2019, o Pacote Anticrime, trouxe para dentro da Lei de Interceptação Telefônica o regramento da captação ambiental.

Da mesma forma que na interceptação telefônica, podemos classificar a captação ambiental:

Interceptação Ambiental	Escuta ambiental	Gravação Ambiental
Captação da conversa por um terceiro, sem o conhecimento de nenhum dos interlocutores.	Captação da conversa por terceiro, com o conhecimento de um dos interlocutores	Captação da conversa por um dos interlocutores, sem o conhecimento do outro interlocutor.

5.3.1. Requisitos

O art. 8º-A *caput* permite a utilização da captação ambiental mediante autorização judicial, requerida pela autoridade policial ou pelo Ministério Público.

Trata-se aqui de captação feita por terceiro, sem o conhecimento dos interlocutores, ou com o conhecimento de um deles (interceptação ambiental ou escuta ambiental). Seus requisitos são:

a) **A prova não pode ser produzida por outros meios:** Assim como no caso da interceptação telefônica, a captação ambiental deve ser analisada à luz do princípio da proporcionalidade. Caso a prova possa ser feita por meio menos invasivo, não caberá a captação ambiental.

b) **Fundados indícios de autoria ou participação em infração penal cuja pena máxima seja superior a 4 anos ou fundados indícios de autoria ou participação em infração penal conexa a infrações penais cuja pena máxima seja superior a 4 anos:** A captação ambiental tem o quantitativo de pena e não tipo de pena como requisito, como tem a interceptação telefônica.

	Interceptação telefônica	Captação ambiental
Permitida em crimes	- Punidos com pena de reclusão. - Conexos a crimes punidos com pena de reclusão (criação jurisprudencial)	- Punidos com pena máxima superior a 4 anos. - Conexos a crimes com pena máxima superior a 4 anos.

Atenção:

A lei permite a captação ambiental para investigar crimes punidos com pena máxima superior a 4 anos, assim este meio de investigação não pode ser usado para crimes cuja pena seja de até 4 anos, à exemplo do crime de furto simples (art. 155, *caput* do CP) que tem pena reclusão de 1 a 4 anos.

A lei permite que o dispositivo de captação ambiental seja colocado, quando necessário, por meio de operação policial disfarçada ou no período noturno. No entanto, a lei proíbe que essa colocação no período noturno seja feita na casa.

O art. 5º, XI, da CF/1988 de fato somente permite a entrada na casa, mediante ordem judicial, durante o dia.

Art. 5º

(..)

XI – a casa é asilo inviolável do indivíduo, ninguém nela podendo penetrar sem consentimento do morador, salvo em caso de flagrante delito ou desastre, ou para prestar socorro, ou, durante o dia, por determinação judicial;

Importante para Concursos:

O STF já permitiu a entrada sub-reptícia da polícia em escritório de advocacia em período noturno para a instalação de equipamento de captação ambiental.[15]

5.3.2. Prazo de duração

A captação ambiental tem o mesmo prazo inicial de 15 dias da interceptação telefônica. Com relação ao prazo máximo, a lei positivou o entendimento majoritário quanto ao prazo máximo da interceptação telefônica, de forma que não há prazo máximo definido, sendo possíveis sucessivas renovações.

Atenção:

A lei traz dois requisitos para a renovação da captação ambiental:

Requisitos para a renovação da captação ambiental
– Comprovação da indispensabilidade do meio de prova.
– Quando presente atividade criminal permanente, habitual ou continuada.

Ou seja, caso já cessada por completo a atividade criminal, não é mais possível a renovação da captação ambiental.

5.3.3. Captação feita por um dos interlocutores

O § 4º, do art. 8º-A, trata especificamente da captação ambiental feita por um dos interlocutores, sem autorização judicial, ou seja, da gravação ambiental.

Anteriormente dissemos que a gravação telefônica seria aquela feita por um dos interlocutores sem o conhecimento do outro. Dissemos que esta gravação não se submete à Lei nº 9.296/1996, e que seria lícita, mesmo se feita sem autorização judicial. O mesmo raciocínio seria válido para a captação ambiental feita por um dos interlocutores sem o conhecimento do outro.

Porém a recente introdução deste § 4º tem causado debates quanto à validade dessa captação ambiental feita por um dos interlocutores. A lei diz que, quando esta for feita sem

15 STF – Inq. 2424/RJ – Pleno – rel. Min. Cesar Peluzo – j. 26-11-2008.

o prévio conhecimento da autoridade policial ou do Ministério Público, a gravação poderá ser utilizada, em matéria de defesa. Surgem assim duas correntes:

a) **A captação ambiental feita por um dos interlocutores somente pode ser utilizada em matéria de defesa:** Como a lei silencia quanto à possibilidade de utilizar esse tipo de captação para fins de acusação, esta somente pode ser usada pró réu, ou seja, pra combater provas apresentadas pela acusação.

   Aqui não importa se houve ou não prévio conhecimento da autoridade policial ou do Ministério Público. A ressalva à falta de conhecimento prévio destas autoridades serve somente para afirmar a validade da prova mesmo nesses casos.[16]

b) **A captação ambiental feita por um dos interlocutores pode ser utilizada tanto em matéria de defesa quanto pela acusação:** A falta de menção à possibilidade desse tipo de captação ser utilizada pela acusação não afasta essa possibilidade, visto que a norma veio somente para deixar claro a licitude desse tipo de captação para fins de defesa.[17]

   O art. 10-A, § 1º, ao prever que a captação realizada por um dos interlocutores não configura crime, reforça esse posicionamento. Se essa ação é lícita, então as provas obtidas por meio dela também são lícitas, podendo ser utilizadas tanto pela defesa quanto pela acusação.

Importante para Concursos:

Decidiu o STJ que as inovações do Pacote Anticrime na Lei nº 9.296/1996 não alteraram o entendimento de que é lícita a prova consistente em gravação ambiental realizada por um dos interlocutores sem conhecimento do outro.[18]

5.3.4. (Des)necessidade de autorização judicial

Como já vimos não é necessária autorização judicial na gravação ambiental, quando um dos interlocutores grava a conversa.

Segundo o *caput* do art. 8º-A, a captação ambiental deverá ser autorizada pelo juiz. Nesse caso, estamos falando de interceptação ambiental ou de escuta ambiental. Porém, persiste o debate quanto à necessidade de autorização judicial caso a interceptação ou escuta ambiental seja feita em local público.

Atenção:

Entende-se que, apesar de a redação legal não fazer qualquer ressalva, a captação ambiental não exige autorização judicial quando realizada em local público.

16 DEZEM, Guilherme Madeira. *Curso de Processo Penal*. 7. ed. São Paulo: Ed. Revista dos Tribunais, 2021.
17 DEZEM. Op. cit.
18 STJ – HC 512290/RJ – 6ª T. – rel. Min. Rogerio Schietti Cruz – j. 18-8-2020.

Na verdade, a norma deve ser lida à luz da Constituição, que protege a inviolabilidade do domicílio e a intimidade da vida privada. Assim, somente se exige autorização judicial caso a captação ambiental deva ser realizada em residência ou em locais de acesso restrito ao público. Captação realizada em praça pública, na rua, ou mesmo em cinema ou shopping, não exige autorização judicial.[19]

Pensamento diverso levaria à conclusão de que a colocação de câmeras de vigilância voltadas para a rua exigiria autorização judicial. Nesse sentido, tal ato configuraria o crime previsto no art. 10-A desta Lei.

5.4. Crimes previstos na Lei

Art. 10. Constitui crime realizar interceptação de comunicações telefônicas, de informática ou telemática, promover escuta ambiental ou quebrar segredo da Justiça, sem autorização judicial ou com objetivos não autorizados em lei: (Redação dada pela Lei nº 13.869. de 2019)

Pena – reclusão, de 2 (dois) a 4 (quatro) anos, e multa. (Redação dada pela Lei nº 13.869. de 2019)

Parágrafo único. Incorre na mesma pena a autoridade judicial que determina a execução de conduta prevista no **caput** deste artigo com objetivo não autorizado em lei. (Incluído pela Lei nº 13.869. de 2019) (Vigência)

Art. 10-A. Realizar captação ambiental de sinais eletromagnéticos, ópticos ou acústicos para investigação ou instrução criminal sem autorização judicial, quando esta for exigida: (Incluído pela Lei nº 13.964, de 2019)

Pena –reclusão, de 2 (dois) a 4 (quatro) anos, e multa. (Incluído pela Lei nº 13.964, de 2019)

§ 1º Não há crime se a captação é realizada por um dos interlocutores. (Incluído pela Lei nº 13.964, de 2019)

§ 2º A pena será aplicada em dobro ao funcionário público que descumprir determinação de sigilo das investigações que envolvam a captação ambiental ou revelar o conteúdo das gravações enquanto mantido o sigilo judicial. (Incluído pela Lei nº 13.964, de 2019)

Podemos visualizar melhor as condutas criminosas prevista no art. 10 no quadro a seguir:

Art. 10	
Condutas criminosas	**Elemento normativo**
– Realizar interceptação de comunicações telefônicas	– Sem autorização judicial. Ou – Com objetivos não autorizados em lei.
– Realizar interceptação de comunicações de informática	
– Realizar interceptação de comunicações telemáticas	
– Promover escuta ambiental	
– Quebrar segredo de justiça	

Já o art. 10-A faz referência apenas à realização de captação ambiental sem autorização judicial quando esta for exigida. Sendo este artigo posterior ao art. 10, entende-se

19 LIMA. Op. cit.

que o art. 10 foi parcialmente revogado tacitamente quanto à conduta de realizar escuta ambiental sem autorização judicial.

Como já dito anteriormente, a captação realizada por um dos interlocutores (gravação ambiental), sem autorização judicial, não configura crime, conforme o § 1º do art. 10-A.

O § 2º do art. 10-A traz a figura qualificada do crime quando houver quebra de sigilo das investigações que envolvam captação ambiental. Neste sentido, essa qualificadora também revoga parcialmente o art. 10 quanto à quebra de segredo de justiça, em se tratando de investigação que envolva captação ambiental. [20]

5.5. Quadro sinótico

Memorização e revisão	
Requisitos para decretação da interceptação telefônica	a) Indícios de autoria ou participação em infração penal b) Impossibilidade de produzir a prova por outros meios c) Fato investigado é punido com pena de reclusão d) Descrição clara da situação objeto da investigação
Legitimidade e pedido da interceptação telefônica	– Delegado de polícia, na investigação criminal – Ministério Público – Não pode ser decretada de ofício pelo juiz – Pedido pode ser formulado verbalmente, mas sua concessão está condicionada à sua redução a termo – O juiz tem 24h para decidir sobre o pedido
Prazo de duração da interceptação telefônica	– Prazo inicial de até 15 dias – Renovável se comprovada a indispensabilidade – Não há prazo máximo
Requisitos para captação ambiental	a) Impossibilidade de produzir a prova por outros meios b) Indícios de autoria ou participação em crime cuja pena máxima seja superior a 4 anos ou infrações conexas
Instalação da captação ambiental	– Pode ser feita por meio de operação disfarçada – Pode ser feita no período noturno, exceto na casa
Prazo de duração da captação ambiental	– Prazo inicial de até 15 dias – Renovável se comprovada a indispensabilidade – Não há prazo máximo

Interceptação telefônica	Escuta telefônica	Gravação telefônica
– Feita por terceiro, sem conhecimento dos interlocutores – Exige autorização judicial	– Feita por terceiro com o conhecimento de um dos interlocutores – Exige autorização judicial	– Feita diretamente por um dos interlocutores – Não exige autorização judicial

Interceptação ambiental	Escuta ambiental	Gravação ambiental
– Feita por terceiro, sem conhecimento dos interlocutores – Exige autorização judicial quando feita em local privado ou de acesso restrito ao público.	– Feita por terceiro com o conhecimento de um dos interlocutores – Exige autorização judicial quando feita em local privado ou de acesso restrito ao público.	– Feita diretamente por um dos interlocutores – Não exige autorização judicial – Discussão quanto a possibilidade de ser utilizada pela acusação

20 Parte da doutrina considerara este tipo de norma causa de aumento e não qualificadora.

5.6. Questões de concurso

1. **(PC-PA – Escrivão de Polícia Civil – Instituto AOCP – 2021)** Assinale a alternativa correta quanto à Lei de Interceptação Telefônica (Lei nº 9.296/1996).

A) As interceptações das comunicações telefônicas são admitidas como meio de prova para qualquer crime, desde que devidamente fundamentadas.

B) A captação ambiental não poderá exceder o prazo de quinze dias, renovável por decisão judicial por iguais períodos, se comprovada a indispensabilidade do meio de prova e quando presente atividade criminal permanente, habitual ou continuada.

C) A interceptação das comunicações telefônicas poderá ser determinada pelo juiz, de ofício ou a requerimento da autoridade policial, na instrução processual penal.

D) Durante o inquérito, a gravação que não interessar à prova será inutilizada por decisão da autoridade policial, em virtude de requerimento do Ministério Público ou da parte interessada.

E) O incidente de inutilização será assistido pelo Ministério Público, sendo compulsória a presença do acusado ou de seu representante legal.

Gabarito: B.

2. **(PC-RN – Delegado de Polícia Civil Substituto – FGV – 2021)** Tramita no âmbito interno da Polícia Civil do Estado do Rio Grande do Norte processo administrativo disciplinar (PAD) que apura eventual falta funcional praticada por certo delegado de polícia. Durante a instrução do PAD, foi verificada pela autoridade competente que o conduz a necessidade de obtenção de prova emprestada, consistente em interceptação telefônica realizada no bojo de processo criminal. De acordo com a jurisprudência dos Tribunais Superiores, o compartilhamento de prova pretendido é:

A) inviável, pois a Constituição da República de 1988 prevê que é inviolável o sigilo da correspondência e das comunicações telegráficas, de dados e das comunicações telefônicas;

B) inviável, pois a Constituição da República de 1988 prevê que a interceptação telefônica somente pode ser utilizada para fins de investigação criminal ou instrução processual penal;

C) viável, desde que devidamente autorizada pelo juízo criminal competente e respeitados os princípios do contraditório e da ampla defesa;

D) viável, independentemente de prévia autorização pelo juízo criminal, porque, uma vez produzida, a prova pertence ao Estado que é uno;

E) inviável, pois a Constituição da República de 1988 prevê que a interceptação telefônica somente pode ser produzida no âmbito de investigação e processo criminal ou ação de improbidade administrativa.

Gabarito: C

3. **(DPE-RJ – Defensor Público – FGV – 2021)** A garantia da defesa consiste precisamente na institucionalização do poder de refutação da acusação por parte do acusado. De conformidade com ela, para que uma hipótese acusatória seja aceita como verdadeira, não basta que seja compatível com vários dados probatórios, mas também é necessário que não seja contraditada por nenhum dos dados virtualmente disponíveis." (FERRAJOLI, Luigi. *Direito e Razão. Teoria do Garantismo Penal*. Trad. Ana Paula Zomer e outros. São Paulo: Revista dos Tribunais, 2002. p. 121). Em relação à produção de prova penal lícita, é correto afirmar que:

A) o aprimoramento tecnológico cria possibilidades de atividades investigatórias contra crimes cibernéticos. Nesse contexto, diante da prática do crime de invasão de dispositivo informático alheio (art. 154-A, CP), como o fato se dá em âmbito virtual e de forma extremamente dinâmica, os agentes policiais poderão, sem autorização judicial, atuar como agentes infiltrados nas atividades criminais cibernéticas;

B) tendo em vista a apreensão de maconha, droga ilícita notória por sua consistência e cheiro, a prova da materialidade, quanto ao crime de tráfico, pode ocorrer a partir de laudo de constatação realizado por agente da polícia investigativa, tornando, inclusive, desnecessário o exame pericial definitivo;

C) o exame de corpo de delito indireto serve como comprovação da materialidade delitiva do crime de distribuição, por meio de sistema de informática, de cena de sexo explícito envolvendo adolescente, fixando, inclusive, a competência estadual para processar e julgar esse crime;

D) após decisão homologatória do acordo de colaboração premiada, identificadas eventuais omissões dolosas sobre os fatos pelo réu colaborador, deverão as partes, em Alegações Finais, discorrer sobre a ausência de credibilidade do ato, não sendo, no entanto, motivo de rescisão do acordo ou interferência no *quantum* da pena;

E) para apuração de fato criminoso, somente será lícita a captação, por agentes policiais, de sinais oriundos de rádio transmissores através de autorização judicial fundamentada, devendo o requerimento indicar o local e a forma de instalação do dispositivo eletrônico específico para a captação.

Gabarito: E

4. **(PC-SE – Delegado de Polícia – Curso de Instrução – CEBRASPE – 2020)** Acerca dos meios de provas, suas espécies, classificação e valoração, julgue o item a seguir.

Interceptação telefônica produzida regularmente no curso de inquérito policial constitui meio de prova nominada, voltada ao convencimento da autoridade judiciária sobre determinado fato.

Gabarito: Errado.

5. **(TJ-BA– Juiz Leigo – CEBRASPE – 2019)** A denominada interceptação telefônica *lato sensu* subdivide-se em três espécies distintas: a interceptação telefônica *stricto sensu*, a escuta telefônica e a gravação telefônica. Considerando-se a doutrina consolidada e a jurisprudência, é correto afirmar que, entre as referidas espécies, a proteção constitucional às conversas telefônicas, para fins de prova na investigação criminal, alcança

A) tanto a escuta telefônica quanto a gravação telefônica, que podem ser realizadas mesmo sem autorização judicial.

B) apenas a interceptação telefônica *stricto sensu*.

C) apenas a escuta telefônica.

D) apenas a gravação telefônica.

E) tanto a interceptação telefônica *stricto sensu* quanto a escuta telefônica.

Gabarito: E.

6. **(TJ-SC – Juiz Substituto – CEBRASPE – 2019)** No que tange a interceptação das comunicações telefônicas e a disposições relativas a esse meio de prova, previstas na Lei nº 9.296/1996, assinale a opção correta.

A) A referida medida poderá ser determinada no curso da investigação criminal ou da instrução processual destinada à apuração de infração penal punida, ao menos, com pena de detenção.

B) A existência de outros meios para obtenção da prova não impedirá o deferimento da referida medida.

C) O deferimento da referida medida exige a clara descrição do objeto da investigação, com indicação e qualificação dos investigados, salvo impossibilidade manifesta justificada.

D) A utilização de prova obtida a partir da referida medida para fins de investigação de fato delituoso diverso imputado a terceiro não é admitida.

E) A decisão judicial autorizadora da referida medida não poderá exceder o prazo máximo de quinze dias, prorrogável uma única vez pelo mesmo período.

Gabarito: C.

7. **(MPE-BA – Promotor de Justiça Substituto – Fundação CEFETBAHIA – 2018)** De acordo com o inciso XII, do artigo 5º da Constituição Federal, "é inviolável o sigilo da correspondência e das comunicações telegráficas, de dados e das comunicações telefônicas, salvo, no último caso, por ordem judicial, nas hipóteses e na forma que a lei estabelecer para fins de investigação criminal ou instrução processual penal". Sobre os crimes e aspectos penais referentes à interceptação de comunicações telefônicas, de acordo com a Constituição Federal e a Lei nº 9.296, de 24 de julho de 1996, analise as assertivas e identifique com V as verdadeiras e com F as falsas.

( ) Não há distinção entre a interceptação das comunicações telefônicas e a quebra de sigilo de dados telefônicos, uma vez que a última (quebra de sigilo de dados telefônicos) diz respeito a algo que está acontecendo.

( ) A quebra do sigilo dos dados telefônicos, contendo os dias, os horários, a duração e os números das linhas chamadas e recebidas se submete à Lei nº 9.296/1996, referente às interceptações telefônicas.

( ) É possível a interceptação telefônica, mesmo que não haja inquérito policial instaurado, desde que exista outra forma de investigação criminal em curso, capaz de apresentar indícios de autoria ou participação em infração penal punida com pena de reclusão.

( ) Ainda que se trate de e-mail corporativo, compreendido como forma de comunicação eletrônica disponibilizada ao empregado para fins estritamente profissionais, o empregador não pode monitorar e rastrear a atividade do empregado no âmbito de trabalho, sendo, por esse motivo, considerada ilícita a prova obtida.

( ) A escuta telefônica consiste na captação da comunicação telefônica por terceiro com o conhecimento de um dos comunicadores e desconhecimento do outro. Já a escuta ambiental caracteriza-se pela captação de uma comunicação no ambiente dela, feita por terceiro, com o consentimento de um dos comunicadores.

A alternativa que contém a sequência correta, de cima para baixo, é

A) V F V F V

B) V F V V F

C) F F V V V

D) F F V F V

E) F V F V F

Gabarito: D.

CAPÍTULO 6
LEI Nº 9.455/1997 – TORTURA

6.1. Previsão legal

No cenário internacional, o Brasil é signatário da Convenção das Nações Unidas contra a Tortura e Outros Tratamentos ou Penas Cruéis, Desumanas ou Degradantes de 1984 (Dec. nº 40/1991). Também da Convenção Americana sobre Direitos Humanos de 1969 (Dec. nº 678/1992) e da Convenção Interamericana para Prevenir e Punir a Tortura de 1985 (Dec. nº 98.386/1989).

Entende-se, majoritariamente, que **a vedação à tortura, presente nestes tratados internacionais, tem caráter absoluto, não podendo ser relativizada conforme o caso concreto.**

Neste sentido, o art. 2º, 2, da Convenção das Nações Unidas contra a Tortura e Outros Tratamentos ou Penas Cruéis, Desumanas ou Degradantes:

> **Art. 2º**
>
> (..)
>
> 2. Em nenhum caso poderão invocar-se circunstâncias excepcionais tais como ameaça ou estado de guerra, instabilidade política interna ou qualquer outra emergência pública como justificação para tortura.

Na Constituição Federal, a **vedação à tortura** aparece no art. 5º, III, como um **direito fundamental** e no art. 5º, XLIII, como um mandado **constitucional de criminalização.**

> Art. 5º, III – ninguém será submetido à **TORTURA** nem a tratamento desumano ou degradante;
>
> Art. 5º, XLIII – **a lei considerará crimes inafiançáveis e insuscetíveis de graça ou anistia** a prática da **TORTURA**, o tráfico ilícito de entorpecentes e drogas afins, o terrorismo e os definidos como crimes hediondos, por eles respondendo os mandantes, os executores e os que, podendo evitá-los, se omitirem;

6.1.2. Bem jurídico tutelado

Segundo a doutrina majoritária, o bem jurídico tutelado no caso do crime de tortura é a **dignidade da pessoa humana**, já que a prática vai além de vulnerar apenas a integridade física ou psíquica da vítima, vulnerando também sua própria condição como ser humano.

6.1.3. Imprescritibilidade dos crimes de tortura

A Constituição Federal não trata a tortura como crime imprescritível. Os crimes imprescritíveis estão previstos no art. 5º, XLII e XLIV.

> Art. 5º, XLII – a prática do **racismo** constitui crime **inafiançável e imprescritível**, sujeito à pena de reclusão, nos termos da lei;
>
> Art. 5º, XLIV – constitui crime **inafiançável e imprescritível a ação de grupos armados, civis ou militares, contra a ordem constitucional e o Estado Democrático;**

Como podemos ver a Constituição apenas trata como imprescritíveis os crimes de racismo e a ação de grupos armados contra a ordem constitucional e o Estado Democrático.

Importante para Concursos:

Crimes imprescritíveis = **RA**cismo e **AÇÃO** de grupos armados contra a ordem constitucional e o Estado Democrático. **Mnemônico RAÇÃO.**

Porém, o Brasil é signatário do Estatuto de Roma, que criou o Tribunal Penal Internacional (Dec. nº 4.388/2002).

Os crimes da competência do Tribunal Penal Internacional são: (art. 5º)
a) Crime de genocídio
b) Crimes contra a humanidade
c) Crimes de guerra
d) O crime de agressão

Segundo o Estatuto de Roma, a **tortura** pode ser considerada como **crime contra a humanidade** (art. 7º, 1, *f*) **ou crime de guerra** (art. 8º, 2, II).

Conforme art. 29 do Estatuto, **os crimes da competência do Tribunal não prescrevem.**

Atenção:

neste sentido, surgem duas correntes com relação à imprescritibilidade da tortura:

1) **A tortura é prescritível** tendo em vista que a CF/1988 não elenca a tortura entre suas hipóteses de imprescritibilidade. Essa corrente se baseia no fato de que tratados internacionais sobre direitos humanos são incorporados ao sistema brasileiro com **status de norma supralegal** (salvo aqueles aprovados conforme o rito do art. 5º, § 3º, da CF/1988) e, portanto, não poderiam ir além da constituição.

2) **A tortura quando praticada nas condições previstas no Estatuto de Roma seria imprescritível**, ou seja, quando a tortura se traduzir em crime contra a humanidade ou crime de guerra.

Importante para Concursos:

prevalece que o crime de tortura está sujeito à prescrição, ou seja, é prescritível.

Adotando a tese da prescritibilidade, o Supremo Tribunal Federal na ADPF 153 reconheceu a validade da Lei de Anistia para todos os crimes políticos e conexos a estes praticados durante o período da ditadura militar[1]

Cabe ressaltar que essa posição fez com que o Estado brasileiro fosse condenado pela Corte Interamericana de Direitos Humanos no caso "Gomes Lund". Segundo a Corte, os crimes contra a humanidade cometidos por agentes de Estado, durante a ditadura militar brasileira, deveriam ser investigados, processados e punidos.[2]

Atenção:

Apesar de no Brasil prevalecer que o crime de tortura é imprescritível, o mesmo não ocorre com ações de indenização por danos morais e materiais decorrentes de perseguição, tortura e prisão, por motivos políticos, ocorridas durante o regime militar.

Súmula nº 647 do STJ: São imprescritíveis as ações indenizatórias por danos morais e materiais decorrentes de atos de perseguição política com violação de direitos fundamentais ocorridos durante o regime militar.

6.2. Hediondez

Art. 5º, XLIII – a lei considerará crimes inafiançáveis e insuscetíveis de graça ou anistia a prática da **TORTURA**, o tráfico ilícito de entorpecentes e drogas afins, o terrorismo e os definidos como crimes hediondos, por eles respondendo os mandantes, os executores e os que, podendo evitá-los, se omitirem;

Atenção:

Segundo a CF/1988, a tortura não é crime hediondo, porém **é crime equiparado à crime hediondo.** Recaem sobre os crimes equiparados a hediondos as mesmas restrições penais, processuais e político criminais.

Importante para Concursos:

Crimes Hediondos	Crimes equiparados a hediondos
Aqueles previstos de forma taxativa no art. 1º da Lei nº 8.072/1990 (sistema legal).	Tortura, Tráfico ilícito de entorpecentes e Terrorismo. **Mnemônico dos crimes equiparados a hediondos:** **TTT (Tortura, Tráfico, Terrorismo)**

1 STF – ADPF 153 – Pleno – rel. Min Eros Grau – j. 29-4-2010.
2 CIDH, Caso Gomes Lund e outros ("Guerrilha do Araguaia") Vs. Brasil, Exceções Preliminares, Mérito, Reparações e Custas, sentença de 24 de novembro de 2010.

6.3. Crime de tortura

> **Art. 1º** Constitui crime de **tortura:**
>
> **I** – **Constranger alguém** com emprego de **violência ou grave ameaça**, causando-lhe sofrimento **físico ou mental:**
>
> (...)

O verbo nuclear do tipo é constranger, ou seja, obrigar alguém a fazer ou deixar de fazer algo. Esse constrangimento deve ser praticado mediante violência (*vis corporalis* ou *vis absoluta*) ou grave ameaça (*vis compulsiva* ou *vis relativa*), e deve resultar em sofrimento físico ou mental.

Atenção:

Para consumação dos crimes previstos neste inciso I, não basta o dolo genérico de constranger alguém com emprego de violência ou grave ameaça, causando-lhe sofrimento físico ou mental. Como veremos as alíneas a este inciso (salvo a alínea *c*) trazem **especiais fins de agir**, de forma que os crimes exigem um **elemento subjetivo especial.** Por possuírem esse elemento subjetivo especial, crimes podem ser chamados de **crimes de intenção.**

A Lei nº 9.445/1997 não traz qualquer característica especial com relação ao sujeito ativo do crime de tortura, sendo, portanto, considerado um **crime comum**. Interessante notar que os tratados internacionais dos quais o Brasil é parte tratam a tortura como crime próprio.

Atenção:

Com relação ao **sujeito ativo**

Lei nº 9.445/1997	Tratados Internacionais
Crime comum	**Crime próprio** (somente pode ser praticado por funcionários públicos)

Segundo a doutrina majoritária, os crimes previstos no inciso I são de **natureza formal**[3]. Assim, o crime **se consuma com o emprego de violência ou grave ameaça**, independentemente do resultado naturalístico.

O crime ainda pode ter natureza instantânea ou permanente, dependendo da forma que for praticada a tortura.[4]

A **pena** prevista para o crime de tortura, em sua **forma simples**, é de **reclusão de 2 a 8 anos.**

3 Ver discussão acerca da tortura-preconceito no item 6.3.

4 LIMA. Op. cit.

6.3.1. Tortura probatória

a) com **o fim de** obter **informação, declaração ou confissão** da vítima ou de terceira pessoa;

Também chamado pela doutrina de tortura-confissão ou tortura prova, **a tortura neste caso é praticada para se obter alguma informação, declaração ou confissão de qualquer natureza.**

Comete esse crime o marido que constrange a esposa mediante violência ou grave ameaça, causando sofrimento físico ou mental, para descobrir informações a acerca de uma traição, por exemplo. Da mesma forma pode cometer este crime o policial que tortura um preso para obter sua confissão[5].

Atenção:

Com relação ao exemplo do policial, é necessário ressaltar que a Lei nº 13.869/2019 (Lei de Abuso de Autoridade), prevê, em seu art. 13, III que é crime:

Art. 13. Constranger o preso ou o detento, mediante violência, grave ameaça ou redução de sua capacidade de resistência, a:

(...)

III – produzir prova contra si mesmo ou contra terceiro:

Pena – detenção, de 1 (um) a 4 (quatro) anos, e multa, sem prejuízo da pena cominada à violência.

Diferenciando os dois delitos:

	Formas de Execução	Sujeito Ativo	Exigência de sofrimento físico ou mental	Elemento subjetivo
Lei de tortura (art. 1º, I, *a*)	**Violência ou grave ameaça. (Não admite violência imprópria)**	**Crime comum**	**SIM**	Com **o fim de** obter **informação, declaração ou confissão** da vítima ou de terceira pessoa;
Lei de Abuso de Autoridade (art. 13, III)	Violência, grave ameaça ou redução de sua capacidade de resistência. **(Admite violência imprópria)**	**Crime próprio.** (somente pode ser praticado por agente público)	**NÃO**	**Finalidade específica de prejudicar** outrem ou **beneficiar** a si mesmo ou a terceiro, ou, ainda, por mero **capricho ou satisfação pessoal.**

Segundo parte da doutrina, o crime de abuso será subsidiário à tortura, sendo aplicado quando este não se encaixar no caso concreto.[6]

Por outro lado, é possível o entendimento de que haverá concurso formal entre o crime de tortura e o crime de abuso de autoridade, pois a lei de abuso diz expressamente

5 LIMA. Op. cit.
6 LIMA. Op. cit.

que o agente deve responder pelo abuso, sem prejuízo da pena cominada à violência. Além disso, trata-se de tipos penais que protegem bens jurídicos diversos. Ao passo que a tipificação da tortura visa proteger a dignidade do preso e sua integridade física, o crime de abuso protege o exercício regular da função pública.

6.3.2. Tortura-crime

> b) para provocar **ação** ou **omissão de natureza criminosa;**

Neste caso, **o sujeito ativo aplica a tortura para que a vítima pratique um crime, seja por ação ou omissão.**

A tortura não necessariamente precisa recair sobre a pessoa que provocou a ação ou omissão criminosa. Basta imaginar o exemplo do criminoso que tortura o filho de gerente de banco, obrigando este a furtar o cofre da agência.

Importante para Concursos:

O tipo penal faz menção à ação ou à omissão de natureza criminosa, assim, **se o torturador provoca ação ou omissão de natureza contravencional, não estaremos diante deste crime, tendo em vista o princípio da legalidade.**

O crime é de natureza formal, assim estará consumado com a prática do constrangimento mediante violência ou grave ameaça, independentemente de a vítima chegar a praticar algum crime. Porém **caso a vítima de fato pratique algum crime**, esta estará sob **coação moral irresistível**, que segundo o art. 22 do Código Penal **exclui a culpabilidade devido à inexigibilidade de conduta diversa.**

O torturador, por outro lado, responderá tanto pela tortura quanto pelo crime praticado por sua vítima, como autor mediato, em concurso material de crimes.

6.3.3. Tortura-preconceito

> c) em razão de **discriminação racial ou religiosa;**

Também chamado de **tortura-discriminação** ou **tortura-racismo**. Neste tipo penal, a tortura não é praticada com um especial fim de agir (como era nas alíneas *a* e *b*), aqui, na verdade, há um especial motivo de agir. O agente não tortura para discriminar, e sim tortura porque discrimina[7].

Assim, neste caso, trata-se de crime que se contenta com o dolo genérico de constranger mediante violência ou grave ameaça.

7 ROQUE, Fábio; TAVORA, Nestor; ALENCAR, Rosmar Rodrigues. *Legislação Criminal para Concursos*. Salvador: JusPODIVM, 2016.

Existe discussão doutrinária acerca da **natureza do crime.** Parte da doutrina entende que o **crime seria material** no sentido de que o sofrimento físico ou mental, previsto no inciso I, seria o resultado almejado pelo agente, e que o crime se consumaria com a imposição desse sofrimento.

Outra parte da doutrina entende ser **crime formal** que se consumaria com o constrangimento independentemente de a discriminação ser alcançada.

Atenção:

A tortura-preconceito não se confunde com os crimes de racismo previstos na Lei nº 7.716/1989 (Lei de Racismo).

	Tortura-preconceito (art. 1º, I, c) da Lei de Tortura	Lei de Racismo
Discriminação	Racial ou religiosa	Raça, cor, etnia, religião ou procedência nacional.
Envolve violência ou grave ameaça	SIM	NÃO

Importante para Concursos:

O STF entendeu que condutas homofóbicas e transfóbicas estão compreendidas na dimensão social do racismo, de forma que estas condutas podem configurar crimes previstos na Lei de Racismo (Lei nº 7.716/2019).

Com esta decisão surgem duas correntes:

1ª corrente: O constrangimento mediante violência ou grave ameaça, que causa sofrimento físico ou mental, em razão da homofobia ou transfobia configura crime de tortura-preconceito, já que o STF inseriu essas condutas no conceito de racismo.
2ª corrente: A decisão do STF alcança apenas os crimes previstos na Lei de Racismo (Lei nº 7.716/1989).

6.3.4. Tortura-castigo

> II – submeter alguém, sob sua **guarda, poder ou autoridade**, com emprego de violência ou grave ameaça, **a intenso sofrimento físico ou mental**, como forma de aplicar **castigo pessoal ou medida de caráter preventivo.**

Este crime, diferentemente dos crimes previstos no inciso I, é **crime próprio**, pois exige uma qualidade específica do sujeito ativo. No caso, o sujeito ativo deve ter guarda, poder ou autoridade sobre a vítima.[8]

8 STJ. REsp 1738264-DF – 6ª T. – rel. Min. Sebastião Reis Júnior – j. 23-8-2018 (Info 633).

Com relação ao conceito de guarda, é interessante notar que este não deriva apenas da lei ou ato judicial. A guarda pode se traduzir em um dever de vigilância que é imposto pelas normas sociais, ainda que de informalmente. Assim pais, professores, ou mesmo babás podem ser sujeitos ativos desse crime[9].

Poder é uma relação de sujeição entre duas pessoas, podendo ser apenas circunstancial. Já a autoridade deriva do exercício de um cargo, emprego ou função pública.

Atenção:

Art. 1º, I	Art. 1º, II
Causando-lhe sofrimento físico ou mental.	Submeter a **intenso** sofrimento físico ou mental.

Notem que o inciso II, do art. 1º, exige um nível de sofrimento maior para sua configuração, trazendo a elementar **"intenso"**. Cabe ressaltar que a presença de tais elementos normativos é criticada pela doutrina, tendo em vista a subjetividade em sua definição.

Esse tipo também **possui elemento subjetivo especial** de forma que **o agente pratica a tortura visando aplicar castigo pessoal ou medida de caráter preventivo.**

Atenção:

maus-tratos (art. 136 do Código penal) x Tortura-castigo:

Art. 136 – Expor a perigo a vida ou a saúde de pessoa sob sua autoridade, guarda ou vigilância, para fim de educação, ensino, tratamento ou custódia, quer privando-a de alimentação ou cuidados indispensáveis, quer sujeitando-a a trabalho excessivo ou inadequado, quer abusando de meios de correção ou disciplina:

Pena – detenção, de dois meses a um ano, ou multa.

	Meio de execução	Natureza	Elemento subjetivo especial
Maus-tratos (art. 136 do Código penal)	Sujeitando-a a vítima a trabalho excessivo ou inadequado ou abusando de meios de correção ou disciplina	Crime de perigo	Visa causar intenso sofrimento físico ou mental
Tortura-castigo	Forma livre	Crime de dano	Fim de educação, ensino, tratamento ou custódia

6.3.5. Tortura Imprópria

§ 1º Na mesma pena incorre quem submete **pessoa presa ou sujeita a medida de segurança** a **sofrimento físico ou mental**, por intermédio da prática **de ato não previsto em lei ou não resultante de medida legal.**

9 LIMA. Op. cit.

Esse tipo penal, também chamado de tortura por equiparação, visa preservar o direito previsto no art. 5º, XLIX da Constituição Federal:

> **Art. 5º**, XLIX – é assegurado aos presos o respeito à integridade física e moral;

A própria privação de liberdade pode ser motivo de sofrimento físico ou mental ao preso, porém esta é uma media prevista em lei, portanto não há que se falar em crime de tortura.

No mesmo sentido, a colocação do preso no Regime Disciplinar Diferenciado, apesar de poder lhe causar sofrimento, não é apta a configurar tortura, já que é medida prevista em lei (art. 52 da Lei nº 7.210/1984).

Segundo a Convenção das Nações Unidas contra a Tortura e Outros Tratamentos ou penas Cruéis, Desumanas ou Degradantes de 1984, "não se considerará como tortura as dores ou sofrimentos que sejam consequência unicamente de sanções legítimas, ou que sejam inerentes a tais sanções ou delas decorram".

Por outro lado, o diretor de um presídio não pode, por exemplo, impedir por completo que um preso receba visitas, pois esta é uma medida que não está prevista em lei, podendo configurar o crime em comento.

Parte da doutrina entende tratar-se de **crime próprio**, já que o sujeito ativo deve ter algum tipo de ingerência sobre a pessoa presa ou sujeita à medida de segurança.[10]

Porém existe doutrina sustentando tratar-se de crime comum, que poderia ser praticado por qualquer pessoa.[11]

O conceito de "pessoa presa" deve ser lido de forma abrangente a englobar qualquer tipo de prisão, abarcando também o adolescente apreendido pelo cometimento de ato infracional.

Diversamente das hipóteses anteriores de tortura, o presente tipo penal **não exige o emprego de violência ou grave ameaça.** Aqui também não há um especial fim de agir na conduta.

Atenção:

> Lei nº 13.869/2019 (Lei de Abuso de Autoridade), prevê, em seu art. 13, II, que é crime:
>
> **Art. 13** Constranger o preso ou o detento, mediante violência, grave ameaça ou redução de sua capacidade de resistência, a:
>
> (...)
>
> **II** – submeter-se a situação vexatória ou a constrangimento não autorizado em lei;

O crime de tortura imprópria não se confunde com o crime de abuso de autoridade, pois no crime de abuso de autoridade o preso é submetido "apenas" a uma situação vexatória

10 CABETTE, Eduardo; SANINNI, Francisco. *Tratado de legislação especial criminal*. 2. ed. São Paulo: Mizuno, 2021.
11 ROQUE, Fábio. Op. cit.

ou a constrangimento, ao passo que no caso da tortura o preso é submetido a sofrimento físico ou mental, traduzindo, portanto, situação mais gravosa.

6.3.6. Tortura-omissão

> **§ 2º** Aquele que se **omite** em face dessas condutas, quando tinha o **dever de evitá-las ou apurá-las**, incorre na pena de detenção de um a quatro anos.

Com relação ao **dever de evitar** a tortura, este artigo excepciona a regra contida no art. 13, § 2º do Código Penal, segundo o qual deve ser imputado o resultado aquele que se omite quando devia e podia ter agido para evitar este resultado.

Caso fosse aplicada essa regra à tortura, aquele que se omitiu devendo e podendo impedir a tortura, responderia pelo mesmo crime que o torturador. Porém o legislador criou um tipo penal específico para aquele que se omite perante a tortura. Cabe ressaltar que a pena desse crime é bem inferior à pena dos outros crimes previstos nesta lei, sendo ainda a pena unicamente de **detenção.**

Parte da doutrina entende que tal distinção é inconstitucional, tendo em vista, a Constituição Federal dispor que pelo crime de tortura devem responder mandantes, executores e aqueles que podendo evita-lo se omitiram.

> **Art. 5º**, XLIII – a lei considerará crimes inafiançáveis e insuscetíveis de graça ou anistia a prática da tortura, o tráfico ilícito de entorpecentes e drogas afins, o terrorismo e os definidos como crimes hediondos, por eles respondendo os **mandantes, os executores e os que, podendo evitá-los, se omitirem;**

Trata-se de crime **omissivo impróprio** (comissivo por omissão), quando o agente viola o dever jurídico de evitar o resultado.

O crime também é praticado quando o agente se omite de **apurar** a prática de tortura, quando tinha o dever para tal. Neste caso, a tortura já ocorreu, porém, o agente público responsável por proceder à sua investigação não o faz.

Trata-se de **crime omissivo próprio**, pois o agente não faz aquilo que a lei determina, ou seja, não apura a prática do crime. Como crime omissivo próprio é um **crime de mera conduta**, se consumando com a inércia do agente público que tinha o dever de investigar.

Se o crime a ser investigado for diverso da tortura, e o agente público deixa de proceder à investigação quando o devia fazer, este pode ser responsabilizado pelos crimes de prevaricação ou condescendência criminosa (arts. 319 e 320 do Código Penal).

6.4. Qualificadoras

> **§ 3º** Se resulta **lesão corporal de natureza grave ou gravíssima**, a pena é de reclusão de quatro a dez anos**; se resulta morte**, a reclusão é de oito a dezesseis anos.

O parágrafo terceiro traz **qualificadoras preterdolosas**, ou seja, o agente atua com dolo com relação à tortura, porém vem a ocorrer um resultado culposo, mais gravoso. Por isso, os crimes preterdolosos estão entre os **crimes qualificados pelo resultado.**

Atenção:

Caso o agente atue com dolo tanto com relação à conduta de tortura, quanto com relação ao resultado, ele responderá por outros crimes. Por exemplo, se o agente se utiliza da tortura para cometer um homicídio, responderá pelo crime de homicídio qualificado pelo emprego de tortura (art. 121, § 2º, III do Código Penal).

A norma não menciona a lesão corporal leve, portanto, entende-se que esta resta absorvida pelo crime de tortura, sem o qualificá-lo.

Há divergência doutrinária com relação à abrangência das qualificadoras. Prevalece, porém, que ela incidirá sobre todas as modalidades de tortura previstas na lei, salvo a sobre a figura prevista na segunda parte do § 2º, do art. 1 (omissão em apurar tortura).

6.5. Causas de aumento de pena

§ 4º Aumenta-se a pena de **um sexto até um terço:**

I – se o crime é cometido por **agente público;**

II – se o crime é cometido contra **criança, gestante, portador de deficiência, adolescente ou maior de 60 (sessenta) anos;**

III – se o crime é cometido **mediante sequestro**.

O conceito de agente público pode ser extraído do art. 327 do Código Penal.

Art. 327. Considera-se funcionário público, para os efeitos penais, quem, embora transitoriamente ou sem remuneração, exerce cargo, emprego ou função pública.

§ 1º – Equipara-se a funcionário público quem exerce cargo, emprego ou função em entidade paraestatal, e quem trabalha para empresa prestadora de serviço contratada ou conveniada para a execução de atividade típica da Administração Pública.

Nos casos em que a tortura se traduz em crime próprio, somente podendo ser praticado por agente público, não será possível a aplicação da causa de aumento do inciso I, sob pena de *bis in idem*.

Enquanto o inciso I traz causa de aumento relativa ao autor, o inciso II está relacionado a vítimas consideradas mais vulneráveis e que exigem maior proteção.

Segundo a Lei nº 8.069/1990, criança é toda pessoa com até 12 anos de idade incompletos. Já o adolescente é aquele que tem entre 12 e 18 anos.

Conforme a Lei nº 13.146/2015,

"considera-se pessoa com deficiência aquela que tem impedimento de longo prazo de natureza física, mental, intelectual ou sensorial, o qual, em interação com uma ou mais barreiras, pode obstruir sua participação plena e efetiva na sociedade em igualdade de condições com as demais pessoas" (art. 2°).

Já gestante é a mulher grávida, que carrega consigo um embrião. Cabe ressaltar que somente incidirá a causa de aumento caso o agente saiba que sua vítima esteja grávida, sob pena de responsabilização objetiva.

Por fim, a pena aumenta se o crime é cometido mediante sequestro. Sequestro consiste na privação de liberdade da vítima por tempo juridicamente relevante. Caso seja aplicada essa qualificadora, restará absorvido o crime de sequestro previsto no art. 148 do Código Penal.[12]

6.6. Efeitos da condenação

§ 5º A condenação acarretará a **perda do cargo, função ou emprego público** e a **interdição para seu exercício pelo dobro do prazo da pena aplicada.**

O Código Penal prevê efeitos genéricos e específicos da condenação.

Efeitos genéricos (art. 91 do CP)	Efeitos específicos (art. 92 do CP)
São automáticos	Não são automáticos e demandam declaração expressa na sentença condenatória

Art. 92 – São também efeitos da condenação:

I – a perda de cargo, função pública ou mandato eletivo:

a) quando aplicada pena privativa de liberdade por tempo igual ou superior a um ano, nos crimes praticados com abuso de poder ou violação de dever para com a Administração Pública;

b) quando for aplicada pena privativa de liberdade por tempo superior a 4 (quatro) anos nos demais casos.

Como podemos ver, assim como a Lei de Tortura, o Código Penal traz como efeito da condenação a perda do cargo ou função. Porém, no caso da **condenação por crime de tortura esse efeito é automático**, dispensando fundamentação específica na sentença.

Além disso, a Lei de Tortura traz um efeito não previsto no Código Penal, a interdição para o exercício do cargo, função ou emprego ou função pública pelo dobro de prazo da pena aplicada.

Atenção:

Efeito similar é previsto na Lei de Organizações Criminosas, na Lei de Abuso de Autoridade e na Lei de Lavagem, de forma que é importante não confundir os prazos.

12 Lima. Op. cit.

Importante para Concursos:

Lei de Organização Criminosa (Lei nº 12.850/2013)	Lei de Tortura (Lei nº 9.455/1997)	Lei de Abuso de Autoridade (Lei nº 13.869/2019)	Lei de Lavagem (Lei nº 9.613/1998)
Interdição para o exercício de função ou cargo público pelo prazo de 8 (oito) anos subsequentes ao cumprimento da pena.	Interdição para o exercício de cargo, função ou emprego público pelo dobro do prazo da pena aplicada.	Inabilitação para o exercício de cargo, mandato ou função pública, pelo período de 1 (um) a 5 (cinco) anos;	Interdição do exercício de cargo ou função pública de qualquer natureza e de diretor, de membro de conselho de administração ou de gerência das pessoas jurídicas referidas no art. 9º, pelo dobro do tempo da pena privativa de liberdade aplicada.

6.7. Vedação a fiança, graça, anistia e indulto

§ 6º O crime de tortura é inafiançável e insuscetível de graça ou anistia.

Importante para Concursos:

o crime de tortura é **inafiançável**, porém segundo a jurisprudência isso **não impede que o juiz conceda liberdade provisória mediante a imposição de medidas cautelares diversas da prisão.**

Segundo este entendimento não pode o legislador vedar de forma peremptória e abstrata a liberdade provisória. Neste sentido, após a prisão em flagrante cabe ao juiz analisar o caso concreto e somente converter o flagrante em preventiva caso estejam presentes os requisitos do art. 312 do Código de Processo Penal, além de uma representação da autoridade policial ou requerimento do ministério público.

A Lei de Crimes Hediondos veda expressamente a concessão de anistia, graça e indulto. Já a Lei de Tortura veda apenas a graça e a anistia, assim como o faz a Constituição Federal (art. 5º, XLIII). Neste sentido, poderia parecer o indulto ser aplicável à torturaOcorre que a **graça nada mais é do que um indulto individual**, de forma que, ao vedar a graça aos crimes hediondos e equiparados, a **Constituição também veda implicitamente o indulto**.

6.8. Regime inicial de cumprimento de pena

§ 7º O condenado por crime previsto nesta Lei, salvo a hipótese do § 2º, iniciará o cumprimento da pena em regime fechado.

Segundo a letra da lei os condenados por crime de tortura devem iniciar o cumprimento de pena em regime fechado. A exceção fica para o crime de tortura-omissão, o qual, além de ser excepcionado expressamente, tem pena de detenção, a qual, de qualquer forma, dever ser cumprida em regime semiaberto ou aberto.

Importante para Concursos:

O STF declarou, incidentalmente, a inconstitucionalidade do art. 2º, § 1º, da Lei de Crimes Hediondos (Lei nº 8.072/1990). Essa norma prevê a obrigatoriedade de a pena por crimes hediondos e equiparados ser iniciada em regime fechado.[13]

Tendo em vista essa decisão, entende-se que a **obrigatoriedade de início de cumprimento de pena em regime fechado prevista na Lei de Tortura também é inconstitucional.**

Neste sentido, já decidiu o STJ que não é obrigatório que o condenado por crime de tortura inicie o cumprimento de pena no regime prisional fechado.[14]

6.9. Competência

Via de regra, a competência para processar e julgar os crimes de tortura será da **justiça estadual.**

A constituição federal em seu art. 109, V, nos diz que compete aos juízes federais processar e julgar crimes previstos em tratados ou convenção internacional, porém somente quando iniciada a execução no país, o resultado tenha ou devesse ter ocorrido no estrangeiro, ou reciprocamente. Portanto, para que haja **competência federal,** exige-se, **além da previsão em tratado internacional, que o crime tenha caráter internacional ou transnacional.**

Será também de competência federal, conforme art. 109, IV, da CF/1988 as infrações penais praticadas em detrimento de bens, serviços ou interesse da União.

A prática de tortura, em serviço, por servidor público federal certamente viola serviços e interesses da União, assim, tortura praticada, por exemplo, por policial federal, em serviço, **será de competência da justiça federal.**

Ainda com relação à competência da justiça federal, o STJ já entendeu que compete à justiça federal processar e julgar crime de tortura praticado por policiais militares contra preso detido nas dependências de uma delegacia da polícia federal.[15]

Atenção:

Como a tortura não é crime previsto no Código Penal Militar, e sim em lei penal especial, sempre se entendeu que a tortura praticada por policiais militares seria julgada pela justiça comum.

Ocorre que a Lei nº 13.941/1997 alterou o Código Penal Militar, passando a prever que crimes previstos na legislação penal também poderiam ser considerados crimes militares.

13 STF – HC 111.840/ES – Pleno – rel. Min. Dias Toffoli – j. 27-6-2012.
14 STJ. HC 286.925-RR – 5ª T. – rel. Min. Laurita Vaz – 13-5-2014.
15 STJ, CC 102.714-GO – rel. Min. Jorge Mussi – j. 26-5-2010.

Assim, hoje, conforme art. 9º, II, *c*, do Código Penal Militar, crime de tortura praticado por militar em serviço contra civil é considerado crime militar, devendo ser julgado pela justiça castrense.

Caso seja militar das forças armadas, será julgado pela justiça militar da União, caso seja policial militar, será julgado pela justiça militar estadual.

Nesse caso, o inquérito policial investigando a tortura praticada por militares deve ser conduzido por autoridade policial militar, conforme art. 144, § 4º, da CF/1988.

6.10. Ato de improbidade administrativa

Como já visto, a tortura é, via de regra, crime comum, podendo ser praticado por qualquer pessoa. Caso seja praticado por agente público, incide um causa de aumento.

Atenção:

Agente púbico que pratica tortura, além de responder pelo crime de tortura majorado, respondia também por ato de improbidade administrativa, já que a prática de tortura configuarava ato de improbidade por violação aos princípios da administração pública. Ocorre que após a Lei nº 14.230/2021, a qual alterou o art. 11 Lei de 8.429/1992, a Lei de Improbidade apresenta um rol taxativo de quais ações configurariam ato de improbidade por violação de princípios da administração pública. Essas ações estão ligadas a questões de gestão administrativa, de forma que a norma não abarca mais a prática de tortura como ato de improbidade que viole princípios da administração pública.

6.11. Extraterritorialidade incondicionada da Lei

Art. 2º O disposto nesta Lei aplica-se ainda quando o crime não tenha sido cometido em território nacional, **sendo a vítima brasileira ou encontrando-se o agente em local sob jurisdição brasileira.**

O Código Penal, em seu art. 7º, também trata de extraterritorialidade, ou seja, a aplicação da lei penal brasileira a crimes cometidos no estrangeiro.

O § 3º, do art. 7, do CP diz que se aplica a lei brasileira ao crime cometido por estrangeiro contra brasileiro fora do Brasil. Porém para que haja essa aplicação o código traz diversas condicionantes previstas no § 2º e no próprio § 3º.

Por outro lado, a Lei de Tortura não traz qualquer condicionante à aplicação da lei penal brasileira a crime cometido no estrangeiro, bastando para tanto que a vítima seja brasileira. Por isso, diz-se que a extraterritorialidade prevista na Lei de Tortura é uma hipótese de **extraterritorialidade incondicionada.**

Além disso, a lei prevê sua aplicabilidade quando o agente se encontrar sob jurisdição brasileira. É o caso de pessoa que após cometer a tortura em território estrangeiro ingressa em território brasileiro.

Atenção:

A extraterritorialidade não desloca a competência para processar e julgar o crime para a justiça federal. Neste caso, não se está diante de crime transnacional, mas, sim, de crime que ocorreu inteiramente em território estrangeiro.[16]

6.12. Quadro sinótico

Memorização e Revisão	
Imprescritibilidade do crime de tortura	1ª Corrente: Crime prescritível 2ª Corrente: Imprescritível quando se traduzir em crime contra a humanidade ou crime de guerra
Hediondez	NÃO é crime hediondo, mas, sim, equiparado à hediondo
Tortura	Constranger alguém com emprego de violência ou grave ameaça, causando-lhe sofrimento físico ou mental.
Tortura probatória	Com o fim de obter informação, declaração ou confissão da vítima ou de terceira pessoa.
Tortura-crime	Para provocar ação ou omissão de natureza criminosa
Tortura-preconceito	Em razão de discriminação racial ou religiosa
Tortura- castigo	Forma de aplicar castigo pessoal ou medida de caráter preventivo - Exige intenso sofrimento físico ou mental - Crime próprio. Sujeito ativo tem guarda, poder ou autoridade
Tortura-imprópria	Prática de ato não previsto em lei ou não resultante de medida legal Sujeito passivo: pessoa presa ou submetida à medida de segurança - Discute-se se é crime próprio ou comum
Tortura-omissão	**1)** Se omite quando tinha o dever de evitar a tortura - Crime omissivo impróprio **2)** Se omite quando tinha o dever de apurar a tortura - Crime omissivo próprio
Qualificadoras	**1)** Lesão grave ou gravíssima **2)** Morte - Crimes preterdolosos
Causas de aumento de pena	**1)** Cometido por agente público **2)** Cometido contra criança, gestante, portador de deficiência, adolescente ou maior de 60 (sessenta) anos **3)** Cometido mediante sequestro
Efeitos da condenação	**1)** Perda do cargo, função ou emprego público **2)** Interdição pelo dobro do prazo da pena aplicada - Efeitos automáticos
Graça, anistia e indulto	Não é possível
Fiança	Crime inafiançável - Não impede a liberdade provisória sem fiança
Regime inicial de cumprimento de pena	- Inconstitucionalidade da obrigatoriedade de se iniciar em regime fechado

16 LIMA. Op. cit.

6.13. Questões de concurso

1. **(DEPEN – Agente Federal de Execução Penal – CEBRAESP – 2021)** Com base na legislação especial, julgue o próximo item.

   O crime de tortura é inafiançável, devendo o condenado por esse crime iniciar o cumprimento da pena em regime fechado.

   Gabarito: Errado.
   *Veja que a questão exigiu a literalidade da Lei, e não o posicionamento dos tribunais superiores.

2. **(PC-PA – Investigador de Polícia Civil – INSTITUTO AOCP – 2021)** Assinale a alternativa correta consoante a Lei de Tortura (Lei nº 9.455/1997).

   A) O crime de tortura é imprescritível e insuscetível de graça ou anistia.

   B) Aquele que se omite diante de condutas tipificadas como tortura, quando tinha o dever de evitá-las ou apurá-las, incorre na pena de detenção de dois a quatro anos.

   C) Se do crime de tortura resulta lesão corporal de natureza grave ou gravíssima, a pena é de reclusão de quatro a doze anos.

   D) Se o crime de tortura é cometido mediante sequestro, aumenta-se a pena de um sexto até dois terços.

   E) A condenação acarretará a perda do cargo, da função ou do emprego público e a interdição para seu exercício pelo dobro do prazo da pena aplicada.

   Gabarito: E.

3. **(PRF – Policial Rodoviário Federal -CEBRAESP – 2021)** A respeito da identificação criminal, do crime de tortura, do abuso de direito, da prevenção do uso indevido de drogas, da comercialização de armas de fogo e dos crimes hediondos, julgue o item que se segue.

   Praticam o crime de tortura policiais rodoviários federais que, dentro de um posto policial, submetem o autor de crime a sofrimento físico, independentemente de sua intensidade.

   Gabarito: Errado.

4. **(MPE-MS – Promotor de Justiça Substituto – MPE-MS – 2018)** Analise as proposições a seguir.

   I. Configura crime de preconceito de raça ou cor (Lei nº 7.716/1989) distribuir emblemas com símbolos que utilizem a cruz suástica ou gamada, para fins de divulgação do nazismo.

   II. Adolescente que pratica ato infracional análogo ao do artigo 28 da Lei nº 11.343/2006 (Lei de Drogas), pois apreendida consigo substância entorpecente para uso pessoal, não pode ter contra si aplicada medida socioeducativa prevista no Estatuto da Criança e do Adolescente (Lei nº 8.069/1990) que restrinja, ainda que parcialmente, sua liberdade pessoal, conforme entendimento do Supremo Tribunal Federal.

   III. É crime de tortura (Lei nº 9.455/1997) a conduta de constranger alguém com emprego de grave ameaça, causando-lhe sofrimento mental, em razão de discriminação religiosa.

   IV. Tratando-se de crime hediondo ou equiparado (Lei nº 8.072/1990), o condenado por crime de tortura (Lei nº 9.455/1997), em qualquer modalidade, deverá iniciar o cumprimento da pena em regime fechado.

   Assinale a alternativa **correta.**

   A) Somente os itens I e II estão corretos.

   B) Somente os itens III e IV estão corretos.

   C) Somente os itens II, III e IV estão corretos.

D) Somente os itens I, II e III estão corretos.

E) Todos os itens estão corretos.

Gabarito: D

5. **(MPC-CE – Analista Ministerial – CEBRAESP – 2020)**

A respeito da Lei de Crimes de Tortura (Lei nº 9.455/1997), julgue o próximo item.

A Lei de Crimes de Tortura, ao prever sua incidência mesmo sobre crimes que tenham sido cometidos fora do território nacional, estabelece hipótese de extraterritorialidade incondicionada.

Gabarito: Certo.

CAPÍTULO 7
LEI Nº 9.503/1997 – CRIMES DO CÓDIGO DE TRÂNSITO BRASILEIRO

7.1. Considerações preliminares importantes e parte geral

7.1.1. Vias públicas

O Código de Trânsito Brasileiro (CTB) **é regido pela** Lei nº 9.503/1997, que regulamenta o trânsito nas vias terrestres de qualquer natureza, abertas à circulação (art. 1º). Aplica-se em regra às **vias públicas**, que são chamadas de **vias abertas à circulação**.

Mas o art. 2º, parágrafo único, do CTB traz **exceções**, garantindo sua aplicação sobre as **praias**, que não são geograficamente vias e aos **condomínios privados** e **estacionamentos privados coletivos**, que não são públicos, mas são **abertos à circulação pública**, como os estacionamentos de *shopping*.

Já o **anexo do CTB** define **via** como a "superfície por onde transitam veículos, pessoas e animais, compreendendo a pista, a calçada, o acostamento, ilha e canteiro central".

Assim, a doutrina **exclui do conceito de vias públicas** o interior de propriedade particular, como uma fazenda, e a garagem e estacionamento não abertos ao público.

Atenção:

alguns delitos do CTB exigem que a conduta seja praticada na **via pública** (conceito restrito). É o caso do crime de "racha", disputa ou exibição de manobra do **art. 308 do CTB**, e de direção sem permissão ou habilitação do **art. 309 do CTB.**

7.1.2. Conceito de veículo automotor e crimes que geram lesão corporal ou morte

Vários crimes do Código de Trânsito para sua configuração devem ser praticados na condução de veículo automotor e, por isso, a definição desses veículos é extremamente relevante para a correta adequação típica.

O **anexo I do CTB define veículo automotor** como

> "todo veículo **a motor de propulsão** que circule por seus próprios meios, e que serve normalmente para o transporte viárias de pessoas e coisas, ou para a tração

viária de veículos utilizados para o transporte de pessoas e coisas. O termo compreende os veículos conectados a uma linha elétrica e que não circulam sobre trilhos (ônibus elétrico)."

Assim, desde logo, estão **excluídos desse conceito** os veículos movidos à **propulsão humana**, como bicicletas, e **os de tração animal**, como as carroças.

Mas, ao definir os **automóveis, caminhão-trator; microonibus, motocicleta, motoneta, motor-casa** (*motor-home*); **ônibus; e trator,** o anexo deixa expresso que **também são veículos automotores**. Da classificação de veículos também se infere que são veículos automotores os **quadriciclos e triciclos.**

Atenção:

os **crimes de trânsito que resultem lesão ou morte são sempre culposos**. Se o agente se valer do veículo com a intenção de lesionar ou matar alguém, agindo dolosamente, praticará crime de homicídio ou lesão corporal previstos nos arts. 121 ou 129 do Código Penal.

7.2. Art. 291: aplicação do Código Penal, do Código de Processo Penal, e da Lei nº 9.099/1995 aos crimes do Código de Trânsito Brasileiro

Art. 291. Aos crimes cometidos na direção de veículos automotores, previstos neste Código, aplicam-se as normas gerais do Código Penal e do Código de Processo Penal, se este Capítulo não dispuser de modo diverso, bem como a Lei nº 9.099, de 26 de setembro de 1995, no que couber.

§ 1º Aplica-se aos crimes de trânsito de lesão corporal culposa o disposto nos arts. 74, 76 e 88 da Lei nº 9.099, de 26 de setembro de 1995, exceto se o agente estiver:

I - sob a influência de álcool ou qualquer outra substância psicoativa que determine dependência;

II - participando, em via pública, de corrida, disputa ou competição automobilística, de exibição ou demonstração de perícia em manobra de veículo automotor, não autorizada pela autoridade competente;

III - transitando em velocidade superior à máxima permitida para a via em 50 km/h (cinqüenta quilômetros por hora).

§ 2º Nas hipóteses previstas no § 1º deste artigo, deverá ser instaurado inquérito policial para a investigação da infração penal.

As regras gerais do Código Penal, do Código de Processo Penal e da Lei nº 9.099/1995 (no que se refere às infrações de menor potencial ofensivo) são sempre **subsidiárias** às leis penais especiais, exceto quando a lei especial dispuser de forma contrária, a exemplo do que fez a Lei nº 11.340/2006 ao afastar a aplicação da Lei nº 9.099/1995.

No caso do Código de Trânsito Brasileiro, o art. 291 de forma redundante apenas frisou que realmente o Código Penal, o Código de Proccesso Penal, e a Lei nº 9.099/1995 são aplicáveis subsidiariamente aos crimes de trânsito quando não houver previsão específica diferente.

Atenção:

a título de exemplo, o Código de Trânsito Brasileiro traz **regras especiais para fixação da pena** (art. 291, § 4º, do CTB), uma **cautelar específica** (art. 294 do CTB) e **agravantes** (art. 298 do CTB) além daquelas previstas no Código Penal. Nesses casos, aplica-se o CTB por ser norma especial.

Especificamente quanto à Lei nº 9.099/1995 (que trata das infrações de menor potencial ofensivo), a previsão expressa do CTB permitindo sua aplicação traz a alguns crimes de trânsito vários dispositivos que abrandam a pena, permitindo soluções mais rápidas para **crimes considerados pouco graves**, que são aqueles com pena privativa de liberdade de até dois anos, chamados de crimes de menor potencial ofensivo. É o caso de muitos crimes do CTB cuja moldura penal não ultrapassa esse limite.

Mas **os parágrafos do art. 291 afastam a aplicação da Lei nº 9.099/1995,** nos crimes de lesão culposa no trânsito, se o crime envolver algumas situações que o legislador entendeu mais graves. Essas situações ocorrem quando o agente estiver:

1. **sob a influência de álcool** ou qualquer outra **substância psicoativa** que determine dependência;
2. participando, em via pública, de **corrida, disputa ou competição** automobilística, de exibição ou demonstração de perícia em manobra de veículo automotor, não autorizada pela autoridade competente;
3. transitando em **velocidade superior** à máxima permitida para a via **em 50 km/h**:

Atenção:

as situações dos **incisos I e II do, § 1º, do art. 291,** podem configurar outros crimes que não admitem a aplicação da Lei nº 9.099/1995 em razão da pena máxima ultrapassar dois anos. É o caso do crime de embriaguez ao volante (**art. 306 do CTB**) e do crime de disputa, racha ou exibição de manobra (**art. 308 do CTB**). E, além deles, o crime de homicídio culposo no trânsito (**art. 302 do CTB**) também não admite a aplicação da Lei nº 9.099/1995 em virtude do montante da pena, que ultrapassa dois anos.

Presente qualquer uma dessas hipóteses do § 1º, do art. 291, do CTB, fica proibida a aplicação para os crimes de **lesão culposa no trânsito**, dos dispositivos que tratam da **composição civil** (art. 74 da Lei nº 9.099/1995), **transação penal** (art. 76 da Lei nº 9.099/1995) e do dispositivo que condiciona a apuração de lesão **culposa à representação da vítima** (art. 88 da Lei nº 9.099/1995).

Atenção:

nesses casos, inclusive, deverá ser **instaurado inquérito policial** e não termo circunstanciado, como é a regra para crimes de menor potencial ofensivo (**§ 2º, do art. 291, do CTB**).

Assim, das medidas despenalizadoras da Lei nº 9.099/1995 só restará a **suspensão condicional do processo nesses casos,** desde que a pena mínima do crime seja de até um ano e estejam presentes os demais requisitos do art. 89 da Lei nº 9.099/1995.

Veja a quadro a seguir:

Regra geral para crimes com pena máxima até dois anos do CTB	Crimes de lesão corporal culposa se presente alguma das hipóteses do §1º do art. 291
É **cabível** composição civil de danos.	**Não é cabível** composição civil.
É **cabível** transação penal.	**Não é cabível** transação penal.
O procedimento investigativo é o **termo circunstanciado.**	O procedimento investigativo é o **inquérito policial.**
Ação penal **condicionada à representação** (quando o caso).	A ação penal é **incondicionada.**
Cabe **suspensão condicional** do processo (se a pena mínima for de até um ano e preenchidos os demais requisitos do art. 89 da Lei nº 9.099/1995).	**Cabe suspensão condicional** do processo (se a pena mínima for de até um ano e preenchidos os demais requisitos do art. 89 da Lei nº 9.099/1995).

7.2.1. Dosimetria especial da pena

Art. 291. § 4º O juiz fixará a pena-base segundo as diretrizes previstas no art. 59 do Dec.-lei nº 2.848, de 7 de dezembro de 1940 (Código Penal), dando especial atenção à culpabilidade do agente e às circunstâncias e consequências do crime.

O § 4º, do art. 291, inserido pela Lei nº 13.546/2017 reforça os critérios de dosimetria da pena do Código Penal, porém determina que seja dada ênfase a três dos critérios lá constantes, que são a **culpabilidade**, as **circunstâncias e** as **consequências do crime.**

7.3. Arts. 292 a 296: suspensão ou proibição de permissão ou habilitação para dirigir veículo automotor

Art. 292. A suspensão ou a proibição de se obter a permissão ou a habilitação para dirigir veículo automotor pode ser imposta isolada ou cumulativamente com outras penalidades.

Art. 293. A penalidade de suspensão ou de proibição de se obter a permissão ou a habilitação, para dirigir veículo automotor, tem a duração de dois meses a cinco anos.

§ 1º Transitada em julgado a sentença condenatória, o réu será intimado a entregar à autoridade judiciária, em quarenta e oito horas, a Permissão para Dirigir ou a Carteira de Habilitação.

§ 2º A penalidade de suspensão ou de proibição de se obter a permissão ou a habilitação para dirigir veículo automotor não se inicia enquanto o sentenciado, por efeito de condenação penal, estiver recolhido a estabelecimento prisional.

Art. 294. Em qualquer fase da investigação ou da ação penal, havendo necessidade para a garantia da ordem pública, poderá o juiz, como medida cautelar, de ofício, ou a requerimento do Ministério Público ou ainda mediante representação da autoridade policial, decretar, em decisão motivada, a suspensão da permissão ou da habilitação para dirigir veículo automotor, ou a proibição de sua obtenção.

Parágrafo único. Da decisão que decretar a suspensão ou a medida cautelar, ou da que indeferir o requerimento do Ministério Público, caberá recurso em sentido estrito, sem efeito suspensivo.

Art. 295. A suspensão para dirigir veículo automotor ou a proibição de se obter a permissão ou a habilitação será sempre comunicada pela autoridade judiciária ao Conselho Nacional de Trânsito – CONTRAN, e ao órgão de trânsito do Estado em que o indiciado ou réu for domiciliado ou residente.

Art. 296. Se o réu for reincidente na prática de crime previsto neste Código, o juiz aplicará a penalidade de suspensão da permissão ou habilitação para dirigir veículo automotor, sem prejuízo das demais sanções penais cabíveis.

A pena de suspensão ou proibição de obter habilitação é específica dos crimes do CTB, e por isso é regulamentada pela Lei nº 9.503/1997. Além da possibilidade de ser aplicada como pena, a suspensão ou proibição de permissão ou habilitação pode ser aplicada cautelarmente.

A **suspensão** da permissão ou da habilitação ocorrerá nos casos em que o indivíduo já possuir a permissão ou já for habilitado. A previsão de **proibição** se refere aos casos em que o indivíduo ainda não tenha a permissão ou habilitação, caso em que ficará proibido de obtê-las.

Atenção:

há inclusive um crime específico cometido por quem viola a decisão judicial que impõe a suspensão ou proibição. É o crime do art. 307 do CTB.

7.3.1. Como pena

Como sanção penal, a suspensão ou proibição da CNH pode estar prevista no preceito secundário do crime junto do período de pena privativa de liberdade mínimo e máximo. Mas o Código de Trânsito Brasileiro permite sua aplicação mesmo que não esteja prevista como pena específica do crime.

Os crimes do CTB que preveem a pena de suspensão ou proibição da CNH são os de **homicídio culposo** (art. 302 do CTB); **lesão corporal culposa** (art. 303 do CTB); **embriaguez ao volante** (art. 306 do CTB); **violação de suspensão ou proibição** (art. 307 do CTB); **e racha ou exibição de manobra** (art. 308 do CTB).

Nos **demais crimes,** que não preveem essa pena junto com a pena privativa de liberdade, a suspensão ou proibição de permissão ou de habilitação poderá ser aplicada como pena se o agente for **reincidente em crime do Código de Trânsito Brasileiro,** junto com a pena privativa de liberdade prevista (**art. 296 do CTB**). Nesse caso, a reincidência como agravante genérica do Código Penal não se aplicará, para evitar dupla punição pela mesma circunstância.

Apesar de a lei mencionar a possibilidade de **aplicação isolada,** todos os crimes que preveem a aplicação da pena de suspensão ou proibição de permissão ou habilitação se valem da conjunção aditiva "e", indicando, portanto, que a pena privativa de liberdade deve ser aplicada junto com a pena de suspensão ou proibição. Assim, infere-se que **não há possibilidade de aplicação isolada dessa pena.**

Acompanhe o quadro a seguir para fixação:

Pena de suspensão ou proibição de permissão ou habilitação	
Crimes do Código de Trânsito Brasileiro que preveem a aplicação da pena de suspensão ou proibição para dirigir	– homicídio culposo (art. 302); – lesão corporal culposa (art. 303); – embriaguez ao volante (art. 306); – violação de suspensão ou proibição (art. 307) – racha ou exibição de manobra (art. 308)
Nos demais crimes, a pena de suspensão ou proibição para dirigir poderá ser aplicada	– se o agente for **reincidente em crime do CTB**

A **pena** de suspensão ou proibição de permissão ou habilitação **terá duração de 2 meses a 5 anos**, e segundo a jurisprudência do **Superior Tribunal de Justiça**, a **dosimetria da pena de suspensão ou proibição** deve seguir os mesmos critérios da dosimetria da pena privativa de liberdade. Assim, se foi fixada no mínimo legal a pena privativa de liberdade, o mesmo caminho deve seguir a fixação do período de suspensão ou de proibição de permissão ou habilitação.[1]

Transitada em julgado a sentença que impôs a pena, a lei manda que o condenado **entregue o documento em 48 horas** sob pena de configuração do crime do art. 307, parágrafo único, do CTB, de violação de suspensão ou proibição de permissão ou habilitação (art. 293, § 1º, do CTB).

Atenção:

no caso de motoristas profissionais, a pena de suspensão ou proibição de habilitação pode levar à penúria e insubsistência diante da impossibilidade de o autor trabalhar. **Assim, pergunta-se: é constitucional essa pena para motoristas profissionais? Sim, o Supremo Tribunal Federal assim definiu com Repercussão Geral,** considerando que a finalidade dessa pena é justamente evitar novos crimes de trânsito por pessoas que demonstraram imperícia, imprudência ou negligência na condução. O fato de ser motorista profissional só revela o maior acerto dessa pena, pois o profissional deveria ter mais zelo ainda.[2]

A pena de suspensão ou proibição de permissão ou habilitação do art. 292 do CTB, entretanto, **não pode ser confundida com a pena restritiva de direitos substitutiva do art. 47,**

1 "A pena de suspensão ou de proibição de se obter habilitação ou permissão para dirigir veículo automotor, por se cuidar de sanção cumulativa, e não alternativa, deve guardar proporcionalidade com a detentiva aplicada, observados os limites fixados no art. 293 do Código de Trânsito Brasileiro." STJ. AgRg no HC 271383/RJ– 5ª T. – rel. Min. Jorge Mussi – j. 11-2-2014 – *DJe* 25-2-2014.

2 **A tese de repercussão geral fixada (Tema 486) foi a seguinte**: "É constitucional a imposição da pena de suspensão de habilitação para dirigir veículo automotor ao motorista profissional condenado por homicídio culposo no trânsito". STF. RE 607107/MG– Tribunal pleno – rel. Min. Roberto Barroso – j. 12-2-2020 – publicação: 14-4-2020.

III, do Código Penal. A suspensão ou proibição previstas no art. 292 configuram pena principal, de modo que não seria lógico que fosse substituída por pena restritiva de direitos igual. Até por isso o atual art. 312-A do CTB prevê que as penas restritivas de direitos substitutivas nos crimes de trânsito são diferentes daquelas do Código Penal.

7.3.2. Como cautelar

Como **medida cautelar,** a suspensão ou proibição de permissão ou habilitação pode ser aplicada **durante a investigação ou durante o processo**, para garantia da **ordem pública,** isto é, para evitar novos crimes de trânsito, impedindo que o autor continue colocando em risco à segurança viária.

A medida deve ser decretada pelo juiz, mediante provocação do Ministério Público ou do Delegado de Polícia. **O art. 294 do CTB prevê também a possibilidade de essa cautelar ser decretada de ofício pelo juiz.**

Entretanto, diante da nova sistemática das cautelares no processo penal, pensamos que **essa atuação de ofício não se coaduna com o sistema acusatório,** nos termos do art. 282, § 2º, do CPP, com redação da Lei nº 13.964/2019, que não mais prevê em seu texto a possibilidade de o juiz decretar medidas cautelares de ofício.[3]

Importante para Concursos:

para fins de **prova objetiva**, entretanto, pode ser que o examinador cobre **o teor literal do art. 294 do CTB** no sentido de que a medida pode ser decretada de ofício. Em provas discursivas ou orais, será possível aprofundar a discussão.

Atenção:

as cautelares do Código de Processo Penal (art. 319) também se aplicam aos crimes de trânsito, porém o Código de Trânsito Brasileiro traz, em acréscimo, essa cautelar específica do art. 294.

O **recurso cabível** da decisão que decretar a medida cautelar, ou que a indeferir, será o **recurso em setindo estrito,** sem efeito suspensivo, diante do previsto no **art. 294** do Código de Trânsito Brasileiro, que serve de complemento às hipóteses do **art. 581** do Código de Processo Penal.

7.3.3. Art. 278-A

Art. 278-A: cassação ou proibição de habilitação ao condutor envolvido em receptação, descaminho ou contrabando

> **Art. 278-A.** O condutor que se utilize de veículo para a prática do crime de receptação, descaminho, contrabando, previstos nos arts. 180, 334 e 334-A do Dec.-lei nº 2.848, de 7 de dezembro de 1940

3 **Também com esse entendimento:** LIMA. Op. cit., p. 1179.

(Código Penal), condenado por um desses crimes em decisão judicial transitada em julgado, terá cassado seu documento de habilitação ou será proibido de obter a habilitação para dirigir veículo automotor pelo prazo de 5 anos. (Incluído pela Lei nº 13.804, de 2019)

§ 1º O condutor condenado poderá requerer sua reabilitação, submetendo-se a todos os exames necessários à habilitação, na forma deste Código. (Incluído pela Lei nº 13.804, de 2019)

§ 2º No caso do condutor preso em flagrante na prática dos crimes de que trata o **caput** deste artigo, poderá o juiz, em qualquer fase da investigação ou da ação penal, se houver necessidade para a garantia da ordem pública, como medida cautelar, de ofício, ou a requerimento do Ministério Público ou ainda mediante representação da autoridade policial, decretar, em decisão motivada, a suspensão da permissão ou da habilitação para dirigir veículo automotor, ou a proibição de sua obtenção. (Incluído pela Lei nº 13.804, de 2019)

Visando combater o transporte de produtos de origem criminosa, fruto de descaminho, ou contrabandeados, a Lei nº 13.804/2019 inseriu o art. 278-A no CTB, prevendo a **cassação ou proibição de obter habilitação por cinco anos** ao condutor que **use o veículo para cometer os crimes de receptação, descaminho e contrabando, previstos no Código Penal.**

Apesar de estar topograficamente no capítulo referente às medidas administrativas do Código de Trânsito, e utilizar a expressão "cassação", típica de medida administrativa, **a previsão do art. 278-A *caput* configura efeito extrapenal secundário** a ser aplicado pelo juiz criminal nas condenações por receptação, descaminho e contrabando, quando o agente se utilizar de veículo.

Atenção:

a lei **não definiu o conceito de veículo**, embora pareça que faz menção ao conceito de veículo automotor. Também é importante notar que a medida nesse caso tem **prazo fixo de cinco anos.**

Já no caso de o condutor ser preso em flagrante, o § 2º, do art. 278-A, prevê a possibilidade de **medida cautelar** de suspensão da permissão ou da habilitação, ou de proibição de sua obtenção.

7.3.4. Quadro-resumo da suspensão ou proibição de permissão ou habilitação

Suspensão ou proibição de permissão ou habilitação		
Momento	**Detalhe**	**Natureza**
Na condenação por crime de trânsito, se prevista como pena no crime	Mesmo que primário	Como sanção penal
Na condenação por crimes de trânsito mesmo que não prevista como pena no crime	Se reincidente	Como sanção penal
Durante o processo, como medida cautelar	A pedido do Ministério Público ou do Delegado (durante o inquérito policial)	Medida cautelar
Na condenação de quem cometeu crimes fora do CTB	Receptação, descaminho ou contrabando, usando veículo	No *caput* é efeito extrapenal secundário. No § 2º é medida cautelar

7.4. Art. 297: multa reparatória

Art. 297. A penalidade de multa reparatória consiste no pagamento, mediante depósito judicial em favor da vítima, ou seus sucessores, de quantia calculada com base no disposto no § 1º do art. 49 do Código Penal, sempre que houver prejuízo material resultante do crime.

§ 1º A multa reparatória não poderá ser superior ao valor do prejuízo demonstrado no processo.

§ 2º Aplica-se à multa reparatória o disposto nos arts. 50 a 52 do Código Penal.

§ 3º Na indenização civil do dano, o valor da multa reparatória será descontado.

O art. 297 traz uma forma específica de **efeito secundário da condenação** semelhante ao disposto no art. 92, I, do Código Penal, que trata da obrigação de reparar o dano. Entretanto, a disposição do art. 297 é mais ampla, pois já prevê que o juiz fixe **um valor líquido** que bastará ser executado pela parte nos termos dos arts. 50 a 52 do Código Penal.

O efeito **deve ser expresso na sentença** (não é automático) e só se aplica aos crimes de trânsito dos quais **advenha prejuízo para alguém determinado**, servindo como uma **antecipação da indenização civil**.

Atenção:

para parte da doutrina, o instituto se aplica apenas aos crimes de homicídio culposo e lesão culposa, e não aos crimes de perigo, porque o art. 297 fala em dano material.[4] **Outra parcela da doutrina, entretanto, entende que a disposição pode se aplicar aos crimes de perigo** caso deles advenha dano material a terceiro. [5] Concordamos com essa última corrente, pois a lei admite a multa reparatória "sempre que houver prejuízo material resultante do crime" e é plenamente possível que um crime de perigo acabe causando dano no caso concreto.

Inclusive, porque se houver ação cível nesse sentido o valor da multa (antecipado) deverá ser descontado do valor final da indenização. Segundo o **Superior Tribunal de Justiça**, esse desconto deve ser apenas na parte da indenização cível por danos materiais [6]

Atenção:

com nítida inspiração nesse art. 297 do CTB, **o art. 387, IV, do Código de Processo Penal**, alterado pela Lei nº 11.719/2008, prevê que o juiz fixe na sentença o valor mínimo para reparação de todos os danos causados pela infração. O dispositivo do Código de Processo Penal é mais amplo, não se limitando aos prejuízos materiais, como faz o art. 297 do CTB.

4 Com esse posicionamento: BALTAZAR, José Paulo Junior; GONÇALVES, Victor Eduardo Rios. *Legislação penal especial*. 7. ed. São Paulo: Saraiva Educação, 2021. p. 729.

5 Também com esse pensamento: GARCEZ, op. cit., p. 943.

6 STJ. REsp 1039015/SP – 3ª T. – rel. Min. Nancy Andrighi – j. 16-9-2008 – *DJe* 26-9-2008.

7.5. Art. 298: agravantes genéricas dos crimes do Código de Trânsito Brasileiro

Art. 298. São circunstâncias que sempre agravam as penalidades dos crimes de trânsito ter o condutor do veículo cometido a infração:

O rol do art. 298 do CTB traz **agravantes genéricas** que **complementam** as previstas nos arts. 61 e 62 do Código Penal. São situações que têm aplicação específica para os crimes de trânsito e que incidirão na segunda fase da dosimetria da pena. **No que for cabível, entretanto, continuam aplicáveis as agravantes do Código Penal.**

I – com dano potencial para duas ou mais pessoas ou com grande risco de grave dano patrimonial a terceiros;

No primeiro caso **(inciso I),** o dano potencial é sinônimo de perigo, de modo que nos crimes em que o tipo penal já exige perigo concreto a agravante não incidirá, porque já exigida como elementar do tipo. É o caso do crime de direção sem habilitação do art. 309 do CTB.

Já o grande risco de grave dano patrimonial revela um **perigo maior,** também concreto, mas mais grave.

II – utilizando o veículo sem placas, com placas falsas ou adulteradas;

Utilizar o veículo sem placas ou com placas falsas e adulteradas **(inciso II)** também agravará a pena do crime de trânsito, **desde que não configure o crime do art. 311 do Código Penal**, que trata do crime de adulteração de sinal identificador de veículo automotor.

Atenção:

se o autor de delito de trânsito com veículo com placas adulteradas for o mesmo responsável pela adulteração prévia do emplacamento, a agravante não incidirá porque o agente responderá pelo crime do art. 311 do CP em concurso material com o crime de trânsito respectivo. **A agravante só será aplicada quando o condutor não for o responsável pela adulteração.**

III – sem possuir Permissão para Dirigir ou Carteira de Habilitação;

A agravante do **inciso III** é aplicável a quem cometer crime de trânsito **sem** permissão para dirigir ou sem carteira de habilitação. Entretanto, ela **não se aplica aos crimes de homicídio culposo e lesão corporal culposa** no trânsito (arts. 302 e 303 do CTB) porque essa circunstância é causa de aumento de um terço até metade. Igualmente, a agravante **não se aplica ao crime do art. 309 do CTB,** de direção sem habilitação, porque a falta de habilitação ou permissão já é elementar do tipo.

Atenção:

a **habilitação vencida** não se presta a configurar a agravante.

IV – com Permissão para Dirigir ou Carteira de Habilitação de categoria diferente da do veículo;

As categorias de habilitação veicular estão no art. 143 do Código de Trânsito, variando da **categoria A até a E**. Praticar crime de trânsito na condução de veículo que exige habilitação diferente da que o autor possui configurará a agravante.

Atenção:

A **previsão é totalmente desnecessária** porque quem dirige veículo automotor em categoria diversa de sua habilitação está em verdade dirigindo sem a devida habilitação. Se o inciso IV não existisse, a conduta configuraria a agravante do inciso III. Assim, tal como no caso do inciso III, a agravante do inciso IV não se aplica ao crime do **art. 309 do CTB,** porque a falta de habilitação é elementar do tipo.

V – quando a sua profissão ou atividade exigir cuidados especiais com o transporte de passageiros ou de carga;

A agravante do inciso V foca nos **motoristas profissionais** que devem observância à legislação de trânsito num grau maior do que os motoristas comuns, justamente em razão do maior risco potencial que suas atividades geram à segurança viária. Assim, se o autor do crime de trânsito for motorista profissional no **transporte de passageiros ou de carga**, como os motoristas de ônibus, e de caminhões, a pena deverá ser agravada.

Nos casos dos crimes de **homicídio culposo e de lesão corporal culposa** no trânsito, o fato de serem praticados no exercício da profissão de transporte de **passageiros** configura **causa de aumento** (art. 302, § 1º, IV, e art. 303, § 1º, do Código de Trânsito Brasileiro).

Importante para Concursos:

diante da semelhança das previsões é bem possível que haja confusão em provas objetivas. A agravante do **art. 298, V, abrange** o motorista profissional de transporte de **passageiros e de carga**. Já **a causa de aumento** dos crimes de homicídio e lesão corporal culposos no trânsito **abrange apenas** o motorista profissional na atividade de transporte de **passageiros.**

VI – utilizando veículo em que tenham sido adulterados equipamentos ou características que afetem a sua segurança ou o seu funcionamento de acordo com os limites de velocidade prescritos nas especificações do fabricante;

A agravante do inciso VI foca nos veículos "**tunados**" ou **customizados** de tal forma que afetem a segurança do veículo, como a retirada de cinto de segurança, e as alterações como "chipagem" e reprogramação eletrônica que façam o veículo funcionar fora dos limites de velocidade especificados.

Atenção:

se essa alteração imprudente das características do veículo for a causa de eventual acidente que gere lesão culposa ou homicídio culposo, a agravante não incidirá porque já abarcada pelo crime.

VII – sobre faixa de trânsito temporária ou permanentemente destinada a pedestres

A lógica do Código de Trânsito Brasileiro é a proteção dos mais vulneráveis no trânsito, e por isso os veículos de maior porte são responsáveis pela segurança dos menores, os motorizados pelos não motorizados, e todos, juntos, são responsáveis pela incolumidade dos pedestres (art. 29, § 2º, do CTB). Também por isso o art. 70 do CTB garante prioridade de passagem ao pedestre que estiver atravessando a via sobre a faixa própria.

Daí a razão da agravante do inciso VII diante do maior desvalor da conduta de quem pratica crime de trânsito na faixa de pedestres, colocando em maior risco os mais vulneráveis.

Atenção:

nos crimes de homicídio culposo e lesão corporal culposa na direção de veículo automotor o fato de o crime ser praticado na faixa de pedestres ou na calçada **configura causa de aumento de pena** (art. 302, § 1º, II, e art. 303, § 1º, do Código de Trânsito Brasileiro), de modo que não se aplica a agravante a fim de evitar dupla punição pelo mesmo fato (*bis in idem*).

7.6. O vetado art. 300 e o perdão judicial nos crimes de trânsito

O art. 300 do Código de Trânsito Brasileiro previa a aplicação do perdão judicial aos crimes de trânsito, mas ele **acabou sendo vetado** justamente porque se entendeu que o tema já era tratado de forma mais abrangente **no Código Penal**.

Diante da previsão no Código Penal e das razões do veto, entende-se que se aplica a disciplina do perdão judicial previsto no art. 121, § 5º, e art. 129, § 8º, do Código Penal.

Pelo perdão judicial, o juiz deixa de aplicar a pena por considerar que ela é desnecessária porque as **consequências da infração já atingiram o agente de forma muito grave**, a exemplo do agente que causa culposamente acidente de trânsito e mata a própria esposa.

Atenção:

a definição de quando as consequências da infração já atingiram o agente de forma muito grave é aberta e permite interpretações. O **Superior Tribunal de Justiça** já deixou de aplicar o perdão judicial em caso no qual a vítima não era parente do causador do acidente e este não havia sofrido lesões sérias.[7] A tendência da jurisprudência é a de exigir que haja laço afetivo entre a vítima e o autor, a fim de não banalizar o instituto.

O perdão judicial é causa **extintiva da punibilidade** e faz com que não haja nenhuma consequência deletéria ao acusado (art. 107, IX, do Código Penal).

Importante para Concursos:

como **se trata de circunstância pessoal**, o perdão judicial concedido a um dos autores **não se comunica** ao outro no caso de ambos terem agido com culpa em crime de homicídio no trânsito (art. 30 do Código Penal). Outro detalhe importante que causa confusão em provas é que **o perdão judicial não precisa ser aceito** pelo beneficiado para gerar efeito.

Atenção:

havendo concurso formal de crimes, a concessão de perdão judicial em relação a um deles não se estende automaticamente ao outro. Segundo o **Superior Tribunal de Justiça**, como o perdão judicial é

> "causa de extinção da punibilidade de índole excepcional, ele somente pode ser concedido quando presentes os seus requisitos, **devendo-se analisar cada delito de per si, e não de forma generalizada,** como quando ocorre a pluralidade de delitos decorrentes do concurso formal de crimes".[8]

7.6.1. Natureza jurídica do perdão judicial

Há controvérsia doutrinária sobre a **natureza jurídica** da decisão que concede perdão judicial.

Para **a primeira corrente** como o art. 120 do Código Penal, prevê que a sentença que conceder perdão judicial não será considerada para efeitos de reincidência, significa que algum efeito deve haver (se apenas a reincidência foi expressamente afastada). Assim, a

7 "(...) A melhor doutrina, quando a avaliação está voltada para osofrimento psicológico do agente, enxerga no § 5º a exigência de um vínculo, de um laço prévio de conhecimento entre os envolvidos, para que seja "tão grave" a consequência do crime ao agente. A interpretação dada, na maior parte das vezes, é no sentido de que só sofre intensamente o réu que, de forma culposa, matou alguém conhecido e com quem mantinha laços afetivos". STJ. REsp 1.455.178-DF – 6ª T. – rel. Min. Rogerio Schietti Cruz – j. 5-6-2014. No mesmo sentido: STJ. AgRg no AREsp 1349597/SP – 5ª T. – rel. Min. Felix Fischer – j. 18-9-2018.

8 STJ. REsp 1444699/RS – 6ª T. – rel. Min. Rogerio Schietti Cruz – j. 1-6-2017 – *DJe* 9-6-2017.

sentença **seria condenatória**, e o perdão judicial afastaria apenas a aplicação da pena e a perda da primariedade, persistindo os efeitos secundários da condenação, como a obrigação de indenizar.

Para a **segunda corrente**, diante do art. 107, IX, do Código Penal, a sentença seria **declaratória de extinção da punibilidade,** não havendo qualquer efeito condenatório.

> **Atenção:**
>
> o Superior Tribunal de Justiça sumulou a matéria, consolidando que a sentença que concede perdão judicial tem **natureza declaratória.** É o teor da **Súmula nº 18 do STJ:** *a sentença concessiva do perdão judicial é declaratória da extinção da punibilidade, não subsistindo qualquer efeito condenatório.*

7.6.2. Momento de concessão do perdão judicial

Outra polêmica refere-se ao **momento de concessão** do perdão judicial. Para a **primeira corrente,** o perdão judicial só pode ser concedido na sentença, após o juiz verificar que o acusado cometeu o crime a ele imputado porque se for caso de absolvição o juiz deve absolvê-lo.[9]

A **segunda corrente,** entretanto, entende que o perdão judicial pode ser reconhecido antes, evitando até mesmo a ação penal e servindo de motivo para o arquivamento de inquérito policial.

Para essa segunda corrente, à qual nos filiamos, não há utilidade no processo penal quando estiver explícita a hipótese de perdão judicial, e por isso faltará o interesse de agir. Reforça esse entendimento o art. 4º, § 2º, da Lei nº 12.850/2013, que permite a concessão de perdão judicial no inquérito policial quando da realização de colaboração premiada.[10]

7.7. Art. 301: socorro à vítima e imunidade processual para prisão em flagrante

> **Art. 301.** Ao condutor de veículo, nos casos de acidentes de trânsito de que resulte vítima, não se imporá a prisão em flagrante, nem se exigirá fiança, se prestar pronto e integral socorro àquela.

O art. 301 do CTB traz uma **imunidade prisional** que **impede a prisão em flagrante** no caso de o **condutor prestar socorro** à vítima nos casos de acidente com vítima.

A razão é de **política criminal.** Para o legislador, pareceu mais interessante incentivar o infrator a socorrer a vítima, preservando a vida dela, do que tornar obrigatória sua prisão em flagrante no dia dos fatos.

9 **Com essa posição**: BALTAZAR, op. cit., p. 745.

10 **Entendendo pela possibilidade de concessão do perdão judicial antes da sentença**: ESTEFAM, André. *Direito penal: parte geral (arts. 1º a 120).* 10. ed. São Paulo: Saraiva Educação, 2021. p. 729. **E ainda:** LIMA. Op. cit., p. 1191.

Já a situação inversa, de **omissão de socorro**, é **causa de aumento de pena** dos crimes de homicídio culposo e de lesão culposa no trânsito (art. 302, § 1º, III, e art. 303, § 1º, do CTB).

Atenção:

o socorro impede a prisão em flagrante no dia, **mas não afasta a responsabilização** pelo crime eventualmente cometido, pelo qual o indivíduo responderá em liberdade desde logo. Sequer fiança pode ser arbitrada.

A imunidade se aplica aos delitos com vítima, causados **culposamente**, eis que o dispositivo fala em acidente.

7.7.1. Aplica-se a imunidade do art. 301 do CTB

Aplica-se a imunidade do art. 301 do CTB aos crimes dos arts. 302, § 3º e 303, § 2º, do CTB?

A imunidade prisional do art. 301 do CTB se aplica aos crimes de lesão corporal culposa e homicídio culposo no trânsito, que são delitos com vítima que podem ser socorridas. Entretanto, em tese não se aplica ao crime de embriaguez do art. 306 do CTB, afinal é crime de perigo, sem vítima específica.

A Lei nº 13.546/2017, entretanto, criou qualificadoras dos crimes de homicídio culposo e lesão culposa grave/gravíssima na direção de veículo automotor, quando o agente estiver sob efeito de álcool ou substância análoga (art. 302, § 3º e art. 303, § 2º, do CTB).

Daí pergunta-se: o agente que comete um desses crimes, mas presta socorro à vítima, tem direito à imunidade quanto à prisão em flagrante? À primeira vista, a resposta é afirmativa, afinal, houve acidente de trânsito com vítima e o condutor prestou socorro.

Entretanto, como essas novas qualificadoras são figuras complexas, que unem respectivamente o homicídio culposo no trânsito e a lesão culposa no trânsito com o crime de embriaguez, **há quem sustente que não**, pois o agente viola os **dois bens jurídicos**, tanto a integridade física da vítima específica, quanto a segurança de todos no trânsito em todo o período que dirigiu embriagado até causar o acidente.

Assim, **se não caberia o benefício apenas para a embriaguez ao volante, não poderia caber para a figura mais grave** em que o agente, além de colocar em perigo todo o trânsito, causou dano à integridade física de alguém culposamente. Aquele embriagado que não causou acidente seria preso em flagrante pelo crime de embriaguez (art. 306 do CTB), e o embriagado que causou acidente e lesionou ou matou não seria preso em flagrante desde que prestasse socorro.

Apesar dos louváveis argumentos dessa corrente, **pensamos que o raciocínio feriria de morte a razão de existência do art. 301 do CTB**, que é de fomentar o socorro, preservando vidas, independentemente das circunstâncias em torno do caso. Assim, em nossa posição, havendo acidente de trânsito com vítima, o condutor que prestar socorro não deverá ser preso em flagrante delito, nem ser obrigado a prestar fiança, mesmo nos casos de crimes complexos ou de eventual embriaguez.[11] [12]

Inclusive, a título de curiosidade, quando do advento da Lei nº 11.705/2008, o legislador tentou inserir um parágrafo único no art. 301 do CTB, proibindo a imunidade prisional quando o agente conduzisse veículo na via pública, sob a influência de álcool ou qualquer outra substância psicoativa que determine dependência.

O dispositivo, entretanto, foi vetado justamemente porque "uma vez produzido o resultado danoso pelo crime de trânsito, o melhor a se fazer é tentar minorar suas consequências e preservar o bem jurídico maior, a vida. (...). Entende-se que não há razão para se excepcionar tal regra, porquanto que direcionada para a preservação da vida".[13]

Importante para Concursos:

para provas objetivas é melhor ficar com o posicionamento literal do art. 301 do CTB de que havendo acidente com vítima o socorro evita a prisão em flagrante. Numa prova discursiva ou oral haverá espaço para discutir a questão do crime complexo e da inaplicabilidade no caso de o agente estar embriagado.

7.8. Quadro sinótico da parte geral

PARTE GERAL	
Código de Trânsito Brasileiro	- Regulamenta o trânsito nas vias terrestres de qualquer natureza, abertas à circulação
Vias públicas	- Vias abertas à circulação, ruas, as avenidas, os logradouros, os caminhos, as passagens, as estradas e as rodovias. - **Equiparadas**: praias abertas à circulação pública, as vias internas pertencentes aos condomínios constituídos por unidades autônomas e as vias e áreas de estacionamento de estabelecimentos privados de uso coletivo - **Não são** consideradas vias públicas: interior de propriedade particular, como uma fazenda, e a garagem e estacionamento não abertos ao público
Veículo automotor	- Todo veículo a motor de propulsão que circule por seus próprios meios, e que serve normalmente para o transporte viário de pessoas e coisas, ou para a tração viária de veículos utilizados para o transporte de pessoas e coisas. O termo compreende os veículos conectados a uma linha elétrica e que não circulam sobre trilhos (ônibus elétrico) - **Excluídos**: veículos movidos à propulsão humana, como bicicletas, e os de tração animal, como as carroças

11 Mesmo antes da inclusão da qualificadora, Damásio de Jesus já defendia que o fato do agente estar embriagado não afastava a imunidade prisional do art. 301. JESUS, Damásio Evangelista de. *Crimes de Trânsito*. 8. ed. São Paulo: Saraiva, 2010. p. 79

12 Também é a posição de Cabette: "acontece que, na verdade, com ou sem concurso delitual, a solução não deve se alterar, ou seja, ao condutor, em acidente de trânsito com vítima, que prestar "pronto e integral" socorro não se imporá prisão em flagrante. Mudar isso seria uma medida político criminalmente equivocada, correndo-se o risco de jogar por terra todo o incentivo ao socorro em alguns casos." CABETTE, Eduardo Luiz Santos. *A vedação da prisão em flagrante em crime de trânsito quando há socorro à vítima*. Disponível em: <https://www.conjur.com.br/2018-mai-31/cabette--vedacao-prisao-flagrante-crime-transito>. Acesso em: 18 abr. 2022.

13 Razões de veto contidas na mensagem nº 404 de 19 de junho de 2008.

Art. 291: aplicação da Lei nº 9.099/1995	– **Regra geral:** aplica-se aos Crimes de Trânsito de acordo com o conceito de crime de menor potencial ofensivo (pena privativa de liberdade não superior a dois anos) – **Exceções:** fica proibida a aplicação, para os crimes de lesão culposa no trânsito, dos dispositivos que tratam da **composição civil** (art. 74 da Lei nº 9.099/1995), **transação penal** (art. 76 da Lei nº 9.099/1995) e do dispositivo que condiciona a apuração de lesão culposa à **representação da vítima** (art. 88 da Lei nº 9.099/1995), quando o agente estiver: I – sob a influência de álcool ou qualquer outra substância psicoativa que determine dependência; II – participando, em via pública, de corrida, disputa ou competição automobilística, de exibição ou demonstração de perícia em manobra de veículo automotor, não autorizada pela autoridade competente; III – transitando em velocidade superior à máxima permitida para a via em 50 km/h. **Atenção: não afasta a aplicação da suspensão condicional** do processo desde que a pena mínima do crime seja de até um ano e estejam presentes os demais requisitos do art. 89 da Lei nº 9.099/1995.
Arts. 292 a 296: Suspensão ou proibição de permissão ou habilitação	– **Como pena, prevista especificamente nos crimes de:** – homicídio culposo (art. 302); – lesão corporal culposa (art. 303); – embriaguez ao volante (art. 306); – violação de suspensão ou proibição (art. 307) – racha ou exibição de manobra (art. 308) – **Como pena em qualquer crime de trânsito:** se o agente for reincidente em crime do CTB (art. 296) – **Como medida cautelar:** durante a investigação ou durante o processo, para garantia da ordem pública, isto é, para evitar novos crimes de trânsito, impedindo que o autor continue colocando em risco a segurança viária. Obs.: Art. 294 do CTB prevê que pode ser decretada de ofício, mas a doutrina critica por violar o processo acusatório. – **Como efeito extrapenal secundário ou cautelar:** na condenação de quem use veículo para cometer os crimes de receptação, descaminho e contrabando, previstos no Código Penal (efeito extrapenal), ou cautelar, se preso em flagrante por um desses crimes. Art. 278-A do CTB.
Art. 297: multa reparatória	– **Efeito secundário** da condenação semelhante ao disposto no art. 92, I do Código Penal, que trata da obrigação de reparar o dano. Prevê que o juiz fixe um valor líquido que bastará ser executado pela parte nos termos dos arts. 50 a 52 do Código Penal. Deve ser expresso na sentença (não é automático) e só se aplica aos crimes de trânsito dos quais advenha prejuízo para alguém determinado, servindo como uma antecipação da indenização civil.
Art. 298: agravantes genéricas	– **Complementam as previstas nos arts. 61 e 62 do Código Penal. São situações que têm aplicação específica para os crimes de trânsito e que incidirão na segunda fase da dosimetria da pena. Aplicam-se se o condutor tiver cometido a infração:** I – com dano potencial para duas ou mais pessoas ou com grande risco de grave dano patrimonial a terceiros; II – utilizando o veículo sem placas, com placas falsas ou adulteradas; III – sem possuir Permissão para Dirigir ou Carteira de Habilitação; IV – com Permissão para Dirigir ou Carteira de Habilitação de categoria diferente da do veículo; V – quando a sua profissão ou atividade exigir cuidados especiais com o transporte de passageiros ou de carga; VI – utilizando veículo em que tenham sido adulterados equipamentos ou características que afetem a sua segurança ou o seu funcionamento de acordo com os limites de velocidade prescritos nas especificações do fabricante; VII – sobre faixa de trânsito temporária ou permanentemente destinada a pedestres. **Atenção:** a agravante do art. 298, V, abrange o motorista profissional de transporte de passageiros e de carga. Já a causa de aumento dos crimes de homicídio e lesão corporal culposos no trânsito abrange apenas o motorista profissional na atividade de transporte de passageiros. – Vide causas de aumento de pena do homicídio e lesão corporal culposos no trânsito.

Perdão judicial nos crimes de trânsito	- O art. 300 que previa o perdão judicial no CTB foi vetado, porém entende-se que se aplica a disciplina do perdão judicial previsto no art. 121, § 5º e art. 129, § 8º, do Código Penal. - O juiz deixa de aplicar a pena por considerar que ela é desnecessária, porque as consequências da infração já atingiram o agente de forma muito grave, a exemplo do agente que causa culposamente acidente de trânsito e mata a própria esposa. - É circunstância pessoal e, por isso, se concedido a um dos autores não se comunica ao outro. Também não se estende automaticamente a outro crime. - **Súmula nº 18 do STJ:** a sentença concessiva do perdão judicial é declaratória da extinção da punibilidade, não subsistindo qualquer efeito condenatório - **Momento: duas correntes.** 1. Somente na sentença. 2. Ainda no inquérito, porque não haverá utilidade no processo (nossa posição).
Art. 301: imunidade prisional	- Ao condutor de veículo, nos casos de acidentes de trânsito de que resulte vítima, não se imporá a prisão em flagrante, nem se exigirá fiança, se prestar pronto e integral socorro àquela; - Política criminal: é mais interessante incentivar o infrator a socorrer a vítima, preservando a vida dela, do que tornar obrigatória sua prisão em flagrante no dia dos fatos. Já a omissão de socorro é causa de aumento de pena dos crimes de homicídio culposo e lesão corporal culposa no trânsito. **Atenção:** o socorro impede a prisão em flagrante no dia, mas não afasta a responsabilização pelo crime eventualmente cometido, pelo qual o indivíduo responderá em liberdade desde logo. Sequer fiança pode ser arbitrada. - Posição majoritária entende que se aplica mesmo que o agente esteja embriagado.
Art. 312-A: substituição de pena privativa de liberdade por restritiva de direitos	- Há seis penas restritivas de direitos no art. 43 do Código Penal e o que o CTB fez foi impor a substituição por prestação de serviços à comunidade nas condenações por crimes de trânsito, listando as atividades voltadas ao tema que poderão ser impostas ao condenado;
Art. 312-B proibição de substituição de pena privativa de liberdade	- Inserido pela Lei nº 14.071/2020, e entrou em vigor em 12 de abril de 2021. - Proíbe a substituição da pena privativa de liberdade por restritiva de direito nos crimes de homicídio culposo no trânsito e de lesão corporal culposa (grave ou gravíssima) no trânsito quando o condutor estiver embriagado

7.9. Crimes em espécie

7.9.1. Art. 302: homicídio culposo na direção de veículo automotor

Art. 302. Praticar homicídio culposo na direção de veículo automotor:

Penas – detenção, de dois a quatro anos, e suspensão ou proibição de se obter a permissão ou a habilitação para dirigir veículo automotor.

§ 1º No homicídio culposo cometido na direção de veículo automotor, a pena é aumentada de 1/3 (um terço) à metade, se o agente:

I – não possuir Permissão para Dirigir ou Carteira de Habilitação;

II – praticá-lo em faixa de pedestres ou na calçada;

III – deixar de prestar socorro, quando possível fazê-lo sem risco pessoal, à vítima do acidente;

IV – no exercício de sua profissão ou atividade, estiver conduzindo veículo de transporte de passageiros.

§ 2º (Revogado).

§ 3º Se o agente conduz veículo automotor sob a influência de álcool ou de qualquer outra substância psicoativa que determine dependência: (Lei nº 13.546, de 2017)

Penas – reclusão, de cinco a oito anos, e suspensão ou proibição do direito de se obter a permissão ou a habilitação para dirigir veículo automotor. Incluído pela Lei nº 13.546, de 2017)

O crime de homicídio culposo na direção de veículo automotor se baseia no crime de homicídio culposo do art. 121, § 3º, do Código Penal. A diferença é que o crime de trânsito tem como **elementar** (elemento normativo do tipo) que o crime seja praticado **na direção de veículo automotor.**

Importante para Concursos:

a expressão na direção de veículo automotor pode levar a situações confusas. Só haverá o crime do art. 302 do CTB quando o autor estiver dirigindo o veículo automotor. Assim, se o **pedestre, pessoa empurrando carro, passageiro, pessoa em charrete,** etc., matar alguém no trânsito culposamente o crime será de homicídio culposo do art. **121, § 3º, do Código Penal.**

Sobre o conceito de veículo automotor remetemos o leitor ao tópico referente às considerações preliminares.

7.9.1.1. Bem jurídico tutelado

O crime protege a vida humana extrauterina.

7.9.1.2. Elementos do tipo

Tratando-se de crime culposo, os elementos do tipo são a imprudência, imperícia ou negligência. **Imprudência** é a culpa comissiva, uma ação perigosa, como ultrapassar o semáforo vermelho. **Negligência** é a culpa na forma omissiva, é a falta de preocupação, de cuidado, o desleixo, por exemplo negligenciar a manutenção do fluido de freio do veículo. **Imperícia** é a falta de habilidade, de preparo, de perícia para a direção.

Em direito penal, não existe compensação de culpas, e por isso **se a culpa for recíproca** entre vítima e condutor como, por exemplo, se a vítima atravessa negligentemente a via fora da faixa de pedestres e o motorista está imprudentemente acima do limite de velocidade da via, o condutor responderá pelo crime. Entretanto, se a **culpa for exclusiva da vítima** ficará afastada a responsabilidade do motorista.

Atenção:

se a conduta for dolosa, isto é, o motorista quiser matar ou assumir o risco de matar, o **crime será o de homicídio doloso do art. 121 do Código Penal**. É plenamente possível que o motorista use o veículo como verdadeira arma para executar sua intenção homicida, utilizando o veículo para praticar homicídio doloso, inclusive na modalidade do dolo eventual, quando previu e assumiu esse risco sem se importar com o resultado.

7.9.1.3. Sujeito ativo e sujeito passivo

O **crime é comum** e, portanto, o **sujeito ativo** do crime pode ser qualquer pessoa, desde que **na direção de veículo automotor.**

O **sujeito passivo também** pode ser qualquer pessoa.

7.9.1.4. *Consumação e tentativa*

O crime se consuma com a morte da vítima. Mas sendo crime culposo, não admite tentativa.

7.9.1.5. *Perdão judicial no homicídio culposo no trânsito*

Apesar do veto ao art. 300 do Código de Trânsito Brasileiro, é cabível o perdão judicial aos crimes de trânsito, nos moldes do disposto no **art. 121, § 5º, do Código Penal.** Remetemos o leitor aos comentários sobre o veto ao art. 300 do CTB.

7.9.1.6. *Causas de aumento do homicídio culposo no trânsito*

O **§ 1º, do art. 302, do CTB** traz em seus incisos quatro situações que aumentam a pena do homicídio culposo no trânsito no montante de um terço até metade.

1. ***Se o agente não possuir Permissão para Dirigir ou Carteira de Habilitação:***

   Presente essa situação, o crime do art. 309 do CTB restará absorvido pelo homicídio culposo com a causa de aumento que tem esse elemento especializado (***não possuir habilitação***) já abarcado pela majorante.

> **Importante para Concursos:**
>
> a causa de aumento **não incidirá** caso a habilitação esteja **vencida ou cassada**, e as provas costumam confundir o candidato nesse sentido.

2. ***Se o crime for cometido na faixa de pedestres ou na calçada:***

   Visa dar maior proteção ao pedestre, que tem maior **expectativa de segurança** quando transita pelos locais que o CTB lhe garante preferência (art. 29, § 2º e art. 70, do CTB).

   Segundo o Superior Tribunal de Justiça, a causa de aumento incidirá tanto se o agente perder o controle e **invadir** a calçada ou faixa, como no caso de estar **transitando pela calçada** (saindo da garagem por exemplo) e atingir um pedestre.[14]

> **Atenção:**
>
> mas o STJ entende que se o homicídio culposo for praticado **nas proximidades** da faixa ou da calçada (e não **na** faixa ou calçada) **não se aplica a causa de aumento,** porque o direito penal não admitiria essa interpretação extensiva em prejuízo do réu.[15]

14 "(...) O aumento previsto no art. 302, parágrafo único, II, do Código de Trânsito Brasileiro será aplicado tanto quando o agente estiver conduzindo o seu veículo pela via pública e perder o controle do veículo automotor, vindo a adentrar na calçada e atingir a vítima, como quando estiver saindo de uma garagem ou efetuando qualquer manobra e, em razão de sua desatenção, acabar por colher o pedestre (...)". STJ. AgRg nos EDcl no REsp 1499912/SP – 5ª T. – rel. Min. Ribeiro Dantas – j. 5-3-2020 – *DJe* 23-3-2020.

15 "A causa de aumento prevista no art. 302, parágrafo único, II, do Código de Trânsito Brasileiro só pode ser aplicada se o homicídio culposo ocorreu na faixa de pedestres ou na calçada, pouco importando, para sua incidência, que tenha ocorrido há poucos metros dela, uma vez que o direito penal não admite interpretação extensiva em prejuízo do réu." STJ. HC 164467/AC – 5ª T. – rel. Arnaldo Esteves Lima – j. 18-5-2010 – *DJe* 21-6-2010.

3. ***Se o agente deixar de prestar socorro, quando possível fazê-lo sem risco pessoal, à vítima do acidente:***

   O condutor do veículo que pratica homicídio culposo no trânsito terá aumento de pena caso não preste socorro à vítima. Nesse caso, **afasta-se o crime de omissão de socorro do art. 304 do CTB,** pelo princípio da especialidade.

   Obviamente que a causa de aumento não incidirá se não for possível ao agente prestar o socorro **sem risco pessoal**, eis que a lei não pode exigir de ninguém atos de heroísmo. Assim, no caso de **risco efetivo de linchamento**, não se aplicará a causa de aumento ao agente que sai do local.

   A doutrina entende também que a causa de aumento não incidirá se **outra pessoa socorrer** a vítima imediatamente, ou se ela **já estiver morta**, sem sombra de dúvidas.

   De outro lado, se prestar socorro, além de não ter a pena aumentada o agente estará imune à prisão em flagrante, nos termos do art. 301 do CTB.

4. ***Se o agente, no exercício de sua profissão ou atividade estiver conduzindo veículo de transporte de passageiro:***

   Se de todos os motoristas se espera cuidado no trânsito, do motorista profissional se espera maior zelo ainda, e é esta a razão da causa de aumento.

Atenção:

para o Superior Tribunal de Justiça **não há necessidade de haver passageiros no veículo,** bastando que o crime seja cometido pelo condutor no exercício da profissão ou atividade de transporte de passageiro.[16]

Entretanto, como o dispositivo **é silente quanto ao transporte de carga**, não é possível aplicar a causa de aumento nesse caso específico, ao contrário do que ocorre com a agravante genérica do art. 298, V, do CTB.

Importante para Concursos:

o conceito de **motorista profissional** abrange tanto o transporte de carga como de passageiros (art. 67-A do CTB). É interessante se atentar que **a causa de aumento** se aplica apenas para o transporte de passageiros e enquanto no exercício da atividade. **Já a agravante** do art. 298, V, do CTB se aplica para transporte de cargas ou passageiros, não exigindo pelo texto da lei, ao menos em tese, que o motorista esteja no exercício da função.

16 "A majorante do art. 302, parágrafo único, IV, do Código de Trânsito Brasileiro, exige que se trate de motorista profissional, que esteja no exercício de seu mister e conduzindo veículo de transporte de passageiros, mas não refere à necessidade de estar transportando clientes no momento da colisão e não distingue entre veículos de grande ou pequeno porte". STJ. REsp 1358214/RS – 5ª T. – rel. Min. Campos Marques (desembargador convocado do TJ/PR). – j. 9-4-2013 – *DJe* 15-4-2013. E no mesmo sentido, STJ. AgRg no REsp 1.255.562-RS – 6ª T. – rel. Min. Maria Thereza de Assis Moura – j. 4-2-2014 – *DJe* 17-3-2014.

É fácil confundir as causas de aumento do homicídio culposo no trânsito (e da lesão culposa no trânsito, que são as mesmas) com as agravantes genéricas do art. 298 do CTB. Por isso, atente-se ao quadro a seguir:

Causas de aumento (art. 302, § 1º, do CTB)	Agravantes genéricas (art. 298 do CTB)
Deixar de prestar socorro, quando possível fazê-lo sem risco pessoal à vítima do acidente	-
-	Com dano potencial para duas ou mais pessoas ou com grande risco de grave dano patrimonial a terceiros
-	Utilizando o veículo sem placas, com placas falsas ou adulteradas
Não possuir Permissão para Dirigir ou Carteira de Habilitação	Sem possuir Permissão para Dirigir ou Carteira de Habilitação
Não possuir Permissão para Dirigir ou Carteira de Habilitação	Com Permissão para Dirigir ou Carteira de Habilitação de categoria diferente da do veículo
No exercício de sua profissão ou atividade, estiver conduzindo veículo de transporte de passageiros	Quando a sua profissão ou atividade exigir cuidados especiais com o transporte de passageiros ou de carga
-	Utilizando veículo em que tenham sido adulterados equipamentos ou características que afetem a sua segurança ou o seu funcionamento de acordo com os limites de velocidade prescritos nas especificações do fabricante
Praticá-lo em faixa de pedestres ou na calçada	Sobre faixa de trânsito temporária ou permanentemente destinada a pedestres

7.9.1.7. *Homicídio culposo no trânsito e agente sob influência de álcool ou outra substância*

O § 3º, do art. 302, do CTB, incluído pela Lei nº 13.546/2017 criou uma **forma qualificada de homicídio culposo** na direção de veículo automotor, isto é, uma variante do delito com penas mínima e máxima maiores quando ficar constatado que o agente praticou o homicídio culposo no trânsito enquanto embriagado ou sob influência de outra substância psicoativa que determine dependência.

A pena será de **cinco a oito anos de reclusão** além da suspensão/proibição de CNH, contra dois a quatro anos de detenção do homicídio culposo simples.

A mudança veio para resolver as **inúmeras polêmicas** envolvendo **homicídio no trânsito e embriaguez**.

Antes dessa qualificadora, em virtude da pena relativamente baixa do homicídio culposo no trânsito comparada à gravidade da conduta (matar alguém em acidente de trânsito embriagado), passou a se tornar comum a interpretação de que dirigir embriagado e causar a morte de alguém configuraria dolo eventual de matar.

Apesar de juridicamente possível a configuração do **dolo eventual** no homicídio no trânsito, essa análise depende do caso concreto e **não pode ser automática**, como que numa fórmula pronta de que homicídio no trânsito somado à embriaguez do agente significa que o condutor assumiu o risco de matar e deve responder por homicídio doloso do Código Penal.

Conquanto a conduta seja grave, a realidade é que na maioria dos casos o condutor embriagado não age com dolo eventual de provocar acidente e matar alguém, e sim com **culpa consciente**, isto é, prevê o resultado, porém acredita piamente que conseguirá evitá-lo.

Então, a fim de estabelecer uma **figura típica intermediária mais adequada,** o legislador inicialmente incluiu uma causa de aumento § 1º, do art. 302 do CTB (pela Lei nº 11.275/2006), que acabou sendo revogada pela Lei nº 11.705/2008. Posteriormente, criou-se uma figura qualificada para esse caso no § 2º, do art. 302, do CTB (pela Lei nº 12.971/2014), mas que apenas mudava a pena de detenção para reclusão, e que acabou também sendo revogada pela Lei nº 13.281/2016.

Finalmente, então, **a Lei nº 13.546/2017 criou a qualificadora vigente no § 3º, do art. 302, do CTB,** fixando a regra de que o homicídio no trânsito praticado por motorista embriagado ou drogado configurará o **homicídio culposo qualificado pela embriaguez.**

Portanto, atualmente se o **agente não quis o resultado** morte, mas **estava embriagado ou drogado,** como regra responderá por essa figura de **homicídio culposo qualificado,** com pena intermediária entre o culposo simples e o homicídio doloso do Código Penal.

Atenção:

ainda é possível a configuração do dolo eventual desde que demonstrado no caso concreto que o agente efetivamente assumiu o resultado de matar. O que ocorre é apenas que a embriaguez, por si só, não se presta a demonstrar o dolo eventual. [17]

Homicídio e embriaguez no trânsito	
– Agente embriagado; – Não quis o resultado.	Responde pela figura do homicídio culposo qualificado pela embriaguez (art. 302, § 3º, do CTB)
– Agente embriagado; – Assumiu o risco do resultado (dolo eventual)	Responde pelo crime de homicídio doloso do art. 121 do Código Penal.

Atenção:

a qualificadora menciona **apenas estar sob influência de álcool ou outra substância,** não descrevendo a necessidade de alteração da capacidade psicomotora (como exigem a qualificadora da lesão culposa do art. 303, § 2º, e o crime de embriaguez do art. 306 do CTB). **Pensamos,** portanto, que para a configuração da qualificadora do homicídio culposo no trânsito **basta a demonstração de que o agente ingeriu bebida alcoólica,** ainda que não esteja com a capacidade psicomotora alterada.[18]

17 O STF já entendeu que a embriaguez, somada ao excesso de velocidade e ultrapassagem com sinal vermelho em local movimentado pode configurar dolo eventual: "os autos evidenciam, neste juízo sumário, que a imputação atribuída ao agravante não resultou da aplicação aleatória do dolo eventual. Indicou-se, com efeito, as circunstâncias especiais do caso, notadamente a embriaguez, o excesso de velocidade e a ultrapassagem de semáforo com sinal desfavorável em local movimentado, a indicar a anormalidade da ação, do que defluiu a aparente desconsideração, falta de respeito ou indiferença para com o resultado lesivo". HC 160500 AgR / *SP* – rel. Min. Alexandre de Moraes – j. 28-9-2018 – publicação: 5-10-2018.

18 No mesmo sentido: "para fins de incidência da novel qualificadora, não há necessidade que o agente esteja conduzindo o veículo automotor com a sua capacidade psicomotora alterada. Basta que o faça sob a influência de álcool ou de qualquer outra substância psicoativa que determine dependência. LIMA. Op. cit., p. 1210.

Assim, em nossa posição, é desnecessário demonstrar as hipóteses dos incisos do § 1º, do art. 306, do CTB, que disciplinam a constatação de embriaguez ao volante (influência de álcool **e** alteração da capacidade psicomotora). Restará configurada a qualificadora mesmo quando o agente estiver com concentração alcoólica inferior ao exigido para configuração do crime de embriaguez, desde que pratique sob influência de álcool, eis que no crime do art. 306 do CTB a exigência é maior, de alteração da capacidade psicomotora.

De todo modo, como a embriaguez já consta como qualificadora do delito de homicídio culposo, o agente responderá apenas pelo crime de homicídio culposo no trânsito qualificado pela embriaguez (art. 302, § 3º, do CTB), não havendo concurso com o crime de embriaguez ao volante do art. 306 do CTB.

7.9.1.8. Vedação à substituição da pena privativa de liberdade por restritiva de direitos

Nos casos dos crimes do § 3º, do art. 302, do CTB (homicídio culposo no trânsito qualificado pela embriaguez) e § 2º, do art. 303, do CTB (lesão culposa grave ou gravíssima no trânsito qualificada pela embriaguez), o art. **312-B do CTB**, inserido pela Lei nº 14.071/2020, **impede a aplicação do art. 44, *caput*, I do Código Penal,** que trata da substituição da pena privativa de liberdade por restritiva de direitos aos delitos culposos seja qual for a pena aplicada.

7.9.1.9. Imunidade prisional ao crime de homicídio culposo no trânsito qualificado pela embriaguez

Por razões de **política criminal,** o legislador vedou a prisão em flagrante do causador de acidente de trânsito que prestar pronto e integral socorro à vítima. Remetemos o leitor aos comentários ao art. 301 do CTB para as peculiaridades desse dispositivo e para as discussões de cabimento na hipótese de homicídio culposo no trânsito qualificado pela embriaguez.

7.9.2. Art. 303: lesão corporal culposa na direção de veículo automotor

> **Art. 303.** Praticar lesão corporal culposa na direção de veículo automotor:
>
> **Penas** – detenção, de seis meses a dois anos e suspensão ou proibição de se obter a permissão ou a habilitação para dirigir veículo automotor.
>
> **§ 1º** Aumenta-se a pena de 1/3 (um terço) à metade, se ocorrer qualquer das hipóteses do § 1º, do art. 302.
>
> **§ 2º** A pena privativa de liberdade é de reclusão de dois a cinco anos, sem prejuízo das outras penas previstas neste artigo, se o agente conduz o veículo com capacidade psicomotora alterada em razão da influência de álcool ou de outra substância psicoativa que determine dependência, e se do crime resultar lesão corporal de natureza grave ou gravíssima.

De forma semelhante ao crime de homicídio culposo no trânsito, o crime de lesão corporal culposa no trânsito do art. 303 do CTB é delito especial em relação ao crime de lesões culposas do art. 129 do Código Penal.

7.9.2.1. Bem jurídico tutelado

O crime protege a **integridade física** e a saúde das pessoas.

7.9.2.2. Elementos do tipo

Tal como no crime de homicídio culposo na direção de veículo automotor, os elementos do tipo são a imprudência, imperícia ou negligência. **Imprudência** é a culpa comissiva, uma ação perigosa, como por exemplo, ultrapassar o semáforo vermelho. **Negligência** é a culpa na forma omissiva, é a falta de preocupação, de cuidado, o desleixo, como, por exemplo, negligenciar a manutenção do fluido de freio do veículo. **Imperícia** é a falta de habilidade, de preparo, de perícia para a direção.

Em direito penal não existe compensação de culpas, e por isso **se a culpa for recíproca** entre vítima e condutor, como por exemplo, se a vítima atravessa negligentemente a via fora da faixa de pedestres e o motorista está imprudentemente acima do limite de velocidade da via, o condutor responderá pelo crime. Entretanto, se a **culpa for exclusiva da vítima** ficará afastada a responsabilidade do motorista.

Atenção:

se a conduta for dolosa, isto é, o motorista quiser lesionar a vítima, ou assumir o risco desse resultado (dolo eventual) o **crime será o de lesão corporal dolosa do art. 129 *caput* e parágrafos do Código Penal**. É plenamente possível que o motorista use o veículo como verdadeira arma para executar sua intenção de lesionar.

7.9.2.3. Sujeito ativo e sujeito passivo

O **crime é comum**, e, portanto, o **sujeito ativo** do crime pode ser qualquer pessoa, desde que **na direção de veículo automotor.**

O **sujeito passivo também** pode ser qualquer pessoa.

7.9.2.4. Consumação e tentativa

O crime se consuma com as lesões geradas na vítima. Mas sendo crime culposo, não admite tentativa.

A **gravidade das lesões não interfere na configuração do delito do *caput*** do art. 303 do CTB, mas poderá ser avaliada na fixação da pena base pelo juiz, nos termos do art. 59 do Código Penal. Entretanto, se o agente estiver embriagado e a lesão culposa causada for grave ou gravíssima, o crime se tornará qualificado (art. 303, *§ 2º*, do CTB).

7.9.2.5. Crime de menor potencial ofensivo e ação penal

Na figura básica do *caput*, a pena é de detenção de seis meses a dois anos, de modo que **o crime é de menor potencial ofensivo,** de competência do Juizado Especial criminal, com aplicação da Lei nº 9.099/1995.

Não se lavra auto de prisão em flagrante, e sim termo circunstanciado, sendo o autor liberado mediante compromisso de comparecer em juízo. Ainda, **a ação penal é condicionada**

a representação do ofendido (art. 88 da Lei nº 9.099/1995), e o crime admite composição civil com efeito de extinção da punibilidade (art. 74 da Lei nº 9.099/1995). Cabível também em tese a transação penal e a suspensão condicional do processo (arts. 76 e 89, ambos da Lei nº 9.099/1995).

Atenção:

o art. 291, § 1º, do CTB afasta três disposições da Lei nº 9.099/1995 (arts. 74, 76, e 88), quando o crime de lesão corporal culposa no trânsito for praticado em determinadas circunstâncias, o que significa que **não haverá a possibilidade de composição civil** com extinção da punibilidade, de **transação penal**, e a **ação penal se tornará incondicionada**. Ainda, o § 2º, do art. 291, do CTB impõe que nesses casos o delegado deve instaurar inquérito policial, sendo vedado o termo circunstanciado. Remetemos o leitor aos comentários ao art. 291 para maiores detalhes.

7.9.2.6. Perdão judicial no crime de lesão corporal culposa no trânsito

Apesar do veto ao art. 300 do Código de Trânsito Brasileiro, é cabível o perdão judicial aos crimes de trânsito, nos moldes do disposto no **art. 121, § 5º, do Código Penal.** Remetemos o leitor aos comentários sobre o veto ao art. 300 do CTB.

7.9.2.7. Causas de aumento na lesão corporal culposa no trânsito

O art. 303, parágrafo único, estende para a lesão culposa as **mesmas causas de aumento do homicídio culposo (art. 302, § 1º, do CTB).** Aqui valem os mesmos comentários a esse dispositivo, para o qual remetemos o leitor.

Presente uma das causas de aumento, diante da variação prevista de um terço a metade na pena, o delito **deixará de ser de menor potencial ofensivo** em razão da pena máxima possível ultrapassar dois anos. Assim, o crime deverá ser apurado por inquérito e não se lavrará termo circunstanciado, e sim auto de prisão em flagrante.

Mas essa alteração no montante da pena **não muda a ação penal**, que continua **a ser condicionada à representação**, porque lesões culposas são sempre condicionadas à representação nos termos do art. 88 da Lei nº 9.099/1995, que só deixa de ser aplicado se houver alguma das hipóteses do art. 291 do CTB.

7.9.2.8. Lesão corporal culposa no trânsito e direção sem habilitação: falta de representação da vítima

Se o agente não for habilitado e praticar lesão culposa no trânsito, o crime do art. 309 ficará absorvido, afinal é causa de aumento do crime do art. 303 do CTB.

Ocorre que **a lesão culposa no trânsito é sujeita à representação**, então se a vítima não representar, não será instaurado inquérito e o indivíduo não será processado. Nesse caso, para parcela da doutrina, subsistiria o crime do art. 309 como **"soldado de reserva"** para que o autor fosse punido.

Atenção:

mas o **Supremo Tribunal Federal** entendeu que não persistirá o crime do art. 309 do CTB nesse caso, pois se o agente foi absorvido pelo crime do art. 303 do CTB e não foi preenchida a condição de procedibilidade (representação) para o crime de lesões, está extinta a punibilidade.[19]

7.9.2.9. *Lesão corporal grave e gravíssima culposas e embriaguez no trânsito*

Na mesma linha da alteração efetivada no § 3º, do art. 302, do CTB (homicídio culposo na direção de veículo) a Lei nº 13.546/2017 criou uma **qualificadora** para o crime de lesão culposa no trânsito **quando o agente estiver embriagado (§ 2º, do art. 303, do CTB).**

Atenção:

diferentemente da qualificadora do art. 302 (homicídio culposo no trânsito) no art. 303 do CTB o legislador fez constar a expressão "**capacidade psicomotora alterada**" em razão da influência do álcool ou outra substância que cause dependência. Aqui, portanto, o crime exige a alteração da capacidade psicomotora nos mesmos termos do crime de embriaguez (art. 306 do CTB).

Entretanto, essa qualificadora só se aplicará **se além do agente estar embriagado** as lesões culposas causadas forem de **natureza grave ou gravíssima.**

Importante para Concursos:

ao inserir o requisito de que a lesão causada seja grave ou gravíssima o legislador trouxe uma **inédita graduação de gravidade em lesões culposas,** que historicamente nunca haviam sido diferenciadas pela gravidade.

Para definir a gravidade das lesões, devem ser usados os critérios do **art. 129, §§ 1º e 2º, do Código Penal** que diferenciam as lesões graves das gravíssimas.[20]

19 "Extinta a punibilidade em face da renúncia expressa da vítima ao direito de representar contra o paciente pelo crime de lesão corporal culposa na direção de veículo, qualificada pela falta de habilitação, configura-se constrangimento ilegal a continuidade da persecução criminal instaurada contra ele pelo crime menos grave de direção inabilitada, absorvido que fora por aquele, de maior gravidade". HC 80422/MG– 1ª T. – rel. Min. Ilmar Galvão – j. 28-11-2000 – publicação: 2-3-2001. **E no mesmo sentido**: (...) "Direção sem habilitação, art. 309; e, lesão corporal, art. 303. 3. Incidência do princípio da consunção. O crime de dirigir sem habilitação é absorvido pelo delito de lesão corporal 4. Precedentes de ambas as turmas. 5. Falta de representação da vítima 6. Ordem concedida para restabelecer a decisão de primeiro grau, que rejeitou a denúncia." STF. HC 128921 / *RJ – Habeas Corpus* – rel. Min. Gilmar Mendes – j. 25-8-2015 – publicação: 11-9-2015.

20 De acordo com o art. 129, § 1º, do Código Penal, configura lesão grave se resulta: I – Incapacidade para as ocupações habituais, por mais de trinta dias; II – perigo de vida; III – debilidade permanente de membro, sentido ou função; IV – aceleração de parto. E de acordo com o § 2º do mesmo artigo, configura lesão gravíssima se resulta: I – Incapacidade permanente para o trabalho; II – enfermidade incuravel; III – perda ou inutilização do membro, sentido ou função; IV – deformidade permanente; V – aborto.

Atenção:

a lesão tem de ser culposa, de modo que se o agente quis o resultado, responderá pelo crime de lesão "leve", grave, ou gravíssima do Código Penal. Com essa previsão, os casos de embriaguez ao volante com lesão passam a ser como regra culposos, afastando-se o entendimento automático de dolo eventual, mas ainda é possível demonstrar no caso concreto.

7.9.2.10. Lesão corporal "leve" e embriaguez no trânsito

A chamada lesão "leve" é definida por exclusão, quando a lesão corporal não gerar nenhuma das hipóteses de lesão grave ou gravíssima do art. 129, § 1º e 2º, do Código Penal. Nesse caso, como a qualificadora do **§ 2º, do art. 303, do CTB**, exige lesão grave ou gravíssima (culposas), no caso de lesão leve não caberá a qualificadora mesmo que o agente esteja embriagado.

Daí pergunta-se: o agente embriagado que causa lesão corporal culposa leve no trânsito, responde pelo crime do *caput* do art. 303 do CTB em concurso com o crime de embriaguez ao volante do art. 306 do CTB, ou apenas pelo primeiro, de lesões corporais culposas, eis que é crime de dano? **Há duas posições.**

1. o crime de dano (lesão leve culposa no trânsito) absorve o crime de perigo (embriaguez ao volante). E, nesse ponto, há quem entenda ainda que deve ser aplicado apenas o crime de embriaguez ao volante, por ter pena maior.
2. há concurso de delitos porque eles se consumam em momentos diferentes e tutelam bens jurídicos diferentes.

Atenção:

o **Superior Tribunal de Justiça** tem vários precedentes entendendo que os crimes se consumam em momentos diferentes e que a embriaguez não é meio necessário para o cometimento da lesão corporal, de modo que há concurso de crimes. [21]

Pensamos mais acertada a posição do Superior Tribunal de Justiça, porque o crime de embriaguez se consuma antes da lesão, quando toda a segurança viária foi colocada em risco com a direção do veículo pelo embriagado.

21 Entendendo inclusive que o caso é de concurso material: "o instituto previsto no art. 70 do Código Penal é aplicável aos casos em que o agente, mediante uma só ação, produz dois resultados lesivos diversos. 2. Na espécie, inviável a aplicação do concurso formal entre os crimes, pois houve duas condutas com dois resultados diversos: o agravante, ao conduzir o seu veículo com a capacidade psicomotora alterada pela ingestão de álcool, previamente consumou o delito de embriaguez ao volante (art. 306 do CTB) para só então, em outro momento, praticar o crime de lesão corporal culposa na condução de veículo automotor (art. 303 do CTB)." STJ. AgRg no HC 479135/SC – 6ª T. – rel. Min. Sebastião Reis Júnior – j. 11-12-2018 – *DJe* 4-2-2019. E ainda no mesmo sentido: STJ. AgRg no HC 442850/MS – 6ª T. – rel. Min. Laurita Vaz – j. 25-9-2018 – *DJe* 11-10-2018.

7.9.2.11. *Vedação à substituição da pena privativa de liberdade por restritiva de direitos*

Nos casos dos crimes do § 3º, do art. 302, do CTB (homicídio culposo no trânsito qualificado pela embriaguez) e § 2º, do art. 303, do CTB (lesão culposa grave ou gravíssima no trânsito qualificada pela embriaguez), o art. 312-B do CTB, inserido pela Lei nº 14.071/2020, **impede a aplicação do art. 44, *caput*, I do Código Penal,** que trata da substituição da pena privativa de liberdade por restritiva de direitos aos delitos culposos seja qual for a pena aplicada.

7.9.2.12. *Imunidade prisional ao crime de lesões culposas graves ou gravíssimas no trânsito qualificada pela embriaguez*

Por razões de política criminal, o legislador vedou a prisão em flagrante do causador de acidente de trânsito que prestar pronto e integral socorro à vítima. Remetemos o leitor para os comentários ao art. 301 do CTB para as peculiaridades desse dispositivo e para as discussões de cabimento na hipótese de lesão corporal qualificada pela embriaguez.

7.9.3. Art. 304: omissão de socorro no trânsito

> **Art. 304.** Deixar o condutor do veículo, na ocasião do acidente, de prestar imediato socorro à vítima, ou, não podendo fazê-lo diretamente, por justa causa, deixar de solicitar auxílio da autoridade pública:
>
> **Penas** – detenção, de seis meses a um ano, ou multa, se o fato não constituir elemento de crime mais grave
>
> **Parágrafo único.** Incide nas penas previstas neste artigo o condutor do veículo, ainda que a sua omissão seja suprida por terceiros ou que se trate de vítima com morte instantânea ou com ferimentos leves.

7.9.3.1. *Bem jurídico tutelado*

O crime de omissão de socorro no trânsito protege a **vida** e a **saúde** das pessoas.

7.9.3.2. *Elementos do tipo*

O verbo nuclear das condutas é **deixar**, indicando que o crime é **omissivo puro**, que pode ser praticado tanto se o agente **deixar de prestar socorro imediato** à vítima quando for possível prestar diretamente, como **se deixar de solicitar auxílio** à autoridade quando não puder prestar diretamente.

E se não for possível o socorro nem a solicitação de auxílio à autoridade? Na eventualidade de o condutor não ter nem como prestar o socorro diretamente, nem meios de solicitar auxílio das autoridades, o agente não cometerá o crime de omissão de socorro diante da inviabilidade fática de que prestasse o auxílio.

Entretanto, o **parágrafo único do art. 304** expressamente prevê que o crime ocorrerá ainda que a omissão seja suprida por terceiros, ou que a vítima tenha morrido instantaneamente, ou tenha sofrido apenas lesões leves. Mesmo assim, a doutrina interpreta o dispositivo com algumas ressalvas.

1. Se a **terceira pessoa** precede ao condutor e presta o socorro mais rapidamente, o condutor não poderá responder pelo crime se estava no local e apenas não conseguiu prestar o socorro. Também é possível que o agente deixe de prestar socorro por haver pessoa mais habilitada no local, situação em que seria até um contrassenso exigir que prestasse o socorro de forma amadora, havendo pessoa mais habilitada. É o caso, por exemplo, de rodovia que conte com serviço de apoio e socorro especializado.

   De outro lado, se o agente sequer sabia que terceiro prestou o socorro e não ficou no local, eventual socorro por terceiro não afastará o crime. É esse o sentido da norma.

2. Já se a **vítima morreu instantaneamente,** apesar da previsão legal, é forçoso concluir que faltará objeto jurídico a ser tutelado. Não há como criminalizar quem não socorre pessoa que já estava morta. Assim, em casos evidentes, nos quais a morte seja indiscutível (esmagamento, fogo no carro, etc) quando qualquer ação de ajuda for indiferente, inócua, não haverá o crime.

   A exceção legal **tem aplicação quando houver dúvida** sobre a morte da vítima, pois a intenção do legislador foi a de evitar que o agente faça diagnóstico no local, eximindo-se de prestar o socorro ou de acionar as autoridades com base em achismo. É nesse sentido, inclusive, que o Supremo Tribunal Federal entende que ao agente "não cabe proceder à avaliação quanto à eventual ausência de utilidade de socorro".[22]

Atenção:

no mesmo sentido, analisando o crime de homicídio culposo do Código Penal, o Superior Tribunal de Justiça tem precedentes de que

> "a prestação de socorro é dever do agressor, **não cabendo ao mesmo levantar suposições acerca das condições físicas da vítima**, medindo a gravidade das lesões que causou e as consequências de sua conduta, sendo que a determinação do momento e causa da morte compete, em tais circunstâncias, ao especialista legalmente habilitado".[23]

3. **No caso de lesões leves,** a norma também exige o socorro, sob pena de configuração do crime, na mesma linha de que o condutor não faça diagnóstico da lesão para se eximir do seu dever de solidariedade. Entretanto, se a vítima não quiser ser socorrida o condutor não poderá responder pelo crime, assim como se as lesões forem evidentemente insignificantes e realmente não necessitarem atendimento (por exemplo meros arranhões).

22 O Supremo Tribunal Federal já negou ordem de *Habeas Corpus*, mantendo a majorante de omissão de socorro no caso de homicídio culposo do Código Penal, com esse argumento. STF. HC 84380/MG.

23 STJ. REsp 277403/MG – 5ª T. – rel. Min. Gilson Dipp – j. 4-6-2002 – *DJ* 2-9-2002 – p. 221.

Importante para Concursos:

evite "brigar" com questões objetivas. Em provas de múltipla escolha fique com a literalidade da lei, no sentido de que persiste o crime de omissão de socorro ainda que a *omissão seja suprida por terceiros ou que se trate de vítima com morte instantânea ou com ferimentos leves*. Justamente porque a previsão é muito criticada pela doutrina e em alguns casos inaplicável, o candidato pode se sentir tendente a refutar a previsão legal, mas muitas vezes em provas objetivas o examinador cobra apenas o conhecimento do texto seco da lei.

7.9.3.3. Sujeito ativo e sujeito passivo

O crime do art. 304 só pode ser praticado pelo motorista de veículo que se envolve em acidente de trânsito. É, portanto, **crime próprio do condutor de veículo, envolvido em acidente sem culpa,** porque se o motorista for culpado, o crime será de homicídio culposo ou lesão corporal culposa na direção de veículo com a **causa de aumento de omissão de socorro**.

E se o agente não for sequer o condutor do carro, o crime praticado será o de omissão de socorro comum do Código Penal, porque o agente não estará no trânsito. Todos os demais que se omitirem, mas não estiverem dirigindo nem envolvidos no acidente, também cometerão o crime de omissão de socorro do Código Penal.

O **sujeito passivo** é a vítima de acidente de trânsito que precise de socorro e queira ser socorrida (vide comentários aos elementos do tipo).

Quem deixou de prestar socorro?	Qual o crime?	Tipificação
Motorista que se envolveu no acidente **sem agir culposamente**	Omissão de socorro no trânsito	Art. 304 do CTB
Motorista que causou acidente **agindo culposamente**	Homicídio ou lesões culposas no trânsito com causa de aumento de omissão de socorro	Art. 302, § 1º, III, ou art. 303, § 1º, do CTB
Motorista **não envolvido no acidente** que passava pelo local	Omissão de socorro do Código Penal	Art. 135 do Código Penal
Pedestres e outras pessoas que passavam pelo local	Omissão de socorro do Código Penal	Art. 135 do Código Penal

7.9.3.4. Consumação e tentativa

O crime se **consuma no instante** em que o agente deixa de prestar o socorro, ou quando deixa de solicitar o auxílio da autoridade. O crime é omissivo próprio, de modo que **não é possível a tentativa.**

7.9.3.5. Subsidiariedade expressa

O art. 304 do CTB prevê que o crime de omissão de socorro no trânsito só ocorrerá se o fato não constituir elemento de crime mais grave. Trata-se de **subsidiariedade expressa** do tipo penal, só se configurando o crime do art. 304 se a omissão não for elemento de crime mais grave, como, por exemplo, no caso de he homicídio culposo no trânsito com a majorante de omissão de socorro (art. 302, § 1º, III).

7.9.3.6. *Pena e ação penal*

O crime do art.o 304 do CTB **é de menor potencial ofensivo** em razão da pena máxima não superar dois anos. Assim, é de competência do Juizado Especial Criminal e aplicam-se os benefícios da Lei nº 9.099/1995.

A ação penal é **pública incondicionada.**

7.9.4. Art. 305: fuga do local do acidente

> **Art. 305.** Afastar-se o condutor do veículo do local do acidente, para fugir à responsabilidade penal ou civil que lhe possa ser atribuída:
>
> **Penas** – detenção, de seis meses a um ano, ou multa.

7.9.4.1. *Bem jurídico tutelado*

O crime do art. 305 tutela a **administração da justiça**, eis que a fuga do condutor do local do acidente prejudica a apuração dos fatos e a responsabilização criminal ou civil pelo ocorrido.

Parte da doutrina sustenta que criminalizar a fuga do local é inconstitucional porque implicaria obrigação da pessoa a produzir prova contra si, violando o princípio do *nemo tenetur se detegere*. O órgão especial do Tribunal de Justiça de São Paulo chegou a firmar tese nesse sentido, considerando a imputação inconstitucional.[24] [25]

> **Atenção:**
>
> entretanto, o **Supremo Tribunal Federal** decidiu com **repercussão geral,** que o crime do art. 305 é **plenamente constitucional,** porque não obriga a produção de prova, apenas impede que o agente fuja e não seja identificado.[26]

7.9.4.2. *Elementos do tipo*

A conduta é de se **afastar** do local com intenção (finalidade especial) de não ser identificado e, com isso, **evitar responsabilização cível ou criminal.**

7.9.4.3. *Sujeito ativo e sujeito passivo*

O **sujeito ativo** é o condutor do veículo envolvido em acidente de trânsito. O **sujeito passivo** é o Estado e eventualmente também a pessoa interessada na responsabilização cível ou criminal e prejudicada pela fuga.

24 Na arguição de Inconstitucionalidade nº 990.10.159020-4.

25 Contrariamente a esse entendimento havia tese do Ministério Público de São Paulo (nº 333) no sentido de que o crime do artigo 305 não é inconstitucional porque não obriga a produzir qualquer prova, apenas a identificar-se no local.

26 STF. RE 971959. Repercussão Geral – Mérito – Tribunal Pleno – rel. Min. Luiz Fux – j. 14-11-2018 – publicação: 31-7-2020.

7.9.4.4. *Tipo subjetivo*

O **crime é doloso** e exige a **finalidade especial** de agir "para fugir à responsabilidade penal ou civil que lhe possa ser atribuída".

7.9.4.5. *Consumação e tentativa*

O crime **se consuma com a fuga do local** e é indiferente se houve ou não o resultado de prejudicar a apuração e se o agente efetivamente conseguiu evitar a responsabilização cível ou criminal ou não. Assim, mesmo que identificado o condutor, se ele fugiu do local visando evitar sua responsabilização, o crime estará consumado.

A **tentativa é possível** se o agente iniciar a fuga do local, mas não conseguir por circunstâncias alheias à sua vontade.

7.9.4.6. *Fuga do local ou omissão de socorro*

Caso o agente fuja do local para se omitir ao socorro, cometendo, com isso, o crime de omissão de socorro, ou de homicídio culposo ou lesão culposa no trânsito com a causa de aumento de omissão de socorro, fugindo do local, o crime de fuga do local restará absorvido.

> **Atenção:**
>
> se a fuga for o **meio necessário** para a omissão de socorro a conduta de fugir absorverá o crime de fuga em virtude do **princípio da consunção.**

7.9.4.7. *Pena e ação penal*

O crime do art. 305 do CTB **é de menor potencial ofensivo** em razão da pena máxima não superar dois anos. Assim, é de competência do Juizado Especial Criminal e aplicam-se os benefícios da Lei nº 9.099/1995.

A ação penal é **pública incondicionada**

7.9.5. Art. 306: crime de embriaguez ao volante

> **Art. 306.** Conduzir veículo automotor com capacidade psicomotora alterada em razão da influência de álcool ou de outra substância psicoativa que determine dependência:
>
> **Penas** – detenção, de seis meses a três anos, multa e suspensão ou proibição de se obter a permissão ou a habilitação para dirigir veículo automotor.
>
> **§ 1º** As condutas previstas no *caput* serão constatadas por:
>
> **I** – concentração igual ou superior a 6 decigramas de álcool por litro de sangue ou igual ou superior a 0,3 miligrama de álcool por litro de ar alveolar; ou
>
> **II** – sinais que indiquem, na forma disciplinada pelo Contran, alteração da capacidade psicomotora
>
> **§ 2º** A verificação do disposto neste artigo poderá ser obtida mediante teste de alcoolemia ou toxicológico, exame clínico, perícia, vídeo, prova testemunhal ou outros meios de prova em direito admitidos, observado o direito à contraprova.

> **§ 3º** O Contran disporá sobre a equivalência entre os distintos testes de alcoolemia ou toxicológicos para efeito de caracterização do crime tipificado neste artigo.
>
> **§ 4º** Poderá ser empregado qualquer aparelho homologado pelo Instituto Nacional de Metrologia, Qualidade e Tecnologia – INMETRO – para se determinar o previsto no *caput*.

7.9.5.1. Bem jurídico tutelado

O crime de embriaguez ao volante protege diretamente a **segurança viária** e indiretamente a vida e a saúde das pessoas.

7.9.5.2. Elementos do tipo

O crime de embriaguez ao volante foi alterado diversas vezes até que o legislador conseguisse superar entraves práticos muito relevantes para a efetiva responsabilização do motorista embriagado.

A Lei nº 11.705/2008, conhecida como "**lei seca**" excluiu do crime de embriaguez ao volante a exigência de que o condutor expusesse "a dano potencial a incolumidade de outrem", que deixava impune o motorista embriagado que não estivesse dirigindo de forma anormal.

Entretanto, exigia que o crime ocorresse em "via pública" e previa a demonstração de determinada quantidade de álcool no organismo como única prova possível para o delito. Como **ninguém é obrigado a produzir prova contra si** (art. 5º, LXIII, da Constituição Federal) e não há como fazer a análise de dosagem alcoólica sem que o motorista forneça sangue ou ar alveolar (soprando no etilômetro), a aplicação da lei penal acabava ficando na prática nas mãos do próprio motorista.

Daí a **atual redação, dada pela Lei nº 12.760/2012**, que mantém a previsão de demonstração da embriaguez por determinada concentração de álcool no organismo, mas alternativamente admite a prova da alteração da capacidade psicomotora por sinais regulamentados pelo Contran, a serem provados por quaisquer meios de prova admitidos em direito.

A conduta típica atual consiste simplesmente em **conduzir** veículo automotor com a capacidade psicomotora alterada por influência de álcool ou outra substância que determine dependência. Assim, exige-se a **influência de álcool** ou outra substância que determine dependência e que a **capacidade psicomotora esteja alterada.**

Essa **prova da alteração da capacidade psicomotora** pode ser feita de forma bem ampla. A **primeira** é pelos exames técnicos (etilômetro ou exame de sangue) em que é possível comprovar a quantidade prevista em lei que presume haver alteração da capacidade psicomotora (igual ou superior a 6 decigramas de álcool por litro de sangue ou igual ou superior a 0,3 miligrama de álcool por litro de ar alveolar). A **segunda** é por outros sinais característicos da embriaguez previstos na resolução do Contran nº 432/2013, a exemplo de olhos vermelhos, exaltação, ironia, dificuldade de equilíbrio, fala alterada, desordem de vestes, etc.

Atenção:

a resolução não inova a lei penal, apenas norteia os sinais que o agente de trânsito deve verificar.

Para demonstração desses sinais, a lei autorizou expressamente diversos meios de prova, destacando-se o exame clínico, que é a avaliação externa de um médico sobre o estado do indivíduo. Mas também é possível por vídeo, testemunhas, enfim qualquer meio de prova admitido em direito.

Atenção:

o condutor tem **o direito à contraprova**, isto é, a todos os meios disponíveis para refutar os elementos que demonstram estar embriagado. Assim, se o condutor fez o teste de etilômetro e o resultado foi de que estava com quantidade de álcool superior ao exigido para configuração do crime, pode solicitar que seja feito exame de sangue para corroborar. Ou se fez o exame clínico e o médico constatou sinais de embriaguez, pode solicitar o etilômetro para atestar com mais certeza.

Por fim, **a Lei nº 12.971/2014** acrescentou expressamente a possibilidade de exame toxicológico adequado para verificação de outras substâncias, que não o álcool. E **a Lei nº 13.840/2019** acrescentou o § 4º no art. 306 do CTB para permitir também a **constatação de influência de drogas** na condução de veículo automotor por testes quaisquer, desde que **regulamentados pelo Inmetro,** independentemente das equivalências e disciplina da resolução do Contran, que é uma exigência no caso do álcool por força do art. 277 do CTB.

Atenção:

dirigir com a capacidade psicomotora por influência de **outra substância** que não o álcool também configura ocrime, desde que essa substância (droga, remédio, etc), esteja na lista de **substâncias psicoativas que cause dependência**. Não basta dirigir sob a influência de remédio que afete a capacidade psicomotora.

7.9.5.3. *Sujeito ativo e passivo*

O **sujeito ativo pode ser qualquer pessoa** conduzindo veículo automotor.

Já o **sujeito passivo é a coletividade,** pois o Bem jurídico tutelado é a segurança viária. Caso haja vítimas expostas a risco concreto elas podem ser consideradas sujeito passivo secundário.

7.9.5.4. *Consumação e tentativa*

O crime do art. 306 do CTB se consuma com a direção do veículo automotor com as condições psicomotoras alteradas por influência de álcool ou outra substância que cause dependência.

Atenção:

para o Superior Tribunal de Justiça "o crime de embriaguez ao volante é **de perigo abstrato**, ou seja, prescinde da demonstração de potencialidade lesiva da conduta para sua configuração".[27] No mesmo sentido, já decidiu o Supremo Tribunal Federal.[28]

Pensamos que apesar de difícil configuração prática, **a tentativa é possível** como se o agente, ao entrar no veículo embriagado, ligar a chave, mas não dirigir o veículo por intervenção de amigos.[29] Há, entretanto, vozes na doutrina que entendem que não cabe a tentativa.[30]

7.9.5.5. *Homicídio ou lesão corporal no trânsito e embriaguez ao volante*

Quando houver **lesão grave ou gravíssima** culposas ou **homicídio culposo** no trânsito e o **indivíduo estiver embriagado**, o crime do **art. 306 do CTB será absorvido** pelos crimes respectivos previstos nos arts. 302 ou 303 do CTB, porque a embriaguez é causa qualificadora desses crimes.

Atenção:

no caso de **lesões culposas "leves"**, há discussão sobre concurso de infrações, porque não há causa de aumento ou qualificadora para a lesão culposa no trânsito "**leve**" com embriaguez, eis que o art. 303, § 2º, do CTB exige que a lesão culposa seja de natureza grave ou gravíssima.

Para maior aprofundamento, remetemos o leitor aos comentários específicos ao art. 303 do CTB.

7.9.5.6. *Direção sem habilitação e embriaguez ao volante*

O Superior Tribunal de Justiça entende que **é plenamente possível o concurso** entre os crimes de **direção sem habilitação** (art. 309 do CTB) e de **embriaguez ao volante** (art. 306 do CTB), porque a direção sem habilitação não é meio necessário para o crime de embriaguez ao volante e os crimes têm objetividades jurídicas distintas.[31]

---

27 STJ. RHC 80363/SP – 5ª T. – rel. Min. Felix Fischer – j. 3-8-2017 – *DJe* 10-8-2017.

28 STF. RE 856930/SP – rel. Min. Roberto Barroso – j. 2-2-2015 – publicação: 13-2-2015.

29 É a posição também de LIMA. Op. cit., p. 1231.

30 Nesse sentido: BALTAZAR. Op. cit., p. 775.

31 "Os crimes previstos nos arts. 306 e 309 do CTB são autônomos, com objetividades jurídicas distintas, motivo pelo qual não incide o postulado da consunção. Dessarte, o delito de condução de veículo automotor sem habilitação não se afigura como meio necessário nem como fase de preparação ou de execução do crime de embriaguez ao volante." STF. AgRg no REsp 1898458 / PR – 5ª T. – rel. Min. Felix Fischer – j. 9-12-2020 – *DJe* 17-12-2020.

Atenção:

o crime do art. 309 do CTB exige a demonstração de **perigo concreto** e se esse perigo não estiver presente o agente cometerá apenas o crime do art. 306 do CTB com a agravante genérica do art. 298, III, do CTB.

7.9.5.7. *Pena e ação penal*

O crime do art. 306 do CTB tem pena máxima de três anos, ultrapassando o limite do Juizado Especial Criminal. Entretanto, como a pena mínima não supera um ano, **é cabível a suspensão condicional do processo**.

A ação penal é **pública incondicionada**

7.9.6. Art. 307: violação de suspensão ou da proibição de se obter permissão ou habilitação

Art. 307. Violar a suspensão ou a proibição de se obter a permissão ou a habilitação para dirigir veículo automotor imposta com fundamento neste Código:

Penas – detenção, de seis meses a um ano e multa, com nova imposição adicional de idêntico prazo de suspensão ou de proibição.

Parágrafo único. Nas mesmas penas incorre o condenado que deixa de entregar, no prazo estabelecido no § 1º, do art. 293, a Permissão para Dirigir ou a Carteira de Habilitação.

7.9.6.1. *Bem jurídico tutelado*

O crime trata de uma **forma especial de desobediência**, específica para o agente que descumpre decisão que proibiu ou suspendeu o direito de obter permissão ou habilitação prevista no CTB.

O bem jurídico tutelado é a **Administração da Justiça.**

7.9.6.2. *Elementos do tipo*

A conduta incriminada é a de **violar a suspensão ou proibição**, ou seja, dirigir veículo automotor no período em que essa atividade foi vedada.

O crime do art. 307 do CTB **não exige que a condução do veículo seja anormal.** Isso, pois o bem jurídico tutelado é a Administração da Justiça, violada com o descumprimento da proibição ou suspensão.

Importante para Concursos:

é comum que as provas confundam os crimes do arts. 307 (violação de suspensão ou proibição) e 309 do CTB (direção sem habilitação), eis que este último exige a demonstração de perigo concreto. É importante também não confundir a **suspensão** da habilitação (cuja violação configura o crime do art. 307 do CTB), com a **cassação** da habilitação (que é elemento do crime do art. 309 do CTB).

Em nosso entendimento, **a suspensão violada deve ser a imposta por decisão judicial.** Violar a imposição administrativa de suspensão da habilitação prevista no art. 265 do CTB (como no caso de o condutor extrapolar o número de pontos da habilitação) não configura o crime.[32]

Reforça esse entendimento a previsão equiparada do parágrafo único, do art. 307, do CTB, que prevê as mesmas penas para quem, **condenado**, deixa de entregar a habilitação nos termos do art. 293, *§ 1º*, do CTB. O dispositivo se refere ao condenado por crime de trânsito ao qual foi imposta a sanção penal de proibição ou suspensão de permissão ou habilitação.

Atenção:

O **STJ adota o entendimento** de que "é atípica a conduta contida no art. 307 do CTB quando a suspensão ou a proibição de se obter a permissão ou a habilitação para dirigir veículo automotor advém de restrição administrativa".[33]

Há, entretanto, posições doutrinárias no sentido de que a violação da suspensão **administrativa** também configura o crime.

Com **relação à proibição** de habilitação, não há mais dúvidas, porque se aplica no caso do agente que ainda não possui habilitação ou permissão, e será proibido de se habilitar, situação que só ocorre por decisão judicial para quem comete crime do Código de Trânsito.

Para mais detalhes com relação às penas de suspensão ou proibição de se obter permissão ou habilitação remetemos o leitor aos comentários aos arts. 292 a 296 do CTB.

7.9.6.3. Sujeito ativo e sujeito passivo

O **crime é próprio** daquele que está suspenso ou proibido de obter permissão ou habilitação por força de decisão judicial.

O **sujeito passivo** é o Estado, cuja decisão foi desrespeitada.

7.9.6.4. Consumação e tentativa

O crime do art. 307 é de **perigo abstrato e de mera conduta**, punindo o mero fato de o agente, suspenso ou proibido de dirigir, violar a determinação imposta.

O crime se **consuma**, portanto, quando o agente coloca o veículo em movimento, dirigindo-o, sendo irrelevante se a condução foi anormal ou não.

Não é cabível a tentativa, porque o crime é unissubsistente, realizado por um único ato.[34] Mas há posições em sentido contrário.[35]

---

32 Também é a posição de CAPEZ, Fernando. *Curso de Legislação Penal especial*. 14 ed. São Paulo: Saraiva Educação, 2019. p. 489.

33 STJ. HC 427472/SP – 6ª T. – rel. Min. Maria Thereza de Assis Moura – j. 23-8-2018 – *DJe* 12-12-2018.

34 Também no sentido de que o crime é unissubsistente: LIMA. Op. cit., p. 1233.

35 Entendendo que o crime é plurissubsistente e admite tentativa: GARCEZ. Op. cit., p. 962.

7.9.6.5. *Figura equiparada: omissão na entrega de permissão ou habilitação*

O parágrafo único, do art. 307, equipara à figura do *caput* a conduta do condenado por crime de trânsito que **não entrega a habilitação ou permissão em 48 horas** após sua intimação da sentença transitada em julgado que o tenha condenado à pena de suspensão ou proibição de permissão ou habilitação.

Atenção:

esse prazo legal é previsto no art. **293, § 1º, do CTB.**

O **Bem jurídico tutelado é o mesmo** do *caput*, ou seja, a Administração da Justiça.

Entretanto, a figura equiparada **não exige que o agente efetivamente dirija** violando a decisão, bastando que não entregue o documento no prazo legal. Afinal, com o documento em mãos a fiscalização da punição de suspensão ou proibição de dirigir fica mais difícil.

O **sujeito ativo** é próprio, pois o crime só pode ser praticado pelo condenado e intimado. O **sujeito passivo** é o Estado.

O **crime é omissivo próprio,** que **não admite tentativa**, e se **consuma com o escoamento do prazo** de 48 horas a contar da intimação.

Importante para Concursos:

os **crimes a prazo** são "aqueles em que a lei prevê alguma circunstância que eleva a pena, cuja ocorrência depende do decurso de algum período de tempo".[36] É o caso do crime em estudo, que se consuma 48 horas após a intimação do agente.

7.9.6.6. *Pena e ação penal*

Os crimes do art. 307 *caput* e parágrafo único do CTB **são de menor potencial ofensivo** em razão de a pena máxima não superar dois anos. Assim, é de competência do Juizado Especial Criminal e aplicam-se os benefícios da Lei nº 9.099/1995.

A ação penal é **pública incondicionada**

7.9.7. **Art. 308: disputa, competição, exibição ou demonstração de manobra não autorizada**

> **Art. 308.** Participar, na direção de veículo automotor, em via pública, de corrida, disputa ou competição automobilística ou ainda de exibição ou demonstração de perícia em manobra de veículo automotor, não autorizada pela autoridade competente, gerando situação de risco à incolumidade pública ou privada: (Redação dada pela Lei nº 13.546, de 2017)

36 ESTEFAM, 2021, op. cit., p. 117.

Penas – detenção, de 6 (seis) meses a 3 (três) anos, multa e suspensão ou proibição de se obter a permissão ou a habilitação para dirigir veículo automotor.

§ 1º Se da prática do crime previsto no *caput* resultar lesão corporal de natureza grave, e as circunstâncias demonstrarem que o agente não quis o resultado nem assumiu o risco de produzi-lo, a pena privativa de liberdade é de reclusão, de 3 (três) a 6 (seis) anos, sem prejuízo das outras penas previstas neste artigo.

§ 2º Se da prática do crime previsto no caput resultar morte, e as circunstâncias demonstrarem que o agente não quis o resultado nem assumiu o risco de produzi-lo, a pena privativa de liberdade é de reclusão de 5 (cinco) a 10 (dez) anos, sem prejuízo das outras penas previstas neste artigo.

7.9.7.1. Bem jurídico tutelado

O crime protege **a segurança viária**, colocada em risco com disputas e manobras descontroladas e sem autorização.

7.9.7.2. Elementos do tipo

O crime é participar de corrida, disputa, competição ou exibição ou demonstração de perícia em manobra não autorizada. O agente deve, portanto, participar da disputa na direção de veículo automotor.

As **previsões alternativas** de participar de corrida, disputa, ou competição abrangem de forma ampla uma série de condutas, como disputa lado a lado por velocidade, quem faz melhor tempo, ou quem faz a melhor manobra.

Já a previsão de **exibição de manobra** incluída pela nova redação do tipo dada pela Lei nº 13.546/2017 foi salutar para permitir a punição daquele que, embora não competindo com ninguém, faça manobras **sozinho** sem autorização. É o caso do indivíduo que empina motocicleta sozinho, manobra conhecida popularmente como "grau".

O tipo exige ainda que o crime seja praticado **em via pública**, aplicando-se o conceito mais restrito de vias públicas, que exclui o interior de fazendas particulares, de estacionamentos particulares de veículos ou de *shoppings* centers.[37]

E é necessário que **não haja autorização,** porque é a ausência de controle controle e fiscalização que gera o perigo para outras pessoas. A autorização do poder público para realização de provas ou competições desportivas está prevista no **art. 67 do CTB.**

Atenção:

se o evento for **autorizado pela autoridade** de trânsito a conduta será atípica. Há uma série de eventos em vias públicas autorizados pelo poder público (etapas de circuito de rua de competições automobilísticas, de exibição de manboras em motos, etc) que não configuram o crime.

37 Nesse sentido também BALTAZAR. Op. cit., p. 789.

A **existência de autorização**, entretanto, não impede que um dos competidores aja com culpa (imprudência, por exemplo) e cause acidente matando ou lesionando alguém, caso em que faltará a elementar do crime de racha (art. 308 do CTB, em estudo), mas o agente responderá por **homicídio ou lesão corporal culposos no trânsito** (art. 302 ou 303 do CTB).[38]

Por fim, deve haver demonstração de **perigo de dano concreto,** ou seja, a competição, disputa, corrida ou exibição devem gerar situação de risco à incolumidade pública ou privada. Mas não é necessário risco efetivo a uma pessoa específica ou ao patrimônio de alguém determinado, eis que o crime é contra a segurança viária como um todo.

7.9.7.3. Sujeito ativo e passivo

O **sujeito ativo é qualquer pessoa.** Nos casos de competição, disputa ou corrida entre dois competidores ambos serão autores em concurso. Eventuais instigadores da conduta, sejam espectadores, copilotos, ou passageiros, serão partícipes do delito nos termos do art. 29 do Código Penal. Igualmente, o organizador do evento clandestino responderá como partícipe.

Atenção:

antes da Lei nº 13.546/2017 o crime do art. 308 do CTB **era tido como de concurso necessário,** porque não havia a previsão de exibição ou demonstração de manobra, e os demais atos de participar de **corrida, disputa, ou competição, envolvem sempre mais que uma pessoa,** contra a qual se correrá, disputará ou competirá.

O **sujeito passivo é a coletividade** colocada em risco com a diminuição da segurança viária. De forma indireta, quem eventualmente for exposto ao risco pela conduta.

7.9.7.4. Consumação e tentativa

O crime se consuma com o **início da disputa, competição, corrida, ou exibição** de manobra, gerando risco à incolumidiade pública ou privada.

A doutrina se divide quanto ao cabimento da tentativa. Para a **primeira corrente, a tentativa não é admitida,** pois a reunião e deliberação pela disputa, antes de iniciá-la não constitui início de ato executório. Ou o agente começa a corrida, disputa, competição, ou exibição de manobra, e consuma o crime, ou não começa e o crime não tem sequer início.[39]

Para uma **segunda corrente**, que entendemos mais acertada, **o crime admite tentativa,** pois é plurissubsistente e acaso os agentes iniciem a disputa, corrida, competição ou exibição de manobra, mas sejam interrompidos antes de produzirem efetivo perigo de dano ao bem jurídico tutelado, haverá tentativa.[40]

---

38 No mesmo sentido: BALTAZAR. Op. cit., p. 796.

39 Entendendo que o crime não admite tentativa: BALTAZAR. Op. cit., p. 791. E ainda CAPEZ. Op. cit., p. 495.

40 Entendendo possível a tentativa também: HABIB. Op. cit., p. 127. E ainda: LIMA. Op. cit. p. 1239. Bem como: GARCEZ. Op. cit., p. 964.

7.9.7.5. Qualificadoras: lesão grave e morte

Se da corrida, disputa, competição, ou exibição resultar em lesão **grave**, **gravíssima**, ou **morte** de alguém, que o agente não quis causar, as penas são maiores, conforme previsto respectivamente nos **§§ 1º e 2º, do art. 308, do CTB.**

> **Atenção:**
>
> **as qualificadoras são preterdolosas,** pois o agente participa da competição ou exibição clandestina, dolosamente, isto é, querendo, porém, acaba lesionando alguém gravemente ou matando, sem ter a intenção e sem assumir o risco desse resultado, ou seja, culposamente. São duas condutas: uma dolosa inicial e a segunda culposa, e, por isso, o crime é classificado como preterdoloso (há apenas dolo prévio).

Os conceitos de lesão grave e gravíssima estão nos §§ 1º e 2º, do art. 129, do Código Penal. O **resultado lesão gravíssima** também gera a qualificadora, porque todas as gravíssimas pressupõem lesão grave, conforme previsto no referido rol.

7.9.7.6. Resultado morte e dolo eventual

As qualificadoras do crime do art. 308 do CTB são preterdolosas, de modo que se o condutor agir com dolo de matar responderá pelo crime de homicídio doloso do art. 121 do Código Penal. O mesmo se diga se agir com dolo eventual que, para todos os efeitos, é dolo.

Assim, nada impede que os competidores, exibidores etc., ajam de tal maneira que fique demonstrado que previram e assumiram o risco de causarem o resultado morte, caso em que responderão por homicídio doloso.

7.9.7.7. Resultado lesão corporal leve

Há polêmica doutrinária com relação à tipificação no caso de a disputa, competição, corrida, ou exibição além de gerar risco à incolumidade pública ou privada, **acabar lesionando alguém apenas levemente**. No caso de serem causadas lesões graves, a lei deu a solução com a qualificadora do **§ 1º, do art. 308, do CTB.**

Já no caso de lesões leves, há três posições: 1. O crime de dano deve absorver o crime de perigo, devendo o agente responder pelo crime de lesões corporais culposas; **2.** O agente deve responder apenas pelo crime do art. 308 do CTB, cuja pena é maior do que o crime de dano (lesões corporais culposas no trânsito), que por isso não pode absorvê-lo. **3.** Há concurso entre os crimes de lesão corporal culposa no trânsito (art. 303 do CTB), e disputa não autorizada (art. 308 do CTB).

Essa terceira posição é à qual nos filiamos[41], na mesma linha da argumentação com relação ao concurso entre os crimes do art. 303 e art. 306 do CTB (remetemos o leitor aos comentários ao crime do art. 303 do CTB).

41 Com o mesmo pensamento: GARCEZ. Op. cit., p. 964.

7.9.7.8. *Pena e ação penal*

Desde a Lei nº 12.971/2014, a pena da figura do *caput* do art. 308 do CTB é de seis meses a três anos de detenção, além de multa e suspensão ou proibição de permissão ou habilitação. Portanto, **não é infração de menor potencial ofensivo**, e não está sujeita ao Juizado Especial Criminal. Entretanto, a pena mínima não ultrapassa um ano, **admitindo a suspensão condicional do processo**.

As **figuras qualificadas dos §§ 1º e 2º, do art. 308, do CTB**, por sua vez, são apenadas respectivamente com três a seis anos e cinco a dez anos de reclusão, ficando **fora do Juizado Especial Criminal**, e não admitindo suspensão condicional do processo.

Em todos os casos a ação penal é pública incondicionada.

7.9.8. Art. 309: direção sem habilitação ou permissão, ou com direito de dirigir cassado

> **Art. 309.** Dirigir veículo automotor, em via pública, sem a devida Permissão para Dirigir ou Habilitação ou, ainda, se cassado o direito de dirigir, gerando perigo de dano:
>
> **Penas** – detenção, de seis meses a um ano, ou multa.

7.9.8.1. *Bem jurídico tutelado*

O crime do art. 309 do CTB é mais um delito que protege de forma geral a **segurança viária** e que denota a maior preocupação do legislador com as vidas no trânsito, eis que elevou a contravenção do art. 32 da Lei das Contravenções Penais a crime.

7.9.8.2. *Elementos do tipo*

O crime exige que o agente **dirija o veículo automotor**, em **via pública,**[42] **gerando perigo de dano.**

A exigência de perigo de dano revela que o crime é de **perigo concreto**, de modo que não basta dirigir sem ser habilitado, ou estar com habilitação cassada para que o crime se configure. É preciso demonstrar que houve risco de dano à vida, integridade física, saúde ou patrimônio de outras pessoas.[43]

Há entendimento doutrinário, entretanto, de que basta dirigir descumprindo regras de trânsito (administrativas) para que se configure o crime, sem necessidade de demonstração de perigo concreto.[44]

---

42 Aplica-se o conceito mais restrito de vias, que exclui o interior de fazendas particulares, de estacionamentos particulares de veículos ou de shoppings centers. Nesse sentido também BALTAZAR. Op. cit., p. 789.

43 Assim já decidiu o Supremo Tribunal Federal: "pretendeu o legislador punir não apenas o fato de dirigir sem habilitação, mas, também, a efetivação por parte do agente do perigo de dano, que, no caso, foi produzido pelo agente quando, ao conduzir veículo sem estar habilitado, causou lesão corporal culposa em terceiro" HC 80422/MG – 1ª T. – rel. Min. Ilmar Galvão – j. 28-11-2000 – publicação: 2-3-2001.

44 BALTAZAR. Op. cit., p. 801.

Atenção:

não ser habilitado signfica tanto não ter qualquer habilitação, como também ser habilitado em categoria diversa daquela exigida para o veículo dirigido. Afinal, nesse caso o agente não será habilitado para dirigir aquele veículo específico. É o exemplo do habilitado na categoria B que dirige motocicleta (veículo de categoria A), gerando perigo de dano.[45]

Já a **cassação** da habilitação é medida prevista no art. 263 do CTB.

Atenção:

o tipo fala em dirigir **sem habilitação** ou com habilitação **cassada**, o que não se confunde com habilitação suspensa, cuja violação pode levar ao crime do art. 307 do CTB, **nem com habilitação vencida**. Assim, pensamos que o fato de o agente estar com habilitação vencida não configura o crime, eis que nesse caso o sujeito é habilitado (não está sem habilitação), porém o documento está administrativamente vencido.

Adotando raciocínio semelhante o **Superior Tribunal de Justiça** afastou a causa de aumento do inciso I, do § 1º, do art. 302, do CTB no caso de o agente estar com habilitação vencida, justamente porque essa circunstância é diferente de não possuir habilitação (prevista lá como causa de aumento).[46]

No mesmo sentido, o Superior Tribunal de Justiça já decidiu que a **ausência de renovação do exame médico** não significa falta de habilitação para configuração do crime.[47]

Há, entretanto, posicionamento doutrinário no sentido de que o motorista com habilitação vencida após trinta dias está sujeito ao crime do art. 309 do CTB, se dirigir causando perigo de dano.[48]

Atenção:

dirigir **sem portar o documento** não configura o crime, e com o advento da Lei nº 14.071/2020, sequer haverá infração de trânsito se for possível que o agente de trânsito acesse o sistema informatizado para confirmar que o condutor é habilitado (art. 159, § 1º-A, do CTB).

---

45 As categorias de habilitação constam do art. 143 do CTB.

46 (...) Caso o legislador quisesse punir de forma mais gravosa também o fato de o agente dirigir com a carteira de habilitação vencida, teria feito expressa alusão, assim como fez – no parágrafo único do art. 302 – em relação àquele que comete homicídio culposo na direção de veículo automotor sem permissão para dirigir ou sem carteira de habilitação. 13. No Direito Penal, não se admite a analogia in malam partem, de modo que não se pode inserir no rol das circunstâncias que agravam a pena (art. 302, § 1º) também o fato de o agente cometer homicídio culposo na direção de veículo automotor com carteira de habilitação vencida. [..]. HC 226128 / TO. – 6ª T. – rel. Min. Rogerio Schietti Cruz – j. 7-4-2016 – *DJe* 20-4-2016.

47 "Se o bem jurídico tutelado pela norma é a incolumidade pública, para que exista o crime é necessário que o condutor do veículo não possua Permissão para Dirigir ou Habilitação, o que não inclui o condutor que, embora habilitado, esteja com a Carteira de Habilitação vencida. III. Não se pode equiparar a situação do condutor que deixou de renovar o exame médico com a daquele que sequer prestou exames para obter a habilitação." STJ. REsp 1188333/SC – 5ª T. – rel. Min. Gilson Dipp – j. 16-12-2010 – *DJe* 1-2-2011.

48 Nesse sentido: CAPEZ. Op. cit., p. 499.

Para direção de **ciclomotores,**[49] não se exige habilitação, e sim autorização para conduzir ciclomotores (ACC), nos termos do art. 141 do CTB, de modo que dirigi-los sem essa autorização não configura o crime, porque não se trata propriamente de habilitação.

7.9.8.3. *A contravenção do art. 32 da LCP*

Como visto, com o advento do Código de Trânsito Brasileiro, o legislador elevou a direção sem habilitação à condição de crime no art. 309 do CTB, eis que antes havia previsão de conduta semelhante apenas no art. 32 da Lei das Contravenções Penais (Dec.-lei nº 3.688/1941), que pune com multa a conduta de "dirigir, sem a devida habilitação, veículo na via pública, ou embarcação a motor em águas públicas".

Daí pergunta-se: a contravenção do art. 32 da LCP está em vigor? Para a **maioria** da doutrina, sim, porém com **aplicação restrita aos casos de direção de embarcação em águas** públicas sem a devida habiltação, eis que a direção de veículo automotor em via pública foi disciplinada na legislação especial (Código de Trânsito Brasileiro).

Atenção:

diz **a Súmula nº 720 STF,** que "o art. 309 do Código de Trânsito Brasileiro, que reclama decorra do fato perigo de dano, derrogou o art. 32 da Lei das Contravenções Penais no tocante à direção sem habilitação em vias terrestres".

De se notar, entretanto, que a contravenção não exige perigo de dano concreto, de modo que para uma minoria da doutrina a contravenção permanece como subsidiária ao crime do art. 309 do CTB, com aplicação quando não ficar demonstrado o perigo concreto.

7.9.8.4. *Sujeito ativo e passivo*

O sujeito **ativo** é **qualquer pessoa.** Enquanto, o sujeito **passivo** é a **coletividade.**

7.9.8.5. *Consumação e tentativa*

O crime se consuma quando o agente dirige o veículo e causa perigo de dano concreto.

A **tentativa é possível** se o agente dirigir o veículo e restar demonstrado que iria causar perigo de dano, que foi evitado por circunstâncias alheias à sua vontade.[50]

7.9.8.6. *Concurso de crimes*

A falta de habilitação ou permissão para dirigir configura **causa de aumento** dos crimes de homicídio culposo no trânsito (**art. 302, § 1º, I, do CTB**) e lesão corporal culposa no trânsito (**art. 303, § 1º, do CTB**). No caso de lesão corporal culposa no trânsito por condutor não

---

49 Ciclomotores são veículos de duas ou três rodas com potência de até 50 cilindradas, sendo que a autorização é regulamentada pela Resolução nº 572/15 do CONTRAN. Os cicloelétricos são equiparados aos ciclomotores, pela resolução CONTRAN nº 315/2009 alterada pela Resolução nº 465/2013, e são os veículos duas ou três rodas, com ou sem pedais, até 140 Kg (incluído condutor passageiro e carga), até 4 Kwats e até 50 km/h.

50 Também admitindo a tentativa: LIMA. Op. cit., p. 1243. Em sentido contrário, considerando que o crime não admite tentativa: CAPEZ. Op. cit., p. 506.

habilitado, há discussão, ainda, se a **ausência de representação** pelo crime de lesão culposa afeta a imputação do crime de direção sem habilitação. Para análise mais detalhada desses tópicos, remetemos o leitor aos comentários aos respectivos dispositivos.

Caso o agente esteja **embriagado e sem habilitação**, pode haver concurso entre os crimes do arts. 309 e do 306 do CTB. Para essa análise remetemos o leitor aos comentários ao art. 306 do CTB.

7.9.8.7. Pena e ação penal

O crime do art. 309 do CTB é **de menor potencial ofensivo** em razão da pena máxima não superar dois anos. Assim, é de competência do Juizado Especial Criminal e aplicam-se os benefícios da Lei nº 9.099/1995. A pena mínima também não supera um ano, de modo que é **cabível a suspensão condicional do processo.**

A ação penal é **pública incondicionada.**

7.9.9. Art. 310: entrega de veículo à pessoa não habilitada ou sem condições de conduzi-lo com segurança

> **Art. 310.** Permitir, confiar ou entregar a direção de veículo automotor a pessoa não habilitada, com habilitação cassada ou com o direito de dirigir suspenso, ou, ainda, a quem, por seu estado de saúde, física ou mental, ou por embriaguez, não esteja em condições de conduzi-lo com segurança:
> **Penas** – detenção, de seis meses a um ano, ou multa.

7.9.9.1. Bem jurídico tutelado

O crime do art. 310 do CTB protege a **segurança viária.**

7.9.9.2. Elementos do tipo

As condutas típicas são permitir, confiar ou entregar. **Permitir** é deixar, licenciar, autorizar. **Confiar** é colocar sob guarda ou cuidados. **Entregar** é passar as chaves do veículo, dar. São ações múltiplas, de modo que a prática de mais de um verbo configurará apenas um crime.

A pessoa que assume a direção do veículo deve estar sem condições de dirigi-lo de forma segura, e a lei discrimina quais são essas situações.

Pessoa não habilitada: é a que não possui a devida permissão ou habilitação para dirigir, nos termos dos comentários

Com habilitação cassada: é a pessoa que teve aplicada a sanção do art. 263 do CTB (vide comentários ao art. 309 do CTB).

Pessoa com o **direito de dirigir suspenso** é a que foi punida na forma do art. 261 do CTB, ou nos termos dos arts. 292 a 296 do CTB, para os quais remetemos o leitor. Vide, ainda, os comentários ao art. 307 do CTB.

Por fim, o condutor cujo estado de **saúde**, **física** ou **mental**, ou por **embriaguez**, não esteja em condições de dirigi-lo com segurança, é circunstância que abrange inúmeras situações, mas não basta que o agente tenha algum problema de saúde, e sim que na situação concreta não tenha condições de dirigir o veículo com segurança. No caso da embriaguez, aquele que conduzir o veículo cometerá o crime do art. 306 do CTB.

Atenção:

o art. 310 do CTB é **exceção à teoria monista,** pois aquele que **recebe o veículo** pode estar em várias situações que configurarão a depender do caso, o crime do art. 307 (se habilitação suspensa); do art. 309 (se habilitação cassada ou sem habilitação); do art. 306 (se embriagado). Quem entrega o veículo a essas pessoas em regra seria partícipe desses crimes cometidos pelo motorista, entretanto, a lei excepcionou a regra, criando um crime específico para quem entrega, confia, ou permite a direção do veículo por pessoa sem condições de dirigir com segurança.

7.9.9.3. Sujeito ativo e passivo

O **sujeito ativo** é qualquer pessoa. O crime é comum e pode ser praticado por qualquer pessoa.

Importante para Concursos:

o candidato não pode se confundir. O sujeito ativo é qualquer pessoa, porém quem recebe o veículo deve ser pessoa não habilitada, com habilitação cassada, direito de dirigir suspenso, ou sem condições de conduzir com segurança o veículo por razões diante de alguma condição de saúde, física, mental ou por embriaguez.

O **sujeito passivo** é a coletividade.

7.9.9.4. Consumação e tentativa

O crime é de **perigo abstrato**, eis que inexiste qualquer menção de que aqueles que assumam a direção do veículo venham a causar perigo de dano.

Caso o motorista não habilitado ou com habilitação cassada dirija regularmente sem causar perigo de dano, não cometerá o crime do art. 309 (que é de perigo concreto), porém quem lhe confiou ou entregou o veículo responderá pelo crime do art. 310 (que é de perigo abstrato). Parte da doutrina critica essa possibilidade, porém é o que prevalece diante criação do tipo específico, em exceção à teoria monista.

Atenção:

diz a **Súmula nº 575 do STJ** que

> "constitui crime a conduta de permitir, confiar ou entregar a direção de veículo automotor a pessoa não habilitada ou que se encontre em qualquer das circunstâncias descritas no art. 310, do CTB, independentemente da ocorrência de lesão ou de perigo de dano concreto na condução de veículo automotor".

É necessário, todavia, que **o veículo seja colocado em movimento**, eis que o tipo fala em entregar "a direção de veículo automotor", pressupondo que haja o efetivo deslocamento do automóvel.

A **tentativa é possível**, porém de difícil configuração na prática. O agente deve ser impedido em momento imediatamente antes de colocar o veículo em movimento, por exemplo se já ligou o motor do automóvel, mas não começou a sair com o veículo e é abordado por agentes de trânsito.[51]

Pena e ação penal

O crime é **de menor potencial ofensivo** em razão da pena máxima não superar dois anos. Assim, é de competência do Juizado Especial Criminal e aplicam-se os benefícios da Lei nº 9.099/1995. A pena mínima também não supera um ano, de modo que é **cabível a suspensão condicional do processo.**

A ação penal é **pública incondicionada.**

7.9.10. Art. 311: direção em velocidade incompatível em determinados locais

> **Art. 311.** Trafegar em velocidade incompatível com a segurança nas proximidades de escolas, hospitais, estações de embarque e desembarque de passageiros, logradouros estreitos, ou onde haja grande movimentação ou concentração de pessoas, gerando perigo de dano:
> **Penas** – detenção, de seis meses a um ano, ou multa.

7.9.10.1. Bem jurídico tutelado

O crime do art. 311 do CTB protege a **segurança viária**.

7.9.10.2. Elementos do tipo

O crime é **trafegar** em **velocidade incompatível** em **alguns locais** que o legislador entendeu haver risco maior à segurança viária, mas desde que além disso seja constatado o **perigo de dano** no caso concreto.

Velocidade incompatível é a inadequada para a via e para as condições específicas da via no momento. Pode ser o caso do agente que trafega acima do limite permitido, ou abaixo do mínimo legal[52], ou ainda daquele que, mesmo dentro dos limites, deixa de reduzir a velocidade diante de alguma necessidade momentânea, como no caso de haver uma procissão de pedestres na via[53].

Se o perigo for gerado não por velocidade incompatível, e sim por manobra perigosa, por exemplo se o agente dirige na contramão, não haverá o crime do art. 311 do CTB. Já se

51 No mesmo sentido CAPEZ. Op. cit., p. 510.
52 Segundo o art. 62 do CTB, a velocidade mínima não poderá ser inferior à metade da velocidade máxima estabelecida, respeitadas as condições operacionais de trânsito e da via.
53 É também infração de trânsito prevista no artigo 220 do CTB, "deixar de Deixar de reduzir a velocidade do veículo de forma compatível com a segurança do trânsito".

o agente praticar **exibição ou demonstração de manobra não autorizada**, o crime poderá ser o do art. 308 do CTB.

O tipo não menciona veículo automotor e, por isso, para parcela da doutrina o crime pode ser cometido em qualquer veículo, como os de tração animal, ou propulsão humana. Discordamos desse entendimento porque o **art. 291 do CTB** é claro quando enuncia as regras gerais dos crimes de trânsito, que elas se aplicam aos crimes de trânsito praticados **na direção de veículo automotor**.

Atenção:

o **rol de locais** em que o crime pode ser praticado (escolas, hospitais, estações de embarque e desembarque, logradouro estreito) é seguido de uma **fórmula genérica** para abranger qualquer local com grande movimentação ou concentração de pessoas. Por isso, **o rol é exemplificativo** e está autorizada a **interpretação analógica.**

O crime ainda exige a demonstração de perigo de dano, de modo que se não ficar demonstrado esse **perigo concreto** não haverá crime, e sim mera infração administrativa prevista no art. 220, XIV, do CTB.

7.9.10.3. A contravenção do art. 34 da LCP

O art. 34 da Lei das Contravenções Penais (Dec.-lei nº 3.688/1941) pune com prisão simples de quinze dias a três meses ou multa a conduta de "dirigir veículos na via pública, ou embarcações em águas públicas, pondo em perigo a segurança alheia".

Atenção:

para parcela da doutrina essa **contravenção persiste** para os casos em que o perigo não for gerado por excesso de velocidade (além dos limites da via), e sim por manobras perigosas, situação em que não se configura o crime do art. 311 do CTB.[54]

Entretanto, pensamos que, da mesma forma que a contravenção do art. 32 da LCP, foi derrogada pelo art. 309 do CTB (vide comentários a esse dispositivo e a Súmula nº 720 do STF), a contravenção do art. 34 também foi derrogada pela previsão do art. 311 do CTB, persistindo apenas para os casos de condução perigosa de embarcações em águas públicas. Isso, pois o CTB disciplinou inteiramente a matéria dos crimes de trânsito.

7.9.10.4. Sujeito ativo e passivo

O sujeito **ativo** pode ser **qualquer** pessoa. O sujeito **passivo** é a **coletividade**.

54 É a posição de CAPEZ. Op. cit., p. 511.

7.9.10.5. *Consumação e tentativa*

Para a consumação, exige-se não apenas que o condutor dirija o veículo em velocidade incompatível em um dos locais com grande movimentação ou concentração de pessoas, mas também que seja gerado perigo de dano.

Assim, **em tese é possível a tentativa**[55] se o agente dirigir o veículo em velocidade incompatível e restar demonstrado que iria causar perigo de dano nas proximidades de alguns dos locais mencionados pela lei e que isso foi evitado por circunstâncias alheias à sua vontade. Porém será de difícil configuração na prática.

7.9.10.6. *Pena e ação penal*

O crime é **de menor potencial ofensivo** em razão de a pena máxima não superar dois anos. Assim, é de competência do Juizado Especial Criminal e aplicam-se os benefícios da Lei nº 9.099/1995. A pena mínima também não supera um ano, de modo que é **cabível a suspensão condicional do processo.**

A ação penal é **pública incondicionada.**

7.9.11. Art. 312: inovação artificiosa em acidente automobilístico com vítima

Art. 312. Inovar artificiosamente, em caso de acidente automobilístico com vítima, na pendência do respectivo procedimento policial preparatório, inquérito policial ou processo penal, o estado de lugar, de coisa ou de pessoa, a fim de induzir a erro o agente policial, o perito, ou juiz:

Penas – detenção, de seis meses a um ano, ou multa.

Parágrafo único. Aplica-se o disposto neste artigo, ainda que não iniciados, quando da inovação, o procedimento preparatório, o inquérito ou o processo aos quais se refere.

7.9.11.1. *Bem jurídico tutelado*

O crime do art. 312 do CTB protege a **Administração da Justiça**, e nada mais é do que uma **forma especial do crime de fraude processual** do art. 347 do Código Penal.

Atenção:

o **Superior Tribunal de Justiça** já decidiu que

> "o direito à não autoincriminação não abrange a possibilidade de os acusados alterarem a cena do crime, inovando o estado de lugar, de coisa ou de pessoa, para, criando artificiosamente outra realidade, levar peritos ou o próprio Juiz a erro de avaliação relevante".[56]

55 Também entendendo cabível a tentativa: HABIB. Op. cit., p. 133. Entendendo que não cabe a tentativa: CAPEZ. Op. cit., p. 513.

56 STJ. HC 137206/SP – 5ª T. – rel. Min. Napoleão Nunes Maia Filho – j. 1-12-2009 – *DJe* 1-2-2010.

7.9.11.2. *Elementos do tipo*

O crime é **inovar artificiosamente**, o que significa mudar, criar, alterar a cena do acidente **de forma artificial, fraudulenta, com ardil,** em relação ao **lugar**, a **coisa**, ou **pessoa**.

Os **exemplos** são vários: o agente pode alterar o local do acidente, por exemplo, para fazer crer que não ocorreu na faixa de pedestres. Ou ainda o agente sem habilitação pode trocar de assento com o passageiro, fazendo crer que o motorista era outro, legalmente habilitado.

O acidente de trânsito **deve ser com vítima,** conforme exigido pelo tipo. Se não houver vítima no acidente, o crime poderá ser o de fraude processual do art. 347 do Código Penal.

Atenção:

o crime pode ocorrer **mesmo antes de instaurado** inquérito policial ou qualquer procedimento preparatório, conforme expressa previsão no parágrafo único do dispositivo.

O **elemento subjetivo** é o **dolo**, e deve haver ainda a **finalidade especial** de induzir a erro o agente policial, o perito, ou o juiz. Há que ser demonstrada essa finalidade específica, de modo que se o agente modificar a cena por outro motivo o crime não se configurará.

7.9.11.3. *Sujeito ativo e passivo*

O **crime é comum** e pode ser praticado por qualquer pessoa, ainda que não seja o responsável pelo acidente. É plenamente possível o concurso de agentes para a fraude.

O **sujeito passivo é o Estado**, eis que o crime é praticado contra a Administração da Justiça.

7.9.11.4. *Consumação e tentativa*

O **crime é formal** e se consuma quando o agente altera o estado de coisa, pessoa ou lugar, imbuído da intenção de induzir a erro as autoridades, ainda que não consiga efetivamente ludibriá-las.

A **tentativa é possível** se o agente iniciar inequivocamente a fraude, mas for impedido por circunstâncias alheias à sua vontade.

7.9.11.5. *Pena e ação penal*

O crime é **de menor potencial ofensivo** em razão da pena máxima não superar dois anos. Assim, é de competência do Juizado Especial Criminal e aplicam-se os benefícios da Lei nº 9.099/1995. A pena mínima também não supera um ano, de modo que é **cabível a suspensão condicional do processo.**

A ação penal é **pública incondicionada.**

7.9.12. Arts. 312-A e 312-B: substituição de pena privativa de liberdade por restritiva de direitos

> **Art. 312-A.** Para os crimes relacionados nos arts. 302 a 312 deste Código, nas situações em que o juiz aplicar a substituição de pena privativa de liberdade por pena restritiva de direitos, esta

deverá ser de prestação de serviço à comunidade ou a entidades públicas, em uma das seguintes atividades:(Incluído pela Lei nº 13.281, de 2016)

I – trabalho, aos fins de semana, em equipes de resgate dos corpos de bombeiros e em outras unidades móveis especializadas no atendimento a vítimas de trânsito;

II – trabalho em unidades de pronto-socorro de hospitais da rede pública que recebem vítimas de acidente de trânsito e politraumatizados;

III – trabalho em clínicas ou instituições especializadas na recuperação de acidentados de trânsito;

IV – outras atividades relacionadas ao resgate, atendimento e recuperação de vítimas de acidentes de trânsito.

A previsão do art. 312-A do CTB visa priorizar que a pena restritiva de direitos por crime de trânsito seja voltada a reparar danos decorrentes de acidentes, tornando mais específica e mais útil a pena.

Há seis penas restritivas de direitos no art. 43 do Código Penal e o que o CTB fez foi **impor a substituição por prestação de serviços à comunidade** nas condenações por crimes de trânsito, listando as atividades voltadas ao tema que poderão ser impostas ao condenado.

Art. 312-B. Aos crimes previstos no § 3º do art. 302 e no § 2º do art. 303 deste Código não se aplica o disposto no inciso I do **caput** do art. 44 do Decreto-Lei nº 2.848, de 7 de dezembro de 1940 (Código Penal).

O art. 312-B foi inserido pela Lei nº 14.071/2020, e entrou em vigor em 12 de abril de 2021. A intenção do legislador foi garantir que **não haja a substituição** da pena privativa de liberdade por restritiva de direito nos crimes de homicídio culposo no trânsito e de lesão corporal culposa (grave ou gravíssima) no trânsito quando o **condutor estiver embriagado**.

Tratando-se de nova lei penal prejudicial, não pode retroagir aos fatos anteriores à sua vigência.

7.10. Quadro sinótico dos crimes em espécie

Crimes em espécie			
Artigo	**Noção**	**Detalhes**	**Pena**
302 *caput*	Homicídio culposo na direção de veículo automotor	– O autor deve estar dirigindo o veículo automotor. Se o pedestre, pessoa empurrando carro, passageiro, pessoa em charrete, etc., matar alguém no trânsito culposamente o crime será o do art. 121, § 3º, do Código Penal. – **Não há compensação de culpas. Entretanto, se a culpa for exclusiva da vítima ficará afastada a responsabilidade do motorista.**	detenção, de dois a quatro anos, e suspensão ou proibição de se obter a permissão ou a habilitação para dirigir veículo automotor.
302,§1º	Causas de aumento do homicídio culposo	– A pena é aumentada de 1/3 (um terço) à metade, se o agente: I – **não possuir Permissão para Dirigir ou Carteira de Habilitação;** II – praticá-lo em faixa de pedestres ou na calçada; III – deixar de prestar socorro, quando possível fazê-lo sem risco pessoal, à vítima do acidente;	aumentada de 1/3 (um terço) à metade

		IV – no exercício de sua profissão ou atividade, estiver conduzindo veículo de transporte de passageiros. **Atenção:** não abrange habilitação vencida ou cassada. **Atenção:** para o STJ não há necessidade de haver passageiros no veículo, bastando que o crime seja cometido pelo condutor no exercício da profissão ou atividade de transporte de passageiro; **Atenção:** a causa de aumento se aplica apenas para o transporte de passageiros e enquanto no exercício da atividade. Já a agravante do art. 298, V, do CTB se aplica para transporte de cargas ou passageiros.	
302, § 3º	Qualificadora do homicídio culposo praticado por agente embriagado	– **Regra:** homicídio no trânsito praticado por motorista embriagado ou drogado configurará o homicídio culposo qualificado pela embriaguez; – Ainda é possível a configuração do dolo eventual desde que demonstrado no caso concreto que o agente efetivamente assumiu o resultado de matar. A embriaguez, por si só, não se presta a demonstrar o dolo eventual; – Menciona apenas estar sob influência de álcool ou substância que cause dependência. Em tese não exige alteração da capacidade psicomotora. **Atenção:** o art. 312-B do CTB, inserido pela Lei nº 14.071/2020, impede a aplicação do artigo 44, *caput*, I, do Código Penal, que trata da substituição da pena privativa de liberdade por restritiva de direitos aos delitos culposos seja qual for a pena aplicada.	reclusão, de cinco a oito anos, e suspensão ou proibição do direito de se obter a permissão ou a habilitação para dirigir veículo automotor
303 *caput* e § 1º	Lesão corporal culposa na direção de veículo automotor	– A gravidade das lesões não interfere na configuração do delito do *caput* do art. 303 do CTB, mas poderá ser avaliada na fixação da pena base pelo juiz, nos termos do art. 59 do Código Penal. Mas se o agente estiver embriagado e a lesão culposa causada for grave ou gravíssima, o crime se tornará qualificado (art. 303, § 2º, do CTB). – Na figura básica do *caput*, o crime é de menor potencial ofensivo, de competência do Juizado Especial criminal, com aplicação da Lei nº 9.099/1995. Não se lavra auto de prisão em flagrante, e sim termo circunstanciado, sendo o autor liberado mediante compromisso de comparecer em juízo. A ação penal é condicionada a representação do ofendido (art. 88 da Lei nº 9.099/1995); **Atenção:** o art. 291, § 1º, do CTB afasta três disposições da Lei nº 9.099/1995 (arts. 74, 76, e 88), quando o crime de lesão corporal culposa no trânsito for praticado em determinadas circunstâncias; **Atenção:** causas de aumento são as mesmas do homicídio culposo. Se presentes, o crime deixa de ser de menor potencial ofensivo, mas a ação penal continua sujeita a representação da vítima.	Detenção, de seis meses a dois anos e suspensão ou proibição de se obter a permissão ou a habilitação para dirigir veículo automotor. **Causa de aumento:** de 1/3 (um terço) à metade
303, § 3º	Qualificadora: Lesão corporal grave e gravíssima culposas e embriaguez no trânsito	– Só se aplicará se além do agente estar embriagado as lesões culposas causadas forem de natureza grave ou gravíssima. – **Inédita graduação de gravidade** em lesões culposas. Para definir a gravidade das lesões devem ser usados os critérios do art. 129, §§ 1º e 2º, do Código Penal. – **Lesão leve e embriaguez. Há duas posições: 1.** o crime de dano (lesão leve culposa no trânsito) absorve o crime de perigo (embriaguez ao volante). 2. há concurso de delitos, porque eles se consumam em momentos diferentes e tutelam bens jurídicos diferentes (nossa posição, com precedentes do STJ). – O art. 312-B do CTB impede a aplicação do art. 44, *caput*, I, do Código Penal, que trata da substituição da pena privativa de liberdade por restritiva de direitos aos delitos culposos seja qual for a pena aplicada.	Reclusão de dois a cinco anos, sem prejuízo das outras penas previstas

304	Omissão de socorro no trânsito	- **É crime próprio do condutor de veículo, envolvido em acidente sem culpa, porque se o motorista for culpado, o crime será de homicídio culposo ou lesão corporal culposa na direção de veículo com a causa de aumento de omissão de socorro**. E se o agente não for sequer o condutor do carro, o crime praticado será o de omissão de socorro comum do Código Penal. - O parágrafo único do art. 304 expressamente prevê que o crime ocorrerá ainda que a omissão seja suprida por terceiros, ou que a vítima tenha morrido instantaneamente, ou tenha sofrido apenas lesões leves. É a melhor posição para provas objetivas. - Ressalvas da doutrina: se terceira pessoa precede o condutor, que permanece no local, ou se o terceiro é mais habilitado (médico) não há o crime; se a vítima evidentemente morreu instantaneamente não há objeto jurídico a ser tutelado; se a vítima não quiser ser socorrida ou se as lesões forem insignificantes, como meros arranhões, também não haverá o crime.	detenção, de seis meses a um ano, ou multa, se o fato não constituir elemento de crime mais grave
305	Fuga do local do acidente para evitar responsabilidade	- O Supremo Tribunal Federal decidiu com repercussão geral, que o crime do art. 305 é plenamente constitucional porque não obriga a produção de prova, apenas impede que o agente fuja e não seja identificado (RE 971959). - A conduta é de se afastar do local com intenção (finalidade especial) de não ser identificado e, com isso, evitar responsabilização cível ou criminal;	detenção, de seis meses a um ano, ou multa
306	Embriaguez ao volante	- Exige-se a influência de álcool ou outra substância que determine dependência e que a capacidade psicomotora esteja alterada; - Prova da alteração da capacidade psicomotora: 1. exames técnicos (etilômetro ou exame de sangue) que atestem a quantidade prevista em lei que presume haver alteração da capacidade psicomotora (igual ou superior a 6 decigramas de álcool por litro de sangue ou igual ou superior a 0,3 miligrama de álcool por litro de ar alveolar). 2. outros sinais característicos da embriaguez previstos na resolução do Contran nº 432/2013, a exemplo de olhos vermelhos, exaltação, ironia, dificuldade de equilíbrio, fala alterada, desordem de vestes, etc. **Atenção:** a lei autorizou diversos meios de prova para essa comprovação. - **Motorista drogado**: a Lei nº 12.971/2014 acrescentou expressamente a possibilidade de exame toxicológico adequado para verificação de outras substâncias, que não o álcool. E a Lei nº 13.840/2019 acrescentou o § 4º no art. 306 do CTB para permitir também a constatação de influência de drogas na condução de veículo automotor por testes quaisquer, desde que regulamentados pelo Inmetro. - Quando houver lesão grave ou gravíssima culposas ou homicídio culposo no trânsito e o indivíduo estiver embriagado, o crime do art. 306 do CTB será absorvido pelos crimes respectivos previstos nos arts. 302 ou 303 do CTB, porque a embriaguez é causa qualificadora desses crimes.	detenção, de seis meses a três anos, multa e suspensão ou proibição de se obter a permissão ou a habilitação para dirigir veículo automotor
307	Violação de suspensão ou da proibição de se obter permissão ou habilitação	- Forma especial de desobediência, específica para o agente que descumpre decisão que proibiu ou suspendeu o direito de obter permissão ou habilitação prevista no CTB; - **Não exige que a condução do veículo seja anormal. Isso, pois o bem jurídico tutelado é a Administração da Justiça;**	detenção, de seis meses a um ano e multa, com nova imposição adicional de idêntico prazo de suspensão ou de proibição

		- O **STJ** entende que "é atípica a conduta contida no art. 307 do CTB quando a suspensão ou a proibição de se obter a permissão ou a habilitação para dirigir veículo automotor advém de restrição administrativa" (HC nº 427472 **/ SP.** *DJe* 12-12-2018). - O parágrafo único, do art. 307, equipara à figura do *caput* a conduta do condenado por crime de trânsito que não entrega a habilitação ou permissão em 48 horas após sua intimação da sentença transitada em julgado que o tenha condenado à pena de suspensão ou proibição de permissão ou habilitação;	
308 *caput*	Disputa, competição, exibição ou demonstração de manobra não autorizada	- O agente deve estar na direção de veículo automotor; - A previsão de exibição de manobra incluída pela nova redação do tipo dada pela Lei nº 13.546/2017 foi salutar para permitir a punição daquele que, embora não competindo com ninguém, **faça manobras sozinho** sem autorização; - Antes da Lei nº 13.546/2017, o crime do art. 308 do CTB era tido como de concurso necessário porque não havia a previsão de exibição ou demonstração de manobra, e os demais atos de participar de corrida, disputa, ou competição, envolvem sempre mais que uma pessoa, contra a qual se correrá, disputará ou competirá; - **É necessário que não haja autorização, porque é a ausência de controle controle e fiscalização que gera o perigo para outras pessoas (vide art.** 67 do CTB);	detenção, de 6 (seis) meses a 3 (três) anos, multa e suspensão ou proibição de se obter a permissão ou a habilitação para dirigir veículo automotor
308, § 1º	Qualificadora: lesão corporal grave	- Se da corrida, disputa, competição, ou exibição resultar lesão grave ou gravíssima, que o agente não quis causar. - É **preterdolosa**, pois o agente participa da competição ou exibição clandestina, dolosamente, isto é, querendo, porém, acaba lesionando alguém gravemente sem ter a intenção e sem assumir o risco desse resultado, ou seja, culposamente. São duas condutas: uma dolosa inicial e a segunda culposa e, por isso, o crime é classificado como preterdoloso (há apenas dolo prévio). - Os conceitos de lesão grave e gravíssima estão nos **§§ 1º e 2º**, do art. 129, do Código Penal. O resultado lesão gravíssima também gera a qualificadora, porque todas as gravíssimas pressupõem lesão grave; - **No caso de lesões leves**, há três posições: 1. O crime de dano deve absorver o crime de perigo, devendo o agente responder pelo crime de lesões corporais culposas; 2. O agente deve responder apenas pelo crime do art. 308 do CTB, cuja pena é maior do que o crime de dano (lesões corporais culposas no trânsito), que, por isso, **não pode absorvê-lo. 3. Há concurso entre os crimes de lesão corporal culposa no trânsito (art. 303 do CTB), e disputa não autorizada (art.** 308 do CTB). Adotamos a terceira posição.	reclusão, de 3 (três) a 6 (seis) anos, sem prejuízo das outras penas
308, § 2º	Qualificadora: morte	- Se da corrida, disputa, competição, ou exibição resultar a morte da vítima, que o agente não quis causar; - Também é preterdolosa (vide comentários no item anterior) - Nada impede que os competidores, exibidores, etc., ajam de tal maneira que fique demonstrado que previram e assumiram o risco de causarem o resultado morte, caso em que responderão por homicídio doloso	reclusão de 5 (cinco) a 10 (dez) anos, sem prejuízo das outras penas
309	Direção sem habilitação ou permissão, ou com direito de dirigir cassado	- Exige que o agente dirija o veículo automotor, em via pública, gerando perigo de dano; - É de perigo concreto, sendo necessário demonstrar que houve risco de dano à vida, integridade física, saúde ou patrimônio de outras pessoas;	detenção, de seis meses a um ano, ou multa

		- Sem habilitação ou com habilitação cassada não se confunde com habilitação suspensa, cuja violação pode levar ao crime do art. 307 do CTB, nem com habilitação vencida. - Dirigir **sem portar o documento não configura o crime, e com o advento da Lei nº** 14.071/2020, sequer haverá infração de trânsito se for possível que o agente de trânsito acesse o sistema informatizado para confirmar que o condutor é habilitado (art. 159, § 1º-A, do CTB). - **Súmula nº 720 STF**: "o art. 309 do Código de Trânsito Brasileiro, que reclama decorra do fato perigo de dano, derrogou o art. 32 da Lei das Contravenções Penais no tocante à direção sem habilitação em vias terrestres". - A falta de habilitação ou permissão para dirigir configura causa de aumento dos crimes de homicídio culposo no trânsito (art. 302, § 1º, I, do CTB) e lesão corporal culposa no trânsito (art. 303, § 1º, do CTB).	
310	Entrega de veículo **à** pessoa não habilitada ou sem condições de conduzi-lo com segurança	- O art. 310 do CTB é **exceção à teoria monista,** pois aquele que recebe o veículo pode estar em várias situações que configurarão, a depender do caso, o crime do art. 307 (se habilitação suspensa); do art. 309 (se habilitação cassada ou sem habilitação); do art. 306 (se embriagado). Quem entrega o veículo a essas pessoas em regra seria partícipe desses crimes cometidos pelo motorista, entretanto, a lei excepcionou a regra, criando um crime específico para quem entrega, confia, ou permite a direção do veículo por pessoa sem condições de dirigir com segurança. - Caso o motorista não habilitado ou com habilitação cassada dirija regularmente sem causar perigo de dano, não cometerá o crime do art. 309 (que é de perigo concreto), porém quem lhe confiou ou entregou o veículo responderá pelo crime do art. 310 (que é de perigo abstrato). - Súmula nº 575 do STJ: "constitui crime a conduta de permitir, confiar ou entregar a direção de veículo automotor **à** pessoa não habilitada ou que se encontre em qualquer das circunstâncias descritas no art. 310 do CTB, independentemente da ocorrência de lesão ou de perigo de dano concreto na condução de veículo automotor".	detenção, de seis meses a um ano, ou multa
311	Direção em velocidade incompatível em determinados locais	- O crime é trafegar em velocidade incompatível em alguns locais que o legislador entendeu haver risco maior à segurança viária, mas exige perigo de dano no caso concreto; - O rol de locais em que o crime pode ser praticado (escolas, hospitais, estações de embarque e desembarque, logradouro estreito) é seguido de uma fórmula genérica para abranger qualquer local com grande movimentação ou concentração de pessoas. O rol é exemplificativo e está autorizada a interpretação analógica; - Sobre a contravenção do art. 34 do Dec.-lei nº 3.688/1941, há duas posições. 1. persiste a contravenção para os casos em que o perigo não for gerado por excesso de velocidade (além dos limites da via), e sim por manobras perigosas, situação em que não se configura o crime do art. 311 do CTB; 2. A contravenção do art. 34 foi derrogada pela previsão do art. 311 do CTB, persistindo apenas para os casos de condução perigosa de embarcações em águas públicas (nossa posição).	detenção, de seis meses a um ano, ou multa

312	inovação artificiosa em acidente automobilístico com vítima	- Forma especial do crime de fraude processual do art. 347 do Código Penal. - Se não houver vítima no acidente, o crime poderá ser o de fraude processual do art. 347 do Código Penal. - O Superior Tribunal de Justiça já decidiu que "o direito à não autoincriminação não abrange a possibilidade de os acusados alterarem **à** cena do crime, inovando o estado de lugar, de coisa ou de pessoa, para, criando artificiosamente outra realidade, levar peritos ou o próprio Juiz a erro de avaliação relevante". - Deve haver a finalidade especial de induzir a erro o agente policial, o perito, ou o juiz;	detenção, de seis meses a um ano, ou multa

7.11. Questões de concurso

1. **(MPE-SC – Promotor de Justiça – INSTITUTO CONSULPLAN – 2019)** Julgue o item a seguir:
Se o agente pratica homicídio culposo na direção de veículo automotor (art. 302 da Lei nº 9.503/1997), em uma ocasião na qual estava conduzindo o veículo com a capacidade psicomotora alterada em razão da influência de álcool (art. 306 da Lei nº 9.503/1997), se implementa um concurso formal de delitos.

Gabarito: Errado.

2. **(TJ/RS – Juiz de Direito Substituto – VUNESP – 2018)** De acordo com o § 1º, do art. 302, da Lei nº 9.503/1997 (Código de Trânsito Brasileiro), no homicídio culposo cometido na direção de veículo automotor, a pena é aumentada de 1/3 (um terço) à metade, se o agente

A) estiver sob efeito de álcool ou droga.

B) não possuir Permissão para Dirigir ou Carteira de Habilitação.

C) for contumaz infrator das leis de trânsito.

D) praticá-lo conduzindo em velocidade excessiva.

E) praticá-lo durante corrida, disputa ou competição automobilística não autorizada pela autoridade competente.

Gabarito: B.

3. **(PC/GO – Delegado de Polícia – UEG – 2018)** Nos termos da Lei nº 9.503/1997, a conduta de conduzir veículo automotor com capacidade psicomotora alterada em razão da influência de álcool ou de outra substância psicoativa que determine dependência, será constatada por sinais que indiquem, na forma disciplinada pelo Contran, alteração da capacidade psicomotora, ou por concentração igual ou superior a:

A) 2 decigramas de álcool por litro de sangue ou igual ou superior a 0,1 miligrama de álcool por litro de ar alveolar.

B) 6 decigramas de álcool por litro de sangue ou igual ou superior a 0,3 miligrama de álcool por litro de ar alveolar.

C) 4 decigramas de álcool por litro de sangue ou igual ou superior a 0,4 miligrama de álcool por litro de ar alveolar.

D) 5 decigramas de álcool por litro de sangue ou igual ou superior a 0,9 miligrama de álcool por litro de ar alveolar.

E) 7 decigramas de álcool por litro de sangue ou igual ou superior a 0,8 miligrama de álcool por litro de ar alveolar.

Gabarito: B.

4. **(TJ/BA – Juiz de Direito Substituto – CESPE – 2019)** Pedro, mesmo sabendo que seu amigo Jaime se encontrava embriagado e com a CNH vencida, entregou-lhe a condução de seu veículo automotor. Jaime, tão logo assumiu a direção do veículo, provocou um acidente de trânsito que causou lesões corporais em Maria.
Nessa situação hipotética, conforme a jurisprudência pertinente e a Lei nº 9.503/1997,
A) Jaime responderá pelo delito de lesão corporal culposa na direção de veículo automotor, desde que Maria ofereça representação, exceto se do crime lhe tiver resultado lesão corporal grave ou gravíssima.
B) por Jaime ter conduzido o veículo automotor com a CNH vencida, incidirá causa de aumento de pena no delito de lesão corporal culposa na direção de veículo automotor.
C) Jaime não responderá pelo crime de embriaguez ao volante, o qual será absorvido pelo delito de lesão corporal culposa na direção de veículo automotor, que será, no entanto, aplicado em sua forma majorada por força do princípio da consunção.
D) para que Jaime responda pelo delito de embriaguez ao volante, é imprescindível a aferição de concentração de álcool por litro de sangue superior ao limite permitido pela lei, por se tratar de circunstância objetiva elementar do tipo penal em questão.
E) Pedro responderá pelo crime de entrega da direção de veículo automotor a pessoa sem condições de conduzi-lo com segurança, o qual se teria configurado ainda que não tivesse sido demonstrado o perigo concreto de dano a terceiros.

Gabarito: E.

5. **(PC/BA – Delegado de Polícia – VUNESP – 2018)** Considere o seguinte caso hipotético.
A velocidade máxima permitida na Rua A é de 50 Km/h. "Y", conduzindo seu veículo a 120 Km/h pela Rua A, atropela "Z", provocando-lhe lesões corporais. Diante do exposto e considerando que "Y" cometeu um crime culposo de trânsito nos termos da Lei nº 9.503/1997, é correto afirmar que a conduta de "Y" tipifica o crime de
A) lesão corporal culposa na direção de veículo automotor, de ação penal pública condicionada e com possibilidade de aplicação da composição dos danos civis prevista na Lei nº 9.099/1995.
B) lesão corporal culposa na direção de veículo automotor, de ação penal pública condicionada e com possibilidade de aplicação da transação penal prevista na Lei nº 9.099/1995.
C) lesão corporal culposa na direção de veículo automotor, de ação penal pública incondicionada, não sendo possível a aplicação da transação penal prevista na Lei nº 9.099/1995.
D) lesão corporal culposa na direção de veículo automotor, de ação penal pública incondicionada e com possibilidade de aplicação da composição dos danos civis prevista na Lei nº 9.099/1995.
E) tentativa de homicídio na direção de veículo automotor, de ação penal pública incondicionada, não sendo possível a aplicação da transação penal prevista na Lei nº 9.099/1995.

Gabarito: C.

6. **(MPDFT – Promotor de Justiça Adjunto – MPDFT – 2021)** Acerca dos crimes de trânsito, marque a alternativa CORRETA:
A) O arrependimento posterior é cabível em homicídio culposo na direção de veículo automotor, quando realizada composição civil entre o autor do crime e a família da vítima.
B) A entrega da direção de veículo automotor a pessoa que não seja habilitada configura crime, desde que haja perigo de lesão ou de perigo de dano concreto na condução do veículo.

C) O crime de violar a suspensão ou proibição de se obter a permissão ou habilitação para dirigir veículo automotor ocorre, inclusive, quando a limitação advém de restrição administrativa.

D) A causa de aumento prevista no art. 302, parágrafo único, IV, do Código de Trânsito Nacional (Lei nº 9.503/1997), é aplicada ao motorista profissional, mesmo que no momento da colisão ele não esteja conduzindo nenhum passageiro dentro do veículo.

E) Estende-se ao crime praticado em concurso formal com o homicídio culposo o perdão judicial a este aplicado.

Gabarito: D.

7. **(PC/SE – Delegado de Polícia – CESPE – 2018)** Julgue o item seguinte, referente a crimes de trânsito e a posse e porte de armas de fogo, de acordo com a jurisprudência e legislação pertinentes.

Situação hipotética: Após grave colisão de veículos, pessoas que transitavam pelo local – condutores de outros veículos e pedestres alheios ao evento – deixaram, sem justificativa, de prestar imediato socorro às vítimas.

Assertiva: Nessa situação, os terceiros não envolvidos no acidente não responderão pelo crime de omissão de socorro previsto no Código de Trânsito Brasileiro.

Gabarito: C.

8. **(PC/PR – Delegado de Polícia – NC-UFPR – 2021)** O art. 306 do Código de Trânsito Brasileiro assim dispõe:

Art. 306. Conduzir veículo automotor com capacidade psicomotora alterada em razão da influência de álcool ou de outra substância psicoativa que determine dependência:

Penas – detenção, de seis meses a três anos, multa e suspensão ou proibição de se obter a permissão ou a habilitação para dirigir veículo automotor.

§ 1º As condutas previstas no caput serão constatadas por:

I – concentração igual ou superior a 6 decigramas de álcool por litro de sangue ou igual ou superior a 0,3 miligrama de álcool por litro de ar alveolar; ou

II – sinais que indiquem, na forma disciplinada pelo Contran, alteração da capacidade psicomotora.

A partir do exposto, e de acordo com a interpretação do STJ, assinale a alternativa que apresenta a classificação desse crime e sua correspondente demonstração da efetiva potencialidade lesiva da conduta para a caracterização típica, respectivamente.

A) Crime de perigo abstrato – demonstração desnecessária.

B) Crimedeperigo concreto–demonstração desnecessária.

C) Crime de perigo abstrato – demonstração indispensável.

D) Crime de perigo concreto – demonstração indispensável.

E) Crime de perigo concreto – demonstração presumida.

Gabarito: A.

9. **(TJ/RO– Juiz de Direito Substituto – VUNESP – 2019)** Mévio, de 70 anos, em função de prescrição de remédio que não causa dependência, mas que pode comprometer a capacidade psicomotora, foi proibido de dirigir. Tendo lido na bula que o comprometimento da capacidade psicomotora acomete menos de 1% dos usuários, Mévio decide descumprir a proibição médica e continua a dirigir. Em uma tarde, Mévio foi buscar os netos na escola. Ao retornar, com os netos no carro, em um trecho de curva, manteve o carro em reta, vindo a colidir de frente com o muro de uma casa. No acidente, faleceu o neto mais novo. O mais velho teve a perna amputada. Feita a perícia, constatou-se que Mévio dirigia na velocidade permitida, não se apontado falha ou defeito mecânico. Ao prestar depoimento, Mévio informou que estava sob efeito de medicação e disse acreditar estar com a capacidade psicomotora alterada, já que o trajeto onde o acidente aconteceu lhe era bastante conhecido. Diante da situação hipotética, tendo em vista os crimes de trânsito e o Código Penal, é correto afirmar que Mévio

A) praticou homicídio culposo de trânsito e lesão corporal culposa de trânsito.

B) praticou homicídio culposo de trânsito e lesão corporal culposa de trânsito, ambos com incidência de causa de aumento, em decorrência de estar sob influência de substância que altera a capacidade psicomotora.

C) praticou homicídio culposo qualificado de trânsito e lesão corporal culposa qualificada de trânsito, em decorrência de estar sob influência de substância que altera a capacidade psicomotora.

D) não praticou qualquer crime de trânsito, pois não infringiu nenhuma norma objetiva de cuidado, sendo que os resultados morte e lesão corporal são decorrentes de fatalidade.

E) praticou homicídio culposo de trânsito e lesão corporal culposa qualificada de trânsito.

Gabarito: A.

10. **(PC/RN – Delegado de Polícia Civil Substituto – FGV – 2021)** Durante almoço comemorativo, José emprestou seu carro a Matheus, para que ele fosse buscar sua namorada, ciente de que este não possuía carteira de habilitação. Quando trafegava normalmente pela via pública, Matheus foi parado em blitz rotineira, sendo constatado que não possuía a devida autorização legal para dirigir. Diante desse quadro fático, de acordo com as previsões legais e jurisprudência do Superior Tribunal de Justiça:

A) José responderá pelo crime de entregar veículo automotor a pessoa não habilitada, enquanto Matheus deverá ser absolvido em razão da atipicidade comportamental;

B) José e Matheus não responderão por qualquer infração penal, pois suas condutas não geraram qualquer perigo de dano ao bem jurídico protegido;

C) a conduta de José é atípica, devendo Matheus responder pelo crime de dirigir veículo em via pública sem a devida permissão ou habilitação;

D) caso viesse a causar lesão culposa em terceiro, Matheus responderia pelos crimes de lesão culposa na direção de veículo automotor e de dirigir em via pública sem a devida permissão ou habilitação, em concurso material;

E) José responderá pelo crime de entregar veículo automotor a pessoa não habilitada, enquanto Matheus responderá pelo crime de dirigir veículo em via pública sem a devida permissão ou habilitação.

Gabarito: A.

CAPÍTULO 8
LEI Nº 9.613/1998 – LEI DE LAVAGEM DE CAPITAIS

8.1. Conceito de lavagem de capitais

A lavagem de capitais ou lavagem de dinheiro pode ser conceituada como uma atividade que visa ocultar a origem ilícita de determinado bem ou valor, com o objetivo de reinserção deste bem ou valor na economia formal com aparência de licitude.

Ou seja, o criminoso realiza atos, buscando desvincular determinado bem de sua origem criminosa para que possa usufruir deste, sem levantar suspeitas de que teria sido conseguido por meio de atividade criminosa.

Neste sentido, **para que possamos falar em lavagem de dinheiro deve haver um delito antecedente que produza algum tipo de bem ou valor que possa servir como objeto material da lavagem.**

8.2. Gerações da Lei de Lavagem de Capitais

A preocupação em criminalizar o delito de lavagem de capitais se manifesta inicialmente em âmbito internacional com a Convenção de Viena Contra do Tráfico Ilícito de Entorpecentes e Substâncias Psicotrópicas de 1988.

Tal Convenção exigiu que os países signatários criminalizassem em seu direito interno a ocultação ou encobrimento da origem ilícita de bens oriundos do tráfico ilícito de entorpecentes.

Assim, surgem em alguns países leis que criminalizam a **ocultação de bens provenientes do tráfico de drogas**. Essas são chamadas **leis de primeira geração.**

A Lei nº 9.613 surge em 1998 no Brasil como uma lei de segunda geração. Criminalizando a lavagem de bens e valores não apenas proveniente do tráfico de drogas, mas também de **outros crimes, definidos em um rol taxativo.**

Em 2012, com a Lei 12.683, **a Lei brasileira de lavagem passa a ser uma lei de terceira geração**, visto que **é abolido o rol taxativo de crimes** que poderiam funcionar como crimes antecedentes à lavagem de dinheiro. Hoje qualquer infração penal pode servir como delito antecedente à lavagem de dinheiro.

Note que a lei fala em "infração penal" (gênero) que tem como subespécies crimes e contravenções penais, de forma que mesmo contravenções penais podem servir como delito antecedente à lavagem de capitais, a exemplo da contravenção do "jogo do bicho" (art. 58 do Dec.-lei nº 3.688/1941).

Importante para Concursos:

GERAÇÕES DA LEI DE LAVAGEM		
1ª GERAÇÃO	2ª GERAÇÃO	3ª GERAÇÃO
Somente tráfico de drogas funciona como crime antecedente	Rol taxativo de crimes antecedentes	Qualquer infração penal pode funcionar como delito antecedente.

8.3. Fases doutrinárias da lavagem de capitais

A doutrina costuma dividir o processo de lavagem de capitais em três etapas, de acordo com a divisão proposta internacionalmente pelo GAFI (Grupo de Ação Financeira contra a Lavagem de Dinheiro e o Financiamento do Terrorismo).

FASES	EXEMPLOS
- **Colocação/Placement**: É a introdução do bem ou valor ilícito no mercado financeiro.	- Depósitos/ transferências de pequenas quantias para não chamar atenção dos órgãos reguladores (prática conhecida como *smurfing*). - Introdução dos valores na contabilidade de estabelecimento que lida com altas quantias em espécie (p. ex.: postos de gasolina, bares, etc. - Compra de bens cujo valor é altamente subjetivo (p. ex.: obras de arte, antiguidades etc.)
- **Dissimulação/Layering**: Ocorrem diversos negócios ou movimentações financeiras com o fim de dificultar o rastreamento da origem ilícita do bem ou valor. O objetivo é fazer com que se perca a trilha do dinheiro (*paper trail*). - É a fase na qual ocorre a lavagem propriamente dita.	- Saque de dinheiro em espécie com depósito em nova instituição bancária. - Transferências eletrônicas entre contas de "laranjas".
- **Integração/Integration:** É a reinserção do bem ou valor na economia formal com aparência de licitude. - O dinheiro ilícito é empregado para compra de bens móveis, imóveis ou para pagamento de serviços.	- Venda superfaturada de imóveis ou de bens cujo valor seja subjetivo. - Falsa prestação de serviços que tem valor subjetivo, por exemplo, serviço de consultoria.

Atenção:

Para a consumação do delito não se exige que o agente realize todas as fases desse processo. Basta na verdade um único ato para a consumação do crime. Além disso, essas fases não são isoladas entre si. Elas são interligadas e muitas vezes se confundem no caso concreto.

8.4. Tipo penal

Art. 1º Ocultar ou dissimular a natureza, origem, localização, disposição, movimentação ou propriedade de bens, direitos ou valores provenientes, direta ou indiretamente, de infração penal. (Redação dada pela Lei nº 12.683, de 2012)

Pena: reclusão, de 3 (três) a 10 (dez) anos, e multa.

§ 1º Incorre na mesma pena quem, para ocultar ou dissimular a utilização de bens, direitos ou valores provenientes de infração penal: (Redação dada pela Lei nº 12.683, de 2012)

I – os converte em ativos lícitos;

II – os adquire, recebe, troca, negocia, dá ou recebe em garantia, guarda, tem em depósito, movimenta ou transfere;

III – importa ou exporta bens com valores não correspondentes aos verdadeiros.

§ 2º Incorre, ainda, na mesma pena quem: (Redação dada pela Lei nº 12.683, de 2012)

I – utiliza, na atividade econômica ou financeira, bens, direitos ou valores provenientes de infração penal; (Redação dada pela Lei nº 12.683, de 2012)

II – participa de grupo, associação ou escritório tendo conhecimento de que sua atividade principal ou secundária é dirigida à prática de crimes previstos nesta Lei.

§ 3º A tentativa é punida nos termos do parágrafo único do art. 14 do Código Penal.

Apesar de alguns falarem em "lavagem de dinheiro", podemos notar que o objeto material é mais amplo que apenas dinheiro. **A conduta pode recair sobre qualquer bem, direito ou valor.**

Além disso, estes podem ser provenientes direta ou indiretamente de infração penal. Ou seja, pode recair sobre o produto ou o proveito do crime antecedente.

PRODUTO DO CRIME	PROVEITO DO CRIME
– Bem adquirido diretamente da prática criminosa. P. ex.: Dinheiro tomado da vítima mediante violência ou grave ameaça em um roubo.	– Bem adquirido indiretamente da prática criminosa. P. ex.: Carro adquirido com o dinheiro roubado de uma vítima

Atenção:

NÃO PODE SER OBJETO DE LAVAGEM DE CAPITAIS	
– Instrumentos do crime.	– Bens cuja posse ou detenção constitua delito autônomo.

Os verbos nucleares são ocultar e dissimular. Ocultar significa esconder, enquanto que dissimular está ligado à prática de um ato fraudulento, que visa enganar alguém.

Atenção:

Não se exige que a ocultação ou a dissimulação sejam feitas por meio de um processo complexo, por exemplo, com a utilização de empresas *offshore* no estrangeiro. Conforme o STJ, a mera colocação de bens em nome de interposta pessoa pode configurar o crime.[1]

Também segundo o STJ, a realização, por período prolongado, de sucessivos contratos de empréstimo pessoal para justificar ingressos patrimoniais como se renda fossem – sem

1 APn 922/DF – rel. Min. Nancy Andrighi – corte especial – j. 5-6-2019.

que se esclareça a forma e a fonte de pagamento das parcelas, acrescidas de juros, e sem que isso represente, em nenhum momento, uma correspondente redução do padrão de vida do devedor – é apta a configurar, em tese, ato de dissimulação da origem ilícita de valores, elemento constituinte do delito de lavagem de dinheiro, que extrapole o mero recebimento de vantagens indevidas.[2]

Por outro lado, não há lavagem de dinheiro se não houver ocultação ou dissimulação do bem ou valor. Assim, não há que se falar neste crime se o agente utiliza o dinheiro ilícito para comprar um imóvel ou um carro em seu próprio nome ou depositar o dinheiro em uma conta de sua titularidade. Essa prática consiste, na verdade, em mero proveito econômico do produto do crime.

Da mesma forma não podemos falar em lavagem de dinheiro se o agente utiliza o dinheiro ilícito para pagar contas, por exemplo, de viagens, hotéis ou restaurantes.[3]

O delito de lavagem muitas vezes é precedido pelo delito de evasão de divisas, quando o agente retira os bens do país para depois ocultar sua origem ilícita por meio de mecanismos de lavagem no exterior. Neste sentido, decidiu o STJ que o delito de evasão de divisas é autônomo e antecedente ao crime de lavagem de capitais, não constituindo este mero exaurimento impunível daquele, nem havendo consunção entre eles.[4]

Trata-se de **tipo misto alternativo, ou de conteúdo variável**, de forma que a prática de atos de ocultação e de dissimulação sobre um mesmo objeto material configurarão crime único. Mesmo porque atos de ocultação muitas vezes também servem como dissimulação e vice-versa.

Importante para Concursos:

Conforme o STJ, nos crimes de lavagem ou ocultação de bens, direitos e valores, é legítima a exasperação da pena-base pela valoração negativa das consequências do crime em decorrência da movimentação de expressiva quantia de recursos, que extrapole o elemento natural do tipo.[5]

A tentativa nos crimes de lavagem é possível e será punida conforme as disposições gerais do Código Penal.

8.4.1. Bem jurídico tutelado

Existe intenso debate doutrinário quanto ao bem jurídico tutelado pelo crime de lavagem de dinheiro, havendo quatro principais correntes:

a) **O bem jurídico tutelado pelo crime de lavagem é o mesmo bem jurídico tutelado pelo crime antecedente.** Por exemplo, se ocorre lavagem de dinheiro proveniente de

2 APn 940/DF– rel. Min. Og Fernandes– corte especial – j. 6-5-2020.
3 GONÇALVES, Victor Eduardo Rios; JUNIOR, José Paulo Baltazar. In: LENZA, Pedro (Coord.). *Legislação Penal Especial*. 7. ed. São Paulo: Saraiva Educação, 2021.
4 AgRg no REsp 1253022/PR – 5ª T. – rel. Min. Reynaldo Soares da Fonseca – j. 12-12-2017.
5 AgRg no REsp 1797969/PR – 5ª T. – rel. Min. Felix Fischer – j. 17-11-2020.

um roubo, como o bem jurídico tutelado no crime de roubo é o patrimônio da vítima, a criminalização da lavagem deste dinheiro roubado também estaria protegendo o patrimônio da vítima.

b) **O bem jurídico tutelado pelo crime de lavagem de dinheiro seria a administração da justiça.** Essa corrente sustenta que a lavagem, ao impedir o rastreamento do produto ou proveito do crime, dificulta a responsabilização criminal, violando assim a administração da justiça.

c) **O bem jurídico tutelado pelo crime de lavagem de capitais seria a ordem econômica. (Corrente majoritária).** Conforme essa corrente a lavagem de capitais, ao introduzir dinheiro ilícito na economia formal, prejudica a higidez da ordem econômica, o que compromete a confiança que possíveis investidores precisam ter para aportar valores no mercado.

d) **O crime de lavagem de capitais é um crime pluriofensivo, que possui mais de um bem jurídico tutelado.** Neste sentido, alguns defendem que a lavagem possui como bens jurídicos todos os citados linhas atrás, o bem jurídico da infração penal antecedente, a administração da justiça e a ordem econômica.

8.4.2. Sujeito ativo e passivo

O crime de lavagem de capitais é crime comum, não se exigindo uma qualidade especial do sujeito ativo.

No Brasil, é possível que o autor da lavagem seja o mesmo autor do crime antecedente. Ou seja, o criminoso adquire algum bem de forma ilícita e posteriormente pratica atos de lavagem, dissimulando ou ocultando a origem ilícita do bem. **Trata-se da chamada autolavagem (*selflaundering*).**

Por outro lado, o lavador pode ser um terceiro, totalmente desvinculado da infração penal antecedente, como costuma acontecer com os chamados "doleiros", que são lavadores profissionais e via de regra não estão ligados ao delito que obteve os bens ou valores ilícitos.

Já a definição do sujeito passivo vai depender de qual corrente doutrinária se adota com relação ao bem jurídico tutelado. Caso se entenda que o bem jurídico é o mesmo que o do delito antecedente, então o sujeito passivo também será o mesmo do delito antecedente. Caso se entenda que o bem jurídico é a administração da justiça ou a ordem econômica, o sujeito passivo seria a coletividade.

8.4.3. Elemento subjetivo

O crime de lavagem de capitais é exclusivamente doloso, não havendo previsão de modalidade culposa.

Para que se possa falar em dolo de lavagem é necessário que o agente tenha conhecimento que os bens e valores a serem lavados tem origem criminosa ou contravencional. Não se faz necessário que o agente saiba exatamente de onde vem o dinheiro, ou qual seria a infração penal antecedente, bastando que tenha consciência da origem espúria dos valores.

Discute-se, porém, se este dolo deve ser apenas o dolo direto ou se o tipo penal também admitiria o dolo eventual.

DOLO DIRETO	DOLO INDIRETO
O agente atua com vontade e consciência direcionada à determinada finalidade	Subdivide-se em dolo eventual e dolo alternativo Dolo eventual: O agente não deseja a ocorrência do resultado, mas o prevê e assume o risco de produzi-lo. Dolo alternativo: O agente deseja a ocorrência de resultados alternativos, se conformando com a ocorrência de qualquer deles.

A doutrina majoritária sustenta que é cabível o dolo eventual ao delito de lavagem de capitais, pois o legislador não previu a expressão como "sabe ser produto de infração penal", o que levaria à interpretação de que o tipo admitiria apenas o dolo direto.

Aliás, a redação originária de lei previa no art. 1º, § 2º, I, a figura daquele que "utiliza, na atividade econômica ou financeira, bens, direitos ou valores que sabe serem provenientes de qualquer dos crimes antecedentes referidos neste artigo". Na modificação trazida pela Lei nº 12.683/2012, a lei passou a prever apenas que incorre na mesma pena quem "utiliza, na atividade econômica ou financeira, bens, direitos ou valores provenientes de infração penal", suprimindo a expressão "sabe serem provenientes (...)", dando a entender que o legislador visou expandir a punição a título de dolo eventual nos crimes de lavagem.

Neste sentido, é possível a punição por esse crime caso o agente suspeite da origem ilícita de determinado bem e mesmo assim pratique atos de ocultação ou dissimulação sobre este bem.

Atenção:

Cabe ressaltar que o art. 1º, § 2º, II, ainda possui expressão que denota a necessidade de dolo direto, dispondo que incorre na mesma pena quem "participa de grupo, associação ou escritório tendo conhecimento de que sua atividade principal ou secundária é dirigida à prática de crimes previstos nesta Lei". Assim, este é o único tipo penal da lei que não permite o dolo eventual.

Importante para Concursos:

Ainda com relação ao dolo eventual, parte da doutrina entende que este existe quando da aplicação da chamada **"teoria da cegueira deliberada",** também conhecida como "*willful blindness*", "teoria das instruções do avestruz" ou ainda "teoria da evitação da consciência".

Segundo essa corrente, se o agente se coloca propositalmente em situação de desconhecimento da ação ilícita que está praticando, deliberadamente se cegando com relação à ilicitude de seus atos, então deve responder pelo crime a título de dolo eventual.

No caso da lavagem, se o agente tem a possibilidade de descobrir acerca da origem ilícita de determinado bem ou valor, mas prefere se manter ignorante com relação a essa origem, praticando atos de lavagem, pode responder pelo crime a título de dolo eventual.

8.4.3.1. *Elemento subjetivo especial*

Diferentemente do tipo previsto no art. 1º, § 1º, da lei, que faz menção expressa ao elemento subjetivo especial "para ocultar ou dissimular a utilização de bens, direitos ou valores provenientes de infração pena", o *caput* e o § 2º não trazem qualquer finalidade específica. Assim, parte da doutrina entende que bastaria o dolo genérico para consumação dos crimes na modalidade do *caput* e do § 2º.

Por outro lado, parte da doutrina defende a existência de um elemento subjetivo especial implicitamente previsto em todos os crimes tipificados pela Lei nº 9.613/1998, no sentido de que não bastaria a mera ocultação ou dissimulação. Estas deveriam se somar a uma vontade dirigida a dar aparência de licitude ao bem ou valor de origem ilícita.[6]

A presença deste elemento subjetivo especial na lavagem seria exatamente aquilo que diferenciaria a lavagem do crime de favorecimento real (art. 349 do CP), mesmo porque o ato de tornar seguro proveito de crime alheio sempre envolverá algum tipo de ocultação.[7] O elemento subjetivo especial também auxilia na diferenciação entre a lavagem e o delito de receptação (art. 180 do CP), vejamos:

	LAVAGEM DE CAPITAIS	FAVORECIMENTO REAL	RECEPTAÇÃO
CONDUTA	Ocultar ou dissimular a natureza, origem, localização, disposição, movimentação ou propriedade de bens, direitos ou valores provenientes, direta ou indiretamente, de infração penal.	Prestar a criminoso, fora dos casos de coautoria ou de receptação, auxílio destinado a tornar seguro o proveito do crime.	Adquirir, receber, transportar, conduzir ou ocultar, em proveito próprio ou alheio, coisa que sabe ser produto de crime, ou influir para que terceiro, de boa-fé, a adquira, receba ou oculte:
ELEMENTO SUBJETIVO	Dolo específico em dar aparência de licitude ao bem, direito ou valor	Apenas dolo genérico de ocultar o proveito do crime alheio	Apenas dolo genérico de adquirir, receber, etc.
BEM JURÍDICO TUTLADO	Ordem Econômico-Financeira	Administração da justiça	Patrimônio público ou privado
SUJEITO ATIVO	Pode ser o mesmo do crime antecedente	Não pode ser o mesmo do crime antecedente	Não pode ser o mesmo do crime antecedente
OBJETO MATERIAL	Móveis ou imóveis provenientes direta ou indiretamente de infração penal	Móveis ou imóveis provenientes direta ou indiretamente de infração penal	Somente bens móveis

Com relação à receptação cabe ressaltar que o art.1º, § 1º, II, da Lei de Lavagem traz uma figura específica do receptador que adquire, recebe, troca, negocia, dá ou recebe em garantia, guarda, tem em depósito, movimenta ou transfere, bens direitos ou valores para ocultar ou dissimular sua utilização.

Já a figura prevista no art. 1º, § 2º, II, "Incorre, ainda, na mesma pena quem: utiliza, na atividade econômica ou financeira, bens, direitos ou valores provenientes de infração penal" se assemelha muito à figura da receptação qualificada (art. 180, § 1º, do CP), mas novamente devemos atentar-nos ao elemento subjetivo especial da lavagem, no qual o agente visa dar aparência de licitude ao bem ou ao valor de origem ilícita.

6 BADARÓ, Gustavo Henrique; BOTTINI, Pierpaolo Cruz. *Lavagem de Dinheiro*. 3. ed. São Paulo: RT, 2016.
7 LIMA. Op. cit.

8.4.4. Consumação

O delito do *caput* é crime material, que se consuma com a ocultação ou dissimulação. Porém, não se exige que o agente consiga realizar todas as fases da lavagem, e consiga reinserir o bem ou valor na economia formal com aparência de licitude.

Já os delitos previstos no art. 1º, § 1º, são crimes formais, já que a norma prevê um resultado naturalístico (ocultação ou dissimulação), como especial fim de agir, porém não exige a ocorrência desse resultado para a consumação do crime. Basta, por exemplo, a conversão dos bens, direitos ou valores provenientes de infração penal, em ativos lícitos para a consumação do crime, mesmo que o agente não consiga o resultado pretendido de ocultação ou dissimulação, conforme art. 1º, § 1º, I.

Neste sentido o inciso I, do § 1º, do art. 1º, da Lei nº 9.613/1998 é subsidiário com relação ao *caput*, já que se o agente conseguir de fato ocultar ou dissimular a natureza, origem, localização etc., do bem, direito ou valor restará configurado o crime do *caput*.

Atenção:

Discute-se na doutrina se os crimes de lavagem seriam instantâneos de efeitos permanentes ou permanentes. **Majoritariamente entende-se que verbos como "adquirir", "trocar", "receber", "negociar", etc., traduzem-se em crime instantâneo de efeitos permanentes. Já a prática dos verbos "guardar", "ter em depósito" e "ocultar" acarretariam em crime permanente.**

Além disso, o crime previsto no art. 1º, § 2º, III, é claramente de natureza permanente, pois criminaliza a participação em grupo, associação ou escritório, tendo conhecimento de que sua atividade principal ou secundária é dirigida à prática de crimes previstos nesta Lei. Neste sentido, enquanto durar a participação no grupo, associação ou escritório, voltado à lavagem de dinheiro, o crime estará se consumando.

8.5. Causa de aumento de pena

Art. 1º (...)

§ 4º A pena será aumentada de um a dois terços, se os crimes definidos nesta Lei forem cometidos de forma reiterada ou por intermédio de organização criminosa.

O § 4º prevê causa de aumento que se aplica a qualquer dos crimes previstos no art. 1º, já que diz "os crimes definidos nesta Lei", não fazendo qualquer restrição.

Antes da reforma da Lei de Lavagem pela Lei nº 12.683/2012, a causa de aumento se utilizava da expressão "habitual" ao invés de "de forma reiterada". Entende-se, assim, que o legislador quis não mais exigir habitualidade da conduta mais apenas a reiteração.

A reiteração deve-se dar sem nexo de continuidade, visto que, se pelas condições de tempo, lugar, maneira de execução e outras semelhantes, os crimes subsequentes devem ser havidos como continuação do primeiro, aplica-se a regra do crime continuado, com aumento de pena de 1/6 a 2/3 (art. 71 do Código Penal).

A reiteração também deve dizer respeito a um mesmo objeto material, visto que, caso ocorram atos de lavagem com relação a objetos materiais diversos, deve ser aplicada a regra do concurso material de crimes (art. 69 do Código Penal).

A causa de aumento também se aplica caso a lavagem seja feita por intermédio de organização criminosa prevista na Lei nº 12.850/2012.

8.6. Causa de diminuição de pena (colaboração premiada)

Art. 1º (...)

§ 5º A pena poderá ser reduzida de um a dois terços e ser cumprida em regime aberto ou semiaberto, facultando-se ao juiz deixar de aplicá-la ou substituí-la, a qualquer tempo, por pena restritiva de direitos, se o autor, coautor ou partícipe colaborar espontaneamente com as autoridades, prestando esclarecimentos que conduzam à apuração das infrações penais, à identificação dos autores, coautores e partícipes, ou à localização dos bens, direitos ou valores objeto do crime. (Redação dada pela Lei nº 12.683, de 2012)

A causa de diminuição prevista no § 5º do art. 1º, trata-se da possibilidade de colaboração premiada do autor, coautor ou partícipe do crime de lavagem de capitais.

Cabe ressaltar que a colaboração premiada está prevista em outras normas, p. ex., art. 159, § 4º, do Código Penal, relativo à extorsão mediante sequestro, ou o art. 8º, parágrafo único, da Lei nº 8.072/1990, relativo à colaboração no crime de associação para a prática de crimes hediondos ou equiparados.

Além disso, a Lei nº 12.850/2013, em seu arts. 3º-A e seguintes, trouxe a regulamentação do procedimento a ser aplicado quanto a este instituto.

COLABORAÇÃO NA LAVAGEM DE CAPITAIS	
PRÊMIOS	**OBJETIVOS**
– Redução da pena de 1/3 a 2/3 – Fixação de regime inicial aberto ou semiaberto – Perdão judicial como causa extintiva da punibilidade – Substituição da pena privativa de liberdade por restritiva de direitos	– Apuração das infrações penais – Identificação dos autores, coautores e partícipes – Localização dos bens, direitos ou valores objeto do crime

8.7. Técnicas especiais de investigação[8]

Art. 1º (...)

§ 6º Para a apuração do crime de que trata este artigo, admite-se a utilização da ação controlada e da infiltração de agentes. (Incluído pela Lei nº 13.964, de 2019)

8 Para uma explicação mais detalhada acerca dos institutos da ação controlada e infiltração de agentes ver Lei nº 12.850/2012.

Este parágrafo foi inserido na Lei de Lavagem pelo chamado Pacote Anticrime em 2019. Antes de sua existência não era possível a utilização da infiltração de agentes, e entendia-se que a ação controlada, no âmbito da Lei de Lavagem de Capitais, estava regulada pelo seu art. 4º-B.

> **Art. 4º-B.** A ordem de prisão de pessoas ou as medidas assecuratórias de bens, direitos ou valores poderão ser suspensas pelo juiz, ouvido o Ministério Público, quando a sua execução imediata puder comprometer as investigações. (Incluído pela Lei nº 12.683, de 2012)

Como o art. 4º-B diz que a ordem de prisão ou as medidas assecuratórias podem ser suspensas pelo juiz, **entendia-se que seria necessária autorização judicial para realização da ação controlada no âmbito dos crimes de lavagem.** Também havia discussão se a ação controlada poderia ser aplicada para a prisão em flagrante já que a norma fala em "ordem de prisão" e a prisão em flagrante não depende de ordem judicial.

Ocorre que a nova previsão do art. 1º, § 6º, parece ter permitido a utilização dos institutos da ação controlada e da infiltração de agentes conforme previsto no âmbito da Lei nº 12.850/2013, que regulamenta tais técnicas de investigação, utilizando especificamente esses nomes como meios de obtenção de prova (arts. 8º ao 14º da Lei nº 12.850/2013).[9]

Neste sentido, **a ação controlada no âmbito de investigações de lavagem de capitais também passa a prescindir de prévia autorização judicial, bastando apenas a prévia comunicação ao juiz competente.** Cai por terra também a discussão acerca da (im)possibilidade de realização da ação controlada na prisão em flagrante por crime de lavagem, já que a ação controlada, regulamentada pela Lei 12.850/2013, permite retardar qualquer tipo de ação policial.

8.8. Ação penal

> **Art. 2º** O processo e julgamento dos crimes previstos nesta Lei:
>
> **I** – obedecem às disposições relativas ao procedimento comum dos crimes punidos com reclusão, da competência do juiz singular;
>
> **II** – independem do processo e julgamento das infrações penais antecedentes, ainda que praticados em outro país, cabendo ao juiz competente para os crimes previstos nesta Lei a decisão sobre a unidade de processo e julgamento; (Redação dada pela Lei nº 12.683, de 2012)

Conforme art. 2º, I, o procedimento a ser seguido no processamento dos crimes previstos na lei é o comum dos crimes punidos com reclusão. Ocorre que hoje a divisão dos procedimentos não é mais feita com base na natureza da pena (detenção ou reclusão), e sim tendo por base o quantitativo da pena.

9 LIMA. Op. cit.

Os crimes de lavagem de capitais terão o procedimento comum ordinário, visto que o art. 394, § 1º, do CPP prevê este tipo procedimental para crimes apenados com pena máxima igual ou superior a 4 anos.

O inciso II, do art. 2º, traz a regra da autonomia do processo e julgamento do delito de lavagem de capitais com relação ao processo e julgamento do crime antecedente.

Atenção:

O crime de lavagem de capitais é um crime parasitário ou acessório. Isso significa que ele somente pode existir caso haja uma infração penal antecedente à pratica da lavagem. Não obstante, a lei não condiciona o processo e julgamento da lavagem ao processo e julgamento do crime antecedente.

Neste sentido, a ação penal relativa à lavagem pode ou não figurar no mesmo processo que a ação penal relativa ao crime antecedente, cabendo ao juiz competente a decisão sobre a unidade de processo e julgamento em cada caso concreto.

Havendo ou não a separação dos feitos, **a comprovação da existência da infração penal antecedente é questão prejudicial homogênea ao processo relativo à lavagem de dinheiro**, visto que somente pode haver lavagem caso exista infração penal antecedente.

Caberá ao juiz criminal competente para julgar a lavagem resolver esta questão prejudicial no âmbito desse processo, declarando, na sentença condenatória da lavagem, o porquê se convenceu da existência do delito antecedente.

O inciso II ainda deixa claro que o delito de lavagem pode ser processado no Brasil, mesmo que o delito antecedente tenha sido praticado no estrangeiro.

8.8.1. Competência

Art. 2º (...)

III – são da competência da Justiça Federal:

a) quando praticados contra o sistema financeiro e a ordem econômico-financeira, ou em detrimento de bens, serviços ou interesses da União, ou de suas entidades autárquicas ou empresas públicas;

b) quando a infração penal antecedente for de competência da Justiça Federal. (Redação dada pela Lei nº 12.683, de 2012)

Atenção:

Via de regra, a competência para processar e julgar o delito de lavagem de capitais será da justiça estadual.

A competência será a justiça federal apenas nas seguintes hipóteses:

a) **Quando praticados contra o sistema financeiro e a ordem econômico-financeira:**

Conforme art. 109, VI, da Constituição Federal é de competência da justiça federal processar e julgar os crimes contra o sistema financeiro e a ordem econômico-financeira, quando determinado por lei.

Tendo em vista que o bem jurídico tutelado pela lavagem é a ordem econômico-financeira, poder-se-ia imaginar que todo crime de lavagem seria de competência federal.

Porém, entende-se que somente será de competência federal aquela lavagem que atingir o sistema financeiro ou a ordem econômico-financeira como um todo, afetando a higidez e a credibilidade do sistema.[10]

b) **Quando praticados em detrimento de bens, serviços ou interesses da União, ou de suas entidades autárquicas ou empresas públicas:**

Esta é a regra geral de competência da justiça federal prevista no art. 109, IV, da Constituição Federal.

c) **Quando a infração penal antecedente for de competência da Justiça Federal.**

Quando a competência para processar e julgar o crime antecedente for da justiça federal a competência para processar e julgar o crime de lavagem também será da justiça federal, independentemente se os crimes estão sendo processados em um mesmo processo ou não.

Aliás, caso haja reunião dos processos por meio de conexão, a presente norma reforça o conteúdo da Súmula 122 do STJ segundo a qual "Compete à Justiça Federal o processo e julgamento unificado dos crimes conexos de competência federal e estadual, não se aplicando a regra do art. 78, II, *a*, do Código de Processo Penal".

d) **Lavagem transnacional**

Apesar dessa hipótese não estar prevista expressamente na Lei nº 9.613/1998, ela decorre do art. 109, V, da CF/1988, segundo o qual compete à justiça federal processar e julgar os crimes previstos em tratado ou convenção internacional, quando, iniciada a execução no País, o resultado tenha ou devesse ter ocorrido no estrangeiro, ou reciprocamente.

O Brasil é signatário de diversos tratados internacionais que versam sobre a repressão à lavagem de capitais provenientes de alguns crimes em específico. Nesses casos, quando a lavagem for praticada de forma transnacional competirá à justiça federal seu processo e julgamento.[11]

Por exemplo, a Convenção de Viena Contra o Tráfico Ilícito de Entorpecentes e Substâncias Psicotrópicas de 1988 trata da lavagem de bens provenientes do tráfico de drogas. Assim, a lavagem de dinheiro, proveniente de tráfico local, dotada de transnacionalidade deverá ser processada e julgada na justiça federal.

10 LIMA. Op. cit.
11 LIMA. Op. cit.

8.9. Justa causa duplicada

> **Art. 2º**
> (...)
> **§ 1º** A denúncia será instruída com indícios suficientes da existência da infração penal antecedente, sendo puníveis os fatos previstos nesta Lei, ainda que desconhecido ou isento de pena o autor, ou extinta a punibilidade da infração penal antecedente. (Redação dada pela Lei nº 12.683, de 2012)

Como já vimos, a lavagem é um delito acessório ou parasitário ao crime antecedente. Porém, conforme o art. 2º, II, desta Lei, o processo e julgamento da lavagem é autônomo com relação ao processo e julgamento da infração penal antecedente.

Neste sentido, tudo o que se exige, com relação à infração penal antecedente, para se processar a lavagem são indícios suficientes da existência dessa infração penal antecedente, ou seja, indícios de que aqueles bens ou valores objeto material da lavagem são produto ou proveito de infração penal.

Esses indícios suficientes da existência de infração penal é o que chamamos de justa causa. Toda e qualquer denúncia criminal deve ter justa causa, apresentando um suporte probatório mínimo a indicar prova de materialidade e indícios de autoria.

Aliás, conforme art. 395, III, do Código de Processo Penal, a denúncia ou queixa será rejeitada quando faltar justa causa para o exercício da ação penal.

Assim, **no caso da denúncia por crime de lavagem,** são necessárias duas justas causas, ou como é chamado pela doutrina, uma justa causa duplicada. **A denúncia deve apontar um lastro probatório mínimo tanto com relação ao crime de lavagem em si, quanto em relação à infração penal antecedente.**

Cabe notar que, com relação à infração penal antecedente, trata-se de uma justa causa que não exige prova de materialidade, mas apenas indícios suficientes da existência de infração penal antecedente. Além disso, não são necessários indícios com relação à autoria dessa infração, aliás, a lei diz que a denúncia é possível mesmo que desconhecido o autor da infração penal antecedente.

Importante para Concursos:

Conforme o STJ, a denúncia por crime de lavagem não exige descrição exaustiva e pormenorizada do suposto crime prévio, bastando a presença de indícios suficientes de que o objeto material da lavagem é proveniente, direta ou indiretamente, da infração penal antecedente.[12]

12 APn 923/DF – rel. Min. Nancy Andrighi – corte especial – j. 23-9-2019 – *DJe* 26-9-2019.

8.10. Suspensão do processo e da prescrição

> **Art. 2º**
>
> (...)
>
> **§ 2º** No processo por crime previsto nesta Lei, não se aplica o disposto no art. 366 do Decreto-Lei nº 3.689, de 3 de outubro de 1941 (Código de Processo Penal), devendo o acusado que não comparecer nem constituir advogado ser citado por edital, prosseguindo o feito até o julgamento, com a nomeação de defensor dativo. (Redação dada pela Lei nº 12.683, de 2012)

O art. 2º, § 2º, da Lei de Lavagem nos diz que não se aplica ao processo por crime previsto nesta lei o disposto no art. 366 do CPP, vejamos:

> **Art. 366.** Se o acusado, citado por edital, não comparecer, nem constituir advogado, ficarão suspensos o processo e o curso do prazo prescricional, podendo o juiz determinar a produção antecipada das provas consideradas urgentes e, se for o caso, decretar prisão preventiva, nos termos do disposto no art. 312. (Redação dada pela Lei nº 9.271, de 17.4.1996)

O art. 366 do CPP traz uma regra de suspensão do processo e do curso do prazo prescricional quando o acusado for citado por edital e não comparecer ao processo nem constituir advogado. Neste sentido, a revelia no processo penal tem efeitos bastante diversos que no processo civil. Esta regra visa preservar as garantias do contraditório e ampla defesa, que restariam prejudicadas caso o processo continuasse com a nomeação de defensor dativo, sem que o acusado soubesse que está sendo processado.

Conforme a letra da lei, esta suspensão não se aplica no processo relativo à lavagem de capitais. Isto se daria devido a questões de política criminal, pois o legislador entendeu que a suspensão do processo poderia representar um "prêmio" aos criminosos que se escondem, furtando-se de responder ao processo penal.

Não obstante, parte da doutrina defende a inconstitucionalidade de tal dispositivo, pois violaria o princípio da ampla defesa e do contraditório. Além disso, defendem que a suspensão do processo não acarreta em prejuízo a este, pois o juiz pode determinar a produção antecipada de provas ou até a prisão preventiva do acusado, havendo ainda a suspensão do prazo prescricional.

8.11. Medidas assecuratórias

> **Art. 4º** O juiz, de ofício, a requerimento do Ministério Público ou mediante representação do delegado de polícia, ouvido o Ministério Público em 24 (vinte e quatro) horas, havendo indícios suficientes de infração penal, poderá decretar medidas assecuratórias de bens, direitos ou valores do investigado ou acusado, ou existentes em nome de interpostas pessoas, que sejam instrumento, produto ou proveito dos crimes previstos nesta Lei ou das infrações penais antecedentes. (Redação dada pela Lei nº 12.683, de 2012)

> **§ 1º** Proceder-se-á à alienação antecipada para preservação do valor dos bens sempre que estiverem sujeitos a qualquer grau de deterioração ou depreciação, ou quando houver dificuldade para sua manutenção. (Redação dada pela Lei nº 12.683, de 2012)
>
> **§ 2º** O juiz determinará a liberação total ou parcial dos bens, direitos e valores quando comprovada a licitude de sua origem, mantendo-se a constrição dos bens, direitos e valores necessários e suficientes à reparação dos danos e ao pagamento de prestações pecuniárias, multas e custas decorrentes da infração penal. (Redação dada pela Lei nº 12.683, de 2012)
>
> **§ 3º** Nenhum pedido de liberação será conhecido sem o comparecimento pessoal do acusado ou de interposta pessoa a que se refere o *caput* deste artigo, podendo o juiz determinar a prática de atos necessários à conservação de bens, direitos ou valores, sem prejuízo do disposto no § 1º. (Redação dada pela Lei nº 12.683, de 2012)
>
> **§ 4º** Poderão ser decretadas medidas assecuratórias sobre bens, direitos ou valores para reparação do dano decorrente da infração penal antecedente ou da prevista nesta Lei ou para pagamento de prestação pecuniária, multa e custas. (Redação dada pela Lei nº 12.683, de 2012)

Conforme a lei, as medidas assecuratórias podem ser decretadas de ofício, a requerimento do Ministério Público ou mediante representação da autoridade policial. Apesar de a lei permitir a decretação de ofício pelo juiz, tal possibilidade sempre foi muito criticada pela doutrina e parece ter sido tacitamente revogada pelas mudanças trazidas pelo Pacote Anticrime ao Código de Processo Penal. Com efeito, conforme o art. 282, § 2º, do CPP:

> **Art. 282** (...)
>
> **§ 2º** As medidas cautelares serão decretadas pelo juiz a requerimento das partes ou, quando no curso da investigação criminal, por representação da autoridade policial ou mediante requerimento do Ministério Público. (Redação dada pela Lei nº 13.964, de 2019)

O art. 4º da Lei de Lavagem trata das chamadas medidas assecuratórias reais ou patrimoniais, ou seja, aquelas que recaem sobre bens, direitos ou valores. O *caput* do art. 4º fala em medidas assecuratórias que recaiam contra instrumento, produto ou proveito do crime.

> Conforme art. 240, § 1º, *b* e *d*, do Código de Processo Penal, podem ser apreendidas coisas achadas ou obtidas por meios criminosos (produto do crime) e instrumentos do crime.

Já segundo o art. 125 do CPP diz que caberá o sequestro dos bens imóveis, adquiridos pelo indiciado com os proventos da infração, ainda que já tenham sido transferidos a terceiro. E o art. 132 do CPP que será cabível o sequestro dos bens móveis quando não for possível a apreensão, ou seja, quando se tratar de bem móvel adquirido indiretamente de infração penal (proveito do crime).

APREENSÃO	SEQUESTRO
- Bem móvel conseguido diretamente através da pratica criminosa (produto do crime) - Instrumentos do crime	- Bens móveis e imóveis adquiridos indiretamente da prática criminosa (proveito do crime)

Como a apreensão não exige autorização judicial, é forçoso concluir que **o *caput* do art. 4º faz, ao se referir a medidas assecuratórias, referência ao sequestro de bens.**

Interessante notar que a lei permite o sequestro de bens existentes não apenas em nome do investigado, mas também em nome de interpostas pessoas e, além disso, o sequestro não apenas de bens, produto ou proveito da lavagem, mas também do crime antecedente.

O § 4º deste artigo amplia as medidas assecuratórias para além do produto ou proveito do crime, fazendo com que estas também possam recair sobre o patrimônio lícito dos investigados. Com efeito, a lei permite a decretação de medidas cautelares reais para assegurar a reparação do dano, para pagamento de prestação pecuniária, multa e custas.

Neste sentido, o § 2º nos diz que se deve manter a constrição dos bens, direitos e valores necessários e suficientes à reparação dos danos e ao pagamento de prestações pecuniárias, multas e custas decorrentes da infração penal, mesmo que tais bens tenham origem lícita.

As medidas assecuratórias para realizar a constrição de patrimônio de origem lícita são:

ESPECIALIZAÇÃO E REGISTRO DA HIPOTECA LEGAL	ARRESTO SUBSIDIÁRIO
- Bens imóveis (art. 134 do CPP)	- Bens móveis susceptíveis de penhora caso o responsável não possua bens imóveis ou os possua em valor insuficiente para assegurar a reparação do dano causado (art. 137 do CPP)

Cabe ainda ressaltar uma especificidade para a restituição de bens sujeitos a medidas cautelares no âmbito da Lei de Lavagem. Comprovada a origem lícita do bem, havendo a liberação do bem pelo juiz, **o § 3º do art. 4º condiciona esta liberação de bens ao comparecimento pessoal do acusado, ou à pessoa que tenha o bem em seu nome.**

Após a decretação das medidas assecuratórias, caso seja necessário para preservação do valor do bem, poderá ser decretada a alienação antecipada do bem, pelo juiz, de ofício, a requerimento do Ministério Público ou por solicitação da parte interessada (art. 4º-A).

O juiz determinará então a avaliação dos bens em autos apartados. Feita a avaliação o juiz, por sentença, homologará o valor atribuído aos bens e determinará que sejam alienados em leilão ou pregão, preferencialmente eletrônico, por valor não inferior a 75% (setenta e cinco por cento) da avaliação (art. 4º-A, § 3º). Após a realização do leilão os valores deverão ser depositados em conta judicial remunerada.

Em caso de condenação, os valores serão incorporados ao patrimônio da União ou do Estado respectivo. Já em caso de sentença absolutória extintiva da punibilidade, os valores serão colocados à disposição do réu pela instituição financeira, acrescido da remuneração da conta judicial (art. 4º-A, § 5º).

Atenção:

Os recursos interpostos contra decisões proferidas no curso do procedimento de alienação antecipada têm apenas efeito devolutivo, não apresentando efeito suspensivo, conforme art. 4º-A, § 9º.

Conforme art. 5º, quando as circunstâncias o aconselharem, o juiz, ouvido o Ministério Público, nomeará pessoa física ou jurídica qualificada para a administração dos bens, direitos ou valores sujeitos a medidas assecuratórias, mediante termo de compromisso.

Cabe ressaltar que os recursos decorrentes da alienação antecipada de bens, direitos e valores oriundos do crime de tráfico ilícito de drogas e que tenham sido objeto de dissimulação e ocultação nos termos desta Lei permanecem submetidos à disciplina da Lei nº 11.343/2006.

8.11.1. Medidas assecuratórias de crime praticado no estrangeiro

> **Art. 8º** O juiz determinará, na hipótese de existência de tratado ou convenção internacional e por solicitação de autoridade estrangeira competente, medidas assecuratórias sobre bens, direitos ou valores oriundos de crimes descritos no art. 1º praticados no estrangeiro. (Redação dada pela Lei nº 12.683, de 2012)
>
> **§ 1º** Aplica-se o disposto neste artigo, independentemente de tratado ou convenção internacional, quando o governo do país da autoridade solicitante prometer reciprocidade ao Brasil.
>
> **§ 2º** Na falta de tratado ou convenção, os bens, direitos ou valores privados sujeitos a medidas assecuratórias por solicitação de autoridade estrangeira competente ou os recursos provenientes da sua alienação serão repartidos entre o Estado requerente e o Brasil, na proporção de metade, ressalvado o direito do lesado ou de terceiro de boa-fé. (Redação dada pela Lei nº 12.683, de 2012)

Tendo em vista a frequente transnacionalidade na prática do crime de lavagem de capitais, e visando ao efetivo combate a esse tipo de criminalidade, a lei permite a imposição de medidas assecuratórias sobre bens, direitos ou valores oriundos de infração penal no estrangeiro.

Essa medida pode se dar por meio do cumprimento de carta rogatória, após a concessão do *exequatur* pelo Superior Tribunal de Justiça ou ainda por meio do auxílio direto, transmitido pelas autoridades centrais dos países envolvidos.

A cooperação internacional, via de regra, está baseada em tratados, porém, caso o Brasil não tenha tratado firmado com o país que solicitou a cooperação, pode ainda assim atender o pedido se o país solicitante prometer reciprocidade ao Brasil, quer dizer, prometer que também auxiliará o Brasil futuramente caso necessário,

8.12. Efeitos da condenção

> **Art. 7º** São efeitos da condenação, além dos previstos no Código Penal:
>
> **I** – a perda, em favor da União – e dos Estados, nos casos de competência da Justiça Estadual –, de todos os bens, direitos e valores relacionados, direta ou indiretamente, à prática dos crimes previstos nesta Lei, inclusive aqueles utilizados para prestar a fiança, ressalvado o direito do lesado ou de terceiro de boa-fé; (Redação dada pela Lei nº 12.683, de 2012)

II – a interdição do exercício de cargo ou função pública de qualquer natureza e de diretor, de membro de conselho de administração ou de gerência das pessoas jurídicas referidas no art. 9º, pelo dobro do tempo da pena privativa de liberdade aplicada.

(...) Diferentemente do previsto no art. 91, II, do Código Penal, a Lei de Lavagem prevê o confisco do produto e proveito do crime não somete em favor da União, mas também em favor dos Estados, quando o crime for de competência da Justiça Estadual.

A lei também apresenta especificidade quanto ao valor dado em fiança. Conforme a norma geral prevista no art. 344 do Código de Processo Penal, somente haverá perda do valor da fiança caso o acusado seja condenado e não se apresente para cumprir a pena. Já no caso de lavagem de capitais, a perda do valor da fiança é um efeito automático da condenação, independentemente do fato do acusado de apresentar ou não para cumprir a pena.

Outro efeito da condenação pela prática do crime de lavagem de capitais é a interdição do exercício de cargo ou função pública de qualquer natureza e de diretor, de membro de conselho de administração ou de gerência das pessoas jurídicas referidas no art. 9º, pelo dobro do tempo da pena privativa de liberdade aplicada.

Atenção:

Efeito similar é previsto na Lei de Organizações Criminosas, na Lei de Abuso de Autoridade e na Lei de Tortura, de forma que é importante não confundir os prazos.

Lei de Organização Criminosa (Lei nº 12.850/2013)	Lei de Tortura (Lei nº 9.455/1997)	Lei de Abuso de Autoridade (Lei nº 13.869/2019)	Lei de Lavagem (Lei nº 9.613/1998)
Interdição para o exercício de função ou cargo público pelo prazo de 8 (oito) anos subsequentes ao cumprimento da pena.	Interdição para o exercício de cargo, função ou emprego público pelo dobro do prazo da pena aplicada.	Inabilitação para o exercício de cargo, mandato ou função pública, pelo período de 1 (um) a 5 (cinco) anos;	Interdição do exercício de cargo ou função pública de qualquer natureza e de diretor, de membro de conselho de administração ou de gerência das pessoas jurídicas referidas no art. 9º, pelo dobro do tempo da pena privativa de liberdade aplicada.

8.12.1. Destinação dos bens

Art. 7º (...)

§ 1º A União e os Estados, no âmbito de suas competências, regulamentarão a forma de destinação dos bens, direitos e valores cuja perda houver sido declarada, assegurada, quanto aos processos de competência da Justiça Federal, a sua utilização pelos órgãos federais encarregados da prevenção, do combate, da ação penal e do julgamento dos crimes previstos nesta Lei, e, quanto aos processos de competência da Justiça Estadual, a preferência dos órgãos locais com idêntica função. (Incluído pela Lei nº 12.683, de 2012)

§ 2º Os instrumentos do crime sem valor econômico cuja perda em favor da União ou do Estado for decretada serão inutilizados ou doados a museu criminal ou a entidade pública, se houver interesse na sua conservação.

Conforme a lei, os bens cuja perda foi declarada devem ser utilizados pelos órgãos encarregados pela prevenção, combate, ação penal e julgamento dos crimes de lavagem.

Caso o crime tenha sido julgado pela justiça federal, bens objetos de lavagem podem ser destinados, por exemplo, à Polícia Federal, ao Ministério Público Federal ou à Justiça Federal, para que sejam utilizados em sua atividade-fim. Caso o crime tenha sido julgado na justiça estadual, os bens devem ser destinados aos órgãos estaduais.

Bens sem valor econômico, perdidos em favor da União ou do Estado, podem ser inutilizados ou doados.

8.13. Controle administrativo

A partir do art. 9º, a Lei traz diversas normas com relação ao controle administrativo da lavagem de dinheiro, visando principalmente à sua prevenção.

A lei elenca uma série de pessoas físicas e jurídicas, que, por de alguma forma exerce atividade ligada ao sistema financeiro, está obrigada a identificar seus clientes, manter registros de transações e comunicar transações ao COAF (Conselho de Controle de Atividades Financeiras), que atualmente é a Unidade de Inteligência Financeira (UIF) brasileira.

Segundo a lei, devem ser comunicadas ao COAF tanto transações consideradas suspeitas, quanto transações de ativos passíveis de conversão em dinheiro que ultrapassem determinado valor fixado pala autoridade reguladora.

Importante para Concursos:

A partir de tais informações o COAF elabora **Relatórios der Inteligência Financeira (RIFs) que podem ser compartilhados com o Ministério Público e com a polícia, independentemente de autorização judicial**, como decidiu o STF em sede de Repercussão Geral no Recurso Extraordinário (RE) 1055941.[13]

A tese fixada foi a seguinte:

1. É constitucional o compartilhamento dos relatórios de inteligência financeira da UIF e da íntegra do procedimento fiscalizatório da Receita Federal do Brasil, que define o lançamento do tributo, com os órgãos de persecução penal, para fins criminais, sem a obrigatoriedade de prévia autorização judicial, devendo ser resguardado o sigilo das informações em procedimentos formalmente instaurados e sujeitos a posterior controle jurisdicional.
2. O compartilhamento pela UIF e pela Receita Federal do Brasil, referente ao item anterior, deve ser feito unicamente por meio de comunicações formais, com garantia de sigilo, certificação do destinatário e estabelecimento de instrumentos efetivos de apuração e correção de eventuais desvios.

13 STF, RE 1055941/SP – rel. Min Dias Tofolli – j. 4-12-2019.

8.14. Requisição de dados cadastrais

> **Art. 17-B.** A autoridade policial e o Ministério Público terão acesso, exclusivamente, aos dados cadastrais do investigado que informam qualificação pessoal, filiação e endereço, independentemente de autorização judicial, mantidos pela Justiça Eleitoral, pelas empresas telefônicas, pelas instituições financeiras, pelos provedores de internet e pelas administradoras de cartão de crédito. (Incluído pela Lei nº 12.683, de 2012)

Dados cadastrais relativos à qualificação pessoal, filiação e endereço não são dados sujeitos à reserva de jurisdição por não revelarem aspectos íntimos da vida pessoal. Assim, pode a autoridade policial ou o Ministério Público requisitar diretamente tais dados das mais diversas empresas públicas ou privadas.

8.15. Afastamento de servidor como efeito do indiciamento

> **Art. 17-D.** Em caso de indiciamento de servidor público, este será afastado, sem prejuízo de remuneração e demais direitos previstos em lei, até que o juiz competente autorize, em decisão fundamentada, o seu retorno. (Incluído pela Lei nº 12.683, de 2012) (Vide ADIN 4911)

A lei prevê como efeito automático do indiciamento pelo Delegado de Polícia o afastamento do servidor público indiciado, sem prejuízo de sua remuneração.

Tal artigo sempre foi alvo de intensas críticas por supostamente violar o princípio da presunção de inocência ao penalizar com o afastamento do cargo alguém que nem mesmo ainda foi denunciado e também pelo fato de permitir a imposição de medida cautelar por autoridade não judiciária.

> **Importante para Concursos:**
>
> No julgamento da ADI 4911, o STF declarou a inconstitucionalidade do presente dispositivo por entender que viola os princípios da proporcionalidade, da presunção de inocência e da igualdade entre os acusados.[14]

Segundo entendeu o Tribunal, o afastamento do servidor poderia ocorrer somente a partir de representação da autoridade policial ou do Ministério Público, na forma de medida cautelar diversa da prisão, conforme preveem os arts. 282, § 2º, e 319, VI, do Código de Processo Penal (CPP).

---

14 STF – ADI 4911 – rel. Min. Edson Fachin – j. 20-11-2020.

8.16. Quadro sinótico

Gerações das leis de lavagem	1ª: Crime antecedente = tráfico de drogas 2ª: Crime antecedente = rol taxativo 3ª: Crime antecedente= qualquer infração penal
Bem jurídico tutelado	– Divergência doutrinária. Posição majoritária = ordem econômica
Sujeito ativo	– Crime comum – Pode ser o mesmo sujeito ativo do crime antecedente (autolavagem é possível)
Causas de aumento de pena	– Reiteração – Cometido por intermédio de organização criminosa
Causa de diminuição de pena	– Colaboração premiada
Técnicas especiais de investigação	– Ação controlada e infiltração de agentes
Autonomia da ação penal	– Processo e julgamento da lavagem independe do processo e julgamento das infrações penais antecedentes
Justa causa duplicada	– Denúncia por crime de lavagem deve apresentar justa causa tanto da lavagem quanto da ação penal antecedente
Competência	– Via de regra da justiça estadual
Suspensão do processo do acusado que não comparece nem constitui advogado	– Não se aplica. Acusado deve ser citado por edital, prosseguindo o feito até julgamento, com nomeação de defensor dativo
Medidas assecuratórias	– Do investigado ou existentes em nome de interpostas pessoas – Liberação somente pode se dar com comparecimento pessoal do acusado ou interposta pessoa – É possível a alienação antecipada dos bens – Pode ser decretada em crime de lavagem praticado no estrangeiro
Efeitos da condenação	– Perda de bens, direitos e valores, inclusive aqueles utilizados para prestar fiança – Interdição pelo dobro do tempo de pena privativa de liberdade aplicada
Relatório de Inteligência Financeira	– Produzido pelo COAF – Pode ser compartilhado com os órgãos de persecução penal independentemente de autorização judicial
Requisição de dados cadastrais	– Diretamente pela autoridade policial e Ministério Público
Afastamento de servidor pelo indiciamento	– Inconstitucional

8.17. Questões de concurso

1. **(PC-CE – Inspetor de Polícia Civil – IDECAN – 2021)** Carlos está sendo investigado por crime de lavagem de dinheiro tipificado na Lei nº 9.613/1998 e resolve procurar um advogado especialista na matéria para lhe esclarecer como os Tribunais Superiores vêm se posicionando acerca da complexidade do tema. O advogado fez várias ponderações e esclarecimentos a Carlos.

   Nesse cenário, assinale a afirmativa **INCORRETA.**

   A) O reconhecimento da extinção da punibilidade pela prescrição da infração penal antecedente não implica atipicidade do delito de lavagem (art. 1º da Lei nº 9.613/1998).

   B) A incidência simultânea do reconhecimento da continuidade delitiva (art. 70 do CP) e da majorante prevista no §4º do art. 1º da Lei nº 9.613/1998, nos crimes de lavagem de dinheiro, acarreta *bis in idem.*

C) É possível o deferimento de medida assecuratória em desfavor de pessoa jurídica que se beneficia de produtos decorrentes do crime de lavagem, ainda que não integre o polo passivo de investigação ou ação penal.

D) A tipificação do crime de lavagem de dinheiro depende da existência de uma infração penal antecedente; portanto, não é possível a autolavagem, isto é, a imputação simultânea, ao mesmo réu, da infração antecedente e do crime de lavagem.

E) Nos crimes de lavagem ou ocultação de bens, direitos e valores, é legítima a exasperação da pena-base pela valoração negativa das consequências do crime em decorrência da movimentação de expressiva quantia de recursos, que extrapole o elemento natural do tipo.

Gabarito: D.

2. **(MPE-MG – Promotor de Justiça – FUNDEP – 2021)**
A respeito do delito de lavagem de dinheiro, é **INCORRETO** afirmar:

A) A condenação pelo delito de lavagem de dinheiro não pressupõe a determinação da autoria do delito antecedente.

B) O delito de lavagem de dinheiro pode ter por antecedente uma contravenção penal, pois o sistema brasileiro opera com o chamado rol aberto de infrações anteriores.

C) Se o agente participa do delito principal antecedente, a subsequente lavagem de dinheiro configura um *post factum* impunível.

D) Na legislação brasileira, o delito de lavagem de dinheiro não é punível na modalidade culposa, sendo exigível o dolo em todas as modalidades típicas.

Gabarito: C.

3. **(PC-CE – Escrivão de Polícia Civil – IDECAN – 2021)** Acerca da Lei nº 9.613/1998 e consoante entendimento dos tribunais superiores, assinale a alternativa correta.

A) O processo e o julgamento pelo crime de lavagem de dinheiro ficam condicionados ao julgamento das infrações penais antecedentes.

B) A infração penal antecedente não influencia na fixação da competência do delito de lavagem de capitais.

C) Para o crime de lavagem de capitais, precisam estar presentes, cumulativamente, a colocação, a integração e a ocultação.

D) Sendo o delito de lavagem de dinheiro crime material, somente se consuma se os valores forem efetivamente introduzidos no sistema financeiro.

E) O delito de lavagem de dinheiro só admite a modalidade dolosa.

Gabarito: E.

4. **(Polícia Federal – Delegado de Polícia Federal – CEBRASPE – 2021)** Em relação ao disposto na Lei nº 9.613/1998, que se refere à lavagem de dinheiro, julgue o item a seguir.
O crime de lavagem de dinheiro está, consoante a lei, equiparado ao crime hediondo.

Gabarito: Errado.

5. **(Polícia Federal – Delegado de Polícia Federal – CEBRASPE – 2021)** Em relação ao disposto na Lei nº 9.613/1998, que se refere à lavagem de dinheiro, julgue o item a seguir.
Ouvido o Ministério Público, ordens de prisão ou medidas assecuratórias de bens poderão ser suspensas pelo juiz quando a execução imediata dessas ações puder comprometer as investigações.

Gabarito: Certo.

6. **(Polícia Federal – Delegado de Polícia Federal – CEBRASPE – 2021)** Em relação ao disposto na Lei nº 9.613/1998, que se refere à lavagem de dinheiro, julgue o item a seguir.

Ficarão suspensos o processo e o curso do prazo prescricional do acusado citado por edital que não comparecer nem constituir advogado.

Gabarito: Errado.

7. **(MPE-CE- Analista Ministerial – CEBRASPE – 2021)**

A respeito de aspectos penais da Lei de Licitações e Contratos (Lei nº 8.666/1993), da Lei de Lavagem de Dinheiro (Lei nº 9.613/1998) e da Lei de Organização Criminosa (Lei nº 12.850/2013), julgue o item seguinte.

Na hipótese de condenação por delito de lavagem de dinheiro, a determinação judicial de inutilização ou doação dos instrumentos do crime independe do valor econômico desses instrumentos.

Gabarito: Errado.

8. **(TJ-RO – Juiz de Direito Substituto – VUNESP – 2019)** Tendo em vista a Lei de Lavagem de Dinheiro e a Lei de Prisão Temporária, assinale a alternativa correta.

A) As medidas assecuratórias de bens só podem ser decretadas se a requerimento do Ministério Público ou mediante representação da Autoridade Policial.

B) Decretada medida assecuratória de bens, comprovada posteriormente a origem lícita, o juiz determinará a liberação, mantendo, contudo, a constrição de bens suficientes à reparação dos danos e demais encargos decorrentes da infração penal.

C) O crime de lavagem de dinheiro é sempre de competência da Justiça Federal.

D) A prisão temporária, cabível na fase de inquérito, quando decretada em investigação por crime de lavagem de dinheiro, terá prazo de 30 (trinta) dias, prorrogável por igual período, em caso de extrema necessidade.

E) A prisão temporária pode ser decretada de ofício pelo Judiciário, mas, no caso de representação pela Autoridade Policial, o Juiz, antes de decidir, ouvirá o Ministério Público.

Gabarito: B.
*Notem que a questão se apegou à letra da lei com relação à possibilidade de o juiz decretar de ofício medidas assecuratórias.

9. **(MPE- MT – Promotor de Justiça Substituto – FCC – 2019)**

De acordo com o ordenamento jurídico e o posicionamento dos tribunais superiores acerca do crime de "lavagem" ou ocultação de bens, direitos e valores (Lei n° 9.613/1998),

A) a pena será aumentada de metade, se os crimes definidos na Lei n° 9.613/1998 forem cometidos de forma reiterada ou por intermédio de organização criminosa.

B) somente constitui o crime de "lavagem" ou ocultação de bens, direitos e valores se o valor em pecúnia envolvido tiver decorrido de um dos crimes referidos no rol exaustivo da Lei n° 9.613/1998.

C) a lei de "lavagem" ou ocultação de bens, direitos e valores, muito embora criminalize a conduta de ocultar ou dissimular a utilização de bens, direitos ou valores provenientes de determinados crimes, é omissa quanto à tipificação das condutas de importar ou exportar bens com valores não correspondentes aos verdadeiros.

D) não é punível a tentativa de "lavagem" ou ocultação de bens, direitos e valores.

E) é adotada nos tribunais superiores brasileiros a doutrina norte-americana que aponta a existência de três fases distintas do crime de "lavagem" de bens, direitos e valores: a colocação, o encobrimento e a integração.

Gabarito: E.

CAPÍTULO 9
LEI Nº 10.826/2003 – ESTATUTO DO DESARMAMENTO

9.1. Comercialização de armas de fogo no Brasil

Apesar de muitos dizerem o contrário, **a comercialização de armas de fogo no Brasil é permitida**. O art. 35 da Lei dispõe o seguinte:

> **Art. 35.** É proibida a comercialização de arma de fogo e munição em todo o território nacional, salvo para as entidades previstas no art. 6º desta Lei.
>
> **§ 1º** Este dispositivo, para entrar em vigor, dependerá de aprovação mediante referendo popular, a ser realizado em outubro de 2005.
>
> **§ 2º** Em caso de aprovação do referendo popular, o disposto neste artigo entrará em vigor na data de publicação de seu resultado pelo Tribunal Superior Eleitoral

Ocorre que este art. 35 não entrou em vigor tendo em vista que, em outubro de 2005, 63% dos brasileiros votaram favoravelmente à possibilidade de comercialização de armas de fogo no país.

Apesar de ser permitida a comercialização de armas de fogo, a lei traz um controle bastante rígido desse comércio, restringindo muito a posse e, principalmente, o porte de arma de fogo para a população em geral.

9.2. Registro de arma de fogo

Toda arma de fogo deve ser registrada no órgão competente. Os registros podem se dar no Sistema Nacional de Armas (SINARM), instituído no Ministério da Justiça, no âmbito da Polícia Federal ou no Sistema de Gerenciamento Militar de Armas (SIGMA), instituído no âmbito do Comando do Exército.

As armas de fogo adquiridas pelo cidadão comum para fins de defesa pessoal devem ser registradas no SINARM. Esse **registro permite que o proprietário mantenha sua arma de fogo no interior de sua residência ou no seu local de trabalho, desde que seja o titular ou responsável legal pelo estabelecimento, ou seja, tenha posse da arma** (art. 5º).

Registro de armas de fogo (Dec. nº 9.847/2019):

SINARM	SIGMA
– De uso permitido para o cidadão comum – Das polícias civis, federal, rodoviária federal, guardas municipais, etc. (e de seus integrantes)	– Das forças armadas – Das polícias militares – Da Agência Brasileira de Inteligência (ABIN)

SINARM	SIGMA
– Das empresas de segurança privada e de transporte de valores	– Do Gabinete de Segurança Institucional (GSI) – Dos integrantes das instituições citadas linhas atrás – De colecionadores, atiradores e caçadores (CACs)

Para que o cidadão comum possa adquirir arma de fogo de uso permitido, ele deve, além de declarar a efetiva necessidade, atender os seguintes requisitos (art. 4º):

> I – comprovação de idoneidade, com a apresentação de certidões negativas de antecedentes criminais fornecidas pela Justiça Federal, Estadual, Militar e Eleitoral e de não estar respondendo a inquérito policial ou a processo criminal, que poderão ser fornecidas por meios eletrônicos;
>
> II – apresentação de documento comprobatório de ocupação lícita e de residência certa;
>
> III – comprovação de capacidade técnica e de aptidão psicológica para o manuseio de arma de fogo, atestadas na forma disposta no regulamento desta Lei.

Esses requisitos devem ser comprovados periodicamente em período não inferior a 3 anos, para renovação do Certificado de Registro de Arma de Fogo (art. 5º, § 2º)

SINARM	Polícia Federal
– Expede autorização de compra da arma de fogo, em nome do requerente e para a arma indicada, sendo intrasferível essa autorização. – Autorização de compra será concedida ou recusada, com a devida fundamentação, no prazo de 30 dias úteis.	– Expede Certificado de Registro de Arma de Fogo, após autorização do SINARM.

A posse de arma será cassada caso o titular esteja respondendo a inquérito policial ou processo criminal por crime doloso, conforme art. 7º do Dec. nº 9.845/2019:

> **Art. 7º** Serão cassadas as autorizações de posse de arma de fogo do titular que esteja respondendo a inquérito ou a processo criminal por crime doloso.
>
> 1º Nas hipóteses de que trata o **caput**, o proprietário entregará a arma de fogo à Polícia Federal ou ao Comando do Exército, conforme o caso, mediante indenização, na forma prevista no **art. 48 do Decreto nº 9.847 , de 25 de junho de 2019**, ou providenciará a sua transferência para terceiro, no prazo de sessenta dias, contado da data da ciência do indiciamento ou do recebimento da denúncia ou da queixa pelo juiz. **(Redação dada pelo Decreto nº 9.847, de 2019)**
>
> § 2º A cassação a que se refere o **caput** será determinada a partir do indiciamento do investigado no inquérito policial ou do recebimento da denúncia ou queixa pelo juiz.
>
> § 3º A autorização de posse de arma de fogo não será cancelada na hipótese de o proprietário de arma de fogo estar respondendo a inquérito ou ação penal em razão da utilização da arma em estado de necessidade, legítima defesa, em estrito cumprimento do dever legal ou exercício regular de direito, exceto nas hipóteses em que o juiz, convencido da necessidade da medida, justificadamente determinar.
>
> § 4º Na hipótese a que se refere o § 3º, a arma será apreendida quando for necessário periciá-la e será restituída ao proprietário após a realização da perícia mediante assinatura de termo de compromisso e responsabilidade, pelo qual se comprometerá a apresentar a arma de fogo perante a autoridade competente sempre que assim for determinado.

§ 5º O disposto neste artigo aplica-se a todas as armas de fogo de propriedade do indiciado ou acusado.

§ 6º A apreensão da arma de fogo é de responsabilidade da polícia judiciária competente para a investigação do crime que motivou a cassação.

9.3. Autorização de porte de arma de fogo

Como vimos linhas atrás, o registro da arma de fogo permite que o proprietário tenha posse da arma de fogo. Porém, não podemos confundir a posse da arma com seu porte.

Posse de arma de fogo	Porte de arma de fogo
Proprietário mantém a arma no interior de sua residência ou dependência desta, ou, ainda no seu local de trabalho, desde que seja o titular ou o responsável legal do estabelecimento ou empresa:	Proprietário tem autorização para trazer consigo a arma, em condições de uso imediato

Via de regra, o porte de arma de fogo é proibido em todo território nacional. A lei, porém, traz diversas exceções.

A principal exceção é o chamado porte funcional, segundo o qual a pessoa tem porte de arma em decorrência da função que exerce.

Tem porte funcional
- Integrantes das forças armadas - Integrantes dos órgãos referidos nos incisos I a V do caput do art. 144 da Constituição Federal - Integrantes de guardas municipais - Agentes operacionais da ABIN - Integrantes do quadro efetivo dos agentes e guardas prisionais - Integrantes das escoltas de presos e as guardas portuárias - Etc.

Existem exceções também previstas em leis especiais. O art. 33, V, da Lei Complementar nº 35/79 (Lei Orgânica da Magistratura) garante aos magistrados o porte de arma de fogo.

De mesma forma, a Lei nº 8.625/1993 (Lei Orgânica do Ministério Público) garante aos membros do MP, em seu art. 42 o porte de arma.

Cabe ressaltar, com relação a juízes e promotores, que, como estas normas não limitam o porte a armas de fogo de uso permitido, entende-se que estes agentes públicos têm direito a portar armas também de uso restrito.

Importante para Concursos:

Mesmo aqueles que possuem o chamado porte funcional, como policiais, tem o dever de registrar a arma de fogo, sob pena de tipificação dos crimes dos arts. 14 ou 16 a depender da espécie de arma em questão.[1]

1 STJ – RHC 70.141/RJ – 6ª T. – rel. Min. Rogerio Schietti Cruz – j. 7-2-2017.

Importante para Concursos:

Fazem-se necessárias algumas observações quanto ao porte de arma dos guardas municipais e dos agentes prisionais.

Porte para os guardas municipais, segundo a lei:

Municípios com menos de 50.000 habitantes e que não são capital de Estado	Municípios com mais de 50.000 habitantes e menos de 500.000 e que não são capital de Estado ou municípios que integram região metropolitana	Municípios com mais de 500.000 habitantes ou capitais de Estado
Não tem porte de arma	Porte de arma, quando em serviço	Porte de arma dentro ou fora de serviço

Ocorre que o plenário do **STF julgou inconstitucional os dispositivos do Estatuto do Desarmamento que estabelecem restrições ao porte de arma de guardas municipais com base no número de habitantes do município**. Segundo o Tribunal, tal norma violaria os princípios da isonomia e da autonomia dos municípios. [2]

Neste sentido, hoje, todo guarda municipal pode ter porte de arma, independentemente do município em que trabalha, desde que preencha as condições estabelecidas no regulamento ao Estatuto do Desarmamento, conforme art. 6º, III, da lei.

Além disso, conforme art. 6º, § 3º, a autorização para o porte de arma dos guardas municipais está condicionada à:

I) Formação funcional de seus integrantes em estabelecimento de ensino de atividade policial;

II) Existência de mecanismos de fiscalização e de controle interno nas condições estabelecidas no regulamento da lei

Esse regulamento é o Dec. nº 9.847/2019, segundo o qual cabe à Polícia Federal conceder porte de arma funcional aos guardas municipais, com prazo de validade de dez anos, nos limites territoriais do Estado em que exerce a função.

Com relação aos **agentes e guardas prisionais**, a lei diz que somente podem portar arma fora de serviço, desde que estejam: submetidos a regime de dedicação exclusiva; sujeitos à formação funcional, nos termos do regulamento; e subordinados a mecanismos de fiscalização e de controle interno (art. 6, § 1º-B).

O porte ainda estaria condicionado à comprovação de capacidade técnica e de aptidão psicológica para o manuseio de arma de fogo, atestadas na forma disposta no regulamento da lei (art. 6º, § 2º)

A Emenda Constitucional nº 104/2019 inseriu o inciso VI ao art. 144 da Constituição Federal, **transformando os agentes penitenciários em policiais penais.**

2 ADC 38 e das ADIns 5.538 e 5.948. – rel. Min. Alexandre de Morais – j. 26-2-2021.

Porém, o inciso VI não foi inserido no art. 6º, II do Estatuto do Desarmamento, que trata do porte funcional dos integrantes dos órgãos de segurança pública. Assim, até que o porte dos policiais penais seja regulamentado persiste as condicionantes previstas em lei.

Além do porte funcional, o porte de arma pode ser autorizado pela Polícia Federal ao caçador de subsistência e ao cidadão comum, em casos específicos.

Caçador de subsistência
Os residentes em áreas rurais, maiores de 25 (vinte e cinco) anos que comprovem depender do emprego de arma de fogo para prover sua subsistência alimentar familiar será concedido pela Polícia Federal o porte de arma de fogo, na categoria caçador para subsistência, de uma arma de uso permitido, de tiro simples, com 1 (um) ou 2 (dois) canos, de alma lisa e de calibre igual ou inferior a 16 (dezesseis), desde que o interessado comprove a efetiva necessidade em requerimento (art. 6º, § 5º).

Já para o cidadão em geral, a autorização para porte de arma de fogo, depende, além daqueles requisitos previstos no art. 4º para o registro da arma, de **demonstração de sua efetiva necessidade** por exercício de atividade profissional de risco ou de ameaça à sua integridade física.

Atenção:

Registro de arma de fogo	Autorização para porte de arma de fogo
Declarar efetiva necessidade	Demostrar efetiva necessidade

Cabe ressaltar que aquele que for abordado ou detido em estado de embriaguez ou sob efeito de substâncias químicas ou alucinógenas perderá **automaticamente** sua autorização de porte de arma de fogo (art. 10, §2º da Lei)

Além disso, o Dec. nº 9.847/2019 traz mais duas hipóteses de cassação e uma de suspensão da autorização de porte de arma

Cassação da autorização de porte	Suspensão da autorização de porte
- Art. 14: Serão cassadas as autorizações de porte de arma de fogo do titular a que se referem o inciso VIII ao inciso XI do **caput** do art. 6º e o § 1º do art. 10 da Lei nº 10.826, de 2003, que esteja respondendo a inquérito ou a processo criminal por crime doloso. Esta cassação será determinada a partir do indiciamento do investigado no inquérito policial ou do recebimento da denúncia ou queixa pelo juiz **Art. 20:** O titular de porte de arma de fogo para defesa pessoal concedido nos termos do disposto no art. 10 da Lei nº 10.826, de 2003, não poderá conduzi-la ostensivamente ou com ela adentrar ou permanecer em locais públicos, tais como igrejas, escolas, estádios desportivos, clubes, agências bancárias ou outros locais onde haja aglomeração de pessoas em decorrência de eventos de qualquer natureza. A inobservância ao disposto neste artigo implicará na cassação do porte de arma de fogo e na apreensão da arma, pela autoridade competente, que adotará as medidas legais pertinentes.	**- Art. 19:** O titular do porte de arma de fogo deverá comunicar imediatamente: **I** - a mudança de domicílio ao órgão expedidor do porte de arma de fogo; e **II** - o extravio, o furto ou o roubo da arma de fogo, à unidade policial mais próxima e, posteriormente, à Polícia Federal. **Parágrafo único.** A inobservância ao disposto neste artigo implicará na suspensão do porte de arma de fogo por prazo a ser estipulado pela autoridade concedente.

O art. 22, I, da Lei nº 11.343/2006 (Lei Maria da Penha) permite que o juiz decrete como medida protetiva cautelar a suspensão da posse ou restrição do porte de armas, com comunicação ao órgão competente, no caso de violência doméstica ou familiar contra a mulher.

Para que o juiz tenha conhecimento de que o agressor possui posse ou porte de arma, deve a autoridade policial, após o registro da ocorrência, verificar se o agressor possui registro de porte ou posse de arma de fogo e, na hipótese de existência, juntar aos autos essa informação, bem como notificar a ocorrência à instituição responsável pela concessão do registro ou da emissão do porte, conforme art. 12, VI-A, da Lei nº 11.343/2006.

Aquelas pessoas que possuem apenas a posse da arma e não o porte, quando quiserem transportar a arma, por exemplo, em caso de mudança de domicílio, devem solicitar uma guia de trânsito junto à Polícia Federal.

Essa guia autoriza o possuidor a transportar a arma desmuniciada e acondicionada para o percurso autorizado.

Da mesma forma, atiradores desportivos, que tem suas armas registradas no SIGMA, eram obrigados a transportar suas armas desmuniciadas. Porém, desde 2017, permite-se que atiradores transportem uma arma de porte de seu acervo municiada nos deslocamentos do local de guarda ao local de treinamento/competição.[3]

9.4. Bem jurídico tutelado

Existem divergências doutrinárias acerca de qual seria o bem jurídico tutelado pela lei. São duas as principais correntes:

BEM JURÍDICO TUTELADO	
SEGURANÇA PÚBLICA	**PAZ PÚBLICA**
A proliferação de armas na sociedade acarreta em um maior uso indevido destas, que acabam sendo utilizadas para cometer delitos. Por isso, a restrição à posse e ao porte de armas de fogo tutela a segurança pública.	Paz pública seria o sentimento que a população tem com relação sua segurança ou nível de proteção em geral.

Importante para Concursos:

Bens jurídicos como a segurança pública e a paz pública são chamados de **bens jurídicos coletivos,** pois se referem à coletividade, sendo indivisível com relação a seus titulares.

9.5. Competência

Via de regra a competência para processar e julgar os crimes previstos na lei **é da justiça estadual.**

Entende-se que não há violação direta a interesse federal mesmo que os crimes atentem contra o regular funcionamento do SINARM, que é administrado pela Polícia Federal.

3 Art. 135-A da Portaria nº 51 – COLOG/2015.

Isto pois, o bem jurídico tutelado pela lei não é o regular funcionamento da administração, e sim a segurança pública ou a paz pública.

Caberá a justiça federal julgar o crime do art. 18, tráfico internacional de arma de fogo, já que preenchidos os requisitos previstos no art. 109, V da Constituição Federal:

> **Art. 109.** Aos juízes federais compete processar e julgar:
>
> (...)
>
> **V** – os crimes previstos em tratado ou convenção internacional, quando, iniciada a execução no País, o resultado tenha ou devesse ter ocorrido no estrangeiro, ou reciprocamente;

Lembrando que o Brasil é signatário da Convenção Interamericana contra a Fabricação e o Tráfico Ilícitos de Armas de Fogo, Munições, Explosivos e outros Materiais Correlatos de 1997 (Dec. nº 3.229/1999) e também do Protocolo contra Fabricação e o Tráfico Ilícito de Armas de Fogo, suas Peças, Componentes e Munições do Tratado contra o Crime Organizado Transnacional – Tratado de Palermo – (Dec. nº 5.941/2006).

Além disso, caso um crime de competência federal seja praticado em conexão a crimes de competência estadual, caberá à justiça federal o processo e julgamento unificado destes crimes, conforme Súmula nº 122 do STJ.

> **Súmula nº 122 do STJ:** Compete à Justiça Federal o processo e julgamento unificado dos crimes conexos de competência federal e estadual, não se aplicando a regra do art. 78, II, *a*, do Código de Processo Penal.

9.6. Posse irregular de arma de fogo de uso permitido

> **Art. 12.** Possuir ou manter sob sua guarda arma de fogo, acessório ou munição, de uso permitido, em desacordo com determinação legal ou regulamentar, no interior de sua residência ou dependência desta, ou, ainda no seu local de trabalho, desde que seja o titular ou o responsável legal do estabelecimento ou empresa:
>
> **Pena** – detenção, de 1 (um) a 3 (três) anos, e multa.

O conceito de posse pode ser extraído do art. 1.196 do Código Civil. Segundo esse artigo, considera-se possuidor todo aquele que tem de fato o exercício, pleno ou não, de algum dos poderes inerentes à propriedade.

O conceito de "manter sob sua guarda" se aproxima muito ao conceito da posse, não havendo diferença significativa entre as duas ações.

Neste sentido, o possuidor não precisa ser necessariamente o proprietário da arma. Basta, por exemplo, que esteja sob sua guarda.

Essa posse ou guarda da arma de fogo, acessório ou munição, de uso permitido, em desacordo com determinação legal, deve-se dar **no interior de sua residência ou dependência**

desta, ou, ainda **no seu local de trabalho, desde que seja o titular ou o responsável legal do estabelecimento ou empresa.** Caso ocorra em outros lugares estaremos diante de um porte ilegal de arma e não posse.

Trata-se de **crime comum**, podendo ser praticado por qualquer pessoa. No entanto, parte da doutrina sustenta que, em sua segunda parte, o tipo é crime próprio pois somente poderia ser praticado pelo "titular ou o responsável legal do estabelecimento ou empresa".

Com relação ao **sujeito passivo**, este é a própria **coletividade.**

Importante para Concursos:

crime que possui como sujeito passivo uma coletividade sem personalidade jurídica é chamado de **crime vago.**

Importante para Concursos:

O crime de posse ilegal de arma de fogo **é crime permanente**, de forma que sua consumação se protrai no tempo enquanto durar a posse ou guarda da arma.

Enquanto não cessada a permanência, é possível a prisão em flagrante, pois o crime ainda está se consumando. Neste sentido, **é possível a violação de domicílio, sem mandado judicial, onde está ocorrendo o crime de posse ilegal de arma de fogo**, conforme art. 5º, XI, da Constituição Federal, **desde que a entrada forçada esteja amparada em fundadas razões devidamente justificadas *a posteriori*, que indiquem que dentro da casa há situação de flagrante delito.**[4]

9.6.1. Objeto material

Os objetos materiais do crime são as armas de fogo, acessórios e munições.

Atenção:

É importante não confundir o conceito de objeto material com o conceito de bem jurídico.

Objeto material	Bem jurídico
Coisa ou pessoa sobre a qual recai a conduta delituosa	Coisas ou situações protegidas pelo tipo penal

O conceito de armas de fogo, acessórios e munições deve ser buscado em outra norma, a fim de completar o tipo penal. Trata-se, portanto, de norma penal em branco, no caso, mais precisamente, uma norma penal em branco heterogênea, já que a lei é completada pelo Dec. nº 10.030/2019.

4 STF – RE 603.616-AgR/RO – rel. Min. Gilmar Mendes – j. 5-11-2015.

Importante para Concursos:

Norma penal em branco homogênea/imprópria	Norma penal em branco heterogênea/própria
Complemento normativo se encontra na mesma hierarquia da norma a ser completada Pode ser: - Homovitelina: Quando norma a ser completada e seu complemento se encontram no mesmo diploma normativo - Heterovitelina: Complemento da norma se encontra em outro diploma normativo	Complemento normativo **não** se encontra na mesma hierarquia da norma a ser completada

O referido decreto traz como conceitos:

ARMA DE FOGO	ACESSÓRIOS	MUNIÇÃO (Dec. nº 3.229/1999)
Arma que arremessa projéteis empregando a força expansiva dos gases, gerados pela combustão de um propelente confinado em uma câmara, normalmente solidária a um cano, que tem a função de dar continuidade à combustão do propelente, além de direção e estabilidade ao projétil.	Artefatos listados nominalmente na legislação como Produto Controlado pelo Exército – PCE, que, acoplados a uma arma, possibilitam a alteração da configuração normal do armamento, tal como um supressor de som.	Cartucho completo ou seus componentes, incluindo estojo, espoleta, carga propulsora, projétil ou bala que são utilizados em armas de fogo.

Sabendo o que é arma, devemos ainda buscar nas normas o que seria "arma de fogo de uso permitido".

Basicamente, temos que: (Dec. nº 10.030/2019)

Armas de fogo de uso permitido	Armas de fogo de uso restrito	Armas de fogo de uso proibido
- De porte ou portáteis, cujo calibre nominal não atinja, na saída do cano, energia cinética superior a 1620 joules.	- Armas automáticas - Não portáteis - De porte ou portáteis, cujo calibre nominal atinja, na saída do cano, energia cinética superior a 1620 joules.	- Classificadas como de uso proibido em acordos ou tratados internacionais - As armas de fogo dissimuladas, com aparência de objetos inofensivos;

Importante para Concursos:

Tendo em mente tais definições surgem algumas questões controversas com relação ao objeto material:

Arma de fogo desmuniciada	Arma de fogo defeituosa	Arma de fogo desmontada	Arma de brinquedo/ Arma de pressão
O fato de a arma estar desmuniciada é irrelevante para a configuração do crime, que restará caracterizado mesmo que a munição não esteja ao alcance do agente.	Arma defeituosa é incapaz de realizar disparos, portanto, não pode ser caracterizada como arma de fogo, conforme definição do Dec. nº 10.030/2019. Sua posse/porte é fato atípico, tratando-se de crime impossível.	O fato de a arma estrar desmontada é irrelevante para a configuração do crime.[5]	Assim como a arma defeituosa, arma de brinquedo não pode ser considerada arma de fogo conforme definição do Dec. nº 10.030/2019. O mesmo vale para as armas de pressão. Sua posse/porte é fato atípico, tratando-se de crime impossível.

5 STJ – AgRg no REsp 1.387.946/SE – 6ª T. – rel. Min. Assusete Magalhães – j. 6-5-2014.

Atenção:

Apesar de armas de brinquedo ou armas de pressão não se enquadrarem no conceito de arma de fogo, o art. 26, *caput* da lei veda a fabricação, a venda, a comercialização e a importação de brinquedos, réplicas e simulacros de armas de fogo, que com estas se possam confundir.

Seu § 1º excetua esta proibição nas condições fixadas pelo Comando do Exército. Assim, existe uma proibição relativa com relação a esses itens, que podem ser adquiridos desde que dentro das normas fixadas pelo Exército.

Nesse sentido, **a importação não autorizada de arma de pressão configura o crime de contrabando previsto no art. 334-A, § 1º, II.**[6]

Importante para Concursos:

Os simulacros de arma de fogo, apesar de não caracterizarem crime de posse/porte ilegal de arma de fogo, **são aptos a caracterizar a grave ameaça exigida para a configuração do crime de roubo** (art. 157 do Código Penal). Por outro lado, **não podem servir para majorar o crime de roubo** (art. 157, § 2º, I, do CP), pois como já vimos o simulacro não é arma de fogo.

Ainda com relação ao objeto material dos crimes desta lei, este por óbvio não abarca as armas brancas, como facas, machados, etc. Segundo a jurisprudência, **o porte de arma branca caracteriza contravenção penal do art. 19 da Lei de Contravenções Penais**, mesmo que não tenha havido regulamentação do elemento normativo "sem licença da autoridade" presente no referido artigo.[7]

As discussões aqui feitas com relação ao objeto material valem para todos os crimes previstos nesta lei.

9.6.2. Arma sem registro e com registro vencido

O crime somente é praticado quando a posse ou a manutenção sob guarda ocorre em desacordo com determinação legal ou regulamentar. Trata-se novamente de um elemento normativo que deve ser complementado pelo interprete por meio de outras normas.

O art. 5º desta lei diz que o certificado de Registro de Arma de Fogo, com validade em todo o território nacional, autoriza o seu proprietário a manter a arma de fogo exclusivamente no interior de sua residência ou domicílio, ou dependência desses, ou, ainda, no seu local de trabalho, desde que seja ele o titular ou o responsável legal pelo estabelecimento ou empresa.

Assim, **comete crime de posse ilegal de arma de fogo aquele possui ou mantém a arma de fogo sem o devido registro.**

6 STF, HC 131.943/RS – rel. Min. Edson Fachin – j. 7-5-2019.
7 STJ – RHC 56.128/MG – 5ª T. – rel. Min. Ribeiro Dantas – j. 10-3-2020.

Importante para Concursos:

por outro lado, segundo a jurisprudência, aquele que possui registro de arma de fogo, porém esteja com **registro vencido não comete o crime do art. 12, sendo este fato considerado apenas infração administrativa**.[8]

9.6.3. Da necessidade de periciar a arma de fogo

Dissemos que a arma defeituosa ou o simulacro de arma de fogo não são aptos a configurar o crime de posse/porte ilegal de arma de fogo, pois não podem ser considerados armas de fogo.

Dessa forma, caso o simulacro ou a arma defeituosa passem por exame pericial, este atestará que aquele objeto não é arma de fogo, pois incapaz de efetuar disparos.

Ocorre que os **Tribunais superiores têm entendido ser desnecessária a realização de perícia para a configuração dos crimes previstos nesta lei**.[9]

Segundo os julgados, outros meios de prova, como testemunhos, seriam suficientes para provar o emprego de arma de fogo.

Importante para Concursos:

Se a arma for apreendida, a perícia é obrigatória. Porém, caso não seja, o laudo pericial se mostra prescindível a caracterização dos crimes.

Esta conclusão dos tribunais superiores está diretamente ligada À ideia de que os crimes previstos na lei são **crimes de perigo abstrato e de mera conduta**.

9.6.4. Crime de perigo abstrato

Os crimes quanto ao resultado almejado pelo agente podem ser de dano ou de perigo. Por sua vez, os crimes de perigo se subdividem em crimes de perigo concreto e crimes de perigo abstrato.

Crimes de dano (ou de lesão): são aqueles que se consumam com a efetiva lesão ao bem jurídico. Ex.: crime de homicídio, que se consuma com a morte da vítima.

Crimes de perigo: são aqueles que se consumam com um ato que coloca em risco determinado bem jurídico, não sendo necessário que o bem jurídico seja de fato lesionado.

Crimes de perigo	
Crime de perigo concreto: Nestes crimes, o legislador exige que o perigo ao qual foi submetido o bem jurídico seja comprovado no caso concreto.	**Crime de perigo abstrato:** Nestes crimes, não se faz necessário demonstrar no caso concreto que o bem jurídico foi colocado em risco. Existe uma presunção absoluta do legislador de que a conduta representa um risco ao bem jurídico tutelado.

8 STJ – Corte Especial – APn. 686/AP – rel. Min. João Otáviop de Noronha – j. 21-10-2015.
9 STJ, 5ª Turma, AGRG no AgRg no AREsp 664.932/SC – 5ª T. – rel. Min. Felix Fischer – j. 15-12-2016.

Como já dito os crimes previstos nesta lei são **crimes de perigo abstrato**, de forma que não se exige demonstração de que, no caso concreto, a conduta criminosa colocou em risco o bem jurídico tutelado.

O crime de posse ilegal de arma de fogo se consuma com a mera conduta de possuir ou manter sob sua guarda arma de fogo em desacordo com determinação legal ou regulamentar, no interior de sua residência ou dependência desta, ou, ainda no seu local de trabalho, desde que seja o titular ou o responsável legal do estabelecimento ou empresa, independentemente da ocorrência de qualquer dano ao bem jurídico ou mesmo demonstração de que esta conduta colocou o bem jurídico em risco.

9.6.5. Princípio da insignificância

Importante para Concursos:

O fato do crime de posse ilegal de arma de fogo, acessório ou munição ser de perigo abstrato impediria, segundo parte da doutrina a aplicação do princípio da insignificância (ou da bagatela). **Porém, os Tribunais Superiores vêm aplicando o princípio da insignificância ao crime de posse ilegal de munição, quando a quantidade de munição apreendida for ínfima e esta estiver desacompanhada de arma de fogo.**[10]

Em caso concreto, o STF aplicou a insignificância para o crime de porte de munição, no qual o agente foi flagrado portando um pingente de colar de munição.[11]

Nestes casos, entendeu-se que o fato reunia todos os pressupostos para a aplicação do princípio da insignificância.

VETORES/PRESSUPOSTOS DA INSIGNIFICÂNCIA, SEGUNDO O STF
– **M**ínima ofensividade da conduta – **A**usência de periculosidade social da ação – **R**eduzido grau de reprovabilidade do comportamento – **I**nexpressividade da lesão jurídica provocada. Mnemônico: **MARI**

Atenção:

A apreensão de pequena quantidade de munição, por si só, não implica atipicidade da conduta. Em julgado recente, o STJ entendeu que as peculiaridades de cada caso devem ser analisadas a fim de aferir a presença dos requisitos para aplicação do princípio da insignificância. No caso concreto, foi apreendida apenas uma munição de uso restrito, desacompanhada de arma de fogo, porém, o agente também foi condenado por tráfico de drogas e associação para o tráfico, afastando o reconhecimento de atipicidade da

10 STF – HC 154.390/SC – 2ª T. – rel. Min. Dias Toffoli – j. 17-4-2018.
11 STF – HC 133.984/MG – 2ª T. – rel. Min. Carmem Lucia – j. 17-5-2016.

conduta por não estarem demonstrados a mínima ofensividade da conduta e ausência de periculosidade social da ação.[12]

9.7. Omissão de cautela

Art. 13. Deixar de observar as cautelas necessárias para impedir que menor de 18 (dezoito) anos ou pessoa portadora de deficiência mental se apodere de arma de fogo que esteja sob sua posse ou que seja de sua propriedade:

Pena – detenção, de 1 (um) a 2 (dois) anos, e multa.

Este crime visa tutelar o dever objetivo de cuidado que os proprietários de arma de fogo devem ter, já que a arma de fogo é um objeto inerentemente perigoso, capaz de causar graves acidentes ou ser utilizada para a prática de atos ilícitos.

Comete o crime aquele possuidor ou proprietário da arma de fogo que deixa de observar as cautelas necessárias para impedir que menor de 18 (dezoito) anos ou pessoa portadora de deficiência mental se apodere de arma de fogo.

A lei faz referência ao menor de 18 (dezoito) anos e a pessoa portadora de deficiência mental, pois essas pessoas são incapazes de compreender o caráter ilícito de atos criminosos, sendo consideradas inimputáveis. Tendo em vista que tais pessoas não podem responder criminalmente por seus atos, o tipo penal em comento visa com que armas de fogo não cheguem as mãos desses inimputáveis.

Atenção:

Não comete o crime, por outro lado, aquele que deixa de observar as cautelas necessárias para impedir que pessoa meramente inexperiente se apodere da arma.

Trata-se de **crime próprio que somente pode ser praticado pelo proprietário ou possuidor da arma.**

Ao contrário dos outros tipos penais presentes nesta lei, a omissão de cautela não é crime de mera conduta, e sim crime material, que exige um resultado naturalístico para sua consumação. No caso, o resultado é o apoderamento da arma por menor de 18 anos ou pessoa portadora de doença mental.[13]

É também um **tipo penal culposo**, apesar de o legislador não ter se utilizado da técnica habitual para criação de tipos penais culposos.

Via de regra, temos um tipo penal doloso, sendo que, logo após, o legislador se utiliza de expressões como "se o crime é culposo", trazendo uma pena menor à modalidade culposa.

12 STJ – EREsp 1.856.980 – 3ª Seção – rel. Min.Joel Ilan Paciornik – j. 22-9-2021.

13 GONÇALVES, Victor Eduardo Rios; JUNIOR, José Paulo Baltazar. In: LENZA, Pedro (Coord.). *Legislação Penal Especial*. 7. ed. São Paulo: Saraiva Educação, 2021.

Aqui, por outro lado, o legislador criou o tipo culposo por meio de verbos que denotam a omissão culposa.

Existem três modalidades de culpa:

IMPRUDÊNCIA	NEGLIGÊNCIA	IMPERÍCIA
É a culpa em sua forma comissiva (por meio de ação)	É a culpa em sua forma omissiva (por meio de uma inação)	É a falta de capacidade, de aptidão ou de conhecimentos técnicos necessários para exercer determinada arte, profissão ou ofício.

Doutrina majoritária entende que a culpa presente na omissão de cautela é a da modalidade negligência, tendo em vista o verbo do tipo denotar uma conduta omissiva – "**Deixar** de observar(...) –".

Por outro lado, caso haja dolo na conduta de entregar a arma:

PARA CRIANÇA OU ADOLESCENTE	PARA PORTADOR DE DEFICIÊNCIA MENTAL
Comete o crime do art. 16, § 1º, V, desta Lei.	Comete o crime do art. 14, caput ou 16, *caput* desta Lei, a depender do tipo de arma, se de uso permitido ou restrito.

9.7.1. Ausência de registro de ocorrência policial e de comunicação à Polícia Federal

Parágrafo único. Nas mesmas penas, incorrem o proprietário ou diretor responsável de empresa de segurança e transporte de valores que deixarem de registrar ocorrência policial e de comunicar à Polícia Federal perda, furto, roubo ou outras formas de extravio de arma de fogo, acessório ou munição que estejam sob sua guarda, nas primeiras 24 (vinte quatro) horas depois de ocorrido o fato.

O parágrafo único do art. 13 diz que incorre nas mesmas penas (1 a 2 anos e multa) o proprietário ou diretor responsável de empresa de segurança e transporte de valores que deixarem de registrar ocorrência policial e de comunicar à Polícia Federal perda, furto, roubo ou outras formas de extravio de arma de fogo, acessório ou munição que estejam sob sua guarda, nas primeiras 24 (vinte quatro) horas depois de ocorrido o fato.

O crime é próprio, já que somente pode ser praticado pelo proprietário ou diretor responsável pela empresa de segurança e transporte de valores.

Trata-se de **crime omissivo próprio,** pois a lei exige uma ação do sujeito ativo, que, quando não praticada, configura crime. No caso, o diretor ou responsável de empresa de segurança de transporte de valores tem 24 horas para fazer o registro da ocorrência e fazer a comunicação à Polícia Federal.

O crime se consuma quando passadas as 24 horas o sujeito ativo não faz o registro e a comunicação. Trata-se do chamado **crime a prazo,** o qual exige determinado decurso de tempo para que o crime se consume.

O prazo de 24 horas deve ter sua contagem iniciada quando o fato se tornar do conhecimento do sujeito ativo. A contagem de 24 horas independentemente do conhecimento do fato se traduziria em responsabilidade objetiva.

Neste sentido, devemos ter em mente que, diversamente do crime previsto no *caput* deste artigo, o crime em comento é um **crime doloso.** O agente deve ter vontade e consciência com relação ao não registro da ocorrência e comunicação à Polícia Federal.

Como o legislador utilizou a conjunção aditiva "e", discute-se se para a configuração do crime basta o descumprimento de um dos deveres exigidos pelo tipo ou se a realização de uma das condutas impede sua consumação.

Neste sentido, existem duas posições:

OS DEVERES SÃO CUMULATIVOS	OS DEVERES SÃO ALTERNATIVOS
O sujeito ativo deve registrar ocorrência policial e comunicar o fato à Polícia Federal.	Não comete crime aquele que comunica o fato ao poder público, seja registrando ocorrência policial junto à Polícia Civil, seja comunicando o fato à Polícia Federal.

9.8. Porte ilegal de arma de fogo de uso permitido

> **Art. 14.** Portar, deter, adquirir, fornecer, receber, ter em depósito, transportar, ceder, ainda que gratuitamente, emprestar, remeter, empregar, manter sob guarda ou ocultar arma de fogo, acessório ou munição, de uso permitido, sem autorização e em desacordo com determinação legal ou regulamentar:
>
> **Pena** – reclusão, de 2 (dois) a 4 (quatro) anos, e multa.
>
> **Parágrafo únic**o. O crime previsto neste artigo é inafiançável, salvo quando a arma de fogo estiver registrada em nome do agente.

Comete este crime não somente aquele que porta arma de fogo de uso permitido, mas também aquele que pratica os diversos outros verbos descritos no tipo penal, como adquirir, ter em depósito, transportar, etc.

Atenção:

Crimes que possuem vários verbos nucleares, sendo que a prática de mais de um verbo em um mesmo contexto fático gera um único crime são chamados de **crimes de conteúdo variável, crimes de ação múltipla ou crimes de tipo misto alternativo.**

Assim, caso o agente compre ilegalmente uma arma de fogo e, em seguida, transporte esta arma até sua casa, deve responder por crime único, mesmo que tenha praticado os verbos "adquirir" e "transportar".

Isto ocorre, pois, com relação aos crimes de ação múltipla incide o princípio da alternatividade. Segundo esse princípio, o agente que realizava vários verbos nucleares em um mesmo contexto fático deve responder por crime único, devendo, entretanto, o juiz levar em consideração a quantidade de verbos praticados no momento de fixação da pena.

Importante para Concursos:

Um dos verbos do tipo é o verbo "ocultar". Neste sentido, o STJ já julgou que comete o crime do art. 14 e não do art. 12 aquele que tem arma de fogo de uso permitido enterrada no jardim de sua casa.[14]

Ainda com relação ao verbo "ocultar", comete o crime do art. 14, e não o crime de favorecimento pessoal (art. 348 do Código Penal), aquele que oculta arma de fogo utilizada por outra pessoa na prática de um delito.[15]

Atenção:

Devemos atentar para o fato de que alguns verbos se traduzem em **crimes permanentes**, de forma que o crime estará se consumando enquanto não cessada a permanência. Podemos citar como exemplo os verbos "portar", "deter", "ter em depósito", "transportar" e "ocultar".

Trata-se de **crime comum**, visto que pode ser praticado por qualquer pessoa. Caso, porém, o sujeito ativo seja integrante dos órgãos e empresas referidas nos arts. 6º, 7º e 8º desta Lei a pena é aumentada da metade (art. 20, I)

Importante para Concursos:

Em se tratando de crime comum, a jurisprudência tem entendido que o crime **pode ser praticado em coautoria**, por meio do chamado **porte compartilhado**, quando se evidencia, no caso concreto, que todos os agentes tinham acesso e disponibilidade sobre a arma de fogo.[16]

O tipo penal faz referência à prática dos verbos nucleares "sem autorização e em desacordo com determinação legal ou regulamentar", sendo, portanto, um tipo penal em branco.

Notem que o tipo utiliza a conjunção "e", portanto, o agente deve praticar o verbo sem autorização e em desacordo com determinação legal ou regulamentar. Caso tenha autorização, mas viole algum regulamento fica sujeito apenas a sanções administrativas. Por outro lado, aquele que não tem porte automaticamente está em desacordo com determinação legal ou regulamentar.

Assim, aquele que tem o porte concedido conforme o art. 10 desta Lei e conduz a arma ostensivamente ou com ela adentra ou permanece em locais públicos, como igrejas, escolas, estádios desportivos, clubes, agências bancárias ou outros locais onde haja aglomeração de

14 STJ – HC 72035/MS – 5ª T. – rel. Min. Napoleão Nunes Maia Filho – j. 9-10-2007.
15 GONÇALVES; JUNIOR. Op. cit.
16 STJ – HC 352523/SC – 5ª T. – rel. Min. Ribeiro Dantas – j. 20-2-2018.

pessoas em decorrência de eventos de qualquer natureza, está agindo em desacordo com determinação regulamentar, conforme art. 20 da Portaria nº 9.847/2019, porém não comente o crime do art. 14, já que não violou determinação legal.

Já vimos no ponto 3 (**AUTORIZAÇÃO DE PORTE DE ARMA DE FOGO**), quem são as pessoas que têm autorização para portar arma de fogo. Tais pessoas autorizadas não comentem o crime do art. 14.

O objeto material do crime são as armas de fogo de uso permitido.[17]

Se a arma de fogo de uso permitido estiver com numeração, marca ou qualquer outro sinal de identificação raspado, suprimido ou adulterado, o crime será o do art. 16, § 1º, IV.

Atenção:

Diferentemente do que ocorre com o art. 12, em que o registro vencido não configurava o crime, no caso de porte de arma de fogo a autorização de porte vencida configura o crime do art. 14, tendo em vista que a conduta de portar arma com a autorização de porte vencida traz um incremento ao perigo de dano ao bem jurídico tutelado, o que não acontecia no caso da mera posse com registro vencido.

Importante para Concursos:

O motorista de caminhão ou que táxi que traz consigo arma de fogo comete o crime do art. 14 (porte ilegal de arma de fogo), e não do art. 12 (posse ilegal de arma de fogo), tendo em vista que o táxi ou caminhão não podem ser considerados residência ou local de trabalho, tratando-se, na verdade, o veículo, de um instrumento de trabalho.[18]

9.8.1 Inafiançabilidade

Segundo o parágrafo único, do art. 14, o crime de porte ilegal de arma de fogo de uso permitido seria inafiançável, salvo quando a arma de fogo estiver registrada em nome do agente. O parágrafo único do crime do art. 15 (disparo de arma de fogo) também prevê o mesmo, ou seja, sua inafiançabilidade.

Importante para Concursos:

O STF julgou inconstitucionais os dispositivos que vedavam a concessão de fiança para esses dois crimes, entendendo ser essa vedação desproporcional já que os crimes são de mera conduta e de perigo abstrato, não acarretando lesão ou ameaça de lesão à vida ou à propriedade.[19]

---

17 Ver ponto 6.1.
18 STJ – RHC 31.492/SP – rel. Min. Campos Marques – 13-8-2013.
19 STF – Pleno – ADI 3.112/DF – rel. Min. Ricardo Lewandowski – j. 2-5-2007.

9.9. Disparo de arma de fogo

> **Art. 15.** Disparar arma de fogo ou acionar munição em lugar habitado ou em suas adjacências, em via pública ou em direção a ela, desde que essa conduta não tenha como finalidade a prática de outro crime:
>
> **Pena** – reclusão, de 2 (dois) a 4 (quatro) anos, e multa.
>
> **Parágrafo único**. O crime previsto neste artigo é inafiançável.

Comete este crime aquele que dispara arma de fogo ou aciona munição em lugar habitado ou em suas adjacências, em via pública ou em direção a ela, desde que essa conduta não tenha como finalidade a prática de outro crime.

O crime pode ser praticado pelo acionamento de arma de fogo ou pelo acionamento da munição de outras formas, por exemplo jogando a munição em uma fogueira.

Trata-se de **crime comum**, já que não se exige nenhuma qualidade especial do sujeito ativo. Aqui pouco importa se o agente é ou não o proprietário da arma, ou se tem registro da arma ou autorização de porte.

Deve-se atentar para o fato de que o tipo possui elementos especiais, de forma que somente restará configurado se for praticado em lugar habitado ou em suas adjacências, em via pública ou em direção a ela. Assim, **caso o disparo ocorra em local inabitado ou distante de via pública não há que se falar em prática do crime do art. 15, já que nestes casos não há qualquer perigo ao bem jurídico tutelado (segurança pública).**

É crime de **perigo abstrato**, pois não se faz necessário provar que o disparo tenha colocado em risco a segurança pública, sendo este risco presumido quando o disparo se dá em lugar habitado ou em suas adjacências, em via pública ou em direção a ela. Assim, comete este crime a pessoa que realiza disparos para o alto ou para o chão em via pública.

Caso o agente realize diversos disparos em um mesmo contexto fático haverá crime único.

Cabe ressaltar que se trata de um **tipo penal expressamente subsidiário**, conforme a expressão utilizada pelo legislador "desde que essa conduta não tenha como finalidade a prática de outro crime".

Assim, caso o agente, ao disparar arma de fogo, tivesse a finalidade de praticar outro crime, responderá por este, e não pelo art. 15 desta lei. Por exemplo, se o agente se utiliza de disparo de arma de fogo para matar alguém, responderá apenas pelo crime do art. 121 do Código Penal, restando o disparo de arma de fogo absorvido.

Com relação à inafiançabilidade, como já discutido no ponto 8.1, esta foi declarada inconstitucional.

9.10. Posse ou porte ilegal de arma de fogo de uso restrito

> **Art. 16.** Possuir, deter, portar, adquirir, fornecer, receber, ter em depósito, transportar, ceder, ainda que gratuitamente, emprestar, remeter, empregar, manter sob sua guarda ou ocultar arma de

fogo, acessório ou munição de uso restrito, sem autorização e em desacordo com determinação legal ou regulamentar:

Pena – reclusão, de 3 (três) a 6 (seis) anos, e multa.

Atenção:

O crime do art. 16 abarca tanto a conduta do art. 12 quanto do art. 14, ou seja, possuir ou portar arma de fogo, respectivamente, porém, aqui, o objeto material do crime é arma de fogo de uso restrito. Nesse sentido, a posse e porte, que eram apenados de forma diversa no caso de armas de fogo de uso permitido, serão apenados da mesma forma quando se tratar de arma de fogo de uso restrito[20].

O crime possui diversos verbos nucleares, sendo definido como **crime de conteúdo variável ou de ação múltipla.**

Além disso, é **crime de perigo abstrato**[21] e **crime comum quanto ao /sujeito ativo.**

O crime se consuma com a prática de algum dos verbos nucleares "sem autorização e em desacordo com determinação legal ou regulamentar".

Já vimos no ponto 3 **(AUTORIZAÇÃO DE PORTE DE ARMA DE FOGO)**quem são as pessoas que têm autorização para portar arma de fogo. Tais pessoas autorizadas não cometem este crime. Lembrando que o cidadão comum, que teve autorizado porte de arma, somente pode portar armas de fogo de uso permitido.

9.10.1. Figuras equiparadas

§ 1º Nas mesmas penas incorre quem:

O § 1º traz diversas condutas equiparadas ao porte ou posse ilegal de arma de fogo de uso restrito, mas que pouco tem a ver com a conduta descrita no *caput*.

9.10.1.1. Supressão ou alteração de marca, numeração ou sinal de identificação

I – suprimir ou alterar marca, numeração ou qualquer sinal de identificação de arma de fogo ou artefato;

O inciso I não faz qualquer ressalva quanto ao tipo de arma que teve sua numeração suprimida ou adulterada, assim, entende-se que o **objeto material** desse crime **pode ser tanto a arma de uso permitido, quanto a arma de uso restrito ou arma de uso proibido.**

20 Ver ponto 6.1.
21 Ver ponto 6.4.

Neste inciso, não se faz presente o elemento normativo "em desacordo com determinação legal ou regulamentar", visto que nunca a supressão ou alteração dessas marcas ou sinais de identificação são permitidas legalmente, já que visam a um controle do armamento em circulação no país.

Cabe ressaltar que este crime somente pode ser praticado se a arma possuir originariamente algum tipo de marca, numeração ou sinal que a identifique. A pessoa que fabrica uma arma caseira, já sem qualquer número de identificação, não comete este crime.

9.10.1.2. Modificação das características de arma de fogo

> II – modificar as características de arma de fogo, de forma a torná-la equivalente a arma de fogo de uso proibido ou restrito ou para fins de dificultar ou de qualquer modo induzir a erro autoridade policial, perito ou juiz;

O inciso II criminaliza a modificação de armas de fogo com finalidades diversas.

MODIFICAR CARACTERÍSTICAS DE ARMA DE FOGO
– De forma a torná-la equivalente à arma de fogo de uso proibido ou restrito
– Para fins de dificultar ou de qualquer modo induzir a erro autoridade policial, perito ou juiz

A segunda conduta se trata de crime especial com relação à fraude processual (art. 347 do Código Penal).

9.10.1.3. Posse ilegal de artefato explosivo

> III – possuir, deter, fabricar ou empregar artefato explosivo ou incendiário, sem autorização ou em desacordo com determinação legal ou regulamentar;

O crime previsto no inciso III, tem como objeto material artefato explosivo ou incendiário.

Neste inciso, não há o verbo "portar", porém esta conduta se encontra abarcada pelo verbo "possuir".

O Dec. nº 10.030/2019 define o elemento normativo "explosivo" porém não há definição do que seria "incendiário".

Importante para Concursos:

O furto qualificado pelo emprego de explosivo ou de artefato análogo que cause perigo comum (art. 155, § 4º-A, do CP) é considerado crime hediondo, conforme art. 1º, IX da Lei nº 8.072/1990. Neste caso restará absorvido o crime do Estatuto do Desarmamento.

Atenção:

Inexplicavelmente o roubo majorado pelo emprego de explosivo ou artefato análogo que cause perigo comum (art. 157, § 2º-A, II) não é considerado crime hediondo.

Importante para Concursos:

O STJ não considera artefato explosivo, bombas de gás lacrimogênio ou de gás de pimenta, pois ainda que tais artefatos sejam ativados por explosivo, sua explosão não é capaz de gerar destruição resultante da liberação de energia.[22]

Atenção:

Apesar de não configurar o crime em comento, granadas de gás lacrimogêneo e gás de pimenta são produtos controlados e sua importação pode configurar o crime de contrabando (art. 334-A do código Penal).

9.10.1.4. Posse ou porte de arma de fogo com numeração, marca ou sinal de identificação raspado, suprimido ou adulterado

IV – portar, possuir, adquirir, transportar ou fornecer arma de fogo com numeração, marca ou qualquer outro sinal de identificação raspado, suprimido ou adulterado;

O inciso I deste parágrafo incrimina a conduta daquele que suprime ou altera marca, numeração ou sinal de identificação de arma de fogo.

Já este inciso IV incrimina a conduta daquele que porta, possui, adquiri, transporta ou fornece arma de fogo que sofreu de alguma das ações do inciso I.

Assim como no caso do inciso I, aqui o objeto material pode ser arma de uso permitido, restrito ou proibido.

9.10.1.5. Venda, entrega ou fornecimento de arma de fogo, acessório, munição ou explosivo a criança ou adolescente

V – vender, entregar ou fornecer, ainda que gratuitamente, arma de fogo, acessório, munição ou explosivo a criança ou adolescente; e

Vender arma de fogo também está criminalizado no art. 17 desta Lei, porém, este inciso do § 1º, do art. 16, trata-se de crime especial com relação aquele, já que aqui a arma é vendida para criança ou adolescente.

Dispensável a elementar "em desacordo com determinação legal ou regulamentar", já que nunca será possível vender arma de fogo legalmente para crianças ou adolescentes.

Já os verbos "entregar" e "fornecer" estão abarcados pelo art. 14 desta Lei, porém, novamente aqui temos um crime especial com relação aquele, pois a arma é entregue ou fornecida a criança ou adolescente, aumentando a reprovabilidade da conduta.

22 STJ – Resp 1.627.028/SP – 6ª T. – rel. Min. Maria Thereza de Assis Moura – j. 21-2-2017.

O objeto material é arma de fogo, acessório, munição ou explosivo, sendo que no caso da arma de fogo, esta pode ser de qualquer tipo (permitido, restrito ou proibido).

Importante para Concursos:

ESTATUTO DO DESARMAMENTO Art. 16, § 1º, V	ESTATUTO DA CRIANÇA E ADOLESCENTE Art. 242
Vender, entregar ou fornecer, ainda que gratuitamente, arma de fogo, acessório, munição ou explosivo a criança ou adolescente	Vender, fornecer ainda que gratuitamente ou entregar, de qualquer forma, a criança ou adolescente arma, munição ou explosivo

O Estatuto do Desarmamento é posterior ao Estatuto da Criança e Adolescente, assim este inciso derrogou ao art. 242 do ECA, quanto a venda ou fornecimento de arma de fogo, munição ou explosivo a criança ou adolescente, mas ainda permanecendo válido com relação a venda ou fornecimento de armas brancas.

9.10.1.6. Produção, recarregamento, reciclagem ilegal ou adulteração de munição ou explosivo

> VI – produzir, recarregar ou reciclar, sem autorização legal, ou adulterar, de qualquer forma, munição ou explosivo.

O objeto material deste crime é munição ou explosivo. A adulteração de arma de fogo pode configurar os crimes dos incisos I e II a depender do caso concreto.

Para que pessoas produzam, recarreguem ou reciclem munição ou explosivo, deve haver autorização legal para tanto. Já a adulteração nunca será possível legalmente, por isso, neste caso o tipo não faz referência à autorização legal.

9.11. Posse ou porte ilegal de arma de fogo de uso proibido

> **§ 2º** Se as condutas descritas no *caput* e no § 1º deste artigo envolverem arma de fogo de uso proibido, a pena é de reclusão, de 4 (quatro) a 12 (doze) anos.

O § 2º traz uma forma qualificada dos crimes previstos no *caput* e nos incisos do art. 16. Aumentando a pena de 3 a 6 anos para 4 a 12 anos quando as condutas tiverem como objeto material arma de fogo de uso proibido.[23]

Cabe ressaltar que a qualificadora faz referência apenas a armas de fogo de uso proibido, e não a armas de fogo, acessórios e munição, como faz o *caput*.

Neste sentido, não é possível aplicar a qualificadora, por exemplo a conduta de quem porta munição de uso proibido, sob pena de se incorrer em *analogia in malam partem*.[24]

23 Ver ponto 6.1
24 LIMA. Op. cit.

9.11.1. Hediondez

A questão da hediondez do crime de porte ilegal de arma de fogo sofreu com a má redação legislativa e com alterações que causaram certa confusão.

Antes da Lei 13.497/2017	Pós Lei nº 13.497/2017, que entrou em vigor no dia 27-10-2017	Pós Lei nº 13.964/2019, que entrou em vigor no dia 23/01/2020
Nenhum crime do Estatuto do Desarmamento era considerado hediondo.	Posse ou porte ilegal de arma de fogo de uso restrito, previsto no art. 16 da Lei nº 10.826/2003 é crime hediondo - À época o caput do art. 16 englobava tanto armas de fogo de uso restrito quanto proibido - Surgiu discussão quanto à hediondez das armas de fogo de uso proibido e dos acessórios e munições de uso restrito, pois a lei de crimes hediondos fazia referência apenas a armas de fogo de uso restrito - Surgiu a discussão quando a hediondez dos incisos do art. 16, pois a lei de crimes hediondos não fazia qualquer referência a eles.	Posse ou porte ilegal de arma de fogo de uso proibido, previsto no art. 16 da Lei nº 10.826/2003 é crime hediondo - *Caput* do art. 16 deixou de fazer referência a arma de fogo de uso proibido, sendo que sua posse ou porte foram deslocados para o § 2º. - A lei de crimes hediondos não faz referência a acessório ou munição de uso proibido, fazendo referência apenas à arma de fogo de uso proibido.

Atenção:

Conforme alteração promovida pela Lei Anticrime (Lei nº 13.964/2019) somente tem **natureza hedionda** o crime de posse ou porte de **arma de fogo de uso proibido**. A posse ou porte de arma de uso restrito não tem natureza hedionda.

9.12. Comércio ilegal de arma de fogo

Art. 17. Adquirir, alugar, receber, transportar, conduzir, ocultar, ter em depósito, desmontar, montar, remontar, adulterar, vender, expor à venda, ou de qualquer forma utilizar, em proveito próprio ou alheio, no exercício de atividade comercial ou industrial, arma de fogo, acessório ou munição, sem autorização ou em desacordo com determinação legal ou regulamentar:

Pena – reclusão, de 6 (seis) a 12 (doze) anos, e multa.

§ 1º Equipara-se à atividade comercial ou industrial, para efeito deste artigo, qualquer forma de prestação de serviços, fabricação ou comércio irregular ou clandestino, inclusive o exercido em residência.

Trata-se de **crime próprio**, pois somente pode ser sujeito ativo aquele que está no exercício de atividade comercial ou industrial. Devemos atentar para o § 1º, que equipara à atividade comercial ou industrial qualquer forma de prestação de serviços, fabricação ou comércio irregular ou clandestino, inclusive o exercido em residência.

Apesar de haver corrente defendendo que se trata de crime habitual, a doutrina majoritária entende que se trata de crime instantâneo.

Segundo tal doutrina o agente deve ter o comércio como meio de vida, realizando operações comerciais de forma reiterada e com objetivo de lucro. Porém dentro desse contexto, basta apenas a prática de uma única conduta para que esteja configurado o tipo em estudo.[25]

É crime de conteúdo variável, assim a prática de mais de um verbo nuclear em um mesmo contexto fático gera crime único.

O objeto material é arma de fogo, acessório ou munição. Caso essas sejam de uso restrito ou proibido a pena será aumentada da metade (art. 19).

O crime tem natureza hedionda, conforme art. 1º, parágrafo único, III, da Lei nº 8.072/1990.

9.12.1. Agente policial disfarçado

> **§ 2º** Incorre na mesma pena quem vende ou entrega arma de fogo, acessório ou munição, sem autorização ou em desacordo com a determinação legal ou regulamentar, a agente policial disfarçado, quando presentes elementos probatórios razoáveis de conduta criminal preexistente.

A figura do agente policial disfarçado foi introduzida em nosso ordenamento jurídico pela Lei Anticrime (Lei nº 13.964/2019).

Esta lei trouxe novas figuras equiparadas aos crimes de comércio ilegal de arma de fogo (art. 17), tráfico internacional de arma de fogo (art. 18) e ao crime de tráfico de drogas (art. 33, IV, da Lei nº 11.343/2006).

Trata-se de nova técnica especial de investigação que permite que o policial disfarçado encubra sua real identidade a fim de coletar informações que indiquem uma conduta criminal preexistente à ação policial.[26] Havendo tal conduta criminal preexistente o policial pode realizar a prisão em flagrante pela venda da arma sem que possa se dizer que o policial induziu à prática criminosa.

Por exemplo, caso a polícia tenha provas de que determinado criminoso esteja vendendo armas, mas não saiba onde estão essas armas, o policial disfarçado pode realizar uma negociação com o criminoso, pedindo que as armas sejam levadas até um ponto específico onde é feito o flagrante pela venda das armas. Trata-se de flagrante legal, já que havia conduta criminal preexistente, que não foi provocada pela ação policial.

25 CABETTE, Eduardo; SANINNI, Francisco. *Tratado de legislação especial criminal*. 2. ed. São Paulo: Mizuno, 2021.
26 MARÇAL, Vinícius; MASSON, Cleber. *Crime Organizado*. São Paulo: Método, 2020.

Importante para Concursos:

É essencial saber diferenciar os institutos do agente policial disfarçado, da infiltração policial e do agente provocador:

AGENTE POLICIAL DISFARÇADO	INFILTRAÇÃO POLICIAL	AGENTE PROVOCADOR
- Técnica especial de investigação. - Previsto no Estatuto do Desarmamento e na Lei de Drogas. - Não faz nascer o intuito delitivo no criminoso - Há prova de conduta criminal preexistente - Não exige autorização judicial	- Técnica especial de investigação. - Previsto na Lei de Organizações Criminosas e na Lei de Lavagem de Capitais. - Não faz nascer o intuito delitivo no criminoso. - Se infiltra na organização criminosa, ganhando a confiança do grupo criminoso. - Exige autorização judicial	- Não é técnica de investigação. - Faz nascer o intuito delitivo no criminoso. - Impede a consumação do crime, havendo, portanto, crime impossível (Súmula nº 145 do STF)

9.13. Tráfico internacional de arma de fogo

Art. 18. Importar, exportar, favorecer a entrada ou saída do território nacional, a qualquer título, de arma de fogo, acessório ou munição, sem autorização da autoridade competente:

Pena – reclusão, de 8 (oito) a 16 (dezesseis) anos, e multa.

Parágrafo único. Incorre na mesma pena quem vende ou entrega arma de fogo, acessório ou munição, em operação de importação, sem autorização da autoridade competente, a agente policial disfarçado, quando presentes elementos probatórios razoáveis de conduta criminal preexistente.

Comete este crime quem importa, exporta, favorece a entrada ou saída do território nacional, a qualquer título, de arma de fogo, acessório ou munição, sem autorização da autoridade competente.

Importar é dar entrada de algo em território nacional, ao passo que exportar é promover a saída de algo do território nacional.

Comete o mesmo crime aquele que facilita a importação ou exportação realizada por outrem. Essa facilitação pode se dar tanto de forma comissiva quanto de forma omissiva.

O objeto material é arma de fogo, acessório ou munição. Caso essas sejam de uso restrito ou proibido, a pena será aumentada da metade (art. 19).

Trata-se de norma penal em branco, visto que a conduta deve ser praticada "sem autorização da autoridade competente". Cabe ao Comando do Exército autorizar a importação e exportação de armas, acessórios e munição no país.

O crime tem natureza hedionda, conforme art. 1º, parágrafo único, IV, da Lei nº 8.072/1990.

Importante para Concursos:

Para a configuração do tráfico internacional de arma de fogo não basta a procedência estrangeira do armamento ou munição, sendo necessário que se comprove a internacionalidade da ação.[27]

Com relação à competência para processar e julgar o crime ver o ponto 5.

Com relação ao parágrafo único e o agente policial disfarçado ver o ponto 12.1.

9.14. Causas de aumento de pena

Art. 19. Nos crimes previstos nos arts. 17 e 18, a pena é aumentada da metade se a arma de fogo, acessório ou munição forem de uso proibido ou restrito.

Art. 20. Nos crimes previstos nos arts. 14, 15, 16, 17 e 18, a pena é aumentada da metade se:

I – forem praticados por integrante dos órgãos e empresas referidas nos arts. 6º, 7º e 8º desta Lei; ou

II – o agente for reincidente específico em crimes dessa natureza.

O art. 19 traz uma causa de aumento de pena específica para os crimes de comércio ilegal de arma de fogo e tráfico internacional de armas de fogo quando a conduta recair sobre a arma de fogo, acessório ou munição de uso proibido ou restrito.

Já o art. 20 traz causa de aumento da metade da pena para todos os crimes da lei, salvo a posse irregular de arma de fogo de uso permitido (art. 12) e omissão de cautela (art. 13).

Segundo o art. 20, I, a pena dos crimes será aumentada se for praticado por integrante dos órgãos e empresas referidas nos arts. 6º, 7º e 8º desta Lei. Aqui se inserem integrantes das Forças Armadas, integrantes de forças policiais, integrantes das guardas municipais, etc.

Já o inciso II diz que a pena será aumentada se o agente for reincidente específico em crimes dessa natureza.

Como a lei diz "em crimes dessa natureza", entende-se que deve haver reincidência específica em alguns dos crimes listados pelo art. 20, não sendo necessário, entretanto, que a reincidência se dê exatamente no mesmo tipo penal.

9.15. Concurso de crimes

Vistos todos os crimes desta lei resta analisar a possibilidade de concurso de crimes entre eles.

Quando os crimes forem cometidos em contextos fáticos diversos não há discussão, sendo certo que haverá concurso de crimes.

Porém, quando são praticados em um mesmo contexto fático:

27 CC 133.823/PR – 3ª Seção – rel. Min. Newton Trisotto (desembargador convocado do TJ/SC) – j. 8-10-2014).

a) **Posse de diversas armas de fogo de uso permitido**: Crime único
b) **Posse/porte de diversas armas de fogo de uso restrito:** crime único
c) **Posse/ porte de armas de fogo de uso permitido e de uso restrito:** Concurso formal de crimes entre os crimes do art. 12 ou 14 a depender do caso e art. 16, tendo em vista que se trata de crimes distintos que afetam bens jurídicos distintos.[28]
d) **Porte de arma de fogo e Disparo de arma de fogo:** O porte de arma é um meio necessário para realização do disparo, então, aplicando-se o princípio da consunção, o crime de porte é absorvido pelo crime de disparo de arma de fogo.

Entretanto caso se trate de arma de fogo de uso restrito, o crime a ser absorvido é o de disparo de arma de fogo, pois deve prevalecer o delito mais grave.[29]

e) **Porte de arma de fogo e roubo/homicídio**: Caso a arma tenha sido utilizada unicamente para execução do roubo ou do homicídio, o crime de porte ilegal de arma restará absorvido, pois praticado apenas como crime meio para consecução do crime fim de roubo ou homicídio.

Vale uma pequena revisão acerca das causas de aumento do roubo armado:

Se a violência ou grave ameaça é exercida com emprego de arma branca	Se a violência ou ameaça é exercida com emprego de arma de fogo	Se a violência ou grave ameaça é exercida com emprego de arma de fogo de uso restrito ou proibido[30]
A pena aumenta-se de 1/3 (um terço) até metade	A pena aumenta-se de 2/3 (dois terços) – Crime hediondo	Aplica-se em dobro a pena prevista no *caput* deste artigo – Crime hediondo

f) **Porte de arma de fogo e receptação**: Agente que porta arma de fogo cuja origem sabe ser produto de crime responde pelos dois delitos em concurso material, visto que os delitos são autônomos com momentos consumativos diversos.[31]

Por outro lado, aquele que adquire ilicitamente arma de fogo, mas que não é produto de crime, e depois passa a portá-la, responde por crime único, já que os verbos "adquirir" e "portar" constam dos mesmos tipos penais de conteúdo variável (arts. 14 e 16).

9.16. Vedação à liberdade provisória

Art. 21. Os crimes previstos nos arts. 16, 17 e 18 são insuscetíveis de liberdade provisória.

Segundo o art. 21 da lei, os crimes de posse/porte ilegal de arma de fogo de uso restrito, de comércio ilegal de arma de fogo, e de tráfico internacional de arma de fogo, seriam insuscetíveis à liberdade provisória.

28 Ag em AREsp nº 1.270.840/GO – rel. Min Ribeiro Dantas – j. 22-11-2018.
29 CABETTE; SANNINI, op. cit.
30 Existe discussão doutrinária acerca da natureza jurídica desta norma, se causa de aumento ou qualificadora.
31 STJ – HC 168.171/RS – 6ª T. – rel. Min. Sebastião Reis Júnior – j. 4-10-2011.

Importante para Concursos:

O **STF declarou a inconstitucionalidade da vedação absoluta à concessão de liberdade provisória.** Segundo o Supremo Tribunal Federal, a Constituição Federal não permite prisão automática decorrente da lei, em face dos princípios da presunção de inocência e da obrigatoriedade de fundamentação dos mandados de prisão pelas autoridades judiciais.[32]

Assim, hoje é possível a concessão de liberdade provisória a estes crimes, sendo que a manutenção da prisão deve ser fundamentada com base nos arts. 312 e seguintes do Código de Processo Penal.

9.17. Entrega espontânea de arma de fogo

Art. 31. Os possuidores e proprietários de armas de fogo adquiridas regularmente poderão, a qualquer tempo, entregá-las à Polícia Federal, mediante recibo e indenização, nos termos do regulamento desta Lei.

Art. 32. Os possuidores e proprietários de arma de fogo poderão entregá-la, espontaneamente, mediante recibo, e, presumindo-se de boa-fé, serão indenizados, na forma do regulamento, ficando extinta a punibilidade de eventual posse irregular da referida arma.

Conforme o art. 31, possuidores e proprietários poderão entregar suas armas adquiridas regularmente à Polícia Federal, sendo indenizados pelo valor da arma. Aqui temos pessoas que possuíam armas de forma regular, mas que, por algum motivo, decidem que não querem mais ter essas armas. O Estatuto então diz que essas armas podem ser entregues à Polícia Federal.

Já o art. 32 diz apenas possuidores ou proprietários de arma de fogo. Como o art. 31 diz "adquiridas regularmente", entende-se que o art. 32 se refere às armas adquiridas de forma irregular. Temos aqui então uma hipótese de extinção da punibilidade do crime de posse ilegal de arma de fogo, quando ocorrer sua efetiva entrega à Polícia Federal, presumindo-se a boa-fé do possuidor.

Cabe ressaltar que, diferentemente do art. 31, apesar de o art. 32 não conter a expressão "a qualquer tempo" entende-se que tal dispositivo não está sujeito a prazo, podendo a entrega ocorrer de fato a qualquer tempo.

9.18. Quadro sinótico

Posse irregular de arma de fogo de uso permitido	– Interior da residência ou dependência desta – No local de trabalho, desde que seja o titular ou responsável – Arma com registro vencido não configura o crime – Admite-se insignificância para pequena quantidade de munição

32 STF – Pleno – ADI 3.112/DF – rel. Min. Ricardo Lewandowski j. 2-5-2007.

Omissão de cautela	Deixa de observar cautelas necessárias para impedir que: a) Menor de 18 anos se aproprie de arma de fogo b) Pessoa portadora de deficiência mental se aproprie de arma de fogo
Deixar de registar ocorrência policial e de comunicar à Polícia Federal	- Crime próprio: proprietário ou diretor responsável de empresa de segurança e transporte de valores - Crime a prazo - Primeiras 24h depois de ocorrido o fato
Disparo de arma de fogo	- Em lugar habitado ou suas adjacências - Em via pública ou em direção a ela - Crime expressamente subsidiário
Posse ou porte ilegal de arma de uso restrito	- Figuras equiparadas: a) suprimir ou alterar marcação ou sinal de identificação b) modificar arma para torná-la equivalente a arma de uso proibido ou restrito c) possuir, fabricar ou empregar artefato explosivo ou incendiário d) vender ou entregar arma de fogo, acessório ou munição a criança ou adolescente e) produzir, recarregar, reciclar ou adulterar munição ou explosivo
Posse ou porte de arma de fogo de uso proibido	- Crime hediondo - Não há referência a acessório ou munição de uso proibido
Comércio ilegal de arma de fogo	- Vender ou de qualquer forma utilizar arma de fogo, acessório ou munição no exercício de atividade comercial ou industrial - Qualquer forma de comércio, inclusive em residência - Pena aumentada se arma for de uso proibido ou restrito
Tráfico Internacional de Arma de Fogo	- Crime de competência federal - Crime hediondo - Pena aumentada se arma for de uso proibido ou restrito
Causas gerais de aumento	- Praticado por policiais, membros das forças armadas, guardas municipais, empregados de empresas de segurança privada, etc. - Reincidência específica
Questões gerais sobre armas de fogo	- Perícia é desnecessária na comprovação dos crimes - Arma de brinquedo e arma estragada não configuram os crimes
Crimes de perigo abstrato	Não se exige a comprovação do perigo ao bem jurídico. Este é presumido.

9.19. Questões de concurso

1. **(PC-CE – Escrivão de Polícia Civil – IDECAN – 2021)** Breno foi preso em flagrante de posse de uma unidade de munição de uso permitido (calibre .9mm), desacompanhada de arma de fogo compatível com sua utilização. Nesse sentido, com base no entendimento mais recente do STF acerca do tema, assinale a alternativa correta.

A) Incide o princípio da insignificância, causa supralegal de exclusão da tipicidade penal em sua dimensão material. A conduta, portanto, não é típica.

B) A conduta é típica formal e materialmente, mas não haverá responsabilização penal em virtude do exercício regular do direito.

C) A conduta é típica, antijurídica e culpável, mas não punível pelo princípio da insignificância.

D) Não incide o princípio da insignificância, pois o delito é crime de dano, e, portanto, a lesão é presumida.

E) A conduta é atípica formalmente, sendo certo que a atipicidade formal está respaldada no princípio da insignificância.

Gabarito: A.

2. **(PC-RN – Delegado de Polícia Civil Substituto – FGV – 2021)** Após discutir com alguns vizinhos, Lúcio efetuou disparos de arma de fogo para o alto na via pública, atingindo o telhado de uma das casas, o que fez com que os moradores da localidade, dois dias depois, registrassem o fato na delegacia de polícia. A autoridade policial representou pela busca e apreensão de eventual prova de crime na residência de Lúcio, o que foi deferido pelo juízo competente. No cumprimento do mandado, foi apreendida na residência uma arma de fogo sem registro, sendo certo que Lúcio não tinha autorização legal para portar ou possuir qualquer tipo de arma. Restando comprovados os fatos por prova oral e pericial, Lúcio:

A) responderá pelos crimes de posse de arma de fogo e de disparo de arma de fogo, na forma continuada;

B) responderá apenas pelo crime de disparo de arma de fogo, ficando o crime de posse absorvido pela consunção;

C) responderá pelos crimes de posse de arma de fogo e de disparo de arma de fogo, em concurso material;

D) responderá apenas pelo crime de posse de arma de fogo, configurando o disparo pós-fato impunível;

E) não responderá por qualquer delito, pois os crimes de posse e disparo de arma de fogo exigem perigo concreto.

Gabarito: C.

3. **(MPDFT – Promotor de Justiça Adjunto – MPDFT – 2021)** No que diz respeito à Lei nº 10.826/2003, Estatuto do Desarmamento, assinale a opção CORRETA:

A) Não pratica crime policial civil que porta arma de fogo sem registro no órgão competente.

B) A posse em residência de arma de fogo com registro vencido é conduta atípica.

C) A posse ilegal de arma de fogo sem que haja munição na mesma localidade é conduta atípica.

D) A previsão legal de que o porte ilegal de arma de fogo de uso restrito é crime hediondo foi declarada pelo Supremo Tribunal Federal como inconstitucional.

E) O porte de granada de gás lacrimogêneo se enquadra no tipo penal do art. 16, §1º, III, que assemelha o porte ilegal de arma de uso restrito ao porte de artefato explosivo ou incendiário, sem autorização ou em desacordo com determinação legal ou regulamentar.

Gabarito: B

4. **(PC-PA – Delegado de Polícia Civil – Instituto AOCP – 2021)** Sobre o Estatuto do Desarmamento (Lei nº 10.826/2003), assinale a alternativa INCORRETA.

A) O Sinarm expedirá autorização de compra de arma de fogo após atendidos os requisitos estabelecidos, em nome do requerente e para a arma indicada, sendo intransferível essa autorização.

B) O certificado de registro de arma de fogo será expedido pela Polícia Federal e será precedido de autorização do Sinarm.

C) Aos integrantes das guardas municipais dos Municípios que integram regiões metropolitanas será autorizado porte de arma de fogo, quando em serviço.

D) A expedição da autorização de compra de arma de fogo será concedida, ou recusada com a devida fundamentação, no prazo de sessenta dias úteis, a contar da data do requerimento do interessado.

E) As armas de fogo apreendidas, após a elaboração do laudo pericial e sua juntada aos autos, quando não mais interessarem à persecução penal, serão encaminhadas pelo juiz competente ao Comando do Exército, no prazo de até quarenta e oito horas, para destruição ou doação aos órgãos de segurança pública ou às Forças Armadas, na forma do regulamento dessa Lei.

Gabarito: D.

5. **(DPE-RJ – Defensor Público – FGV – 2021)** O Estatuto do Desarmamento, Lei nº 10.826/2003, no seu capítulo IV, define crimes relacionados a armas de fogo e munições. Considerando casos concretos de réus denunciados por esses delitos e conforme entendimento das Cortes Superiores, é correto afirmar que:

A) em hipóteses de apreensão de armas de fogo e/ou munições de uso permitido e restrito, num mesmo contexto fático, há crime único, aplicado o princípio da consunção, e não concurso de crimes, uma vez que se trata de condutas que tutelam o mesmo bem jurídico;

B) deve ser reconhecida a atipicidade material da conduta em situações específicas de ínfima quantidade de munição apreendida na posse do agente, de uso permitido ou restrito, aliada à ausência de artefato capaz de disparar o projétil;

C) aplica-se o princípio da insignificância e se reconhece a atipicidade material do crime de posse de ínfima quantidade de munição de uso permitido, ainda que a moldura fática do caso revele a apreensão de arma de fogo e drogas com o agente;

D) apreendido armamento que passou a ser considerado de uso permitido após a entrada em vigor de decreto, a norma penal posterior deve incidir de forma imediata a fato anterior, desde que não decidido por sentença transitada em julgado, porque favorece o agente, em harmonia com o princípio da retroatividade da lei penal mais benéfica;

E) o legislador, ao elaborar a lei que alterou a Lei de Crimes Hediondos, quis conferir tratamento mais gravoso ao crime de posse ou porte de arma de fogo, acessório ou munição, não importando se de uso proibido/restrito ou de uso permitido, de modo que a natureza hedionda se reconhece também aos crimes de posse ou porte de arma de fogo de uso permitido com numeração raspada, suprimida ou adulterada.

Gabarito: B.

6. **(PRF – Policial Rodoviário Federal – CEBRASPE – 2021)** A respeito da identificação criminal, do crime de tortura, do abuso de direito, da prevenção do uso indevido de drogas, da comercialização de armas de fogo e dos crimes hediondos, julgue o item que se segue.

Conduzir arma de fogo, no exercício de atividade comercial, sem autorização, configura comércio ilegal de arma de fogo.

Gabarito: Certo.

7. **(TJ-PA – Juiz de Direito Substituto – CEBRASPE – 2019)** Considerando o entendimento sumulado e a jurisprudência do STJ acerca da interpretação da Lei nº 10.826/2003, que dispõe sobre o registro, a posse e a comercialização de armas de fogo e munição, assinale a opção correta.

A) Para a configuração do tráfico internacional de arma de fogo, acessório ou munição, não basta apenas a procedência estrangeira do artefato, sendo necessária a comprovação da internacionalidade da ação.

B) Em razão do princípio da mínima lesividade, aquele que detém o porte legal não responderá pelo crime de importar arma de fogo sem autorização da autoridade competente.

C) O delito de comércio ilegal de arma de fogo, acessório ou munição foi abrangido pela *abolitio criminis* temporária prevista na referida lei.

D) A inaptidão de arma de fogo para efetuar disparos, ainda que comprovada por laudo pericial, não é excludente de tipicidade.

E) O princípio da consunção aplica-se no caso de haver apreensão de armas de fogo e munições de uso permitido e restrito em um mesmo contexto fático.

Gabarito: A.

8. **(SJC-SC – Agente Penitenciário – FEPESE – 2019)** Analise as afirmativas abaixo com base na Lei nº 10.826, de 22 de dezembro de 2003, que "dispõe sobre registro, posse e comercialização de armas de fogo e munição, sobre o Sistema Nacional de Armas – Sinarm, define crimes e dá outras providências".

1. É permitido o porte de arma de fogo em todo o território nacional para os integrantes das Forças Armadas.

2. Para adquirir arma de fogo de uso permitido o interessado deverá comprovar capacidade técnica e aptidão psicológica para o manuseio de arma de fogo, sendo dispensada a apresentação de documento comprobatório de ocupação lícita e de residência certa.

3. Os integrantes do quadro efetivo de agentes e guardas prisionais poderão portar arma de fogo de propriedade particular ou fornecida pela respectiva corporação ou instituição, mesmo fora de serviço, desde que estejam submetidos a regime de dedicação exclusiva.

4. A autorização para o porte de arma de fogo de uso permitido, em todo o território nacional, é de competência da Polícia Civil e da Polícia Federal e somente será concedida após autorização do Sinarm.

Assinale a alternativa que indica todas as afirmativas **corretas**.

A) São corretas apenas as afirmativas 1 e 3.

B) São corretas apenas as afirmativas 1 e 4.

C) São corretas apenas as afirmativas 1, 2 e 3.

D) São corretas apenas as afirmativas 2, 3 e 4.

E) São corretas as afirmativas 1, 2, 3 e 4.

Gabarito: A.

CAPÍTULO 10
LEI Nº 11.340/2006 – LEI MARIA DA PENHA

10.1. Art. 1º: origem da Lei Maria da Penha

TÍTULO I – DISPOSIÇÕES PRELIMINARES

Art. 1º Esta Lei cria mecanismos para coibir e prevenir a violência doméstica e familiar contra a mulher, nos termos do § 8º do art. 226 da Constituição Federal, da Convenção sobre a Eliminação de Todas as Formas de Violência contra a Mulher, da Convenção Interamericana para Prevenir, Punir e Erradicar a Violência contra a Mulher e de outros tratados internacionais ratificados pela República Federativa do Brasil; dispõe sobre a criação dos Juizados de Violência Doméstica e Familiar contra a Mulher; e estabelece medidas de assistência e proteção às mulheres em situação de violência doméstica e familiar.

A Lei nº 11.340/2006 consagra **direitos humanos** da mulher em alinhamento com as previsões da Constituição Federal e de Convenções Internacionais que buscam conferir maior proteção ao ser humano feminino diante da vulnerabilidade histórica desse grupo.

A própria lei menciona o § 8º, do art. 226, da Constituição Federal que dispõe desde 1988 que "o Estado assegurará a assistência à família na pessoa de cada um dos que a integram, **criando mecanismos para coibir a violência no âmbito de suas relações"**.

Entretanto, a Lei nº 11.340/2006 só foi editada no ano de 2006 após pressão internacional decorrente da condenação do Brasil pela Corte Interamericana de Direitos Humanos diante da **demora no julgamento** e solução do caso concreto envolvendo a **Sra. Maria da Penha Maia Fernandes.**

A vítima que apelida a Lei nº 11.340/2006 de "Lei Maria da Penha" havia sofrido **duas tentativas de homicídio** por seu marido Marco Antônio Herredia Viveiros. Na primeira, sofreu disparo de arma de fogo pelas costas e acabou ficando paraplégica, e na segunda foi eletrocutada enquanto tomava banho.

Apesar de ter sido condenado em 1991 pelo Tribunal do Júri, o acusado recorreu em liberdade e o julgamento acabou sendo anulado. Realizado o julgamento novamente em 1996 ele foi novamente condenado, mas recorreu em liberdade e acabou preso apenas em 2002.

Após acionamento da Corte Interamericana de Direitos Humanos, em 2001 a Comissão Interamericana de Direitos Humanos da Organização dos Estados Americanos condenou o Brasil a pagar indenização de vinte mil dólares para a vítima, e o Estado brasileiro foi responsabilizado pela negligência e omissão no caso, recebendo a recomendação de que fossem adotadas várias medidas.

No **Relatório nº 54/2001 da CIDH** a Comissão recomendou que o Estado Brasileiro, além de finalizar o caso da vítima em concreto e indenizá-la, apurando as responsabilidades pela demora, também intensificasse o processo de reforma interna, capacitando funcionários judiciais e policiais, simplificando procedimentos judiciais, multiplicando o número de delegacias especializadas, dentre outras medidas.[1]

Cerca de cinco anos depois, então, em 22 de setembro de 2006, foi sancionada a Lei nº 11.340/2006 para coibir a Violência Doméstica e familiar contra a mulher.

Também por isso **logo no primeiro artigo da lei** se vê a determinação de criação dos Juizados de Violência Doméstica e Familiar contra a Mulher, visando acelerar a tramitação desses casos, além de medidas de assistência e proteção da mulher vítima de violência doméstica.

10.2. Art. 2º: direitos e garantias

> **Art. 2º** Toda mulher, independentemente de classe, raça, etnia, orientação sexual, renda, cultura, nível educacional, idade e religião, goza dos direitos fundamentais inerentes à pessoa humana, sendo-lhe asseguradas as oportunidades e facilidades para viver sem violência, preservar sua saúde física e mental e seu aperfeiçoamento moral, intelectual e social.

O art. 2º expressa a vedação à discriminação das mulheres, e assegura **direitos humanos de igualdade**, prevendo que lhes sejam garantidos meios de concretizar o princípio da dignidade humana. Trata não apenas da igualdade formal, mas também dos meios que devem ser assegurados para que seja alcançada a **igualdade de fato, material.**

Atenção:

o art. 2º da Lei nº 11.340/2006 guarda nítida relação com os dispositivos da Constituição Federal. Isso porque é um dos objetivos fundamentais da República Federativa do Brasil promover o bem de todos, sem preconceitos ou quaisquer formas de discriminação (**art. 3º, IV, da CF88**). E porque a Constituição Federal assegura que todos são iguais perante a lei, sem distinção de qualquer natureza, garantindo-se a todos a inviolabibilidade do direito à vida, à liberdade, à igualdade e à propriedade, sendo que homens e mulheres são iguais em direitos e obrigações (**art. 5º, *caput* e I da CF/1988**).

10.3. Art. 3º: dever solidário e ações afirmativas

> **Art. 3º** Serão asseguradas às mulheres as condições para o exercício efetivo dos direitos à vida, à segurança, à saúde, à alimentação, à educação, à cultura, à moradia, ao acesso à justiça, ao

1 OEA. Comissão Interamericana de Direitos Humanos. RELATÓRIO ANUAL 2000. RELATÓRIO N° 54/01. CASO 12.051. MARIA DA PENHA MAIA FERNANDES. BRASIL. 4 de abril de 2001.

esporte, ao lazer, ao trabalho, à cidadania, à liberdade, à dignidade, ao respeito e à convivência familiar e comunitária.

§ 1º O poder público desenvolverá políticas que visem garantir os direitos humanos das mulheres no âmbito das relações domésticas e familiares no sentido de resguardá-las de toda forma de negligência, discriminação, exploração, violência, crueldade e opressão.

§ 2º Cabe à família, à sociedade e ao poder público criar as condições necessárias para o efetivo exercício dos direitos enunciados no caput.

O art. 3º continua enunciando direitos concretos às mulheres na linha do disposto na Constituição Federal, e enuncia no § 1º a obrigação do Poder Público de levar a cabo **políticas públicas e ações afirmativas,** visando concretizar esses direitos fundamentais, a fim de reparar a desigualdade existente, em busca da igualdade material.

A lei prevê também que o dever de buscar a efetividade desses direitos das mulheres não é apenas do Estado, mas também da família e da sociedade, criando um verdadeiro **dever solidário**, de todos, em busca desse ideal.

10.4. Art. 4º: interpretação da Lei Maria da Penha

Art. 4º Na interpretação desta Lei, serão considerados os fins sociais a que ela se destina e, especialmente, as condições peculiares das mulheres em situação de violência doméstica e familiar.

O art. 4º traz um **critério de valoração** para a solução de eventuais conflitos aparentes de norma, determinando que o intérprete deverá levar em conta as condições peculiares de vulnerabilidade das mulheres em situação de violência doméstica e familiar. Na dúvida, portanto, a interpretação da lei deverá ser feita em favor da mulher.

Atenção:

há previsão semelhante no **art. 5º da Lei de Introdução às normas do Direito Brasileiro** (Dec.-lei nº 4.657/1942), no sentido de que "na aplicação da lei, o juiz atenderá aos fins sociais a que ela se dirige e às exigências do bem comum".

Importante para Concursos:

reforçando essa situação peculiar da mulher em situação de violência doméstica, a **Súmula nº 589 do STJ** prevê que "**é inaplicável o princípio da insignificância** nos crimes ou contravenções penais praticados contra a mulher no âmbito das relações domésticas".

10.5. Art. 5º: conceito de violência doméstica e familiar

TÍTULO II – DA VIOLÊNCIA DOMÉSTICA E FAMILIAR CONTRA A MULHER

CAPÍTULO I – DISPOSIÇÕES GERAIS

Art. 5º Para os efeitos desta Lei, configura violência doméstica e familiar contra a mulher qualquer ação ou omissão baseada no gênero que lhe cause morte, lesão, sofrimento físico, sexual ou psicológico e dano moral ou patrimonial:

I – no âmbito da unidade doméstica, compreendida como o espaço de convívio permanente de pessoas, com ou sem vínculo familiar, inclusive as esporadicamente agregadas;

II – no âmbito da família, compreendida como a comunidade formada por indivíduos que são ou se consideram aparentados, unidos por laços naturais, por afinidade ou por vontade expressa;

III – em qualquer relação íntima de afeto, na qual o agressor conviva ou tenha convivido com a ofendida, independentemente de coabitação.

Parágrafo único. As relações pessoais enunciadas neste artigo independem de orientação sexual.

O *caput* do dispositivo traz a definição de violência doméstica e familiar contra a mulher, mencionando qualquer **ação ou omissão baseada no gênero**, que cause morte, lesão, sofrimento físico, sexual, ou psicológico e dano moral ou patrimonial. São **formas de violência** que devem ser lidas em conjunto com o art. 7º.

No que se refere à ação ou à omissão, há **discussão doutrinária** se a violência doméstica e familiar **abrange condutas dolosas e culposas, ou apenas dolosas.** A exigência de que a conduta seja baseada no gênero sugere que apenas condutas dolosas estariam abrangidas, eis que o agente teria de agir com essa finalidade específica, o que só seria possível agindo com dolo.

Importante para Concursos:

entretanto, **na ADI nº 4424,** o Supremo Tribunal Federal entendeu que, no contexto de violência doméstica e familiar, não se sujeitam à representação da ofendida os crimes de **lesão corporal dolosa leve ou culposas**.

Há **três situações** nos incisos I a III nas quais o legislador entendeu que haverá violência doméstica ou familiar. Essa definição é importante para verificar quando serão aplicáveis as disposições da lei com relação à competência, e outras questões penais e civis.

Apesar do *caput* do dispositivo utilizar a conjunção aditiva ***e*** (doméstica **e** familiar), os incisos que se seguem deixam claro que haverá violência doméstica ***ou*** familiar se presente qualquer uma das três hipóteses ali constantes, que são **alternativas**.

As **três hipóteses** são, a saber: **1.** que a violência tenha sido praticada na unidade doméstica; ou **2.** no âmbito da família; ou **3.** em relação íntima de afeto. A mulher em qualquer uma dessas condições terá a proteção diferenciada da Lei nº 11.343/2006.

a) No **inciso I,** considera-se que há violência doméstica quando praticada no âmbito da **unidade doméstica**. Trata-se de **conceito espacial** de convívio permanente de pessoas, ainda que sem vínculo familiar e abrangendo até mesmo as que são esporadicamente agregadas. Mas os envolvidos devem fazer parte da mesma unidade, de modo que não haverá violência doméstica, por exemplo, se uma prestadora de serviço eventual for agredida dentro da casa de alguém, pois apesar de estar no mesmo espaço geográfico, não faz parte da relação doméstica. Por outro lado, se a vítima é empregada que reside na casa dos patrões, tratada como integrante daquela unidade doméstica, poderá haver aplicação da Lei nº 11.340/2006. [2]

b) No **inciso II,** a hipótese de violência doméstica e familiar é a praticada no **âmbito da família, critério de comunidade familiar** que inclui pessoas que se consideram aparentadas, mesmo que apenas por vontade expressa. Nesse caso, **não importa o local espacial da violência**, mas, sim, a constatação de que os envolvidos se consideram familiares. Assim, terá incidência a Lei nº 11.340/2006 na agressão do irmão contra a irmã, ou do pai contra a filha.

Atenção:

já **decidiu o STJ** que mesmo que os fatos tenham ocorrido em **local público**, aplica-se a Lei nº 11.340/2006 se "foram nitidamente influenciados pela relação familiar que mantém com a vítima, sua irmã, circunstância que dá ensejo à incidência da norma contida no artigo 5º, inciso II, da Lei Maria da Penha".[3]

c) A terceira hipótese, do **inciso III,** abrange as **relações íntimas de afeto,** em que haja ou tenha havido convivência entre agressor e vítima, mas **não necessariamente coabitação.**

A questão da exigência de coabitação gera posições divergentes na doutrina, principalmente porque **a Convenção Interamericana** Para Prevenir, Punir, Erradicar a Violência Contra a Mulher (Convenção Belém do Pará) **exige a coabitação** para a configuração de violência doméstica, de modo que a Lei Maria da Penha nesse sentido acaba sendo mais protetiva.[4]

---

2 Nesse sentido também: LIMA. Op. cit., p. 1262.

3 STJ. HC 280082/RS – 5ª T. – rel. Min. Jorge Mussi – j. 12-2-2015 – *DJe* 25-2-2015.

4 Promulgada no Brasil pelo Dec. nº 1.973 de 1º de agosto de 1996, a definição semelhante, porém menos ampla, está nos arts. 1º e 2º. "Artigo 1: para os efeitos desta Convenção, entender-se-á por violência contra a mulher qualquer ato ou conduta baseada no gênero, que cause morte, dano ou sofrimento físico, sexual ou psicológico à mulher, tanto na esfera pública como na esfera privada. Artigo 2: entende-se que a violência contra a mulher abrange a violência física, sexual e psicológica. a) ocorrida no âmbito da família ou unidade doméstica ou em qualquer relação interpessoal, quer o agressor compartilhe, tenha compartilhado ou não a sua residência, incluindo-se, entre outras turmas, o estupro, maus-tratos e abuso sexual; b) ocorrida na comunidade e comedida por qualquer pessoa, incluindo, entre outras formas, o estupro, abuso sexual, tortura, tráfico de mulheres, prostituição forçada, seqüestro e assédio sexual no local de trabalho, bem como em instituições educacionais, serviços de saúde ou qualquer outro local; e c) perpetrada ou tolerada pelo Estado ou seus agentes, onde quer que ocorra."

Entretanto, a **jurisprudência** já se firmou no sentido de que a **coabitação não é exigida** para configuração de violência doméstica. E como se trata de norma que tutela direitos humanos, entende-se que prevalece a mais protetiva em nome do princípio *pro homine*.[5]

Importante para Concursos:

é esse o teor da **Súmula nº 600 do STJ:** "para configuração da violência doméstica e familiar prevista no art. 5º da Lei nº 11.340/2006, Lei Maria da Penha, não se exige a coabitação entre autor e vítima".

Há discussão sobre a **extensão do conceito de relação íntima,** havendo quem entenda que abrange as relações de amizade, porém pensamos mais coerente interpretar o conceito mais restritivamente, abrangendo relacionamentos amorosos e afastando relações de amizade para configuração de violência doméstica e familiar.[6]

Atenção:

a **relação de namoro** também suscita controvérsias, mas o STJ já decidiu que "**o namoro é uma relação íntima de afeto que independe de coabitação;** portanto, a agressão do namorado contra a namorada, ainda que tenha cessado o relacionamento, mas que ocorra em decorrência dele, caracteriza violência doméstica".[7] Em outras decisões, ainda, o STJ já decidiu que o namoro é abrangido pela **hipótese do inciso III**, desde que **não seja um relacionamento "passageiro, fugaz ou esporádico".**[8]

Configura violência doméstica e familiar contra a mulher qualquer ação ou omissão baseada no gênero que lhe cause morte, lesão, sofrimento físico, sexual ou psicológico e dano moral ou patrimonial:	
no âmbito da unidade doméstica	Com ou sem vínculo familiar + esporadicamente agregadas
no âmbito da família	Em que são ou se consideram aparentados, laços naturais, de afinidade, ou vontade expressa
em qualquer relação íntima de afeto	Em que conviva ou tenha convivido, independentemente de coabitação

10.5.1. Sujeito passivo

Diante dos contextos enunciados pelos incisos do art. 5º, depreende-se que a **vítima de violência doméstica deverá ser mulher,** que, dependendo de cada contexto, poderá ser esposa, companheira, irmã, namorada, filha, etc.

5 "o critério da interpretação pro homine exige que a interpretação dos direitos humanos seja sempre aquela mais favorável ao indivíduo. Grosso modo, a interpretação pro homine implica reconhecer a superioridade das normas de direitos humanos, e, em sua interpretação ao caso concreto, na exigência de adoção da interpretação que dê posição mais favorável ao indivíduo." RAMOS, André de Carvalho. *Curso de Direitos Humanos*. 4. ed. São Paulo: Saraiva. p. 108.

6 Nesse sentido também: LIMA. Op. cit., p. 1263.

7 Trecho do inteiro teor, complementar à ementa no HC n. 371002/SP – 5ª T. – rel. Min. Reynaldo Soares da Fonseca – j. 20-4-2017 – *DJe* 27-4-2017.

8 STJ. CC 100654/MG – 3ª Seção – rel. Min. Laurita Vaz – j. 25-3-2009 – *DJe* 13-5-2009. No mesmo sentido: HC 181246/RS – 6ª T. – rel. Min. Sebastião Reis Júnior – j. 20-8-2013 – *DJe* 6-9-2013.

Atenção:

como a proteção é do **gênero feminino** é possível que **trangêneros e transexuais sejam sujeitos passivos de violência doméstica** e familiar caso se identifiquem com o gênero feminino, ainda que com sexo biológico masculino.

Nesse ponto, na **ADI n. 4275, o STF** decidiu que é possível a alteração do gênero diretamente no registro civil independentemente de cirurgia.[9] Para alguns autores, inclusive, a proteção indepente de qualquer alteração no registro civil, porque a finalidade da lei é a preservação plena da dignidade da pessoa que se identifica com o gênero feminino.[10]

Com **relação ao homem**, prevalece que não pode ser sujeito passivo de violência doméstica e familiar[11], ainda que em relação homoafetiva com outro homem. Há posições **bastante minoritárias**, entretanto, sustentando a possibilidade de o homem também ser sujeito passivo desde que em posição de vulnerabilidade na relação.

10.5.2. Sujeito ativo

Via de regra, o sujeito ativo da violência doméstica será o homem, agressor da mulher em alguma das situações enunciadas nos incisos do artigo 5º.

A lei não exclui, entretanto, **a possibilidade de o sujeito ativo ser mulher**. Inclusive o parágrafo único, do art. 5º, deixa claro que a **orientação sexual não afeta** a configuração de violência doméstica e familiar, de modo que pouco importará se a mulher mantém relacionamento heteroafetivo ou homoafetivo.

Assim, é possível que o **sujeito ativo da violência doméstica seja homem ou mulher, desde que a vítima seja mulher** (conforme entendimento predominante na doutrina e jurisprudência). Nesse caso, a vítima pode ser companheira da agressora, ou irmã, mãe, filha, etc.

No caso de **sujeito ativo homem,** a jurisprudência tem considerado que há **vulnerabilidade presumida** da mulher vítima.

Atenção:

o **STJ** já decidiu que a Lei nº 11.340/2006

> "fundou-se justamente na indiscutível desproporcionalidade física existente entre os gêneros, no histórico discriminatório e na cultura vigente. Ou seja, a

9 "(...) A identidade de gênero é manifestação da própria personalidade da pessoa humana e, como tal, cabe ao Estado apenas o papel de reconhecê-la, nunca de constituí-la. (...) A pessoa transgênero que comprove sua identidade de gênero dissonante daquela que lhe foi designada ao nascer por autoidentificação firmada em declaração escrita desta sua vontade dispõe do direito fundamental subjetivo à alteração do prenome e da classificação de gênero no registro civil pela via administrativa ou judicial, independentemente de procedimento cirúrgico e laudos de terceiros, por se tratar de tema relativo ao direito fundamental ao livre desenvolvimento da personalidade." ADI 4275/DF – Distrito Federal – j. 1º-3-2018 – publicação: 7-3-2019.

10 DIAS, Maria Berenice. *A Lei Maria da Penha na Justiça*. 5. ed. Salvador: Juspodivm, 2018. p. 71.

11 "Lei nº 11.340/2006. Sujeito passivo: mulher. In casu, a relação de violência retratada neste feito ocorreu entre dois irmãos. Inaplicabilidade. Precedentes." STJ. HC 212767/DF – 6ª T. – rel. Min. Vasco Della Giustina (desembargador convocado do TJ/RS) – j. 13-9-2011 – *DJe* 9-11-2011.

fragilidade da mulher, sua hipossuficiência ou vulnerabilidade, na verdade, são os fundamentos que levaram o legislador a conferir proteção especial à mulher e **por isso têm-se como presumidos**".[12] [13]

Mas isso não impede a análise do caso concreto para verificação de incidência da Lei nº 11.340/2006. [14]

Já no caso da **violência entre mulheres** a jurisprudência tem se inclinado para exigir **demonstração de vulnerabilidade no caso concreto.**

Atenção:

O **STJ já decidiu** que não configura violência doméstica **entre nora e sogra** quando não demonstrada a vulnerabilidade no caso concreto.[15] **O STJ também já decidiu** que "para a aplicação da Lei nº 11.340/2006, não é suficiente que a violência seja praticada contra a mulher e numa relação familiar, doméstica ou de afetividade, mas também há necessidade de demonstração da sua situação de vulnerabilidade ou hipossuficiência, numa perspectiva de gênero". [16]

10.6. Art. 6º: violência doméstica e violação de direitos humanos

Art. 6º A violência doméstica e familiar contra a mulher constitui uma das formas de violação dos direitos humanos.

O dispositivo repisa o óbvio: a violência contra a mulher viola direitos humanos. Aliás, **qualquer violência contra qualquer ser humano viola direitos humanos.**

Poder-se-ia pensar, então, que a disposição do art. 6º serviria para alterar a competência do julgamento dos delitos envolvendo violência doméstica e familiar, nos termos do **art. 109, V-A, da Constituição Federal**, que dispõe ser de competência da Justiça Federal o julgamento de causas envolvendo graves violações de direitos humanos. **Mas esse raciocínio não procede.**

O STJ decidiu que essa alteração de competência só se justifica se houver obstáculo ou interferência política na esfera estadual que possa comprometer a persecução penal. [17]

12 RHC 92825/MT – 5ª T. – rel. Min. Reynaldo Soares da Fonseca – j. 21-8-2018 – *DJe* 29-8-2018.
13 Em sentido semelhante: STJ. HC 280082/RS – 5ª T. – rel. Min. Jorge Mussi – j. 12-2-2015 – *DJe* 25-2-2015.
14 "a recorrente foi sogra da atual companheira do agressor, com quem nunca manteve qualquer relação de convivência anterior, tampouco o suposto crime ocorreu em contexto de violência doméstica e/ou familiar contra a mulher em situação de vulnerabilidade e dependência, o que impede a concessão das medidas protetivas de urgência previstas na Lei nº 11.340/2006". STJ. RMS 64832/MT– 6ª T. – Min. Laurita Vaz – j. 13-4-2021 – *DJe* 28-4-2021.
15 HC 175816/RS– 5ª T. – rel. Min. Marco Aurélio Bellizze – j. 20-6-2013 – *DJe* 28-6-2013.
16 STJ. AgRg no AREsp 1700032/GO – 5ª T. – rel. Min. Ribeiro Dantas – j. 9-12-2020 – *DJe* 14-12-2020.
17 "O deslocamento de competência em que a existência de crime praticado com grave violação aos direitos humanos é pressuposto de admissibilidade do pedido deve atender ao princípio da proporcionalidade (adequação, necessidade

10.7. Art. 7º: formas de violência doméstica e familiar contra a mulher

> CAPÍTULO II – DAS FORMAS DE VIOLÊNCIA DOMÉSTICA E FAMILIAR CONTRA A MULHER
>
> **Art. 7º** São formas de violência doméstica e familiar contra a mulher, entre outras:
>
> **I** – a violência física, entendida como qualquer conduta que ofenda sua integridade ou saúde corporal;
>
> **II** – a violência psicológica, entendida como qualquer conduta que lhe cause dano emocional e diminuição da autoestima ou que lhe prejudique e perturbe o pleno desenvolvimento ou que vise degradar ou controlar suas ações, comportamentos, crenças e decisões, mediante ameaça, constrangimento, humilhação, manipulação, isolamento, vigilância constante, perseguição contumaz, insulto, chantagem, violação de sua intimidade, ridicularização, exploração e limitação do direito de ir e vir ou qualquer outro meio que lhe cause prejuízo à saúde psicológica e à autodeterminação;
>
> **III** – a violência sexual, entendida como qualquer conduta que a constranja a presenciar, a manter ou a participar de relação sexual não desejada, mediante intimidação, ameaça, coação ou uso da força; que a induza a comercializar ou a utilizar, de qualquer modo, a sua sexualidade, que a impeça de usar qualquer método contraceptivo ou que a force ao matrimônio, à gravidez, ao aborto ou à prostituição, mediante coação, chantagem, suborno ou manipulação; ou que limite ou anule o exercício de seus direitos sexuais e reprodutivos;
>
> **IV** – a violência patrimonial, entendida como qualquer conduta que configure retenção, subtração, destruição parcial ou total de seus objetos, instrumentos de trabalho, documentos pessoais, bens, valores e direitos ou recursos econômicos, incluindo os destinados a satisfazer suas necessidades;
>
> **V** – a violência moral, entendida como qualquer conduta que configure calúnia, difamação ou injúria.

O art. 7º **menciona da forma mais ampla possível as modalidades de violência doméstica e familiar contra a mulher, abrangendo a violência física**, a **psicológica**, a **sexual**, a **patrimonial**, a **moral**, **entre outras**.

É comum que se consiga relacionar algumas dessas formas de violência a alguns crimes. Por exemplo, a violência física será vista no feminicídio, e a violência sexual no crime de estupro. Mas nem toda forma de violência doméstica ou familiar contra a mulher configurará crime. A disposição é mais importante para, em conjunto com o disposto no art. **5º, demonstrar a existência de violência doméstica e familiar e**, consequentemente, levar à aplicação das disposições protetivas da Lei nº 11.340/06, mesmo que fora da seara penal.

Isso, pois a Lei nº 11.340/2006 só tem um crime em seu corpo, e apesar de ter aplicação em alguns delitos em outros diplomas, tem também **enfoque em políticas públicas, regras de atendimento à mulher, medidas protetivas, etc.**

---

e proporcionalidade em sentido estrito), compreendido na demonstração concreta de risco de descumprimento de obrigações decorrentes de tratados internacionais firmados pelo Brasil, resultante da inércia, negligência, falta de vontade política ou de condições reais do Estado-membro, por suas instituições, em proceder à devida persecução penal. No caso, não há a cumulatividade de tais requisitos, a justificar que se acolha o incidente." IDC 1/PA INCIDENTE DE DESLOCAMENTO DE COMPETÊNCIA. – 3ª Seção – rel. Min. Arnaldo Esteves Lima – j. 8-6-2005 – *DJ* 10-10-2005 – p. 217.

Atenção:

há discussão doutrinária sobre a **natureza desse rol,** se taxativo ou exemplificativo. Para alguns, o rol de formas de violência é taxativo, pois implica tratamento mais gravoso ao autor da violência. Para a maioria, entretanto, **o rol é exemplificativo diante da expressão "entre outras"** ao final do *caput* do art. 7º, que abre margem à **interpretação analógica** em razão dessa fórmula genérica.

a) **Violência física:** chamada de ***vis corporalis*, é a violência que ofende a integridade ou saúde corporal. Pode causar lesão,** como fraturas, escoriações, hematomas, ou ainda ofensa à **saúde fisiológica** prejudicando o funcionamento de algum órgão, ou também à **saúde mental.**

b) **Violência psicológica**: chamada também de ***vis compulsiva*, é a agressão que causa dano emocional**, diminuição de autoestima, ou prejudique o desenvolvimento da mulher, geralmente efetivada por ameaças, humilhações, manipulações, perseguição, insultos, que prejudicam a saúde psicológica da mulher e sua autodeterminação.

   Exemplos de crimes que envolvem violência psicológica são o de **ameaça** (art. 147 do Código Penal), o de **perseguição** ou *stalking* (art. 147-A do CP), e o de **registro não autorizado de intimidade sexual** (art. 216-B do Código Penal).

Atenção:

a Lei nº 13.772/2018 alterou o inciso II, do art. **7º**, da Lei nº 11.340/2006 para incluir a **violação de intimidade**.

c) **Violência sexual: é a violência que atinge a liberdade sexual e reprodutiva da vítima,** constrangida a presenciar ou participar de relação sexual que não deseja, sob intimidação, ameaça, coação ou uso de força, ou que afete sua liberdade de utilizar contraceptivo, de escolher casar-se, engravidar, etc. Vários **crimes materializam** essa forma de violência, a exemplo do **estupro** (art. 213 do CP), **favorecimento da prostituição** ou outra forma de exploração sexual de criança ou adolescente ou de vulnerável (art. 218-B do CP).

d) **Violência patrimonial**: é a violência que atinge o patrimônio, os bens da mulher, mediante subtração, retenção ou destruição, sejam de recursos econômicos, objetos, documentos, ou instrumentos de trabalho. **Exemplos** de crimes que concretizam a violência patrimonial são o **furto** (art. 155 do CP), o **roubo** (art. 157 do CP), ou o **dano** (Art. 163 do CP).

   Há **discussão na doutrina** sobre a aplicação das **imunidades absolutas e relativas** dos arts. 181 e 182 do Código Penal (dos crimes contra o patrimônio) nos casos de violência doméstica e familiar[18]. Para **a corrente minoritária, não cabe a aplicação dessas**

18 Os dispositivos preveem, por exemplo, que é isento de pena quem pratica crimes do título contra o patrimônio contra o cônjuge (na constância da sociedade conjugal) ou contra ascendente ou descendente, desde que sem violência ou ameaça à pessoa (art. 183 inc. I do CP).

imunidades quando houver violência doméstica e familiar contra a mulher, porque a Lei nº 11.340/2006 surgiu justamente para dar mais proteção à mulher.[19]

Prevalece, entretanto, que como a lei "Maria da Penha" não afastou expressamente a aplicação dos referidos artigos do Código Penal, elas continuam aplicáveis, pois, quando a lei quis afastá-las, fê-lo expressamente, tal como consta do art. 95 do Estatuto do Idoso.

Atenção:

o STJ já decidiu nesse sentido, estabelecendo que

> "o advento da Lei nº 11.340/2006 não é capaz de alterar tal entendimento, pois embora tenha previsto a violência patrimonial como uma das que pode ser cometida no âmbito doméstico e familiar contra a mulher, não revogou quer expressa, quer tacitamente, o art. 181 do Código Penal".[20]

e) **Violência moral:** a lei "Maria da Penha" prevê a violência moral como as condutas relacionadas à **calúnia** (art. 138 do CP), **difamação** (art. 139 do CP) ou **injúria** (art. 140 do CP). O conceito adotado é diferente do Código Penal quando trata dos crimes com grave ameaça, por lá chamada de violência moral em oposição à violência física.

Apesar de serem infrações de menor potencial ofensivo, se praticados no contexto de violência doméstica e familiar, os crimes de calúnia, difamação, ou injúria **não serão de competência do juizado especial criminal,** pois o art. 414 da Lei nº 11.340/2006 afasta a aplicação da Lei nº 9.099/1995.

Em suma, **consolidando as disposições do art. 5°** (que traz os contextos de violência domética e familiar) **e do art. 7°** (que traz as formas de violência), pode-se conconcluir que **incidirá a Lei n° 11.340/2006** se estiverem presentes três situações: **1.** A vítima for mulher; **2.** For praticada uma das formas de violência previstas nos incisos I a V do art. 7º; **3.** A violência for praticada na unidade doméstica; ou no âmbito da família; ou em relação íntima de afeto (incisos do art. 5º).

Importante para Concursos:

as formas de violência e seus principais aspectos **costumam despencar em provas**, portanto, fique atento à ideia geral de cada uma dessas espécies de violência descritas pela lei:

Formas de violência doméstica e familiar contra a mulher	
Violência **física**	Ofensa à integridade ou à saúde corporal, ou prejuízo à autodeterminação;
Violência **psicológica**	Causar dano emocional e diminuição da autoestima;

19 DIAS, Maria Berenice. A Lei Maria da Penha na Justiça. 5ª Ed. Salvador: Juspodivm, 2018, p. 99.
20 STJ. RHC 42918/RS – 5ª T. – rel. Min. Jorge Mussi – j. 5-8-2014 – *DJe* 14-8-2014.

Formas de violência doméstica e familiar contra a mulher	
Violência **sexual**	Constrangimento a presenciar, a manter ou a participar de relação sexual não desejada. Ou qualquer limitação ao exercício de seus direitos sexuais e reprodutivos;
Violência **patrimonial**	Retenção, subtração, destruição parcial ou total de objetos, instrumentos de trabalho, documentos pessoais, bens, valores e direitos;
Violência **moral**	Calúnia, difamação ou injúria.

10.8. Arts. 8º e 9º: medidas de prevenção e assistência à mulher

TÍTULO III – DA ASSISTÊNCIA À MULHER EM SITUAÇÃO DE VIOLÊNCIA DOMÉSTICA E FAMILIAR

CAPÍTULO I – DAS MEDIDAS INTEGRADAS DE PREVENÇÃO

Art. 8º A política pública que visa coibir a violência doméstica e familiar contra a mulher far-se-á por meio de um conjunto articulado de ações da União, dos Estados, do Distrito Federal e dos Municípios e de ações não-governamentais, tendo por diretrizes:

I – a integração operacional do Poder Judiciário, do Ministério Público e da Defensoria Pública com as áreas de segurança pública, assistência social, saúde, educação, trabalho e habitação;

II – a promoção de estudos e pesquisas, estatísticas e outras informações relevantes, com a perspectiva de gênero e de raça ou etnia, concernentes às causas, às conseqüências e à freqüência da violência doméstica e familiar contra a mulher, para a sistematização de dados, a serem unificados nacionalmente, e a avaliação periódica dos resultados das medidas adotadas;

III – o respeito, nos meios de comunicação social, dos valores éticos e sociais da pessoa e da família, de forma a coibir os papéis estereotipados que legitimem ou exacerbem a violência doméstica e familiar, de acordo com o estabelecido no **inciso III do art. 1º**, no **inciso IV do art. 3º** e no **inciso IV do art. 221 da Constituição Federal**;

IV – a implementação de atendimento policial especializado para as mulheres, em particular nas Delegacias de Atendimento à Mulher;

V – a promoção e a realização de campanhas educativas de prevenção da violência doméstica e familiar contra a mulher, voltadas ao público escolar e à sociedade em geral, e a difusão desta Lei e dos instrumentos de proteção aos direitos humanos das mulheres;

VI – a celebração de convênios, protocolos, ajustes, termos ou outros instrumentos de promoção de parceria entre órgãos governamentais ou entre estes e entidades não-governamentais, tendo por objetivo a implementação de programas de erradicação da violência doméstica e familiar contra a mulher;

VII – a capacitação permanente das Polícias Civil e Militar, da Guarda Municipal, do Corpo de Bombeiros e dos profissionais pertencentes aos órgãos e às áreas enunciados no inciso I quanto às questões de gênero e de raça ou etnia;

VIII – a promoção de programas educacionais que disseminem valores éticos de irrestrito respeito à dignidade da pessoa humana com a perspectiva de gênero e de raça ou etnia;

IX – o destaque, nos currículos escolares de todos os níveis de ensino, para os conteúdos relativos aos direitos humanos, à eqüidade de gênero e de raça ou etnia e ao problema da violência doméstica e familiar contra a mulher.

O art. 8º trata de políticas públicas destinadas a coibir a violência doméstica e familiar, trazendo as diretrizes que o Poder Público deverá adotar para a consecução desse objetivo. Percebe-se a importância que a lei ofertou à **integração e à articulação entre instituições,** de segurança pública, saúde, assistência social, educação, etc.

Algumas dessas políticas públicas que merecem destaque são a previsão de **implementação de atendimento policial especializado para as mulheres**, em particular nas Delegacias de Atendimento à Mulher (**inciso IV**), e de **capacitação permanente** das Polícias Civil e Militar, da Guarda Municipal, do Corpo de Bombeiros e profissionais de outros órgãos com atuação **na temática** quanto às questões de gênero e de raça ou etnia (**inciso VII**).

A criação de **Delegacias da Mulher** e de patrulhas policiais especializadas, bem como os **cursos de capacitação** nas Academias de Polícia está em consonância com essa política pública anunciada pela Lei nº. 11.340/2006. [21] [22]

CAPÍTULO II – DA ASSISTÊNCIA À MULHER EM SITUAÇÃO DE VIOLÊNCIA DOMÉSTICA E FAMILIAR

Art. 9º A assistência à mulher em situação de violência doméstica e familiar será prestada de forma articulada e conforme os princípios e as diretrizes previstos na Lei Orgânica da Assistência Social, no Sistema Único de Saúde, no Sistema Único de Segurança Pública, entre outras normas e políticas públicas de proteção, e emergencialmente quando for o caso.

§ 1º O juiz determinará, por prazo certo, a inclusão da mulher em situação de violência doméstica e familiar no cadastro de programas assistenciais do governo federal, estadual e municipal.

§ 2º O juiz assegurará à mulher em situação de violência doméstica e familiar, para preservar sua integridade física e psicológica:

I – acesso prioritário à remoção quando servidora pública, integrante da administração direta ou indireta;

II – manutenção do vínculo trabalhista, quando necessário o afastamento do local de trabalho, por até seis meses.

III – encaminhamento à assistência judiciária, quando for o caso, inclusive para eventual ajuizamento da ação de separação judicial, de divórcio, de anulação de casamento ou de dissolução de união estável perante o juízo competente.

§ 3º A assistência à mulher em situação de violência doméstica e familiar compreenderá o acesso aos benefícios decorrentes do desenvolvimento científico e tecnológico, incluindo os serviços de contracepção de emergência, a profilaxia das Doenças Sexualmente Transmissíveis (DST) e da Síndrome da Imunodeficiência Adquirida (AIDS) e outros procedimentos médicos necessários e cabíveis nos casos de violência sexual.

21 No Estado de São Paulo a Academia de Polícia Civil capacita os policiais civis com relação à temática de gênero nos cursos iniciais de formação, bem como em cursos exigidos periodicamente para promoção na carreira, e ainda em cursos complementares facultativos.

22 Relacionado ao tema, destaca-se que a Polícia Civil de São Paulo recebeu o selo FBSP na Categoria 1 em virtude do "programa de pesquisa e capacitação continuada dos Policiais Civis do Estado de São Paulo em feminicídio e invstigação sob a perspectiva de gênero". NASCIMENTO, Heloisa Lovatto. Lei n. 11.340/06: desafio ao estabelecimento de ambiente seguro em sede policial. In: BELIATO, Araceli Martins; IBRAHIN, Francini Imene Dias. *Direito Policial, temas atuais*. Salvador: JusPodivm, 2021. p. 212.

§ 4º Aquele que, por ação ou omissão, causar lesão, violência física, sexual ou psicológica e dano moral ou patrimonial a mulher fica obrigado a ressarcir todos os danos causados, inclusive ressarcir ao Sistema Único de Saúde (SUS), de acordo com a tabela SUS, os custos relativos aos serviços de saúde prestados para o total tratamento das vítimas em situação de violência doméstica e familiar, recolhidos os recursos assim arrecadados ao Fundo de Saúde do ente federado responsável pelas unidades de saúde que prestarem os serviços.

§ 5º Os dispositivos de segurança destinados ao uso em caso de perigo iminente e disponibilizados para o monitoramento das vítimas de violência doméstica ou familiar amparadas por medidas protetivas terão seus custos ressarcidos pelo agressor.

§ 6º O ressarcimento de que tratam os §§ 4º e 5º deste artigo não poderá importar ônus de qualquer natureza ao patrimônio da mulher e dos seus dependentes, nem configurar atenuante ou ensejar possibilidade de substituição da pena aplicada.

§ 7º A mulher em situação de violência doméstica e familiar tem prioridade para matricular seus dependentes em instituição de educação básica mais próxima de seu domicílio, ou transferi-los para essa instituição, mediante a apresentação dos documentos comprobatórios do registro da ocorrência policial ou do processo de violência doméstica e familiar em curso.

§ 8º Serão sigilosos os dados da ofendida e de seus dependentes matriculados ou transferidos conforme o disposto no § 7º deste artigo, e o acesso às informações será reservado ao juiz, ao Ministério Público e aos órgãos competentes do poder público.

O art. 9º traz medidas de **assistência à mulher** vítima de violência doméstica e familiar.

São medidas de **proteção social**, de saúde e segurança por meio de programas assistenciais. De **proteção ao trabalho**, com regras de prefência em remoção à servidora pública ou de manutenção do vínculo de trabalho à contratada por empresas privadas.

Bem como de **proteção à saúde**, notadamente a saúde sexual, com providências urgentes para evitar a contracepção, transmissão de doença sexualmente transmissível, além de outras medidas.

E ainda de proteção à **educação dos filhos**, com garantia de **prioridade** para matrícula ou transferência para instituição de ensino básico próxima do domicílio mediante apresentação do registro de ocorrência ou processo de violência doméstica.

Atenção:

no caso do art. 9º, § 7º, o pedido é feito diretamente pela interessada, porém é possível também a determinação judicial de matrícula na forma de **medida protetiva prevista no art. 23, V,** da Lei nº 11.340/2006.

Os §§ 4º e 5º preveem ainda a **responsabilidade do agressor de indenizar os custos** do Sistema Único de Saúde e aqueles gerados pelo emprego de dispositivos de segurança usados para monitoramento, notadamente quando da existência de medidas protetivas.

10.9. Arts. 10 a 12: Atendimento pela autoridade policial

CAPÍTULO III – DO ATENDIMENTO PELA AUTORIDADE POLICIAL

Art. 10. Na hipótese da iminência ou da prática de violência doméstica e familiar contra a mulher, a autoridade policial que tomar conhecimento da ocorrência adotará, de imediato, as providências legais cabíveis.

Parágrafo único. Aplica-se o disposto no caput deste artigo ao descumprimento de medida protetiva de urgência deferida.

O art. 10 traz previsão desnecessária, apenas frisando que a autoridade policial deverá cumprir a lei. As providências legais que a autoridade deverá adotar são tanto as previstas na Lei nº 11.340/2006 como as genericamente previstas no Código de Processo Penal.

A título de exemplo, o **art. 6º do CPP** determina que, ao tomar conhecimento de qualquer infração penal, a autoridade deverá apreender objetos relacionados aos fatos, ouvir o ofendido ou ofendida, bem como o indiciado, determinar exames e perícias, etc.

Outras providências específicas constam dos **arts. 11 e 12 da Lei nº 11.340/2006.**

10.9.1. Artigo 10. Atendimento preferencial por mulher e depoimento especial

Art. 10-A. É direito da mulher em situação de violência doméstica e familiar o atendimento policial e pericial especializado, ininterrupto e prestado por servidores – preferencialmente do sexo feminino – previamente capacitados.

§ 1º A inquirição de mulher em situação de violência doméstica e familiar ou de testemunha de violência doméstica, quando se tratar de crime contra a mulher, obedecerá às seguintes diretrizes:

I – salvaguarda da integridade física, psíquica e emocional da depoente, considerada a sua condição peculiar de pessoa em situação de violência doméstica e familiar;

II – garantia de que, em nenhuma hipótese, a mulher em situação de violência doméstica e familiar, familiares e testemunhas terão contato direto com investigados ou suspeitos e pessoas a eles relacionadas;

III – não revitimização da depoente, evitando sucessivas inquirições sobre o mesmo fato nos âmbitos criminal, cível e administrativo, bem como questionamentos sobre a vida privada.

§ 2º Na inquirição de mulher em situação de violência doméstica e familiar ou de testemunha de delitos de que trata esta Lei, adotar-se-á, preferencialmente, o seguinte procedimento:

I – a inquirição será feita em recinto especialmente projetado para esse fim, o qual conterá os equipamentos próprios e adequados à idade da mulher em situação de violência doméstica e familiar ou testemunha e ao tipo e à gravidade da violência sofrida.

II – quando for o caso, a inquirição será intermediada por profissional especializado em violência doméstica e familiar designado pela autoridade judiciária ou policial;

III – o depoimento será registrado em meio eletrônico ou magnético, devendo a degravação e a mídia integrar o inquérito.

A Lei nº 13.505/2017 incluiu o art. 10-A na Lei nº 11.340/2006 para instituir o direito à mulher vítima de violência doméstica e familiar ao **atendimento especializado** preferencialmente por **servidores do sexo feminino** previamente capacitados, tanto no meio **policial** como **pericial**.

Trata-se de providência que objetiva **evitar a revitimização ou vitimização secundária**[23] decorrente do constrangimento da mulher em órgãos públicos, após procurar atendimento em razão do crime ou situação que a vitimou inicialmente. Não se pode negar que é mais fácil à mulher narrar a situação de violência pela qual passou a outra mulher, do que para um homem, e é esta a razão do atendimento preferencialmente por mulheres.

Com essa mesma ideia de evitar a revitimização, a lei prevê o **depoimento sem dano** ou depoimento especial, trazendo regras para a realização da inquirição da **mulher vítima** de violência doméstica e familiar e ainda para **a testemunha.**[24]

Atenção:

a oitiva deverá seguir as **diretrizes** de **assegurar** a integridade física, psíquica e emocional da depoente; garantir que a vítima, familiares e testemunhas **não tenham contato** com o investigado e pessoas a eles relacionadas; e **não revitimização**, evitando-se sucessivas inquirições e questionamentos sobre a vida privada.

E deverá ainda seguir **procedimento específico**. Prevê a lei que a inquirição seja em **recinto especialmente projetado** para esse fim, adequado à idade e ao tipo de violência, o que já se vê em algumas Delegacias da Mulher com a criação de espaços lúdicos, brinquedotecas, etc. E ainda, se o caso, **intermediada por profissional especializado** em violência doméstica e familiar, o que pode ocorrer em sede policial mediante acionamento de serviços assistenciais pelo(a) delegado(a) de polícia. E, por fim, **registrado em meio eletrônico ou magnético**, com degravação.

10.9.2. Art. 11. Providências da autoridade policial

Art. 11. No atendimento à mulher em situação de violência doméstica e familiar, a autoridade policial deverá, entre outras providências:

I – garantir proteção policial, quando necessário, comunicando de imediato ao Ministério Público e ao Poder Judiciário;

II – encaminhar a ofendida ao hospital ou posto de saúde e ao Instituto Médico Legal;

23 "Considera-se haver vítima primária quando um sujeito é diretamente atingido pela prática de ato delituoso. A vítima secundária é um derivativo das relaçoes existentes entre as vítimas primárias e o Estado em face do aparato repressivo (polícia, burocratização do sistema, falta de sensibilidade dos operadores do direito envolvidos com alguns processos bastante delicados etc.)". SHECAIRA, Sergio Salomão. *Criminologia*. São Paulo: Revista dos Tribunais, 2004. p. 55.

24 No caso de crianças ou adolescentes vítimas ou testemunhas de violência deve-se atentar ainda à Lei nº 13.431/2017, que trata especificamente do depoimento especial desse grupo. Pela lei, a oitiva pode ser realizada na forma de escuta especializada, mediante simples entrevista com qualquer agente envolvido na rede de proteção, ou de depoimento especial propriamente dito, este somente perante a autoridade policial ou judicial, e seguindo o rito de antecipação de prova no caso de violência sexual, ou criança ou adolescente menor de sete anos.

III – fornecer transporte para a ofendida e seus dependentes para abrigo ou local seguro, quando houver risco de vida;

IV – se necessário, acompanhar a ofendida para assegurar a retirada de seus pertences do local da ocorrência ou do domicílio familiar;

V – informar à ofendida os direitos a ela conferidos nesta Lei e os serviços disponíveis, inclusive os de assistência judiciária para o eventual ajuizamento perante o juízo competente da ação de separação judicial, de divórcio, de anulação de casamento ou de dissolução de união estável.

O art. 11 traz **rol exemplificativo** de providências que a autoridade policial deve adotar no atendimento à mulher em situação de violência doméstica e familiar.

Procurando a polícia, obviamente que a vítima deve ser protegida e, por isso, a autoridade deve garantir, por meio de seus agentes, a **proteção policial à vítima**. Igualmente, deve encaminhá-la a **hospital para atendimento médico** e ao Instituto Médico Legal para o exame de corpo de delito quando houver vestígios para o exame.

Também deve garantir **transporte para local seguro** se houver risco de vida, o que pode ser feito pelos próprios policiais ou mediante requisição de serviço público (art. 12, § 3º, da Lei nº 11.340/2006).

E se for necessário deve ainda **acompanhar a vítima para retirada de pertences** de sua residência ou do local dos fatos. É comum que o agressor retenha pertences da vítima ou danifique seus documentos e objetos de uso pessoal, em nítida violência patrimonial e psicológica, visando impedir a vítima de sair de casa ou de viver livremente.

Atenção:

a lei determina que a **autoridade policial e seus agentes a acompanhem,** se necessário, **para reaver seus pertences** que lhe permitam exercer direitos da vida civil.

Por fim, devem também **orientar a ofendida sobre seus direitos** e os serviços disponíveis, encaminhando-a, por exemplo, para atendimento junto à Defensoria Pública.

10.9.3. Art. 12: Providências procedimentais e processuais da autoridade policial

Art. 12. Em todos os casos de violência doméstica e familiar contra a mulher, feito o registro da ocorrência, deverá a autoridade policial adotar, de imediato, os seguintes procedimentos, sem prejuízo daqueles previstos no Código de Processo Penal:

I – ouvir a ofendida, lavrar o boletim de ocorrência e tomar a representação a termo, se apresentada;

II – colher todas as provas que servirem para o esclarecimento do fato e de suas circunstâncias;

III – remeter, no prazo de 48 (quarenta e oito) horas, expediente apartado ao juiz com o pedido da ofendida, para a concessão de medidas protetivas de urgência;

IV – determinar que se proceda ao exame de corpo de delito da ofendida e requisitar outros exames periciais necessários;

V – ouvir o agressor e as testemunhas;

VI – ordenar a identificação do agressor e fazer juntar aos autos sua folha de antecedentes criminais, indicando a existência de mandado de prisão ou registro de outras ocorrências policiais contra ele;

VI-A – verificar se o agressor possui registro de porte ou posse de arma de fogo e, na hipótese de existência, juntar aos autos essa informação, bem como notificar a ocorrência à instituição responsável pela concessão do registro ou da emissão do porte, nos termos da **Lei nº 10.826, de 22 de dezembro de 2003 (Estatuto do Desarmamento)**;

VII – remeter, no prazo legal, os autos do inquérito policial ao juiz e ao Ministério Público.

§ 1º O pedido da ofendida será tomado a termo pela autoridade policial e deverá conter:

I – qualificação da ofendida e do agressor;

II – nome e idade dos dependentes;

III – descrição sucinta do fato e das medidas protetivas solicitadas pela ofendida.

IV – informação sobre a condição de a ofendida ser pessoa com deficiência e se da violência sofrida resultou deficiência ou agravamento de deficiência preexistente.

§ 2º A autoridade policial deverá anexar ao documento referido no § 1º o boletim de ocorrência e cópia de todos os documentos disponíveis em posse da ofendida.

§ 3º Serão admitidos como meios de prova os laudos ou prontuários médicos fornecidos por hospitais e postos de saúde.

O **art. 12** traz previsões que repetem o disposto genericamente nos arts. 5º e 6º do Código de Processo Penal. Há, entretanto, algumas peculiaridades específicas para as situações de violência doméstica.

O **inciso I** manda que a autoridade ouça a ofendida, lavre registro de ocorrência, e reduza a representação a termo, se houver.

Apesar da vítima do envolvimento emocional, a **oitiva da vítima tem especial importância** nos casos de violência doméstica, principalmente nos crimes sem testemunhas, praticados no silêncio oculto do lar, e a jurisprudência oferta especial relevância ao seu teor.[25]

Atenção:

diante de ausência injustificada da vítima poderá haver sua condução coercitiva nos termos do art. 201, § 1º, do CPP. A providência pode ser determinada pelo juiz, ou pela própria autoridade policial[26], porém deve-se atentar ao **risco de revitimização** (vitimização secundária), causando mais transtornos à vítima. Na oitiva da ofendida, ainda, devem ser observadas as **regras de depoimento sem dano** do art. 10-A da Lei Maria da Penha.

25 "A jurisprudência desta Corte Superior orienta que, em casos de violência doméstica, a palavra da vítima tem especial relevância, haja vista que em muitos casos ocorrem em situações de clandestinidade." STJ. HC 615661/MS – 6ª T. – Min. Nefi Cordeiro – j. 24-11-2020 – *DJe* 30-11-2020.

26 Há corrente doutrinária que sustenta que a autoridade policial não pode determinar condução coercitiva.

Já o **registro de ocorrência** documentará a notícia do crime, instruindo o inquérito policial a ser instaurado na sequência (art. 5º do Código de Processo Penal). No mesmo sentido, a redução a termo da **representação** permitirá, desde logo, a instauração de inquérito, nos crimes de ação penal pública condicionada (art. 100, § 1º, do Código Penal).

Atenção:

o art. 41 da Lei nº 11.340/2006 veda a aplicação da Lei nº 9.099/1995 nos casos de violência doméstica e familiar, de modo que **não poderá ser elaborado termo circunstanciado de ocorrência**, ainda que a infração seja de menor potencial ofensivo.

O **inciso II** determina a colheita de todas as provas para esclarecimento do fato e suas circunstâncias, do mesmo modo que dispõe o art. 6, III, do Código de Processo Penal. Trata-se de previsão genérica que homenageia a **discricionariedade do inquérito policial**, pela qual a autoridade é responsável por definir as providências necessárias para o esclarecimento do crime.

Já **no inciso III,** a lei prevê um **prazo de 48 horas para a autoridade policial remeter o pedido de medidas protetivas de urgência,** formulado pela vítima. A lei ainda exige que a autoridade **instrua esse pedido** com a qualificação da vítima e do agressor, nome e idade dos dependentes, descrição do fato e das medidas solicitadas, e informação sobre eventual deficiência da vítima e se foi agravada pela violência, bem como o boletim de ocorrência e cópias de todos os documentos disponíveis na posse da ofendida (§ 1º, I a IV e § 2º, do art. 12 da Lei nº 11.340/2006).

Importante para Concursos:

nesse caso o pedido de medidas protetivas é feito pela vítima e apenas encaminhado pela autoridade policial. **Não é a autoridade policial que decide se representará ou não pelas medidas,** cabendo a ela apenas encaminhar o pedido da vítima. Na sequência, conforme disposto no arts. 18 e 19 da Lei nº 11.340/2006, o juiz analisará esse pedido em novo prazo de 48 horas.

Quando o **inciso IV** manda que a autoridade determine a realização de exame de corpo de delito e requisite outros exames periciais necessários, **reforça o disposto no art. 158 do Código de Processo Penal**, que **tarifa a prova** desses crimes ao exigir o exame de corpo de delito nos crimes que deixam vestígios, considerando insuficiente a mera confissão.

Entretanto, **o § 3º, do art. 12, da Lei nº 11.340/2006** permite como meios de prova os laudos ou prontuários médicos fornecidos por hospitais e postos de saúde, e com isso **mitiga a exigência do art. 158 do CPP. Há discussão doutrinária,** entretanto, se essa admissão dos prontuários médicos serve apenas para a decretação de medidas cautelares e recebimento da denúncia, ou se também para embasar eventual condenação.

Ao tratá-los como **meios de prova**, entretanto, a opção legislativa parece clara no sentido de admitir os prontuários médicos para embasar eventual condenação, inclusive porque a jurisprudência já admite os prontuários para a decretação de cautelares e recebimento da denúncia em casos que não envolvem violência doméstica e familiar. Assim, a previsão legal só teria utilidade se servisse realmente para algo além do que a decretação de cautelares e a decisão de recebimento da denúncia.[27]

Já os **incisos V e VI** preveem que a autoridade **ouça o agressor e testemunhas**, bem como **ordene a identificação do agressor,** juntando folha de antecedentes criminais, apontando a existência de mandado de prisão ou de outros registros de ocorrência contra ele.

Atenção:

na **oitiva do agressor deve ser observado o direito ao silêncio,** e deve ser aplicado no que couber as regras de interrogatório judicial previstas no Código de Processo Penal (Capítulo III do Título VII). Na **oitiva de testemunhas**, atenção deve ser dada às regras do **depoimento sem dano** do art. 10-A da Lei nº 11.340/2006.

Com relação à **identificação do agressor, prevalece que não se trata de nova hipótese de identificação criminal,** eis que esta é tratada de forma especial pela Lei nº 12.037/2009 que não foi excepcionada pela Lei nº 11.340/2006. O que a lei exige da autoridade policial, portanto, é a identificação do agressor, bastando a identificação civil, se possível no caso concreto, e realizando-se a identificação criminal apenas no caso de insuficiência da identificação civil nos termos do art. 3º da Lei nº 12.037/2009, como nos casos de documentação com rasuras, registros prévios de uso de documentos falsos, etc.

Atenção:

a pesquisa de **antecedentes** e **registros de ocorrência** anteriores se presta a verificar o risco para a vítima, podendo fundamentar a decretação de medidas protetivas ou de eventual prisão cautelar, porque o Superior Tribunal de Justiça entende que

> "inquéritos policiais e processos em andamento, embora não tenham o condão de exasperar a pena-base no momento da dosimetria da pena (Súmula nº 444/STJ), são elementos aptos a demonstrar, cautelarmente, eventual receio concreto de reiteração delitiva, fundamento suficiente para decretação/manutenção da prisão antecipada".[28]

O inciso VI-A no mesmo sentido de averiguar a periculosidade do agente, manda que a autoridade policial verifique se o agressor **possui registro de porte ou posse de arma de fogo.**

27 É a posição de Renato Brasileiro. LIMA. Op. cit., p. 1274.
28 STJ. HC n. 293.389/PR – 5ª T. – rel. Min. Laurita Vaz – *DJe* 22-8-2014. E no mesmo sentido: HC 329336/SP – 5ª T. – rel. Min. Gurgel de Faria – *DJe* 13-10-2015.

Isso porque a existência de arma pode servir como **intimidação indireta** após o crime. **Se usada para cometer o crime pode desde logo ser apreendida** pela própria autoridade policial (art. 6º, II, do Código de Processo Penal). Em caso contrário, verificando que há registro de porte ou posse de arma, a autoridade deve consignar isso nos autos e comunicar a instituição responsável pela concessão do registro ou emissão do porte, que pode ser ou a Polícia Federal ou o Exército Brasileiro.

Atenção:

uma das **medidas protetivas** que o juiz pode aplicar é justamente a **suspensão da posse ou restrição do porte de armas** (art. 22, I, da Lei "Maria da Penha"). Mais ainda, o **juiz** pode determinar a **apreensão imediata da arma de fogo** na posse do agressor (art. 18, IV, da Lei "Maria da Penha). Daí a necessidade de a autoridade policial informar se há esse registro com relação ao agressor.

Por fim, em previsão ociosa o **inciso VII** determina que a autoridade deve remeter, no prazo legal, os autos do inquérito policial ao juiz e ao Ministério Público. Não havendo prazo específico na Lei nº 11.340/2006 **devem ser obedecidos os prazos do Código de Processo Penal ou da Lei nº 5.010/1966** (no caso da Polícia Federal) para conclusão do inquérito, variando no caso de investigado preso ou solto.

10.10. Art. 12-A: criação de delegacias da mulher e poder de requisição de serviços públicos

Art. 12-A. Os Estados e o Distrito Federal, na formulação de suas políticas e planos de atendimento à mulher em situação de violência doméstica e familiar, darão prioridade, no âmbito da Polícia Civil, à criação de Delegacias Especializadas de Atendimento à Mulher (Deams), de Núcleos Investigativos de Feminicídio e de equipes especializadas para o atendimento e a investigação das violências graves contra a mulher.

Art. 12-B. (VETADO). **(Incluído pela Lei nº 13.505, de 2017)**

§ 1º (VETADO). **(Incluído pela Lei nº 13.505, de 2017)**

§ 2º (VETADO. **(Incluído pela Lei nº 13.505, de 2017)**

§ 3º A autoridade policial poderá requisitar os serviços públicos necessários à defesa da mulher em situação de violência doméstica e familiar e de seus dependentes.

O **art. 12-A traz norma programática** determinando que as administrações estaduais e a distrital priorizem a criação de delegacias da mulher nos orgonogramas das Polícias Civis. Trata-se de **política pública** voltada à igualdade de gênero visando ao melhor atendimento da mulher vítima de violência doméstica e familiar e em ambiente mais acolhedor, o que todavia continua sendo um desafio diante da finitude dos recursos públicos.[29]

29 Essas dificuldades pragmáticas são bem apontadas pela Delegada Heloisa Lovatto Nascimento com base em pesquisa do Datasenado que "mapeou 443 Deams, sendo 47% destas na região Sudeste, e, observando-se a totalidade de Deams,

Previsão importantíssima, entretanto, é a do **§ 3º, do art. 12-B, que traz verdadeiro poder de requisição à autoridade policial**, que pode acionar toda sorte de serviços públicos necessários para a defesa da mulher, tais como assistência social, atendimento médico, abrigo, transporte, etc., geralmente efetivado junto à rede municipal. Como a lei **usa o termo requisição**, infere-se que se trata de encaminhamento que **não pode ser recusado**, diferente de quando a lei usa o termo solicitação.

10.11. Art. 12-C: medidas protetivas pela autoridade policial

> **Art. 12-C.** Verificada a existência de risco atual ou iminente à vida ou à integridade física ou psicológica da mulher em situação de violência doméstica e familiar, ou de seus dependentes, o agressor será imediatamente afastado do lar, domicílio ou local de convivência com a ofendida:
>
> **I** – pela autoridade judicial;
>
> **II** – pelo delegado de polícia, quando o Município não for sede de comarca; ou
>
> **III** – pelo policial, quando o Município não for sede de comarca e não houver delegado disponível no momento da denúncia.
>
> **§ 1º** Nas hipóteses dos incisos II e III do *caput* deste artigo, o juiz será comunicado no prazo máximo de 24 (vinte e quatro) horas e decidirá, em igual prazo, sobre a manutenção ou a revogação da medida aplicada, devendo dar ciência ao Ministério Público concomitantemente.
>
> **§ 2º** Nos casos de risco à integridade física da ofendida ou à efetividade da medida protetiva de urgência, não será concedida liberdade provisória ao preso

As **medidas protetivas estão originalmente previstas nos arts. 18 a 23** da Lei nº 11.340/2006, decretadas pelo juiz a pedido da ofendida que, se as solicitou durante atendimento na delegacia de polícia, deverá ter seu pedido reduzido a termo e encaminhado pelo delegado ao juiz em 48 horas (art. 12, III, da Lei nº 11.340/2006).

Entretanto, **o art. 12-C,** inserido pela Lei nº 13.827/2019 na sequência dos dispositivos que tratam das atribuições da autoridade policial, **inovou** ao possibilitar a decretação do **afastamento do lar diretamente pela autoridade policial ou até mesmo pelo policial,** desde que haja **risco** atual ou iminente à **vida** ou à **integridade física ou psicológica**[30] da mulher em situação de violência doméstica e familiar, ou de seus dependentes.

Pela sistemática do dispositivo, lido em conjunto com os arts. 18 a 23 da Lei nº 11.340/2006, **é o risco de uma situação mais grave que justifica a decretação imediata do afastamento do lar ainda em solo policial,** e por isso o inciso I, do art. 12-C, deixa claro que a primeira hipótese é a decretação de medida protetiva pela autoridade judicial, como deve ser a regra.

avista-se o seguinte panorama: (i) 66% não posssui serviço de atendimento psicológico à vítima; (ii) 45% não possui salas de espera separadas que evitem o encontro do agressor com a vítima; (iii) 47% dos servidores não recebeu treinamento específico para o atendimento de vítimas de violência de gênero; (iv) 57% dos respondentes afirmaram que a delegacia em que trabalham não é suficiente para atendimento da demanda local; (v) 66% dos respondentes afirmaram que o fator dificultador do atendimento às vítimas de violência de gênero na delegacia em que trabalham é justamente a falta de pessoal". NASCIMENTO. Op. cit., p. 204.

30 A Lei nº 14.188/2021 alterou o "caput" para inserir também a hipótese de risco à integridade **psicológica**.

Mas, diante da urgência, os **incisos II e III,** do art. 12-C, permitem que a medida protetiva seja decretada respectivamente **pela autoridade policial** quando o Município não for sede de comarca (inciso II), **ou pelo policial** quando além de não for sede de comarca, não houver delegado no Município (inciso III).

Nesses casos de decretação direta em sede policial **o juiz deve ser comunicado no máximo em 24 horas, e deverá decidir em outras 24 horas** se mantém a medida ou a revoga, dando ciência concomitante ao Ministério Público.

Importante para Concursos:

no caso de decretação pela autoridade policial ou pelo policial o prazo para a comunicação do juiz é de 24 horas, e o juiz terá mais 24 horas para decidir. **Não se deve confundir com o prazo da sistemática normal,** em que o delegado envia o pedido da vítima em 48 horas e o juiz decide em outras 48 horas (art. 12, III, e art. 18 *caput*, ambos da Lei nº 11.340/2006).

A **ideia é justamente abreviar o prazo** para a efetiva proteção da mulher e seus dependentes, principalmente levando em conta o tamanho do território brasileiro e a falta de juízes em todas as comarcas, o que eleva o tempo médio de análise, concessão e intimação do agressor quanto às medidas protetivas. Já houve inclusive outros projetos de lei discutindo como aperfeiçoar e agilizar a concessão de medidas protetivas.[31]

DECRETAÇÃO DE MEDIDA PROTETIVA DE AFASTAMENTO DO LAR	
Pelo juiz	**É a regra geral**
Pelo delegado de polícia	Somente se o município não for sede de comarca judicial
Por qualquer policial	Somente se o município não for sede de comarca **E** não houver delegado disponível no momento

10.11.1. Discussão de constitucionalidade do art. 12-C da Lei nº 11.340/2006

A previsão do art. 12-C é extremamente polêmica e tem sua constitucionalidade atacada na ADI n. 6138, na qual a Associação dos Magistrados Brasileiros alega violação aos princípios da **reserva de jurisdição, do devido processo legal**, e **da inviolabilidade do domicílio** (incisos XII, LIV, e XI, do art. 5º, da Constituição Federal).[32]

Parte da doutrina concorda com essas críticas, destacando também que a lei prevê genericamente que qualquer policial poderá decretar a medida, sem sequer especificar se

31 Há casos de alguns estados em que a média de tempo por diversas razões ultrapassa em muito o razoável, chegando a meses, conforme concluiu a Comissão Parlamentar Mista de Inquérito da Violência Doméstica. Conforme relatório do Senador Aloysio Nunes. Disponível em: <https://legis.senado.leg.br/sdleg-getter/documento?dm=4057824&disposition=inline>.

32 Art. 5º, XI, a casa é asilo inviolável do indivíduo, ninguém nela podendo penetrar sem consentimento do morador, salvo em caso de flagrante delito ou desastre, ou para prestar socorro, ou, durante o dia, por determinação judicial; e Art. 5º, LIV – ninguém será privado da liberdade ou de seus bens sem o devido processo legal.

pode ser militar de qualquer patente das polícias militares, ou integrantes das carreiras policiais civis, como investigadores, escrivães, ou de outras polícias.[33]

Mas há posições doutrinárias no sentido de que a Constituição Federal não prevê reserva de jurisdição nessa hipótese[34]. Argumenta-se que as matérias reservadas ao juiz foram expressamente mencionadas na Constituição, a exemplo da busca e apreensão domiciliar (inciso XI, do art. **5º**, da Constituição Federal), mas que em outros casos a lei disciplinou a matéria, como o fez, autorizando que o delegado conceda liberdade provisória com fiança (art. 322 do Código de Processo Penal).

Atenção:

especificamente no caso da decretação pelo delegado de polícia, que pode inclusive decretar prisão em flagrante e conceder liberdade provisória com fiança[35], **pensamos que nada há de inconstitucional na decretação de medida protetiva diretamente em sede policial,** principalmente nesse caso em que a lei exige que não haja juiz na comarca e risco atual ou iminente à vida ou **à** integridade física da vítima ou de familiares.

De todo modo, **o descumprimento** de medida protetiva decretada pela autoridade policial ou pelo policial não enseja o crime de descumprimento de medida protetiva do art. 24-A da Lei nº 11.340/2006, pois o crime **exige descumprimento de decisão judicial.**

10.11.2. Vedação à liberdade provisória

Por fim, **o § 2º, do art. 12-C,** veda a concessão de liberdade provisória quando houver risco à integridade física da ofendida ou à efetividade de medidas protetivas de urgência. Essa vedação legal deve ser entendida no sentido de que não caberá liberdade provisória quando estiverem presentes os requisitos para prisão preventiva. Isso porque **o STF já tem entendimento consolidado proibindo a prisão *ex lege*,** isto é, imposta em casos abstratos pela lei, pois toda prisão deve estar fundamentada no caso concreto e com a demonstração de sua real necessidade.[36]

Com relação à prisão preventiva nos casos de violência doméstica e familiar contra a mulher remetemos o leitor aos comentários ao art. 20 da Lei nº 11.340/2006.

33 É a posição de LIMA. Op. cit., p. 1290.

34 GARCEZ. Op. cit., p. 1168.

35 Assim se posiciona Maria Berenice Dias: "tem o delegado a prerrogativa de decretar prisão em flagrante (CPP 304), conceder liberdade provisória com fixação de fiança (CPCC 322), busca pessoal (CPP 240, § 2º), entre tantas outras. Como tem a prorrogativa de fazer o mais – prender e soltar – de todo descabido que não lhe seja assegurada a possibilidade: de proibir o agressor de se aproximar da ofendida, de manter contato com ela ou de frequentar determinados lugares; de encaminhar a ofendida e seus dependentes a programa de proteção ou de atendimento; ou ainda de determinar a recondução da ofendida e de seus dependentes ao respectivo domicílio, após o afastamento do agressor." DIAS, Maria Berenice. Medidas protetivas mais protetoras. Disponível em http://www.mariaberenice.com.br. Acesso em: 16 set. 2021.

36 "o texto magno não autoriza a prisão ex lege, em face dos princípios da presunção de inocência e da obrigatoriedade de fundamentação dos mandados de prisão pela autoridade judiciária competente". STF. ADI 3112 – Tribunal Pleno – rel. Min. Ricardo Lewandowski – j. 2-5-2007 – publicação: 26-10-2007.

10.12. Art. 13: Aplicação subsidiária de outras normas

> TÍTULO IV – DOS PROCEDIMENTOS
>
> CAPÍTULO I –DISPOSIÇÕES GERAIS
>
> **Art. 13.** Ao processo, ao julgamento e à execução das causas cíveis e criminais decorrentes da prática de violência doméstica e familiar contra a mulher aplicar-se-ão as normas dos Códigos de Processo Penal e Processo Civil e da legislação específica relativa à criança, ao adolescente e ao idoso que não conflitarem com o estabelecido nesta Lei.

A Lei nº 11.340/2006 é legislação especial que prevalece diante das especificidades dos casos envolvendo violência doméstica e familiar. Obviamente, entretanto, que aos seus casos se aplica todo o ordenamento jurídico no que for compatível.

De maneira até desnecessária, então, o art. 13 explicita que, nos casos de violência doméstica e familiar contra a mulher, **são aplicáveis o Código de Processo Penal, de Processo Civil,** e outras leis específicas de grupos vulneráveis, como o **Estatuto da Criança e do Adolescente**, e o **Estatuto do Idoso.**

10.13. Art. 14: Juizados de Violência Doméstica e Familiar

> **Art. 14.** Os Juizados de Violência Doméstica e Familiar contra a Mulher, órgãos da Justiça Ordinária com competência cível e criminal, poderão ser criados pela União, no Distrito Federal e nos Territórios, e pelos Estados, para o processo, o julgamento e a execução das causas decorrentes da prática de violência doméstica e familiar contra a mulher.
>
> **Parágrafo único.** Os atos processuais poderão realizar-se em horário noturno, conforme dispuserem as normas de organização judiciária.
>
> **Art. 14-A.** A ofendida tem a opção de propor ação de divórcio ou de dissolução de união estável no Juizado de Violência Doméstica e Familiar contra a Mulher.
>
> **§ 1º** Exclui-se da competência dos Juizados de Violência Doméstica e Familiar contra a Mulher a pretensão relacionada à partilha de bens.
>
> **§ 2º** Iniciada a situação de violência doméstica e familiar após o ajuizamento da ação de divórcio ou de dissolução de união estável, a ação terá preferência no juízo onde estiver.

A previsão de criação dos Juizados de Violência Doméstica e Familiar contra a mulher buscou implantar agilidade e especialidade na análise judicial das causas cíveis e criminais envolvendo esse contexto de violência. Esses **Juizados de Violência Doméstica e Familiar nada tem a ver com os Juizados especiais criminais da Lei nº 9099/1995,** que inclusive sequer pode ser aplicada para casos de violência doméstica e familiar (art. 41 da Lei nº 11.340/2006).

Atenção:

o STJ já decidiu que mesmo que se trate de contravenção penal, se houver violência doméstica e familiar contra a mulher, a competência não pode ser do juizado especial criminal da Lei nº 9.099/1995, pois a Lei "Maria da Penha" veda sua aplicação.[37]

Os Juizados de Violência Doméstica e Familiar **aglutinam as competências cíveis e criminais para processo, julgamento e execução** dessas causas envolvendo violência doméstica e familiar, e inclusive **o art. 14-A permite à vítima o direito de escolha** em propor ação de divórcio ou dissolução de união estável perante esse juizado, exceto com relação à discussão de partilha de bens, pois nesse caso as discussões tendem a se alongar no tempo.

Enquanto não estruturados esses juizados de violência doméstica e familiar, a Lei nº 11.340/2006 prevê uma **regra de transição no art. 33,** no sentido de que as **varas criminais acumulem as competências cíveis** dos casos envolvendo esse tipo de violência contra a mulher.

10.13.1. Crime doloso contra a vida e violência doméstica

Caso o crime cometido no contexto de violência doméstica e familiar contra a mulher seja **doloso contra a vida,** entende-se que **a lei não pode afastar a competência do Tribunal do Júri,** assentada no art. 5º, XXXVIII, da Constituição Federal.

Entretanto, **a primeira fase do júri pode tramitar normalmente no Juizado de Violência Doméstica e Familiar contra a Mulher** se assim prever a Lei de Organização Judiciária, e após a pronúncia o feito tramitará na vara do júri para a segunda fase e realização do plenário. O **Supremo Tribunal Federal** assim decidiu no HC nº 102.150/SC, entendendo que a instrução e pronúncia não são privativas do presidente do Tribunal do Júri.[38]

Atenção:

se a Lei de Organização Judiciária definir que a primeira fase do júri deve ser realizada desde logo na vara do júri, o Superior Tribunal de Justiça[39] tem entendimentos no sentido de que a previsão prevalece sobre o disposto no art. 14 da Lei nº 11.340/2006. Assim, em caso de feminicídio, por exemplo, o feito tramitará desde logo na vara do júri, e não no Juizado de Violência Doméstica e Familiar contra a mulher.

37 STJ. REsp 1.475.006/MT – rel. Min. Moura Ribeiro – j. 14-10-2014 – *DJe* 30-10-2014.

38 "HABEAS CORPUS. CONSTITUCIONAL E PROCESSUAL PENAL. PACIENTE DENUNCIADO POR SUPOSTO HOMICÍDIO PRATICADO CONTRA SUA ESPOSA. PROCESSO QUE TEVE INÍCIO EM JUIZADO DE VIOLÊNCIA DOMÉSTICA E FAMILIAR CONTRA A MULHER. PREVISÃO DO ART. 14 DA LEI 11.340/2006. INSTRUÇÃO ENCERRADA NOS TERMOS DO ART. 412 DO CPP [ATUAL ART. 421 DO CPP]. REDISTRIBUIÇÃO À VARA DO TRIBUNAL DO JÚRI. INSTALAÇÃO DE VARAS ESPECIALIZADAS POR MEIO DE RESOLUÇÃO DO TRIBUNAL DE JUSTIÇA. CONSTITUCIONALIDADE. AUTORIZAÇÃO DO ART. 96, I, "A", DA CONSTITUIÇÃO FEDERAL." HC 102150 – 2ª T. rel. Min. Teori Zavascki – j. 27-5-2014 – publicação: 11-6-2014.

39 STJ. HC 145184/DF – 5ª T. – rel. Min. Laurita Vaz – j. 3-3-2011 – *DJe* 28-3-2011. E no mesmo sentido STJ. HC 121.214/DF – 6ª T. – rel. Min. Maria Thereza de Assis Moura – *DJe* 8-6-2009.

10.13.2. Ameaça e competência

Também relacionadas à competência, o Superior Tribunal de Justiça fixou importantes balizas com relação ao crime de ameaça.

No caso de **ameaça pela *internet***, o STJ entedeu que o foro competente é **o do local do conhecimento das ameaças**, pois é nesse momento que o crime se consuma.[40]

No caso de **ameaças no contexto de violência doméstica praticadas pela *internet*, mas oriundas de outro país**, o STJ entende que a competência será da **Justiça Federal**, porque a Lei Maria da Penha concretiza dever assumido internacionalmente pelo Estado Brasileiro na proteção da mulher, o que se ajusta ao art. 109, V, da Constituição Federal.[41]

10.13.3. Competência para medida protetiva de manutenção do vínculo trabalhista

O **Superior Tribunal de Justiça** decididiu que

> "tem competência o juiz da vara especializada em violência doméstica e familiar ou, caso não haja na localidade o juízo criminal, para apreciar pedido de imposição de medida protetiva de manutenção de vínculo trabalhista, por até seis meses, em razão de afastamento do trabalho de ofendida decorrente de violência doméstica e familiar, uma vez que o motivo do afastamento não advém de relação de trabalho, mas de situação emergencial que visa garantir a integridade física, psicológica e patrimonial da mulher".[42]

10.14. Art. 15: competência para processos cíveis

> **Art. 15.** É competente, por opção da ofendida, para os processos cíveis regidos por esta Lei, o Juizado:
> **I** – do seu domicílio ou de sua residência;
> **II** – do lugar do fato em que se baseou a demanda;
> **III** – do domicílio do agressor.

O art. 15 traz regra de preferência **apenas para causas cíveis,** facilitando à vítima de violência doméstica e familiar a escolha do foro que entender mais cômodo, mais próximo, mais seguro, etc., que poderá ser o do seu domicílio ou residência, ou do lugar do fato ou o domicílio do próprio agressor, se ela assim entender.

40 "O crime de natureza formal, tal qual o tipo do art. 147 do Código Penal, se consuma no momento em que a vítima toma conhecimento da ameaça. 2. Segundo o art. 70, primeira parte, do Código de Processo Penal, "A competência será, de regra, determinada pelo lugar em que se consumar a infração". 3. No caso, a vítima tomou conhecimento das ameaças, proferidas via Whatsapp e pela rede social Facebook, na Comarca de Naviraí, por meio do seu celular, local de consumação do delito e de onde requereu medidas protetivas. 4. Independentemente do local em que praticadas as condutas de ameaça e da existência de fato anterior ocorrido na Comarca de Curitiba, deve-se compreender a medida protetiva como tutela inibitória que prestigia a sua finalidade de prevenção de riscos para a mulher, frente à possibilidade de violência doméstica e familiar." CC 156.284/PR – 3ª Seção – rel. Min. Ribeiro Dantas – j. 28-2-2018 – *DJe* 6-3-2018.

41 STJ. CC 150.712/SP – 3ª Seção – rel. Min. Joel Ilan Paciornik – j. 10-10-2018 – *DJe* 19-10-2018.

42 STJ. REsp 1757775/SP – 6ª T. – rel. Min. Rogerio Schietti Cruz – j. 20-8-2019 – *DJe* 2-9-2019.

Para os processos criminais, aplica-se a regra geral do art. 70 do Código de Processo Penal, pois a Lei nº 11.340/2006 não traz nenhuma regra específica. Será competente, assim, o **local da consumação do delito**, e nos crimes tentados, o lugar do **último ato de execução**. Excepcionalmente, se não for conhecido o local da infração, a competência territorial será fixada pelo domicílio ou residência do réu, nos termos do art. 72 do Código de Proceso Penal.

E de forma mais excepcional ainda, nas **ações privadas personalíssimas**, ainda que o local do crime seja conhecido, a vítima pode escolher pelo foro do domicídlio ou residência **do réu,** conforme prevê o art. 73 do Código de Processo Penal.

Assim, mesmo em casos de violência doméstica e familiar, em causas criminais o domicílio da vítima não será critério para definir competência territorial.

10.15. Art. 16: audiência para renúncia à representação

Art. 16. Nas ações penais públicas condicionadas à representação da ofendida de que trata esta Lei, só será admitida a renúncia à representação perante o juiz, em audiência especialmente designada com tal finalidade, antes do recebimento da denúncia e ouvido o Ministério Público.

A **representação é condição de procedibilidade** nos crimes de ação penal pública condicionada (art. 100, § 1º, do Código de Processo Penal), permitindo que determinados crimes só sejam processados caso haja interesse da vítima, que pode dispor desse direito.

A Lei Maria da Penha utilizou de forma **atécnica o termo "renúncia"**, pois na verdade o dispositivo **trata de retratação**, semelhante ao que existe de forma geral no art. 25 do Código de Processo Penal. Isso porque se a representação é a condição de procedibilidade e o art. 16 permite a retratação deste ato até o recebimento da denúncia, infere-se que em alguns casos já terá sido oferecida a inicial acusatória, de modo que não poderia haver "renúncia" ao ato já exercido. O que pode ocorrer, em verdade, é a retratação, em nome do **princípio da disponibilidade** que a vítima tem nesses casos de ação penal pública condicionada.

Importante para Concursos:

a retratação geral do Código de Processo Penal exige apenas que a vítima se manifeste antes do oferecimento da denúncia. Já a hipótese do art. 16 a Lei Maria da Penha tem três peculiaridades: **1.** permite prazo maior, admitindo a retratação **até o recebimento da denúncia** (e não até o oferencimento da denúncia), **2.** mas exige que a retratação seja feita **perante o juiz em audiência própria** designada para o ato, e **3.** prevê expressamente a **manifestação do Ministério Público**.

Retratação no art. 25 do CPP	Retratação no art. 16 da Lei nº 11.340/2006
Até o **oferecimento** da denúncia	Até o **recebimento** da denúncia
Sem formalidade	Em audiência especialmente designada para o ato

A lei exige a audiência especialmente designada para o ato a **fim de assegurar que a vítima não foi contrangida ou ameaçada para se retratar**. Inclusive, não basta que a vítima compareça ao cartório do juízo para assim se manifestar. É necessário que seja realizada a audiência **com o juiz**.[43]

Mas uma vez ofertada a representação, essa audiência não deve ser automática, e só deve ser agendada caso a vítima tenha de alguma forma manifestado interesse em se retratar, como por exemplo, se assim declarou na delegacia. **Não se trata de audiência automática para ratificação do interesse em representar**.[44] [45]

Como **o art. 41 da Lei nº 11.340/2006 afasta a aplicação da Lei nº 9.099/1995** nos casos de violência doméstica e familiar, e é o art. 88 da Lei nº 9.099/1995, que prevê que os crimes de lesão corporal e lesão corporal culposa são condicionados à representação, na **ADI n. 4.424 o STF** deu interpretação conforme a Constituição "aos arts. 12, I, e 16, ambos da Lei nº 11.340/2006, para assentar a natureza incondicionada da ação penal em caso de crime de lesão, pouco importando a extensão desta, praticado contra a mulher no ambiente doméstico".

Atenção:

no mesmo sentido o **STJ editou a Súmula nº 542**: "a ação penal relativa ao crime de lesão corporal resultante de violência doméstica contra a mulher é pública incondicionada".

Persiste, entretanto, **a necessidade de representação quando a exigência estiver em leis diversas,** mesmo quando o crime envolver violência doméstica e familiar, como **é o caso do crime de ameaça** do art. 147 do Código Penal, condicionado à representação por previsão no parágrafo único do mesmo dispositivo.

10.16. Art. 17: vedação à aplicação de penas de cesta básica, prestação pecuniária, e pagamento isolado de multa

Art. 17. É vedada a aplicação, nos casos de violência doméstica e familiar contra a mulher, de penas de cesta básica ou outras de prestação pecuniária, bem como a substituição de pena que implique o pagamento isolado de multa.

43 "Considerando que, no caso em apreço, a retratação da suposta ofendida ocorreu somente em cartório, sem a designação de audiência específica necessária para a confirmação do ato, correto posicionamento da Corte de origem ao elucidar tal ilegalidade e cassar a decisão que rejeitou a denúncia com base unicamente na retratação." STJ. HC 138.143/MG – 5ª T. – rel. Min. Ribeiro Dantas – j. 3-9-2019 – *DJe* 10-9-2019.

44 O STJ tem precedentes nesse sentido, asseverando que "dada a natureza protetiva da Lei Maria da Penha, achou prudente olegislador revestir o juízo de retratação de maior formalidade do que a prevista no art. 25 do Código de Processo Penal e do art. 102 do Código Penal. Trata-se de faculdade que visa proteger a vítima, e não o oposto, ou seja, nova condição de procedibilidade para a ação penal. Recurso especial provido para afastar a necessidade de ratificação da representação pela vítima". STJ. REsp 1353534/RS – 5ª T. – rel. Min. Marilza Maynard (desembargadora convocada do TJ/SE) – 19-3-2013 – *DJe* 22-3-2013. E no mesmo sentido: AgRg no Ag 1380117/SE– 5ª T. – rel. Min. Laurita Vaz – j. 22-5-2012 – *DJe* 5-6-2012.

45 O STF também assim já decidiu, asseverando que "a audiência prevista no art. 16 da Lei nº 11.340/2006, específica, pressupõe a iniciativa da vítima visando a afastar a representação." STF. HC 98880/MS – rel. Min. Marco Aurélio – j. 4-10-2011 – publicação: 19-10-2011.

Com intenção de dificultar a substituição de penas privativas de liberdade por restritivas de direito (art. 44 do Código Penal) em casos envolvendo violência doméstica e familiar contra a mulher, o legislador acabou sendo atécnico e proibindo "penas de cesta básica", além de outras de prestação pecuniária, e a substituição de pena que leve ao pagamento isolado de multa.

A chamada **"pena de cesta básica" não existe**. Na realidade, essa nomenclatura se popularizou em virtude do **desvirtuamento da pena de prestação pecuniária**, que pode ser cumprida em **prestação de outra natureza** (art. 45, **§ 2º**, do Código Penal). A praxe forense acabou consolidando essa substituição em razão da facilidade de liquidar a pena. E o legislador, então, proibiu essa providência nos casos envolvendo violência doméstica e familiar contra a mulher.

Na sequência, o dispositivo veda também **outras penas de prestação pecuniária**, o que se refere, portanto, ao previsto no art. 43, I, do Código Penal, que trata dessa pena restritiva de direitos consistente no pagamento em dinheiro à vítima, a seus dependentes ou **à** entidade pública ou privada com destinação social, no montante entre um e 360 salários mínimos.

Por fim, o dispositivo **proíbe a substituição da pena privativa de liberdade** que acarrete **o pagamento isolado da multa** prevista no art. 49 do Código Penal. O **art. 60 § 2º, do Código Penal** prevê que a pena privativa de liberdade não superior a seis meses pode ser substituída pela multa, se o agente não for reincidente em crime doloso e a culpabilidade, os antecedentes, a conduta social e a personalidade do condenado, bem como os motivos e as circunstâncias indicarem que essa substituição seja suficiente (art. 44, II e III, do CP). No mesmo sentido, é a **primeira parte do § 2º, do art. 44, do CP,** que prevê que "na condenação igual ou inferior a um ano, a substituição pode ser feita por multa ou por uma pena restritiva de direitos".[46]

Em casos de violência doméstica e familiar contra a mulher, entretanto, essa substituição fica proibida se a multa restar **isolada**. Mas é **plenamente possível que a multa seja aplicada se em cumulação com outras penas**.

Atenção:

apesar das restrições do art. 17 serem pontuais e não fazerem menção à proibição de todas as penas restritivas de direito do rol do art. 43, prevalece no **Superior Tribunal de Justiça e no Supremo Tribunal Federal** que não caberá a substituição do art. 44 do Código Penal em crimes envolvendo violência doméstica e familiar contra a mulher, porque o **inciso I, do art. 44, proíbe a conversão quando o crime for cometido com violência contra a pessoa**.[47] [48]

46 Para Andre Estefam esses dois dispositivos trazem hipóteses diferentes de multas vicariantes. "Em suma, existem duas multas vicariantes, condicionadas a fatores distintos. Quando o crime for cometido com violência ou grave ameaça contra a pessoa, o legislador é menos tolerante, exigindo teto mais reduzido, isto é, seis meses (art. 60, § 2º); se o delito não envolver violência ou grave ameaça contra a pessoa, o limite máximo é aumentado para um ano (art. 44, § 2º)." ESTEFAM, 2021, op. cit., p. 538.

47 STJ. AgRg no REsp 1521993/RO – 5ª T. – rel. Min. Ribeiro Dantas – j. 4-8-2016.

48 STF. HC 129446/MS – 2ª T. – rel. Min. Teori Zavascki – j. 20-10-2015.

Situação mais delicada, entretanto, refere-se às **contravenções penais** praticadas com violência doméstica e familiar contra a mulher. Isso porque o art. 44, I, do Código Penal proíbe a conversão da pena privativa de liberdade por restritiva de direitos **quando o crime (e não a contravenção)** for praticado com violência.

> **Atenção:**
>
> o **STJ entende que mesmo as contravenções penais,** se praticadas com violência doméstica e familiar contra a mulher, não admitem substituição de pena privativa de liberdade por restritiva de direitos. É o teor da **Súmula nº 588 do STJ:** "a prática de crime ou contravenção penal contra a mulher com violência ou grave ameaça no ambiente doméstico impossibilita a substituição da pena privativa de liberdade por restritiva de direitos".

Já **o Supremo Tribunal Federal tem entendimento divergente com relação às contravenções envolvendo violência doméstica.** Para a **1ª T. do STF** realmente não é possível a substituição nos casos de contravenção, pois dar tratamento semelhante às infrações de menor potencial ofensivo em casos de violência doméstica e familiar seria incoerente com a constatação de que esse tipo de violência configura grave violação de direitos humanos.[49]

Mas a **2ª T. do STF** entende que **é possível a conversão** da pena privativa de liberdade por restritiva de direito nos casos de condenação por **contravenção penal** justamente em razão da proibição do inciso I, do art. 44, do CP ser apenas para "crimes".[50]

10.17. Arts. 18, 19, 20 e 21: procedimento das medidas protetivas de urgência e prisão preventiva

> CAPÍTULO II – DAS MEDIDAS PROTETIVAS DE URGÊNCIA
>
> **Seção I – Disposições Gerais**
>
> **Art. 18.** Recebido o expediente com o pedido da ofendida, caberá ao juiz, no prazo de 48 (quarenta e oito) horas:
>
> **I** – conhecer do expediente e do pedido e decidir sobre as medidas protetivas de urgência;
>
> **II** – determinar o encaminhamento da ofendida ao órgão de assistência judiciária, quando for o caso, inclusive para o ajuizamento da ação de separação judicial, de divórcio, de anulação de casamento ou de dissolução de união estável perante o juízo competente;
>
> **III** – comunicar ao Ministério Público para que adote as providências cabíveis.
>
> **IV** – determinar a apreensão imediata de arma de fogo sob a posse do agressor.

49 STF. HC 137888/MS– 1ª T. – rel. Min. Rosa Weber – j. 31-10-2017 – publicação: 21-2-2018.

50 "É viável a conversão da pena privativa de liberdade por restritiva de direito nos moldes previstos no art. 17 da Lei Maria da Penal aos condenados pela prática da contravenção penal de vias de fato, por se tratar de modalidade de infração penal não alcançada pelo óbice do inciso I do art. 44 do Código Penal". STF. HC 131160 – 2ª T. – rel. Min.Teori Zavascki – j. 18-10-2016.

Art. 19. As medidas protetivas de urgência poderão ser concedidas pelo juiz, a requerimento do Ministério Público ou a pedido da ofendida.

§ 1º As medidas protetivas de urgência poderão ser concedidas de imediato, independentemente de audiência das partes e de manifestação do Ministério Público, devendo este ser prontamente comunicado.

§ 2º As medidas protetivas de urgência serão aplicadas isolada ou cumulativamente, e poderão ser substituídas a qualquer tempo por outras de maior eficácia, sempre que os direitos reconhecidos nesta Lei forem ameaçados ou violados.

§ 3º Poderá o juiz, a requerimento do Ministério Público ou a pedido da ofendida, conceder novas medidas protetivas de urgência ou rever aquelas já concedidas, se entender necessário à proteção da ofendida, de seus familiares e de seu patrimônio, ouvido o Ministério Público.

Art. 20. Em qualquer fase do inquérito policial ou da instrução criminal, caberá a prisão preventiva do agressor, decretada pelo juiz, de ofício, a requerimento do Ministério Público ou mediante representação da autoridade policial.

Parágrafo único. O juiz poderá revogar a prisão preventiva se, no curso do processo, verificar a falta de motivo para que subsista, bem como de novo decretá-la, se sobrevierem razões que a justifiquem.

Art. 21. A ofendida deverá ser notificada dos atos processuais relativos ao agressor, especialmente dos pertinentes ao ingresso e à saída da prisão, sem prejuízo da intimação do advogado constituído ou do defensor público.

Parágrafo único. A ofendida não poderá entregar intimação ou notificação ao agressor.

A fim de garantir uma vida sem violência à mulher, a Lei Maria da Penha elenca medidas protetivas e disciplina a forma de encaminhamento do pedido da vítima. As medidas podem ter como foco assegurar direitos **à própria vítima (arts. 23 e 24** da Lei nº 11.340/2006) ou **restringir direitos do agressor**, ou obrigá-lo a tomar determinadas posturas ou se abster de tomar outras (**art. 22** da Lei nº 11.340/2006).

A grande inovação da Lei Maria da Penha foi prever que **a própria vítima postule** as medidas protetivas **perante a autoridade policial**, dispensando qualquer representação por advogado para o ato.[51] Mas **ao Ministério Público também foi garantida legitimidade** para requerer medidas protetivas em favor da vítima (art. 19 da Lei nº 11.340/2006).

Assim, comparecendo a vítima para registrar o crime na Delegacia de Polícia e tendo interesse em medidas protetivas, haverá **dois procedimentos**: o inquérito policial para apurar o crime e o expediente de solicitação de medidas protetivas.

51 "Uma das grandes novidades da Lei Maria da Penha é admitir que medidas protetivas de urgência no âmbito do Direito das Famílias sejam requeridas pela vítima perante a autoridade policial. A vítima ao registrar a ocorrência da prática de violência doméstica, pode requerer a separação de corpos, alimentos, vedação de o agressor aproximar-se da vítima e de seus familiares ou que seja ele proibido de frequentar determinados lugares. Essas providências podem ser requeridas pela parte na delegacia de polícia. (...) Quer por falta de expressa determinação legal, quer por se revelar esta exigência incabível, não há como exigir que as medidas protetivas sejam pleiteadas por meio de procurador ou defensor". DIAS, Maria Berenice. *A Lei Maria da Penha na Justiça*. 5. ed. Salvador: JusPodivm, 2018. p. 174.

Prevalece que as medidas protetivas têm **natureza de medida cautelar,** porque podem ser necessárias para a eficácia do processo, assegurando a apuração do fato, a futura aplicação da pena, a proteção da vítima, ou até mesmo o ressarcimento do dano.[52] Por isso, exigem os pressupostos de *fumus comissi delicti* e *periculum libertatis*, isto é, indícios plausíveis de materialidade e indícios de autoria de um crime, e o perigo que a liberdade do agressor gera.

As medidas se inserem no regime das cautelares do art. 282, I, do Código de Processo Penal. Assim, deve estar demonstrada a necessidade para aplicação da lei penal, para a investigação ou a instrução criminal e/ou, nos casos expressamente previstos, para evitar a prática de infrações penais. Inclusive, pois **caso sejam descumpridas o juiz poderá decretar a prisão preventiva do agressor** (art. 20, da Lei nº 11.340/2006 e art. 313, III, do Código de Processo Penal).[53]

Atenção:

pode haver **ação cível específica para a concessão de medidas protetivas** e essa pode ser uma alternativa inclusive no caso de indeferimento de medidas protetivas pelo juízo criminal ou do juizado de violência doméstica e familiar, onde houver.[54]

10.17.1. Providências do juiz ao receber o pedido de medidas protetivas

O **art. 18 traz as providências que o juiz deve adotar** quando receber o expediente com o pedido de medidas protetivas da vítima. O **prazo é de 48 horas,** porém trata-se de **prazo impróprio** diante da ausência de qualquer consequência pelo descumprimento.

Nesse prazo, o juiz deve analisar o pedido e **comunicar o Ministério Público** para as providências que entender cabíveis. E ainda eventualmente **encaminhar a ofendida para assistência judiciária** para as ações cíveis pertinentes, se o caso, e determinar a **apreensão de arma de fogo** que o agressor tenha em sua posse, se não efetivada pela autoridade policial nos termos do art. 12, VI-A, da Lei nº 11.340/2006.

Importante para Concursos:

no caso de deferimento de medida protetiva pela autoridade policial ou pelo policial, nos termos do art. 12-C da Lei nº 11.340/2006, o juiz deverá reanalisar as medidas em prazo menor, de 24 horas.

52 LIMA. Op. cit. p. 1286.

53 Com foco no processo civil há entendimentos de que as medidas protetivas não são necessariamente preparatórias para ação penal, não são instrumentos para assegurar processos e sim para assegurar direitos fundamentais das vítimas. DIAS, 2018, op. cit., p. 175.

54 "Indeferida a medida protetiva pleiteada no procedimento enviado a juízo pela autoridade policial, nada obsta a que a vítima promova ação no âmbito da jurisdição do JVDFM oud e família com o mesmo propósito. Não há como falar em coisa julgada, até porque se trata de relações continuativas. Deste modo, rejeitado o pedido de separação de corpos ou a fixação de alimentos, pode a mulher propor cautelar de separação de corpos ou ação de alimentos perante a Vara de Família". DIAS, 2018, op. cit., p. 179.

10.17.2. Contraditório na concessão de medidas protetivas, cumulação entre elas, e revogabilidade

O **art. 19 da Lei nº 11.340/2006** prevê que as medidas protetivas serão deferidas imediatamente, independentemente de oitiva das partes, exigindo-se apenas a **comunicação** do Ministério Público.

Tratando-se de medida cautelar cabível em situações de urgência, a regra da Lei nº 11.340/2006 é a **concessão *inaudita altera pars*,** isto é, sem a comunicação do agressor, ante o risco da medida se tornar ineficaz.

Entretanto, a sistemática de cautelares do Código de Processo Penal foi modificada pela Lei nº 12.403/2011, e o **art. 282, § 3º, do CPP** instituiu o **contraditório prévio como regra** na concessão de medidas cautelares alternativas à prisão, exceto quando houver risco de ineficácia da medida. Por isso, grande parte da doutrina entende que essa sistemática se aplica também à concessão de medidas protetivas.

As medidas protetivas podem ainda ser aplicadas **isoladamente ou cumuladas entre si,** dependendo do caso concreto, ou ainda **cumuladas com medidas cautelares diversas da prisão** previstas no arts. 319 e 320 do Código de Processo Penal.

Atenção:

como são medidas cautelares, as medidas protetivas se sujeitam à clausula ***rebus sic stantibus***, isto é, permanecem de acordo com as circunstâncias da situação em que foram impostas. Por isso, podem ser ajustadas a qualquer tempo, substituídas, revogadas, ou acrescidas caso a situação se modifique. Isso está previsto tanto no **art. 19, § 3º, da Lei nº 11.340/2006,** como no **art. 282, § 5º, do Código de Processo Penal.**

10.17.3. Prisão preventiva do agressor

A redação do **art. 20 da Lei nº 11.340/2006** prevê que caberá prisão preventiva do agressor tanto no inquérito como na instrução processual, decretada **de ofício** pelo juiz, ou diante de requerimento do Ministério Público ou representação da autoridade policial. A redação é **praticamente idêntica à antiga redação do art. 311 do Código de Processo Penal,** que na época da edição da Lei nº 11.340/2006 também previa ao menos textualmente a possibilidade de decretação preventiva de ofício pelo juiz.

Entretanto, a **reforma processual penal** efetivada pela Lei nº 12.403/2011 removeu do art. 311 do CPP a possibilidade de decretação de prisão de ofício na fase de investigação. E a **mudança da Lei nº 13.964/2019** ("Pacote Anticrime") foi além e retirou textualmente do art. 311 do CPP também a possibilidade de decretação de ofício durante o processo.

Essas alterações no Código de Processo Penal prestigiam o **sistema acusatório** no sentido de que as funções de investigação, acusação, e de julgamento estão atribuídas a órgãos diversos e ao juiz não cabe atuar de ofício contra o investigado ou acusado.

Atenção:

apesar da Lei nº 11.340/2006 ser especial, a previsão do art. 20 repete a antiga redação do art. 311 do Código de Processo Penal, de modo que, alterada a legislação processual penal para adequá-la ao sistema acusatório, essa alteração também deve repercutir na sistemática da Lei Maria da Penha. Assim, pensamos que **não cabe** a decretação de **prisão preventiva**, nem de qualquer **cautelar alternativa** (art. 282, § 2º, do CPP), nem de **medida protetiva de ofício pelo juiz.**

Importante para Concursos:

apesar de as alterações no Código de Processo Penal não mais permitirem a prisão preventiva de ofício, o que há muito já era defendido por grande parte da doutrina, fato é que **o art. 20 da Lei nº 11.340/2006 não foi alterado,** de modo que é importante saber seu conteúdo para eventual prova objetiva.

10.17.4. Prisão preventiva para garantir medidas protetivas

Além da previsão no art. 20, o art. 42 da Lei nº 11.340/2006 inseriu o inciso IV (já revogado) no **art. 313 Código de Processo Penal,** para prever o cabimento de prisão preventiva a fim de garantir a execução das medidas protetivas de urgência.

A Lei nº 12.403/2011 revogou esse inciso e transmutou seu conteúdo para o inciso **III, do art. 313 do CPP,** que prevê o cabimento de prisão preventiva *se o crime envolver violência doméstica e familiar contra a* ***mulher, criança, adolescente, idoso, enfermo ou pessoa com deficiência,*** *para garantir a* ***execução*** *das medidas protetivas de urgência.* A alteração **ampliou o rol de proteção,** admitindo-se a prisão preventiva para a garantia de medidas protetivas também se o crime for contra **adolescente, idoso, enfermo ou pessoa com deficiência.**

Atenção:

apesar da Lei nº 11.340/2006 aplicar-se apenas para vítimas mulheres, as medidas protetivas podem ser aplicadas analogicamente para outros grupos vulneráveis. Por isso, é plenamente possível a decretação de prisão preventiva na hipótese do art. 313, III, do Código de Processo Penal para garantir essas medidas protetivas, ainda que o crime em si não envolva violência doméstica e familiar contra a mulher.

A hipótese autorizadora do inciso III, do art. 313, do Código de Processo Penal deve ser lida em conjunto com o art. 312. Assim, deve haver prova da materialidade e indícios de autoria do crime, além de necessidade para garantir a ordem pública, a ordem econômica, a instrução criminal, ou a aplicação da lei penal.

10.17.5. Fiança pela autoridade policial

Para parte da doutrina, a hipótese de prisão preventiva do inciso III, do art. 313, do Código de Processo Penal impede que a autoridade policial conceda fiança nos crimes envolvendo violência doméstica e familiar contra a mulher, pois o art. 324, IV, do mesmo Código prevê que não será concedida fiança quando presentes os motivos que autorizam a decretação da prisão preventiva.

Atenção:

o **Enunciado nº 6** da Comissão Permanente de Promotores da Violência doméstica do Brasil (**COPEVID**) é neste sentido: "nos casos de violência doméstica e familiar contra a mulher, criança, adolescente, idosa, enfermo ou pessoa com deficiência, é vedada a concessão de fiança pela Autoridade Policial, considerando tratar-se de situação que autoriza a decretação da prisão preventiva nos termos do art. 313, III, CPP."[55] [56]

Entretanto, como a necessidade da prisão preventiva deve estar fundamentada no caso concreto, **pensamos que não está vedada automaticamente a concessão de fiança pela autoridade policial**, exatamente, porque o inciso III, do art. 313, do Código de Processo Penal **não trata de prisão preventiva automática** em crimes envolvendo violência doméstica e familiar.

Sendo o caso de prisão preventiva, a autoridade policial realmente deixará de arbitrar a fiança, representando pela decretação da prisão cautelar, mas isso será avaliado caso a caso.[57]

10.17.6. Prisão preventiva em crimes culposos e contravenções penais

A redação anterior do revogado inciso IV, do art. 311, do CPP falava expressamente em crimes dolosos, afastando a possibilidade de decretação da prisão preventiva em crimes culposos. O atual inciso III, do art. 311, entretanto, não faz essa menção expressa e, por isso, pergunta-se: **será possível a prisão preventiva em crimes culposos envolvendo violência doméstica e familiar?**

Entendemos que **não**, pois para que o crime envolva violência doméstica e familiar contra a mulher **o agente deve agir com dolo de atingir um dos grupos mencionados** (mulher,

55 Aprovado na Plenária da IV Reunião Ordinária do GNDH de 07/12/2011 e pelo Colegiado do CNPG de 19/01/2012.

56 Entretanto, alerta Gisele Barbosa Castello que "tal enunciado, com a devida vênia, merece ser interpretado de forma sistemática com a legislação em vigor. Ora, se presentes os requisitos da prisão preventiva, não cabe a concessão da fiança pela autoridade policial, mas também não cabe pela autoridade judiciária. Isso porque não faria nenhum sentido, diante da presença dos requisitos da prisão preventiva, permitir ao juiz a concessão da fiança, como condição para soltura do suspeito, e vedá-la à autoridade policial (...). CASTELLO, Gisele Barbosa. Da (im) possibilidade da autoridade policial arbitrar fiança nas infrações penais praticadas contra as mulheres no âmbito da violência doméstica e familiar. In: BELIATO, Araceli Martins; IBRAHIN, Francini Imene Dias. *Direito Policial, temas atuais*. Salvador: JusPodivm, 2021. p. 182.

57 É a posição também de vários autores, como LIMA. Op. cit., p. 1298.

criança, adolescente, idoso, enfermo ou pessoa com deficiência), além da **intenção expressa de descumprir** medidas protetivas de urgência.[58]

Já quanto às **contravenções penais**, o óbice à decretação da prisão preventiva na hipótese do inciso III, do art. 313, do CPP está no fato de que o dispositivo fala em **crime**, deixando de mencionar as contravenções penais. Por isso, o Superior Tribunal de Justiça já decidiu que **não cabe prisão preventiva em contravenções penais, mesmo quando praticadas no contexto de violência doméstica e familiar**.[59]

10.17.7. Intimação da vítima e do agressor

O ***caput*** **do art. 21** da Lei Maria da Penha prevê a ***notificação*** da vítima sobre ingresso e saída do agressor da prisão, ou outros atos processuais relativos ao agressor. A ideia é que a vítima seja incluída no processo ao menos para tomar conhecimento do que é decidido, principalmente com relação à possibilidade de o autor estar em liberdade, o que pode ser um risco para a vítima.

A lei usou impropriamente o termo *notificar* para se referir ao ato de dar ciência à vítima de algo que já ocorreu no processo. O correto seria ter usado o **termo *intimar*.**

Já o **parágrafo único** do dispositivo proíbe que a vítima entregue intimação ou notificação ao agressor, porque infelizmente isso ocorria com certa frequência diante da falta estrutura dos órgãos estatais. A odiosa praxe deixava à ofendida a tarefa de comunicar o agressor das providências por ela própria solicitadas contra ele, o que tendia a piorar a situação, quando não levava a novas agressões. Daí a razão da expressa vedação.

10.18. Art. 22: medidas protetivas de urgência que obrigam o agressor

> **Seção II – Das Medidas Protetivas de Urgência que Obrigam o Agressor**
>
> **Art. 22.** Constatada a prática de violência doméstica e familiar contra a mulher, nos termos desta Lei, o juiz poderá aplicar, de imediato, ao agressor, em conjunto ou separadamente, as seguintes medidas protetivas de urgência, entre outras:
>
> **I** – suspensão da posse ou restrição do porte de armas, com comunicação ao órgão competente, nos termos da **Lei nº 10.826, de 22 de dezembro de 2003 ;**
>
> **II** – afastamento do lar, domicílio ou local de convivência com a ofendida;
>
> **III** – proibição de determinadas condutas, entre as quais:
>
> **a)** aproximação da ofendida, de seus familiares e das testemunhas, fixando o limite mínimo de distância entre estes e o agressor;

58 Também é a posição de LIMA. Op. cit., p. 1295.

59 "Em se tratando de aplicação da cautela extrema, não há campo para interpretação diversa da literal, de modo que não existe previsão legal autorizadora da prisão preventiva contra autor de uma contravenção, mesmo na hipótese específica de transgressão das cautelas de urgência diversas já aplicadas." STJ. HC 437.535/SP – rel. Min. Maria Thereza de Assis Moura – rel. p/ Acórdão Min. Rogerio Schietti Cruz – 6ª T. – j. 26-6-2018 – *DJe* 2-8-2018.

b) contato com a ofendida, seus familiares e testemunhas por qualquer meio de comunicação;

c) freqüentação de determinados lugares a fim de preservar a integridade física e psicológica da ofendida;

IV – restrição ou suspensão de visitas aos dependentes menores, ouvida a equipe de atendimento multidisciplinar ou serviço similar;

V – prestação de alimentos provisionais ou provisórios.

VI – comparecimento do agressor a programas de recuperação e reeducação; e **(Incluído pela Lei nº 13.984, de 2020)**

VII – acompanhamento psicossocial do agressor, por meio de atendimento individual e/ou em grupo de apoio. **(Incluído pela Lei nº 13.984, de 2020)**

§ 1º As medidas referidas neste artigo não impedem a aplicação de outras previstas na legislação em vigor, sempre que a segurança da ofendida ou as circunstâncias o exigirem, devendo a providência ser comunicada ao Ministério Público.

§ 2º Na hipótese de aplicação do inciso I, encontrando-se o agressor nas condições mencionadas no **caput e incisos do art. 6º da Lei nº 10.826, de 22 de dezembro de 2003,** o juiz comunicará ao respectivo órgão, corporação ou instituição as medidas protetivas de urgência concedidas e determinará a restrição do porte de armas, ficando o superior imediato do agressor responsável pelo cumprimento da determinação judicial, sob pena de incorrer nos crimes de prevaricação ou de desobediência, conforme o caso.

§ 3º Para garantir a efetividade das medidas protetivas de urgência, poderá o juiz requisitar, a qualquer momento, auxílio da força policial.

§ 4º Aplica-se às hipóteses previstas neste artigo, no que couber, o disposto no caput e nos **§§ 5º e 6º do art. 461 da Lei nº 5.869, de 11 de janeiro de 1973 (Código de Processo Civil).**

O rol de medidas previstas nos arts. 22, 23, e 24 da Lei nº 11.340/2006 é **exemplificativo**, diante da expressão "entre outras" e "sem prejuízo de outras" constante do *caput* dos dispositivos.

Sobre a sistemática e aspectos gerais das medidas protetivas, remetemos o leitor aos comentários aos arts. 12-C, 18, e 19 da presente lei.

O **art. 22** trata das medidas protetivas que **obrigam o agressor,** que se as descumprir poderá praticar o crime do art. 24-A da Lei Maria da Penha. Inclusive, a lei prevê expressamente que a qualquer momento o juiz poderá requisitar auxílio da força policial para fazer cumprir as medidas protetivas (§ 3º do artigo em estudo).

São medidas protetivas destinadas a proteger a vítima de violência doméstica e familiar, e que obedecem ao regramento das medidas cautelares do Processo Penal. São mais específicas do que as do **art. 319 do Código de Processo Penal**, mas nada impede que sejam aplicadas de forma cumulativa.

O **inciso I** trata da suspensão da **posse**, ou restrição do **porte** de armas. A suspensão do direito impedirá seu exercício de forma total, enquanto a restrição servirá para limitar o exercício do porte de armas, por exemplo, a um policial agressor que pode ser limitado a usar sua arma apenas em serviço.

Atenção:

a comunicação deve ser feita a quem procedeu ao registro da arma, que podem ser o **SINARM** (Polícia Federal) ou o **Comando do Exército** (Sigma). Se o porte for conferido nos termos do art. 6º da Lei nº 10.826/2003, ou seja, a integrantes de determindas categorias, como as carreiras policiais, **o superior imediato do agressor é que deve ser comunicado** para cumprir a determinação judicial, inclusive sob pena de cometer o crime de desobediência (art. 330 do CP) ou prevaricação (art. 319 do CP), conforme previsto no **§ 2º** do artigo em estudo.

Tais providências, por óbvio, **referem-se ao porte ou posse legais** de arma de fogo, eis que caso o agressor possua ou porte arma de fogo ilegal, a conduta configurará crime por si só, estando a arma sujeita **à** apreensão direta pela autoridade policial e o autor sujeito **à** prisão em flagrante pelos crimes do arts. 12, 14 ou 16 da Lei nº 10.826/2003.

A hipótese do **inciso II é de afastamento** do lar, domicílio ou local de convidência com a ofendida. Trata-se de uma hipótese de separação de fato que guarda **relação direta** com a medida protetiva **em favor da ofendida** de afastamento do lar e de separação de corpos (art. 23, III e IV, da Lei Maria da Penha). Aplica-se à mulher casada ou em união estável, inclusive com outra mulher, desde que presente a situação de violência doméstica e familiar.

Já o **inciso III** prevê algumas proibições, como as de aproximação e de contato com a vítima, familiares e testemunhas, e de frequência a determinados locais:

a) **proibição de aproximação** com fixação de **limite mínimo de distância** se justifica porque é comum que, mesmo afastado do lar, o agressor volte a se aproximar da ofendida. E sua simples presença ou proximidade, mesmo de familiares ou testemunhas, pode servir para atemorizá-la ou constrangê-la. O limite pode ser fixado em metros.

b) a **proibição de contato** pode ser determinada pelo mesmo motivo, a fim de assegurar que a vítima não se sinta ameaçada ou constrangida de qualquer forma, assim como seus parentes e as testemunhas. A previsão abrange os meios **telefônicos** e os meios mais modernos de comunicação como **e-mails, aplicativos de mensagens** instantâneas, etc., além da **comunicação pessoal.**

Atenção:

as hipóteses do art. 22, III, *a* e *b*, da Lei Maria da Penha guardam nítida relação com o **crime perseguição** (ou *stalking*) do art. **147-A do Código Penal,** que também pode se configurar no caso concreto.

c) por fim, a **proibição de frequência a determinados locais** objetiva preservar a integridade física e psicológica da vítima, garantindo que não seja perturbada com a presença do agressor, por exemplo, no seu local de trabalho. O termo frequência não deve ser entendido como exigência de habitualidade, podendo ser determinada a proibição de **mero acesso** a determinados locais, sem necessariamente haver reiteração.[60]

O **inciso IV** trata da **restrição ou suspensão de visitas** a dependentes menores, que pode ser, portanto, total (suspensão das visitas), ou parcial com restrição, por exemplo, as visitas ocorrerem apenas sob supervisão. Porém exige a oitiva de equipe de atendimento multidisciplinar, o que se justifica diante do **interesse dos menores em desenvolvimento.** Isso não impede, entretanto, que a suspensão ou restrição de visitas seja determinada antes de parecer técnico sempre que houver risco à vítima ou filhos.

No **inciso V,** o legislador previu a possibilidade de determinação de **alimentos provisionais ou provisórios,** visando garantir a subsistência da mulher e/ou dos dependentes, eis que em muitos casos a mulher vítima de violência doméstica e familiar é dependente financeiramente do agressor.

Importante para Concursos:

o STJ possui precedente no sentido de que

> "à medida protetiva de alimentos (provisórios ou provisionais) afigura-se absolutamente inaplicável o art. 806 do CPC/1973 (art. 308 do CPC/2015), que exige o ajuizamento de ação principal no prazo de 30 (trinta) dias, sob pena de perda da eficácia da medida, já que não se cuida de medida assecuratória/instrumental. (...) O entendimento que melhor se coaduna com os propósitos protetivos da Lei nº 11.340/2006 é o que considera **subsistentes os alimentos provisórios e provisionais enquanto perdurar a situação de vulnerabilidade** desencadeada pela prática de violência doméstica e familiar e não, simplesmente, enquanto perdurar a situação de violência".[61]

Por fim, os **incisos VI e VII**, inseridos pela Lei nº 13.984/2020 tratam de obrigações do agressor comparecer a **programas de recuperação e reeducação**, bem como de se submeter a **acompanhamento psicossocial.** As determinações objetivam evitar a reiteração, cuidando do agressor para também proteger a vítima.

10.19. Arts. 23 e 24: medidas protetivas de urgência à ofendida

Seção III – Das Medidas Protetivas de Urgência à Ofendida

Art. 23. Poderá o juiz, quando necessário, sem prejuízo de outras medidas:

I – encaminhar a ofendida e seus dependentes a programa oficial ou comunitário de proteção ou de atendimento;

60 Também é a posição de LIMA. Op. cit., p. 1301.
61 STJ. RHC 100.446/MG – 3ª T. – rel. Min. Marco Aurélio Bellizze – j. 27-11-2018 – *DJe* 5-12-2018.

II – determinar a recondução da ofendida e a de seus dependentes ao respectivo domicílio, após afastamento do agressor;

III – determinar o afastamento da ofendida do lar, sem prejuízo dos direitos relativos a bens, guarda dos filhos e alimentos;

IV – determinar a separação de corpos.

V – determinar a matrícula dos dependentes da ofendida em instituição de educação básica mais próxima do seu domicílio, ou a transferência deles para essa instituição, independentemente da existência de vaga. **(Incluído pela Lei nº 13.882, de 2019)**

Os arts. 23 e 24 da Lei nº 11.340/2006 trazem providências relacionadas mais à proteção da ofendida do que à restrição de direitos do agressor.

O **inciso I, do art. 23,** assegura que o juiz possa encaminhar a ofendida e dependentes a **programa de proteção ou atendimento**, que são os centros de atendimento integral e casas abrigo mencionados no art. 35 da Lei Maria da Penha, além de outros programas, dependendo da política pública adotada na localidade, geralmemente levada a cabo pela prefeitura local.

A medida de **recondução ao lar** (art. 23, II, da Lei Maria da Penha) deriva da medida de afastamento do agressor do lar (art. 22, II, da Lei Maria da Penha).

No entanto, **é possível que a ofendida pretenda sair da casa**, e daí a existência da medida do **inciso III,** para que o juiz assegure que a saída da vítima do lar não configurará abandono para fins de prejudicar direitos sobre bens, alimentos e guarda dos filhos.

Essas três situações de separação de vítima e agressor estão ligadas à **separação de corpos**, outra medida prevista no **art. 23, IV.**

Para Maria Berenice Dias, o afastamento do lar configura separação **de fato**, pondo a vítima longe do agressor, ao passo que a decretação da **separação de corpos** tem eficácia apenas jurídica, para desconstituir o vínculo[62]. Nesses casos, entretanto, a separação decorre de crime, e não de discussões cíveis, para as quais permanece competente o juízo cível.

Atenção:

havendo separação de fato, **acabam os deveres do casamento ou da união estável,** como fidelidade, lealdade, mútua assistência e comunicabilidade patrimonial. No casamento, a separação de corpos não substitui o divórcio, embora ponha fim aos deveres do casamento. Já na união estável, a separação de corpos causa sua dissolução.[63]

Por fim, a **hipótese do inciso V,** inserida pela Lei nº 13.882/2019, permite ao juiz determinar matrícula ou transferência dos dependentes da ofendida para instituição de ensino básica próxima de seu domicílio, **mesmo que não haja vaga.** Trata-se de medida relacionada, porém complementar, ao direito assegurado no **art. 9º, § 7º, da Lei nº 11.340/2006.**

62 DIAS, 2018, op. cit., p. 183.
63 DIAS, 2018, op. cit., p. 183.

Art. 24. Para a proteção patrimonial dos bens da sociedade conjugal ou daqueles de propriedade particular da mulher, o juiz poderá determinar, liminarmente, as seguintes medidas, entre outras:

I – restituição de bens indevidamente subtraídos pelo agressor à ofendida;

II – proibição temporária para a celebração de atos e contratos de compra, venda e locação de propriedade em comum, salvo expressa autorização judicial;

III – suspensão das procurações conferidas pela ofendida ao agressor;

IV – prestação de caução provisória, mediante depósito judicial, por perdas e danos materiais decorrentes da prática de violência doméstica e familiar contra a ofendida.

Parágrafo único. Deverá o juiz oficiar ao cartório competente para os fins previstos nos incisos II e III deste artigo.

O **art. 24** trata de medidas protetivas também voltadas à vítima, mas com **enfoque na proteção patrimonial.**

O **inciso I** permite ao juiz determinar a **restituição de bens** indevidamente subtraídos pelo agressor. Os bens de uso pessoal da vítima e de seu trabalho não geram maiores controvérsias.

Atenção:

mas se houver **bens comuns**, adquiridos durante a união estável ou casamento em regime de comunhão parcial ou total de bens, a discussão sobre a propriedade não caberá ao juizado de violência doméstica e família. Nesse caso, o juiz pode determinar **o arrolamento de bens** ou **protesto contra alienação de bens** previstos no Código de Processo Civil.[64]

Na sequência, **o inciso II** trata da **proibição** temporária para **compra, venda, e locação** de propriedade comum. A medida protetiva, se decretada, não manda apenas que o agressor **deixe de vender** bens, mas também que **não compre** algum bem, cujo dispêndio de valor pode se mostrar ruim para as finanças do ex-casal. O juiz deverá oficiar ao cartório competente informando a determinação (parágrafo único, do art. 24, da Lei Maria da Penha).

A **vedação de locação** como medida protetiva também é importante, porque para locar imóveis por prazo inferior a dez anos não há necessidade de anuência conjugal (art. 3º da Lei nº 8.245/1991) de modo que a medida protetiva vem complementar a legislação civil nesse aspecto, protegendo mais a vítima de violência doméstica e familiar.

A medida de ***suspensão* de procurações** prevista no inciso III decorre da constatação de que muitas mulheres deixam aos homens a administração dos negócios da família, não sendo raro que o agressor possua procurações para gerir os bens do casal, tendo poderes de causar danos patrimoniais à vítima. Na realidade, a determinação será de **revogação** da procuração (art. 682, I, do Código Civil) e deverá ser **comunicada ao cartório competente** (parágrafo único, do art. 24, da Lei Maria da Penha).

64 É a posição de DIAS, 2018, op. cit., p. 189/190.

Por fim, como a violência doméstica pode configurar ilícito civil sujeito à indenização, o **inciso IV** prevê a possibilidade de o juiz determinar o pagamento de **caução pelo agressor** visando assegurar o pagamento de indenização futura a ser reconhecida em ação cível.

10.20. Art. 24-A: crime de descumprimento de medidas protetivas de urgência

> **Seção IV (Incluído pela Lei nº 13.641, de 2018)**
>
> **Do Crime de Descumprimento de Medidas Protetivas de Urgência Descumprimento de Medidas Protetivas de Urgência**
>
> **Art. 24-A.** Descumprir decisão judicial que defere medidas protetivas de urgência previstas nesta Lei:
>
> **Pena** – detenção, de 3 (três) meses a 2 (dois) anos.
>
> **§ 1º** A configuração do crime independe da competência civil ou criminal do juiz que deferiu as medidas.
>
> **§ 2º** Na hipótese de prisão em flagrante, apenas a autoridade judicial poderá conceder fiança.
>
> **§ 3º** O disposto neste artigo não exclui a aplicação de outras sanções cabíveis.

Antes da inclusão do art. 24-A na Lei nº 11.340/2006 havia intensa discussão doutrinária e jurisprudencial sobre se o descumprimento de medidas protetivas de urgência configurava o crime de desobediência do art. 330 do Código Penal.

O **Superior Tribunal de Justiça** chegou a consolidar que não[65], porque o Direito Penal deve ter aplicação subsidiária (*ultima ratio*), de modo que para a configuração do crime de desobediência não poderia haver sanção específica pelo descumprimento da ordem. E a Lei Maria da Penha prevê que o descumprimento de medidas protetivas pode levar à substituição por outra medida, ao acúmulo com outras, ou até à decretação de prisão preventiva.

Diante da polêmica, **a Lei nº 13.641/2018 incluiu o art. 24-A** na Lei nº 11.340/2006 para **deixar expressa a ocorrência de crime** caso haja descumprimento de decisão judicial que defira medidas protetivas de urgência. **É o único crime previsto na Lei nº 11.340/2006.**

Além do crime, o descumprimento ainda poderá ensejar a decretação de **prisão preventiva** do agressor, se presentes os requisitos dessa prisão cautelar.

10.20.1. Bem jurídico tutelado

Apesar de também proteger a vítima, o **bem jurídico tutelado** pelo crime é a **Administração da Justiça,** violada com o desrespeito à decisão judicial. Realmente, o crime do art. 24-A da Lei Maria da Penha nada mais é do que uma forma especial do crime de desobediência.

---

65 "(...) 1. A previsão em lei de penalidade administrativa ou civil para a hipótese de desobediência a ordem legal afasta o crime previsto no art. 330 do Código Penal, salvo a ressalva expressa de cumulação (doutrina e jurisprudência). 2. Tendo sido cominada, com fulcro no art. 22, § 4º, da Lei nº 11.340/2006, sanção pecuniária para o caso de inexecução de medida protetiva de urgência, o descumprimento não enseja a prática do crime de desobediência. 3. Há exclusão do crime do art. 330 do Código Penal também em caso de previsão em lei de sanção de natureza processual penal (doutrina e jurisprudência). Dessa forma, se o caso admitir a decretação da prisão preventiva com base no art. 313, III, do Código de Processo Penal, não há falar na prática do referido crime(...)". STJ. REsp 1374653/MG – 6ª T. – rel. Min. Sebastião Reis Júnior – j. 11-3-2014 – *DJe* 2-4-2014. Outros precedentes no mesmo sentido são: STJ. RHC 41.970/MG – rel. Min. Laurita Vaz – j. 7-8-2014, e STJ, HC 338.613/SC – 6ª T. – rel. Min. Antônio Saldanha Palheiro – j. 12-12-2017 – *DJe* 19-12-2017.

Entretanto, a **vítima também é tutelada ainda que indiretamente**, eis que o delito pressupõe a decretação prévia de medidas protetivas para salvaguarda da ofendida.

10.20.2. Sujeito ativo e sujeito passivo

Sujeito ativo: aderimos à corrente que sustenta que o crime é **próprio**, porque só pode ser praticado por autor de violência doméstica e familiar a quem foi imposta medida protetiva de urgência[66]. Essa pessoa **pode ser homem ou mulher**, eis que é possível que a mulher seja autora de violência doméstica e familiar.

Atenção:

há quem entenda que o crime é comum. E para alguns pode ser praticado inclusive pela vítima, caso ela própria descumpra a medida protetiva, por exemplo, quando procura o agressor depois de ele ter sido proibido de se aproximar dela.[67] [68] **Não concordamos com esse posicionamento**, porque pensamos que só pode descumprir decisão judicial quem foi por ela obrigado, que no caso será o agressor ou agressora, autor(a) de violência doméstica e familiar contra a mulher.

No caso da vítima que reata o relacionamento na vigência de medidas protetivas remetemos o leitor ao subtópico específico mais à frente.

O **sujeito passivo primário é o Estado** e indiretamente a vítima protegida pelas medidas protetivas de urgência.

10.20.3. Objeto material

É a **decisão judicial** que decreta medidas protetivas, sejam medidas que obrigam o agressor (art. 22 da Lei Maria da Penha) ou medidas em favor da ofendida (arts. 23 e 24 da Lei Maria da Penha) eis que o tipo penal não faz distinção.

Entretanto, pensamos que o tipo não abrange medidas **protetivas atípicas**, nem **cautelares diversas da prisão do art. 319 do Código de Processo Penal,** que não são medidas protetivas da Lei nº 11.340/2006 de modo que o descumprimento nesse caso não configurará o crime, sob pena de ocorrência de analogia em prejuízo do acusado, vedada em Direito Penal.

Atenção:

se a medida protetiva tiver sido **imposta por autoridade policial ou pelo policial (**art. 12-C da Lei Maria da Penha) o descumprimento **não configurará o crime**, eis que o tipo penal fala em decisão judicial.

66 Também é a posição de LIMA. Op. cit., p. 1309.

67 GARCEZ. Op. cit., p. 1190.

68 Também entendendo que o crime é comum, ALENCAR, Rosmar Rodrigues; ARAÚJO, Fábio Roque; TÁVORA, Nestor. *Legislação criminal para concursos*. Salvador: JusPodivm, 2021. p. 1214.

10.20.4. Tipo objetivo e tipo subjetivo

O **núcleo objetivo do tipo** é o verbo descumprir, ou seja, desrespeitar, desobedecer, transgredir ou inadimplir. O crime pode ser praticado **por ação ou por omissão,** dependendo de qual foi a medida protetiva consistente da determinação judicial.

Tipo subjetivo é o dolo, bastando o dolo genérico de descumprir a determinação judicial, pois o tipo não exige qualquer finalidade especial. Necessário também que o autor(a) tenha ciência da medida protetiva, eis que inexiste a figura culposa.

10.20.5. Consumação e tentativa

O crime é de **forma livre**, podendo ser praticado por omissão ou por meio de comissão.

Trata-se de crime **formal**, de consumação antecipada ou resultado cortado, que não exige a ocorrência de resultado para sua consumação.

A **tentativa é possível** na modalidade **comissiva** porque o crime é plurissubsistente, porém de difícil configuração na prática.

10.20.6. Seria o crime do art. 24-A de menor potencial ofensivo?

Há **corrente doutrinária** no sentido de que o crime do art. 24-A **admite a a aplicação da Lei nº 9.099/1995**, eis que a pena máxima não supera dois anos (art. 61 da Lei nº 9.099/1995) e é possível que o crime seja praticado sem envolver violência doméstica e familiar.

Para esses autores, o art. 41 da Lei Maria da Penha não se aplica ao crime do art. 24-A da mesma lei, porque o crime não envolveria violência, nem seria praticado contra a mulher, e sim contra a Administração da Justiça. Aplicar o art. 41 nesse caso, afastando a Lei nº 9.099/1995, seria fazer interpretação *in malam partem* na visão desses autores.[69]

Apesar da pena não ultrapassar dois anos, **discordamos desse posicionamento** e **pensamos que o crime envolve violência doméstica e familiar**, pois o autor deve ser pessoa submetida **à** medida protetiva nos termos da Lei nº 11.340/2006. Não se olvide, ainda, que o crime foi inserido dentro da própria Lei Maria da Penha, e o art. 41 da Lei nº 11.340/2006 veda a aplicação da Lei nº 9.099/1995 aos crimes envolvendo violência doméstica e familiar. Assim, **deverá ser instaurado inquérito policial e é cabível a prisão em flagrante** (e não lavratura de termo circunstanciado nos termos da Lei nº 9.099/1995).

Reforça essa conclusão o fato de que o § 2º, do art. 24-A, **veda a concessão de fiança pela autoridade policial** ainda que o delito tenha pena menor que quatro anos, sendo possível a concessão apenas pelo juiz. Essa previsão revela a intenção do legislador de retirar o crime do art. 24-A do espectro das infrações de menor potencial ofensivo.

Atenção:

a **Câmara Especial do Tribunal de Justiça de São Paulo** decidiu nesse sentido, entendendo que o crime foi "objeto de tipificação expressa na norma criada para coibir a violência doméstica e familiar contra a mulher (art. 24-A da Lei nº 11.340/2006). (...) **Impossibilidade**

69 É a posição de GARCEZ. Op. cit., p. 1193.

de se considerar crime de menor potencial ofensivo e cuja prática ofende apenas a Administração Pública".[70]

10.20.7. Vítima que procura o agressor e o crime do art. 24-A da Lei nº 11.340/2006

Questão prática bastante relevante se refere à situação em que **a vítima reata o relacionamento ou procura o agressor durante a vigência de medidas** protetivas. Pergunta-se, há crime na conduta do agressor?

Atenção:

o Superior Tribunal de Justiça entende que não, porque nesse caso não há lesão ao bem jurídico tutelado, nem dolo de desobediência[71]. Ora, se a própria vítima entende não haver mais risco e reata o relacionamento ou procura o agressor, não faz sentido que persista a proteção considerada desnecessária pela protegida.

Com a reconciliação de fato do casal sem o cancelamento da medida, o autor estará em evidente **erro de tipo**, nos termos do art. 20 do Código Penal, que exclui o dolo, sendo que não há previsão para a figura culposa do crime.

Todavia, há **corrente em sentido diverso** entendendo que o bem jurídico tutelado é a Administração da Justiça e que, por isso, a vítima não tem disposição sobre as medidas protetivas, permanecendo estas em vigor.[72]

Há ainda corrente que sustenta que a própria vítima de violência doméstica pode ser autora do crime de descumprimento de medida protetiva caso reate o relacionamento.[73] Discordamos. Pensamos que o crime é próprio do autor da violência doméstica e familiar e que criminalizar a vítima apenas causaria maiores transtornos familiares e revitimização da ofendida, em exegese contrária à própria natureza e razão de surgimento da Lei nº 11.340/2006.

10.21. Arts. 25 e 26: atuação do Ministério Público

CAPÍTULO III – DA ATUAÇÃO DO MINISTÉRIO PÚBLICO

Art. 25. O Ministério Público intervirá, quando não for parte, nas causas cíveis e criminais decorrentes da violência doméstica e familiar contra a mulher.

Art. 26. Caberá ao Ministério Público, sem prejuízo de outras atribuições, nos casos de violência doméstica e familiar contra a mulher, quando necessário:

70 TJSP. Conflito de Jurisdição nº 0028406-70.2019.8.26.0000.

71 STJ. HC 521.622/SC – 6ª T. – rel. Min. Nefi Cordeiro – j. 12-11-2019 – *DJe* 22-11-2019.

72 A 2ª Turma Criminal do Tribunal de Justiça do Distrito Federal e Territórios decidiu nesse sentido, entendendo que "o bem jurídico tutelado pelo crime do artigo 24-A da Lei nº 11.340/2006 é indisponível, uma vez que se refere, primeiramente, à Administração da Justiça, e apenas secundariamente à proteção da vítima... E, em sendo indisponível o bem jurídico tutelado pela norma penal, não cabe a aplicação do instituto do consentimento da ofendida". Acórdão n. 1245366, 00057834720188070009 – 2º T. – rel. Roberval Casemiro Belinati – j. 23-4-2020 – publicado no PJe: 6-5-2020.

73 GARCEZ. Op. cit., p. 1190.

I – requisitar força policial e serviços públicos de saúde, de educação, de assistência social e de segurança, entre outros;

II – fiscalizar os estabelecimentos públicos e particulares de atendimento à mulher em situação de violência doméstica e familiar, e adotar, de imediato, as medidas administrativas ou judiciais cabíveis no tocante a quaisquer irregularidades constatadas;

III – cadastrar os casos de violência doméstica e familiar contra a mulher.

O arti.25 assegura que nos casos envolvendo violência doméstica e familiar contra a mulher o Ministério Público sempre esteja presente, senão como **parte**, como **fiscal da lei (*custos legis*)**, previsão compatível com o disposto no art. 127 *caput* da Constituição Federal (defesa da ordem jurídica).

E o art. 26 assegura poder de **requisição** de serviços públicos, e de **fiscalização** de estabelecimentos de atendimento à mulher, além da atribuição de **cadastrar** casos de violência doméstica e familiar contra a mulher.

10.22. Arts. 27 e 28: assistência judiciária à mulher em situação de violência doméstica e familiar

CAPÍTULO IV – DA ASSISTÊNCIA JUDICIÁRIA

Art. 27. Em todos os atos processuais, cíveis e criminais, a mulher em situação de violência doméstica e familiar deverá estar acompanhada de advogado, ressalvado o previsto no art. 19 desta Lei.

Art. 28. É garantido a toda mulher em situação de violência doméstica e familiar o acesso aos serviços de Defensoria Pública ou de Assistência Judiciária Gratuita, nos termos da lei, em sede policial e judicial, mediante atendimento específico e humanizado.

A condição de vulnerabilidade da mulher vítima de violência doméstica e familiar justifica que lhe seja garantida assistência jurídica. O **art. 27 exige a assistência por advogado** em todos **os atos processuais**, mas não menciona a etapa de investigação.

Em análise sistemática com o art. 28, percebe-se que na fase de investigação a vítima terá garantido apenas o acesso aos serviços da defensoria ou assistência judiciária gratuita, não se exigindo que esteja acompanhada por advogado nos atos do inquérito policial.

A lei **ressalva a hipótese do art. 19** para enfatizar que, no caso de solicitação de **medidas protetivas de urgência, a vítima não precisa estar representada** por advogado, pois nesse caso a intenção é agilizar a análise de seu pedido, inovação salutar da Lei nº 11.340/2006, conforme já comentado.

10.23. Arts. 29 a 32: atendimento multidisciplinar

TÍTULO V – DA EQUIPE DE ATENDIMENTO MULTIDISCIPLINAR

Art. 29. Os Juizados de Violência Doméstica e Familiar contra a Mulher que vierem a ser criados poderão contar com uma equipe de atendimento multidisciplinar, a ser integrada por profissionais especializados nas áreas psicossocial, jurídica e de saúde.

Art. 30. Compete à equipe de atendimento multidisciplinar, entre outras atribuições que lhe forem reservadas pela legislação local, fornecer subsídios por escrito ao juiz, ao Ministério Público e à Defensoria Pública, mediante laudos ou verbalmente em audiência, e desenvolver trabalhos de orientação, encaminhamento, prevenção e outras medidas, voltados para a ofendida, o agressor e os familiares, com especial atenção às crianças e aos adolescentes.

Art. 31. Quando a complexidade do caso exigir avaliação mais aprofundada, o juiz poderá determinar a manifestação de profissional especializado, mediante a indicação da equipe de atendimento multidisciplinar.

Art. 32. O Poder Judiciário, na elaboração de sua proposta orçamentária, poderá prever recursos para a criação e manutenção da equipe de atendimento multidisciplinar, nos termos da Lei de Diretrizes Orçamentárias.

Os artigos do título V da Lei Maria da Penha trazem **normas programáticas** para que os Juizados de Violência Doméstica e Familiar contra a mulher se valham de **equipe de atendimento multidisciplinar**, com profissionais de várias áreas, o que é importantíssimo para compreender e melhor solucionar demandas que envolvem particularidades sociais, psicológicas e fáticas muito sensíveis.

10.24. Art. 33: regra de transição aos Juizados de Violência Doméstica e Familiar contra a Mulher

TÍTULO VI – DISPOSIÇÕES TRANSITÓRIAS

Art. 33. Enquanto não estruturados os Juizados de Violência Doméstica e Familiar contra a Mulher, as varas criminais acumularão as competências cível e criminal para conhecer e julgar as causas decorrentes da prática de violência doméstica e familiar contra a mulher, observadas as previsões do Título IV desta Lei, subsidiada pela legislação processual pertinente.

Parágrafo único. Será garantido o direito de preferência, nas varas criminais, para o processo e o julgamento das causas referidas no *caput*.

O art. 33 traz a **regra de transição** enquanto não criados os Juizados de Violência Doméstica e Familiar contra a mulher. A competência desses juizados foi analisada nos comentários ao art. 14 da Lei nº 11.340/2006, para os quais remetemos o leitor.

Atenção:

essa regra de transição chegou a ter sua constitucionalidade atacada, porque para alguns ela feria a competência constitucional dos Estados para a lei de organização judiciária. O **Supremo Tribunal Federal** entendeu que o dispositivo não é inconstitucional, porque se trata de apenas sugestão de criação dos Juizados de Violência Doméstica e Familiar contra a Mulher, e os Estados podem ou não criá-lo.[74]

74 STF. ADC 19 – Tribunal Pleno – rel. Min. Marco Aurélio – j. 9-2-2012 – publicação: 29-4-2014.

10.25. Arts. 34 a 37: instituição dos Juizados de Violência Doméstica e Familiar contra a Mulher

TÍTULO VII – DISPOSIÇÕES FINAIS

Art. 34. A instituição dos Juizados de Violência Doméstica e Familiar contra a Mulher poderá ser acompanhada pela implantação das curadorias necessárias e do serviço de assistência judiciária.

Art. 35. A União, o Distrito Federal, os Estados e os Municípios poderão criar e promover, no limite das respectivas competências:

I – centros de atendimento integral e multidisciplinar para mulheres e respectivos dependentes em situação de violência doméstica e familiar;

II – casas-abrigos para mulheres e respectivos dependentes menores em situação de violência doméstica e familiar;

III – delegacias, núcleos de defensoria pública, serviços de saúde e centros de perícia médico-legal especializados no atendimento à mulher em situação de violência doméstica e familiar;

IV – programas e campanhas de enfrentamento da violência doméstica e familiar;

V – centros de educação e de reabilitação para os agressores.

Art. 36. A União, os Estados, o Distrito Federal e os Municípios promoverão a adaptação de seus órgãos e de seus programas às diretrizes e aos princípios desta Lei.

Art. 37. A defesa dos interesses e direitos transindividuais previstos nesta Lei poderá ser exercida, concorrentemente, pelo Ministério Público e por associação de atuação na área, regularmente constituída há pelo menos um ano, nos termos da legislação civil.

Parágrafo único. O requisito da pré-constituição poderá ser dispensado pelo juiz quando entender que não há outra entidade com representatividade adequada para o ajuizamento da demanda coletiva.

Os **arts. 34 a 36** tratam de **normas programáticas** para a implantação de curadorias e do serviço de assistência judiciária quando da criação dos Juizados de Violência Domestíca e Familiar contra a Mulher, e para a criação ou promoção pelos entes federativos, de centros, casas-abrigo, delegacias e outros órgãos públicos específicos para atendimento da mulher vítima de violência doméstica e familiar.

O **art. 37** trata da defesa de interesses difusos, repetindo termos do art. 5º da Lei nº 7.347/1985 (**Lei da Ação Civil Pública**).

10.26. Arts. 38 a 40: estatísticas sobre violência doméstica e familiar

Art. 38. As estatísticas sobre a violência doméstica e familiar contra a mulher serão incluídas nas bases de dados dos órgãos oficiais do Sistema de Justiça e Segurança a fim de subsidiar o sistema nacional de dados e informações relativo às mulheres.

Parágrafo único. As Secretarias de Segurança Pública dos Estados e do Distrito Federal poderão remeter suas informações criminais para a base de dados do Ministério da Justiça.

Art. 38-A. O juiz competente providenciará o registro da medida protetiva de urgência.

~~Parágrafo único. As medidas protetivas de urgência serão registradas em banco de dados mantido e regulamentado pelo Conselho Nacional de Justiça, garantido o acesso do Ministério Público, da Defensoria Pública e dos órgãos de segurança pública e de assistência social, com vistas à fiscalização e à efetividade das medidas protetivas.~~

Parágrafo único. As medidas protetivas de urgência serão, após sua concessão, imediatamente registradas em banco de dados mantido e regulamentado pelo Conselho Nacional de Justiça, garantido o acesso instantâneo do Ministério Público, da Defensoria Pública e dos órgãos de segurança pública e de assistência social, com vistas à fiscalização e à efetividade das medidas protetivas. (Redação dada pela Lei nº 14.310/2022)

Art. 39. A União, os Estados, o Distrito Federal e os Municípios, no limite de suas competências e nos termos das respectivas leis de diretrizes orçamentárias, poderão estabelecer dotações orçamentárias específicas, em cada exercício financeiro, para a implementação das medidas estabelecidas nesta Lei.

Art. 40. As obrigações previstas nesta Lei não excluem outras decorrentes dos princípios por ela adotados.

Do ponto de vista **criminológico,** as estatísticas referentes à violência doméstica e familiar contra a mulher são importantíssimas para a **compreensão do fenômeno criminal e social** que envolve esse tipo de violência. Para buscar as melhores soluções e melhores políticas públicas, é imprescindível essa análise de dados, e por isso a Lei nº 11.340/2006 prevê que essas estatísticas sejam incluídas nas bases dos órgãos atuantes na Segurança Pública e Justiça.

A **Lei nº 13.827/2019** incluiu ainda o art. 38-A para **criar o banco de dados de medidas protetivas** junto ao Conselho Nacional de Justiça a fim de facilitar a fiscalização dessas medidas a nível nacional. Já a Lei nº 14.310/2022, de 8 de março de 2022, alterou a redação do parágrafo único do art. 38-A para especificar que as medidas protetivas deverão ser inseridas no banco de dados do CNJ **imediatamente**, com acesso **instantâneo** do Ministério Público, Defensoria Pública, e dos órgãos de segurança pública e assistência social.

A **imediatidade** da inserção e a disponibilização **instantânea** do teor da medida protetiva a todos os órgãos é importante para verificação da existência da medida e essencial para eventual configuração do crime de descumprimento das medidas protetivas. Entretanto, como essa disponibilização demanda o desenvolvimento de um sistema em âmbito nacional, o legislador previu prazo de **noventa dias para vigência** da alteração ao parágrafo.

10.27. Art. 41: afastamento da Lei nº 9.099/1995

Art. 41. Aos crimes praticados com violência doméstica e familiar contra a mulher, independentemente da pena prevista, não se aplica a **Lei nº 9.099, de 26 de setembro de 1995.**

O art. 41 **afasta todas as disposições da Lei dos Juizados Especiais Cíveis e Criminais (Lei nº 9.099/1995)** quando o crime for praticado com violência doméstica e familiar contra a mulher, ainda que a pena do delito se enquadre na moldura dos delitos de menor potencial ofensivo (pena máxima até dois anos).

A ideia é que se os crimes que envolvem violência doméstica e familiar **configuram grave violação de direitos humanos** (art. 6º da Lei Maria da Penha), não podem ser considerados de menor potencial ofensivo.

O **dispositivo teve sua constitucionalidade atacada por parte da doutrina** sob o argumento de que ele violava o art. 98, I, da Constituição Federal, que prevê a criação dos juizados especiais para julgamento de infrações de menor potencial ofensivo. Entretanto, essa corrente não prevaleceu.

Atenção:

o **Supremo Tribunal Federal** entendeu que o art. 41 da Lei nº 11.340/2006 **é plenamente constitucional,** porque está em "consonância com o disposto no § 8º, do art. 226 da Carta da República, a prever a obrigatoriedade de o Estado adotar mecanismos que coíbam a violência no âmbito das relações familiares". [75]

Presente a situação de violência doméstica e familiar, mesmo os crimes com pena máxima até dois anos e as contravenções não serão considerados de menor potencial ofensivo, e a eles não se aplicarão os benefícios da Lei nº 9.099/1995.

Atenção:

o Superior Tribunal de Justiça tem entendimentos sumulados sobre o assunto**. Súmula nº 536:** a suspensão condicional do processo e a transação penal não se aplicam na hipótese de delitos sujeitos ao rito da Lei Maria da Penha. **Súmula nº 542:** a ação penal relativa ao crime de lesão corporal resultante de violência doméstica contra a mulher é pública incondicionada.

Pelo mesmo motivo nessas infrações **não se lavrará termo circunstanciado,** e sim auto de prisão em flagrante delito.

10.28. Arts. 42, 43, e 44: alterações no Código de Processo Penal e no Código Penal

Art. 42. O **art. 313 do Decreto-Lei nº 3.689, de 3 de outubro de 1941** (Código de Processo Penal), passa a vigorar acrescido do seguinte inciso IV:

"Art. 313. ....

IV – se o crime envolver violência doméstica e familiar contra a mulher, nos termos da lei específica, para garantir a execução das medidas protetivas de urgência." (NR)

75 STF. ADC 19 – Tribunal Pleno – rel. Min. Marco Aurélio – j. 9-2-2012 – publicação: 29-4-2014.

Art. 43. A **alínea f do inciso II do art. 61 do Decreto-Lei nº 2.848, de 7 de dezembro de 1940** (Código Penal), passa a vigorar com a seguinte redação:

"Art. 61. ....

II – ....

f) com abuso de autoridade ou prevalecendo-se de relações domésticas, de coabitação ou de hospitalidade, ou com violência contra a mulher na forma da lei específica;

.... " (NR)

Art. 44. O **art. 129 do Decreto-Lei nº 2.848, de 7 de dezembro de 1940** (Código Penal), passa a vigorar com as seguintes alterações:

"Art. 129. ....

§ 9º Se a lesão for praticada contra ascendente, descendente, irmão, cônjuge ou companheiro, ou com quem conviva ou tenha convivido, ou, ainda, prevalecendo-se o agente das relações domésticas, de coabitação ou de hospitalidade:

Pena – detenção, de 3 (três) meses a 3 (três) anos.

....

§ 11. Na hipótese do § 9º deste artigo, a pena será aumentada de um terço se o crime for cometido contra pessoa portadora de deficiência." (NR)

O **art. 42** da Lei nº 11.340/2006 alterou o art. 313 do Código de Processo Penal para incluir a hipótese de **prisão preventiva** quando o crime envolver violência doméstica e familiar contra a mulher. O referido inciso já foi novamente alterado, conforme comentários que fizemos ao art. 20 da Lei nº 11.340/2006, para os quais remetemos o leitor.

Já o **art. 43** da Lei Maria da Penha alterou a agravante genérica da alínea *f*, do inciso II, do art. 61, do Código Penal, para acrescentar ao texto a agravante também quando o crime envolver **violência contra a mulher na forma da lei específica.** A nova redação complementou a parte inicial da própria alínea *f*, e a previsão da alínea *e* do mesmo dispositivo.

Por fim, o **art. 44** deu nova redação ao § 9º e incluiu o § 11, ambos no art. 129 do Código Penal, que trata do crime de lesões corporais.

A qualificadora do crime de lesões corporais do § 9º passou a ter pena de **três meses a três anos,** quando essa lesão for praticada contra ascendente, descendente, irmão, cônjuge ou companheiro, ou com quem conviva ou tenha convivido, ou por agente que se prevaleça das relações domésticas, de coabitação ou de hospitalidade.

Mas a proteção **foi além da mulher vítima de violência doméstica e familiar,** porque a qualificadora abrange também situações de vítimas homens, como o irmão do agressor.

A qualificadora do § 9º se aplica apenas à lesão "leve", isto é, que não gere nenhuma das situações de lesão grave, gravíssima, ou resultado morte. Para os casos de **lesão grave, gravíssima, ou seguida de morte** (art. 129, §§ 1º, 2º e 3º, do Código Penal, respectivamente), se as circunstâncias do § 9º estiverem presentes, o § 10, do art. 129, do Código Penal prevê causa de aumento de um terço.

Já a **inserção do § 11,** no art. 129, do Código Penal determina aumento de um terço sobre a pena do § 9º se o crime naquelas circunstâncias for cometido contra pessoa **portadora de deficiência.**

10.29. Art. 45: alteração na Lei de Execução Penal

> **Art. 45.** O art. 152 da Lei nº 7.210, de 11 de julho de 1984 (Lei de Execução Penal), passa a vigorar com a seguinte redação:
>
> "Art. 152. ....
>
> **Parágrafo único.** Nos casos de violência doméstica contra a mulher, o juiz poderá determinar o comparecimento obrigatório do agressor a programas de recuperação e reeducação." (NR)

O art. 152 da Lei de Execução Penal trata da limitação de final de semana, na qual poderão ser ministrados cursos e palestras ao condenado. No caso de violência doméstica e familiar, a Lei nº 11.340/2006 alterou a Lei de Execuções Penais para prever a possibilidade de o juiz determinar comparecimento obrigatório a programas de recuperação e reeducação.

> **Art. 46.** Esta Lei entra em vigor 45 (quarenta e cinco) dias após sua publicação.

A Lei Maria da Penha foi publicada no Diário Oficial da União em 8 de agosto de 2006, e entrou em vigor em 22 de setembro de 2006.

10.30. Quadro sinótico

Disposições preliminares: origem da Lei Maria da Penha, Direitos Humanos, e Constituição Federal (arts. 1º ao 4º)	
Art. 1º Esta Lei cria mecanismos para coibir e prevenir a violência doméstica e familiar contra a mulher, nos termos do § 8º, do art. 226, da Constituição Federal, da Convenção sobre a Eliminação de Todas as Formas de Violência contra a Mulher, da Convenção Interamericana para Prevenir, Punir e Erradicar a Violência contra a Mulher e de outros tratados internacionais ratificados pela República Federativa do Brasil; dispõe sobre a criação dos Juizados de Violência Doméstica e Familiar contra a Mulher; e estabelece medidas de assistência e proteção às mulheres em situação de violência doméstica e familiar.	- Desde 1988 a CF, no § 8º, de seu art. 226, dispõe que "o Estado assegurará a assistência à família na pessoa de cada um dos que a integram, criando mecanismos para coibir a violência no âmbito de suas relações". - A Lei nº 11.340/2006 só foi editada no ano de 2006 após a condenação do Brasil pela Corte Interamericana de Direitos Humanos diante da demora no julgamento e solução do caso concreto envolvendo a Sra. Maria da Penha Maia Fernandes.
Art. 2º Toda mulher, independentemente de classe, raça, etnia, orientação sexual, renda, cultura, nível educacional, idade e religião, goza dos direitos fundamentais inerentes à pessoa humana, sendo-lhe asseguradas as oportunidades e facilidades para viver sem violência, preservar sua saúde física e mental e seu aperfeiçoamento moral, intelectual e social.	- Trata de direitos humanos de igualdade, formal, e os meios que devem ser assegurados para que seja alcançada a igualdade material, de fato. - Dispositivos da CF/1988 relacionados: 1. Art. 3º, IV, da CF/1988: é um dos objetivos fundamentais da República Federativa do Brasil promover o bem de todos, sem preconceitos ou quaisquer formas de discriminação. 2. Art. 5º, *caput* e inciso I da CF/1988: todos são iguais perante a lei, sem distinção de qualquer natureza, garantindo-se a todos a inviolabibilidade do direito à vida, à liberdade, à igualdade e à propriedade, sendo que homens e mulheres são iguais em direitos e obrigações.

Art. 3º Serão asseguradas às mulheres as condições para o exercício efetivo dos direitos à vida, à segurança, à saúde, à alimentação, à educação, à cultura, à moradia, ao acesso à justiça, ao esporte, ao lazer, ao trabalho, à cidadania, à liberdade, à dignidade, ao respeito e à convivência familiar e comunitária. **§ 1º** O poder público desenvolverá políticas que visem garantir os direitos humanos das mulheres no âmbito das relações domésticas e familiares no sentido de resguardá-las de toda forma de negligência, discriminação, exploração, violência, crueldade e opressão. **§ 2º** Cabe à família, à sociedade e ao poder público criar as condições necessárias para o efetivo exercício dos direitos enunciados no caput.	- Políticas públicas e ações afirmativas: obrigação do poder público para concretizar direitos fundamentais, a fim de reparar a desigualdade existente, em busca da igualdade material. - Dever solidário: de buscar a efetividade dos direitos das mulheres não é apenas do Estado, mas também da família e da sociedade, de todos.
Art. 4º Na interpretação desta Lei, serão considerados os fins sociais a que ela se destina e, especialmente, as condições peculiares das mulheres em situação de violência doméstica e familiar.	- Critério de valoração para solução de eventuais conflitos aparentes de norma. Na dúvida, portanto, a interpretação da lei deverá ser feita em favor da mulher. - Art 5º da Lei de Introdução às normas do Direito Brasileiro (Decreto-Lei nº 4.657/1942): "na aplicação da lei, o juiz atenderá aos fins sociais a que ela se dirige e às exigências do bem comum". - Súmula nº 589 do STJ: "é inaplicável o princípio da insignificância nos crimes ou contravenções penais praticados contra a mulher no âmbito das relações domésticas".
Conceito e formas de violência doméstica e familiar (arts. 5º e 7º)	
Art. 5º Para os efeitos desta Lei, configura violência doméstica e familiar contra a mulher qualquer ação ou omissão baseada no gênero que lhe cause morte, lesão, sofrimento físico, sexual ou psicológico e dano moral ou patrimonial: **I** – no âmbito da unidade doméstica, compreendida como o espaço de convívio permanente de pessoas, com ou sem vínculo familiar, inclusive as esporadicamente agregadas; **II** – no âmbito da família, compreendida como a comunidade formada por indivíduos que são ou se consideram aparentados, unidos por laços naturais, por afinidade ou por vontade expressa; **III** – em qualquer relação íntima de afeto, na qual o agressor conviva ou tenha convivido com a ofendida, independentemente de coabitação. **Parágrafo único.** As relações pessoais enunciadas neste artigo independem de orientação sexual.	- São formas de violência que devem ser lidas em conjunto com o art. 7º. - Ação ou omissão: para alguns, apenas condutas dolosas estariam abrangidas, eis que o agente teria de agir motivado por razões de gênero, o que só seria possível agindo com dolo. - Na ADI n. 4424 o STF entendeu que, no contexto de violência doméstica e familiar, não se sujeitam à representação da ofendida os crimes de lesão corporal dolosa leve ou **culposas**. - **Inciso I:** conceito espacial de convívio permanente de pessoas, abrangendo até mesmo as que são esporadicamente agregadas. Devem fazer parte da mesma unidade. Não haverá violência doméstica se uma prestadora de serviço eventual for agredida dentro da casa de alguém. Já se a vítima é empregada que reside na casa dos patrões, tratada como integrante daquela unidade doméstica, poderá haver aplicação da Lei nº 11.340/2006. - **Inciso II:** no âmbito da família é critério de comunidade familiar que inclui pessoas que se consideram aparentadas. Não importa o local espacial da violência. Abrange a violência, por exemplo, do irmão contra a irmã, ou do pai contra a filha. - **Inciso III:** relações íntimas de afeto. Exigência de coabitação: a Convenção Interamericana Para Prevenir, Punir, Erradicar a Violência Contra a Mulher (Convenção Belém do Pará) exige a coabitação para configuração de violência doméstica. A Lei nº 11.340/2006 não exige, e é mais protetiva, prevalecendo o princípio *pro homine*.

<table>
<tr><td></td><td>- Súmula nº 600 do STJ: "para configuração da violência doméstica e familiar prevista no artigo 5º da Lei 11.340/2006, Lei Maria da Penha, não se exige a coabitação entre autor e vítima".
- Amizade e namoro: pensamos que a lei abrange apenas os relacionamentos amorosos. O STJ já decidiu que o namoro é abrangido pela hipótese do inciso III, desde que não seja um relacionamento "passageiro, fugaz ou esporádico". (HC 181246/RS).</td></tr>
<tr><td colspan="2">Sujeito passivo e ativo de violência doméstica</td></tr>
<tr><td colspan="2">Sujeito passivo:
- Como regra a mulher.
- Transgêneros e transexuais: é possível que sejam sujeitos passivos caso se identifiquem com o gênero feminino, ainda que com sexo biológico masculino. Na ADI n. 4275, o STF decidiu que é possível a alteração do gênero diretamente no registro civil independentemente de cirurgia. Para alguns, a proteção indepente de qualquer alteração no registro civil, porque a finalidade da lei é a preservação plena da dignidade da pessoa que se identifica com o gênero feminino.
- Homem: posição majoritária é de que não pode ser sujeito passivo, ainda que em relação homoafetiva com outro homem. Há posições bastante minoritárias pela possibilidade de o homem também ser sujeito passivo desde que em posição de vulnerabilidade na relação.
Sujeito ativo:
- Homem ou mulher, desde que a vítima seja mulher, entendimento predominante na doutrina e jurisprudência.
- No caso de sujeito ativo homem, a jurisprudência tem considerado que há vulnerabilidade presumida da mulher vítima.
- No caso da violência entre mulheres, a jurisprudência exige demonstração de vulnerabilidade no caso concreto. O STJ já decidiu que não configura violência doméstica entre nora e sogra quando não demonstrada a vulnerabilidade no caso concreto (HC 175816 / RS).</td></tr>
<tr><td>Art. 6º A violência doméstica e familiar contra a mulher constitui uma das formas de violação dos direitos humanos.</td><td>- Qualquer violência contra qualquer ser humano viola direitos humanos.
- O dispositivo não serve para alterar a competência do julgamento dos delitos envolvendo violência doméstica e familiar, nos termos do art. 109, V-A, da Constituição Federal, porque essa alteração só se justifica se houver obstáculo ou interferência política na esfera estadual que possa comprometer a persecução penal.</td></tr>
<tr><td>Art. 7º São formas de violência doméstica e familiar contra a mulher, entre outras:
I - a violência física, entendida como qualquer conduta que ofenda sua integridade ou saúde corporal;
II - a violência psicológica, entendida como qualquer conduta que lhe cause dano emocional e diminuição da autoestima ou que lhe prejudique e perturbe o pleno desenvolvimento ou que vise degradar ou controlar suas ações, comportamentos, crenças e decisões, mediante ameaça, constrangimento, humilhação, manipulação, isolamento, vigilância constante, perseguição contumaz, insulto, chantagem, violação de sua intimidade, ridicularização, exploração e limitação do direito de ir e vir ou qualquer outro meio que lhe cause prejuízo à saúde psicológica e à autodeterminação; <u>(Redação dada pela Lei nº 13.772, de 2018)</u>
III - a violência sexual, entendida como qualquer conduta que a constranja a presenciar, a manter ou a participar de relação sexual não desejada, mediante intimidação, ameaça, coação ou uso da força; que a induza a comercializar ou a utilizar, de qualquer modo, a sua sexualidade, que a impeça de usar qualquer método contraceptivo ou que a force ao matrimônio, à gravidez, ao aborto ou à prostituição, mediante coação, chantagem,</td><td>- Nem toda forma de violência doméstica ou familiar contra a mulher configurará crime;
- Rol é exemplificativo diante da expressão "entre outras" (interpretação analógica);
- Violência física: vis corporalis, ofende a integridade ou saúde corporal. Exemplo: crime de lesões corporais (art. 129 do CP).
- Violência psicológica: vis compulsiva, é a agressão que causa dano emocional. Exemplo: crime de ameaça (art. 147 do CP)
- Violência sexual: é a violência que atinge a liberdade sexual e reprodutiva da vítima. Exemplo: crime de estupro (art. 213 do CP).
- Violência patrimonial: atinge o patrimônio, os bens da mulher, inclusive documentos, ou instrumentos de trabalho. Exemplo: crime de furto (art. 155 do CP).
- Imunidades absolutas e relativas dos arts. 181 e 182 do CP: prevalece que como a lei "Maria da Penha" não afastou expressamente a aplicação, elas continuam aplicáveis, pois quando a lei quis afastá-las, fê-lo expressamente.
- Violência moral: condutas relacionadas à calúnia (art. 138 do CP); difamação (art. 139 do CP); ou injúria (art. 140 do CP).</td></tr>
</table>

<table>
<tr><td>suborno ou manipulação; ou que limite ou anule o exercício de seus direitos sexuais e reprodutivos;
IV – a violência patrimonial, entendida como qualquer conduta que configure retenção, subtração, destruição parcial ou total de seus objetos, instrumentos de trabalho, documentos pessoais, bens, valores e direitos ou recursos econômicos, incluindo os destinados a satisfazer suas necessidades;
V – a violência moral, entendida como qualquer conduta que configure calúnia, difamação ou injúria.</td><td></td></tr>
<tr><td colspan="2">Medidas de prevenção e assistência à mulher (arts. 8 e 9)</td></tr>
<tr><td>Art. 8º A política pública que visa coibir a violência doméstica e familiar contra a mulher far-se-á por meio de um conjunto articulado de ações da União, dos Estados, do Distrito Federal e dos Municípios e de ações não-governamentais, tendo por diretrizes:
(...)
Art. 9º A assistência à mulher em situação de violência doméstica e familiar será prestada de forma articulada e conforme os princípios e as diretrizes previstos na Lei Orgânica da Assistência Social, no Sistema Único de Saúde, no Sistema Único de Segurança Pública, entre outras normas e políticas públicas de proteção, e emergencialmente quando for o caso.
(...)</td><td>– Art. 8º trata de políticas públicas, diretrizes que o Poder Público deverá adotar para a consecução desse objetivo.
– Importante: integração e articulação entre instituições, de segurança pública, saúde, assistência social, educação etc.
– Políticas de destaque: implementação de atendimento policial especializado para as mulheres, em particular nas Delegacias de Atendimento à Mulher (inciso IV), e de capacitação permanente das Polícias Civil e Militar, da Guarda Municipal, do Corpo de Bombeiros e profissionais de outros órgãos com atuação na temática quanto às questões de gênero e de raça ou etnia (inciso VII).
– Art. 9º traz medidas de assistência à mulher, de proteção social, de saúde, e segurança por meio de programas assistenciais. De proteção ao trabalho, e de proteção à educação dos filhos, com garantia de prioridade para matrícula ou transferência para instituição de ensino básico próxima do domicílio mediante apresentação do registro de ocorrência ou processo de violência doméstica.
– No caso do art. 9º, § 7º, o pedido é feito diretamente pela interessada, porém é possível também a determinação judicial de matrícula na forma de medida protetiva prevista no art. 23, V, da Lei nº 11.340/2006.
– §§ 4º e 5º: responsabilidade do agressor de indenizar os custos do SUS e os do emprego de dispositivos de segurança usados para monitoramento, quando aplicada medida protetiva.</td></tr>
<tr><td colspan="2">Atendimento pela autoridade policial (arts. 10, 11, e 12)</td></tr>
<tr><td>Art. 10. Na hipótese da iminência ou da prática de violência doméstica e familiar contra a mulher, a autoridade policial que tomar conhecimento da ocorrência adotará, de imediato, as providências legais cabíveis.
Parágrafo único. Aplica-se o disposto no caput deste artigo ao descumprimento de medida protetiva de urgência deferida.</td><td>– As providências legais são tanto as previstas na Lei nº 11.340/2006 como as genericamente previstas no art. 6º do CPP</td></tr>
<tr><td>Art. 11. No atendimento à mulher em situação de violência doméstica e familiar, a autoridade policial deverá, entre outras providências:
I – garantir proteção policial, quando necessário, comunicando de imediato ao Ministério Público e ao Poder Judiciário;</td><td>– Rol exemplificativo de providências.
– Principais: proteção policial; encaminhamento para atendimento médico; transporte para local seguro; e acompanhamento para retirada de pertences;</td></tr>
</table>

II – encaminhar a ofendida ao hospital ou posto de saúde e ao Instituto Médico Legal; **III** – fornecer transporte para a ofendida e seus dependentes para abrigo ou local seguro, quando houver risco de vida; **IV** – se necessário, acompanhar a ofendida para assegurar a retirada de seus pertences do local da ocorrência ou do domicílio familiar; **V** – informar à ofendida os direitos a ela conferidos nesta Lei e os serviços disponíveis, inclusive os de assistência judiciária para o eventual ajuizamento perante o juízo competente da ação de separação judicial, de divórcio, de anulação de casamento ou de dissolução de união estável.	
Art. 12. Em todos os casos de violência doméstica e familiar contra a mulher, feito o registro da ocorrência, deverá a autoridade policial adotar, de imediato, os seguintes procedimentos, sem prejuízo daqueles previstos no Código de Processo Penal: **I** – ouvir a ofendida, lavrar o boletim de ocorrência e tomar a representação a termo, se apresentada; **II** – colher todas as provas que servirem para o esclarecimento do fato e de suas circunstâncias; **III** – remeter, no prazo de 48 (quarenta e oito) horas, expediente apartado ao juiz com o pedido da ofendida, para a concessão de medidas protetivas de urgência; **IV** – determinar que se proceda ao exame de corpo de delito da ofendida e requisitar outros exames periciais necessários; **V** – ouvir o agressor e as testemunhas; **VI** – ordenar a identificação do agressor e fazer juntar aos autos sua folha de antecedentes criminais, indicando a existência de mandado de prisão ou registro de outras ocorrências policiais contra ele; **VI-A** – verificar se o agressor possui registro de porte ou posse de arma de fogo e, na hipótese de existência, juntar aos autos essa informação, bem como notificar a ocorrência à instituição responsável pela concessão do registro ou da emissão do porte, nos termos da Lei nº 10.826, de 22 de dezembro de 2003 (Estatuto do Desarmamento); **VII** – remeter, no prazo legal, os autos do inquérito policial ao juiz e ao Ministério Público. § 1º O pedido da ofendida será tomado a termo pela autoridade policial e deverá conter: **I** – qualificação da ofendida e do agressor; **II** – nome e idade dos dependentes; **III** – descrição sucinta do fato e das medidas protetivas solicitadas pela ofendida. **IV** – informação sobre a condição de a ofendida ser pessoa com deficiência e se da violência sofrida resultou deficiência ou agravamento de deficiência preexistente. **§ 2º** A autoridade policial deverá anexar ao documento referido no § 1º o boletim de ocorrência e cópia de todos os documentos disponíveis em posse da ofendida. **§ 3º** Serão admitidos como meios de prova os laudos ou prontuários médicos fornecidos por hospitais e postos de saúde.	– Providências procedimentais e processuais básicas: oitiva da vítima, registro de ocorrência; encaminhar pedido de medida protetiva; – Prazo para encaminhar pedido de protetiva: Não é a autoridade policial que decide se representará ou não pelas medidas, cabendo a ela apenas encaminhar o pedido da vítima. Na sequência, conforme disposto nos arts. 18 e 19 da Lei nº 11.340/2006, o juiz analisará esse pedido em novo prazo de 48 horas. – Arma de fogo: se usada para cometer o crime pode desde logo ser apreendida pela própria autoridade policial (art. 6º, II, do Código de Processo Penal). Em caso contrário, verificando que há registro de porte ou posse de arma, a autoridade deve consignar isso nos autos e comunicar a instituição responsável pela concessão do registro ou emissão do porte, que pode ser ou a Polícia Federal ou o Exército Brasileiro. – Uma das medidas protetivas que o juiz pode aplicar é justamente a suspensão da posse ou restrição do porte de armas (art. 22, I, da Lei "Maria da Penha"). Ou ainda, determinar a imediata apreensão da arma de fogo do agressor (art. 18, IV, da Lei Maria da Penha).

Atendimento preferencial da mulher (art. 10-A)	
Art. 10-A. É direito da mulher em situação de violência doméstica e familiar o atendimento policial e pericial especializado, ininterrupto e prestado por servidores – preferencialmente do sexo feminino – previamente capacitados. § 1º A inquirição de mulher em situação de violência doméstica e familiar ou de testemunha de violência doméstica, quando se tratar de crime contra a mulher, obedecerá às seguintes diretrizes: **I** – salvaguarda da integridade física, psíquica e emocional da depoente, considerada a sua condição peculiar de pessoa em situação de violência doméstica e familiar; **II** – garantia de que, em nenhuma hipótese, a mulher em situação de violência doméstica e familiar, familiares e testemunhas terão contato direto com investigados ou suspeitos e pessoas a eles relacionadas; **III** – não revitimização da depoente, evitando sucessivas inquirições sobre o mesmo fato nos âmbitos criminal, cível e administrativo, bem como questionamentos sobre a vida privada. **§ 2º** Na inquirição de mulher em situação de violência doméstica e familiar ou de testemunha de delitos de que trata esta Lei, adotar-se-á, preferencialmente, o seguinte procedimento: **I** – a inquirição será feita em recinto especialmente projetado para esse fim, o qual conterá os equipamentos próprios e adequados à idade da mulher em situação de violência doméstica e familiar ou testemunha e ao tipo e à gravidade da violência sofrida. **II** – quando for o caso, a inquirição será intermediada por profissional especializado em violência doméstica e familiar designado pela autoridade judiciária ou policial; **III** – o depoimento será registrado em meio eletrônico ou magnético, devendo a degravação e a mídia integrar o inquérito.	– Lei nº 13.505/2017: incluiu o art. 10-A na Lei nº 11.340/2006 para instituir o direito à mulher vítima de violência doméstica e familiar ao atendimento especializado preferencialmente por servidores do sexo feminino previamente capacitados, tanto no meio policial como pericial. – A ideia é a de evitar a vitimização secundária, decorrente do constrangimento da mulher em órgãos públicos, após procurar atendimento em razão do crime ou situação que a vitimou inicialmente.
Criação das Delegacias da Mulher (arts. 12-A e 12-B)	
Art. 12-A. Os Estados e o Distrito Federal, na formulação de suas políticas e planos de atendimento à mulher em situação de violência doméstica e familiar, darão prioridade, no âmbito da Polícia Civil, à criação de Delegacias Especializadas de Atendimento à Mulher (Deams), de Núcleos Investigativos de Feminicídio e de equipes especializadas para o atendimento e a investigação das violências graves contra a mulher. **Art. 12-B.** (VETADO). (Incluído pela Lei nº 13.505, de 2017) § 1º (VETADO). (Incluído pela Lei nº 13.505, de 2017) § 2º (VETADO. (Incluído pela Lei nº 13.505, de 2017) **§ 3º** A autoridade policial poderá requisitar os serviços públicos necessários à defesa da mulher em situação de violência doméstica e familiar e de seus dependentes.	– Norma programática: política pública voltada à igualdade de gênero visando ao melhor atendimento da mulher vítima de violência doméstica e familiar e em ambiente mais acolhedor – Poder de requisição do(a) delegado(a): de serviços públicos necessários para defesa da mulher, tais como assistência social, atendimento médico, abrigo, transporte, etc., geralmente efetivado junto à rede municipal.
Medidas protetivas em sede policial (art. 12-C)	
Art. 12-C. Verificada a existência de risco atual ou iminente à vida ou à integridade física ou psicológica da mulher em situação de violência doméstica e familiar, ou de seus dependentes, o agressor será imediatamente afastado do lar, domicílio ou local de convivência com a ofendida:	– Continua sendo regra a decretação pelo Juiz (inciso I); – Os incisos II e III, do art. 12-C, permitem a decretação pela autoridade policial quando o Município não for sede de comarca (inciso II), ou pelo policial quando, além de não for sede de comarca, não houver delegado no Município (inciso III).

I – pela autoridade judicial; **II** – pelo delegado de polícia, quando o Município não for sede de comarca; ou **III** – pelo policial, quando o Município não for sede de comarca e não houver delegado disponível no momento da denúncia. **§ 1º** Nas hipóteses dos incisos II e III do **caput** deste artigo, o juiz será comunicado no prazo máximo de 24 (vinte e quatro) horas e decidirá, em igual prazo, sobre a manutenção ou a revogação da medida aplicada, devendo dar ciência ao Ministério Público concomitantemente. **§ 2º** Nos casos de risco à integridade física da ofendida ou à efetividade da medida protetiva de urgência, não será concedida liberdade provisória ao preso.	– No caso de decretação pela autoridade policial ou pelo policial, o prazo para comunicação do juiz é de 24 horas, e o juiz terá mais 24 horas para decidir. Não se deve confundir com o prazo da sistemática normal, em que o delegado envia o pedido da vítima em 48 horas e o juiz decide em outras 48 horas (art. 12, inciso III, e art. 18 *caput*, ambos da Lei nº 11.340/2006). – ADI n. 6138: Associação dos Magistrados Brasileiros alega violação aos princípios da reserva de jurisdição, do devido processo legal, e da inviolabilidade do domicílio (incisos XII, LIV, e XI do art. 5º da Constituição Federal). – Mas há posições doutrinárias no sentido de que a Constituição Federal não prevê reserva de jurisdição nessa hipótese. Especificamente no caso da decretação pelo delegado de polícia, que pode inclusive decretar prisão em flagrante e conceder liberdade provisória com fiança, pensamos que nada há de inconstitucional na decretação de medida protetiva diretamente em sede policial.
Leis subsidiárias e Juizados de violência doméstica e familiar (arts. 13, 14 e 15)	
Art. 13. Ao processo, ao julgamento e à execução das causas cíveis e criminais decorrentes da prática de violência doméstica e familiar contra a mulher aplicar-se-ão as normas dos Códigos de Processo Penal e Processo Civil e da legislação específica relativa à criança, ao adolescente e ao idoso que não conflitarem com o estabelecido nesta Lei. **Art. 14.** Os Juizados de Violência Doméstica e Familiar contra a Mulher, órgãos da Justiça Ordinária com competência cível e criminal, poderão ser criados pela União, no Distrito Federal e nos Territórios, e pelos Estados, para o processo, o julgamento e a execução das causas decorrentes da prática de violência doméstica e familiar contra a mulher. Parágrafo único. Os atos processuais poderão realizar-se em horário noturno, conforme dispuserem as normas de organização judiciária. Art. 14-A. A ofendida tem a opção de propor ação de divórcio ou de dissolução de união estável no Juizado de Violência Doméstica e Familiar contra a Mulher. § 1º Exclui-se da competência dos Juizados de Violência Doméstica e Familiar contra a Mulher a pretensão relacionada à partilha de bens. § 2º Iniciada a situação de violência doméstica e familiar após o ajuizamento da ação de divórcio ou de dissolução de união estável, a ação terá preferência no juízo onde estiver. **Art. 15.** É competente, por opção da ofendida, para os processos cíveis regidos por esta Lei, o Juizado: I – do seu domicílio ou de sua residência; II – do lugar do fato em que se baseou a demanda; III – do domicílio do agressor.	– Aplica-se de forma subsidiária aos casos de violência doméstica, o Código de Processo Penal, de Processo Civil, e outras leis, como o Estatuto da Criança e do Adolescente, e o Estatuto do Idoso. – Os Juizados de Violência doméstica nada tem a ver com os Juizados Especiais Criminais. – STJ: mesmo nas contravenções penais, se houver violência doméstica e familiar contra a mulher, a competência não pode ser do juizado especial criminal da Lei nº 9.099/1995 (REsp 1.475.006/ MT). – A vítima pode escolher propor ação de divórcio ou dissolução de união estável perante esse juizado, exceto com relação à discussão de partilha de bens, pois nesse caso as discussões tendem a se alongar no tempo. – Transição: as varas criminais acumulam as competências cíveis até a implantação dos juizados; – Crime doloso contra a vida: a lei não pode alterar a competência do Júri, mas a primeira fase de julgamento pode ser feita no juizado. (STJ. HC 145184 / DF). – Ameaça e competência: 1. Pela internet, o foro competente é o do local em que a vítima tomou conhecimento das ameaças (CC 156.284/PR). 2. Pela internet, mas oriundas de outro país, a competência será da Justiça Federal (STJ. CC 150.712/SP). – O art. 15 trata de competência para processos cíveis. Em causas criminais, o domicídlio da vítima não será critério para definir competência territorial.
Audiência para retratação e vedações de algunas penas alternativas (arts. 16 e 17)	
Art. 16. Nas ações penais públicas condicionadas à representação da ofendida de que trata esta Lei, só será admitida a renúncia à representação perante o juiz, em audiência especialmente designada com tal finalidade, antes do recebimento da denúncia e ouvido o Ministério Público.	– Retratação: a lei usou incorretamente o termo renúncia – No Código de Processo Penal, a retratação da representação não exige formalidade, e deve ser feita até o oferecimento da denúncia. Na Lei nº 11.340/2006, exige-se audiência específica para o ato e a retratação pode ser feita até o recebimento da denúncia.

Art. 17. É vedada a aplicação, nos casos de violência doméstica e familiar contra a mulher, de penas de cesta básica ou outras de prestação pecuniária, bem como a substituição de pena que implique o pagamento isolado de multa.	- No art. 17, o legislador foi atécnico, porque a "pena de cesta básica" não existe. Na realidade, essa nomenclatura se popularizou em virtude do desvirtuamento da pena de prestação pecuniária, que pode ser cumprida em prestação de outra natureza (art. 45, § 2º, do Código Penal). - A substituição isolada por multa é proibida, mas é plenamente possível que a multa seja aplicada se em cumulação com outras penas. - Súmula nº 588 do STJ: "a prática de crime ou contravenção penal contra a mulher com violência ou grave ameaça no ambiente doméstico impossibilita a substituição da pena privativa de liberdade por restritiva de direitos".
Procedimento das Medidas protetivas de urgência e prisão preventiva (arts. 18 a 21)	
Art. 18. Recebido o expediente com o pedido da ofendida, caberá ao juiz, no prazo de 48 (quarenta e oito) horas: I – conhecer do expediente e do pedido e decidir sobre as medidas protetivas de urgência; II – determinar o encaminhamento da ofendida ao órgão de assistência judiciária, quando for o caso, inclusive para o ajuizamento da ação de separação judicial, de divórcio, de anulação de casamento ou de dissolução de união estável perante o juízo competente; III – comunicar ao Ministério Público para que adote as providências cabíveis. IV – determinar a apreensão imediata de arma de fogo sob a posse do agressor. **Art. 19.** As medidas protetivas de urgência poderão ser concedidas pelo juiz, a requerimento do Ministério Público ou a pedido da ofendida. § 1º As medidas protetivas de urgência poderão ser concedidas de imediato, independentemente de audiência das partes e de manifestação do Ministério Público, devendo este ser prontamente comunicado. § 2º As medidas protetivas de urgência serão aplicadas isolada ou cumulativamente, e poderão ser substituídas a qualquer tempo por outras de maior eficácia, sempre que os direitos reconhecidos nesta Lei forem ameaçados ou violados. **§ 3º** Poderá o juiz, a requerimento do Ministério Público ou a pedido da ofendida, conceder novas medidas protetivas de urgência ou rever aquelas já concedidas, se entender necessário à proteção da ofendida, de seus familiares e de seu patrimônio, ouvido o Ministério Público. **Art. 20.** Em qualquer fase do inquérito policial ou da instrução criminal, caberá a prisão preventiva do agressor, decretada pelo juiz, de ofício, a requerimento do Ministério Público ou mediante representação da autoridade policial. Parágrafo único. O juiz poderá revogar a prisão preventiva se, no curso do processo, verificar a falta de motivo para que subsista, bem como de novo decretá-la, se sobrevierem razões que a justifiquem. **Art. 21.** A ofendida deverá ser notificada dos atos processuais relativos ao agressor, especialmente dos pertinentes ao ingresso e à saída da prisão, sem prejuízo da intimação do advogado constituído ou do defensor público. Parágrafo único. A ofendida não poderá entregar intimação ou notificação ao agressor.	- A vítima postula na delegacia, mas o Ministério Público também pode requerer em seu favor; - Natureza de medida cautelar - Regime das cautelares do art. 282, I, do CPP: deve estar demonstrada a necessidade para aplicação da lei penal, para a investigação ou a instrução criminal e/ou, nos casos expressamente previstos, para evitar a prática de infrações penais. Inclusive, pois caso sejam descumpridas o juiz poderá decretar a prisão preventiva do agressor. - JUIZ: deve analisar em 48 horas (prazo impróprio). Caso tenha havido decretação em solo policial (art. 12-C), o juiz deverá reavaliar em 24 horas (e não 48). - Regra é a concessão sem oitiva da outra parte. - Cláusula *rebus sic stantibus*, isto é, permanecem de acordo com as circunstâncias da situação em que foram impostas. Por isso, podem ser ajustadas a qualquer tempo, substituídas, revogadas, ou acrescidas. - Prisão preventiva: redação do art. 20 é idêntica à antiga previsão do art. 311 do CPP. Atualmente, entende-se que o juiz não pode decretar prisão preventiva de ofício. - Fiança pela autoridade policial: para alguns, como é cabível a prisão preventiva para garantir medidas protetivas de urgência, a autoridade não poderia arbitrar fiança. Entretanto, caso vislumbre não estarem presentes os requisitos para preventiva, pensamos que a autoridade pode, sim, arbitrar fiança. - Crimes culposos e contravenções penais: pensamos que não admitem prisão preventiva. STJ: "não cabe prisão preventiva em contravenções penais, mesmo quando praticadas no contexto de violência doméstica e familiar" (STJ. HC 437.535/SP). - Intimação da vítima e do agressor: a exigência de notificação da vítima objetiva incluí-la no processo. O correto seria ter empregado o termo intimar. - Entrega de intimação pela vítima: a lei proíbe a prática, para evitar que a vítima seja colocada em situação de risco e constrangedora.

Medidas protetivas que obrigam o agressor (art. 22)	
Art. 22. Constatada a prática de violência doméstica e familiar contra a mulher, nos termos desta Lei, o juiz poderá aplicar, de imediato, ao agressor, em conjunto ou separadamente, as seguintes medidas protetivas de urgência, entre outras: **I** – suspensão da posse ou restrição do porte de armas, com comunicação ao órgão competente, nos termos da Lei nº 10.826, de 22 de dezembro de 2003; **II** – afastamento do lar, domicílio ou local de convivência com a ofendida; **III** – proibição de determinadas condutas, entre as quais: a) aproximação da ofendida, de seus familiares e das testemunhas, fixando o limite mínimo de distância entre estes e o agressor; b) contato com a ofendida, seus familiares e testemunhas por qualquer meio de comunicação; c) freqüentação de determinados lugares a fim de preservar a integridade física e psicológica da ofendida; **IV** – restrição ou suspensão de visitas aos dependentes menores, ouvida a equipe de atendimento multidisciplinar ou serviço similar; **V** – prestação de alimentos provisionais ou provisórios. **VI** – comparecimento do agressor a programas de recuperação e reeducação; e (Incluído pela Lei nº 13.984, de 2020) VII – acompanhamento psicossocial do agressor, por meio de atendimento individual e/ ou em grupo de apoio. (Incluído pela Lei nº 13.984, de 2020) § 1º As medidas referidas neste artigo não impedem a aplicação de outras previstas na legislação em vigor, sempre que a segurança da ofendida ou as circunstâncias o exigirem, devendo a providência ser comunicada ao Ministério Público. § 2º Na hipótese de aplicação do inciso I, encontrando-se o agressor nas condições mencionadas no caput e incisos do art. 6º da Lei nº 10.826, de 22 de dezembro de 2003, o juiz comunicará ao respectivo órgão, corporação ou instituição as medidas protetivas de urgência concedidas e determinará a restrição do porte de armas, ficando o superior imediato do agressor responsável pelo cumprimento da determinação judicial, sob pena de incorrer nos crimes de prevaricação ou de desobediência, conforme o caso. § 3º Para garantir a efetividade das medidas protetivas de urgência, poderá o juiz requisitar, a qualquer momento, auxílio da força policial. § 4º Aplica-se às hipóteses previstas neste artigo, no que couber, o disposto no caput e nos §§ 5º e 6º do art. 461 da Lei no 5.869, de 11 de janeiro de 1973 (Código de Processo Civil).	– Rol exemplificativo – Obrigam o agressor, que se as descumprir poderá praticar o crime do art. 24-A da Lei Maria da Penha – Porte ou posse de arma: a comunicação deve ser feita a quem procedeu ao registro da arma, que podem ser o SINARM (Polícia Federal) ou o Comando do Exército (Sigma). – Afastamento do lar: hipótese de separação de fato que guarda relação direta com a medida protetiva em favor da ofendida de afastamento do lar e de separação de corpos (art. 23, III e IV, da Lei Maria da Penha). – Proibição de se aproximação, de contato e de frequência a determinados lugares: nítida relação com o crime perseguição (ou *stalking*) do art. 147-A do Código Penal. – Restrição ou suspensão de visitas: exige a oitiva de equipe de atendimento multidisciplinar, mas isso não impede que seja determinada antes de parecer técnico sempre que houver risco à vítima ou a filhos. – Alimentos provisórios ou provisionais: inaplicável o art. 806 do CPC/1973 (art. 308 do CPC/2015), que exige o ajuizamento de ação principal no prazo de 30 (trinta) dias, já que não se cuida de medida assecuratória/instrumental. (...) subsistentes os alimentos provisórios e provisionais enquanto perdurar a situação de vulnerabilidade (STJ. RHC 100.446/MG).
Medidas protetivas de urgência à ofendida (arts. 23 e 24)	
Art. 23. Poderá o juiz, quando necessário, sem prejuízo de outras medidas: I – encaminhar a ofendida e seus dependentes a programa oficial ou comunitário de proteção ou de atendimento; II – determinar a recondução da ofendida e a de seus dependentes ao respectivo domicílio, após afastamento do agressor; III – determinar o afastamento da ofendida do lar, sem prejuízo dos direitos relativos a bens, guarda dos filhos e alimentos; IV – determinar a separação de corpos. V – determinar	– Relacionadas mais à proteção da ofendida do que à restrição de direitos do agressor; – A medida de recondução ao lar (art. 23, II, da Lei Maria da Penha) deriva da medida de afastamento do agressor do lar (art. 22, II, da Lei Maria da Penha). – Se a ofendida pretender sair da casa existe a medida do inciso III, para que o juiz assegure que a saída não configurará abandono para fins de prejudicar direitos sobre bens, alimentos e a guarda dos filhos;

a matrícula dos dependentes da ofendida em instituição de educação básica mais próxima do seu domicílio, ou a transferência deles para essa instituição, independentemente da existência de vaga. **Art. 24.** Para a proteção patrimonial dos bens da sociedade conjugal ou daqueles de propriedade particular da mulher, o juiz poderá determinar, liminarmente, as seguintes medidas, entre outras: I – restituição de bens indevidamente subtraídos pelo agressor à ofendida; II – proibição temporária para a celebração de atos e contratos de compra, venda e locação de propriedade em comum, salvo expressa autorização judicial; III – suspensão das procurações conferidas pela ofendida ao agressor; IV – prestação de caução provisória, mediante depósito judicial, por perdas e danos materiais decorrentes da prática de violência doméstica e familiar contra a ofendida. **Parágrafo único.** Deverá o juiz oficiar ao cartório competente para os fins previstos nos incisos II e III deste artigo	– A separação de fato acaba com os deveres do casamento ou da união estável (fidelidade, lealdade, mútua assistência e comunicabilidade patrimonial). Mas no casamento a separação de corpos não substitui o divórcio. Já na união estável a separação de corpos causa sua dissolução. – Matrícula ou transferência dos dependentes da ofendida para instituição de ensino básica próxima: mesmo que não haja vaga. É medida complementar ao direito assegurado no art. 9, § 7º, da Lei nº 11.340/2006. – O art. 24 foca na proteção patrimonial – Bens comuns: a discussão sobre a propriedade não caberá no juizado de violência doméstica e família. O juiz pode determinar o arrolamento de bens ou protesto contra alienação de bens previstos no CPC.
Crime de descumprimento de medidas protetivas (art. 24).	
Art. 24-A. Descumprir decisão judicial que defere medidas protetivas de urgência previstas nesta Lei: Pena – detenção, de 3 (três) meses a 2 (dois) anos. **§ 1º** A configuração do crime independe da competência civil ou criminal do juiz que deferiu as medidas. § 2º Na hipótese de prisão em flagrante, apenas a autoridade judicial poderá conceder fiança. **§ 3º** O disposto neste artigo não exclui a aplicação de outras sanções cabíveis.	– É o único crime previsto na Lei nº 11.340/2006 – O dispositivo acabou com a polêmica sobre se o descumprimento de medidas protetivas configuraria ou não crime. – É um crime contra a administração da Justiça, violada com o desrespeito à decisão que decretou medidas protetivas. – Por isso não há o crime se a medida protetiva for a deferida em solo policial (art. 12-C da Lei nº 11.30/2006). – Sujeito ativo: pensamos que o crime é próprio de quem teve contra si decretadas medidas protetivas. – Pensamos que o descumprimento de medidas protetivas atípicas (art. 319 do CPP), não configura o crime, pois o tipo exige "medidas protetivas previstas nesta lei". – O crime é doloso, bastando o dolo genérico de descumprir a medida. Exige-se ciência prévia da medida, eis que não há figura culposa. – Vítima que procura o agressor: para o STJ não há crime porque não há lesão ao bem jurídico, e nem dolo (STJ. HC 521.622/SC). – Vedação de fiança pela autoridade policial: reforça o entendimento de que o crime do art. 24-A não é de menor potencial ofensivo, apensar da pena. – Câmara Especial do TJSP decidiu que o crime foi "objeto de tipificação expressa na norma criada para coibir a violência doméstica e familiar contra a mulher (art. 24-A da Lei nº 11.340/2006). (...) Impossibilidade de se considerar crime de menor potencial ofensivo e cuja prática ofende apenas a Administração Pública". (Conflito de Jurisdição nº 0028406-70.2019.8.26.0000).
Arts. 25 a 40	
Os arts. 25 a 40 tratam da atuação do Ministério Público, assistência judiciária, atendimento multidisciplinar, regra de transição e instituição dos Juizados de Violência Doméstica e Familiar contra a mulher, e cadastro de estatísticas. Por não serem objeto de muita discussão, colacionamos os arts. 25 a 40 apenas para facilitar a revisão, remetendo o leitor aos breves comentários no capítulo próprio, caso deseje se aprofundar.	

Atuação do Ministério Público
Art. 25. O Ministério Público intervirá, quando não for parte, nas causas cíveis e criminais decorrentes da violência doméstica e familiar contra a mulher. **Art. 26.** Caberá ao Ministério Público, sem prejuízo de outras atribuições, nos casos de violência doméstica e familiar contra a mulher, quando necessário: I – requisitar força policial e serviços públicos de saúde, de educação, de assistência social e de segurança, entre outros; II – fiscalizar os estabelecimentos públicos e particulares de atendimento à mulher em situação de violência doméstica e familiar, e adotar, de imediato, as medidas administrativas ou judiciais cabíveis no tocante a quaisquer irregularidades constatadas; III – cadastrar os casos de violência doméstica e familiar contra a mulher
Assistência judiciária
Art. 27. Em todos os atos processuais, cíveis e criminais, a mulher em situação de violência doméstica e familiar deverá estar acompanhada de advogado, ressalvado o previsto no art. 19 desta Lei. **Art. 28.** É garantido a toda mulher em situação de violência doméstica e familiar o acesso aos serviços de Defensoria Pública ou de Assistência Judiciária Gratuita, nos termos da lei, em sede policial e judicial, mediante atendimento específico e humanizado.
Atendimento multidisciplinar
Art. 29. Os Juizados de Violência Doméstica e Familiar contra a Mulher que vierem a ser criados poderão contar com uma equipe de atendimento multidisciplinar, a ser integrada por profissionais especializados nas áreas psicossocial, jurídica e de saúde. Art. 30. Compete à equipe de atendimento multidisciplinar, entre outras atribuições que lhe forem reservadas pela legislação local, fornecer subsídios por escrito ao juiz, ao Ministério Público e à Defensoria Pública, mediante laudos ou verbalmente em audiência, e desenvolver trabalhos de orientação, encaminhamento, prevenção e outras medidas, voltados para a ofendida, o agressor e os familiares, com especial atenção às crianças e aos adolescentes. **Art. 31.** Quando a complexidade do caso exigir avaliação mais aprofundada, o juiz poderá determinar a manifestação de profissional especializado, mediante a indicação da equipe de atendimento multidisciplinar. **Art. 32.** O Poder Judiciário, na elaboração de sua proposta orçamentária, poderá prever recursos para a criação e manutenção da equipe de atendimento multidisciplinar, nos termos da Lei de Diretrizes Orçamentárias.
Regra de transição dos Juizados de Violência doméstica e familiar contra a mulher
Art. 33. Enquanto não estruturados os Juizados de Violência Doméstica e Familiar contra a Mulher, as varas criminais acumularão as competências cível e criminal para conhecer e julgar as causas decorrentes da prática de violência doméstica e familiar contra a mulher, observadas as previsões do Título IV desta Lei, subsidiada pela legislação processual pertinente. Parágrafo único. Será garantido o direito de preferência, nas varas criminais, para o processo e o julgamento das causas referidas no caput.
Instituição dos Juizados de Violência doméstica e familiar contra a mulher
Art. 34. A instituição dos Juizados de Violência Doméstica e Familiar contra a Mulher poderá ser acompanhada pela implantação das curadorias necessárias e do serviço de assistência judiciária. Art. 35. A União, o Distrito Federal, os Estados e os Municípios poderão criar e promover, no limite das respectivas competências: I – centros de atendimento integral e multidisciplinar para mulheres e respectivos dependentes em situação de violência doméstica e familiar; II – casas-abrigos para mulheres e respectivos dependentes menores em situação de violência doméstica e familiar; III – delegacias, núcleos de defensoria pública, serviços de saúde e centros de perícia médicolegal especializados no atendimento à mulher em situação de violência doméstica e familiar; IV – programas e campanhas de enfrentamento da violência doméstica e familiar; V – centros de educação e de reabilitação para os agressores. **Art. 36.** A União, os Estados, o Distrito Federal e os Municípios promoverão a adaptação de seus órgãos e de seus programas às diretrizes e aos princípios desta Lei. **Art. 37.** A defesa dos interesses e direitos transindividuais previstos nesta Lei poderá ser exercida, concorrentemente, pelo Ministério Público e por associação de atuação na área, regularmente constituída há pelo menos um ano, nos termos da legislação civil. Parágrafo único. O requisito da pré-constituição poderá ser dispensado pelo juiz quando entender que não há outra entidade com representatividade adequada para o ajuizamento da demanda coletiva.
Estatísticas sobre violência doméstica e familiar
Art. 38. As estatísticas sobre a violência doméstica e familiar contra a mulher serão incluídas nas bases de dados dos órgãos oficiais do Sistema de Justiça e Segurança a fim de subsidiar o sistema nacional de dados e informações relativo às mulheres. Parágrafo único. As Secretarias de Segurança Pública dos Estados e do Distrito Federal poderão remeter suas informações criminais para a base de dados do Ministério da Justiça. **Art. 38-A.** O juiz competente providenciará o registro da medida protetiva de urgência. Parágrafo único. As medidas protetivas de urgência serão registradas em banco de dados mantido e regulamentado pelo Conselho Nacional de Justiça, garantido o acesso do Ministério Público, da Defensoria Pública e dos órgãos de segurança pública e de assistência social, com vistas à fiscalização e à efetividade das medidas protetivas.

Art. 39. A União, os Estados, o Distrito Federal e os Municípios, no limite de suas competências e nos termos das respectivas leis de diretrizes orçamentárias, poderão estabelecer dotações orçamentárias específicas, em cada exercício financeiro, para a implementação das medidas estabelecidas nesta Lei.

Art. 40. As obrigações previstas nesta Lei não excluem outras decorrentes dos princípios por ela adotados.

Afastamento da Lei nº 9.099/1995	
Art. 41. Aos crimes praticados com violência doméstica e familiar contra a mulher, independentemente da pena prevista, não se aplica a Lei nº 9.099, de 26 de setembro de 1995.	– Ainda que a pena seja igual ou inferior a dois anos. – Se os crimes que envolvem violência doméstica e familiar configuram grave violação de direitos humanos (art. 6º da Lei Maria da Penha), não podem ser considerados de menor potencial ofensivo. – **STF**: o art. 41 da Lei nº 11.340/2006 é plenamente constitucional porque está em "consonância com o disposto no § 8º, do art. 226, da Carta da República, a prever a obrigatoriedade de o Estado adotar mecanismos que coíbam a violência no âmbito das relações familiares". – **Súmula nº 536:** "a suspensão condicional do processo e a transação penal não se aplicam na hipótese de delitos sujeitos ao rito da Lei Maria da Penha". – **Súmula nº 542:** "a ação penal relativa ao crime de lesão corporal resultante de violência doméstica contra a mulher é pública incondicionada".

Alterações no Código de Processo Penal e no Código Penal: arts. 42, 43, e 44

O art. 42 da Lei nº 11.340/2006 alterou o art. 313 do Código de Processo Penal para incluir a hipótese de prisão preventiva quando o crime envolver violência doméstica e familiar contra a mulher. Já foi novamente alterado, conforme comentários ao art. 20 da Lei nº 11.340/2006.

O art. 43 da Lei Maria da Penha alterou a agravante genérica da alínea *f*, do II, do art. 61, do Código Penal, para acrescentar ao texto a agravante também quando o crime envolver violência contra a mulher na forma da lei específica. Complementou a parte inicial da própria alínea *f*, e a previsão da alínea *e* do mesmo dispositivo.

O art. 44 deu nova redação ao § 9º e incluiu o § 11, ambos no art. 129 do Código Penal, que trata do crime de lesões corporais. A proteção foi além da mulher vítima de violência doméstica e familiar, porque a qualificadora abrange também situações de vítimas homens, como o irmão do agressor.

Alteração na Lei de Execução Penal: art. 45

O art. 152 da LEP trata da limitação de final de semana. No caso de violência doméstica e familiar, a alteração passou a prever a possibilidade de o juiz determinar comparecimento obrigatório a programas de recuperação e reeducação.

Vigência da Lei nº11.340/2006

A Lei Maria da Penha foi publicada no Diário Oficial da União em 8 de agosto de 2006, e entrou em vigor em 22 de setembro de 2006.

10.31. Questões de concurso

1. **(DPE-PE – Defensor Público – CESPE – 2018)** Com relação aos instrumentos previstos na Lei Maria da Penha, assinale a opção correta.

A) A violência patrimonial contra a mulher se restringe à destruição total de seus documentos pessoais e dos bens e recursos econômicos destinados a satisfazer as suas necessidades.

B) Alguém da convivência da mulher que lhe cause dano moral ou patrimonial não comete crime, porque essas atitudes, à luz da lei, não são consideradas violência doméstica ou familiar.

C) A violência doméstica e familiar contra a mulher constitui uma forma de violação de direitos humanos.

D) Para fins legais, a comprovação da relação íntima de afeto entre o agressor e a ofendida depende de coabitação.

E) A legislação especial, ao se referir à violência moral, não inclui condutas que configurem a calúnia, a difamação ou a injúria.

Gabarito: C.

2. **(PC-RS – Delegado de Polícia – FUNDATEC – 2018)** Em relação à Lei nº 11.340/2006, assinale a alternativa INCORRETA.

A) É direito da mulher em situação de violência doméstica e familiar o atendimento policial e pericial especializado, ininterrupto e prestado por servidores – preferencialmente do sexo feminino – previamente capacitados.

B) Deverá a autoridade policial remeter, no prazo de 48 (quarenta e oito) horas, expediente apartado ao juiz com o pedido da ofendida, para a concessão de medidas protetivas de urgência.

C) Será adotado, preferencialmente, o procedimento de coleta de depoimento registrado em meio eletrônico ou magnético, devendo a degravação e a mídia integrar o inquérito.

D) Será observada, como diretriz, a realização de sucessivas inquirições sobre o mesmo fato nos âmbitos criminal, cível e administrativo, bem como questionamentos sobre a vida privada, desde que em recinto especialmente projetado para esse fim, o qual conterá os equipamentos próprios e adequados à idade da mulher em situação de violência doméstica e familiar ou testemunha e ao tipo e à gravidade da violência sofrida.

E) Serão admitidos como meios de prova, os laudos ou prontuários médicos fornecidos por hospitais e postos de saúde.

Gabarito: D.

3. **(PC-SP – Delegado de Polícia – VUNESP – 2018).** Nos termos da Lei nº 11.340/2006 (Lei Maria da Penha):

A) a mulher vítima será inquirida sempre com intermediação de profissional do sexo feminino especializado em violência doméstica e familiar designado pela autoridade judiciária ou policial.

B) é direito da mulher em situação de violência doméstica e familiar o atendimento pericial especializado, ininterrupto e prestado por servidores exclusivamente do sexo feminino.

C) é direito da mulher em situação de violência doméstica e familiar o atendimento policial e pericial especializado, ininterrupto e prestado por servidores, preferencialmente do sexo feminino e previamente capacitados.

D) é direito da mulher em situação de violência doméstica e familiar o atendimento policial especializado, ininterrupto e prestado por servidores exclusivamente do sexo feminino.

E) a mulher vítima será inquirida sempre com intermediação de profissional especializado em violência doméstica e familiar designado pela autoridade judiciária ou policial.

Gabarito: C.

4. **(MPE-CE – Promotor de Justiça – CESPE – 2020)** Com base nas disposições da Lei Maria da Penha, é correto afirmar que:

A) os juizados de violência doméstica e familiar não têm competência para julgar ação de dissolução de união estável.

B) os juizados de violência doméstica e familiar não têm competência para processar pretensão relacionada à partilha de bens.

C) o juizado do domicílio ou da residência da ofendida tem competência absoluta para os processos cíveis regidos pela lei em questão.

D) a ofendida, havendo concordância, poderá entregar intimação ao agressor, no intuito de promover maior celeridade ao ato.

E) a competência da ação de divórcio deve ser declinada para o juízo competente em caso de violência doméstica e familiar ocorrida após o ajuizamento dessa ação.

Gabarito: B.

5. **(TJMS – Juiz Substituto – FCC – 2020)** Quanto às medidas protetivas de urgência, correto afirmar que

A) indispensável prévia manifestação do Ministério Público para a sua concessão, se requeridas pela ofendida.

B) serão aplicadas isolada ou cumulativamente, vedada posterior substituição por outras, embora possível a decretação da prisão preventiva para garantir a execução das impostas.

C) podem consistir na restrição ou suspensão de visitas aos dependentes menores, dispensada manifestação de equipe de atendimento multidisciplinar ou serviço similar.

D) a ofendida, salvo se defendida por advogado constituído, deverá ser notificada dos atos processuais relativos ao agressor, especialmente dos pertinentes ao ingresso e à saída da prisão.

E) podem consistir na suspensão da posse ou restrição do porte de armas, com comunicação ao órgão competente.

Gabarito: E.

6. **(MPDFT – Promotor de Justiça Adjunto – MPDFT – 2021)** Com relação à Lei Maria da Penha (Lei nº 11.340/2016), marque a assertiva CORRETA:

A) O Tribunal de Justiça do Distrito Federal e dos Territórios admite a mulher trans como vítima de violência doméstica.

B) Para aplicação da Lei nº 11.340/2016 há a necessidade de coabitação entre autor e vítima.

C) Não é possível a aplicação da Lei Maria da Penha nas relações entre mãe e filha, desde que esteja presente o estado de vulnerabilidade caracterizado por uma relação de poder e submissão.

D) Não cabe a fixação de valor indenizatório a título de dano moral nos casos de violência doméstica contra a mulher.

E) A mulher vítima de violência doméstica tem o direito da manutenção do vínculo trabalhista por até seis meses, devendo o Juiz do Trabalho apreciar a imposição da referida medida.

Gabarito: A.

7. **(PC-RN – Delegado de Polícia Civil Substituto – FGV – 2021)** Noeli compareceu à delegacia de polícia para registrar boletim de ocorrência contra seu companheiro Erson pelo crime de ameaça. Após chegar em casa, Noeli ouve pedido de desculpa de seu companheiro e apelos para que desista da representação. Considerando o disposto na legislação aplicável, quanto à possibilidade de retratação da representação apresentada, Noeli:

A) não poderá desistir da representação, por tratar-se de ação pública;

B) poderá se retratar perante a autoridade policial até o oferecimento da denúncia;

C) poderá se retratar perante o juiz, em audiência especial, até o recebimento da denúncia;

D) poderá se retratar perante o juiz ou a autoridade policial até a sentença;

E) não poderá se retratar após o oferecimento da denúncia, ainda que na presença do juiz e acompanhada de advogado.

Gabarito: C.

8. **(PC-PR – Delegado de Polícia – NC-UFPR – 2021)** Sobre Lei nº 11.340/2006, a qual cria os mecanismos para coibir a violência doméstica e familiar contra a mulher, assinale a alternativa correta.

A) O crime de lesão corporal leve, praticado contra a mulher no âmbito das relações domésticas e familiares, deve ser processado mediante ação penal pública condicionada à representação.

B) Presentes os requisitos, é possível a realização de transação penal nos crimes que envolvem violência doméstica e familiar contra a mulher.

C) Não é possível a aplicação do princípio da insignificância nos delitos praticados com violência ou grave ameaça no âmbito das relações domésticas e familiares contra a mulher.

D) O sujeito passivo da violência doméstica objeto da Lei Maria da Penha é apenas a mulher, e o sujeito ativo é apenas o homem.

E) O descumprimento de medida protetiva de urgência configura o crime de desobediência em face da inexistência de outras sanções previstas no ordenamento jurídico para a hipótese.

Gabarito: C.

9. **(MPE-SC – Promotor de Justiça Substituto – CESPE – 2021)** Acerca do enfrentamento ao preconceito e da promoção da igualdade, julgue o próximo item.

Os casos conhecidos como revanche pornô — divulgação de fotos íntimas como forma de vingança — são contemplados como violência moral na Lei Maria da Penha.

Gabarito: Errado.

10. **(DPE-RR – Defensor Público – FCC -2021)** Ana Lúcia é casada com Mário sob o regime de comunhão parcial de bens. Após Ana Lúcia manifestar a intenção de se divorciar, Mário passou a esconder de Ana Lúcia informações sobre o orçamento familiar e tentou realizar vendas e doações dos bens comuns como forma de frustrar eventual partilha na ação judicial. Sem acesso ao orçamento e à documentação dos imóveis, Ana Lúcia não sabia quais bens eram comuns, os eventuais valores recebidos por Mário a título de aluguéis dos bens, bem como acreditava que a maior parte dos bens estava em nome apenas de Mário, embora adquiridos na constância da união. Considerando a situação narrada,

A) Ana Lúcia já está protegida pela necessidade de outorga uxória para a venda dos bens comuns, de modo que desnecessário qualquer pedido de urgência em relação aos bens em seu favor.

B) não cabe nenhuma medida antes da efetiva partilha dos bens, de modo que eventual venda irregular por parte de Mário será resolvida com perdas e danos.

C) a questão não pode ser enquadrada na Lei Maria da Penha como violência patrimonial, pois esta ocorre somente no caso de detenção ou subtração de objetos, instrumentos de trabalho, documentos, valores e bens da mulher.

D) é cabível postular medida protetiva de urgência em favor de Ana Lúcia com pedido de proibição temporária de celebração de atos e contratos de compra e venda dos bens comuns.

E) as medidas protetivas previstas em favor da mulher vítima de violência doméstica e familiar são taxativas, de modo que o pedido de proibição temporária de celebração de contratos de compra e venda dos bens comuns é incabível, pois não está previsto na Lei Maria da Penha.

Gabarito: D.

CAPÍTULO 11
LEI Nº 11.343/2006 – CRIMES DA LEI DE DROGAS

11.1. Conceito de droga

Art. 1º Esta Lei institui o Sistema Nacional de Políticas Públicas sobre Drogas – Sisnad; prescreve medidas para prevenção do uso indevido, atenção e reinserção social de usuários e dependentes de drogas; estabelece normas para repressão à produção não autorizada e ao tráfico ilícito de drogas e define crimes.

Parágrafo único. Para fins desta Lei, consideram-se como drogas as substâncias ou os produtos capazes de causar dependência, assim especificados em lei ou relacionados em listas atualizadas periodicamente pelo Poder Executivo da União.

A Lei nº 11.343/2006 traz diversas normas penais e não penais relativas a drogas. Neste sentido, essencial para a aplicação da lei a definição daquilo que seria droga.

O parágrafo único, do art. 1º, diz que se consideram drogas as substâncias ou os produtos capazes de causar dependência, assim especificados em lei ou relacionados em lista elaborada pelo Poder Executivo da União.

São dois os requisitos para que uma substância seja considerada droga:

a) Seja uma substância capaz de causar dependência

b) Conste de lei ou lista elaborada pelo poder executivo federal.

Atenção:

Uma nova substância, que cause dependência, mas que ainda não esteja descrita em lei ou regulamento, não pode ser considerada droga para fins de aplicação da lei.

O regulamento de que trata a lei é a Portaria nº 344 de 12 de maio de 1998 do Ministério da Saúde. Nem todas as substâncias descritas na Portaria devem ser consideradas drogas, para efeitos da Lei nº 11.343/2006. Neste sentido, devem ser consideradas drogas apenas as substâncias descritas como entorpecente ou psicotrópico, visto que, segundo a portaria, essas substâncias podem determinar dependência física ou psíquica.

Conforme a lista F do Anexo I da portaria, alguns entorpecentes (como a cocaína) e psicotrópicos (como o MDMA e o THC) são de uso proscrito no Brasil. Isso quer dizer que existe uma proibição absoluta a produção, fabricação, importação, exportação ou comércio de tais substâncias.

Outras substâncias entorpecentes e psicotrópicas não são proibidas de forma absoluta, porém sua produção, importação, exportação, etc. exigem autorização do Ministério da Saúde. É o caso, por exemplo, da substância entorpecente ópio, descrita na Lista A1 do Anexo I da Portaria.

11.1.1. Norma penal em branco

Como o art. 1º, parágrafo único da lei diz que droga são aquelas substâncias previstas em lei ou em lista elaborada pelo poder executivo da União, e tendo em vista que esta lista é a Portaria nº 344 SVS/MS (com as modificações introduzidas pela Resolução RDC nº 372, de 15 de abril de 2020), todas as normas penais que fazem referência a "droga" terão que buscar nesta portaria o que seria droga. Neste sentido essas normas penais são normas penais em branco.

Norma penal em branco é aquela norma que exige um complemento normativo para que possa ser compreendida e aplicada. Normalmente, como é no caso da lei de drogas, esse complemento se encontra em norma de hierarquia inferior a norma a ser completada (no caso, uma portaria completando o sentido de uma lei). Quando isto ocorre estamos diante de uma **norma penal em branco própria.** A norma penal em branco própria também é chamada de norma penal em branco heterogênea.

Importante para Concursos:

Norma penal em branco homogênea/imprópria	Norma penal em branco heterogênea/própria
Complemento normativo se encontra na mesma hierarquia da norma a ser completada Pode ser: – Homovitelina: Quando norma a ser completada e seu complemento se encontram no mesmo diploma normativo – Heterovitelina: Complemento da norma se encontra em outro diploma normativo	Complemento normativo **não** se encontra na mesma hierarquia da norma a ser completada.

11.2. Proibição das drogas

Art. 2º Ficam proibidas, em todo o território nacional, as drogas, bem como o plantio, a cultura, a colheita e a exploração de vegetais e substratos dos quais possam ser extraídas ou produzidas drogas, ressalvada a hipótese de autorização legal ou regulamentar, bem como o que estabelece a Convenção de Viena, das Nações Unidas, sobre Substâncias Psicotrópicas, de 1971, a respeito de plantas de uso estritamente ritualístico-religioso.

Parágrafo único. Pode a União autorizar o plantio, a cultura e a colheita dos vegetais referidos no caput deste artigo, exclusivamente para fins medicinais ou científicos, em local e prazo predetrminados, mediante fiscalização, respeitadas as ressalvas supramencionadas.

O art. 2º da lei diz ser proibido em todo território nacional as drogas, bem como os vegetais e substratos dos quais possam ser extraídas ou produzidas drogas. A lei traz, porém, duas exceções:

a) **Autorização legal ou regulamentar**: Como dito no tópico anterior nem todas as drogas são proibidas de forma absoluta no Brasil. Diversas drogas podem ser comercializadas, desde que haja autorização do Ministério da Saúde.

   Além disso, conforme parágrafp único deste artigo, a União pode autorizar o plantio, a cultura e colheita de vegetais dos quais possam ser extraídas drogas, para fins medicinais ou científicos.

   Ocorre que a União nunca regulamentou este plantio para fins científicos ou medicinais, de forma que tal ato permanece ilegal.

   Por outro lado, a ANVISA tem permitido a comercialização de alguns produtos medicinais à base de Cannabis.

   O fato de as condutas envolvendo drogas serem praticadas "sem autorização ou em desacordo com determinação legal ou regulamentar" é utilizado como elemento normativo em diversos crimes previstos nesta lei. Isso quer dizer que a tipificação criminal exige uma complementação normativa por meio de leis e regulamentos que eventualmente podem permitir a exploração de certas drogas.

b) **Plantas de uso estritamente ritualístico-religioso:** A lei traz essa ressalva, conforme a Convenção de Viena de 1971, a qual possibilita os Estados formular reservas com relação a plantas que contenham substâncias psicotrópicas utilizadas tradicionalmente por pequenos grupos em rituais mágicos ou religiosos.

   Neste sentido, a Resolução nº 1 de 25/01/2010 do CONAD (Conselho Nacional de Políticas sobre Drogas) decidiu que não pode haver restrição às práticas religiosas das comunidades, baseada em proibição do uso ritual do Ayahuasca.

11.3. Bem jurídico tutelado

O bem jurídico tutelado pela lei de drogas é a saúde pública. A saúde é prevista como direito social, conforme art. 6º da Constituição Federal.

Além disso, conforme art. 196 da CF/1988,

> "a saúde é direito de todos e dever do Estado, garantido mediante políticas sociais e econômicas que visem à redução do risco de doença e de outros agravos e ao acesso universal e igualitário às ações e serviços para sua promoção, proteção e recuperação".

Neste sentido, o controle das drogas, inclusive por meio da criminalização de algumas condutas com elas relacionadas, advém deste dever estatal de promoção da saúde pública.

Bens jurídicos como saúde pública são chamados de **bens jurídicos coletivos** pois se referem à coletividade, sendo indivisível com relação a seus titulares.

11.4. Sujeito passivo

O sujeito passivo nos crimes previstos nesta lei é a coletividade. Neste sentido, trata-se de **crime vago**, o qual possui como sujeito passivo um ente destituído de personalidade jurídica.

Em alguns crimes, além da coletividade haverá um segundo sujeito passivo, a exemplo dos crimes previstos no art. 33, § 2º e § 3º, nos quais também é vítima a pessoa que foi induzida, instigada ou auxiliada a usar droga e a pessoa a quem foi oferecida a droga, respectivamente.

11.5. Crimes de perigo abstrato

Os crimes, quanto ao resultado almejado pelo agente, podem ser de dano ou de perigo. Por sua vez, os crimes de perigo se subdividem em crimes de perigo concreto e crimes de perigo abstrato.

Crimes de dano (ou de lesão): são aqueles que se consumam com a efetiva lesão ao bem jurídico. Ex.: crime de homicídio, que se consuma com a morte da vítima.

Crimes de perigo: são aqueles que se consumam com um ato que coloca em risco determinado bem jurídico, não sendo necessário que o bem jurídico seja de fato lesionado.

Crimes de perigo	
Crime de perigo concreto: Nestes crimes, o legislador exige que o perigo ao qual foi submetido o bem jurídico seja comprovado no caso concreto	**Crime de perigo abstrato:** Nestes crimes não se faz necessário demonstrar no caso concreto que o bem jurídico foi colocado em risco. Existe uma presunção absoluta do legislador de que a conduta representa um risco ao bem jurídico tutelado

Os crimes previstos nesta lei são **crimes de perigo abstrato**, de forma que não se exige demonstração de que, no caso concreto, a conduta criminosa causou danos, ou mesmo que tenha colocado em perigo o bem jurídico tutelado, no caso a saúde pública.

O legislador presume de forma absoluta que as condutas descritas na lei colocam em risco a saúde pública. Notem, neste sentido, ser desnecessário para comprovação dos crimes previstos nesta lei a existência de laudo pericial atestando que a saúde pública foi lesada ou colocada em risco. Na verdade, a perícia é feita para atestar que o objeto material dos crimes de fato é droga.

Exceção fica por conta do art. 39, o qual prevê o crime de conduzir embarcação ou aeronave após o consumo de drogas. Tal crime exige para sua configuração a exposição de dano potencial à incolumidade de outrem, sendo, portanto, crime de perigo concreto.

11.6. Porte de drogas para consumo pessoal

> **Art. 27.** As penas previstas neste Capítulo poderão ser aplicadas isolada ou cumulativamente, bem como substituídas a qualquer tempo, ouvidos o Ministério Público e o defensor.

O capítulo III da Lei de Drogas trata especificamente do crime de porte de drogas para uso pessoal. Conforme a lei, as penas previstas para este crime podem ser aplicadas isolada ou cumulativamente, podendo também ser substituídas a qualquer tempo, desde que sejam ouvidos o MP e a defesa.

Art. 28. Quem adquirir, guardar, tiver em depósito, transportar ou trouxer consigo, para consumo pessoal, drogas sem autorização ou em desacordo com determinação legal ou regulamentar será submetido às seguintes penas:

I – advertência sobre os efeitos das drogas;

II – prestação de serviços à comunidade;

III – medida educativa de comparecimento a programa ou curso educativo.

§ 1º Às mesmas medidas submete-se quem, para seu consumo pessoal, semeia, cultiva ou colhe plantas destinadas à preparação de pequena quantidade de substância ou produto capaz de causar dependência física ou psíquica.

§ 2º Para determinar se a droga destinava-se a consumo pessoal, o juiz atenderá à natureza e à quantidade da substância apreendida, ao local e às condições em que se desenvolveu a ação, às circunstâncias sociais e pessoais, bem como à conduta e aos antecedentes do agente.

§ 3º As penas previstas nos incisos II e III do caput deste artigo serão aplicadas pelo prazo máximo de 5 (cinco) meses.

§ 4º Em caso de reincidência, as penas previstas nos incisos II e III do caput deste artigo serão aplicadas pelo prazo máximo de 10 (dez) meses.

§ 5º A prestação de serviços à comunidade será cumprida em programas comunitários, entidades educacionais ou assistenciais, hospitais, estabelecimentos congêneres, públicos ou privados sem fins lucrativos, que se ocupem, preferencialmente, da prevenção do consumo ou da recuperação de usuários e dependentes de drogas.

§ 6º Para garantia do cumprimento das medidas educativas a que se refere o caput, nos incisos I, II e III, a que injustificadamente se recuse o agente, poderá o juiz submetê-lo, sucessivamente a:

I – admoestação verbal;

II – multa.

§ 7º O juiz determinará ao Poder Público que coloque à disposição do infrator, gratuitamente, estabelecimento de saúde, preferencialmente ambulatorial, para tratamento especializado.

Art. 29. Na imposição da medida educativa a que se refere o inciso II do § 6º do art. 28, o juiz, atendendo à reprovabilidade da conduta, fixará o número de dias-multa, em quantidade nunca inferior a 40 (quarenta) nem superior a 100 (cem), atribuindo depois a cada um, segundo a capacidade econômica do agente, o valor de um trinta avos até 3 (três) vezes o valor do maior salário mínimo.

Parágrafo único. Os valores decorrentes da imposição da multa a que se refere o § 6º do art. 28 serão creditados à conta do Fundo Nacional Antidrogas.

A lei prevê como crime adquirir, guardar, tiver em depósito, transportar ou trouxer consigo, para consumo pessoal, drogas sem autorização ou em desacordo com determinação legal ou regulamentar.

Trata-se de crime de menor potencial ofensivo, admitindo tanto a transação penal quanto a suspensão condicional do processo, previstas na Lei nº 9.099/1995.

Atenção:

A lei não traz como um de seus verbos nucleares o "uso". Assim, é incorreto dizer que o uso de drogas é crime no Brasil. Ocorre que, via de regra, para que haja o uso é necessário que o agente pratique algum dos outros verbos nucleares presentes no tipo.

Em seu § 1º, o art. 28, também criminaliza a semeadura, cultivo e a colheita de plantas destinadas à preparação de pequena quantidade de droga para consumo pessoal.

O elemento subjetivo do tipo é o dolo, ou seja, para a prática do crime é necessário que o agente tenha consciência de que a substância que está adquirindo, transportando, etc. se trata de droga. Além disso, é necessária a vontade livre de praticar tais verbos.

O tipo também exige um elemento subjetivo especial. O agente deve praticar os verbos nucleares "para consumo pessoal". Neste sentido, é essencial averiguar se o agente praticou as condutas tendo como objetivo apenas consumir, como usuário, a droga ou se tinha a intenção de repassar a droga a terceiros, o que levaria a caracterização de crime diverso.

A própria lei, no art. 28º, § 2º, diz como deve ser auferido esse elemento subjetivo de agente. Neste sentido, para determinar se a droga era para consumo pessoal, o juiz deve levar com consideração:

a) A natureza e quantidade da droga apreendida

b) O local e as condições em que se desenvolveu a ação

c) As circunstâncias sociais e pessoais do agente

d) A conduta e os antecedentes do agente

A norma prevê três tipos de penas diversas, que, conforme o art. 27, podem ser aplicadas isoladas com cumulativamente. Com relação à **prestação de serviços, a comunidade e a medida educativa de comparecimento a programa ou curso educativo, estas têm o prazo máximo de 5 meses, podendo ser aplicadas por 10 meses, em caso de reincidência do agente.**

Importante para Concursos:

Conforme o STJ[1] a reincidência de que trata o art. 28, § 4º, é a reincidência específica, ou seja, reincidência no mesmo crime previsto no art. 28 da Lei. Neste sentido, caso o agente, já condenado por um crime de roubo, seja condenado por porte de drogas para uso próprio, não poderá ser penalizado com uma pena de 10 meses de serviços a comunidade, sendo o máximo 5 meses.

Para garantir o cumprimento das penas o juiz pode submeter o agente sucessivamente à admoestação verbal e a multa. Isso quer dizer que o juiz deve primeiramente realizar uma

1 STJ. REsp 1.771.304-ES – 6ª T. – rel. Min. Nefi Cordeiro – j. 10-12-2019.

admoestação verbal. Caso o agente continue recalcitrante quanto ao cumprimento das penas, o juiz poderá lhe impor uma multa

O cálculo da multa é dado pelo art. 29:

Dias-multa	Valor
Mínimo: 40 dias Máximo: 100 dias	Mínimo: 1/30 do salário mínimo Máximo: 3X o salário mínimo

Atenção:

A multa e a admoestação verbal não são penas previstas para o porte de drogas para consumo próprio, e sim medidas coercitivas que podem ser impostas para o cumprimento das penas, previstas nos incisos I, II e III, do art. 28, *caput*.

Atenção:

Tendo em vista não ser cominada pela privativa de liberdade ao art. 28 e que não pode ser imposta pena privativa de liberdade nem mesmo com o descumprimento das penas impostas, não cabe a utilização de *habeas corpus* contra decisão condenatória por este crime. Tal entendimento vai no mesmo sentido da Súmula nº 693 do STF, sendo certo que o *HC* deve tutelar exclusivamente a liberdade de locomoção dos cidadãos.

Súmula nº 693 do STF: Não cabe *habeas corpus* contra decisão condenatória a pena de multa, ou relativo a processo em curso por infração penal a que a pena pecuniária seja a única cominada.

Importante para Concursos:

Conforme entendimento do STJ a posse de substância entorpecente para uso próprio configura crime doloso e quando cometido no interior do estabelecimento prisional constitui falta grave, nos termos do art. 52 da Lei de Execução Penal (Lei nº 7.210/1984)[2]

11.6.1. Prescrição

Art. 30. Prescrevem em 2 (dois) anos a imposição e a execução das penas, observado, no tocante à interrupção do prazo, o disposto nos **arts. 107 e seguintes do Código Penal.**

Após a prática do crime, surge para o Estado um poder/dever em punir o autor, visando à imposição de uma pena criminal. Ocorre que este poder/dever deve ser exercido

2 STJ – HC 462612/MG – 6ª T. – rel. Min. Laurita Vaz – j. 18-9-2018.

em determinado prazo para que a pena possa cumprir suas finalidades preventivas e repressivas. Esse prazo é o chamado prazo prescricional. Após esse período o Estado perde sua pretensão punitiva ou executória, acarretando a extinção da punibilidade, conforme art. 107, IV do Código Penal.

Via de regra a prescrição é regulada pelo máximo de pena cominada o crime em abstrato, conforme art. 109 do CP. Ocorre que como art. 28 da Lei de Drogas não possui pena privativa de liberdade cominada, teve de ser criada uma regra especial para esse crime.

A lei prevê que prescreve em 2 (dois) anos a imposição e execução das penas previstas para o crime de porte de drogas para uso pessoal. Neste sentido, deve-se entender que o prazo de 2 anos vale tanto para prescrição punitiva quanto para prescrição executória.

Tendo em vista que deve ser aplicado a este prazo prescricional o disposto nos arts. 107 e seguintes do CP, entende-se que todas as regras relativas à contagem dos prazos prescricionais previstas no código penal se aplicam a prescrição do art. 29.

11.6.2. Natureza jurídica do art. 28

A lei prevê como crime o porte de droga para uso pessoal. Ocorre que a lei não trouxe pena privativa de liberdade como uma de suas sanções. Isso gerou intenso debate doutrinário quanto à natureza jurídica do art. 28 da Lei de Drogas. Existem duas principais correntes:

a) **Houve a descriminalização do porte de drogas para uso pessoal**: Essa corrente defende que, conforme previsto no art. 1º da Lei de Introdução ao Código Penal (Dec.-lei nº 3.914/1941)

> "considera-se crime a infração penal que a lei comina pena de reclusão ou de detenção, quer isoladamente, quer alternativa ou cumulativamente com a pena de multa; contravenção, a infração penal a que a lei comina, isoladamente, pena de prisão simples ou de multa, ou ambas, alternativa ou cumulativamente."

Neste sentido, como o art. 28 não previu pena privativa de liberdade, não poderia ser considerado crime.

b) **Houve a despenalização do porte de drogas para consumo pessoal, permanecendo o status de crime**: A Lei de Drogas trouxe medidas alternativas à privação da liberdade como penas ao crime de porte ilegal de drogas, como permitido pelo art. 5º, XLVI, da Constituição Federal.

Com efeito, conforme artigo 5º, XLVI da Constituição "a lei regulará a individualização da pena e adotará, entre outras, as seguintes: a) privação ou restrição da liberdade; b) perda de bens; c) multa; d) prestação social alternativa; e) suspensão ou interdição de direitos". Notem que a constituição traz um rol exemplificativo de penas que podem ser previstas pelo legislador, tendo em vista a utilização da expressão "entre outras". Neste sentido, nada impede a criação de um crime que possua penas diversas da privação da liberdade.

Importante para Concursos:

Tanto o STF[3] quanto o STJ[4] adotaram esse posicionamento, entendendo que a conduta prevista no art. 28 continua sendo criminosa, não tendo havido *abolitio criminis*, e sim mera despenalização.

Cabe ressaltar que parte da doutrina critica o termo "despenalização", pois na verdade o art. 28 ainda prescreve penas que devem ser cumpridas pelo autor, mesmo que não sejam penas privativas de liberdade. Além disso, o artigo encontra-se previsto no capítulo "Dos crimes e das penas" da Lei de Drogas. Neste sentido, alguns autores entendem ser mais correto se falar em "descarcerização".

11.6.3. Aplicação do princípio da insignificância

O princípio da insignificância está diretamente relacionado à tipicidade material do delito. Para que o delito seja considerado típico, não basta que esteja descrito em lei (tipicidade formal), também se faz necessário que a ação cause um dano ou ao menos coloque em risco o bem jurídico tutelado (tipicidade material).

Neste sentido, ações que não causem dano ao bem jurídico, ou ao menos não coloquem este em risco de dano, devem ser consideradas insignificantes para o direito penal, por falta de tipicidade material.

Inicialmente a jurisprudência não aceitou a aplicação do princípio da insignificância para o crime de porte de drogas para uso próprio, tendo em vista tratar-se de crime de perigo abstrato, sendo presumido o perigo de dano ao bem jurídico tutelado.

Além disso, entendia-se que a pequena quantidade de droga seria inerente ao tipo penal previsto no art. 28, de forma que uma maior quantidade poderia configurar o crime de tráfico de drogas. No mais, as penas previstas no art. 28 tem caráter educativo, com vistas a prevenir o uso indevido de drogas. Desta forma as penas deveriam ser aplicadas independentemente da quantidade apreendida, já que visam combater o uso.

Apesar destes argumentos, **o STF vem aplicando o princípio da insignificância ao porte de drogas para consumo pessoal, quando presentes os pressupostos definidos pelo tribunal.** Em caso recente, a suprema corte trancou o processo penal contra um réu acusado de portar 1,8 g de maconha. Entendeu a corte haver violação aos princípios da ofensividade, proporcionalidade e insignificância.[5]

---

3 STF – RE 430.105 QO/RJ – 1ª T. – rel. Min. Sepúlveda Pertence – 13-2-2007.
4 STJHC 478.757/SP – 5ª T. – rel. Min. Felix Fischer – j. 5-2-2019.
5 STF – Ag. Reg. no HC 202.883/SP – 2ª T. – rel. Min.Ricardo Lewandowski – 15-2-2021.

Para aplicação do princípio da insignificância, o STF definiu 4 vetores/ pressupostos:

VETORES/PRESSUPOSTOS DA INSIGNIFICÂNCIA, SEGUNDO O STF
- **M**ínima ofensividade da conduta
- **A**usência de periculosidade social da ação
- **R**eduzido grau de reprovabilidade do comportamento
- **I**nexpressividade da lesão jurídica provocada.
Mnemônico: **MARI**

11.6.4. Condenação anterior pelo art. 28 e reincidência

Apesar de o art. 28 ainda ser considerado crime, tendo havido apenas a despenalização, **a jurisprudência tem entendido que a condenação anterior pelo art. 28 não deve gerar reincidência.**[6]

Esse entendimento deriva da interpretação segundo a qual a infringência do art. 28, ao qual nem ao menos é cominada prisão simples, não pode ter efeitos mais severos do que de uma contravenção penal, e conforme se extrai do art. 63 do Código Penal e do art. 7º da Lei de Contravenções Penais, aquele que pratica crime tendo contra ele sentença transitada em julgado por contravenção penal, não é considerado reincidente.

11.6.5. Constitucionalidade da criminalização do porte de drogas para consumo pessoal

Parte da doutrina defende a inconstitucionalidade do art. 28 da Lei de Drogas. Defendem que a criminalização do porte de drogas para uso próprio viola o direito à intimidade e à vida privada, considerados direitos fundamentais, conforme art. 5º, X, da CF/1988.

Conforme esta corrente o porte de drogas para consumo próprio é incapaz de afetar qualquer bem jurídico alheio, causando danos apenas ao próprio usuário. Neste sentido, não poderia haver a criminalização de tal conduta, pois ausente a transcendentalidade da ofensa ao bem jurídico. O mesmo raciocínio se aplica à autolesão ou ao suicídio que não são considerados crimes por ausência de transcendentalidade.

Já uma segunda corrente defende que o porte para uso próprio afeta, sim, terceiros, pois o consumo de droga está diretamente ligado ao tráfico, o qual causa danos à saúde pública. Além disso, é possível que o usuário de drogas venha a praticar outros crimes para sustentar seu vício.

O STF deve julgar em breve a constitucionalidade do art. 28 da Lei de Drogas, no âmbito do RE 635.659.

11.7. Da repressão à produção não autorizada e ao tráfico ilícito de drogas

> **Art. 31.** É indispensável a licença prévia da autoridade competente para produzir, extrair, fabricar, transformar, preparar, possuir, manter em depósito, importar, exportar, reexportar, remeter,

6 AgRg no HC 602.724/SP – 5ª T. – rel. Min. Ribeiro Dantas – j. 9-2-2021 – *DJe* 17-2-2021.

transportar, expor, oferecer, vender, comprar, trocar, ceder ou adquirir, para qualquer fim, drogas ou matéria-prima destinada à sua preparação, observadas as demais exigências legais.

Art. 32. As plantações ilícitas serão imediatamente destruídas pelo delegado de polícia na forma do art. 50-A, que recolherá quantidade suficiente para exame pericial, de tudo lavrando auto de levantamento das condições encontradas, com a delimitação do local, asseguradas as medidas necessárias para a preservação da prova. **(Redação dada pela Lei nº 12.961, de 2014)**

§ 1º (Revogado).

§ 2º **(Revogado).**

§ 3º Em caso de ser utilizada a queimada para destruir a plantação, observar-se-á, além das cautelas necessárias à proteção ao meio ambiente, o disposto no **Decreto nº 2.661, de 8 de julho de 1998,** no que couber, dispensada a autorização prévia do órgão próprio do Sistema Nacional do Meio Ambiente – Sisnama.

§ 4º As glebas cultivadas com plantações ilícitas serão expropriadas, conforme o disposto no **art. 243 da Constituição Federal,** de acordo com a legislação em vigor.

Conforme o já estudado art. 2º, existe uma proibição geral com relação a qualquer tipo de atividade relacionada a drogas, ressalvadas as hipóteses de autorização legal ou regulamentar. Neste sentido, faz-se necessária a autorização prévia da autoridade competente para produzir, importar, exportar, etc. droga.

Conforme art. 32 o Delegado de Polícia pode destruir imediatamente plantações ilícitas. O artigo faz referência ao procedimento previsto no art. 50– A desta lei.

Atenção:

Até junho de 2019 entendia-se que seria necessária haver autorização judicial para destruição das plantações. Isto pois, o art. 50-A fazia referência ao procedimento previsto nos §§ 4º a 5º, do art. 50, o qual exige autorização judicial para destruição da droga apreendida após flagrante delito. Ocorre que em 2019 a Lei nº 13.840 suprimiu do art. 50-A qualquer referência ao procedimento previsto no art. 50. Desta feita, **entende-se hoje que a destruição de plantações ilícitas pode ser feita imediatamente pelo Delegado de Polícia, independente de autorização judicial.**

Quando da destruição cabe ao delegado recolher amostra suficiente das plantas para realização de exame pericial, bem como lavrar auto acerca das condições do local, delimitando-o.

No caso de ser utilizada queimada para destruição da plantação, o delegado de polícia deve tomar as cautelas necessárias para preservar o meio ambiente, bem como observar o disposto no Dec. nº 2.661/1998, o qual estabelece normas de precaução relativas ao emprego de fogo em práticas agropastoris e florestais. A lei dispensa, no entanto, autorização prévia do órgão do Sistema Nacional do Meio Ambiente.

Conforme § 4º, do art. 32, as glebas com plantações ilícitas serão expropriadas. A lei faz referência ao art. 243 da Constituição Federal.

Art. 243. As propriedades rurais e urbanas de qualquer região do País onde forem localizadas culturas ilegais de plantas psicotrópicas ou a exploração de trabalho escravo na forma da lei serão expropriadas e destinadas à reforma agrária e a programas de habitação popular, sem qualquer indenização ao proprietário e sem prejuízo de outras sanções previstas em lei, observado, no que couber, o disposto no art. 5º. (Redação dada pela Emenda Constitucional nº 81, de 2014)

EXPROPRIAÇÃO	DESAPROPRIAÇÃO
- Caráter sancionador; - Cultura de plantas psicotrópicas ou xploração de trabalho escravo; - Perda da propriedade sem indenização por parte do Estado	- Não é medida sancionadora; - Ocorre por motivo de utilidade; pública ou relevante interesse social - Proprietário deve ser indenizado

Importante para Concursos:

O STF, no julgamento do RE 543.974-7/MG, entendeu que a expressão "gleba" deve ser entendida como a propriedade rural como um todo e não somente as áreas em que estariam sendo cultivas plantas psicotrópicas.[7]

Importante para Concursos:

O STF, no julgamento do RE 635.336 decidiu que "a expropriação prevista no art. 243, da Constituição Federal, pode ser afastada desde que o proprietário comprove que não incorreu em culpa, ainda que *in vigilando* ou *in elegendo*".

Conforme o Min. Gilmar Mendes "o proprietário pode afastar sua responsabilidade demonstrando que não incorreu em culpa, pode provar que foi esbulhado ou até enganado por possuidor ou detentor". Neste sentido, para o Tribunal a responsabilidade seria subjetiva, porém muito próxima de uma responsabilidade objetiva. Ainda neste jugado o STF afirmou que a sanção deve ser aplicada mesmo no caso de condomínio, restando ao proprietário inocente buscar reparação dos danos com relação aos demais.[8]

11.8. Crimes em espécie

Antes de adentrarmos nos crimes em espécie é preciso definir quais destes são considerados tráfico de drogas, sendo que a lei não traz um crime com o *nomen iuris* "tráfico de drogas". A distinção importa, pois, conforme art. 5º, XLIII da CF o "tráfico ilícito de entorpecentes" é crime equiparado a hediondo, trazendo consequências mais graves a este tipo de crime.

O termo "tráfico" faz referência a um comércio clandestino, assim, os crimes de tráfico de drogas devem naturalmente estar relacionados ao comércio ilegal de drogas. Doutrina

7 STF – RE 543.974-7/MG – Pleno – rel. Min. Eros Grau j. 26-3-2009.
8 STF – RE 635.336/PE – Pleno – rel. Min. Gilmar Mendes – 12-12-2016.

majoritária entende que os crimes de tráfico de drogas seriam aqueles previstos nos arts. 33, *caput* e § 1º, 34, 36 e 37.

Conforme Renato Brasileiro, este entendimento é corroborado pelo art. 44 da lei, o qual traz consequências jurídicas similares à hediondez para os crimes previstos nos arts. 33, *caput* e § 1º e 34 a 37. A exceção ficaria por conta do crime de associação para o tráfico, previsto no art. 35, que jamais foi considerado pela doutrina e jurisprudência como crime equiparado à hediondo.[9]

11.8.1. Tráfico de drogas propriamente dito

Art. 33. Importar, exportar, remeter, preparar, produzir, fabricar, adquirir, vender, expor à venda, oferecer, ter em depósito, transportar, trazer consigo, guardar, prescrever, ministrar, entregar a consumo ou fornecer drogas, ainda que gratuitamente, sem autorização ou em desacordo com determinação legal ou regulamentar:

Pena – reclusão de 5 (cinco) a 15 (quinze) anos e pagamento de 500 (quinhentos) a 1.500 (mil e quinhentos) dias-multa.

O crime previsto no art. 33 possui 18 verbos nucleares distintos. Trata-se de crime de ação múltipla ou de conteúdo variado, de forma que a prática de mais de um verbo nuclear, em um mesmo contexto fático relacionado ao mesmo objeto material, configura crime único.

Neste sentido, se o agente importa determinada carga de drogas e depois transporte essa mesma carga para depósito, mantendo-a guardada para a venda, incorre em crime único de tráfico de drogas.

Algumas observações quanto alguns desses verbos são pertinentes:

a) **Importar:** A consumação ocorre quando a droga adentra ao território nacional, independetemente se a droga chega ao destinatário ou não. Assim, caso o agente importe drogas pelos correios e a encomenda seja detida na alfândega brasileira, o delito restará consumado.

   Aquele que importa droga incorre no tráfico com a causa de aumento prevista no art. 40, I desta lei, visto que restará evidenciada a transnacionalidade do delito.

Importante para Concursos:

Com relação à competência territorial para processar e julgar o crime de tráfico de drogas mediante importação, o STJ entendia que competia ao juiz federal do local de apreensão da droga remetida do exterior processar e julgar o crime. Tal entendimento se encontra fixado na Súmula nº 528 do STJ.

9 LIMA. Op. cit.

Ocorre que em decisões mais recentes o STJ[10] passou a entender que, **na hipótese de se conhecer o local de destino da droga, a Súmula nº 528 deve ser flexibilizada para se fixar a competência no Juízo do local de destino da droga**. Tal entendimento favorece a fase investigativa, na busca da verdade dos fatos.

Firmando esse novo posicionamento o STJ cancelou a Súmula nº 528.

b) Exportar: O crime se consuma com a saída da droga do território nacional, mesmo que a droga não chegue até o território de outro Estado.

Aquele que exporta droga incorre no tráfico com a causa de aumento prevista no art. 40, I desta lei, caso a droga chegue a atingir o território de outro país. Notem que para que o crime se consume não se exige que a droga chegue a país estrangeiro, mas para que incida a causa de aumento sim, já que o art. 40, I, fala em transnacionalidade, a qual naturalmente, envolve mais de um Estado.

c) Adquirir: Adquirir significa tornar-se proprietário de um bem. A aquisição pode se dar por meio oneroso ou gratuito. Caso seja onerosa a contraprestação não necessariamente precisa ser dinheiro, podendo ser qualquer bem ou mesmo serviço.

Segundo o art. 1.267 do Código Civil, "a propriedade das coisas não se transfere pelos negócios jurídicos antes da tradição". Neste sentido, a aquisição da droga somente se daria com a entrega dessa ao comprador.

Importante para Concursos:

O STJ, porém, tem entendido ser possível a configuração do crime de tráfico, em sua forma consumada, com a mera encomenda das drogas pelos agentes, mesmo que não ocorra a efetiva entrega. Segundo o STJ, o simples ajuste de vontades, quando da encomenda da droga, já constitui conduta abrangida pelo verbo "adquirir".[11]

Em outro julgado no mesmo sentido, o STJ entendeu que a negociação de compra de drogas por telefone e a disponibilização de veículo que seria utilizado para o transporte do entorpecente já configuram o crime de tráfico de drogas em sua forma consumada, ainda que a polícia tenha efetivado a apreensão do material antes que o investigado efetivamente o recebesse.[12]

Existem, contudo, decisões divergentes. Em recente julgado, a 6ª Turma do STJ entendeu que o fato de o acusado ser flagrado reunido com pessoa que portava droga não configura início do *inter crimins*, uma vez que o entorpecente não esteve em momento algum em sua posse. Conforme a corte, tal situação poderia caracterizar, no máximo, ato preparatório, o que é impunível.[13]

10 STJ – CC 177.882-PR. 3ª Seção – rel. Min. Joel Ilan Paciornik – j. 26-5-2021.
11 STJ – RE 1.384.292/MG – 6ª T. – rel. Min. Rogerio Schietti Cruz – j.10-3-2020.
12 STJ – HC 212.528-SC – 6ª T. – rel. Min. Nefi Cordeiro – j. 1-9-2015.
13 STJ – AgRg no AgRg no HC 554.166/RS – 6ª T. – rel. Min. Laurita Vaz – j. 3-11-2020.

d) **Vender:** Vender significa transferir um bem em troca de uma contraprestação. Da mesma forma que na "aquisição" a contraprestação da venda não necessariamente precisa ser em dinheiro, podendo se traduzir em qualquer bem ou serviço.

Também de igual forma ao verbo "adquirir" o crime se consuma com a negociação, mesmo que não haja a efetiva entrega da droga.

e) **Expor** à **venda, ter em depósito, transportar, trazer consigo, guardar:** Todos esses verbos se traduzem em crimes permanentes, de forma que o momento consumativo do crime de protrai no tempo enquanto não cessar a prática do verbo.

Enquanto não cessar a permanência, o agente se encontra em situação de flagrante delito, a permitir sua prisão em flagrante.

f) **Prescrever:** Trata-se da única modalidade em que o crime de tráfico de drogas é próprio, exigindo uma qualidade especial do sujeito ativo. No caso, somente médicos, dentistas e farmacêuticos podem prescrever drogas.

O crime é punido unicamente a título de dolo, diferenciando-se do art. 38. O elemento normativo "sem autorização ou em desacordo com determinação legal ou regulamentar" é especialmente importante neste verbo pois médicos e dentistas, em determinadas hipóteses, podem prescrever drogas de forma legal. Assim, caso a prescrição esteja de acordo com a determinação legal ou regulamentar, não haverá o crime.

Caso o agente exerça irregularmente a profissão de médico, dentista ou farmacêutico e nesta atuação prescreva substâncias classificadas como drogas, deve responder pelo crime de exercício ilegal da medicina, arte dentária ou farmacêutica, previsto no art. 282 do CP, em concurso formal com o art. 33, caput, da Lei nº 11.343/2006.[14]

g) **Ministrar**: Significa introduzir a droga no organismo. Trata-se de crime comum, o qual pode ser praticado por qualquer pessoa, ao contrário do verbo prescrever.

Caso a ação seja culposa o agente incorrerá no crime do art. 38.

h) **Entregar a consumo:** Significa entrega de droga para o usuário de forma eventual, diferenciando do verbo "fornecer" o qual pressupõe uma habitualidade.

Este verbo não se confunde com o crime previsto no art. 33, § 3º, o qual trata especificamente de uma entrega eventual para juntos consumirem, não havendo naquele crime relação de consumo entre usuário e vendedor, que exste no crime aqui em estudo.

11.8.2. Condutas equiparadas ao tráfico de drogas

11.8.2.1. Tráfico de matéria-prima

> **§ 1º** Nas mesmas penas incorre quem:
>
> **I** – importa, exporta, remete, produz, fabrica, adquire, vende, expõe à venda, oferece, fornece, tem em depósito, transporta, traz consigo ou guarda, ainda que gratuitamente, sem autorização ou em

14 STJ – HC 129667/RJ – 5ª T. – rel. Min. Felix Fischer – j. 17-12-2009.

desacordo com determinação legal ou regulamentar, matéria-prima, insumo ou produto químico destinado à preparação de drogas;

Enquanto o art. 33, *caput*, possui como objeto material droga, as condutas do § 1º, I, recaem sobre a matéria-prima, insumo ou produto químico destinado à preparação de drogas.

a) **Matéria-prima**: É aquela substância bruta, ainda não trabalhada. No caso, folhas de coca ou de maconha podem ser consideradas matéria-prima.

Importante para Concursos:

O STF vem entendendo que as sementes de maconha não podem ser consideradas matéria--prima para produção de droga, uma vez que delas não se pode extrair diretamente o THC. Neste sentido, tem suspendido a tramitação de ações penais quando da importação de pequenas quantidades de semente de maconha.[15]

Importante para Concursos:

O STJ entende ser atípica a importação de sementes de maconha em pequena quantidade. As decisões se baseiam no fato de que as sementes de maconha não possuem THC, não podendo ser consideradas como droga, matéria-prima ou insumo, bem como, como no fato de que essas sementes seriam para uso pessoal, sendo que o art. 28, § 1º, possui como verbos nucleares semear, cultiva ou colher, fazendo da importação de sementes mero ato preparatório para o crime do art; 28, § 1º.[16]

b) **Insumo:** Elemento do qual não se extrai diretamente a droga, mas que se agrega à matéria-prima, formando a substância entorpecente.[17]

Conforme Portaria nº 344 da Anvisa, alguns dos insumos utilizados como precursores para fabricação e síntese de entorpecentes e/ou psicotrópicos seriam: acetona, ácido clorídrico, clorofórmio, éter etílico, etc.

c) **Produtos químicos:** Qualquer substância química utilizada na preparação de drogas. Notem que os insumos listados no item anterior também são produtos químicos.

Muitos desses insumos ou produtos químicos, como a acetona, não são utilizados exclusivamente para a produção de drogas. Neste sentido somente haverá crime caso a ação ocorra fora das hipóteses autorizadas por lei ou regulamento. Caberá também à acusação comprovar que tais produtos estavam sendo utilizados na preparação de droga.

15 STF – HC 144.762/SP – 2ª T. – rel. Min. Dias Toffoli – j. 11-9-2018.
16 STJ – EResP 1.624.564/SP – 3ª Seção – rel. Min. Laurita Vaz – j. 14-8-2020.
17 LIMA. Op. cit.

Importante para Concursos:

O STJ já considerou que cafeína pode ser considerada insumo para produção de entorpecentes, sendo comumente utilizada para aumentar a quantidade e o volume da droga. Neste sentido, sua posse para tal finalidade configura o crime do art. 33, § 1º, I da Lei nº 11.343/2006.[18]

11.8.2.2. *Cultivo de plantas para o tráfico*

> II – semeia, cultiva ou faz a colheita, sem autorização ou em desacordo com determinação legal ou regulamentar, de plantas que se constituam em matéria-prima para a preparação de drogas;

Esse inciso criminaliza a conduta daqueles que fazem o cultivo de plantas destinadas à preparação de drogas, a exemplo do cultivo de *Cannabis Sativa*, a qual é destinada à preparação de maconha ou de *Erythroxylum coca*, planta utilizada na fabricação e cocaína.

Esse crime diferencia-se do art. 28, § 1º, pois naquele o cultivo é em pequena quantidade e para uso pessoal.

Devemos recordar que, conforme art. 32, *caput*, da lei, o Delegado de Polícia deve destruir imediatamente plantações ilícitas, independemente de autorização judicial. Ainda que as glebas cultivadas com plantações ilícitas serão desapropriadas.

11.8.2.3. *Utilização de local ou bens para o tráfico*

> III – utiliza local ou bem de qualquer natureza de que tem a propriedade, posse, administração, guarda ou vigilância, ou consente que outrem dele se utilize, ainda que gratuitamente, sem autorização ou em desacordo com determinação legal ou regulamentar, para o tráfico ilícito de drogas.

Esse inciso descreve **crime próprio exigindo uma qualidade especial do sujeito ativo**, o qual deve ter a posse, administração, guarda ou vigilância sobre determinado local ou bem.

O crime se consuma quando o local ou bem é utilizado para o tráfico de drogas. Neste sentido, devemos recordar que o tráfico de drogas deve ser entendido como as condutas descritas no art. 33, *caput*, § 1º, bem como nos arts. 34, 36 e 37.

Cabe ressaltar que conforme parágrafo único, do art. 243, da CF/1988 "todo e qualquer bem de valor econômico apreendido em decorrência do tráfico ilícito de entorpecentes e drogas afins e da exploração de trabalho escravo será confiscado e reverterá a fundo especial com destinação específica, na forma da lei."

11.8.2.4. *Venda ou entrega de drogas, matéria-prima, insumo ou produto químico a agente policial disfarçado*

> IV – vende ou entrega drogas ou matéria-prima, insumo ou produto químico destinado à preparação de drogas, sem autorização ou em desacordo com a determinação legal ou regulamentar, a agente

18 HC 45.003/SP – 6ª T. – rel. Min. Og Fernandes – j. 17-9-2009.

policial disfarçado, quando presentes elementos probatórios razoáveis de conduta criminal preexistente. (Incluído pela Lei nº 13.964, de 2019)

A figura do agente policial disfarçado foi introduzida em nosso ordenamento jurídico pela Lei Anticrime (Lei nº 13.964/19).

Esta lei trouxe novas figuras equiparadas aos crimes de comércio ilegal de arma de fogo (art. 17), tráfico internacional de arma de fogo (art. 18) e ao crime de tráfico de drogas (art. 33, IV, da Lei nº 11.343/2006).

Trata-se de nova técnica especial de investigação que permite que o policial disfarçado encubra sua real identidade a fim de coletar informações que indiquem uma conduta criminal preexistente à ação policial.[19] Havendo tal conduta criminal preexistente o policial pode realizar a prisão em flagrante pela venda de entorpecentes sem que possa se dizer que o policial induziu a prática criminosa.

Por exemplo, caso a polícia tenha provas de que determinado criminoso esteja vendendo drogas, mas não saiba onde estão armazenadas tais drogas, policial disfarçado pode realizar uma negociação com o criminoso, pedindo que as drogas sejam levadas até ponto específico onde é feito o flagrante pela venda das drogas. Trata-se de flagrante legal já que havia conduta criminal preexistente, que não foi provocada pela ação policial.

Importante para Concursos:

É essencial saber diferenciar os institutos do agente policial disfarçado, da infiltração policial e do agente provocador:

AGENTE POLICIAL DISFARÇADO	INFILTRAÇÃO POLICIAL	AGENTE PROVOCADOR
- Técnica especial de investigação. - Previsto no Estatuto do Desarmamento e na Lei de Drogas. - Não faz nascer o intuito delitivo no criminoso - Há prova de conduta criminal preexistente - Não exige autorização judicial	- Técnica especial de investigação. - Previsto na Lei de Organizações Criminosas e na Lei de Lavagem. - Não faz nascer o intuito delitivo no criminoso. - Se infiltra na organização criminosa, ganhando a confiança do grupo criminoso. - Exige autorização judicial	- Não é técnica de investigação. - Faz nascer o intuito delitivo no criminoso. - Impede a consumação do crime, havendo, portanto, crime impossível (Súmula 145 do STF)

11.8.3. Participação no uso de droga

§ 2º Induzir, instigar ou auxiliar alguém ao uso indevido de droga:

Pena – detenção, de 1 (um) a 3 (três) anos, e multa de 100 (cem) a 300 (trezentos) dias-multa.

Apesar de previsto no art. 33, este crime não é considerado como tráfico de drogas, tendo pena bastante reduzida com relação àquele. O crime autoriza a suspensão

19 MARÇAL; MASSON. Op. cit.

condicional do processo, previsto no art. 89 da Lei nº 9.099/1995, já que possui pena mínima de 1 ano.

Com relação aos verbos nucleares:

a) **Induzir:** Significa fazer nascer a vontade.
b) **Instigar:** Significa estimular ou reforçar uma ideia que o outro já tem.
c) **Auxiliar:** Representa uma ajuda material para a utilização da droga, por exemplo com o fornecimento de um cachimbo pra o uso da droga. Outro exemplo seria o empréstimo de um veículo para que a vítima vá comprar droga para uso pessoal.

O auxílio não pode se tratar do fornecimento ou da entrega da droga em si, o que poderia configurar o crime do art. 33, *caput* ou § 3º, a depender do caso.

Como o tipo fala em "uso indevido de droga", a doutrina majoritária entende tratar-se de crime material, somente se consumando com o efetivo uso da droga. Neste sentido, caso a vítima não faça utilização da droga apesar do induzimento, instigação ou auxílio pode-se configurar um crime tentado.

A conduta criminosa deve visar uma pessoa determinada. Um incentivo genérico a utilização de drogas pode configurar o crime de incitação ao crime, previsto no art. 286 do CP.

Importante para Concursos:

O STF, dando interpetação conforme a Constituição ao §2º do artigo 33 da Lei 11.343/2006, entendeu que os eventos conhecidos como "marcha da maconha", os quais realizam manifestações públicas em defesa da legalização das drogas, estão abrangidos pelo direito à livre manifestação do pensamento. Conforme o STF, a mera proposta de descriminalização de determinado ilícito não se confunde com o ato de incitação ao crime. No entanto, durante as marchas não deve haver incitação, incentivo ou estímulo ao consumo de entorpecentes, sendo também proibido o consumo durante o evento.[20]

Ainda com relação à "marcha da maconha", o Supremo ressaltou que crianças e adolescentes não devem ser engajados nesses eventos, devendo-se evitar o contato de crianças e adolescentes com as drogas.[21]

11.8.4. Uso compartilhado

> **§ 3º** Oferecer droga, eventualmente e sem objetivo de lucro, a pessoa de seu relacionamento, para juntos a consumirem:
>
> **Pena** – detenção, de 6 (seis) meses a 1 (um) ano, e pagamento de 700 (setecentos) a 1.500 (mil e quinhentos) dias-multa, sem prejuízo das penas previstas no art.

20 STF ADI 4274 Pleno, rel Min. Ayres Brito, 23/11/2011
21 STF – ADPF 187 – Pleno – rel. Min. Celso de Melo – 15-6-2011.

Apesar de estar previsto no art. 33, não se trata de crime de tráfico de drogas, sendo um crime de menor potencial ofensivo. Neste sentido, o crime permite os institutos despenalizadores da transação penal e da suspensão condicional do processo, previstos na Lei nº 9.099/1995.

Assim como o art. 33, *caput*, esse crime possui o verbo oferecer como verbo nuclear. Ocorre que esse crime possui elementos especializantes com relação ao art. 33, *caput*, os quais devem estar presentes de forma concomitante para sua configuração.

Elementos especializantes com relação ao art. 33, *caput*:

a) **Eventualmente: O oferecimento de droga não pode se dar de forma recorrente.**

b) **Sem objetivo de lucro: O oferecimento deve ser gratuito**, sem contrapartida de quem recebe a droga. Além disso, o oferecimento não pode objetivar uma possível fidelização do cliente para vendas futuras.

c) **Para a pessoa de seu relacionamento: A pessoa deve ser do círculo de amizades do sujeito ativo**. Familiar, colega de profissão, etc.

d) **Para juntos consumirem:** Esse elemento representa o elemento subjetivo especial do tipo para o agente. **A droga deve ser oferecida para consumo conjunto**. Caso o agente não tenha intenção de consumir a droga, estará configurado o art. 33, *caput*.

Apesar de o único verbo do tipo ser "oferecer", entende a doutrina que também deve responder por esse crime não pelo tráfico do art. 33, *caput*, aquele que entrega droga à pessoa de seu relacionamento que pediu para junto consumirem. Entendimento diverso violaria frontalmente o princípio da proporcionalidade.[22]

11.8.5. Tráfico privilegiado

> **§ 4º** Nos delitos definidos no *caput* e no § 1º deste artigo, as penas poderão ser reduzidas de um sexto a dois terços, ~~**vedada a conversão em penas restritivas de direitos**~~, desde que o agente seja primário, de bons antecedentes, não se dedique às atividades criminosas nem integre organização criminosa.

Por razões de política criminal, a Lei de Drogas trouxe uma causa de diminuição de pena para o crime de tráfico de drogas. Tal figura deveria ser aplicada ao pequeno traficante, que não está inserido na criminalidade organizada.

Apesar de doutrina e jurisprudência terem nomeado o art. 33, § 4º, como tráfico privilegiado, em verdade não se trata de uma figura privilegiada. Como sabemos os tipos privilegiados trazem novos patamares mínimo e máximo de pena em abstrato. Não é o que ocorre com a norma em comento que apenas traz frações de diminuição de pena, que poderão ser aplicadas na terceira fase do sistema trifásico do cálculo da pena, conforme art. 68 do CP.

22 LIMA. Op. cit.

A lei traz quatro requisitos cumulativos que devem existir no caso concreto para que o agente faça jus ao benefício legal:

a) **Primário:** Primário é a pessoa que não tem contra si, na data da prática de fato delituoso, sentença condenatória transitada em julgado pela prática de outro crime.

Cabe ressaltar que, conforme art. 64, I do CP, não prevalece a condenação anterior, se entre a data do cumprimento ou extinção da pena e a infração posterior tiver decorrido período de tempo superior a 5 (cinco) anos, computado o período de prova da suspensão ou do livramento condicional, se não ocorrer revogação. Isso quer dizer que após 5 anos da data do cumprimento ou da extinção da pena, a pessoa volta a ser considerada primária, caso não tenha sido condenada definitivamente por outro crime. Esse prazo de 5 anos é chamado de prazo depurador.

Cabe lembrar, como já visto anteriormente, que a prática anterior do crime previsto no art. 28 não gera reincidência.

O status de reincidente é provado por meio da chamada Folha de Antecedentes Criminais (FAC), sendo desnecessária a juntada de certidão quanto à condenação pretérita. É neste sentido a Súmula nº 636 do STJ.

Súmula nº 636 do STJ: A folha de antecedentes criminais é documento suficiente a comprovar os maus antecedentes e a reincidência.

Importante para Concursos:

Conforme o STJ não há que se falar em *bis in idem* em razão da utilização da reincidência como agravante genérica e com o objetivo de afastar o reconhecimento da causa especial de diminuição prevista no § 4º, do art. 33, da Lei nº 11.343/2006, porquanto é possível que um mesmo instituto jurídico seja apreciado em fases distintas da dosimetria da pena, gerando efeitos diversos, conforme previsão legal específica.[23]

b) **Bons antecedentes:** O conceito de bons antecedentes é dado por exclusão. Têm bons antecedentes aqueles que não têm maus antecedentes.

Conforme ficou assentado pelo STF somente se consideram maus antecedentes condenações criminais transitadas em julgado que não configurem reincidência, não se aplicando o prazo quinquenal de prescrição previsto para a reincidência.[24]

Neste sentido, três coisas hoje podem configurar maus antecedentes:

b.1) Condenação transitada em julgado após o prazo de 5 anos de cumprimento ou de extinção da pena.

b.2) Condenação cujo trânsito em julgado ocorreu após a prática do novo crime, mas antes da prolação da sentença.

23 STJ – HC 344737/SP – 5ª T. – rel. Min. Ribeiro Dantas – j. 17.5.2016.
24 STF – RE 593.818/SC – pleno – rel. Min. Roberto Barroso – 18-8-2020.

b.3) Segunda condenação com trânsito em julgado antes da prática do novo crime. Neste caso, a primeira condenação servirá para fins de reincidência, ao passo que a segunda para fins de maus antecedentes.

Por outro lado, é certo que ações penais em curso e inquéritos policiais não podem ser utilizadas para fins de maus antecedentes, conforme Súmula nº 444 do STJ.

Súmula nº 444 do STJ: É vedada a utilização de inquéritos policiais e ações penais em curso para agravar a pena-base

c) **Não se dedicar a atividades criminosas:** Esse requisito significa que o agente não deve ter o crime como meio de vida, tendo sido a traficância uma situação eventual em sua vida.

Apesar de a existência de ações penais e curso e de inquéritos policiais não poder ser utilizada para fins de reincidência ou maus antecedentes, esses podem ser utilizados para comprovar que o agente se dedica a atividades criminosas.

A jurisprudência tem entendido que o fato de ter sido apreendia grande quantidade de entorpecente não é fundamento idôneo a comprovar que o agente se dedica a atividades criminosas caso não haja outros elementos neste sentido. Neste sentido, a jurisprudência tem aceitado a aplicação da causa de diminuição para as chamadas "mulas do tráfico", pessoas contratadas para somente realizar o transporte da droga.[25]

d) **Não integrar organização criminosa:** O conceito de organização criminosa está previsto no art. 1º, § 1º, da Lei nº 12.850/13.

Como não há qualquer ressalva na lei de drogas, entende-se que o benefício deve ser vedado àquele que participa de organização criminosa voltada à prática de qualquer tipo de crime, não apenas de organização criminosa voltada ao tráfico de drogas.

11.8.5.1. Quantum *de diminuição de pena no tráfico privilegiado e execução da pena*

Havendo a presença cumulativa dos quatro requisitos previstos em lei é direito subjetivo do acusado receber o benefício de diminuição de pena. Neste sentido, o juiz deve-se utilizar de outros parâmetros que não os requisitos legais para determinar o *quantum* de diminuição que será aplicado.

Aliás, conforme o STF o juiz não é obrigado a aplicar o patar máximo de redução previsto em lei, situação que tornaria inócua os patamares mínimo e máximo previstos pelo legislador. Deve o juiz aplicar a redução no patamar que entenda necessário para a prevenção e reprovação do crime.[26]

Entende-se que o juiz deve utilizar os parâmetros previstos no art. 42 da lei para fixar o *quantum* de diminuição. Neste sentido, o juiz deverá analisar a natureza e quantidade da substância, a personalidade e a conduta social do agente, bem como as circunstâncias prevista no art. 59 do CP.

25 STJ – AgRg no HC 686.647/SP – 5ª T. – rel. Min. Reynaldo Soares da Fonseca – j. 24-8-2021.
26 STF – HC 103.430/MG – 1ª T. – rel. Min. Ricardo Lewandowski – j. 24-8-2010.

Ocorre que **tais circunstâncias, conforme a jurisprudência, somente pode ser analisada uma única vez durante o método trifásico de aplicação da pena.** Assim, caso o juiz tenha sopesado natureza e quantidade da droga para definição da pena base, inviável sua utilização na terceira etapa para afastar ou mesmo modular a causa de diminuição de pena do tráfico privilegiado.[27]

A redação original do art. 33, § 4º, vedava a conversão da pena privativa de liberdade em restritiva de direitos, porém após declaração de inconstitucionalidade pelo STF[28] desta restrição o Senado suspendeu a execução da expressão "vedada a conversão em penas restritivas de direitos", por meio da Resolução nº 5 de 2012.

Importante para Concursos:

Cabe ressaltar ainda as determinações exaradas pelo STJ em decisão proferida no HC Coletivo nº 596.603/SP, no qual a defensoria pública bandeirante impugnava a manutenção de presos condenados a penas de 1 ano e 8 meses por tráfico privilegiado em regime fechado. Neste julgado, o STJ determinou que:[29]

a) Fosse fixado regime aberto de cumprimento de pena para os condenados pelo crime de tráfico privilegiado à pena de 1 ano e 8 meses.

b) Fosse reavaliada a situação dos presos condenados por tráfico privilegiado a penas menores do que 4 anos de reclusão de modo a verificar a possibilidade de progressão ao regime aberto em face de eventual detração penal decorrente do período em que tenham permanecido presos cautelarmente.

c) Que não se imponha regime inicial fechado aos condenados que atualmente cumprem pena por crime de tráfico privilegiado, em que se reconhecem todas as circunstâncias como favoráveis, e aos que vierem a ser sancionados por tal ilicitude (mesmas circunstâncias fáticas).

11.8.5.2. Tráfico privilegiado e hediondez

Conforme decidiu o STF no HC nº 118.533 **o tráfico privilegiado não se harmoniza com a hediondez do tráfico de entorpecentes definido no art. 33 *caput* e § 1º.** Segundo a corte

> "O tratamento penal dirigido ao delito cometido sob o manto do privilégio apresenta contornos mais benignos, menos gravosos, notadamente porque são relevados o envolvimento ocasional do agente com o delito, a não reincidência, a ausência de maus antecedentes e a inexistência de vínculo com organização criminosa"[30]

27 STJ – AgRg no AREsp 1792921/PR – 6ª T. – rel. Min. Antonio Saldanha Palheiro – j. 8-6-2021.
28 STF – HC 97.256/RS – Pleno – rel. Min. Ayres Brito – j. 1º-9-2010
29 STJ – HC 596.603/SP – 6ª T. – rel. Min. Rogerio Schietti Cruz – j. 8-9-2020.
30 STF – HC 118.533/MT – Pleno – rel. Min. Carmen Lúcia – 23-6-2016.

Esse entendimento foi positivado pelo Pacote Anticrime (Lei nº 13.964/2019) na Lei de Execuções Penais (Lei nº 7.210/1984), ao dispor em seu art. 112, § 5º que "Não se considera hediondo ou equiparado, para os fins deste artigo, o crime de tráfico de drogas previsto no § 4º, do art. 33, da Lei nº 11.343, de 23 de agosto de 2006"

11.9. Tráfico de maquinário

Art. 34. Fabricar, adquirir, utilizar, transportar, oferecer, vender, distribuir, entregar a qualquer título, possuir, guardar ou fornecer, ainda que gratuitamente, maquinário, aparelho, instrumento ou qualquer objeto destinado à fabricação, preparação, produção ou transformação de drogas, sem autorização ou em desacordo com determinação legal ou regulamentar:

Pena – reclusão, de 3 (três) a 10 (dez) anos, e pagamento de 1.200 (mil e duzentos) a 2.000 (dois mil) dias-multa.

O crime previsto no art. 34 é subsidiário com relação ao art. 33, *caput*, quando praticados no mesmo contexto fático. Neste sentido, quando a posse ou utilização de utensílios ou instrumentos representarem fase normal da execução do crime de tráfico de drogas, esse delito absorverá o crime do art. 34, tendo em vista o princípio da consunção.

Por outro lado, se os maquinários e utensílios encontrados indicarem um contexto mais amplo, não se restringindo a fase normal de execução do tráfico, será possível o concurso de crimes.

O maquinário, aparelho, etc., não precisam ser destinados exclusivamente à fabricação ou preparo de substância entorpecente, porém caberá à acusação fazer prova de que tal objeto estava sendo utilizado com esse propósito.

Entende-se que por se tratar de espécie de crime de tráfico de drogas, o art. 34 é equiparado à crime hediondo.

Parte da doutrina entende ser possível a aplicação da causa de diminuição de pena do art. 33, § 4º, do crime previsto no art. 34. Isto pois, apesar de o art. 33, § 4º, fazer referência apenas ao art. 33, *caput* e § 1º, não faria sentido punir um crime preparatório de forma mais grave do que o crime fim. Neste sentido, caso presentes os requisitos previstos para aplicação do tráfico privilegiado, a diminuição também poderia ser aplicada ao tráfico de maquinário.[31]

11.10. Tráfico de drogas e entrada em domicílio decorrente de flagrante delito

Conforme art. 5º, XI, da CF/1988 é possível a entrada no domicílio, mesmo sem autorização judicial, em caso de flagrante delito. Ocorre que a jurisprudência vem restringindo as hipóteses em que se considera flagrante delito a autorizar a violação do domicílio, notadamente em casos de tráfico de drogas.

31 LIMA. Op. cit.

Importante para Concursos:

com relação à demonstração de situação flagrancial que autoriza o ingresso em domicílio pela polícia o **Superior Tribunal de Justiça** decidiu casos interessantes que devem ser de conhecimento:

1. O fato de haver **denúncia anônima de tráfico de drogas e a fuga** do acusado ao visualizar a viatura não autorizam o ingresso policial no domicílio sem consentimento[32];

2. Denúncias anônimas somadas ao fato de os agentes visualizarem estufa para o cultivo de "maconha" não justifica o ingresso sem mandado; [33]

3. A **abordagem dos agentes no quintal de uma residência**, em local conhecido como ponto de tráfico, sendo que um deles empreendeu fuga para dentro do imóvel e o outro permaneceu parado, sendo encontrado com ele uma certa quantidade de entorpecentes, não autoriza o ingresso na residência, por não demonstrar os fundamentos razoáveis da existência de crime permanente dentro do domicílio.[34]

11.11. Associação para o tráfico

Art. 35. Associarem-se duas ou mais pessoas para o fim de praticar, reiteradamente ou não, qualquer dos crimes previstos nos arts. 33, *caput* e § 1º, e 34 desta Lei:

Pena – reclusão, de 3 (três) a 10 (dez) anos, e pagamento de 700 (setecentos) a 1.200 (mil e duzentos) dias-multa.

Parágrafo único. Nas mesmas penas do *caput* deste artigo incorre quem se associa para a prática reiterada do crime definido no art. 36 desta Lei.

O delito de associação para o tráfico exige a associação de apenas duas pessoas para sua configuração, diversamente do previsto na associação criminosa do art. 288 do CP, o qual exige três ou mais pessoas.

Trata-se de tipo especial com relação ao art. 288 do CP, pois criminaliza a associação criminosa voltada para a prática especificamente dos crimes previstos no art. 33, *caput*, §1º e 34.

Ambos exigem estabilidade e permanência, porém a associação criminosa exige que as pessoas se associem para o fim de cometer crimes (no plural). Já a associação para o tráfico exige apenas a associação para o cometimento de um dos crimes previstos nos arts. 33, caput e §1º e 34. Neste sentido é possível a associação para prática de um único crime de tráfico. Aliás a própria lei diz não exigir a finalidade de praticar crimes de forma reiterada.

32 STJ. RHC 89.853/SP – 5ª T. – rel. Min. Ribeiro Dantas – *DJe* 2-3-2020.
33 STJ. EDcl no AgRg nos EDcl no HC 561988/PR. – 6ª T. – rel. Min. Antonio Saldanha Palheiro – j. 14-9-2021 – *DJe* 22-9-2021.
34 STJ. HC 586474/SC – 6ª T. – rel. Min Nefi Cordeiro – j. 18-8-2020 – *DJe* 27-8-2020.

Associação para o tráfico	Associação criminosa
- Mínimo 2 pessoas - Para a prática de qualquer dos crimes previstos nos arts. 33, caput e § 1º, e 34 da lei 11.343/06	- Mínimo 3 pessoas - Para a pratica de crimes

Para se chegar ao número mínimo de dois agentes, pode-se levar em consideração a presença de inimputáveis, como menores de 18 anos.[35]

Trata-se de crime formal, não se exigindo para sua consumação e efetiva prática do crime para o qual os agentes se associaram. O crime se consuma no exato momento em que estes se associaram visando à prática criminosa.

Tendo em vista o momento consumativo da associação criminosa ser diverso do momento consumativo dos crimes praticados por essa associação **é possível o concurso material de crimes entre o art. 35 e os crimes de tráfico praticados pela associação criminosa.**

Atenção:

Sendo crime formal, é irrelevante para a configuração do crime de associação para o tráfico a apreensão de drogas na posse direta do agente, podendo a prova ser feita por outros meios.[36]

Trata-se também de crime permanente, de forma que o momento consumativo se protrai no tempo enquanto durar a associação criminosa. Tal característica permite a prisão a qualquer tempo enquanto não cessada a permanência.

O elemento subjetivo é o dolo, porém aliado ao elemento subjetivo especial previsto na finalidade de praticar, reiteradamente ou não, qualquer dos crimes previstos nos arts. 33, *caput* e § 1º, e 34 desta Lei. Além disso, faz-se necessária a presença da chamada "*societas scleris*", ou seja, o *animus* associativo ou a vontade de se associar para a prática criminosa.

Conforme parágrafo único, do art. 35, incorre nas mesmas penas quem se associa para a prática do crime de financiamento ao tráfico de drogas. Deve-se considerar que essa associação tem os mesmos requisitos que a associação descrita no *caput* do art. 35, ou seja, a associação de duas ou mais pessoas, de forma estável e permanente.

Entende-se que a **associação para o tráfico não é crime equiparado à hediondo**, pois não se trata da prática em si do tráfico de drogas.

11.12. Financiamento do tráfico de drogas

Art. 36. Financiar ou custear a prática de qualquer dos crimes previstos nos arts. 33, *caput* e § 1º, e 34 desta Lei:

35 STJ - HC 250.455/RJ - 6ª T. - rel. Min Nefi Cordeiro - j. 17-12-2015.
36 STJ - HC 441712/SP - 5ª T. - rel. Min. Jorge Mussi - j. 21-2-2019.

Pena – reclusão, de 8 (oito) a 20 (vinte) anos, e pagamento de 1.500 (mil e quinhentos) a 4.000 (quatro mil) dias-multa.

O crime de financiamento do tráfico de drogas possui dois verbos nucleares com o mesmo significado, **financiar e custear**, que se referem basicamente a prover as despesas ou os custos.

A conduta deve mirar o auxílio aos autores dos crimes dos arts. **33 *caput* e § 1º e 34** da Lei nº 11.340/06. Trata-se de mais um **tipo misto alternativo** da Lei de Drogas, de modo que a prática de um ou mais verbos no mesmo contexto configurará **apenas um crime**.

Atenção:

o financiamento ou custeio do tráfico de drogas não precisa necessariamente ser feito com dinheiro, podendo ser executado mediante prestação de **qualquer utilidade de natureza econômica**, como o fornecimento de veículo para o comércio ilícito. [37]

Importante para Concursos:

o crime do art. 36 da Lei de Drogas **é exceção à teoria monista,** porque não deixa de ser participação nos crimes do art. 33 *caput* ou §1 º, ou art. 34 da mesma lei. Na antiga Lei de Drogas, inclusive, quem financiasse o tráfico de drogas ou de maquinário respondia pelo mesmo crime que o traficante. **Por isso, o crime do art. 36 também é considerado equiparado à hediondo.** Para mais detalhes, remetemos o leitor aos comentários à Lei nº 8.072/1990.

11.12.1. Consumação e tentativa

Há **três correntes** sobre o momento consumativo e a possibilidade de tentativa no crime de financiamento ao tráfico de drogas.

1. Para a **primeira vertente,** o crime **é formal e instantâneo,** que se consuma independentemente de o traficante financiado realmente adquirir droga e pouco importando se há demonstração de habitualidade.
2. Para a **segunda** corrente, o **crime é material e instantâneo.** Assim, a consumação depende da efetiva realização do tráfico pelo sujeito financiado, mas pouco importando se há demonstração ou não de habitualidade.
3. Para uma **terceira corrente**, entretanto, **o crime é habitual**, e depende do reiterado financiamento do tráfico de drogas. Para essa vertente, o custeio isolado configuraria mera participação no crime de tráfico de drogas com a causa de aumento do art. 40, VII, da Lei nº 11.343/2006.

37 "A denúncia descreve suficientemente a conduta do paciente, a qual, em tese, corresponde ao delito descrito no art. 36 da Lei nº 11.343/2006, já que financiaria a associação criminosa, fornecendo veículos para o transporte das drogas ou para que fossem negociados." STF. HC 98754 – 2ª T. – rel. Min. Ellen Gracie – j. 24-11-2009 – publicação: 11-12-2009.

Atenção:

a existência da causa de aumento no art. 40, VII, para o traficante que financia a atividade revela a **intenção da lei em tratar o crime do art. 36 como uma conduta habitual**. Isso, pois no caso do financiamento isolado a causa de aumento se aplicaria. Entendendo-se que o financiamento isolado configura o crime do art. 36 a causa de aumento seria totalmente esvaziada.

Considerando **a terceira corrente a mais acertada** conclui-se que o crime não admite tentativa. Não havendo a habitualidade o agente deve responder pela participação no crime de tráfico com a causa de aumento pelo financiamento.

Importante para Concursos:

o **STJ** possui decisões no sentido de que

> "o crime de financiar ou custear o tráfico ilícito de drogas (art. 36 da Lei nº 11.343/2006) é delito autônomo aplicável ao agente que não tem participação direta na execução do tráfico e que se limita a fornecer os recursos necessários para subsidiar as infrações a que se referem os art. 33, *caput* e § 1º, e art. 34 da Lei de Drogas." [38] [39]

11.12.2. Autofinanciamento do tráfico de drogas

Há **discussão doutrinária** sobre a possibilidade do agente que pratica os crimes do art. 33 *caput* e § 1º, ou art. 34, responder também pelo **autofinanciamento de sua atividade ilícita**. Nesse debate, surgem **quatro correntes:**

1. O agente deve responder em concurso material pelo crime de tráfico (art. 33 *caput* ou § 1º, ou art. 34) e pelo crime de financiamento (art. 36);
2. O autor deve responder apenas pelo crime de tráfico (art. 33 *caput* ou § 1º, ou art. 34) com a causa de aumento do art. 40, VII, em razão do financiamento de sua atividade.
3. O sujeito deve responder apenas pelo financiamento (art. 36 da Lei de Drogas), pois seria a finalidade almejada que absorveria os crimes de tráfico;
4. O agente deve responder apenas pelo crime de tráfico (art. 33 *caput* ou § 1º, ou art. 34), sem causa de aumento. O financiamento seria mero ato preparatório para a conduta de tráfico de drogas posterior.

Atenção:

O **STJ tem entendimento** de que "na hipótese de **autofinanciamento** para o tráfico ilícito de drogas não há que se falar em concurso material entre os crimes de tráfico e de

38 STJ – Jurisprudência em teses. Edição nº 123. Julgados publicados até 29-3-2019.
39 STJ. HC 306136/MG – 6ª T. – rel. Min. Rogerio Schietti Cruz – j. 3-11-2015 – *DJe* 19-11-2015.

financiamento ao tráfico, **devendo ser o agente condenado pela pena do art. 33, *caput*, com a causa de aumento** de pena do art. 40, VII, da Lei de Drogas".[40]

11.13. Informante do tráfico de drogas

Art. 37. Colaborar, como informante, com grupo, organização ou associação destinados à prática de qualquer dos crimes previstos nos arts. 33, caput e § 1º, e 34 desta Lei:

Pena – reclusão, de 2 (dois) a 6 (seis) anos, e pagamento de 300 (trezentos) a 700 (setecentos) dias-multa.

O crime tipifica a conduta de quem ajuda, com **informações**, a atividade do tráfico de drogas. Entretanto, exige-se que a informação seja prestada a um **grupo, organização ou associação** voltada à prática do tráfico de drogas (arts. 33, *caput* e § 1º, e 34). É o caso, por exemplo, de alguém que, tomando conhecimento de uma operação policial em determinado local, avise o grupo de traficantes que atua na área para que escondam a droga e fujam.

Nesse sentido, a lei faz menção a **grupo**, entendido como o concurso eventual de pessoas para o tráfico; **organização**, entendida como organização criminosa nos termos da Lei nº 12.850/2013; e **associação**, entendida como a associação para o tráfico do art. 35 da Lei de Drogas.

Atenção:

o crime do art. 37 é nitidamente **subsidiário**,[41] de forma que o informante **não pode ser integrante** do grupo, organização ou associação, pois se o for responderá por associação para o tráfico (art. 35 da Lei de Drogas). Da mesma forma, se **a colaboração não for com informações**, o agente responderá como partícipe de algum dos crimes da Lei de Drogas (e não pelo art. 37 em estudo).

Importante para Concursos:

o **STJ tem importante julgado** no sentido de que

> "(...) se a prova indica que o agente mantém vínculo ou envolvimento com esses grupos, conhecendo e participando de sua rotina, bem como cumprindo sua

---

40 STJ. REsp 1290296/PR – 6ª T. – rel. Min. Maria Thereza de Assis Moura – j. 17-12-2013 – *DJe* 3-2-2014. E ainda, HC 306136/MG– 6ª T. – rel. Min. Rogerio Schietti Cruz – j. 3-11-2015 – *DJe* 19-11-2015.

41 "O crime de colaboração com o tráfico, art. 37 da Lei nº 11.343/2006, é um tipo penal subsidiário em relação aos delitos dos arts. 33 e 35 e tem como destinatário o agente que colabora como informante, de forma esporádica, eventual, sem vínculo efetivo, para o êxito da atividade de grupo, de associação ou de organização criminosa destinados à prática de qualquer dos delitos previstos nos arts. 33, caput e § 1º, e 34 da Lei de Drogas". STJ – Jurisprudência em teses. Edição nº 123. Julgados publicados até 29-3-2019. AgRg no REsp 1738851/RJ – 6ª T. – rel. Min. Maria Thereza de Assis Moura – j. 21-8-2018 – *DJe* 30-8-2018.

> tarefa na empreitada comum, a conduta não se subsume ao tipo do art. 37 da Lei de Tóxicos, mas sim pode configurar outras figuras penais, como o tráfico ou a associação, nas modalidades autoria e participação, ainda que a função interna do agente seja a de sentinela, fogueteiro ou informante(...)".[42]

No caso da **informação se destinar a um traficante individual** e não a um grupo, associação ou organização, a conduta em tese não se adequaria ao crime do art. 37. Entretanto, parte da doutrina aponta **violação ao princípio da proporcionalidade** nesse caso, pois o agente responderia como partícipe em crime mais grave (arts. 33, *caput* ou § 1º, ou 34), tornando **mais vantajoso colaborar com uma organização criminosa do que com um traficante individual.** Por isso, parcela da doutrina sustenta que nesse caso deve ser feita **analogia em benefício do réu**, que deve responder pelo crime do art. 37 da Lei de Drogas, menos grave.

11.13.1. Consumação e tentativa

O crime se **consuma** com a informação prestada ao grupo, independentemente de qualquer resultado. O crime não admite tentativa, pois ou o agente presta a informação e o crime se consuma, ou não presta e não haverá crime. Parcela da doutrina sustenta ser possível a tentativa se a informação for prestada por escrito e a carta for eventualmente interceptada.

11.14. Prescrição culposa de drogas

> **Art. 38.** Prescrever ou ministrar, culposamente, drogas, sem que delas necessite o paciente, ou fazê-lo em doses excessivas ou em desacordo com determinação legal ou regulamentar:
>
> **Pena** – detenção, de 6 (seis) meses a 2 (dois) anos, e pagamento de 50 (cinqüenta) a 200 (duzentos) dias-multa.
>
> **Parágrafo único.** O juiz comunicará a condenação ao Conselho Federal da categoria profissional a que pertença o agente.

A conduta criminosa é **prescrever**, que significa receitar, ou **ministrar**, que corresponde a inocular, introduzir a substância na pessoa. O crime é necessariamente **culposo**, de modo que se houver dolo poderá haver crime de Tráfico de Drogas (art. 33 *caput* da Lei de Drogas).

Além disso, o tipo **vincula as condutas culposas** pelas quais o crime pode ser praticado, a saber, sem que o paciente necessite, ou em doses excessivas, ou em desacordo com determinação legal ou regulamentar.

> **Atenção:**
>
> caso a dose receitada ou ministrada seja excessiva, o agente pode responder também por homicídio culposo ou lesão corporal culposa no caso de advirem esses resultados não queridos.

---

42 STJ. HC 224.849/RJ. – 5ª T. – rel. Min. Marco Aurélio Bellizze – 11-6-2013 – *DJe* 19-6-2013.

11.14.1. Sujeito ativo e passivo

O **sujeito ativo é próprio**, eis que se exige a qualidade de profissional da saúde apto à **prescrição**, como médicos e dentistas, por exemplo, ou **a ministrarem** drogas, como enfermeiros e farmacêuticos, além dos médicos e dentistas.

> **Atenção:**
>
> inclusive, a lei exige que no caso de condenação, o juiz **comunique o Conselho Federal da categoria** profissional respectiva, o que reforça o entendimento de que o crime é próprio dos integrantes dessas categorias.

Na mesma linha, o **STJ** tem decisões no sentido de que "quando o agente no **exercício irregular da medicina** prescreve substância caracterizada como droga, resta configurado, em tese, o delito do art. 282 do Código Penal – CP, em concurso formal com o do art. 33, *caput*, da Lei nº 11.343/2006".[43]

Já o **sujeito passivo** é a coletividade, tal como nos demais crimes da Lei de Drogas. Indiretamente, ainda, o crime atinge a pessoa a quem a droga foi receitada ou ministrada.

11.14.2. Consumação e tentativa

No verbo **prescrever** o crime se consuma quando o profissional entrega a receita, ainda que o paciente não adquira a droga e a utilize. Já no verbo **ministrar** o crime se consuma quando a droga é aplicada na pessoa. Como o **crime é culposo**, não se admite a tentativa.

11.15. Condução de embarcação ou aeronave após o consumo de drogas

> **Art. 39.** Conduzir embarcação ou aeronave após o consumo de drogas, expondo a dano potencial a incolumidade de outrem:
>
> **Pena** – detenção, de 6 (seis) meses a 3 (três) anos, além da apreensão do veículo, cassação da habilitação respectiva ou proibição de obtê-la, pelo mesmo prazo da pena privativa de liberdade aplicada, e pagamento de 200 (duzentos) a 400 (quatrocentos) dias-multa.
>
> **Parágrafo único.** As penas de prisão e multa, aplicadas cumulativamente com as demais, serão de 4 (quatro) a 6 (seis) anos e de 400 (quatrocentos) a 600 (seiscentos) dias-multa, se o veículo referido no caput deste artigo for de transporte coletivo de passageiros.

A conduta é **conduzir** e abrange qualquer embarcação ou aeronave, de todos os portes. Entretanto, especificamente no caso de **navios** (embarcação de grande porte) e **aeronaves** de qualquer porte, a competência será da **Justiça Federal.**

43 STJ. Jurisprudência em teses, edição nº 126. HC 139667/RJ – 5ª T. – rel. Min. Felix Fischer – j. 17-12-2009 – *DJe* 1º-2-2010.

Atenção:

no caso de veículo automotor o crime poderá ser o do art. 306 do Código de Trânsito Brasileiro. Para maior aprofundamento, remetemos o leitor aos comentários à referida lei.

Diferentemente do crime de embriaguez ao volante do art. 306 do CTB, o tipo do art. 39 da Lei de Drogas **não exige que o condutor esteja com a capacidade psicomotora alterada**, bastando que se comprove o consumo de drogas por qualquer meio admitido em direito, como testemunhas, vídeos, exames técnicos, e de sangue, etc.

Entretanto, o crime do art. 39 **exige a demonstração de perigo concreto**.

11.15.1. Objeto jurídico

Diferentemente de outros crimes da Lei de Drogas, o crime do art. 39 protege também a **segurança dos meios de transporte**.

11.15.2. Consumação e tentativa

O crime se **consuma com a condução após o consumo** de drogas, desde que haja a demonstração de perigo concreto de dano à incolumidade de outrem. A conduta é unissubsistente e, por isso, não admite tentativa.

11.15.3. Qualificadora

Caso a embarcação ou aeronave seja de **transporte coletivo de passageiros** a pena será maior. Não se exige a presença de passageiros no momento do crime, e sim que a embarcação ou aeronave seja destinada a transporte coletivo.

11.15.4. Conflito aparente de normas

O art. 261 do Código Penal prevê, com pena de reclusão de dois a cinco anos, o crime de "*expor a perigo embarcação ou aeronave, própria ou alheia, ou praticar qualquer ato tendente a impedir ou dificultar navegação marítima, fluvial ou aérea*".

O tipo continua em vigor para outras situações não especificamente relacionadas à condução após consumo de drogas. Entretanto, nesse aspecto a inovação do art. 39 da Lei de Drogas foi benéfica, pois traz **pena privativa de liberdade menor**, apesar de prever **pena de multa maior**.

11.16. Causas de aumento dos crimes dos arts. 33 a 37

Art. 40. As penas previstas nos arts. 33 a 37 desta Lei são aumentadas de um sexto a dois terços, se:

I – a natureza, a procedência da substância ou do produto apreendido e as circunstâncias do fato evidenciarem a transnacionalidade do delito;

II – o agente praticar o crime prevalecendo-se de função pública ou no desempenho de missão de educação, poder familiar, guarda ou vigilância;

III – a infração tiver sido cometida nas dependências ou imediações de estabelecimentos prisionais, de ensino ou hospitalares, de sedes de entidades estudantis, sociais, culturais, recreativas, esportivas, ou beneficentes, de locais de trabalho coletivo, de recintos onde se realizem espetáculos ou diversões de qualquer natureza, de serviços de tratamento de dependentes de drogas ou de reinserção social, de unidades militares ou policiais ou em transportes públicos;

IV – o crime tiver sido praticado com violência, grave ameaça, emprego de arma de fogo, ou qualquer processo de intimidação difusa ou coletiva;

V – caracterizado o tráfico entre Estados da Federação ou entre estes e o Distrito Federal;

VI – sua prática envolver ou visar a atingir criança ou adolescente ou a quem tenha, por qualquer motivo, diminuída ou suprimida a capacidade de entendimento e determinação;

VII – o agente financiar ou custear a prática do crime.

O art. 40 da Lei nº 11.343/2006 traz sete incisos com hipóteses de causa de aumento de pena de **um sexto a dois terços** que **se aplicam aos crimes dos arts. 33 a 37** da Lei de Drogas.

Como se trata de causas de aumento, elas terão aplicação na **terceira fase da dosimetria da pena** e poderão, inclusive, aumentar a pena para além do máximo previsto na moldura penal.

Atenção:

ficam **de fora das hipóteses** de aumento, portanto, os crimes de prescrição culposa de drogas (**art. 38**) e de condução de embarcação após consumo de drogas (**art. 39**).

Caso estejam **presentes mais de uma das hipóteses** das causas de aumento, entende-se que a pena deverá ser aumentada acima do patamar mínimo de um sexto.

Importante para Concursos:

há, entretanto, **posição do STJ** no sentido de que "a aplicação das majorantes previstas no art. 40 da Lei de Drogas exige motivação concreta, quando estabelecida acima da fração mínima, não sendo suficiente a mera indicação do número de causas de aumento"[44].

Comparativamente à **antiga Lei de Drogas** (Lei nº 6.368/1976), o Superior Tribunal de Justiça entende que o art. 40 da nova lei (Lei nº 11.343/2006) **é mais benéfico,** e por isso retroage aos crimes praticados sob a vigência da lei anterior.[45]

44 STJ. Jurisprudência em teses. Edição nº 131. HC 510095/SP – 5ª T. – rel. Min. Ribeiro Dantas – j. 18-6-2019 – *DJe* 25-6-2019.

45 "O art. 40 da Lei nº 11.343/2006 conferiu tratamento mais favorável às causas especiais de aumento de pena, devendo ser aplicado retroativamente aos delitos cometidos sob a égide da Lei nº 6.368/1976". STJ. HC 143033/SP– 6ª T. – rel. Min. Rogerio Schietti Cruz – j. 21-6-2016 – *DJe* 29-6-2016.

11.16.1. Inciso I

Inciso I: a natureza, a procedência da substância ou do produto apreendido e as circunstâncias do fato evidenciarem a transnacionalidade do delito

O fato de a droga ter destino para além das fronteiras brasileiras basta para a configuração da causa de aumento. É **suficiente** que seja demonstrada **essa intenção**, ainda que não efetivada, a exemplo do agente que é surpreendido no aeroporto prestes a embarcar.

Nesse caso, o crime de tráfico já terá se consumado em um de seus verbos, e a causa de aumento também ocorrerá, eis que demonstrada a transnacionalidade, entendida como a intenção de romper as fronteiras do Brasil. No exemplo, **não há que se falar em *bis in idem* com o verbo exportar**, previsto no art. 33 da Lei de Drogas.[46]

Atenção:

o termo **transnacionalidade é diferente de internacionalidade**. O primeiro se refere à ação para fora das fronteiras do Brasil, ao passo que o segundo exige ação em relação a duas ou mais nações.

Importante para Concursos:

a **Súmula nº 607 do STJ** prevê que "a majorante do tráfico transnacional de drogas (art. 40, I, da Lei nº 11.343/2006) configura-se com a prova da destinação internacional das drogas, ainda que não consumada a transposição de fronteiras".

Inclusive, a jurisprudência entende cabível a **aplicação cumulativa** das causas de aumento do **inciso I (transnacionalidade) e do inciso V (interestadualidade),** quando "evidenciado que a droga proveniente do exterior se destina a mais de um estado da federação, sendo o intuito dos agentes distribuir o entorpecente estrangeiro por mais de uma localidade do país".[47]

11.16.2. Inciso II

Inciso II: o agente praticar o crime prevalecendo-se de função pública ou no desempenho de missão de educação, poder familiar, guarda ou vigilância

A causa de aumento **do inciso II** abrange em sua **primeira parte** quem pratica os crimes dos arts. 33 a 37, prevalecendo-se de função pública. **Não necessariamente a função**

46 STJ. Jurisprudência em teses, edição n. 131. "Não se reconhece a existência de bis in idem na aplicação da causa de aumento de pena pela transnacionalidade (art. 40, inciso I, da Lei nº 11.343/2006), em razão do art. 33, caput, da Lei nº 11.343/2006 prever as condutas de "importar" e "exportar", pois trata-se de tipo penal de ação múltipla, e o simples fato de o agente "trazer consigo" a droga já conduz à configuração da tipicidade formal do crime de tráfico". RHC 59063/SP – 5ª T. – rel. Min. Jorge Mussi – j. 7-6-2018 – *DJe* 1º-8-2018.

47 STJ. Jurisprudência em teses. Edição nº 126. AgRg no REsp 1744207/TO – 5ª T. – rel. Min. Felix Fischer – j. 26-6-2018 – *DJe* 1º-8-2018.

pública precisa ser relacionada à segurança pública, como se exigia na lei anterior de drogas, bastando que o crime seja cometido pelo servidor público em geral desde que sua função de alguma forma esteja relacionada com o crime.

É o exemplo do funcionário que vende a droga em universidade pública, aproveitando-se da sua posição de funcionário no local.

Atenção:

entende-se que se aplica no caso o **previsto no art. 327 do Código Penal,** que conceitua funcionário público para fins penais como sendo *quem, embora transitoriamente ou sem remuneração, exerce cargo, emprego ou função pública,* e de forma equiparada ainda, *quem exerce cargo, emprego ou função em entidade paraestatal, e quem trabalha para empresa prestadora de serviço contratada ou conveniada para a execução de atividade típica da Administração Pública.*

Na **segunda parte** da causa de aumento a lei abrange quem pratica os crimes do art. 33 a 37 **no desempenho de missão** de educação, poder familiar, guarda ou vigilância. **Missão de educação** abrange os professores, diretores de escola, etc. **Poder familiar** se refere aos pais, ao passo que a **guarda** é conceito definido no art. 33 a 35 do Estatuto da Criança e do Adolescente. **Vigilância**, por fim, abrange qualquer pessoa na condição de supervisão, como vigilantes em escolas.

Atenção:

apesar de haver posições em contrário na doutrina, a previsão legal **exige que o agente esteja na vigilância de alguém**, não se configurando a causa de aumento se a vigilância é da própria droga, como ocorria na vigência da Lei nº 6368/1976.

11.16.3. Inciso III

Inciso III: a infração tiver sido cometida nas dependências ou imediações de estabelecimentos prisionais, de ensino ou hospitalares, de sedes de entidades estudantis, sociais, culturais, recreativas, esportivas, ou beneficentes, de locais de trabalho coletivo, de recintos onde se realizem espetáculos ou diversões de qualquer natureza, de serviços de tratamento de dependentes de drogas ou de reinserção social, de unidades militares ou policiais ou em transportes públicos

O inciso III traz uma causa de aumento em razão da maior gravidade da prática de tráfico de drogas em alguns locais, seja porque o **local é frequentado por pessoas mais vulneráveis** (escolas, hospitais, serviços de tratamento de dependentes), ou porque **no local há maior potencialidade de a droga atingir mais pessoas** (locais de espetáculos, entidades culturais, recreativas, etc); ou ainda porque o tráfico **no local revela um ataque mais grave ao Estado** (unidades militares ou policiais).

Não se trata, entretanto, de uma previsão taxativa, sendo possível que a causa de aumento se aplique em qualquer local que promova aglomeração de pessoas, ante o **rol exemplificativo.** [48]

Atenção:

o STJ entende que a **causa de aumento é objetiva** não sendo necessário que se comprove que o crime visava atingir os frequentadores do local.[49] Entretanto, o mesmo STJ tem precedente no sentido de que a causa de aumento **pode ser afastada** caso não exista nenhuma indicação de que o agente se aproveitou da aglomeração de pessoas.[50] E também no sentido de que **no caso do tráfico em transporte coletivo, deve ser comprovada sua efetiva comercialização no local,** não bastando a mera utilização para transporte da droga.[51]

11.16.4. Inciso IV

Inciso IV: o crime tiver sido praticado com violência, grave ameaça, emprego de arma de fogo, ou qualquer processo de intimidação difusa ou coletiva

A causa de aumento abrange a **violência física ou moral** empregada nos crimes do art. 33 ao 37, ou ainda **qualquer meio de intimidação difusa ou coletiva,** como pode ocorrer em comunidades dominadas por grupos de traficantes.

No caso do **emprego de arma de fogo há discussão sobre o *possível bis in idem*** (dupla punição) com o crime de porte ilegal de arma de fogo previsto nos arts. 14 e 16 do Estatuto do Desarmamento. Há duas correntes:

1. Para alguns, **há concurso de crimes**, aplicando-se a causa de aumento ao crime da Lei de Drogas e também o crime do Estatuto do Desarmamento, porque a primeira protege a saúde pública, ao passo que o segundo protege a segurança pública. São bens jurídicos distintos.
2. Para outros, entretanto, **não há concurso de crimes**, porque isso configuraria dupla punição pelo porte de arma, que deve ficar restrito à causa de aumento da Lei de Drogas por força do princípio da especialidade.

---

48 STJ – Jurisprudência em teses. Edição nº 123. "O rol previsto no inciso III, do art. 40, da Lei nº 11.343/2006 não deve ser encarado como taxativo, pois o objetivo da lei é proteger espaços que promovam a aglomeração de pessoas, circunstância que facilita a ação criminosa." AgRg no AREsp 868826/MG – 5ª T. – rel. Min. Ribeiro Dantas – j. 13-12-2018 – *DJe* 19-12-2018.

49 STJ – Jurisprudência em teses. Edição n. 123 "A causa de aumento de pena prevista no inciso III do art. 40 da Lei de Drogas possui natureza objetiva e se aplica em função do lugar do cometimento do delito, sendo despicienda a comprovação efetiva do tráfico ou de que o crime visava a atingir os frequentadores desses locais". HC 480887/SP – 5ª T. – rel. Min. Felix Fischer – j. 7-2-2019 – *DJe* 19-2-2019.

50 "A incidência da majorante prevista no art. 40, III, da Lei nº 11.343/2006 pode ser excepcionalmente afastada na hipótese de não existir nenhuma indicação de que houve o aproveitamento da aglomeração de pessoas ou a exposição dos frequentadores do local para a disseminação de drogas, verificando-se, caso a caso, as condições de dia, local e horário da prática do delito". HC 454317/DF – 6ª T. – rel. Min. Laurita Vaz – j. 9-10-2018 – *DJe* 26-10-2018.

51 "Para a caracterização da causa de aumento de pena do art. 40, inciso III, da Lei nº 11.343/2006, é necessária a efetiva oferta ou a comercialização da droga no interior de veículo público, não bastando, para a sua incidência, o fato de o agente ter se utilizado dele como meio de locomoção e de transporte da substância ilícita." HC 455652/SP – 5ª T. – rel. Min. Ribeiro Dantas – j. 4-9-2018 – *DJe* 14-9-2018.

Atenção:

é pacífico que somente se configura a causa de aumento se a arma for efetivamente empregada na atividade, gerando intimidação difusa ou coletiva. Não haverá a causa de aumento, portanto, apenas pelo fato de serem apreendidas drogas junto de armas no local, caso em que o agente responderá pelo crime de tráfico sem a causa de aumento, mas em concurso com o crime do Estatuto do Desarmamento.[52]

11.16.5. Inciso V

Inciso V: caracterizado o tráfico entre Estados da Federação ou entre estes e o Distrito Federal;

A causa de aumento **se aplica aos crimes dos arts. 33 a 37,** tal como enuncia o *caput* do dispositivo em estudo. Aqui, se trata de punir com pena maior a traficância **interestadual**, em contraste com a hipótese do inciso I, que trata do tráfico transnacional.

Tal como na hipótese do inciso I, **a jurisprudência do STJ é clara no sentido de que não há necessidade de que a droga seja efetivamente levada** a outro Estado ou de um Estado ao Distrito Federal (e vice-versa). Basta que reste inequívoco o destino do entorpecente para fora da fronteira estadual.[53]

Importante para Concursos:

a **Súmula nº 587 do STJ,** prevê que "para a incidência da majorante prevista no art. 40, V, da Lei nº 11.343/2006, é **desnecessária a efetiva transposição de fronteiras entre estados** da federação, sendo suficiente a demonstração inequívoca da intenção de realizar o tráfico interestadual".

Atenção:

inexiste causa de aumento pelo tráfico intermunicipal dentro do mesmo estado. Obviamente, se a droga se destinar a município em outro Estado/DF, o caso será da causa de aumento em estudo, mas não porque foi ultrapassada a barreira de municípios, e sim porque foi transpassada a fronteira Estadual/DF.

---

52 "não há como excluir a condenação pelo crime previsto no art. 16, parágrafo único, inciso IV, da Lei nº 10.826/2003, visto que a arma apreendida, no contexto descrito pelo acórdão impugnado, não foi utilizado como processo de intimidação difusa ou coletiva para viabilizar a prática do narcotráfico". STJ. HC 527436/SP – 5ª T. – rel. Min. Leopoldo de Arruda Raposo – j. 3-12-2019 – *DJe* 10-12-2019.

53 Para a incidência das majorantes previstas no art. 40, I e V, da Lei nº 11.343/2006, é desnecessária a efetiva transposição de fronteiras, sendo suficiente, respectivamente, a prova de destinação internacional das drogas ou a demonstração inequívoca da intenção de realizar o tráfico interestadual. STJ. Jurisprudência em teses, edição 131. Exemplo de julgado: STJ. AgRg no AREsp 1463715/MS – 5ª T. – rel. Min. Jorge Mussi – j. 25-6-2019 – *DJe* 1º7-2019.

Neste cenário, **pergunta-se:** é possível o **tráfico de drogas transnacional e ao mesmo tempo interestadual** e, nesse caso, aplicam-se as duas causas de aumento? Há **divergência doutrinária.**

1. Para parte da doutrina **o tráfico transnacional abrange o interestadual**, aplicando-se apenas a causa de aumento do inciso I.[54]
2. Pensamos, entretanto, que **não necessariamente o tráfico transnacional precisa ser interestadual.** É possível que a droga seja enviada pelo agente diretamente do seu Estado ou Distrito Federal ao exterior. Nesse caso haverá apenas a causa de aumento do inciso I. De outro lado, se o agente transportar a droga entre Estados, e na sequência pretender romper a fronteira nacional, incidirão as duas causas de aumento. Nesse caso, uma delas será avaliada na dosimetria da pena, conforme comentários ao *caput* do art. 40.

Importante para Concursos:

o **STJ já decidiu no sentido da segunda posição,** asseverando que "é cabível a aplicação cumulativa das causas de aumento relativas à transnacionalidade e à interestadualidade do delito, previstas nos incisos I e V da Lei de Drogas, quando evidenciado que a droga proveniente do exterior se destina a mais de um estado da federação, sendo o intuito de os agentes distribuir o entorpecente estrangeiro por mais de uma localidade do país".[55]

11.16.6. Inciso VI

Inciso VI: sua prática envolver ou visar a atingir criança ou adolescente ou a quem tenha, por qualquer motivo, diminuída ou suprimida a capacidade de entendimento e determinação

A causa de aumento pune com pena maior tanto a conduta que visa atingir pessoas mais vulneráveis, como a que as efetivamente envolve, praticando o crime em conluio com elas.

Criança e adolescente são conceitos definidos no **Estatuto da Criança e Adolescente,** cujo art. 2º prevê que se considera criança a pessoa até doze anos de idade incompletos, e adolescente aquela entre doze e dezoito anos de idade.

Atenção:

caso a conduta seja praticada em conjunto com criança ou adolescente, o **STJ** entende que se aplica apenas o crime da Lei de Drogas com a causa de aumento em estudo, afastando-se o crime de corrupção de menores do art. 244-B do ECA.[56]

54 É a posição de LIMA. Op. cit., p. 1102.
55 AgRg no REsp 1744207/TO – 5ª T. – rel. Min. Felix Fischer – j. 26-6-2018 – *DJe* 1-8-2018.
56 "Caso o delito praticado pelo agente e pelo menor de 18 anos não esteja previsto nos arts. 33 a 37 da Lei de Drogas, o réu poderá ser condenado pelo crime de corrupção de menores, porém, se a conduta estiver tipificada em um desses artigos (33 a 37), pelo princípio da especialidade, não será possível a condenação por aquele delito, mas apenas a

A lei prevê a causa de aumento, ainda, quando a pessoa envolvida ou atingida tiver **capacidade de entendimento diminuída ou suprimida por qualquer motivo.** Desse modo, não se exige necessariamente comprovação por laudo pericial, devendo ser analisado o caso concreto. A causa de aumento poderá ter aplicação, por exemplo, quando o traficante vender a droga à pessoa embriagada, ou dependente de drogas, que esteja com a capacidade de entendimento diminuída.

11.16.7. Inciso VII

Inciso VII: o agente financiar ou custear a prática do crime

A hipótese de aumento de pena quando o agente financiar ou custear a prática do crime dos arts. 33 a 37 revela, em nossa opinião, o caráter habitual do crime de financiamento do tráfico de drogas (art. 36 da Lei de Drogas), conforme comentários ao referido dispositivo.

11.17. Colaboração premiada

> **Art. 41.** O indiciado ou acusado que colaborar voluntariamente com a investigação policial e o processo criminal na identificação dos demais co-autores ou partícipes do crime e na recuperação total ou parcial do produto do crime, no caso de condenação, terá pena reduzida de um terço a dois terços.

A Lei de Drogas previu uma forma de colaboração premiada como causa de **diminuição de pena**, quando o indiciado ou acusado colaborar, levando à identificação dos demais envolvidos e a recuperação total ou parcial do produto do crime. Exige, assim, que a **colaboração seja efetiva.**

Atualmente, a Lei nº 12.850/2013 disciplinou de forma mais abrangente e detalhada o instituto, razão pela qual remetemos o leitor aos comentários à referida lei.

11.18. Fixação da pena base

> **Art. 42.** O juiz, na fixação das penas, considerará, com preponderância sobre o previsto no art. 59 do Código Penal, a natureza e a quantidade da substância ou do produto, a personalidade e a conduta social do agente.

A fixação da pena decorrente de condenação criminal no Brasil segue o **critério trifásico,** pelo qual primeiro são analisadas as **circunstâncias judiciais** para fixação da pena base, em seguida são analisadas as **agravantes e atenuantes**, e ao final as causas de **aumento e diminuição.**

O art. 59 do Código Penal traz os critérios para fixação da pena base de forma geral, asseverando que o Juiz deverá se atentar à **culpabilidade**, aos **antecedentes**, à **conduta** social,

majoração da sua pena com base no art. 40, VI, da Lei nº 11.343/2006." REsp 1622781/MT – 6ª T. – Min. Sebastião Reis Júnior – j. 22-11-2016 – *DJe* 12-12-2016.

à **personalidade** do agente, aos **motivos**, às **circunstâncias** e **consequências** do crime, bem como ao **comportamento da vítima,** para estabelecer a pena base necessária e suficiente para **reprovação e prevenção** do crime.

Nas condenações por crimes da Lei de Drogas, entretanto, a lei prevê que na **primeira fase da dosimetria** o Juiz deverá se atentar, de forma preponderante, à **natureza e à quantidade da droga, à personalidade e à conduta social** do agente. São **critérios especiais** de fixação da pena base.

A **quantidade de droga** é circunstância específica aos crimes da Lei de Drogas, e o juiz deve levar isso em conta para eventualmente fixar a pena base acima do mínimo. Não há, entretanto, definição certa do que é grande quantidade ou pequena quantidade de droga, de modo que essa avaliação fica sujeita ao caso concreto.

A **natureza da droga** também é circunstância importante de ser analisada. Algumas substâncias são conhecidamente mais nocivas do que outras, a exemplo da "cocaína" quando comparada com a "maconha".

Atenção:

o **grau de pureza não é critério a ser analisado**. O **STJ** possui entendimento de que "para fins de fixação da pena, não há necessidade de se aferir o grau de pureza da substância apreendida uma vez que o art. 42 da Lei de Drogas estabelece como critérios "a **natureza e a quantidade** da substância."[57]

O Supremo Tribunal Federal fixou em sede de repercussão geral que a natureza e a quantidade da droga devem ser avaliadas apenas em uma das fases do cálculo da pena, impedindo, portanto, que o juiz aumente a pena base em razão da quantidade de droga e na sequência afaste a redução de pena do § 4º, do art. 33, da Lei de Drogas com base apenas na quantidade de droga.[58]

Importante para Concursos:

o **Superior Tribunal de Justiça** possui entendimento consolidado na Terceira Seção em consonância com o STF, no sentido de que a natureza e a quantidade de droga devem ser avaliadas na primeira fase de fixação da pena, não podendo servir, como regra, para concomitantemente afastar a redução de pena prevista no § 4º, do art. 33, da Lei de Drogas, **exceto se houver outras circunstâncias que revelem que o agente se dedica à atividade criminosa**. Entretanto, a corte tem entendido que a quantidade de drogas **pode ser usada para modular** o quanto a pena será diminuída dentro da moldura de um sexto a dois terços.[59]

57 STJ. Jurisprudência em teses. Edição nº 126. Exemplo de julgado: RHC 63295/SP – 6ª T. – rel. Min. Maria Thereza de Assis Moura – j. 19-11-2015 – *DJe* 3-12-2015.

58 STF. ARE 666334 RG/AM. REPERCUSSÃO GERAL – Tribunal pleno – rel. Min. Gilmar Mendes – j. 3-4-2014 – publicação: 6-5-2014

59 STJ. AgRg no HC 685184/SP – 5ª T. – rel. Min. Ribeiro Dantas – j. 28-9-2021 – *DJe* 4-10-2021.

11.19. Fixação da pena de multa

> **Art. 43.** Na fixação da multa a que se referem os arts. 33 a 39 desta Lei, o juiz, atendendo ao que dispõe o art. 42 desta Lei, determinará o número de dias-multa, atribuindo a cada um, segundo as condições econômicas dos acusados, valor não inferior a um trinta avos nem superior a 5 (cinco) vezes o maior salário-mínimo.
>
> **Parágrafo único.** As multas, que em caso de concurso de crimes serão impostas sempre cumulativamente, podem ser aumentadas até o décuplo se, em virtude da situação econômica do acusado, considerá-las o juiz ineficazes, ainda que aplicadas no máximo.

A fixação da pena de multa nas condenações pelos crimes dos arts. 33 a 39 da Lei de Drogas é semelhante à prevista no Código Penal. A **quantidade dias-multa** está prevista nos tipos penais, com a diferença de que nos crimes da Lei de Drogas essa quantidade é comparativamente maior. O **valor de cada dia-multa** igualmente deve ser calculado entre 1/30 do salário mínimo e 5 salários mínimos, tal como no Código Penal.

Diferentemente do Código Penal, entretanto, **na Lei de Drogas** caso o juiz entenda que o valor da multa é insuficiente, poderá **aumentá-la até dez vezes** (o décuplo), ao passo que no Código Penal o juiz pode aumentar apenas até três vezes. A previsão leva em conta, obviamente, o fato de que os condenados por crimes da Lei de Drogas muitas vezes possuem enorme poder aquisitivo.

11.20. Fiança, graça, indulto, anistia e liberdade provisória

> **Art. 44.** Os crimes previstos nos arts. 33, *caput* e § 1º, e 34 a 37 desta Lei são inafiançáveis e insuscetíveis de sursis, graça, indulto, anistia e liberdade provisória, vedada a conversão de suas penas em restritivas de direitos.
>
> **Parágrafo único.** Nos crimes previstos no caput deste artigo, dar-se-á o livramento condicional após o cumprimento de dois terços da pena, vedada sua concessão ao reincidente específico.

A Lei de Drogas trouxe vedações de alguns benefícios aos condenados por **crimes dos arts. 33, *caput* e § 1º, e 34 a 37**, demonstrando que são crimes graves e de grande reprovabilidade, na linha do que previu o **inciso XLIII, do art. 5º, da Constituição Federal de 1988, que manda que a lei considere** "inafiançáveis e insuscetíveis de graça ou anistia a prática da tortura, o tráfico ilícito de entorpecentes e drogas afins, o terrorismo e os definidos como crimes hediondos(...)".

De forma mais ampla **as vedações abrangem o crime de associação para o tráfico de drogas** (art. 35), embora esse crime não seja considerado equiparado à hediondo.

Os **benefícios que a lei proíbe em tese são:** a fiança, o *sursis*, a graça, o indulto, a anistia e a liberdade provisória, bem como a conversão de suas penas em restritivas de direitos.

Com relação à **proibição de fiança, graça, indulto, anistia e liberdade provisória**, remetemos o leitor aos comentários à Lei de Crimes Hediondos, no qual essas proibições genéricas e seus limites e inconstitucionalidades foram analisados com mais detalhes.

Quanto ao ***sursis***, a lei **se refere à suspensão condicional da execução da pena**, prevista no art. 77 do Código Penal.

Atenção:

o **Supremo Tribunal Federal** julgou inconstitucional a vedação à possibilidade de conversão da pena em restritiva de direitos,[60] e o Senado Federal editou resolução no nesse mesmo sentido, com relação ao texto idêntico contido no § 4º, do art. 33, da Lei de Drogas.[61]

11.21. Inimputabilidade e semi-imputabilidade por dependência, caso fortuito ou força maior

Art. 45. É isento de pena o agente que, em razão da dependência, ou sob o efeito, proveniente de caso fortuito ou força maior, de droga, era, ao tempo da ação ou da omissão, qualquer que tenha sido a infração penal praticada, inteiramente incapaz de entender o caráter ilícito do fato ou de determinar-se de acordo com esse entendimento.

Parágrafo único. Quando absolver o agente, reconhecendo, por força pericial, que este apresentava, à época do fato previsto neste artigo, as condições referidas no *caput* deste artigo, poderá determinar o juiz, na sentença, o seu encaminhamento para tratamento médico adequado.

Art. 46. As penas podem ser reduzidas de um terço a dois terços se, por força das circunstâncias previstas no art. 45 desta Lei, o agente não possuía, ao tempo da ação ou da omissão, a plena capacidade de entender o caráter ilícito do fato ou de determinar-se de acordo com esse entendimento.

Art. 47. Na sentença condenatória, o juiz, com base em avaliação que ateste a necessidade de encaminhamento do agente para tratamento, realizada por profissional de saúde com competência específica na forma da lei, determinará que a tal se proceda, observado o disposto no art. 26 desta Lei.

Os arts. 45 e 46 da Lei de Drogas trazem hipóteses de **inimputabilidade e semi--imputabilidade** específicas para os usuários de drogas. São três situações que podem levar à inimputabilidade ou semi-imputabilidade: **1.** A dependência de drogas; **2.** O efeito de droga por caso fortuito; **3.** O efeito de droga por força maior.

1. **Dependência de drogas:** o vício em álcool e outras drogas é modalidade de transtorno mental, de acordo com a Classificação Internacional de Doenças – CID 10.
2. **Efeito de droga por caso fortuito**: é o caso do agente que inocula a substancia em seu organismo de forma acidental.
3. **Efeito de droga por força maior**: é o caso do agente que é forçado, sob violência física ou grave ameaça, a inocular a substância em si.

60 STF. HC 97256/*RS* – rel. Min. Ayres Britto – Tribunal Pleno – j. 1º-9-2010 – publicação: 16-12-2010. E ainda, **repercussão geral**: ARE 663261 – Tribunal Pleno – rel. Luiz Fux – j. 13-12-2012 – publicação 6-2-2013.

61 Resolução nº 5 de 2012: Art. 1º É suspensa a execução da expressão "vedada a conversão em penas restritivas de direitos" do § 4º do art. 33 da Lei nº 11.343, de 23 de agosto de 2006, declarada inconstitucional por decisão definitiva do Supremo Tribunal Federal nos autos do Habeas Corpus nº 97.256/RS.

No caso da **inimputabilidade,** o agente será isento de pena, absolvido impropriamente e submetido a tratamento médico. Nesse caso, tal como previsto no art. 26 do Código Penal, é necessário que o agente esteja **inteiramente** incapaz de entender o caráter ilícito do fato e de se determinar de acordo com esse entendimento no **momento da conduta.**

A **semi-imputabilidade** ocorrerá nas mesmas hipóteses, porém nos casos em que o agente estiver apenas **parcialmente** privado da capacidade de entendimento ou autodeterminação no **momento da conduta**. Nesse caso, a solução será a condenação, porém com redução de pena, sendo submetido igualmente a tratamento.

Atenção:

a doutrina majoritária entende que o encaminhamento para tratamento médico previsto no art. 47 da Lei de Drogas **é diferente** da medida de segurança aplicada quando do reconhecimento da inimputabilidade.

11.22. Quadro sinótico dos crimes em espécie

Memorização e Revisão	
Norma penal em branco própria/ heterogênea	Conceito de droga é dado pela Portaria nº 344 do Ministério da Saúde
Bem jurídico tutelado	Saúde Pública
Sujeito passivo	Coletividade – crime vago
Crimes de perigo abstrato	Não se exige demonstração de que o bem jurídico foi colocado em risco no caso concreto
Porte de drogas para consumo pessoal	Penas: advertência sobre efeitos das drogas, prestação de serviços a comunidade e medida educativa de comparecimento em curso Prazo máximo: 5 meses. Em caso de reincidência específica: 10 meses. Prescreve em 2 anos.
Da repressão à produção não autorizada e ao tráfico ilícito de drogas	Delegado de Polícia deve destruir imediatamente plantações ilícitas, independentemente de autorização judicial Glebas cultivadas com plantações ilícitas serão expropriadas
Tráfico de drogas propriamente dito (art. 33, *caput*)	Tipo misto alternativo Alguns verbos (ex.: transportar, ter em depósito) configuram crime permanente.
Figuras equiparadas ao tráfico de drogas	a) Tráfico de matéria-prima b) Cultivo de plantas para o tráfico c) Utilização de local ou bem para o tráfico d) Venda ou entrega de drogas, matéria-prima, insumo ou produto químico a agente disfarçado
Participação no uso de droga	Não pode configurar a entrega da droga em si Ação deve se dirigir a pessoa específica Cabe suspensão condicional do processo
Uso compartilhado	Crime de menor potencial ofensivo (permite transação penal e suspensão condicional do processo) Requisitos cumulativos: oferecimento gratuito, eventual, a pessoa do relacionamento, para consumo conjunto.
Tráfico privilegiado	Causa de diminuição de pena (redução de 1/6 a 2/3) Requisitos cumulativos: primariedade, bons antecedentes, não se dedicar a atividades criminosas, não integrar organização criminosa Não é crime hediondo

Tráfico de maquinário	Tipo subsidiário com relação ao art. 33, *caput*, em um mesmo contexto fático.
Associação para o tráfico	a) Duas ou mais pessoas; b) Para o fim de praticar, reiteradamente ou não; c) Qualquer dos crimes previstos nos arts. 33, *caput* e § 1º, e 34 desta Lei Não é equiparado à hediondo Associação para o financiamento ao tráfico incorre na mesma pena
Financiamento do tráfico de drogas	Crime habitual (corrente majoritária) Em caso de autofinanciamento STJ considera que o agente deve responder pelo art.33, *caput*, majorado pelo art. 40, VII Crime equiparado a hediondo
Informante do tráfico de drogas	Crime subsidiário. Informante não pode integrar o grupo, associação ou organização
Prescrição culposa de drogas	Crime culposo, em caso de dolo há crime do art. 33, *caput* Crime próprio, somente pode ser praticado por aqueles que podem prescrever ou ministrar drogas regularmente
Condução de embarcação ou aeronave após consumo de drogas	No caso de veículo automotor o crime é o do art. 306 do CTB Não se exige que condutor esteja com capacidade psicomotora alterada Crime de perigo concreto. Exige-se demonstração do perigo de dano
Causas de aumento	Aumento de 1/6 a 2/3 a) Transnacionalidade do delito b) Prática do crime prevalecendo-se de função pública ou no desempenho de missão de educação, poder familiar, guarda ou vigilância c) Crime cometido nas dependências ou imediações de prisões, escolas, hospitais, transportes públicos, etc. d) Crime praticado com violência, grave ameaça, emprego de arma de fogo ou processo de intimidação e) Tráfico interestadual ou entre Estados e o DF f) Envolver ou atingir criança ou adolescente, ou quem tenha diminuída ou suprimida a capacidade de entendimento e determinação g) O agente financiar ou custear o crime
Colaboração premiada	Objetivos: Identificação dos demais co-autores ou partícipes e recuperação total ou parcial do produto do crime Benefício legal: Redução de 1/3 a 2/3
Fiança, graça, indulto e liberdade provisória	Vedação legal a fiança, o *sursis*, a graça, o indulto, a anistia e a liberdade provisória, bem como a conversão de suas penas em restritivas de direitos para os crimes previstos nos arts. 33, *caput* e § 1º, e 34 a 37 Inconstitucionalidade da vedação a possibilidade de conversão da pena em restritiva de direitos.
Inimputabilidade por dependência ou efeito drogas	Isenção de pena caso o agente seja inteiramente incapaz de entender o caráter ilícito do fato ou de determinar-se de acordo com esse entendimento. Em decorrência caso fortuito ou força maior
Semi-imputablidade por dependência ou efeito de drogas	Redução de 1/3 a 2/3 caso o agente não possua, ao tempo da ação ou da omissão, a plena capacidade de entender o caráter ilícito do fato ou de determinar-se de acordo com esse entendimento. Em decorrência caso fortuito ou força maior

11.23. Procedimento nos crimes da Lei de Drogas

Arts. 48 e 49: procedimento no crime do art. 28

Art. 48. O procedimento relativo aos processos por crimes definidos neste Título rege-se pelo disposto neste Capítulo, aplicando-se, subsidiariamente, as disposições do Código de Processo Penal e da Lei de Execução Penal.

§ 1º O agente de qualquer das condutas previstas no art. 28 desta Lei, salvo se houver concurso com os crimes previstos nos arts. 33 a 37 desta Lei, será processado e julgado na forma dos arts. 60 e seguintes da Lei nº 9.099, de 26 de setembro de 1995, que dispõe sobre os Juizados Especiais Criminais.

§ 2º Tratando-se da conduta prevista no art. 28 desta Lei, não se imporá prisão em flagrante, devendo o autor do fato ser imediatamente encaminhado ao juízo competente ou, na falta deste, assumir o compromisso de a ele comparecer, lavrando-se termo circunstanciado e providenciando-se as requisições dos exames e perícias necessários.

§ 3º Se ausente a autoridade judicial, as providências previstas no § 2º deste artigo serão tomadas de imediato pela autoridade policial, no local em que se encontrar, vedada a detenção do agente. (Vide ADIN 3807)

§ 4º Concluídos os procedimentos de que trata o § 2º deste artigo, o agente será submetido a exame de corpo de delito, se o requerer ou se a autoridade de polícia judiciária entender conveniente, e em seguida liberado.

§ 5º Para os fins do disposto no art. 76 da Lei nº 9.099, de 1995, que dispõe sobre os Juizados Especiais Criminais, o Ministério Público poderá propor a aplicação imediata de pena prevista no art. 28 desta Lei, a ser especificada na proposta.

Art. 49. Tratando-se de condutas tipificadas nos arts. 33, caput e § 1º , e 34 a 37 desta Lei, o juiz, sempre que as circunstâncias o recomendem, empregará os instrumentos protetivos de colaboradores e testemunhas previstos na Lei nº 9.807, de 13 de julho de 1999.

O **procedimento especial** para os crimes da Lei de Drogas traz algumas diferenças com relação ao disposto no Código de Processo Penal e Lei de Execução Penal, porém no que for cabível esses diplomas gerais podem ser aplicados também.

Os parágrafos do **art. 48** tratam do procedimento específico para o **crime do art. 28** da Lei de Drogas, iniciando-se pelo **§ 1º**, que prevê expressamente que o crime de posse de drogas para uso pessoal **é de menor potencial ofensivo** e se sujeita, portanto, ao Juizado Especial Criminal da Lei nº 9.099/1995. Assim, o autor **não deve ser preso em flagrante** delito se assumir o compromisso de comparecer ao juízo competente[62], sendo lavrado o Termo Circunstanciado de Ocorrência (TCO).

Atenção:

se houver concurso com crimes da Lei de Drogas que não são de menor potencial ofensivo o feito não se processará no juizado especial criminal, porém o autor do crime do art. 28 terá direito aos benefícios despenalizadores da Lei nº 9.099/1995, nos termos do art. 60 da Lei nº 9.099/1995[63].

62 Art. 69, parágrafo único, da Lei nº 9099 prevê que: "ao autor do fato que, após a lavratura do termo, for imediatamente encaminhado ao juizado ou assumir o compromisso de a ele comparecer, não se imporá prisão em flagrante, nem se exigirá fiança. Em caso de violência doméstica, o juiz poderá determinar, como medida de cautela, seu afastamento do lar, domicílio ou local de convivência com a vítima".

63 *Art. 60. O Juizado Especial Criminal, provido por juízes togados ou togados e leigos, tem competência para a conciliação, o julgamento e a execução das infrações penais de menor potencial ofensivo, respeitadas as regras de conexão e continência.*

Como o crime do art. 28 não possui pena privativa de liberdade, entendemos que **mesmo que o autor não assuma o compromisso** de comparecer ao juízo competente, a ele não se poderá impor a prisão em flagrante, entendida como o seu recolhimento ao cárcere. Isso, pois é plenamente válida a captura e condução do usuário à autoridade policial para deliberação. Para aprofundamento nesses aspectos relacionados às fases da prisão em flagrante, remetemos o leitor aos comentários ao veto art. 11 da Lei de Abuso de Autoridade.

Atenção:

há outros crimes na Lei de Drogas que também são de menor potencial ofensivo em razão da pena não ser superior a dois anos, como é o caso do **art. 33, § 3º, e do art. 38**. Entretanto, a previsão específica com relação ao art. 28 é importante porque o crime não tem pena privativa de liberdade, de modo que poderia surgir dúvida sobre sua adequação ao critério legal de crime de menor potencial ofensivo.

Apesar de ser a praxe a apresentação do preso à autoridade policial (Delegado de Polícia), **o disposto no § 3º, do art. 48, gerou polêmica**, eis que textualmente o que diz é que as providências serão tomadas pela autoridade policial **"se ausente a autoridade judicial"**. Assim, parte da doutrina entende que a regra seria a apresentação do usuário diretamente ao juiz, pelo menos nos locais onde houvesse plantão judiciário permanente.

Atenção:

para os adeptos desse entendimento, a decisão do **STF na ADI n. 3807**[64], no sentido de que o magistrado também pode lavrar o TCO da Lei de Drogas, reforçaria a tese de que a regra geral é a apresentação do usuário diretamente à autoridade judiciária.

Esse entendimento, entretanto, **colocaria em risco a imparcialidade do magistrado**, ferindo o **princípio acusatório**, além de se mostrar impraticável diante da realidade do Poder Judiciário. Assim, posições mais abalizadas entendem que o Termo Circunstanciado deve ficar a cargo da autoridade policial (nossa posição)[65], ou, ao menos, o termo "autoridade judiciária" deve ser interpretado como "juízo competente", apresentando-se o usuário na secretaria do juízo para agendamento da audiência preliminar.

Parágrafo único. Na reunião de processos, perante o juízo comum ou o tribunal do júri, decorrentes da aplicação das regras de conexão e continência, observar-se-ão os institutos da transação penal e da composição dos danos civis.

64 AÇÃO DIRETA DE INCONSTITUCIONALIDADE. § 3º DO ART. 48 DA LEI Nº 11.343/2006. PROCESSAMENTO DO CRIME PREVISTO NO ART. 28 DA LEI Nº 11.343/2006. ATRIBUIÇÃO À AUTORIDADE JUDICIAL DE LAVRATURA DE TERMO CIRCUNSTANCIADO E REQUISIÇÃO DOS EXAMES E PERÍCIAS NECESSÁRIOS. CONSTITUCIONALIDADE. INEXISTÊNCIA DE ATO DE INVESTIGAÇÃO. INOCORRÊNCIA DE ATRIBUIÇÃO DE FUNÇÃO DE POLÍCIA JUDICIÁRIA AO PODER JUDICIÁRIO. AÇÃO DIRETA JULGADA IMPROCEDENTE. ADI 3807/DF – Tribunal pleno – rel. Min. Cármen Lúcia – j. 29-6-2020 – publicação: 13-8-2020.

65 Também com esse entendimento, LIMA. Op. cit., p. 1118.

Com relação aos **crimes mais graves** da Lei de Drogas, dos arts. 33, *caput* e § 1º, e 34 a 37, **o disposto no art. 49** prevê que o juiz empregue instrumentos **protetivos de colaboradores e testemunhas** de acordo com a Lei nº 9.807/99.

Trata-se da lei de proteção de vítimas e testemunhas, o que demonstra a preocupação do legislador com a atemorização difusa que o tráfico de drogas gera, muitas vezes inviabilizando a colheita de testemunhos. A referida lei, entretanto, prevê que o programa de proteção é dirigido por um conselho, com regras para admissão das testemunhas, de modo que a decisão não ficará a cargo unicamente do juiz.

11.23.1. Prisão em flagrante e destruição das drogas

> **Art. 50.** Ocorrendo prisão em flagrante, a autoridade de polícia judiciária fará, imediatamente, comunicação ao juiz competente, remetendo-lhe cópia do auto lavrado, do qual será dada vista ao órgão do Ministério Público, em 24 (vinte e quatro) horas.
>
> **§ 1º** Para efeito da lavratura do auto de prisão em flagrante e estabelecimento da materialidade do delito, é suficiente o laudo de constatação da natureza e quantidade da droga, firmado por perito oficial ou, na falta deste, por pessoa idônea.
>
> **§ 2º** O perito que subscrever o laudo a que se refere o § 1º deste artigo não ficará impedido de participar da elaboração do laudo definitivo.
>
> **§ 3º** Recebida cópia do auto de prisão em flagrante, o juiz, no prazo de 10 (dez) dias, certificará a regularidade formal do laudo de constatação e determinará a destruição das drogas apreendidas, guardando-se amostra necessária à realização do laudo definitivo. **(Incluído pela Lei nº 12.961, de 2014)**
>
> **§ 4º** A destruição das drogas será executada pelo delegado de polícia competente no prazo de 15 (quinze) dias na presença do Ministério Público e da autoridade sanitária. **(Incluído pela Lei nº 12.961, de 2014)**
>
> **§ 5º** O local será vistoriado antes e depois de efetivada a destruição das drogas referida no § 3º, sendo lavrado auto circunstanciado pelo delegado de polícia, certificando-se neste a destruição total delas.
>
> **Art. 50-A.** A destruição das drogas apreendidas sem a ocorrência de prisão em flagrante será feita por incineração, no prazo máximo de 30 (trinta) dias contados da data da apreensão, guardando-se amostra necessária à realização do laudo definitivo. (Redação dada pela Lei nº 13.840, de 2019)

O art. 50 traz algumas **regras específicas envolvendo a lavratura do auto de prisão em flagrante** em crimes da Lei de Drogas. A Lei exige comunicação imediata da prisão, e vistas ao Ministério Público em 24 horas.

A lei, entretanto, prevê expressamente que a **prova da materialidade** para a lavratura do auto pode ser feita apenas com o **laudo de constatação** da natureza e quantidade da droga, antes, portanto, do laudo **toxicológico definitivo.**

Tratando-se de crimes da Lei de Drogas **é imprescindível que se demonstre qual é a substância,** eis que a norma penal é complementada pela lista da ANVISA que traz as substâncias consideradas drogas.

Na prática, **o laudo de constatação possui um procedimento mais simples**, realizado de forma mais célere, apenas para identificação do princípio ativo das principais drogas comumente encontradas. A constatação de "cocaína", por exemplo, pode ser feita pingando uma gota de solução de tiocianato de cobalto que, em contato com a "cocaína", desenvolve coloração azul no resultado positivo.

O **laudo de constatação** pode ser feito por perito oficial, que **não ficará impedido** de posteriormente **realizar o definitivo**, mas na falta dele também **é possível que seja realizado por qualquer pessoa idônea**, podendo ser inclusive um policial. É comum que policiais recebam treinamento para exames mais simples de constatação, principalmente em circunscrições em locais mais remotos, em que o acesso ao perito oficial demandaria horas.

Atenção:

trata-se de **exceção à regra do art. 159 do Código de Processo Penal,** que exige, na falta do perito oficial, que o exame seja realizado por duas pessoas idôneas **com diploma** de curso superior.

Posteriormente, **em laudo toxicológico definitivo**, podem ser feitos exames mais detalhados, como de **grau de pureza** do entorpecente.

Importante para Concursos:

segundo a jurisprudência dos Tribunais Superiores, apesar de ser suficiente para a lavratura do auto de prisão em flagrante, **o laudo de constatação não se presta, sozinho, a comprovar a materialidade delitiva para a condenação** por crime da Lei de Drogas, exigindo-se o laudo toxicológico definitivo. A falta desse exame definitivo só poderá ser suprida excepcionalmente, caso o laudo de constatação tenha sido também realizado por perito oficial em circunstâncias semelhantes.[66]

Já com relação à destruição das drogas o art. 50 traz uma regra para os **casos de prisão em flagrante** com apreensão de droga já produzida, ao passo que o art. 50-A traz regra para destruição de droga já produzida **fora de hipótese flagrancial.** Somam-se a essas situações, ainda, a previsão **do art. 32**, que trata da destruição de plantações destinadas à preparação de drogas, **e o art. 72**, que trata da destruição de amostras de drogas guardadas para realização do exame toxicológico definitivo.

66 "(...) A Terceira Seção deste Superior Tribunal possui o entendimento de que, somente em casos excepcionalíssimos, é possível a condenação por crime de tráfico de drogas mesmo sem a juntada do laudo toxicológico definitivo aos autos (...) Embora ainda não tenha havido a juntada aos autos do laudo toxicológico definitivo, há meios robustos de prova que evidenciam a materialidade do delito de tráfico de drogas. Isso porque, embora o laudo de constatação haja sido elaborado ainda na fase inquisitiva, conteve todas as informações necessárias à comprovação, com segurança, de que as substâncias apreendidas com o acusado se tratavam de cocaína e crack (...)". STJ. AgRg no AREsp 1900493/MG – 6ª T. – rel. Min. Rogerio Schietti Cruz – j. 16-11-2021 – *DJe*: 22-11-2021.

Art. 32 (plantação)	Art. 50, §§ 3º, 4º e 5º (flagrante)	Art. 50-A (sem flagrante)	Art. 72 (amostras)
As plantações ilícitas serão imediatamente destruídas pelo delegado de polícia na forma do art. 50-A, que recolherá quantidade suficiente para exame pericial de tudo, lavrando auto de levantamento das condições encontradas, com a delimitação do local, asseguradas as medidas necessárias para a preservação da prova.	Recebida cópia do auto de prisão, o juiz, no prazo de 10 (dez) dias, certificará a regularidade formal do laudo de constatação e determinará a destruição das drogas apreendidas, guardando-se amostra necessária à realização do laudo definitivo. A destruição das drogas será executada pelo delegado de polícia competente no prazo de **15 (quinze) dias** na presença do Ministério Público e da autoridade sanitária. O local será vistoriado antes e depois de efetivada a destruição das drogas referida no § 3º, sendo lavrado auto circunstanciado pelo delegado de polícia, certificando-se neste a destruição total delas	A destruição das drogas apreendidas sem a ocorrência de prisão em flagrante será feita por incineração, **no prazo máximo de 30 (trinta)** dias contados da data da apreensão, guardando-se amostra necessária à realização do laudo definitivo.	Encerrado o processo criminal ou arquivado o inquérito policial, o juiz, de ofício, mediante representação da autoridade de polícia judiciária, ou a requerimento do Ministério Público, determinará a destruição das amostras guardadas para contraprova, certificando nos autos.

11.23.2. Arts. 51 e 52: conclusão do inquérito policial

Art. 51. O inquérito policial será concluído no prazo de 30 (trinta) dias, se o indiciado estiver preso, e de 90 (noventa) dias, quando solto.

Parágrafo único. Os prazos a que se refere este artigo podem ser duplicados pelo juiz, ouvido o Ministério Público, mediante pedido justificado da autoridade de polícia judiciária.

Art. 52. Findos os prazos a que se refere o art. 51 desta Lei, a autoridade de polícia judiciária, remetendo os autos do inquérito ao juízo:

I – relatará sumariamente as circunstâncias do fato, justificando as razões que a levaram à classificação do delito, indicando a quantidade e natureza da substância ou do produto apreendido, o local e as condições em que se desenvolveu a ação criminosa, as circunstâncias da prisão, a conduta, a qualificação e os antecedentes do agente; ou

II – requererá sua devolução para a realização de diligências necessárias.

Parágrafo único. A remessa dos autos far-se-á sem prejuízo de diligências complementares:

I – necessárias ou úteis à plena elucidação do fato, cujo resultado deverá ser encaminhado ao juízo competente até 3 (três) dias antes da audiência de instrução e julgamento;

II – necessárias ou úteis à indicação dos bens, direitos e valores de que seja titular o agente, ou que figurem em seu nome, cujo resultado deverá ser encaminhado ao juízo competente até 3 (três) dias antes da audiência de instrução e julgamento.

Atenção:

a Lei de Drogas prevê **prazo diferenciado para a conclusão do inquérito policial**. No caso de **indiciado preso, o prazo é de 30 dias**, ao passo que no caso de **indiciado solto o prazo é de 90 dias.** Em ambos os casos, **admite-se uma prorrogação, de modo que,** findo o prazo, a autoridade policial solicitará a devolução dos autos para as diligências **necessárias.**

Ao cabo da investigação, a **autoridade policial** finalizará o inquérito apresentando seu relatório final e deverá relatar as circunstâncias do fato apurado, devendo **justificar as**

razões que levaram à capitulação jurídica, analisando a quantidade e a natureza da droga, o local e as condições do fato, as circunstâncias da prisão, a conduta, a qualificação e os antecedentes do agente. A imposição legal pretende evitar a açodada classificação do usuário como traficante, e por isso exige a fundamentação da autoridade policial.

Importante para Concursos:

para a carreira de Delegado de Polícia a exigência de fundamentação quanto à cassificação do crime revela **o caráter jurídico do cargo**. O dispositivo reforça o entendimento de que o relatório final não pode ser mero índice das diligências realizadas. Para maior aprofundamento, remetemos o leitor aos comentários à Lei nº 12.830/2013.

A lei **autoriza ainda a finalização do inquérito na pendência de diligências complementares** à elucidação do fato ou à indicação de bens, direitos e valores do autor, as quais deverão, entretanto, ser encaminhadas ao juízo **até três dias** antes da audiência de instrução e julgamento.

11.23.3. Art. 53: procedimentos investigatórios

Art. 53. Em qualquer fase da persecução criminal relativa aos crimes previstos nesta Lei, são permitidos, além dos previstos em lei, mediante autorização judicial e ouvido o Ministério Público, os seguintes procedimentos investigatórios:

I – a infiltração por agentes de polícia, em tarefas de investigação, constituída pelos órgãos especializados pertinentes;

II – a não atuação policial sobre os portadores de drogas, seus precursores químicos ou outros produtos utilizados em sua produção, que se encontrem no território brasileiro, com a finalidade de identificar e responsabilizar maior número de integrantes de operações de tráfico e distribuição, sem prejuízo da ação penal cabível.

Parágrafo único. Na hipótese do inciso II deste artigo, a autorização será concedida desde que sejam conhecidos o itinerário provável e a identificação dos agentes do delito ou de colaboradores.

Todos os meios de obtenção de prova em geral se aplicam à investigação dos crimes da Lei de Drogas.

Entretanto, a lei foi específica ao **mencionar expressamente** a possibilidade de utilização do chamado **"agente infiltrado" e da "ação controlada"**. Os institutos foram **regulamentados na Lei nº 12.850/2013,** de modo que remetemos o leitor aos comentários à referida lei para maior aprofundamento.

Atenção:

a **ação controlada na Lei de Drogas exige autorização judicial,** que só será concedida se forem conhecidos o itinerário provável da droga e a identificação dos agentes ou colaboradores. Essas exigências praticamente inviabilizam a utilização da técnica.

11.23.4. Arts. 54 e 55: atuação do Ministério Público e defesa prévia

Art. 54. Recebidos em juízo os autos do inquérito policial, de Comissão Parlamentar de Inquérito ou peças de informação, dar-se-á vista ao Ministério Público para, no prazo de 10 (dez) dias, adotar uma das seguintes providências:

I – requerer o arquivamento;

II – requisitar as diligências que entender necessárias;

III – oferecer denúncia, arrolar até 5 (cinco) testemunhas e requerer as demais provas que entender pertinentes.

Art. 55. Oferecida a denúncia, o juiz ordenará a notificação do acusado para oferecer defesa prévia, por escrito, no prazo de 10 (dez) dias.

§ 1º Na resposta, consistente em defesa preliminar e exceções, o acusado poderá argüir preliminares e invocar todas as razões de defesa, oferecer documentos e justificações, especificar as provas que pretende produzir e, até o número de 5 (cinco), arrolar testemunhas.

§ 2º As exceções serão processadas em apartado, nos termos dos **arts. 95 a 113 do Decreto-Lei nº 3.689, de 3 de outubro de 1941 – Código de Processo Penal.**

§ 3º Se a resposta não for apresentada no prazo, o juiz nomeará defensor para oferecê-la em 10 (dez) dias, concedendo-lhe vista dos autos no ato de nomeação.

§ 4º Apresentada a defesa, o juiz decidirá em 5 (cinco) dias.

§ 5º Se entender imprescindível, o juiz, no prazo máximo de 10 (dez) dias, determinará a apresentação do preso, realização de diligências, exames e perícias.

A Lei de Drogas disciplinou de forma especial também a **atuação do membro do Ministério Público,** que terá **dez dias** para atuar após a finalização da investigação, seja por inquérito policial, CPI, ou peças de informação em geral. Via de regra a atuação ministerial ocorrerá com a finalização do inquérito policial pela autoridade policial. O **prazo é sempre de dez dias**, esteja o investigado **preso ou solto.**

Atenção:

no Código de Processo Penal o prazo do Ministério Público é de cinco dias no caso de investigado preso e de quinze dias no caso de investigado solto.

O **art. 54 prevê três soluções** que o membro do Ministério Público pode dar: **1.** apresentar a promoção do arquivamento; **2.** requisitar diligências complementares ao Delegado; ou **3.** oferecer a denúncia, caso em que poderá arrolar até **cinco testemunhas**, número diferente do rito ordinário do Código de Processo Penal, que é de oito.

Atenção:

além dessas três soluções, o membro do Ministério Público **pode tomar outras providências**, como requerer o declínio de competência ou fazer proposta de não persecução penal.

Após o oferecimento da denúncia, a Lei de Drogas também traz especificidades no procedimento a ser adotado em juízo. As fases compõem: a apresentação de **defesa prévia**; o recebimento da denúncia; a citação do denunciado; a realização de audiência de instrução; e a sentença.

A Lei de Drogas traz uma exceção ao rito ordinário do Código de Processo Penal ao prever que, oferecida a denúncia, o juiz notifique o denunciado para apresentar a **defesa prévia em dez dias**, antes do recebimento da denúncia, o que pode levar ao convencimento do juiz a sequer receber a peça acusatória.

Trata-se de **defesa preliminar e de exceções** em que o denunciado poderá sustentar preliminares e alegar tudo que interessar a sua defesa, juntando documentos, especificando provas, e arrolando testemunhas até o número de **cinco**.

Uma vez apresentada a defesa, **o juiz terá cinco dias para apreciá-la** (prazo impróprio), podendo rejeitar a denúncia; recebê-la; ou determinar a apresentação do preso, a realização de diligências exames ou perícias, para melhor decidir.

Atenção:

o STJ entende que a inobservância do disposto no art. 55, que determina o recebimento da denúncia após a apresentação da defesa prévia **constitui nulidade relativa** que depende, portanto, da demonstração dos prejuízos suportados pela defesa.[67]

11.23.5. Arts. 56 a 59: recebimento da denúncia, audiência de instrução e sentença

Art. 56. Recebida a denúncia, o juiz designará dia e hora para a audiência de instrução e julgamento, ordenará a citação pessoal do acusado, a intimação do Ministério Público, do assistente, se for o caso, e requisitará os laudos periciais.

§ 1º Tratando-se de condutas tipificadas como infração do disposto nos arts. 33, caput e § 1º, e 34 a 37 desta Lei, o juiz, ao receber a denúncia, poderá decretar o afastamento cautelar do denunciado de suas atividades, se for funcionário público, comunicando ao órgão respectivo.

§ 2º A audiência a que se refere o caput deste artigo será realizada dentro dos 30 (trinta) dias seguintes ao recebimento da denúncia, salvo se determinada a realização de avaliação para atestar dependência de drogas, quando se realizará em 90 (noventa) dias.

Art. 57. Na audiência de instrução e julgamento, após o interrogatório do acusado e a inquirição das testemunhas, será dada a palavra, sucessivamente, ao representante do Ministério Público e ao defensor do acusado, para sustentação oral, pelo prazo de 20 (vinte) minutos para cada um, prorrogável por mais 10 (dez), a critério do juiz.

67 STJ. Jurisprudência em teses. Edição n. 131. A exemplo do julgado: AgRg no AREsp 1341923/PB – 6ª T. – rel. Min Nefi Cordeiro – j. 4-12-2018 – *DJe* 17-12-2018.

Parágrafo único. Após proceder ao interrogatório, o juiz indagará das partes se restou algum fato para ser esclarecido, formulando as perguntas correspondentes se o entender pertinente e relevante.

Art. 58. Encerrados os debates, proferirá o juiz sentença de imediato, ou o fará em 10 (dez) dias, ordenando que os autos para isso lhe sejam conclusos.

Art. 59. Nos crimes previstos nos arts. 33, *caput* e § 1º, e 34 a 37 desta Lei, o réu não poderá apelar sem recolher-se à prisão, salvo se for primário e de bons antecedentes, assim reconhecido na sentença condenatória.

Após a apresentação da defesa prévia, caso o juiz entenda ser o caso de receber a denúncia, assim decidirá e então **designará o dia e hora para a audiência** de instrução e julgamento, ordenando a citação do acusado, intimando o Ministério Público e requisitando eventuais laudos periciais faltantes.

Quando da edição da Lei de Drogas em 2006 o rito do Código de Processo Penal não previa a apresentação de resposta à acusação após o recebimento da denúncia como faz atualmente o disposto no art. 396-A do Código de Processo Penal.

Após a alteração do CPP, como o art. 394, § 4º, do CPP prevê que as disposições dos arts. 395 a 398 do Código se aplicam a todos os procedimentos penais de primeiro grau, ainda que não regulados por ele, parte da doutrina passou a sustentar que também no rito dos crimes da Lei de Drogas deve haver resposta à acusação depois do recebimento da denúncia.

Ocorre que **a resposta à acusação terá o mesmo teor da já existente defesa prévia da Lei de Drogas**, que é inclusive ofertada antes do recebimento da denúncia. Assim, aplicar o dispositivo configuraria mera repetição protelatória da peça, de modo que tem prevalecido na doutrina a inaplicabilidade do dispositivo ao rito da Lei de Drogas.

Atenção:

Com a decisão de recebimento da denúncia **o juiz poderá também decretar o afastamento cautelar do acusado** que for servidor público, desde que o crime imputado esteja dentre os previstos nos arts. 33, *caput* e § 1º, e 34 a 37 da Lei. Essa cautelar atualmente se soma às outras possíveis cautelares previstas no **art. 319 do Código de Processo Penal**.

A lei prevê que a audiência **deve ser realizada em até trinta dias** do recebimento da denúncia. O **prazo é impróprio**, porém seu descumprimento excessivo pode levar ao relaxamento da prisão do acusado. Caso haja necessidade de avaliar dependência de drogas do acusado, a audiência poderá ser realizada **em 90 dias**, ante a necessidade de realização de exames.

A **audiência será una**, com interrogatório do acusado, oitiva de testemunhas de acusação, e de testemunhas de defesa. Após, há manifestação da acusação, seguida da defesa, por vinte minutos cada um, prorrogável por mais dez minutos.

Atenção:

a reforma do CPP pela Lei nº 11.719/2008, em homenagem à ampla defesa, tornou **o interrogatório o último ato da instrução**, permitindo que o acusado tenha conhecimento sobre toda a instrução antes de prestar sua versão dos fatos. Na Lei de Drogas o interrogatório é o primeiro ato. Entretanto, o **Supremo Tribunal Federal decidiu que a regra do CPP, prevista no seu art. 400, deve-se aplicar a todos os ritos da legislação especial.**[68]

Ao **final das alegações orais** (ao contrário do CPP, a Lei de Drogas não prevê a possibilidade de memoriais por escrito), o juiz poderá proferir **sentença imediatamente, ou em dez dias** (prazo impróprio).

Atenção:

a previsão o art. 59 de que o réu não poderá apelar sem recolher-se à prisão não mais se sustenta diante do reconhecimento pelos Tribunais Superiores de que **não existe prisão automática,** devendo ser analisados os requisitos para a prisão preventiva.

Importante para Concursos:

dispõe a **Súmula nº 347 do STJ,** que "o conhecimento de recurso de apelação do réu independe de sua prisão".

11.24. Quadro sinótico da parte procedimental

Memorização e revisão	
Procedimento no crime do art. 28	- Crime de menor potencial ofensivo - Não se imporá prisão em flagrante. Pensamos que nem mesmo se o autor se recusar a assumir o compromisso de comparecer ao juízo competente - Captura e condução à autoridade policial são possíveis - ADI 3807: Juiz também pode lavrar o TCO. Doutrina: ideal é o juiz se manter equidistante e o TCO ser lavrado pela autoridade policial
Prisão em flagrante	- Comunicação imediata da prisão e vistas ao MP em 24 horas - Basta o auto de constatação, mais simples, que pode ser feito por perito oficial ou uma pessoa idônea (diferente do art. 159 do CPP) - Para condenação é necessário o laudo toxicológico definitivo, exceto em situações excepcionais em que o laudo de constatação tenha sido também realizado por perito oficial em circunstâncias semelhantes

68 (...) a norma inscrita no art. 400 do Código de Processo Penal comum aplica-se, a partir da publicação da ata do presente julgamento, aos processos penais militares, aos processos penais eleitorais e a todos os procedimentos penais regidos por legislação especial incidindo somente naquelas ações penais cuja instrução não se tenha encerrado.(...). STF. HC 127900/AM. – rel. Min. Dias Toffoli – j. 3-3-2016 – publicação: 3-8-2016.

Destruição de drogas	– Art. 32: plantações para preparação de drogas – Art. 50, §§ 3º, 4º e 5º: quando houver prisão em flagrante (15 dias da determinação do juiz quando receber o auto de prisão) – Art. 50-A: quando não houver prisão em flagrante (até 30 dias contados da apreensão) – Art. 72: amostras (após encerrado o processo ou arquivado o IP)
Conclusão do Inquérito Policial	– Prazo diferente do CPP: 30 dias para investigado solto, e 90 dias para investigado preso, podendo ser prorrogado uma vez; – Relatório final: deve conter a fundamentação da autoridade policial quanto à classificação do crime, analisando quantidade e natureza da droga, o local e as condições do fato, as circunstâncias da prisão, a conduta, a qualificação e os antecedentes do agente; – Diligências necessárias: autoridade policial requer devolução para realização; – Diligências complementares, para elucidação do fato ou indicação dos bens de direitos e valores do investigado: podem ser remetidas posteriormente, até três dias antes da audiência de instrução e julgamento
Procedimentos investigatórios	A lei menciona expressamente a possibilidade de serem empregados: – Agente infiltrado – Ação controlada: exige autorização judicial e que sejam conhecidos o itinerário provável da droga e a identificação dos agentes ou colaboradores. – Institutos regulamentados também na Lei nº 12.850/2013.
Atuação do Ministério Público	– Prazo de dez dias após a finalização da investigação, esteja o investigado preso ou solto, diferentemente do previsto no CPP – Até cinco testemunhas
Defesa prévia	– Oferecida a denúncia, o denunciado deve ser notificado para apresentar defesa prévia em dez dias (antes do recebimento da denúncia) – É uma oportunidade maior para a defesa convencer o juiz a sequer receber a peça acusatória. Entretanto, o STJ entende que a inobservância do disposto no art. 55, que determina o recebimento da denúncia após a apresentação da defesa prévia constitui nulidade relativa (AgRg no AREsp 1341923/PB)
Recebimento da denúncia e audiência de instrução	– Recebida a denúncia o juiz deve citar o acusado, e marcar data e hora no prazo de 30 dias, exceto se houver necessidade de avaliar dependência de drogas do acusado, caso em que a audiência poderá se dar em 90 dias; – Cautelar: o juiz pode decretar o afastamento cautelar se o acusado for servidor público. Atualmente há cautelares também no art. 319 do CPP – Audiência: pela lei se inicia com o interrogatório. Com a mudança do CPP, entretanto, o STF passou a entender que o art. 400 do CPP, que prevê o interrogatório ao final, aplica-se a todos os ritos de leis especiais (HC 127900/AM – 2016). – Alegações finais orais (não há previsão de memoriais escritos), e o juiz sentencia na hora ou em dez dias. – A previsão de que o réu se recolha à prisão para poder recorrer não encontra mais respaldo, ante a proibição de prisão automática, e a garantia do duplo grau de jurisdição.

11.25. Questões de concurso

1. **(TJ-MS – Juiz Substituto – FCC – 2020)** No que concerne à lei de drogas, correto afirmar:

A) cabível a redução da pena de um sexto a dois terços para o agente que tem em depósito, sem autorização ou em desacordo com determinação legal ou regulamentar, matéria-prima, insumo ou produto químico destinado à preparação de drogas, desde que primário, de bons antecedentes, não se dedique às atividades criminosas nem integre organização criminosa.

B) o juiz, na fixação das penas, em igualdade de condições com todas as circunstâncias previstas no Código Penal para estabelecimento das sanções básicas, considerará a natureza e a quantidade da substância ou do produto.

C) a pena de multa pode ser aumentada até o limite do triplo se, em virtude da situação econômica do acusado, considerá-la o juiz ineficaz, ainda que aplicada no máximo.

D) para a caracterização da majorante do tráfico entre Estados da Federação ou entre este e o Distrito Federal, necessária a efetiva transposição das respectivas fronteiras, não bastando a demonstração inequívoca da intenção de realizar o tráfico interestadual.

E) é de dois anos o prazo de prescrição no crime de posse de droga para consumo pessoal, não se aplicando, contudo, as causas de interrupção previstas no Código Penal.

Gabarito: A.

2. **(Polícia Federal - Delegado de Polícia Federal - CESPE - 2021)** Com relação aos crimes previstos em legislação especial, julgue o item a seguir.

A importação de sementes de maconha em pequena quantidade é considerada conduta atípica.

Gabarito: Certo.

3. **(PC-RN - Delegado de Polícia Substituto - FGV - 2021)** Maria, 61 anos, primária e de bons antecedentes, é responsável pela criação de três netos com idades entre 10 e 16 anos. Em dificuldade financeira, aceita proposta de um vizinho para levar 1 kg de maconha da cidade de Natal, onde reside, para Mossoró, no mesmo Estado, recebendo um salário mínimo pelo serviço. Maria, porém, foi flagrada por policiais militares em abordagem de rotina quando transportava a droga em uma bolsa que estava no maleiro do ônibus intermunicipal por ela utilizado, admitindo a empreitada criminosa. Diante desse quadro fático, o comportamento de Maria configura, de acordo com a jurisprudência dos Tribunais Superiores, crime de:

A) tráfico majorado pela infração ter sido praticada no interior de transporte público, não fazendo jus à forma privilegiada;

B) tráfico majorado pela infração ter sido praticada no interior de transporte público, reconhecida a forma privilegiada;

C) tráfico privilegiado sem causa de aumento, admitindo a substituição da pena privativa de liberdade por restritiva de direitos;

D) tráfico privilegiado sem causa de aumento, não podendo a pena privativa de liberdade ser substituída por restritiva de direitos por ter natureza assemelhada aos crimes hediondos;

E) tráfico majorado em razão da intermunicipalidade do transporte, não sendo aplicável a causa de diminuição de pena decorrente do tráfico privilegiado.

Gabarito: C.

4. **(PC-PR - Delegado de Polícia - UFPR - 2021)** Sobre os tipos penais previstos na Lei de Drogas (Lei nº 11.343/2006), e considerando a interpretação que lhes é dada pelo STJ, assinale a alternativa correta.

A) A comprovação da materialidade do delito de posse de drogas para uso próprio não depende da elaboração de laudo de constatação da substância entorpecente que evidencie a natureza e a quantidade da substância apreendida.

B) Para a configuração do crime de associação para o tráfico de drogas é indispensável que haja a apreensão de drogas na posse direta do agente.

C) A conduta de posse de droga para consumo próprio foi descriminalizada pela referida lei, tendo havido, portanto, abolitio criminis.

D) **O tráfico ilícito de drogas na sua forma privilegiada não é crime equiparado a hediondo.**

E) Prescrevem em 4 anos a imposição e a execução das penas referentes à conduta de posse de droga para consumo próprio.

Gabarito: D.

5. **(TJ-MS – Juiz Substituto – FCC – 2020)** Quanto aos aspectos processuais da Lei de Drogas, correto afirmar que

A) o agente surpreendido na posse de droga para consumo pessoal será processado e julgado perante o Juizado Especial Criminal, permitida a transação penal, ainda que haja concurso com o delito de tráfico de entorpecentes, a ser apurado no juízo comum.

B) o inquérito policial será concluído no prazo de 30 (trinta) dias, se o indiciado estiver preso, e de 90 (noventa) dias, quando solto, podendo haver duplicação de tais prazos pelo juiz, ouvido o Ministério Público, mediante pedido justificado da autoridade de polícia judiciária.

C) o juiz, oferecida a denúncia, ordenará a notificação do acusado para oferecer defesa prévia, por escrito, no prazo de 10 (dez) dias, decidindo a seguir em 05 (cinco) dias, apresentada ou não a resposta.

D) suficiente o laudo de constatação da natureza e quantidade da droga, firmado por perito oficial ou, na falta deste, por pessoa idônea, para efeito da lavratura do auto de prisão em flagrante e estabelecimento da materialidade do delito, ficando impedido, porém, o perito que o subscrever de participar do laudo definitivo.

E) o Ministério Público, recebidos os autos do inquérito policial, poderá, no prazo de 10 (dez) dias, requerer o arquivamento, requisitar diligências que entender necessárias ou oferecer denúncia arrolando até 08 (oito) testemunhas.

Gabarito: B.

CAPÍTULO 12
LEI Nº 12.830/2013 – INVESTIGAÇÃO CRIMINAL PELO DELEGADO DE POLÍCIA

12.1. Art. 1º: introdução

> **Art. 1º** Esta Lei dispõe sobre a investigação criminal conduzida pelo delegado de polícia.

A Lei nº 12.830/2013 é pequena, mas possui vários conceitos importantes. Foi editada em 2013 e veio para consolidar e disciplinar alguns aspectos da investigação criminal pelo Delegado de Polícia, assegurando algumas garantias funcionais e prerrogativas.

Dada a importância da uniformização de alguns conceitos e aspectos em âmbito federal, alguns autores chamam essa lei de **Estatuto do Delegado de Polícia.**

Importante para Concursos:

notadamente para a carreira de Delegado de Polícia e outras carreiras policiais a lei é bastante relevante, porque gerou debates acadêmicos e seminários, nos quais foram consolidados alguns conceitos e definições importantes para concursos **na área policial** em geral.

12.2. Art. 2º: funções de polícia judiciária e apuração de infrações penais

> **Art. 2º** As funções de polícia judiciária e a apuração de infrações penais exercidas pelo delegado de polícia são de natureza jurídica, essenciais e exclusivas de Estado.

A **Constituição Federal de 1988** prevê expressamente que as polícias civis são dirigidas por Delegados de Polícia de carreira, e que a elas cabem as **funções de polícia judiciária e de apuração de infrações penais** (art. 144, § 4°).

Assim, logo de início a lei reforça a distinção da Constituição Federal quanto às **duas principais atividades das Polícias Judiciárias** (Federal e Civis).

A **primeira atividade** é a função de **polícia judiciária**, ou seja, de auxílio ao Poder Judiciário, como acontece no cumprimento de mandados. A **segunda** é a **investigação** de infrações penais propriamente dita.

Atenção:

parte da doutrina divide as atribuições das Polícias Judiciárias (Polícia Federal e Polícias Civis nos Estados), em **1) de Polícia Judiciária** propriamente dita, como auxiliar do Poder Judiciário, a exemplo do cumprimento de mandados de prisão; **2) de Polícia Investigativa**, repressiva, após o crime, para colheita de provas da infração penal, a fim de demonstrar a ocorrência do crime (materialidade delitiva), sua autoria, e todas as suas circunstâncias; e por fim, **3) de Polícia Administrativa**, de cunho preventivo, objetivando evitar novas infrações penais, a exemplo do policiamento ostensivo uniformizado.

Na parte final do dispositivo, a lei revela **o caráter jurídico da carreira de delegado de Polícia,** explicitando que ambas as funções têm natureza jurídica, isto é, demandam conhecimento jurídico.

Nada mais evidente, eis que as funções da autoridade policial se voltam à análise de tipos penais, hipóteses de cabimento de prisão, de garantias constitucionais, dentre outras providências que demandam conhecimentos jurídicos, essenciais para que possa recolher alguém à prisão, representar por medidas cautelares, determinar diligências, requisitar informações, etc.

Assim, fica claro que o cargo só pode ser exercido por aqueles que detêm formação jurídica.

Atenção:

no caso da Polícia Federal, o art. 2°-B da Lei nº 9.266/1996 (incluído pela Lei nº 13.047/2014), prevê que o ingresso no cargo de Delegado de Polícia Federal se dará por concurso público de provas e títulos, com a participação da Ordem dos Advogados do Brasil, sendo **privativo de bacharel em Direito, e exigindo três anos de atividade jurídica ou policial**, comprovados no ato de posse.

Na sua parte final, o art. 2º da Lei nº 12.830/2013, em estudo, equipara a carreira de Delegado de Polícia às demais **carreiras essenciais à Justiça** (como a dos Juízes, Promotores, Defensores e Advogados), considerando que os Delegados de Polícia também exercem **funções exclusivas de Estado.**

Importante para Concursos:

uma das características do inquérito policial é a **oficialidade**, ou seja, o fato de que é presidido por órgão oficial do Estado.

12.3. Art. 2º, § 1º: investigação criminal pelo Delegado de Polícia

§ 1º Ao delegado de polícia, na qualidade de autoridade policial, cabe a condução da investigação criminal por meio de inquérito policial ou outro procedimento previsto em lei, que tem como objetivo a apuração das circunstâncias, da materialidade e da autoria das infrações penais.

A lei menciona expressamente que a **autoridade policial é sinônimo de Delegado de Polícia,** consolidando o entendimento doutrinário de que no processo penal há duas autoridades, a judicial e a policial.

A **autoridade judicial é o Juiz,** que terá atuação preponderante após as investigações, no processo, quando já houver acusação, e algumas atuações pontuais na fase extraprocessual (de investigação). **Já a autoridade policial é o Delegado de Polícia,** com atuação preponderante na fase extraprocessual, decidindo situações de flagrante delito, e representado por providências mais invasivas que dependem de análise do Poder Judiciário.[1]

O dispositivo ainda **atribui ao Delegado de Polícia a condução de investigações criminais,** seja por inquérito policial ou **qualquer outro procedimento** previsto em lei.

Atenção:

exemplo de outro procedimento previsto em lei é o **Termo Circunstanciado de Ocorrência** disciplinado na Lei nº 9.099/1995.

Importante para Concursos:

para a **carreira de Delegado de Polícia** é importante se atentar que esse dispositivo fundamenta, na opinião de parte da doutrina, o entendimento de que apenas o Delegado de Polícia pode lavrar Termo Circunstânciado de Ocorrência, porque, apesar de simplificado, o procedimento é uma forma de investigação sumária.

De outro lado, há quem sustente que qualquer policial poderia lavrar Termo Circunstanciado ao se deparar com uma ocorrência de menor potencial ofensivo. Houve regulamentação legal dessa possibilidade em alguns Estados. Em âmbito federal, houve ainda regulamentação administrativa no sentido de que policiais rodoviários federais poderiam lavrar termo circunstanciado (Dec. nº 10.073/2019).

Na **jurisprudência do Supremo Tribunal Federal,** os ministros já chegaram a mencionar que estaria pacificado o entendimento de que compete à Polícia Civil/Federal lavrar termo circunstanciado, sob pena de usurpação de função pela Polícia Militar.[2] [3]

1 Para a carreira de Delegado de Polícia é bastante pertinente o ensinamento de Mirabete, no sentido de que autoridade policial "*É o servidor que exerce em nome próprio o poder do estado, tomando decisões, impondo regras, dando ordens, restringindo bens jurídicos e direitos individuais, tudo nos limites da lei. Não tem esse poder, portanto, os agentes públicos que são investigadores, escrivães, policiais militares, subordinados que são às autoridades respectivas. Na legislação processual comum, aliás, só são conhecidas duas espécies de "autoridades": a autoridade policial, que é o Delegado de Polícia, e a autoridade judiciária, que é o Juiz de Direito*". MIRABETE, Julio Fabrinni. *Juizados Especiais Criminais – Comentários, Jurisprudência e Legislação.* São Paulo: Atlas, 1997. p. 60.

2 RECURSOS EXTRAORDINÁRIOS. AÇÃO DIRETA DE INCONSTITUCIONALIDADE PERANTE O TRIBUNAL DE JUSTIÇA LOCAL. LEI ESTADUAL Nº 3.514/2010. POLÍCIA MILITAR. ELABORAÇÃO DE TERMO CIRCUNSTANCIADO. IMPOSSIBILIDADE. USURPAÇÃO DE COMPETÊNCIA. ATRIBUIÇÃO DA POLÍCIA JUDICIÁRIA – POLÍCIA CIVIL. PRECEDENTE. ADI Nº 3.614. INVIABILIDADE DO RECURSO EXTRAORDINÁRIO. (...) O Plenário do Supremo Tribunal Federal decidiu, ao julgar a ADI nº 3.614, que teve a Ministra Cármen como redatora para o acórdão, pacificou o entendimento segundo o qual a atribuição de polícia judiciária compete à Polícia Civil, devendo o Termo Circunstanciado ser por ela lavrado, sob pena de usurpação de função pela Polícia Militar.(...). RE 702617 – rel. Min. Luiz Fux – j. 28-8-2012 – publicação: 3-9-2012.

3 Em decisão monocrática mais recente, ainda: (...) "Agravo Regimental a que se nega provimento" (RE n. **702.617**-AgR, Relator o Ministro Luiz Fux, Primeira Turma, DJe 21.3.2013). Ao permitir a transferência de atividades próprias de

Entretanto, há **decisão monocrática** do Ministro Gilmar Mendes do Supremo Tribunal Federal entendendo que o fato do termo circunstanciado ter sido lavrado por policial militar não gera nulidade. [4]

Atenção:

levando a uma guinada no entendimento jurisprudencial do STF, o tema foi discutido na ADI nº 5637, na qual, os Ministros votaram pela constitucionalidade da Lei do Estado de Minas Gerais nº 22.257, de 27 de julho de 2016, entendendo improcedente a ação direta e com isso referendaram a possibilidade prevista naquela lei de que outros policiais lavrem o termo circunstanciado. Em seu voto, que foi acompanhado pelos demais, o **Ministro Edson Fachin** diferenciou o inquérito policial do **termo circunstanciado**, decidindo que este segundo **não tem função investigativa**, sendo nada mais do que **"um boletim de ocorrência mais detalhado".**

Importante para Concursos:

a decisão do STF na ADI n. 5.637 é muito relevante para a **carreira de delegado de polícia** e é provável que tanto o teor da decisão como possíveis críticas ao posicionamento do STF sejam exploradas pelos examinadores. Como crítica à decisão, têm-se a problemática prática de que em alguns casos a capitulação jurídica da conduta é bastante limítrofe e depende de análise e fundamentação jurídica. [5]

12.4. Art. 2º, § 2º: poder requisitório do Delegado de Polícia

§ 2º Durante a investigação criminal, cabe ao delegado de polícia a requisição de perícia, informações, documentos e dados que interessem à apuração dos fatos.

O parágrafo segundo atribui **poder de requisição ao delegado de Polícia** para que possa realizar as investigações criminais.

Atenção:

os arts. 6º e 7º do Código de Processo Penal já atribuem ao Delegado de Polícia alguns poderes, como o de determinar apreensão de objetos, requisitar perícias e exames, e

polícia judiciária a policiais militares, pelo acórdão recorrido se legitimou o desvio de função na espécie, divergindo da orientação jurisprudencial deste Supremo Tribunal Federal.(...) RE 1331078 – rel. Min. Cármen Lúcia – j. 4-8-2021 – publicação: 10-8-2021.

4 STF. RE 1050631 – rel. Min. Gilmar Mendes – j. 22-9-2017 – publicação: 28-9-2017.

5 Quem seria, por exemplo, a autoridade responsável por deliberar se determinada ocorrência configura tráfico de drogas ou porte de drogas para uso pessoal? Como proceder, por exemplo, caso seja lavrado TCO sem conhecimento do Delegado de Polícia, o individuo colocado em liberdade mediante compromisso, e posteriormente o membro do Ministério Público entenda que se trata de tráfico de drogas, e que, portanto, o individuo deveria ter sido preso em flagrante?

colher todas as provas necessárias ao esclarecimento do fato. **O dispositivo da Lei nº 12.830/2013 amplia esses poderes,** atribuindo ao Delegado de Polícia poder de requisição de quaisquer informações, documentos e dados que interessem à apuração dos fatos.

Entretanto, **algumas informações estão protegidas pela chamada cláusula de reserva de jurisdição,** isto é, sob sigilo garantido pela Constituição Federal, que somente o juiz pode afastar. Nesses casos, o delegado não poderá requisitar os dados diretamente, terá de representar ao juiz para quebra desse sigilo. É o caso, por exemplo, da decretação de interceptação telefônica.

12.5. Art. 2º, §§ 4º e 5º: restrição à avocação ou redistribuição de inquérito policial e relativa inamovibilidade do Delegado de Polícia

§ 3º (VETADO).

§ 4º O inquérito policial ou outro procedimento previsto em lei em curso somente poderá ser avocado ou redistribuído por superior hierárquico, mediante despacho fundamentado, por motivo de interesse público ou nas hipóteses de inobservância dos procedimentos previstos em regulamento da corporação que prejudique a eficácia da investigação.

§ 5º A remoção do delegado de polícia dar-se-á somente por ato fundamentado.

Tanto o § 4º quanto o 5º visam conferir maior **segurança, imparcialidade, independência e autonomia ao trabalho de investigação** desenvolvido pelo Delegado de Polícia.

O primeiro dispositivo evita que a investigação seja retirada das mãos do delegado de forma arbitrária. Exigindo que a avoação ou redistribuição do inquérito ou outro procedimento seja acompanhada de **despacho fundamentado**, acrescido de **motivo de interesse público** ou demonstração de desídia na investigação.

Atenção:

avocação é o ato do superior hierárquico de trazer para si a condução do procedimento investigativo que antes tramitava sob a presidência de seu subordinado. **Redistribuição** é o deslocamento do inquérito da presidência de um delegado de polícia para outro delegado.

Tanto na avocação como na redistribuição a consequência é a mudança da presidência do procedimento de investigação e para evitar que isso seja feito com intenções não republicanas é que a lei exige que o ato seja fundamentado, demonstrando o interesse público na avocação/redistribuição ou a desídia de quem estava presidindo. **Não havendo fundamentação, a avocação ou redistribuição é ilegal, assim como se a fundamentação for mentirosa.** Sendo ilegal, o ato poderá ser anulado.

Já o § 5º prevê relativa inamovibilidade do Delegado de Polícia, exigindo que sua remoção seja feita somente com fundamentação. Visa evitar que haja remoção arbitrária da autoridade policial, retirando o delegado do local em que ele preside a investigação, e indiretamente retirando de sua presidência o procedimento.

Importante para Concursos:

a relativa inamovibilidade e a restrição à avocação do procedimento fundamentariam, segundo alguns autores, a existência do **princípio do Delegado Natural,** no sentido de que deve haver sempre um delegado previamente definido para atuar no caso.[6] Entretanto, essa posição é polêmica, e outra parte da doutrina não reconhece a existência desse princípio.[7] A **jurisprudência também não** tem assegurado sua existência.[8]

12.6. Art. 2º, § 6º: indiciamento como ato privativo do Delegado de Polícia

> **§ 6º** O indiciamento, privativo do delegado de polícia, dar-se-á por ato fundamentado, mediante análise técnico-jurídica do fato, que deverá indicar a autoria, materialidade e suas circunstâncias.

O § 6º trata do **indiciamento,** ato administrativo pelo qual a autoridade policial, fundamentadamente, explicita que na opinião da Polícia Judiciária (Federal ou Civis), de acordo com seu entendimento jurídico, há prova da existência do crime (prova da materialidade) e indícios suficientes de que determinada pessoa (o indiciado) é o seu autor.

Importante para Concursos:

pelo indiciamento é que se diz que o suspeito, antes apenas possível autor, passa a ser o **provável** autor. É importante **não confundir os termos**. O **suspeito, investigado, ou possível autor** é aquele contra o qual existem frágeis indícios. Descobertos elementos mais robustos de autoria, com o indiciamento pelo Delegado de Polícia, o indivíduo torna-se **indiciado, ou provável autor**. Na sequência, caso o membro do Ministério Público ofereça a denúncia e o juiz a receba, o indivíduo tornar-se-á **réu ou acusado**.

---

6 É a posição de Nestor Távora e Rosmar Alencar: "Corolário do princípio do delegado natural é a imposição de limites à remoção da autoridade policial, que só poderá ocorrer por ato fundamentado (parágrafo 5º, do artigo 2º, da Lei 12.830/2013). O artigo 3º, por outro prisma, dá realce a esse princípio e à característica de bacharel em Direito, devendo-lhe ser dispensado o mesmo tratamento protocolar que recebem os magistrados, os membros da Defensoria Pública e do Ministério Público e os advogados". TÁVORA, Nestor; ALENCAR, Rosmar Rodrigues. *Curso de Direito Processual Penal*, 10. ed. Salvador: JusPodivum, 2015. p. 118.

7 Renato Brasileiro, por exemplo, sequer reconhece a inamovibilidade dos Delegados de Polícia: "Se o dispositivo sob comento autoriza a remoção por meio de ato fundamentado, conclui-se, a contrario sensu, que Delegados de Polícia não são dotados da garantia da inamovibilidade". LIMA. Op. cit., p. 573.

8 Assim já decidiu o STF: (...) Os princípios constitucionais do juiz natural e do promotor natural têm seu emprego restrito às figuras dos magistrados e dos membros do Ministério Público, não podendo ser aplicados por analogia às autoridades policiais ou ao denominado "delegado natural", que obviamente carecem da competência de sentenciar ou da atribuição de processar, nos termos estabelecidos na Constituição da República.(...). STF. RHC 126885 – 2ª T. – rel. Min. Cármen Lúcia – j. 15-12-2015 – publicação: 1º-2-2016.

O ato deve ser **fundamentado**, pois possui consequências deletérias ao investigado. Da mesma forma, **a decisão de não indiciar também deve ser fundamentada.**[9]

O **indiciamento pode ser direto**, quando o suspeito está presente para a realização formal do ato, **ou indireto,** quando o suspeito não está presente. No caso de **prisão em flagrante**, em que o auto de prisão inaugura o inquérito policial, o ato é realizado imediatamente durante a lavratura, tendo em vista que os elementos já estão todos ali, evidenciando a autoria delitiva. Se no curso de **inquérito instaurado por portaria**, o indiciamento será feito a qualquer momento, fundamentado em despacho.

Importante para Concursos:

para a carreira de Delegado de Polícia é relevante saber que para os autores contemporâneos o ato de indiciamento **não deve ser surpresa ao investigado,** que deve antes ser interrogado, e cientificado da decisão da autoridade pelo indiciamento, evitando-se, na praxe da atividade policial, a justificativa de indiciamento apenas no relatório final.[10]

Igualmente, deve ser evitado o chamado **criptoindiciamento,** que é o indiciamento realizado de forma obscura, indecifrável, criptografada, sem que se entendam realmente suas razões e fundamentos, e que acaba por prejudicar o direito de defesa.[11]

Atenção:

Essa decisão da autoridade policial **não vincula outras instituições,** eis que caberá ao Ministério Público oferecer a denúncia, analisando e formando sua opinião sobre o que

9 Embora o tema não seja muito abordado pela doutrina clássica, modernos autores Delegados de Polícia têm enfrentado o assunto: "da mesma forma que o Delegado de Polícia determinará o indiciamento quando entender que o sujeito investigado é o provável autor do fato delituoso perscrutado, deixará de deliberar pelo indiciamento quando reputar que o conjunto probatório coligido seja insuficiente para afirmar tal juízo de probabilidade. Assim também procederá quando vislumbrar circunstancias que afastem a responsabilidade penal do suspeito, como a presença e o reconhecimento provisório de causas excludentes de ilicitude ou mesmo culpabilidade, consignando tais situações por meio de manifestação fundamentada em histórico de boletim de ocorrência circunstanciado, sobretudo em se tratando de possível estado flagrancial delitivo, assim como no curso do inquérito policial, via despacho decisório motivado, ou ainda no corpo do relatório final do procedimento investigatório criminal, exaurindo as providencias que o caso prático reclamar.". MORAES, Rafael, op. cit., p. 167.

10 "É bastante comum, na *práxis* policial, atos de indiciamento no corpo do relatório final do inquérito com imediata remessa dos autos ao juízo local para vista do titular do direito de ação processual penal. Ocorre que esse tipo de postura adotada pela maioria dos delegados, inclusive por este signatário durante muito tempo, funciona em geral como "ato surpresa", do qual, não tendo ciência o indiciado, nada poderá fazer a respeito desse status, sepultando qualquer dimensão material do direito de defesa no inquérito". MACHADO, Leonardo Marcondes. O indiciamento policial não pode ser ato surpresa! *Revista Conjur*. Disponível em: <https://www.conjur.com.br/2018-abr-03/academia-policia-indiciamento-policial-nao-ato-surpresa>. Acesso em: 18 abr. 2022.

11 A exigência decorre dos princípios da moralidade, publicidade e motivação da administração pública, para que não sejam trazidas suas consequências de forma temerária, deficiente, e sem respaldo. O indiciamento sem fundamento, truncado, e indecifrável (criptografado), é chamado de **criptoindiciamento,** e compromete a credibilidade do controle formal, no caso, o que é exercido pelas Polícias Judiciárias. O termo criptoindiciamento foi cunhado pelo professor e Delegado de Polícia Fernando Shimidt de Paula. PAULA, Fernando Shimidt de. *Criptoindiciamento*. São Bernardo do Campo: Universidade Metodista de São Paulo, 2018. p. 107.

foi apurado, e ao Poder Judiciário receber a acusação e, posteriormente, julgar se os fatos realmente são criminosos.

Todavia, **o dispositivo impede que outras instituições requisitem, ou seja, ordenem o indiciamento de determinada pessoa.** Se o delegado entendeu que não era caso de indiciamento e fundamentou a decisão, outras instituições não podem requisitar essa providência mesmo que discordem.

Importante para Concursos:

a jurisprudência dos Tribunais Superiores considera que **configura constrangimento ilegal a requisição de indiciamento pelo juiz,** por se tratar de ato privativo da autoridade policial.[12] [13]

12.7. Art. 3º: tratamento protocolar dispensado ao Delegado de Polícia

Art. 3º O cargo de delegado de polícia é privativo de bacharel em Direito, devendo-lhe ser dispensado o mesmo tratamento protocolar que recebem os magistrados, os membros da Defensoria Pública e do Ministério Público e os advogados.

O dispositivo reforça o **caráter jurídico da carreira de Delegado de Polícia** e o **tratamento igualitário que deve ser dado a carreiras jurídicas,** como a dos delegados, dos promotores, juízes, advogados, e defensores públicos.

Tratamento protocolar refere-se não apenas ao pronome de tratamento, que deve ser o mesmo, ou seja, de "Excelência", mas principalmente ao caráter essencial à Justiça que a carreira tem, e que está previsto também no art. 2º da Lei nº 12.830/2013.[14]

12.8. Art. 4º: vigência

Art. 4º Esta Lei entra em vigor na data de sua publicação.

A lei foi publicada em 20 de junho de 2013.

---

12 "1. Sendo o ato de indiciamento de atribuição exclusiva da autoridade policial, não existe fundamento jurídico que autorize o magistrado, após receber a denúncia, requisitar ao Delegado de Polícia o indiciamento de determinada pessoa. A rigor, requisição dessa natureza é incompatível com o sistema acusatório, que impõe a separação orgânica das funções concernentes à persecução penal, de modo a impedir que o juiz adote qualquer postura inerente à função investigatória. Doutrina. Lei 12.830/2013". STF – 2ª T. – rel. Min. Teori Zavascki – j. 27-8-2013 – publicação: 12-9-2013.

13 "(...) Por se tratar de medida ínsita à fase investigatória, por meio da qual o Delegado de Polícia externa o seu convencimento sobre a autoria dos fatos apurados, não se admite que seja requerida ou determinada pelo magistrado, já que tal procedimento obrigaria o presidente do inquérito à conclusão de que determinado indivíduo seria o responsável pela prática criminosa, em nítida violação ao sistema acusatório adotado pelo ordenamento jurídico pátrio. Inteligência do artigo 2º, § 6º, da Lei 12.830/2013. Doutrina. Precedentes do STJ e do STF(...)". STJ. RHC 47984/SP – 5ª T. – rel. Min. Jorge Mussi – j. 4-11-2014 – *DJe* 12-11-2014.

14 No Estado de São Paulo, **os §§ 2º, 3º, e 4º do art. 140 da Constituição do Estado de São Paulo** deixam todas essas considerações explícitas, prevendo que a Polícia Civil exerce atribuição essencial à função jurisdicional, e que os delegados de polícia têm independência funcional pela convicção nos atos de polícia judiciária, exigindo também bacharelado em direito e dois anos de atividades jurídicas para ingresso na carreira.

12.9. Quadro sinótico

Art. 1º	
Art. 1º Esta Lei dispõe sobre a investigação criminal conduzida pelo delegado de polícia.	Dada a importância da Lei para a carreira de Delegado de Polícia, alguns autores a chamam de **Estatuto do Delegado de Polícia.**
Art. 2º *caput*	
Art. 2º As funções de polícia judiciária e a apuração de infrações penais exercidas pelo delegado de polícia são de natureza jurídica, essenciais e exclusivas de Estado.	– São atribuições das Polícias Judiciárias: 1) de Polícia Judiciária, como auxiliar do Poder Judiciário, a exemplo do cumprimento de mandados de prisão; 2) de Polícia Investigativa, repressiva, após o crime, para colheita de provas da infração penal; e 3) de Polícia Administrativa, de cunho preventivo, objetivando evitar novas infrações penais, a exemplo do policiamento ostensivo uniformizado. – Caráter jurídico da carreira de delegado de Polícia: as funções demandam conhecimento jurídico. A carreira é jurídica, exigindo-se que os seus ocupantes tenham graduação em direito.
Art. 2º, § 1º	
§ 1º Ao delegado de polícia, na qualidade de autoridade policial, cabe a condução da investigação criminal por meio de inquérito policial ou outro procedimento previsto em lei, que tem como objetivo a apuração das circunstâncias, da materialidade e da autoria das infrações penais.	– **Autoridade policial** é sinônimo de Delegado de Polícia; – **Ao delegado de polícia cabe a condução de investigações criminais,** seja por inquérito policial ou qualquer outro procedimento previsto em lei; – Para a **carreira de Delegado de Polícia** esse dispositivo fundamentaria, na opinião de parte da doutrina, o entendimento de que apenas o Delegado de Polícia pode lavrar Termo Circunstanciado de Ocorrência, porque, apesar de simplificado, o procedimento é uma forma de investigação sumária. Esse tema é polêmico e é discutido **na ADI nº 5637 do STF.**
Art. 2º, § 2º	
§ 2º Durante a investigação criminal, cabe ao delegado de polícia a requisição de perícia, informações, documentos e dados que interessem à apuração dos fatos.	– **Amplia os poderes requisitórios previstos nos arts. 6º e 7º do CPP,** atribuindo ao Delegado de Polícia poder de requisição de quaisquer informações, documentos e dados que interessem à apuração dos fatos. – Estão excetuadas as matérias sujeitas à cláusula de reserva de jurisdição.
Art. 2º, §§ 4º e 5º	
§ 4º O inquérito policial ou outro procedimento previsto em lei em curso somente poderá ser avocado ou redistribuído por superior hierárquico, mediante despacho fundamentado, por motivo de interesse público ou nas hipóteses de inobservância dos procedimentos previstos em regulamento da corporação que prejudique a eficácia da investigação. **§ 5º** A remoção do delegado de polícia dar-se-á somente por ato fundamentado.	– **Avocação** é o ato do superior hierárquico de trazer para si a condução do procedimento investigativo que antes tramitava sob a presidência de seu subordinado. **Redistribuição** é o deslocamento do inquérito da presidência de um delegado de polícia para outro delegado. – Geram mudança da presidência do procedimento. Para evitar que isso seja feito com intenções não republicanas, a lei exige que o ato seja fundamentado. – **Relativa inamovibilidade:** fundamenta, para alguns autores, a existência do princpio do delegado natural. A jurisprudência, entretanto, não encampa ainda a existência desse principio.
Art. 2º, § 6º	
§ 6º O indiciamento, privativo do delegado de polícia, dar-se-á por ato fundamentado, mediante análise técnico-jurídica do fato, que deverá indicar a autoria, materialidade e suas circunstâncias.	– Indiciamento: o **suspeito, investigado, ou possível autor** é aquele contra o qual existem frágeis indícios. Com o indiciamento pelo Delegado de Polícia, o indivíduo se torna **indiciado, ou provável autor**. Recebida a denúncia, o indivíduo se tornará **réu ou acusado**. – A jurisprudência dos Tribunais Superiores considera que **configura constrangimento ilegal a requisição de indiciamento pelo juiz,** por se tratar de ato privativo da autoridade policial.

Art. 3º	
Art. 3º O cargo de delegado de polícia é privativo de bacharel em Direito, devendo-lhe ser dispensado o mesmo tratamento protocolar que recebem os magistrados, os membros da Defensoria Pública e do Ministério Público e os advogados.	– **Tratamento protocolar** se refere ao pronome de tratamento, que deve ser de "Excelência", e ao caráter essencial à Justiça que a carreira tem, e que está previsto também no art. 2º da Lei nº 12830/2013.
Art. 4º	
Art. 4º Esta Lei entra em vigor na data de sua publicação	A Lei foi publicada em 20 de junho de 2013.

12.10. Questões de concurso

1. **(PC/PE – Escrivão de Polícia Civil – CESPE – 2016).** Com base no disposto na Lei de Investigação Criminal (Lei nº 12.830/2013), assinale a opção correta.

A) Exigido o indiciamento por meio de requisição do Ministério Público, o delegado de polícia ficará dispensado de fundamentá-lo.

B) O indiciamento realiza-se mediante análise técnico-jurídica do fato, devendo indicar pelo menos a materialidade do crime se a autoria permanecer incerta.

C) O indiciamento é ato obrigatório para a conclusão do inquérito policial e necessário para o oferecimento da denúncia.

D) A apuração de infrações penais realizada por delegado de polícia por meio de inquérito policial é de natureza administrativa, dada a ausência de contraditório.

E) Cabe ao delegado de polícia, durante a investigação criminal, a requisição de perícias e informações que interessem à apuração do fato.

Gabarito: E.

2. **(PC-PA – Delegado de Polícia Civil – FUNCAB – 2016)**

A Lei n° 12.830, de 2013, dispõe sobre a investigação criminal conduzida pelo delegado de polícia. Sobre o tema, é correto afirmar que:

A) o indiciamento é ato privativo de delegado, que deve fundamentá-lo através de análise técnico-jurídica do fato, indicando autoria e materialidade, bem como suas circunstâncias.

B) apenas bacharéis em direito podem ocupar o cargo de delegado de polícia, ao qual deverá ser dispensado o mesmo tratamento protocolar dispensado a advogados, defensores públicos e promotores de Justiça, ressalvado o tratamento reservado a magistrados.

C) a lei especifica que a perícia criminal deve ser independente, não se sujeitando a requisições formuladas pelo delegado de polícia.

D) o inquérito policial somente poderá ser avocado e redistribuído pelas corregedorias de polícia, por motivo de interesse público.

E) o delegado goza de inamovibilidade limitada, podendo sua remoção se dar apenas a pedido ou por decisão judicial transitada em julgado.

Gabarito: A.

3. **(PC-MS – Delegado de Polícia – FAPEMS – 2017)** Acerca da investigação criminal, "(...) a autoridade policial não é parte no processo penal, não tem interesse que possa deduzir em juízo e a investigação criminal não guarda autonomia, ela existe orientada ao exercício futuro da ação. A constatação de comportamentos do indiciado prejudiciais à investigação deve ser

compartilhada entre a autoridade policial e o Ministério Público (ou o querelante, conforme o caso), para que o autor da ação penal ajuíze seu real interesse em ver a prisão decretada". PRADO, Geraldo. *Medidas cautetares no processo penal: prisões e suas alternativas*. São Paulo: Revista dos Tribunais, 2011. p. 67.

"As funções de polícia judiciária e a apuração de infrações penais exercidas pelo delegado de polícia são de natureza jurídica, essenciais e exclusivas de Estado".

BRASIL. Lei nº 12.830. Dispõe sobre a investigação criminal conduzida pelo delegado de policia.

Isso considerado, assinale a alternativa correta.

A) O indiciamento, privativo do delegado de polícia, dar-se-á por ato discricionário, mediante análise fática da ocorrência do fato, e deverá indicar a autoria, materialidade e suas circunstâncias.

B) O inquérito policial em curso poderá ser avocado ou redistribuído por superior hierárquico, independentemente de despacho fundamentado.

C) A participação de membro do Ministério Público na fase investigatória criminal acarreta o seu impedimento ou suspeição para o oferecimento da denúncia.

D) Da decisão do delegado de polícia que nega o pedido de abertura de inquérito policial formulado pelo ofendido ou seu representante legal, caberá mandado de segurança.

E) Durante a investigação criminal, cabe ao delegado de polícia a requisição de perícia, informações, documentos e dados que interessem à apuração dos fatos.

Gabarito: E.

4. **(PC-MA – Delegado de Polícia Civil – CESPE – 2018)** No caso de um delegado de polícia instaurar inquérito policial para apurar a conduta delitiva supostamente praticada por determinado cidadão, o delegado-geral de polícia

A) poderá promover a remoção do delegado com o objetivo de frustrar a sua atuação no inquérito, independentemente de justificativa, em razão de sua posição hierárquica.

B) poderá determinar a redistribuição do inquérito por motivo de interesse público devidamente demonstrado.

C) não poderá, em regra, determinar a redistribuição do inquérito policial, ressalvado apenas o caso de morte do delegado que determinar a sua instauração.

D) poderá proceder à redistribuição do inquérito, independentemente de justificativa, em razão de sua posição hierárquica.

E) não poderá avocar o inquérito policial, salvo em caso de inobservância dos procedimentos previstos em regulamento da corporação policial que prejudique a eficácia da investigação.

Gabarito: B.

5. **(MPE-SC – Promotor de Justiça – MPE-SC – 2014)** Analise o enunciado abaixo e assinale se é certo ou errado.

Ao dispor sobre a investigação criminal conduzida pelo delegado de polícia, a Lei nº 12.830/2013 determinou que o inquérito policial ou outro procedimento previsto em lei em curso somente poderá ser avocado ou redistribuído por superior hierárquico, mediante despacho fundamentado, por motivo de interesse público ou nas hipóteses de inobservância dos procedimentos previstos em regulamento da corporação que prejudique a eficácia da investigação.

Gabarito: Certo.

CAPÍTULO 13
LEI Nº 12.850/2013 – ORGANIZAÇÃO CRIMINOSA

13.1. Definição legal de organização criminosa

A primeira lei a se referir a organizações criminosas no Brasil foi a Lei. nº 9.034/1995, que regulava alguns meios de investigação referentes a ilícitos praticados por quadrilha ou bando ou organizações ou associações criminosas. Porém, tal lei não definiu o que seria organização criminosa.

A Lei nº 9.613/1998, Lei de Lavagem de Capitais, quando entrou em vigor também previa crimes praticados por organizações criminosas como um de seus crimes antecedentes, no inciso VII, do art. 1º.

Com base nisso, duas pessoas foram denunciadas pelo crime de lavagem de capitais, tendo o crime de organização criminosa como crime antecedente.

Argumentou-se que o conceito de organização criminosa existiria em nosso ordenamento jurídico por meio da Convenção de Palermo (Dec. nº 5.015/2004), a qual define "Grupo criminoso organizado" em seu art. 2º, *a*, como:

> "grupo estruturado de três ou mais pessoas, existente há algum tempo e atuando concertadamente com o propósito de cometer uma ou mais infrações graves ou enunciadas na presente Convenção, com a intenção de obter, direta ou indiretamente, um benefício econômico ou outro benefício material".

Tal argumentação não foi aceita pelo Supremo Tribunal Federal que concluiu que o conceito de organização criminosa, por ser elemento normativo do tipo, não poderia ser retirado de Convecção Internacional, sendo indispensável que a lei interna previsse sua definição sob pena de se violar o princípio da legalidade.[1]

Logo após tal decisão o Congresso Nacional editou a Lei nº 12.694/2012, que trouxe a primeira definição legal do que seria organização criminosa.

A Lei, que trata do juízo colegiado para a prática de atos processuais em processos envolvendo crimes praticados por organização criminosa, diz em seu art. 2º:

> **Art. 2º, § 2º:** Para os efeitos desta Lei, considera-se organização criminosa a associação, de 3 (três) ou mais pessoas, estruturalmente ordenada e caracterizada pela divisão de tarefas, ainda que

1 STF – HC 96.0007/SWP – 1ª T. – rel. Min. Marco Aurélio – j. 12-6-2012.

informalmente, com objetivo de obter, direta ou indiretamente, vantagem de qualquer natureza, mediante a prática de crimes cuja pena máxima seja igual ou superior a 4 (quatro) anos ou que sejam de caráter transnacional.

Como podemos ver a Lei nº 12.694/2012 define organização criminosa "para efeitos desta Lei", o que permitiu a continuidade dos debates acerca do conceito legal de organização criminosa no Brasil.

Por fim, em 2013, entrou em vigor a Lei nº 12.850, trazendo um novo conceito de organização criminosa ao ordenamento jurídico brasileiro, além de tipificar criminalmente a formação de organização criminosa.

Atenção:

Comparando os três conceitos

	CONVENÇÃO DE PALERMO (Dec. nº 5.015/2004)	LEI DO JUIZO COLEGIADO (Lei nº 12.694/2012)	LEI DE ORGANIZAÇÕES CRIMINOSAS (LEI nº 12.850/2013)
NÚMERO DE INTEGRANTES E ESTRUTURA	Grupo estruturado de **três ou mais pessoas,** existente há algum tempo e atuando concertadamente	Associação, de **3 (três) ou mais pessoas,** estruturalmente ordenada e caracterizada pela divisão de tarefas, ainda que informalmente	associação de **4 (quatro) ou mais pessoas** estruturalmente ordenada e caracterizada pela divisão de tarefas, ainda que informalmente
FINALIDADE	com o propósito de cometer uma ou mais infrações graves ou enunciadas na presente Convenção, **com a intenção de obter, direta ou indiretamente, um benefício econômico ou outro benefício material;**	com objetivo de obter, direta ou indiretamente, **vantagem de qualquer natureza, mediante a prática de crimes cuja pena máxima seja igual ou superior a 4 (quatro) anos ou que sejam de caráter transnacional.**	com objetivo de obter, direta ou indiretamente, **vantagem de qualquer natureza, mediante a prática de infrações penais cujas penas máximas sejam superiores a 4 (quatro) anos, ou que sejam de caráter transnacional.**

Como podemos ver, o conceito da Lei nº 12.850/2013 exige ao menos a participação de quatro pessoas, enquanto que a Convenção e a Lei nº 12.694/2012 se contentam com a participação de três pessoas.

Com o conceito trazido pela Lei nº 12.850/2013 surge a discussão acerca da revogação tácita ou não do conceito previsto na Lei nº 12.694/2012. Alguns defendem que a Lei nº 12.850/2013 revogou o conceito de organização criminosa trazido pela Lei nº 12.694/2012, ao passo que outros defendem que ambos os conceitos subsistem em nosso ordenamento jurídico, de forma que, para fins de formação do juízo colegiado, deve ser utilizado o conceito da Lei nº 12.694/2012.

13.2. Demais possibilidades de aplicação da Lei

A Lei nº 12.850/2013 traz um procedimento diferenciado para apuração e processamento de crimes envolvendo organização criminosa.

Porém suas disposições também são aplicáveis em mais dois casos, conforme art. 1º, § 2º:

Art.1º (...)

§ 2º Esta Lei se aplica também:

I – às infrações penais previstas em tratado ou convenção internacional quando, iniciada a execução no País, o resultado tenha ou devesse ter ocorrido no estrangeiro, ou reciprocamente;

II – às organizações terroristas, entendidas como aquelas voltadas para a prática dos atos de terrorismo legalmente definidos. (Redação dada pela lei nº 13.260, de 2016)

O inciso I se amolda quase que perfeitamente à competência federal prevista no art. 109, V, da CF/1988. A única ressalva é que a CF/1988 fala que a justiça federal jugará os crimes previstos em tratado ou convenção internacional, quando, iniciada a execução no País, o resultado tenha ou devesse ter ocorrido no estrangeiro, ou reciprocamente, e não as infrações penais. Neste sentido, cabe lembrar que a justiça federal não julga contravenções penais, conforme art. 109, IV, da CF/1988.

A lei também se aplica às organizações voltadas à prática de atos terroristas, conforme definidos pela Lei nº 13.260/2016.

13.3. Crime de organização criminosa

13.3.1. Tipo penal

Art. 2º Promover, constituir, financiar ou integrar, pessoalmente ou por interposta pessoa, organização criminosa:

Pena – reclusão, de 3 (três) a 8 (oito) anos, e multa, sem prejuízo das penas correspondentes às demais infrações penais praticadas.

Trata-se de tipo misto alternativo, sendo que a prática de mais de um verbo nuclear, em uma mesma situação fática gera crime único.

Notem que o financiamento à organização criminosa está previsto no mesmo tipo penal que integrar organização criminosa. Diferentemente do que ocorre com a Lei de Drogas (Lei nº 11.343/2006) e Lei de Terrorismo (Lei nº 13.260/2016) que possuem tipos penais específicos para o financiamento ou tráfico de drogas e financiamento ao terrorismo, respectivamente.

Trata-se também de norma penal em branco, já que o tipo penal exige complementação para explicar o que seria organização criminosa. Como vimos, o conceito de organização criminosa se encontra na própria Lei nº 12.850/2013, em seu art. 1º, § 1°, fazendo com que esta seja uma norma penal em branco homogênea, homovitelina

Importante para Concursos:

Norma penal em branco homogênea é aquela que encontra seu complemento em norma de mesma hierarquia. Caso o complemento ainda esteja na mesma estrutura normativa, esta será uma norma penal em branco homogênea homovitelina.

São três os requisitos fixados em lei para que se possa falar em organização criminosa, segundo o art. 1º, § 1º.[2]

a) **Associação de 4 (quatro) ou mais pessoas com estabilidade e permanência: A estabilidade ou permanência são características dos delitos associativos, que diferenciam estes do mero concurso de agentes, previsto no art. 29 do Código Penal.**

   Neste sentido, caso qautro pessoas se reúnam para a prática de um único crime, sem intenção de permanecerem unidas após a prática deste, não há que se falar em crime de organização criminosa, e sim em mero concurso de agentes.

b) **Estrutura ordenada e caracterizada pela divisão de tarefas, ainda que informalmente: A organização criminosa deve ter uma estrutura ordenada.** São possíveis diversos tipos de estrutura de organizações criminosas. Como a piramidal, na qual existe uma hierarquia rígida e concentração do poder de decisão, ou a estrutura em rede, na qual existe uma descentralização do poder decisório.

   Esse requisito pode servir para diferenciar o crime de organização criminosa do crime de associação criminosa (art. 288 do CP), visto que este último não exige uma estrutura ordenada com divisão de tarefas.

c) **Finalidade de obtenção de vantagem de qualquer natureza mediante a prática de infrações penais cujas penas máximas sejam superiores a 4 (anos), ou de caráter transacional: A organização criminosa pode ter como finalidade a obtenção de qualquer tipo de vantagem, não se exigindo que a vantagem seja de natureza econômica.**

   Para sua caracterização a organização deve ainda praticar infrações penais cuja pena máxima seja superior a 4 anos ou de caráter transnacional.

Notem que o legislador utilizou a expressão infração penal e não crime. Assim, pode haver organização criminosa voltada à prática de contravenções penais, desde que estas tenham caráter transacional, pois neste caso independe o *quantum* de pena cominado ao delito.

Infração penal de caráter transnacional é aquela que transcende o território de um país, sendo praticada em mais de um Estado ou, quando cometida em só um Estado, tenha sua preparação ou efeitos ocorridos em outro.

Trata-se também de crime permanente, de forma que sua consumação se protrai no tempo, permitindo a prisão em flagrante enquanto não cessada a permanência. A prescrição também somente passa a correr quando se encerrar a consumação do crime (art. 111, I, do CP).

Importante para Concursos:

O crime se consuma com a mera associação de quatro ou mais pessoas, em estrutura ordenada e com divisão de tarefas, com o objetivo de obter vantagem mediante a prática

2 LIMA. Op. cit.

de infrações penais cujas penas máximas sejam superiores a 4 (quatro) anos, ou que sejam de caráter transnacional. **Trata-se assim de crime formal, que independe da prática de qualquer infração penal pelos agentes associados.** Caso de fato haja a prática de infrações penais, os agentes responderão por estas em concurso material com o crime de organização criminosa, como previsto expressamente pelo art. 2º da Lei.

Importante para Concursos:

Por se tratar de crime unissubsistente, cuja consumação se dá em um único ato, não admite tentativa. A consumação se dá no momento em que o agente se associa. Atos praticados anteriormente, no sentido de estruturar a organização criminosa, são meramente atos preparatório.

Importante para Concursos:

É crime comum, não se exigindo qualquer qualidade especial do sujeito ativo. Trata-se, porém, de delito plurissubjetivo ou de concurso necessário, visto ser necessária a participação de ao menos 4 pessoas para a configuração do crime.

Atenção:

Para o cômputo das quatro pessoas é irrelevante o fato de alguma delas ser inimputável, sendo por exemplo menor de 18 anos ou deficiente mental. Por outro lado, não se pode computar o agente infiltrado para fins de atingir o número legal, já que o agente infiltrado não possui o dolo de se associar para a prática de infrações penais.[3]

13.3.2. Hediondez

A Lei nº 13.964/2019, chamada Pacote Anticrime, alterando a Lei nº 8.072/1990, em seu art. 1º, parágrafo único, V, previu o crime de organização criminosa como crime hediondo, mas desde que a organização criminosa esteja voltada para a prática de crime hediondo ou equiparado.

Neste sentido, uma organização criminosa voltada ao crime de estelionato (art. 171 do CP) não pratica crime hediondo. Já uma organização criminosa que pratica roubos com emprego de arma de fogo (art. 157, § 2º-A ou § 2º-B do CP) incorrerá em dois crimes hediondos, o crime de organização criminosa voltada para a prática de crime hediondo e o próprio crime de roubo circunstanciado pelo emprego de arma de fogo.

3 LIMA. Op. cit.

13.3.3. Bem jurídico tutelado e sujeito passivo

O bem jurídico tutelado é a paz pública, bem jurídico transindividual ou coletivo.

Neste sentido, **trata-se de crime vago,** pois não tem como vítima uma pessoa em específico, **sendo o sujeito passivo a própria coletividade.**

13.3.4. Obstrução ou embaraço de investigação de infração penal que envolva organização criminosa

> **Art. 2º** (...)
>
> **§ 1º** Nas mesmas penas incorre quem impede ou, de qualquer forma, embaraça a investigação de infração penal que envolva organização criminosa.

O § 1º, do art. 2º, da lei traz uma figura equiparada ao crime de organização criminosa, apenando de igual forma aquele que impede ou embaraça investigação de infração penal que envolva organização criminosa.

Diferentemente do crime previsto no *caput* do art. 2º, que tem como bem jurídico a paz pública, o crime em comento protege a administração da justiça.

O legislador fala em impedir ou embaraçar investigação, assim, aparentemente, não haveria tal crime se o agente impede ou embaraça a instrução processual, tendo em vista o princípio da legalidade.

Entendeu, porém, o STJ que esse tipo penal abrange não apenas o inquérito policial, mas também o processo penal. Para o STJ, a expressão investigação abarca a persecução penal como um todo, pois durante a instrução processual também são feitas diligências e investigações em busca da verdade.[4]

13.3.5. Causas de aumento de pena e agravante

> **Art. 2º** (...)
>
> **§ 2º** As penas aumentam-se até a metade se na atuação da organização criminosa houver emprego de arma de fogo.

A primeira causa de aumento nos diz que as penas se aumentam até a metade caso a organização criminosa se utilize de arma de fogo.

O *quantum* de aumento deve sofrer influência conforme a arma seja de uso permito, restrito ou uso proibido.

> **Art. 2º** (...)
>
> **§ 3º** A pena é agravada para quem exerce o comando, individual ou coletivo, da organização criminosa, ainda que não pratique pessoalmente atos de execução.

4 STJ – HC 487.962/SC – 5ª T. – rel. Min. 28-5-2019.

O § 3º, do art. 2º, traz uma hipótese de agravante, a ser levada em consideração pelo juiz, na 2ª fase de aplicação da pena, conforme o método trifásico. Nesta fase, o juiz está adstrito aos limites mínimos e máximos cominados em crime em abstrato.

Assim, a aplicação desta agravante não pode elevar a pena acima dos 8 anos, limite máximo legal imposto pela lei. Diversamente, a aplicação das causas de aumento, feita na 3ª fase de aplicação da pena, podem elevar a pena acima do limite máximo legal.

Outras causas de aumento são previstas no § 4º:

> **Art. 2º** (...)
>
> **§ 4º** A pena é aumentada de 1/6 (um sexto) a 2/3 (dois terços):
>
> **I** – se há participação de criança ou adolescente;
>
> **II** – se há concurso de funcionário público, valendo-se a organização criminosa dessa condição para a prática de infração penal;
>
> **III** – se o produto ou proveito da infração penal destinar-se, no todo ou em parte, ao exterior;
>
> **IV** – se a organização criminosa mantém conexão com outras organizações criminosas independentes;
>
> **V** – se as circunstâncias do fato evidenciarem a transnacionalidade da organização.

Com relação a essas causas de aumento cabe fazer alguns apontamentos.

O inciso I diz que a pena é aumentada se há participação de criança ou adolescente na organização criminosa.

Existe discussão acerca da possibilidade de aplicação dessa majorante em concurso com o crime de corrupção de menores (art. 244-B do ECA). Enquanto alguns defendem que se trataria de *bis in idem*, outros defendem que se tratam de crimes autônomos e que tutelam bem jurídicos diversos, sendo possível o concurso de crimes.

Discussão similar existe com relação ao inciso V, o qual diz que a pena será aumentada caso as circunstâncias do fato evidenciem a transnacionalidade da organização. Parte da doutrina critica tal dispositivo, pois sendo a transnacionalidade já elementar do crime, não poderia funcionar como causa de aumento sob pena de *bis in idem*.[5]

Por outro lado, há doutrina que defende sua aplicabilidade quando, para configuração da organização criminosa, não tiver sido utilizado o requisito da transnacionalidade, já que a transnacionalidade é requisito alternativo à prática de infrações penais cujas penas máximas sejam superiores a 4 anos.[6]

13.4. Afastamento cautelar de funcionário público

> **Art. 2º** (...)
>
> **§ 5º** Se houver indícios suficientes de que o funcionário público integra organização criminosa, poderá o juiz determinar seu afastamento cautelar do cargo, emprego ou função, sem prejuízo da remuneração, quando a medida se fizer necessária à investigação ou instrução processual.

5 NUCCI, Guilherme de Souza. *Organização Criminosa: comentários à Lei 12.850 de 02 de agosto de 2013.* São Paulo: Editora Revista dos Tribunais, 2013.

6 CABETTE, Eduardo; SANNINI, Francisco. *Tratado de Legislação Especial Criminal.* 2. ed. Leme, SP: Mizuno, 2021.

Trata-se de medida cautelar muito similar àquela prevista no art. 319, VI do CPP, porém, a medida prevista no CPP é mais abrangente. Enquanto aquela fala em suspensão do exercício de função pública ou de atividade de natureza econômico ou financeira, o dispositivo previsto na Lei nº 12.850/2013 diz respeito somente ao afastamento de funcionário público.

Lembramos que a decretação de medidas cautelares deve seguir o rito previsto no arts. 282 de seguintes do CPP, de forma que **não pode o juiz decretar medidas cautelares de ofício, mas somente a requerimento das partes ou, quando no curso da investigação criminal, por representação da autoridade policial ou mediante requerimento do Ministério Público.**

Importante para Concursos:

Existe intensa discussão acerca da possibilidade da suspensão da função pública de agentes que exerçam mandatos eletivos, visto que tal medida, por não possuir prazo máximo de duração, poderia funcionar como uma verdadeira cassação de mandato eletivo.

Os Tribunas Superiores, no entanto, têm decidido pela validade da suspensão das funções de agentes políticos. O STJ, por exemplo, determinou o afastamento de Wilson Witzel das funções de Governador do Estado do Rio de Janeiro, durante as investigações.[7]

O tema é mais delicado com relação à suspensão de mandatos de deputados federais e senadores, tendo em vista suas prerrogativas constitucionais. Neste sentido, **decidiu o STF, em interpretação extensiva do art. 53, § 2º da CF/1988, que o judiciário tem competência para impor a parlamentares medidas cautelares, inclusive a prisão preventiva. Porém, caso esta medida cautelar impossibilite, direta ou indiretamente, o pleno e regular exercício do mandato parlamentar e de suas funções legislativas, os autos deverão ser remetidos dentro de vinte e quatro horas a Casa respectiva, nos termos do § 2º, do art. 53, da Constituição Federal, para que, pelo voto nominal e aberto da maioria de seus membros, resolva sobre a prisão ou a medida cautelar.**[8]

Cabe ressaltar que o funcionário público afastado de suas funções deve ter sua remuneração mantida, pois a perda da remuneração funcionaria como uma punição antecipada ao julgamento, lembrando que o acusado deve ser presumido inocente.

13.5. Perda do cargo, emprego, função ou mandato eletivo

Art. 2 º (...)

§ 6º A condenação com trânsito em julgado acarretará ao funcionário público a perda do cargo, função, emprego ou mandato eletivo e a interdição para o exercício de função ou cargo público pelo prazo de 8 (oito) anos subsequentes ao cumprimento da pena.

7 STJ – Cautelar Inominada nº 35 – rel. Min. Benedito Gonçalves – j. 18-8-2020.
8 STF – ADI 5.526/DF – Pleno – rel. Min. Alexandre de Morais – j. 11-10-2017.

O art. 92 do Código Penal prevê como efeito da condenação a perda de cargo, função pública ou mandato eletivo em duas hipóteses:

a) quando aplicada pena privativa de liberdade por tempo igual ou superior a um ano, nos crimes praticados com abuso de poder ou violação de dever para com a Administração Pública;

b) quando for aplicada pena privativa de liberdade por tempo superior a 4 (quatro) anos nos demais casos.

Notem que o efeito previsto no § 6º da Lei de Organizações Criminosas não faz qualquer menção ao *quantum* de pena aplicado, sendo assim, mais abrangente que o art. 92 do CP.

Além disso, os feitos previstos no art. 92 do CP não são automáticos, devendo ser motivadamente declarados na sentença condenatória. Já o efeito da LOC é automático, derivando diretamente do trânsito em julgado da sentença condenatória.

A lei ainda prevê a interdição para o exercício de função ou cargo público pelo prazo de 8 anos, após o cumprimento da pena. Efeito similar é previsto tanto na Lei de Tortura (Lei nº 9.455/1997), na Lei de Abuso de Autoridade (Lei nº 13.869/2019), quanto na Lei de Lavagem (Lei nº 9.613/1998), sendo essencial não confundir tais prazos:

Importante para Concursos:

Lei de Organização Criminosa (Lei nº 12.850/2013)	Lei de Tortura (Lei nº 9.455/1997)	Lei de Abuso de Autoridade (Lei nº 13.869/2019)	Lei de Lavagem (Lei nº 9.613/1998)
Interdição para o exercício de função ou cargo público pelo prazo de 8 (oito) anos subsequentes ao cumprimento da pena.	Interdição para o exercício de cargo, função ou emprego público pelo dobro do prazo da pena aplicada.	Inabilitação para o exercício de cargo, mandato ou função pública, pelo período de 1 (um) a 5 (cinco) anos;	Interdição do exercício de cargo ou função pública de qualquer natureza e de diretor, de membro de conselho de administração ou de gerência das pessoas jurídicas referidas no art. 9º, pelo dobro do tempo da pena privativa de liberdade aplicada.

13.6. Participação de policial em organização criminosa

§ 7º Se houver indícios de participação de policial nos crimes de que trata esta Lei, a Corregedoria de Polícia instaurará inquérito policial e comunicará ao Ministério Público, que designará membro para acompanhar o feito até a sua conclusão.

Segundo a Lei, caso existam indícios de participação de policial em organização criminosa, a conduta desse policial deve ser investigada pela Corregedoria da corporação policial.

A corregedoria deve ainda comunicar o Ministério Público para que exerça seu papel de controle externo da atividade policial, conforme art. 129, VII, da CF/1988.

13.7. Cumprimento de pena

Art. 2º (...)

§ 8º As lideranças de organizações criminosas armadas ou que tenham armas à disposição deverão iniciar o cumprimento da pena em estabelecimentos penais de segurança máxima. (Incluído pela Lei nº 13.964, de 2019)

§ 9º O condenado expressamente em sentença por integrar organização criminosa ou por crime praticado por meio de organização criminosa não poderá progredir de regime de cumprimento de pena ou obter livramento condicional ou outros benefícios prisionais se houver elementos probatórios que indiquem a manutenção do vínculo associativo. (Incluído pela Lei nº 13.964, de 2019)

O Pacote Anticrime inseriu esses dois novos parágrafos ao art. 2º da Lei de Organizações Criminosas.

Segundo o § 8º, **as lideranças de organizações criminosas armadas ou que tenham armas à disposição devem iniciar o cumprimento de pena em regime fechado.** Essa medida visa impedir que os líderes de organizações criminosas continuem a comandar a prática de crimes de dentro do estabelecimento prisional.

Já o § 9º trouxe uma **vedação à progressão de regime ou obtenção de livramento condicional ou à obtenção de outros benefícios prisionais caso o condenado por crime de organização criminosa ou por crime praticado por meio de organização criminosa se mantenha associado a estas.**

Esses parágrafos certamente serão objeto de questionamentos com relação a sua constitucionalidade, assim como foi a imposição de regime integralmente fechado para os crimes hediondos ou equiparados. Aliás, o STF já entendeu não ser possível a vedação absoluta à progressão de regime, decidindo pela inconstitucionalidade do art. 2º da Lei nº 8.072/1990.

No entanto, o dispositivo em comento não parece trazer uma vedação absoluta à progressão de regime. Na verdade, essa somente será vedada àquele que ainda mantém vínculos associativos com a organização criminosa.

Neste sentido, a norma vai ao encontro daquilo previsto no art. 112, § 1º, da Lei de Execução Penal, que traz como requisito à progressão de regime a boa conduta carcerária. Ora, aquele que se mantém vinculado à organização criminosa não apresenta boa conduta carcerária, não podendo, portanto, progredir de regime.[9]

13.8. Da investigação e dos meios de obtenção de prova

Art. 3º Em qualquer fase da persecução penal, serão permitidos, sem prejuízo de outros já previstos em lei, os seguintes meios de obtenção da prova:

I – colaboração premiada;

9 LIMA. Op. cit.

II – captação ambiental de sinais eletromagnéticos, ópticos ou acústicos;

III – ação controlada;

IV – acesso a registros de ligações telefônicas e telemáticas, a dados cadastrais constantes de bancos de dados públicos ou privados e a informações eleitorais ou comerciais;

V – interceptação de comunicações telefônicas e telemáticas, nos termos da legislação específica;

VI – afastamento dos sigilos financeiro, bancário e fiscal, nos termos da legislação específica;

VII – infiltração, por policiais, em atividade de investigação, na forma do art. 11;

VIII – cooperação entre instituições e órgãos federais, distritais, estaduais e municipais na busca de provas e informações de interesse da investigação ou da instrução criminal.

§ 1º Havendo necessidade justificada de manter sigilo sobre a capacidade investigatória, poderá ser dispensada licitação para contratação de serviços técnicos especializados, aquisição ou locação de equipamentos destinados à polícia judiciária para o rastreamento e obtenção de provas previstas nos incisos II e V. (Incluído pela Lei nº 13.097, de 2015)

§ 2º No caso do § 1º , fica dispensada a publicação de que trata o parágrafo único do art. 61 da Lei nº 8.666, de 21 de junho de 1993, devendo ser comunicado o órgão de controle interno da realização da contratação. (Incluído pela Lei nº 13.097, de 2015)

A lei elenca diversos meios de obtenção de prova que poderão ser utilizados pelas autoridades responsáveis na investigação de crimes praticados por organizações criminosas, bem como na investigação de infrações penais transnacionais, e na investigação de organizações terroristas.

A própria Lei nº 12.850/2013 traz o procedimento previsto para a utilização de alguns desses meios, como a colaboração premiada, a ação controlada, o acesso a dados cadastrais, e a infiltração de agentes.

A captação ambiental de sinais, bem como a interceptação de comunicações telefônicas e telemáticas, são meios de obtenção de prova regulamentados pela Lei nº 9.296/1996.

Já a quebra de sigilo financeiro, bancário e fiscal é regulamentada pela Lei Complementar nº 105/2001.

13.9. Colaboração premiada

13.9.1. Conceito e natureza jurídica

Art. 3º-A. O acordo de colaboração premiada é negócio jurídico processual e meio de obtenção de prova, que pressupõe utilidade e interesse públicos. (Incluído pela Lei nº 13.964, de 2019)

A colaboração premiada pode ser conceituada como uma **técnica especial de investigação ou um meio de obtenção de prova, no qual, o coautor ou partícipe de uma infração penal confessa a prática delitiva, bem como fornece informações aos órgãos de persecução penal, visando a um dos objetivos previstos em lei e recebendo, em contrapartida, prêmios também previstos em lei.**

Atenção:

A doutrina faz esta classificação com relação as provas.[10]

Fonte de prova	Meio de prova	Meio de obtenção de prova
Pessoa ou coisa da qual se extraia a prova - Ex.: testemunhas, peritos, acusados, documentos etc.	Forma pela qual a fonte de prova é introduzida no processo - Ex.: Termo de declarações, interrogatório, laudo pericial etc.	Procedimento regulado em lei realizado com o objetivo de conseguir provas - Ex.: Busca e apreensão, interceptação telefônica etc.

Já o acordo em si de colaboração premiada, como diz a lei, é um negócio jurídico processual. Ou seja, é uma negociação entre duas partes, no âmbito do processo, na qual essas têm certo poder de escolha, dentro dos limites fixados pelo ordenamento jurídico.

Parte da doutrina entende que as expressões colaboração premiada e delação premiada seriam sinônimas. Porém, há doutrina no sentido de que colaboração premiada seria o gênero, do qual a delação premiada seria uma de suas espécies, quando o delator expõe coautores e partícipes da infração penal. Outras espécies seriam a colaboração para libertação da vítima de sequestro, colaboração para recuperação do produto ou proveito da infração penal, etc.

Importante para Concursos:

Apesar de a colaboração caracterizar negócio jurídico entre as partes, o STF decidiu recentemente, alterando sua jurisprudência, que o corréu delatado tem direito de impugnar o acordo de delação premiada, já que existe um potencial impacto à sua esfera de direitos.[11]

13.9.2. Procedimento da proposta de colaboração

Art. 3º-B. O recebimento da proposta para formalização de acordo de colaboração demarca o início das negociações e constitui também marco de confidencialidade, configurando violação de sigilo e quebra da confiança e da boa-fé a divulgação de tais tratativas iniciais ou de documento que as formalize, até o levantamento de sigilo por decisão judicial. (Incluído pela Lei nº 13.964, de 2019)

§ 1º A proposta de acordo de colaboração premiada poderá ser sumariamente indeferida, com a devida justificativa, cientificando-se o interessado. (Incluído pela Lei nº 13.964, de 2019)

§ 2º Caso não haja indeferimento sumário, as partes deverão firmar Termo de Confidencialidade para prosseguimento das tratativas, o que vinculará os órgãos envolvidos na negociação e impedirá o indeferimento posterior sem justa causa. (Incluído pela Lei nº 13.964, de 2019)

§ 3º O recebimento de proposta de colaboração para análise ou o Termo de Confidencialidade não implica, por si só, a suspensão da investigação, ressalvado acordo em contrário quanto à propositura de medidas processuais penais cautelares e assecuratórias, bem como medidas processuais cíveis admitidas pela legislação processual civil em vigor. (Incluído pela Lei nº 13.964, de 2019)

10 LIMA. Op. cit.

11 STF – HC 142.205/PR – 2ª T. – rel. Min. Gilmar Mendes – j. 25-8-2020.

§ 4º O acordo de colaboração premiada poderá ser precedido de instrução, quando houver necessidade de identificação ou complementação de seu objeto, dos fatos narrados, sua definição jurídica, relevância, utilidade e interesse público. (Incluído pela Lei nº 13.964, de 2019)

§ 5º Os termos de recebimento de proposta de colaboração e de confidencialidade serão elaborados pelo celebrante e assinados por ele, pelo colaborador e pelo advogado ou defensor público com poderes específicos. (Incluído pela Lei nº 13.964, de 2019)

§ 6º Na hipótese de não ser celebrado o acordo por iniciativa do celebrante, esse não poderá se valer de nenhuma das informações ou provas apresentadas pelo colaborador, de boa-fé, para qualquer outra finalidade. (Incluído pela Lei nº 13.964, de 2019)

Art. 3º-C. A proposta de colaboração premiada deve estar instruída com procuração do interessado com poderes específicos para iniciar o procedimento de colaboração e suas tratativas, ou firmada pessoalmente pela parte que pretende a colaboração e seu advogado ou defensor público. (Incluído pela Lei nº 13.964, de 2019)

§ 1º Nenhuma tratativa sobre colaboração premiada deve ser realizada sem a presença de advogado constituído ou defensor público. (Incluído pela Lei nº 13.964, de 2019)

§ 2º Em caso de eventual conflito de interesses, ou de colaborador hipossuficiente, o celebrante deverá solicitar a presença de outro advogado ou a participação de defensor público. (Incluído pela Lei nº 13.964, de 2019)

§ 3º No acordo de colaboração premiada, o colaborador deve narrar todos os fatos ilícitos para os quais concorreu e que tenham relação direta com os fatos investigados. (Incluído pela Lei nº 13.964, de 2019)

§ 4º Incumbe à defesa instruir a proposta de colaboração e os anexos com os fatos adequadamente descritos, com todas as suas circunstâncias, indicando as provas e os elementos de corroboração. (Incluído pela Lei nº 13.964, de 2019)

(...)

A Lei nº 12.850/2013 quando promulgada continha diversas lacunas com relação ao procedimento a ser adotado quando da colaboração premiada. Tais lacunas causavam grande insegurança jurídica em ambas as partes, o que acabava por dificultar a realização de alguns acordos.

A Lei nº 13.964/2019 buscou corrigir tais problemas, regulamentando de forma mais pormenorizada o procedimento de colaboração premiada, garantindo maior segurança jurídica a este.

Com efeito, a lei previu que como marco da confidencialidade o recebimento da proposta para formalização do acordo de colaboração, configurando violação de sigilo e quebra da confiança e da boa-fé a divulgação de tais tratativas iniciais ou de documento que as formalize, até o levantamento de sigilo por decisão judicial.

Atenção:

O marco de confidencialidade é o recebimento da proposta para formalização do acordo e não a assinatura do Termo de Confidencialidade

O acordo pode ser proposto pessoalmente pela parte interessada, em conjunto com seu advogado, ou **feita por seu patrono** sendo que neste caso deve estar instruída **com procuração do interessado com poderes específicos** para iniciar o procedimento de colaboração e suas tratativas.

Atenção:

Nenhuma tratativa sobre colaboração premiada deve ser realizada sem a presença de advogado constituído ou defensor público.

Apesar de, via de regra, a proposta partir do investigado/réu ou de seu advogado, nada impede também que as autoridades responsáveis pela persecução penal realizem a proposta de colaboração premiada caso entendam que esta será útil.

Recebida a proposta pelas autoridades, essas podem indeferi-la sumariamente. Isso pode ocorrer caso entendam que a investigação já possui fartos elementos de prova da infração penal, sendo a colaboração desnecessária, ou caso entendam que a aquela pessoa, pela relevância de sua participação criminosa, não merece usufruir de benefícios legais.

Caso a proposta não seja sumariamente indeferida as partes firmarão o Termo de Confidencialidade para prosseguimento das tratativas. A partir de então a proposta não pode mais ser indeferida sem justa causa.

O recebimento da proposta ou assinatura do Termo de Confidencialidade não impede a continuidade das investigações. Porém, a lei permite que as partes celebrem acordo quanto à não proposição de medidas cautelares penais, bem como de medidas processuais cíveis.

Assim, é possível a celebração de acordo prevendo que a autoridade policial não representará ou o Ministério Público não requererá, por exemplo, a prisão preventiva do investigado ou o sequestro de seus bens.

Cabe à defesa instruir a proposta de colaboração e os anexos com os fatos adequadamente descritos, com todas as suas circunstâncias, indicando as provas e os elementos de corroboração. Caso ainda seja necessário, o acordo pode ser precedido de uma fase de instrução quando houver necessidade de identificação ou complementação de seu objeto, dos fatos narrados, sua definição jurídica, relevância, utilidade e interesse público.

Em havendo utilidade e interesse público na realização do acordo, este será firmado entre as autoridades e o colaborador.

Atenção:

Caso as autoridades entendam, em face das provas e elementos de corroboração apresentados, que não há utilidade ou interesse público na realização do acordo, este não será celebrado, sendo que as autoridades não poderão se valer de nenhuma das informações ou provas apresentadas pelo colaborador, de boa-fé, para qualquer outra finalidade.

13.9.3. Legitimidade para propositura do acordo de colaboração premiada

O art. 4º, *caput*, da Lei nº 12.850/2013 diz que os prêmios poderão ser concedidos a "requerimento das partes".

Mais adiante, seu § 6º diz que o acordo "ocorrerá entre o delegado de polícia, o investigado e o defensor, com a manifestação do Ministério Público, ou, conforme o caso, entre o Ministério Público e o investigado ou acusado e seu defensor". Assim, as "partes" de que trata o *caput* são o Delegado de Polícia e o Ministério Público.

Parte da doutrina se revoltou contra essa possibilidade do Delegado de Polícia oferecer acordo de colaboração premiada, no sentido de que isso ofenderia a titularidade da ação penal pelo Ministério Público.[12]

Importante para Concursos:

Na ADI 5508, o STF decidiu que o Delegado de Polícia pode formalizar acordos de colaboração premiada, na fase de inquérito policial, respeitadas as prerrogativas do Ministério Público, o qual deverá se manifestar, sem caráter vinculante, previamente à decisão judicial.[13]

Segundo o Min. Marco Aurélio não se pode retirar a possibilidade da polícia judiciária, única instituição que tem como dever principal investigar, o meio de obtenção de prova denominado colaboração premiada, pois isso representaria um enfraquecimento do sistema de persecução penal.

Ainda segundo o ministro, a possibilidade de o Delegado oferecer o perdão judicial não se trata de questão afeta ao modelo acusatório, mas tão somente ao direto de punir do Estado, que se manifesta por intermédio do Poder Judiciário. Neste sentido, não haveria qualquer violação à titularidade da ação penal, conferida ao Ministério Público, pois este não é titular do poder de punir.

Apesar de ter sido decido que a manifestação do Ministério Público não é vinculante, podendo haver acordo entre Delegado e investigado mesmo com a discordância do MP, esta regra não vale para o benefício previsto no art. 4º, § 4º, que permite o não oferecimento da denúncia pelo MP em algumas hipóteses. Com efeito, o oferecimento ou não da denúncia diz respeito ao titular da ação penal, que é o Ministério Público.

Atenção:

Mais recentemente o STF, na Petição Criminal 8482, anulou o acordo de colaboração premiada celebrado entre o ex-Governador Sergio Cabral e a Polícia Federal, com manifestação

12 OLIVEIRA, Eugênio Pacelli. *Curso de Processo Penal*. São Paulo: Atlas, 2014.
13 STF – ADI 5508/DF – Pleno – rel. Min. Marco Aurélio – j. 20-6-2018.

desfavorável do Ministério Público Federal. Ocorre que tal julgado não tem efeito *erga omnes*, de forma que ainda prevalece a posição adotada na ADI 5508.[14]

13.9.4. Resultados da colaboração e possíveis prêmios

Art. 4º O juiz poderá, a requerimento das partes, conceder o perdão judicial, reduzir em até 2/3 (dois terços) a pena privativa de liberdade ou substituí-la por restritiva de direitos daquele que tenha colaborado efetiva e voluntariamente com a investigação e com o processo criminal, desde que dessa colaboração advenha um ou mais dos seguintes resultados:

I – a identificação dos demais coautores e partícipes da organização criminosa e das infrações penais por eles praticadas;

II – a revelação da estrutura hierárquica e da divisão de tarefas da organização criminosa;

III – a prevenção de infrações penais decorrentes das atividades da organização criminosa;

IV – a recuperação total ou parcial do produto ou do proveito das infrações penais praticadas pela organização criminosa;

V – a localização de eventual vítima com a sua integridade física preservada.

§ 1º Em qualquer caso, a concessão do benefício levará em conta a personalidade do colaborador, a natureza, as circunstâncias, a gravidade e a repercussão social do fato criminoso e a eficácia da colaboração.

§ 2º Considerando a relevância da colaboração prestada, o Ministério Público, a qualquer tempo, e o delegado de polícia, nos autos do inquérito policial, com a manifestação do Ministério Público, poderão requerer ou representar ao juiz pela concessão de perdão judicial ao colaborador, ainda que esse benefício não tenha sido previsto na proposta inicial, aplicando-se, no que couber, o art. 28 do Decreto-Lei nº 3.689, de 3 de outubro de 1941 (Código de Processo Penal).

§ 3º O prazo para oferecimento de denúncia ou o processo, relativos ao colaborador, poderá ser suspenso por até 6 (seis) meses, prorrogáveis por igual período, até que sejam cumpridas as medidas de colaboração, suspendendo-se o respectivo prazo prescricional.

§ 4º Nas mesmas hipóteses do **caput** deste artigo, o Ministério Público poderá deixar de oferecer denúncia se a proposta de acordo de colaboração referir-se a infração de cuja existência não tenha prévio conhecimento e o colaborador: (Redação dada pela Lei nº 13.964, de 2019)

I – não for o líder da organização criminosa;

II – for o primeiro a prestar efetiva colaboração nos termos deste artigo.

§ 4º-A. Considera-se existente o conhecimento prévio da infração quando o Ministério Público ou a autoridade policial competente tenha instaurado inquérito ou procedimento investigatório para apuração dos fatos apresentados pelo colaborador. (Incluído pela Lei nº 13.964, de 2019)

§ 5º Se a colaboração for posterior à sentença, a pena poderá ser reduzida até a metade ou será admitida a progressão de regime ainda que ausentes os requisitos objetivos.

Os possíveis prêmios previstos em lei são:

14 STF – Petição Criminal 8482/DF – pleno – rel. Min. Edson Fachin – 28-5-2021.

a) **Perdão judicial: É causa extintiva da punibilidade (art. 107, IX, do CP). Deve ser aplicado pelo juiz no momento da sentença.** Assim, caso seja acordado o perdão judicial, o MP deve oferecer denúncia com pedido de absolvição sumária conforme art. 397, IV, do CPP

Importante para Concursos:

O perdão judicial tem natureza meramente declaratória, conforme Súmula nº 18 do STJ.

> **Súmula nº 18 do STJ**: A sentença concessiva do perdão judicial é declaratória da extinção da punibilidade, não subsistindo qualquer efeito condenatório.

Conforme o § 2º **o perdão judicial pode ser requerido pelo MP ou representado pela autoridade policial mesmo que esse benefício não tenha sido previsto na proposta inicial, considerando a relevância da colaboração.**

Já conforme o art. 4º, § 12, ainda que beneficiado por perdão judicial ou não denunciado, o colaborador poderá ser ouvido em juízo a requerimento das partes ou por iniciativa da autoridade judicial.

b) **Reduzir da pena privativa de liberdade: O juiz poderá reduzir a pena em até 2/3.** A lei não traz um limite mínimo de redução, como faz por exemplo a Lei de Lavagem, que traz uma redução mínima de 1/3.

Caso a colaboração se dê após a sentença, a pena poderá ser reduzida até a metade.

c) **Progressão de regime: No caso de colaboração após a sentença também pode ser admitida a progressão de regime, ainda que ausentes os requisitos objetivos**, ou seja, mesmo que o réu ainda não tenha cumprido a parcela exigida da pena para progressão de regime.

d) **Substituição da pena privativa de liberdade por restritiva de direitos: A lei possibilita a substituição da pena de prisão por penas restritivas de direitos, independentemente da observância dos requisitos previstos no art. 44 do CP.**

Mesmo porque, conforme o art. 44 do CP, a pena privativa de liberdade somente pode ser substituída por restritiva de diretos quando a pena aplicada não for superior a quatro anos e o crime não for cometido com violência ou grave ameaça à pessoa ou, qualquer que seja a pena aplicada, se o crime for culposo. Tais requisitos limitariam muito aplicação desse benefício, ainda mais em casos de investigações de organizações criminosas.[15]

e) **Não oferecimento da denúncia: É o prêmio máximo que pode ser oferecido a um colaborador. Assim, para que o colaborador faça jus a este prêmio, são necessários dois requisitos extras.** Além do atingimento dos resultados previstos na Lei, o colaborador:

I. **Não pode ser o líder da organização criminosa.** Com efeito não poderia o maior prêmio ser dado àquele com maior responsabilidade pelos atos praticados.

15 CABETTE, Eduardo. SANNINI, Francisco. Op. cit.

II. **Precisa ter sido o primeiro a prestar efetiva colaboração.** Não é necessário que tenha sido o primeiro a propor a colaboração, mas que tenha sido o primeiro a prestá-la de forma efetiva. Esse requisito visa estimular uma colaboração efetiva.

Lembramos que conforme o art. 4º, § 12, o colaborador não denunciado ainda tem obrigação de falar em juízo se requerido pelas partes ou pela autoridade judicial.

Importante para Concursos:

O prazo para oferecimento de denúncia ou o processo, relativos ao colaborador, **poderá ser suspenso por até 6 (seis) meses, prorrogáveis por igual período**, até que sejam cumpridas as medidas de colaboração, **suspendendo-se o respectivo prazo prescricional.**

Para que o juiz conceda tais prêmios é essencial que da colaboração advenha um ou mais dos seguintes resultados:

a) **Identificação dos demais coautores e partícipes da organização criminosa e das infrações penais por eles praticadas:** É o que parte da doutrina chama de delação premiada. O colaborador deverá delatar os coautores e os partícipes da organização criminosa e das infrações por eles praticadas, isso quer dizer, das infrações também praticadas pelo colaborador, que são objeto da investigação.

Atenção:

Nos depoimentos que prestar, o colaborador renunciará, na presença de seu defensor, ao direito ao silêncio e estará sujeito ao compromisso legal de dizer a verdade (art. 4º, § 12).

Atenção:

No acordo de colaboração premiada, o colaborador deve narrar todos os fatos ilícitos para os quais concorreu e que tenham relação direta com os fatos investigados. Neste sentido, o colaborador somente está obrigado a narrar fatos ilícitos que praticou que tenham relação com os fatos investigados, e não todos os ilícitos já praticados em sua vida.

Além disso, ainda que beneficiado por perdão judicial ou não denunciado, o colaborador poderá ser ouvido em juízo a requerimento das partes ou por iniciativa da autoridade judicial. (art. 4º, § 12)

b) **A revelação da estrutura hierárquica e da divisão de tarefas da organização criminosa:** Informações acerca da estrutura da organização criminosa e de como se dá sua divisão de tarefas são essenciais para que os órgãos de persecução possam atuar de forma mais eficiente contra tais organizações. Somente conhecendo-as a fundo é que será possível combatê-las.

Além disso, a estrutura da organização e sua divisão de tarefas são elementares do conceito de organização criminosa, sendo informações imprescindíveis ao processamento da ação penal.

c) **Prevenção de infrações penais decorrentes das atividades da organização criminosa:** O colaborador pode ter informações relevantes com relação a futuras infrações penais planejadas pela ORCRIM. Em posse de tais informações, a polícia pode frustrar atos criminosos prendendo os envolvidos em flagrante delito.

d) **A recuperação total ou parcial do produto ou do proveito das infrações penais praticadas pela organização criminosa:** A descapitalização das organizações criminosas é uma das formas mais eficientes de combatê-las, neste sentido a recuperação do proveito ou produto do crime pode ser mais efetivo do que somente a prisão dos envolvidos.

Atenção:

PRODUTO DO CRIME	PROVEITO DO CRIME
Bem conseguido diretamente por meio da prática delitiva. Ex.: dinheiro subtraído da vítima após um roubo.	Bem conseguido indiretamente por meio da prática delitiva. Ex.: celular comprado com o dinheiro de subtraído uma vítima após um roubo.

e) **A localização de eventual vítima com a sua integridade física preservada:** As informações do colaborador devem ser efetivas no sentido de localizar a vítima com sua integridade física preservada. De nada adianta que o colaborador indique local onde é encontrada a vítima já sem vida.

Tal objetivo, via de regra, estará ligado ao crime de extorsão mediante sequestro, sendo que o Código Penal já trazia desde 1996 a possibilidade de colaboração premiada para libertação da vítima nesses casos:

> **Art. 159** – Sequestrar pessoa com o fim de obter, para si ou para outrem, qualquer vantagem, como condição ou preço do resgate:
>
> Pena – reclusão, de oito a quinze anos.
>
> (...)
>
> **§ 4º** Se o crime é cometido em concurso, o concorrente que o denunciar à autoridade, facilitando a libertação do seqüestrado, terá sua pena reduzida de um a dois terços. (Redação dada pela Lei nº 9.269, de 1996)

Notem que a lei fala em integridade física preservada e não em integridade física e psicológica, pois, via de regra, o fato de ser vítima de um crime já deixará danos psicológicos que não podem ser evitados pelo colaborador.

13.9.5. Negociação, homologação e sentença

Art. 4º (...)

§ 6º O juiz não participará das negociações realizadas entre as partes para a formalização do acordo de colaboração, que ocorrerá entre o delegado de polícia, o investigado e o defensor, com a manifestação do Ministério Público, ou, conforme o caso, entre o Ministério Público e o investigado ou acusado e seu defensor.

§ 7º Realizado o acordo na forma do § 6º deste artigo, serão remetidos ao juiz, para análise, o respectivo termo, as declarações do colaborador e cópia da investigação, devendo o juiz ouvir sigilosamente o colaborador, acompanhado de seu defensor, oportunidade em que analisará os seguintes aspectos na homologação: (Redação dada pela Lei nº 13.964, de 2019)

I – regularidade e legalidade; (Incluído pela Lei nº 13.964, de 2019)

II – adequação dos benefícios pactuados àqueles previstos no **caput** e nos §§ 4º e 5º deste artigo, sendo nulas as cláusulas que violem o critério de definição do regime inicial de cumprimento de pena do art. 33 do Decreto-Lei nº 2.848, de 7 de dezembro de 1940 (Código Penal), as regras de cada um dos regimes previstos no Código Penal e na Lei nº 7.210, de 11 de julho de 1984 (Lei de Execução Penal) e os requisitos de progressão de regime não abrangidos pelo § 5º deste artigo; (Incluído pela Lei nº 13.964, de 2019)

III – adequação dos resultados da colaboração aos resultados mínimos exigidos nos incisos I, II, III, IV e V do **caput** deste artigo (Incluído pela Lei nº 13.964, de 2019)

IV – voluntariedade da manifestação de vontade, especialmente nos casos em que o colaborador está ou esteve sob efeito de medidas cautelares. (Incluído pela Lei nº 13.964, de 2019)

§ 7º-A O juiz ou o tribunal deve proceder à análise fundamentada do mérito da denúncia, do perdão judicial e das primeiras etapas de aplicação da pena, nos termos do Decreto-Lei nº 2.848, de 7 de dezembro de 1940 (Código Penal) e do Decreto-Lei nº 3.689, de 3 de outubro de 1941 (Código de Processo Penal), antes de conceder os benefícios pactuados, exceto quando o acordo prever o não oferecimento da denúncia na forma dos §§ 4º e 4º-A deste artigo ou já tiver sido proferida sentença. (Incluído pela Lei nº 13.964, de 2019)

§ 7º-B. São nulas de pleno direito as previsões de renúncia ao direito de impugnar a decisão homologatória. (Incluído pela Lei nº 13.964, de 2019)

§ 8º O juiz poderá recusar a homologação da proposta que não atender aos requisitos legais, devolvendo-a às partes para as adequações necessárias. (Redação dada pela Lei nº 13.964, de 2019)

§ 9º Depois de homologado o acordo, o colaborador poderá, sempre acompanhado pelo seu defensor, ser ouvido pelo membro do Ministério Público ou pelo delegado de polícia responsável pelas investigações.

§ 10. As partes podem retratar-se da proposta, caso em que as provas autoincriminatórias produzidas pelo colaborador não poderão ser utilizadas exclusivamente em seu desfavor.

§ 10-A Em todas as fases do processo, deve-se garantir ao réu delatado a oportunidade de manifestar-se após o decurso do prazo concedido ao réu que o delatou. (Incluído pela Lei nº 13.964, de 2019)

§ 11. A sentença apreciará os termos do acordo homologado e sua eficácia.

§ 12. Ainda que beneficiado por perdão judicial ou não denunciado, o colaborador poderá ser ouvido em juízo a requerimento das partes ou por iniciativa da autoridade judicial.

§ 13. O registro das tratativas e dos atos de colaboração deverá ser feito pelos meios ou recursos de gravação magnética, estenotipia, digital ou técnica similar, inclusive audiovisual, destinados a obter maior fidelidade das informações, garantindo-se a disponibilização de cópia do material ao colaborador. (Redação dada pela Lei nº 13.964, de 2019)

§ 14. Nos depoimentos que prestar, o colaborador renunciará, na presença de seu defensor, ao direito ao silêncio e estará sujeito ao compromisso legal de dizer a verdade.

§ 15. Em todos os atos de negociação, confirmação e execução da colaboração, o colaborador deverá estar assistido por defensor.

Como já vimos **o acordo de colaboração premiada é feito entre o delegado de polícia, o investigado e o defensor, com a manifestação do Ministério Público, ou, conforme o caso, entre o Ministério Público e o investigado ou acusado e seu defensor. O juiz não participa das negociações para formalizar o acordo de colaboração, devendo apenas homologá-lo ou não.**

A decisão de homologação do acordo é meramente homologatória, não fazendo o juiz, neste momento, análise de mérito ou de eficácia da colaboração. Cabe ao juiz, no momento da homologação, apenas analisar os aspectos formais de adequação, legalidade e voluntariedade.

Atenção:

CLÁUSULAS NULAS DO ACORDO DE COLABORAÇÃO
1) Que violem o critério de definição de regime inicial de cumprimento de pena previsto no art. 33 do CP. - Ex.: cláusula fixando regime inicial aberto ou semiaberto para condenados à pena superior a 8 anos.
2) Que violem as regras de cada um dos regimes previstos no Código Penal.
3) Que violem os requisitos de progressão de regime não abrangidos pelo § 5º deste artigo. - A lei permite a progressão de regime em caso de colaboração posterior à sentença, porém não é permitida cláusula que altere as frações a serem cumpridas para progressão de regime.

Atenção:

O mérito da causa, bem como a eficácia da colaboração devem ser analisadas no momento da sentença pelo juiz ou tribunal. Neste momento, o juiz decidirá pela aplicação ou não do benefício proposto, conforme os objetivos legais tenham ou não sido alcançados.

Com relação à **retratação da proposta** de acordo, o §10 do art. 4º parece ser conflitante com relação ao já visto §6º do art. 3-B:

Art. 3-B, § 6º	Art. 4º, § 10
Na hipótese de não ser celebrado o acordo por iniciativa do celebrante, esse não poderá se valer de nenhuma das informações ou provas apresentadas pelo colaborador, de boa-fé, para qualquer outra finalidade. (Incluído pela Lei nº 13.964, de 2019)	As partes podem retratar-se da proposta, caso em que as provas autoincriminatórias produzidas pelo colaborador não poderão ser utilizadas exclusivamente em seu desfavor.

Antes da edição da Lei nº 13.964/2019 entendia-se, conforme o art. 4º, § 10, que havendo retratação das partes as provas produzidas somente não poderiam ser utilizadas contra o colaborador, podendo, no entanto, ser utilizadas contra coautores e partícipes.

Com a edição da Lei nº 13.964/2019, em leitura conjunta dos dois parágrafos, é forçoso concluir que no caso de retratação por iniciativa do MP ou da autoridade policial as prova produzidas pelo colaborador não poderão ser utilizadas para qualquer finalidade, inclusive contra delatados.[16] Por outro lado, caso a retração seja feita pelo colaborador, polícia e MP ainda poderão se valer das provas contra terceiros.

Atenção:

Não se pode confundir a retratação, a rescisão e a anulação do acordo.

Art. 4º

(...)

§ 17 O acordo homologado poderá ser rescindido em caso de omissão dolosa sobre os fatos objeto da colaboração

§ 18 O acordo de colaboração premiada pressupõe que o colaborador cesse o envolvimento em conduta ilícita relacionada ao objeto da colaboração, sob pena de rescisão.

	Retratação	Rescisão	Anulação
Conceito	É o arrependimento com relação ao acordo, quando alguma das partes já não tem interesse em sua celebração.	Uma das partes descumpre obrigações assumidas quando da realização do acordo.	É a desconstituição de efeitos do negócio jurídico que estava contaminado com algum vício de legalidade.
Efeitos	- **Por iniciativa da autoridade**: provas não podem ser utilizadas para qualquer finalidade. - **Por iniciativa do colaborador**: Provas não poderão ser utilizadas exclusivamente sem seu desfavor.	**Causada pela autoridade**: colaborador pode a seu critério cessar a colaboração, assegurada a manutenção dos prêmios.[17] - **Causada pelo colaborador:** perda do prêmio negociado e aproveitamento das provas produzidas.	Ilicitude de todas as provas produzidas com base na colaboração premiada.[18]

Como já havíamos adiantado anteriormente, mesmo que o colaborador seja beneficiado por perdão judicial ou não denunciado, este ainda poderá ser ouvido em juízo a requerimento das partes ou por iniciativa da autoridade judicial.

A lei ainda prevê que **as tratativas e atos de colaboração deverão ser registrados, por meio de algum tipo de gravação, podendo ser inclusive audiovisual.** Interessante notar que o § 13 dizia que esse registro seria feito "sempre que possível", já o novo § 13 diz que o registro "deverá ser feito", dando uma ideia de obrigatoriedade do registro.

16 CABETTE, Eduardo. SANNINI, Francisco. Op. cit.
17 FONSECA, Cibele Benevides Guedes. *Colaboração Premiada*. Belo Horizonte: Del Rey, 2017. apud: LIMA. Op. cit.
18 LIMA. Op. cit.

Esse registro visa garantir não somente uma colheita de provas mais fidedigna, mas também garantir que o réu colaborador está colaborando de forma voluntária, não sofrendo qualquer tipo de coação.

Nos depoimentos em que prestar, o réu colaborador deve renunciar ao direito ao silêncio, tendo obrigação de dizer a verdade. Nesta renúncia, bem como em todos os atos de colaboração, o colaborador deve ser assistido por seu advogado. Neste sentido, a assistência técnica derivada do princípio da ampla defesa é requisito essencial a qualquer ato de colaboração.

O colaborador que mentir em seus depoimentos pode incidir no crime previsto no art. 19 desta lei.

13.9.6 Limitações à utilização da colaboração premiada

> **Art. 4º**
>
> (...)
>
> **§ 16.** Nenhuma das seguintes medidas será decretada ou proferida com fundamento apenas nas declarações do colaborador: (Redação dada pela Lei nº 13.964, de 2019)
>
> **I** – medidas cautelares reais ou pessoais; (Incluído pela Lei nº 13.964, de 2019)
>
> **II** – recebimento de denúncia ou queixa-crime; (Incluído pela Lei nº 13.964, de 2019)
>
> **III** – sentença condenatória. (Incluído pela Lei nº 13.964, de 2019)

As medidas cautelares podem ser de natureza pessoal ou de natureza real. As medidas cautelares de natureza pessoal recaem sobre pessoas, ao passo que as de natureza real recam sobre bens.

Neste sentido, medidas como o sequestro de bens, o arresto ou a hipoteca legal são medidas cautelares reais ou patrimoniais, que visam assegurar principalmente o perdimento do produto e proveito do crime, bem como o ressarcimento do dano causado à vítima.

Já cautelares prisionais, como a prisão preventiva, são medidas cautelares de natureza pessoal, pois recaem sobre pessoas em si, afetando sua liberdade de ir e vir. No mesmo sentido as medidas cautelares diversas de prisão, que também recaem, de alguma forma, sobre a liberdade de ir e vir das pessoas.

Essas medidas cautelares não podem ser decretadas tendo por fundamento apenas as declarações do colaborador.

Além disso, **as declarações do colaborador não podem funcionar como único fundamento para recebimento da denúncia ou queixa-crime e muito menos, como único fundamento de sentença condenatória.**

13.9.7. Direitos do colaborador

> **Art. 5º** São direitos do colaborador:
>
> **I** – usufruir das medidas de proteção previstas na legislação específica;

II – ter nome, qualificação, imagem e demais informações pessoais preservados;

III – ser conduzido, em juízo, separadamente dos demais coautores e partícipes;

IV – participar das audiências sem contato visual com os outros acusados;

V – não ter sua identidade revelada pelos meios de comunicação, nem ser fotografado ou filmado, sem sua prévia autorização por escrito;

VI – cumprir pena ou prisão cautelar em estabelecimento penal diverso dos demais corréus ou condenados.

Ao se referir à proteção prevista em legislação específica o inciso I se refere à Lei nº 9.807/1999, a qual estabelece normas de proteção a vítimas e testemunhas ameaçadas, bem como normas de proteção a réus colaboradores.

O colaborador pode, por exemplo, contar com segurança em sua residência e escolta policial.

O colaborador também tem direito de ter sua qualificação, imagem e demais informações pessoais preservadas, sendo que a violação a tal direito pode configurar o crime previsto no art. 18 desta Lei.

Art. 18. Revelar a identidade, fotografar ou filmar o colaborador, sem sua prévia autorização por escrito:

Pena – reclusão, de 1 (um) a 3 (três) anos, e multa.

13.9.8. Sigilo da colaboração

Art. 7º O pedido de homologação do acordo será sigilosamente distribuído, contendo apenas informações que não possam identificar o colaborador e o seu objeto.

§ 1º As informações pormenorizadas da colaboração serão dirigidas diretamente ao juiz a que recair a distribuição, que decidirá no prazo de 48 (quarenta e oito) horas.

§ 2º O acesso aos autos será restrito ao juiz, ao Ministério Público e ao delegado de polícia, como forma de garantir o êxito das investigações, assegurando-se ao defensor, no interesse do representado, amplo acesso aos elementos de prova que digam respeito ao exercício do direito de defesa, devidamente precedido de autorização judicial, ressalvados os referentes às diligências em andamento.

§ 3º O acordo de colaboração premiada e os depoimentos do colaborador serão mantidos em sigilo até o recebimento da denúncia ou da queixa-crime, sendo vedado ao magistrado decidir por sua publicidade em qualquer hipótese. (Redação dada pela Lei nº 13.964, de 2019)

A lei dá ao juiz o prazo de 48 horas para decidir acerca da homologação do acordo de colaboração premiada, após ter acesso às informações.

Tendo em vista a sensibilidade das informações e os riscos corridos pelo colaborador a lei prevê que as informações da colaboração serão sigilosas, devendo ser mantido esse sigilo até o recebimento da denúncia ou queixa-crime.

Além disso, para que o advogado possa ter acesso aos autos da colaboração se faz necessária a autorização judicial, não podendo o Delegado de Polícia ou o MP conceder esse acesso diretamente. Além disso, o advogado não pode ter acesso aos elementos de prova relativos a diligências em andamento.

Importante para Concursos:

Segundo o STF a pessoa delatada tem direito a acessar as declarações prestadas pelo colaborador que incriminam o delatado, desde que já estejam documentadas nos autos e que não se refiram a diligências em andamento que possam ser prejudicadas, na forma da Súmula Vinculante nº 14.[19]

13.10. Ação controlada

Art. 8º Consiste a ação controlada em retardar a intervenção policial ou administrativa relativa à ação praticada por organização criminosa ou a ela vinculada, desde que mantida sob observação e acompanhamento para que a medida legal se concretize no momento mais eficaz à formação de provas e obtenção de informações.

§ 1º O retardamento da intervenção policial ou administrativa será previamente comunicado ao juiz competente que, se for o caso, estabelecerá os seus limites e comunicará ao Ministério Público.

§ 2º A comunicação será sigilosamente distribuída de forma a não conter informações que possam indicar a operação a ser efetuada.

§ 3º Até o encerramento da diligência, o acesso aos autos será restrito ao juiz, ao Ministério Público e ao delegado de polícia, como forma de garantir o êxito das investigações.

§ 4º Ao término da diligência, elaborar-se-á auto circunstanciado acerca da ação controlada.

Art. 9º Se a ação controlada envolver transposição de fronteiras, o retardamento da intervenção policial ou administrativa somente poderá ocorrer com a cooperação das autoridades dos países que figurem como provável itinerário ou destino do investigado, de modo a reduzir os riscos de fuga e extravio do produto, objeto, instrumento ou proveito do crime.

O conceito de ação controlada está previsto na própria lei, e se traduz no **retardamento de intervenção policial ou administrativa relativa à ação praticada por organização criminosa ou a ela vinculada, desde que mantida sob observação e acompanhamento para que a medida legal se concretize no momento mais eficaz à formação de provas e obtenção de informações.**

A ação controlada mitiga a obrigatoriedade da realização da prisão em flagrante pelas autoridades policiais e seus agentes (art. 301 do CPP). Assim, os policiais que deixam de realizar o flagrante sob o manto da ação controlada, não respondem pelo crime de prevaricação (art. 319 do CP), pois se encontram em situação de estrito cumprimento do dever legal, o qual é causa excludente de licitude (art. 23, II do CP).

19 STF – Ag. Reg. na Petição 8.216/DF – 5ª T. – rel. Min. Edson Fachin – j. 22-9-2020.

Atenção:

A ação controlada não dá aos órgãos estatais a discricionariedade para realizar a prisão a qualquer tempo. Caso a autoridade policial tenha entendido por não realizar o flagrante em determinado momento, visando concretizar a medida em momento mais oportuno para a colheita de provas, somente poderá realizar o flagrante caso os agentes ainda se encontrem em situação flagrancial, conforme as hipóteses previstas no art. 302 do CPP.

Do conceito de ação controlada é essencial observar três pontos:

a) **A ação controlada pode ser exercida no âmbito de uma investigação criminal por órgão policial ou administrativo.** Pode assim, ser feita pelo Ministério Público, ou mesmo por outros órgãos, como a Receita Federal, quando estiverem participando de forma conjunta na investigação.

Atenção:

Esse detalhe diverge do previsto com relação à infiltração de agentes, que, como veremos, somente pode ser feita por policial.

b) **A ação controlada prevista na Lei nº 12.850/2013 somente pode ser realizada em investigação relativa à ação de organização criminosa ou a ela vinculada. Pode ainda ser utilizada, conforme art. 1º, § 2º, na investigação de crimes transacionais, previstos em tratado internacional ou na investigação de organizações terroristas.**

O instituto da ação controlada, no entanto, tem previsão em outras leis, podendo ser utilizada também nestes casos. Vejamos:

AÇÃO CONTROLADA		
Lei nº 12.850/2013 (Lei de Organização Criminosa)	**Lei nº 9.613/1998 (Lei de Lavagem de Capitais)**	**Lei nº 11.343/2006 (Lei de Drogas)**
Art. 8º Consiste a ação controlada em retardar a intervenção policial ou administrativa relativa à ação praticada por organização criminosa ou a ela vinculada, desde que mantida sob observação e acompanhamento para que a medida legal se concretize no momento mais eficaz à formação de provas e obtenção de informações.	**Art. 1º, § 6º:** Para a apuração do crime de que trata este artigo, admite-se a utilização da ação controlada e da infiltração de agentes. Art. 4º-B. A ordem de prisão de pessoas ou as medidas assecuratórias de bens, direitos ou valores poderão ser suspensas pelo juiz, ouvido o Ministério Público, quando a sua execução imediata puder comprometer as investigações.	**Art. 53.** Em qualquer fase da persecução criminal relativa aos crimes previstos nesta Lei, são permitidos, além dos previstos em lei, mediante autorização judicial e ouvido o Ministério Público, os seguintes procedimentos investigatórios: (...) **II** - a não-atuação policial sobre os portadores de drogas, seus precursores químicos ou outros produtos utilizados em sua produção, que se encontrem no território brasileiro, com a finalidade de identificar e responsabilizar maior número de integrantes de operações de tráfico e distribuição, sem prejuízo da ação penal cabível. Parágrafo único. Na hipótese do inciso II deste artigo, a autorização será concedida desde que sejam conhecidos o itinerário provável e a identificação dos agentes do delito ou de colaboradores.

Atenção:

A ação controlada no âmbito da Lei nº 12.850/2013 não necessita de autorização judicial, bastando a prévia comunicação ao juiz. Por outro lado, a Lei de Drogas exige expressamente autorização judicial. Entendia-se, no mesmo sentido, que a ação controlada no âmbito da Lei de Lavagem exigiria autorização judicial, porém com a inclusão do § 6º, no art. 1º, daquela lei, entende-se agora que seu procedimento de ação controlada também é regido pela Lei nº 12.850/2013.[20][21]

Ação controlada no âmbito da Lei de Organizações Criminosas	Ação controlada no âmbito da Lei de Lavagem de Capitais	Ação controlada no âmbito da Lei de Drogas
Não exige autorização judicial	Não exige autorização judicial	Exige autorização judicial

c) **A ação criminosa deve ser mantida sob observação e acompanhamento.** Neste sentido a autoridade policial deve se certificar que não perderá o controle da situação, de forma a poder interromper a atividade criminosa quando for mais conveniente ou necessário.

Neste sentido, o art. 9º prevê ser necessária a cooperação internacional com autoridades estrangeiras quando a ação controlada envolver transposição de fronteiras, de forma que a prática criminosa se mantenha sob controle das autoridades.

13.11. Infiltração de agentes

13.11.1. *Procedimento*

Art. 10. A infiltração de agentes de polícia em tarefas de investigação, representada pelo delegado de polícia ou requerida pelo Ministério Público, após manifestação técnica do delegado de polícia quando solicitada no curso de inquérito policial, será precedida de circunstanciada, motivada e sigilosa autorização judicial, que estabelecerá seus limites.

§ 1º Na hipótese de representação do delegado de polícia, o juiz competente, antes de decidir, ouvirá o Ministério Público.

§ 2º Será admitida a infiltração se houver indícios de infração penal de que trata o art. 1º e se a prova não puder ser produzida por outros meios disponíveis.

§ 3º A infiltração será autorizada pelo prazo de até 6 (seis) meses, sem prejuízo de eventuais renovações, desde que comprovada sua necessidade.

§ 4º Findo o prazo previsto no § 3º, o relatório circunstanciado será apresentado ao juiz competente, que imediatamente cientificará o Ministério Público.

20 Para mais detalhes ver Lei nº 9.613/1998 (Lei de Lavagem)

21 LIMA. Op. cit.

§ 5º No curso do inquérito policial, o delegado de polícia poderá determinar aos seus agentes, e o Ministério Público poderá requisitar, a qualquer tempo, relatório da atividade de infiltração.

(...)

Art. 11. O requerimento do Ministério Público ou a representação do delegado de polícia para a infiltração de agentes conterão a demonstração da necessidade da medida, o alcance das tarefas dos agentes e, quando possível, os nomes ou apelidos das pessoas investigadas e o local da infiltração.

Parágrafo único. Os órgãos de registro e cadastro público poderão incluir nos bancos de dados próprios, mediante procedimento sigiloso e requisição da autoridade judicial, as informações necessárias à efetividade da identidade fictícia criada, nos casos de infiltração de agentes na internet. (Incluído pela Lei nº 13.964, de 2019)

Art. 12. O pedido de infiltração será sigilosamente distribuído, de forma a não conter informações que possam indicar a operação a ser efetivada ou identificar o agente que será infiltrado.

§ 1º As informações quanto à necessidade da operação de infiltração serão dirigidas diretamente ao juiz competente, que decidirá no prazo de 24 (vinte e quatro) horas, após manifestação do Ministério Público na hipótese de representação do delegado de polícia, devendo-se adotar as medidas necessárias para o êxito das investigações e a segurança do agente infiltrado.

§ 2º Os autos contendo as informações da operação de infiltração acompanharão a denúncia do Ministério Público, quando serão disponibilizados à defesa, assegurando-se a preservação da identidade do agente.

§ 3º Havendo indícios seguros de que o agente infiltrado sofre risco iminente, a operação será sustada mediante requisição do Ministério Público ou pelo delegado de polícia, dando-se imediata ciência ao Ministério Público e à autoridade judicial.

A infiltração de agentes consiste na introdução dissimulada de policial, mediante prévia autorização judicial, no seio de organização criminosa, ocultando sua verdadeira identidade, para que possa colher elementos de prova de crimes praticados pela organização criminosa. Trata-se de meio de obtenção de prova.

Desse conceito, é essencial analisar dois aspectos:

a) **A infiltração de agentes deve ser feita por policial.** Assim, não pode ser feita por integrantes do Ministério Público, agentes da Agência Brasileira de Inteligência, particulares, etc.

   Majoritariamente entende-se que a infiltração policial somente pode ser feita por policiais dotados de atribuição investigativa, assim somente poderia ser feita, via de regra, por policiais civis ou federais.

b) **A infiltração de agentes exige prévia autorização judicial.** Essa autorização pode advir de representação formulada pela autoridade policial ou de requisição do Ministério Público, sendo necessário, neste caso, manifestação técnica do Delegado de Polícia.

   Segundo a lei, o juiz tem o prazo de 24h para decidir quanto à autorização da infiltração de agentes, após a manifestação do Ministério Público, caso o pedido tenha partido da autoridade policial.

Importante para Concursos:

A infiltração pode ser autorizada incialmente pelo prazo de até 6 meses, sem prejuízo de eventuais renovações. A lei não impõe prazo máximo à infiltração pessoal de agentes – diferentemente, como veremos da infiltração virtual de agentes, que tem prazo máximo de 720 dias.

A lei é clara ao dizer que a operação de infiltração pode ser encerrada a qualquer momento, por requisição do Ministério Público ou diretamente pelo delegado de polícia, caso haja indícios seguros de que o agente infiltrado está em risco iminente. Para que haja essa cessação, por óbvio, não se faz necessária autorização judicial tendo em vista a urgência da medida.

Cabe ressaltar ainda que é possível a inclusão de informações necessárias à infiltração em bancos de dados públicos. Pode assim ser criado um novo RG ou CPF fictícios para o policial infiltrado, visando que este não seja reconhecido pela organização criminosa. Tal medida deve ser determinada pelo juiz.

Importante para Concursos:

É essencial saber diferenciar os institutos do agente policial disfarçado, da infiltração policial e do agente provocador:

AGENTE POLICIAL DISFARÇADO	INFILTRAÇÃO POLICIAL	AGENTE PROVOCADOR
- Técnica especial de investigação - Previsto no Estatuto do Desarmamento e na Lei de Drogas.	- Técnica especial de investigação - Previsto na Lei de Organizações Criminosas e na Lei de Lavagem	- Não é técnica de investigação
- Não faz nascer o intuito delitivo no criminoso.	- Não faz nascer o intuito delitivo no criminoso	- Faz nascer o intuito delitivo no criminoso
- Há prova de conduta criminal preexistente.	- Se infiltra na organização criminosa, ganhando a confiança do grupo criminoso	- Impede a consumação do crime, havendo, portanto, crime impossível (Súmula nº 145 do STF)
- Não exige de autorização judicial	- Exige autorização judicial	

13.11.2. Crimes praticados pelo agente infiltrado e direitos do agente infiltrado

Art. 13. O agente que não guardar, em sua atuação, a devida proporcionalidade com a finalidade da investigação, responderá pelos excessos praticados.

Parágrafo único. Não é punível, no âmbito da infiltração, a prática de crime pelo agente infiltrado no curso da investigação, quando inexigível conduta diversa.

Art. 14. São direitos do agente:

I – recusar ou fazer cessar a atuação infiltrada;

II – ter sua identidade alterada, aplicando-se, no que couber, o disposto no art. 9º da Lei nº 9.807, de 13 de julho de 1999, bem como usufruir das medidas de proteção a testemunhas;

III – ter seu nome, sua qualificação, sua imagem, sua voz e demais informações pessoais preservadas durante a investigação e o processo criminal, salvo se houver decisão judicial em contrário;

IV – não ter sua identidade revelada, nem ser fotografado ou filmado pelos meios de comunicação, sem sua prévia autorização por escrito.

Obviamente **o agente infiltrado não pode ser responsabilizado pelo crime de integrar organização criminosa, pois atua amparado por decisão judicial, utilizando-se de técnica de investigação prevista em lei. Assim, ocorre a exclusão de ilicitude pelo estrito cumprimento do dever legal (art. 23, III, do CP).** O mesmo pode se dizer com relação a crimes de uso de documento falso praticados pelo agente infiltrado para se inserir na organização criminosa.

O art. 13 e seu parágrafo único fazem referência a **crimes que podem vir a ser praticados pelo agente infiltrado caso seja coagido a praticá-los pela organização criminosa**, sob pena de descobrirem sua verdadeira identidade, colocando sua vida em risco. **No caso desses crimes, desde que guardada a devida proporcionalidade, o agente não será responsabilizado por incidir uma excludente de culpabilidade, no caso, a inexigibilidade de conduta diversa, por coação moral irresistível (art. 22 do CP).**

Assim, caso o agente infiltrado tenha de praticar, por exemplo, o crime de tráfico de drogas para que seja aceito pela organização e não tenha sua verdadeira identidade revelada, esse não incide em crime, visto a ocorrência de excludente de culpabilidade.

Com relação aos direitos do agente infiltrado, este se pode recusar a participar da infiltração ou cessá-la a qualquer momento. Assim notem que um dos requisitos para a infiltração policial é a voluntariedade do agente infiltrado.

No mais, os direitos relativos à preservação de sua intimidade são bem similares aos direitos do colaborador já estudados.

Cabe ressaltar, porém, que a lei apenas prevê como crime a revelação da identidade de colaborador, não trazendo a mesma previsão com relação à revelação da identidade do agente infiltrado. (art.18)

13.11.3. Infiltração virtual de agentes

Art. 10-A. Será admitida a ação de agentes de polícia infiltrados virtuais, obedecidos os requisitos do *caput* do art. 10, na internet, com o fim de investigar os crimes previstos nesta Lei e a eles conexos, praticados por organizações criminosas, desde que demonstrada sua necessidade e indicados o alcance das tarefas dos policiais, os nomes ou apelidos das pessoas investigadas e, quando possível, os dados de conexão ou cadastrais que permitam a identificação dessas pessoas. (Incluído pela Lei nº 13.964, de 2019)

§ 1º Para efeitos do disposto nesta Lei, consideram-se: (Incluído pela Lei nº 13.964, de 2019)

I – dados de conexão: informações referentes a hora, data, início, término, duração, endereço de Protocolo de Internet (IP) utilizado e terminal de origem da conexão; (Incluído pela Lei nº 13.964, de 2019)

II – dados cadastrais: informações referentes a nome e endereço de assinante ou de usuário registrado ou autenticado para a conexão a quem endereço de IP, identificação de usuário ou código de acesso tenha sido atribuído no momento da conexão. (Incluído pela Lei nº 13.964, de 2019)

§ 2º Na hipótese de representação do delegado de polícia, o juiz competente, antes de decidir, ouvirá o Ministério Público. (Incluído pela Lei nº 13.964, de 2019)

§ 3º Será admitida a infiltração se houver indícios de infração penal de que trata o art. 1º desta Lei e se as provas não puderem ser produzidas por outros meios disponíveis. (Incluído pela Lei nº 13.964, de 2019)

§ 4º A infiltração será autorizada pelo prazo de até 6 (seis) meses, sem prejuízo de eventuais renovações, mediante ordem judicial fundamentada e desde que o total não exceda a 720 (setecentos e vinte) dias e seja comprovada sua necessidade. (Incluído pela Lei nº 13.964, de 2019)

§ 5º Findo o prazo previsto no § 4º deste artigo, o relatório circunstanciado, juntamente com todos os atos eletrônicos praticados durante a operação, deverão ser registrados, gravados, armazenados e apresentados ao juiz competente, que imediatamente cientificará o Ministério Público. (Incluído pela Lei nº 13.964, de 2019)

§ 6º No curso do inquérito policial, o delegado de polícia poderá determinar aos seus agentes, e o Ministério Público e o juiz competente poderão requisitar, a qualquer tempo, relatório da atividade de infiltração. (Incluído pela Lei nº 13.964, de 2019)

§ 7º É nula a prova obtida sem a observância do disposto neste artigo. (Incluído pela Lei nº 13.964, de 2019)

Art. 10-B. As informações da operação de infiltração serão encaminhadas diretamente ao juiz responsável pela autorização da medida, que zelará por seu sigilo. (Incluído pela Lei nº 13.964, de 2019)

Parágrafo único. Antes da conclusão da operação, o acesso aos autos será reservado ao juiz, ao Ministério Público e ao delegado de polícia responsável pela operação, com o objetivo de garantir o sigilo das investigações. (Incluído pela Lei nº 13.964, de 2019)

Art. 10-C. Não comete crime o policial que oculta a sua identidade para, por meio da internet, colher indícios de autoria e materialidade dos crimes previstos no art. 1º desta Lei. (Incluído pela Lei nº 13.964, de 2019)

Parágrafo único. O agente policial infiltrado que deixar de observar a estrita finalidade da investigação responderá pelos excessos praticados. (Incluído pela Lei nº 13.964, de 2019)

Art. 10-D. Concluída a investigação, todos os atos eletrônicos praticados durante a operação deverão ser registrados, gravados, armazenados e encaminhados ao juiz e ao Ministério Público, juntamente com relatório circunstanciado. (Incluído pela Lei nº 13.964, de 2019)

Parágrafo único. Os atos eletrônicos registrados citados no *caput* deste artigo serão reunidos em autos apartados e apensados ao processo criminal juntamente com o inquérito policial, assegurando-se a preservação da identidade do agente policial infiltrado e a intimidade dos envolvidos. (Incluído pela Lei nº 13.964, de 2019)

A infiltração virtual de agentes, que já era prevista na Lei nº 8.069/1990, Estatuto da Criança e do Adolescente, foi inserida também na Lei nº 12.850/2013 pelo Pacote Anticrime.

Os requisitos para realização da infiltração virtual são os mesmos que para realização de infiltração "pessoal" de agentes. Neste sentido, a infiltração virtual também demanda prévia autorização judicial.

Também de forma análoga à infiltração pessoal, o agente infiltrado virtualmente não comete crime de falsa identidade ao ocultar sua verdadeira identidade, pois atua em estrito cumprimento do dever legal (art. 23, III, do CP).

O agente infiltrado virtualmente também responde pelos excessos praticados, conforme art. 13, e tem os mesmos direitos previstos no art. 14.

Somente é necessário atentar com relação à diferença de prazos, o qual também é diferente na infiltração virtual prevista no ECA.

Atenção:

	Infiltração "pessoal" de agentes (Lei nº 12.850/2013)	**Infiltração virtual de agentes (Lei nº 12.850/2013)**	**Infiltração virtual de Agentes (Lei nº 8.072/1990)**
Prazo inicial de duração	Até 6 meses	Até 6 meses	Até 90 dias
Prazo máximo de duração	Não há	Até 720 dias	Até 720 dias

13.12. Poder de requisição do Delegado de Polícia e do MP

Art. 15. O delegado de polícia e o Ministério Público terão acesso, independentemente de autorização judicial, apenas aos dados cadastrais do investigado que informem exclusivamente a qualificação pessoal, a filiação e o endereço mantidos pela Justiça Eleitoral, empresas telefônicas, instituições financeiras, provedores de internet e administradoras de cartão de crédito.

Art. 16. As empresas de transporte possibilitarão, pelo prazo de 5 (cinco) anos, acesso direto e permanente do juiz, do Ministério Público ou do delegado de polícia aos bancos de dados de reservas e registro de viagens.

Art. 17. As concessionárias de telefonia fixa ou móvel manterão, pelo prazo de 5 (cinco) anos, à disposição das autoridades mencionadas no art. 15, registros de identificação dos números dos terminais de origem e de destino das ligações telefônicas internacionais, interurbanas e locais.

O delegado de polícia e o Ministério Público tem o poder de requerer diretamente, ou seja, sem a necessidade de autorização judicial, dados cadastrais do investigado.

Esses dados cadastrais não estão sob reserva de jurisdição, pois não dizem respeito à intimidade do investigado.

Além disso, a lei exige que empresas de transporte e concessionárias de telefonia mantenham seus bancos de dados pelo prazo de 5 anos.

Esse poder de requisição também está previsto no art. 17-B da Lei de Lavagem de Capitais, bem como no art. 1º, § 2º, da Lei 12.830/2013.

Conforme a doutrina, esse poder de requisição de dados cadastrais, embora inseridos na Lei de Organizações Criminosas e na Lei de Lavagem não estão restritos à investigação desses dois tipos de crimes, podendo ser utilizado na investigação de qualquer espécie de delito.[22]

13.13. Crimes previstos ocorridos na investigação e na obtenção de prova

13.13.1. Revelação de identidade de colaborador

Art. 18. Revelar a identidade, fotografar ou filmar o colaborador, sem sua prévia autorização por escrito:
Pena – reclusão, de 1 (um) a 3 (três) anos, e multa.

Já comentamos sobre o crime do art. 18, ao falar sobre os direitos do colaborador. Com efeito, este tem o direito de ter seu nome, sua qualificação e imagem preservadas, configurando crime a revelação de sua identidade, salvo quando autorizado por escrito pelo colaborador.

Como já dito anteriormente, a lei protege, neste tipo penal, apenas a revelação da identidade do colaborador, silenciando-se quanto à revelação da identidade de agente infiltrado. Contudo, a revelação da identidade do agente infiltrado pode configurar o crime do art. 20.

Trata-se de crime comum que pode ser praticado por qualquer pessoa. Pode ser praticado por agentes estatais envolvidos na persecução penal, mas também por jornalistas, por exemplo.

O crime tem como bem jurídico tutelado a administração da justiça, pois a revelação da identidade de colaboradores prejudica o sistema de justiça criminal. Neste sentido, o sujeito passivo imediato é o Estado sendo o colaborador sujeito passivo mediato.

Esse mesmo raciocínio vale para os outros crimes ocorridos na investigação e na obtenção de prova, pois todos têm como bem jurídico tutelado à administração da justiça.

13.13.2. Colaboração caluniosa

Art. 19. Imputar falsamente, sob pretexto de colaboração com a Justiça, a prática de infração penal a pessoa que sabe ser inocente, ou revelar informações sobre a estrutura de organização criminosa que sabe inverídicas:
Pena – reclusão, de 1 (um) a 4 (quatro) anos, e multa.

Este crime pune o colaborador que imputa falsamente infração penal a uma pessoa que sabe ser inocente.

22 LIMA. Op. cit.

É delito especial com relação ao crime de calúnia, previsto no art. 138 do Código Penal, pois trata-se de crime de mão própria, que somente pode ser praticado pelo colaborador.[23]

Crimes de mão própria não admitem coautoria, porém podem admitir participação. Neste sentido, é possível imaginar a participação de alguém que instigue ou induza o colaborador a praticar esse crime.

Como o tipo penal se utiliza da expressão "que sabe ser inocente" forçoso admitir que o tipo penal exige o dolo direto para sua consumação, não se contentado com o dolo eventual.

O crime também é praticado quando o colaborador relava informações falsas sobre a estrutura da organização criminosa. Essa figura típica objetiva evitar que criminosos prestem colaboração apenas para fornecer informações falsas às autoridades, atrapalhando o trabalho de investigação.

13.13.3. Quebra de sigilo das investigações

> **Art. 20.** Descumprir determinação de sigilo das investigações que envolvam a ação controlada e a infiltração de agentes:
>
> **Pena** – reclusão, de 1 (um) a 4 (quatro) anos, e multa.

É crime especial com relação ao crime de violação de sigilo funcional, previsto no art. 325 do Código Penal, que será aplicado quando a violação de sigilo envolver investigação de ação controlada ou infiltração de agentes.

Notem que o tipo penal não faz referência a investigações que envolvam colaboração premiada, de forma que, em respeito ao princípio da legalidade, a quebra de sigilo de investigações que envolvam colaboração premiada não acarretará nesse crime. No entanto, o agente poderá responder pelo crime do art. 18 caso a quebra de sigilo revele a identidade do colaborador.

O sigilo das investigações pode decorrer de determinação judicial, conforme art. 23 da lei, porém o próprio texto legal já trata tais medidas como sigilosas ao dizer que a comunicação da ação controlada será sigilosamente distribuída, e a decisão judicial que defere a infiltração de agentes será sigilosa.

Trata-se de crime próprio, que somente podem ser praticados pelos funcionários públicos com acesso aos autos da investigação, os quais têm o dever de resguardar seu sigilo.

13.13.4. Recusa à requisição de informações

> **Art. 21.** Recusar ou omitir dados cadastrais, registros, documentos e informações requisitadas pelo juiz, Ministério Público ou delegado de polícia, no curso de investigação ou do processo:
>
> **Pena** – reclusão, de 6 (seis) meses a 2 (dois) anos, e multa.
>
> **Parágrafo único.** Na mesma pena incorre quem, de forma indevida, se apossa, propala, divulga ou faz uso dos dados cadastrais de que trata esta Lei.

23 LIMA. Op. cit.

O art. 21 da presente lei define como crime a recusa ou omissão de dados requisitados pelo delegado de polícia ou pelo MP. Como já vimos, conforme art. 15 desta lei, delegado de polícia e MP tem o poder de requisitar informações, independentemente de autorização judicial, de dados cadastrais dos investigados.

Trata-se de crime especial com relação ao crime de desobediência previsto no art. 330 do CP.

Por sua vez, o parágrafo único, do art. 21, criminaliza a conduta de quem se apossa, propala, divulga ou faz uso indevido desses dados cadastrais recebidos por meio de requisição.

13.14. Procedimento processual

Art. 22. Os crimes previstos nesta Lei e as infrações penais conexas serão apurados mediante procedimento ordinário previsto no Decreto-Lei nº 3.689, de 3 de outubro de 1941 (Código de Processo Penal), observado o disposto no parágrafo único deste artigo.

Parágrafo único. A instrução criminal deverá ser encerrada em prazo razoável, o qual não poderá exceder a 120 (cento e vinte) dias quando o réu estiver preso, prorrogáveis em até igual período, por decisão fundamentada, devidamente motivada pela complexidade da causa ou por fato procrastinatório atribuível ao réu.

Os crimes previstos na lei, bem como as infrações penais conexas serão apuradas mediante procedimento ordinário, independentemente, portanto, da pena cominada ao crime.

Características do procedimento comum ordinário:		
Partes podem arrolar até 8 testemunhas	Prazo máximo de 60 dias para realização da Audiência de Instrução e Julgamento	É possível a cisão da Audiência de Instrução e Julgamento.

Apesar de prever a aplicação do procedimento ordinário, a lei não afasta a aplicação dos institutos previstos na Lei nº 9.099/1995, assim é possível a transação penal para os crimes com pena máxima de até 2 aos, e a suspensão condicional do processo nos crimes cuja pena mínima for igual ou inferior a 1 ano.

Assim, por exemplo, o crime de recusar dados cadastrais requisitados pelo MP ou delegado de polícia é passível tanto de transação penal quanto de suspensão condicional do processo.

13.15. Sigilo judicial

Art. 23. O sigilo da investigação poderá ser decretado pela autoridade judicial competente, para garantia da celeridade e da eficácia das diligências investigatórias, assegurando-se ao defensor, no interesse do representado, amplo acesso aos elementos de prova que digam respeito ao exercício do direito de defesa, devidamente precedido de autorização judicial, ressalvados os referentes às diligências em andamento.

Parágrafo único. Determinado o depoimento do investigado, seu defensor terá assegurada a prévia vista dos autos, ainda que classificados como sigilosos, no prazo mínimo de 3 (três) dias que antecedem ao ato, podendo ser ampliado, a critério da autoridade responsável pela investigação.

Via de regra o sigilo de uma investigação é imposto pela própria autoridade que conduz o inquérito, conforme art. 20 do CPP:

> **Art. 20.** A autoridade assegurará no inquérito o sigilo necessário à elucidação do fato ou exigido pelo interesse da sociedade.

Porém, a presente lei traz uma espécie de sigilo imposto pela autoridade judicial. Neste caso, a defesa somente terá acesso aos autos após a autorização do juiz que impôs o sigilo.

Caso o investigado seja intimado a prestar depoimento, seu defensor deve ter direito à prévia vista dos autos, mesmo que estes estejam sob sigilo judicial.

Importante para Concursos:

A defesa não pode acessar elementos de prova referentes a diligências que ainda estão em andamento, na linha da Súmula Vinculante nº 14.

> **Súmula Vinculante nº 14:** É direito do defensor, no interesse do representado, ter acesso amplo aos elementos de prova que, já documentados em procedimento investigatório realizado por órgão com competência de polícia judiciária, digam respeito ao exercício do direito de defesa.

13.16. Quadro sinótico

Conceito de organização criminosa	**a)** 4 ou mais pessoas **b)** estruturalmente ordenada e caracterizada pela divisão de tarefas **c)** objetivo de obter vantagem de qualquer natureza **d)** prática de infrações penais cujas penas máximas sejam superiores a 4 anos ou de caráter transacional.
Lei também se aplica a	**a)** Infrações penais transnacionais previstas em tratado ou convenção internacional. **b)** Organizações voltadas à prática de atos terroristas
Crime de organização criminosa	**a)** Promover, constituir, financiar ou integrar, pessoalmente ou por interposta pessoa, organização criminosa **b)** Crime formal e permanente
Causa de aumento (até a metade)	Emprego de arma de fogo
Causa de aumento (de 1/6 a 2/3)	**a)** Participação de criança ou adolescente **b)** concurso de funcionário público, valendo-se a organização desta condição **c)** produto ou proveito da infração penal se destinar ao exterior **d)** organização mantém conexão com outras organizações criminosas independentes **e)** transnacionalidade da organização
Figura equiparada	Impede ou de qualquer forma embaraça investigação de infração penal que envolva ORCRIM.
Efeito da condenação ao funcionário público	**a)** Perda do cargo, função, emprego ou mandato **b)** interdição para o exercício de função ou cargo por 8 anos após o cumprimento da pena
Colaboração premiada	**a)** Meio de obtenção de prova, sendo seu acordo negócio jurídico processual

Recebimento da proposta de colaboração	**a)** Demarca o início das negociações **b)** Constitui marco de confidencialidade
Legitimidade para propor acordo	**a)** Delegado de Polícia e Ministério Público **b)** Interessando em conjunto com seu advogado
São nulas as cláusulas	**a)** que violem critério de definição de regime inicial de cumprimento de pena e as regras de cada um dos regimes de pena **b)** que violem requisitos de progressão de regime não previstos na lei **c)** de renúncia ao direito de impugnar decisão homologatória
Não pode ser decretada ou proferida com fundamento apenas nas declarações do colaborador	**a)** Medidas cautelares reais ou pessoais **b)** Recebimento de denúncia ou queixa **c)** Sentença condenatória
Prêmios da colaboração premiada anterior à sentença	**a)** Perdão judicial (a qualquer tempo, mesmo que não previsto na proposta inicial) **b)** Redução de pena em até 2/3 **c)** Substituição da PPL por pena restritiva de direitos **d)** Não oferecimento da denúncia. Desde que: – Não seja líder da orcrim – Seja o primeiro a prestar efetiva colaboração
Prêmios da colaboração premiada posterior a sentença	**a)** Redução de pena até a metade **b)** Progressão de regime
Resultados esperados com a colaboração	**a)** Identificação de coautores e partícipes e das infrações penais por eles praticadas **b)** Revelação da estrutura hierárquica e divisão de tarefas **c)** Prevenção de infrações penais **d)** Recuperação do produto ou proveito das infrações penais **e)** Localização de vítima com integridade física preservada
Prazo para oferecimento da denúncia	Poderá ser suspenso por 6 meses, prorrogável por igual período
Homologação da colaboração premiada	Juiz analisa: **a)** regularidade e legalidade **b)** adequação dos benefícios aos previstos em lei **c)** adequação dos resultados aos previstos em lei **d)** Voluntariedade
Ação controlada	**a)** Retardar intervenção policial ou administrativa para que a medida se concretize em momento mais oportuno para colheita de provas **b)** Não exige autorização judicial apenas prévia comunicação ao juiz.
Infiltração de agentes	**a)** Exige autorização judicial **b)** Apenas policiais **c)** Prazo inicial de até 6 meses **d)** Não há prazo máximo
Infiltração virtual de agentes	**a)** Exige autorização judicial **b)** Apenas policiais **c)** Prazo inicial de até 6 meses **d)** Prazo máximo de 720 dias
Requisição direta de dados cadastrais	Delegado de Polícia e MP podem requisitar diretamente dados cadastrais do investigado

13.17. Questões de concurso

1. **(TJ – GO – JUIZ SUBSTITUTO – FCC – 2021)** Em relação ao acordo de colaboração premiada, a Lei de Organização Criminosa, Lei nº 12.850, de 02 de agosto de 2013, estabelece:

A) Configura violação de sigilo e quebra de confiança e da boa-fé a divulgação das tratativas iniciais acerca do acordo de colaboração premiada, assim como de documento que formalize tais tratativas, até o levantamento de sigilo por decisão judicial.

B) Medidas cautelares reais ou pessoais podem ser decretadas com fundamento apenas nas declarações do colaborador, as quais, porém, são insuficientes, como fundamento único, para decisão de recebimento de denúncia e sentença condenatória.

C) Dado o sigilo, o registro das tratativas e dos atos de colaboração não deve ser feito por meios ou recursos de gravação magnética, estenotipia ou técnica similar.

D) Caso não haja indeferimento sumário de acordo de colaboração premiada, as partes deverão firmar termo de confidencialidade para prosseguimento das tratativas, mas isso não vincula os órgãos envolvidos na negociação, nem impede o indeferimento posterior sem justa causa.

E) Se beneficiado por perdão judicial ou não denunciado, o colaborador não poderá ser ouvido em juízo, mas apenas na fase de investigação.

Gabarito: A.

2. **(PC-CE – Escrivão de Polícia – IDECAN – 2021)** Em 2013, foi a editada a Lei nº 12.850, que estabeleceu a definição de organizações criminosas, crimes, procedimentos relativos a investigação criminal, meios de prova etc., revogando a antiga lei que tratava do tema – 9.034/95.

De acordo com o disposto na lei em vigor sobre o tema, assinale a alternativa que contenha o correto conceito de organização criminosa.

A) Considera-se organização criminosa a associação de 3 (três) ou mais pessoas estruturalmente ordenada e caracterizada pela divisão de tarefas, ainda que informalmente, com objetivo de obter, direta ou indiretamente, vantagem de qualquer natureza, mediante a prática de infrações penais cujas penas máximas sejam superiores a 4 (quatro) anos, ou que sejam de caráter transnacional.

B) Considera-se organização criminosa a associação de 5 (cinco) ou mais pessoas estruturalmente ordenada e caracterizada pela divisão de tarefas, ainda que informalmente, com objetivo de obter, direta ou indiretamente, vantagem de qualquer natureza, mediante a prática de infrações penais cujas penas máximas sejam superiores a 4 (quatro) anos, ou que sejam de caráter transnacional.

C) Considera-se organização criminosa a associação de 4 (quatro) ou mais pessoas estruturalmente ordenada e caracterizada pela divisão de tarefas, ainda que informalmente, com objetivo de obter, direta ou indiretamente, vantagem de qualquer natureza, mediante a prática de infrações penais cujas penas máximas sejam superiores a 3 (três) anos, ou que sejam de caráter transnacional.

D) Considera-se organização criminosa a associação de 4 (quatro) ou mais pessoas estruturalmente ordenada e caracterizada pela divisão de tarefas, ainda que informalmente, com objetivo de obter, direta ou indiretamente, vantagem de qualquer natureza, mediante a prática de infrações penais cujas penas máximas sejam superiores a 4 (quatro) anos, ou que sejam de caráter transnacional.

E) Considera-se organização criminosa a associação de 3 (três) ou mais pessoas estruturalmente ordenada e caracterizada pela divisão de tarefas, ainda que informalmente, com objetivo de obter, direta ou indiretamente, vantagem de qualquer natureza, mediante a prática de infrações penais cujas penas máximas sejam superiores a 3 (três) anos, ou que sejam de caráter transnacional.

Gabarito: D.

3. **(PC-PA – Investigador de Polícia Civil – Instituto AOCP – 2021)** À luz do disposto na Lei de Organizações Criminosas (Lei nº 12.850/2013), assinale a alternativa correta.

A) O acordo de colaboração premiada e os depoimentos do colaborador serão mantidos em sigilo até o recebimento da denúncia ou da queixa-crime, sendo vedado ao magistrado decidir por sua publicidade em qualquer hipótese.

B) As informações pormenorizadas da colaboração serão dirigidas diretamente ao juiz a que recair a distribuição, que decidirá no prazo máximo de setenta e duas horas.

C) A condenação com trânsito em julgado acarretará ao funcionário público a perda do cargo, da função, do emprego ou do mandato eletivo e a interdição para o exercício de função ou cargo público pelo prazo de cinco anos subsequentes ao cumprimento da pena.

D) O juiz poderá, de ofício ou a requerimento das partes, conceder o perdão judicial, reduzir em até a metade a pena privativa de liberdade ou substituí-la por restritiva de direitos daquele que tenha colaborado efetiva e voluntariamente com a investigação e com o processo criminal.

E) O prazo para oferecimento de denúncia ou o processo, relativos ao colaborador, poderão ser suspensos por até um ano, prorrogável por igual período, até que sejam cumpridas as medidas de colaboração, suspendendo-se o respectivo prazo prescricional.

Gabarito: A.

4. **(PC-RN – Delegado de Polícia Civil Substituto – FGV – 2021)** A fim de obter informações sobre o funcionamento e identificar os demais integrantes de organização estruturalmente ordenada, contendo ao menos cinco membros, que praticava crimes de roubo de carga dentro do Estado do Rio Grande do Norte, a autoridade policial decidiu infiltrar um agente na referida organização. Diante de indícios que comprovavam as infrações e inexistindo outros meios para produção da referida prova, a realização de tal técnica de investigação por representação do delegado de polícia, prevista na Lei de Crime Organizado:

A) será admitida, podendo ser realizada por prazo indeterminado;

B) não será admitida, pois o delegado de polícia não possui legitimidade para representação;

C) será admitida, respondendo o agente infiltrado por eventuais excessos praticados com desvio de finalidade da investigação;

D) será admitida, somente podendo o agente infiltrado abandonar a investigação mediante autorização judicial;

E) não será admitida, pois a ausência de caráter transnacional da infração afasta a aplicação da Lei de Crime Organizado.

Gabarito: C.

5. **(PC-RN – Delegado de Polícia Civil Substituto – FGV – 2021)** A Lei nº 12.850/2013 define o crime de organização criminosa e dispõe sobre a investigação criminal e os meios de obtenção da prova. Tal diploma legal estabelece que:

A) a intervenção policial poderá ser retardada, mediante ação controlada, reclamando prévia autorização judicial;

B) a infiltração de agentes exige prévia autorização judicial, assim como oitiva do Ministério Público em caso de representação da autoridade policial;

C) poderá ser realizada colaboração premiada, participando das negociações do acordo o juiz, o Ministério Público e o acusado assistido por advogado;

D) o sigilo da investigação poderá ser determinado pela autoridade policial para garantia da celeridade e eficácia das diligências investigatórias, impedindo, nessa hipótese, acesso da defesa aos elementos produzidos;

E) o crime de organização criminosa se configura quando quatro ou mais pessoas se associam de forma estruturada e com divisão de tarefas para a prática de crimes que exijam pena mínima igual ou superior a quatro anos.

Gabarito: B.

6. **(Polícia Federal - Delegado de Polícia Federal - CEBRASPE - 2021)** A partir dessa situação hipotética, julgue o próximo item.

Devido à colaboração relevante do preso para a identificação da organização criminosa nos autos do inquérito policial, o delegado, com a manifestação do Ministério Público, poderá representar ao juiz pela concessão de perdão judicial.

Gabarito: Certo.

7. **(Polícia Federal - Delegado de Polícia Federal - CEBRASPE - 2021)** A partir dessa situação hipotética, julgue o próximo item.

A ação controlada na investigação da organização criminosa independe de prévia autorização judicial e parecer ministerial.

Gabarito: Certo.

8. **(MPE-CE-Promotor de Justiça - CEBRASPE - 2020)** O que se refere à organização criminosa, assinale a opção correta, com base na Lei nº 12.850/2013.

A) Organização criminosa não configura um tipo penal incriminador autônomo, mas meramente a forma de praticar crimes.

B) A associação estável e permanente de três ou mais pessoas para a prática de crimes é requisito para a configuração de organização criminosa.

C) É circunstância elementar da organização criminosa a finalidade de obtenção de vantagem de qualquer natureza mediante a prática de infrações penais, consumando-se com a prática, pelos membros da organização, de quaisquer ilícitos com penas máximas superiores a quatro anos.

D) É circunstância elementar da organização criminosa a estrutura ordenada, caracterizada pela divisão formal de tarefas entre os membros da sociedade criminosa.

E) Organização criminosa é crime comum, não exigindo qualidade ou condição especial do agente, mas terá pena aumentada se houver concurso de funcionário público e a organização valer-se dessa condição para a prática de infrações penais.

Gabarito: E.

9. **(TJ-RJ - Juiz Substituto - VUNESP - 2019)** As penas do crime de promover, constituir, financiar ou integrar organização criminosa, do art. 2° da Lei n° 12.850/2013, são aumentadas de 1/6 a 2/3, nos termos do parágrafo 4°, se

A) houver impedimento ou, de qualquer forma, embaraçar-se a investigação de infração penal cometida no seio da organização criminosa.

B) na atuação da organização criminosa houver emprego de arma de fogo.

C) houver concurso de funcionário público, valendo-se a organização criminosa dessa condição para a prática de infração penal.

D) o acusado exercer o comando, individual ou coletivo, da organização criminosa, ainda que não pratique pessoalmente atos de execução.

E) das ações diretas ou indiretas da organização criminosa resultar morte.

Gabarito: C.

10. (TJ-RO – Juiz de Direito Substituto – VUNESP – 2019) Tendo em conta a Lei das Organizações Criminosas, assinale a alternativa correta.

A) A interceptação telefônica, uma vez autorizada pela Autoridade Judicial, em se tratando de crime praticado por organização criminosa, poderá ser automaticamente renovada, pela Autoridade Policial.

B) O acesso a dados cadastrais de investigados, tais como endereço, qualificação e filiação, quando solicitados a administradoras de cartão de crédito e provedores de internet, dependem de autorização judicial.

C) Determinado o depoimento do investigado, é assegurado ao defensor acesso aos autos, com antecedência mínima de 3 (três) dias, desde que o feito não seja sigiloso.

D) A infiltração de agentes de polícia em tarefas de investigação será autorizada, inicialmente, pelo prazo de até 6 (seis) meses, sendo possíveis renovações, desde que comprovada a necessidade.

E) A ação controlada, consistente no retardamento da intervenção policial à atividade praticada por organização criminosa, poderá ser adotada, de ofício, pela Autoridade Policial, sem necessidade de prévia comunicação à Autoridade Judicial.

Gabarito: D.

CAPÍTULO 14
LEI Nº 13.869/2019 – LEI DE ABUSO DE AUTORIDADE

14.1. Observações gerais sobre a nova Lei de Abuso de Autoridade

A Lei nº 13.869/2019 foi publicada com *vacatio legis* de 120 dias, entrando em **vigor em 3 de janeiro de 2020**, um dia depois do último dia do prazo, contado na forma da Lei Complementar nº 95 de 1998.

Atenção:

houve retificação com relação ao crime do art. 13 da Lei nº 13.869/2019, e alguns crimes que haviam sido vetados tiveram o veto derrubado pelo Congresso Nacional. Nesses casos, há difereça no início da vigência. Para mias detalhes, remetemos o leitor aos **comentários ao art. 45.**

A norma **revogou a antiga Lei de Abuso de Autoridade** (Lei nº 4.895/1965), tornando mais graves algumas condutas, e abolindo (*abolitio criminis*) totalmente outras condutas que não foram replicadas na nova lei. De um lado, tornou mais graves os abusos mais importantes, e de outro revogou várias disposições genéricas da antiga lei de abuso de autoridade.

Atenção:

os delitos que **foram criados são considerados nova lei penal mais severa** (*novatio legis in pejus*). De outro lado, **alguns crimes da antiga lei foram apenas formalmente revogados,** porque foram abrangidos pelos novos crimes da Lei nº 13.869/2019, e com relação a eles aplica-se o princípio da **continuidade normativo típica**, não havendo que se falar em *abolitio criminis*. Por fim, houve *abolitio criminis* de algumas das condutas que antes estavam previstas na lei antiga de abuso.

Além dos crimes de abuso de autoridade, a Lei nº 13.869/2019 **criou crimes no Estatuto da Advocacia,** inserindo o art. 7º-B na Lei nº 8.906/1994; alterou a redação do crime do art. 10 da Lei nº 9.296/1996 (**interceptação telefônica**); inseriu o art. 227-A no **Estatuto da Criança e do Adolescente** (Lei nº 8.069/1990) tratando dos efeitos da condenação; e alterou parágrafos do art. 2º da Lei nº 7.960/1989 (**prisão temporária**), regulamentando especificidades do mandado de prisão.

Importante para Concursos:

a Lei nº 13.869/2019 traz 24 crimes. Todos são punidos com detenção (**não há crime punido com reclusão**), e as penas variam **apenas entre duas molduras**. Onze crimes são de menor potencial ofensivo, com pena de detenção de **seis meses a dois anos** e multa. Enquanto os outros treze crimes têm todos pena de **detenção de um a quatro anos** e multa, de modo que não são de menor potencial ofensivo, mas admitem suspensão condicional do processo em virtude de a pena mínima não ultrapassar um ano.

Crimes da Lei nº 13.869/2019	
Dispositivo	**Pena**
Arts. 9º, 10, 13, 15, 19, 21, 22, 23, 24, 25, 28, 30, e 36	**detenção** de 1 (um) a 4 (quatro) anos, e multa.
Arts. 12, 16, 18, 20, 27, 29, 31, 32, 33, 37, 38	**detenção** de 6 (seis) meses a 2 (dois) anos, e multa.

14.1.1. Bem jurídico tutelado e objeto material

Os crimes de abuso de autoridade protegem a **dignidade da função pública**, a eficiência e a honestidade de seus agentes, e o prestígio da administração pública perante os particulares.

A depender do crime respectivo, os bens jurídicos tutelados serão também direitos como à assistência de advogado, às integridades física e psicológica, à inviolabilidade domiciliar, à intimidade e à vida privada, à liberdade de locomoção, etc.

Por isso, diz-se que os crimes de abuso de autoridade são **pluriofensivos**, pois criminalizam a ofensa ao correto funcionamento do Estado e os ataques a direitos individuais dos administrados.

Como regra, nos crimes de abuso de autoridade, **o objeto material** é a própria **pessoa atingida pela conduta** abusiva do agente público.

14.2. Art. 1º: elemento subjetivo dos crimes de abuso de autoridade e a proibição do "crime de hermenêutica"

Art. 1º Esta Lei define os crimes de abuso de autoridade, cometidos por agente público, servidor ou não, que, no exercício de suas funções ou a pretexto de exercê-las, abuse do poder que lhe tenha sido atribuído.

§ 1º As condutas descritas nesta Lei constituem crime de abuso de autoridade quando praticadas pelo agente com a finalidade específica de prejudicar outrem ou beneficiar a si mesmo ou a terceiro, ou, ainda, por mero capricho ou satisfação pessoal.

O **elemento subjetivo de todos os crimes** da Lei de Abuso de Autoridade é o **dolo** e, mais do que isso, é necessário ainda a demonstração da **finalidade especial de agir,** também chamada de **dolo específico**.

Assim, para haver crime de abuso de autoridade o sujeito ativo deve ser agente público (vide comentários ao art. 2º), **deve agir no exercício das funções ou em razão delas**, e com **dolo e finalidade especial de agir**.

Importante para Concursos:

não existe crime de abuso de autoridade **culposo**. Já com relação à possibilidade **dolo eventual a doutrina se divide**. Para uma parcela, à qual nos filiamos, **não é possível que o agente atue com dolo eventual,** ante a exigência de elemento subjetivo específico [1]. **Para outra parcela**, entretanto, é **plenamente possível** que o agente atue com **dolo eventual.**[2]

Isto é, não basta que o agente público queira praticar alguma conduta prevista na lei (agir com dolo), é **necessário** que ele aja buscando alguma dessas **finalidades específicas** que são as intenções de prejudicar alguém, beneficiar a si ou outra pessoa, ou de agir por mero capricho ou satisfação pessoal.

Finalidades especiais dos crimes de abuso de autoridade **Mnemônico:** só comete abuso de autoridade quem gosta de ouvir **MPB e Salsa**	
M	**M**ero capricho
P	**P**rejudicar outrem
B	**B**eneficiar a si ou terceiro
Salsa	**Sa**tisfação pessoal

A exigência de finalidade especial traz um **filtro importante** que oferta maior segurança jurídica aos agentes públicos que atuam de boa-fé. Se o servidor agir buscando atingir o **interesse público** inevitavelmente **faltará a finalidade especial** exigida para todos os crimes de abuso de autoridade. Afinal, quem age visando interesse público **não está** agindo para prejudiar ninguém, beneficiar-se ou beneficiar terceiro, ou por capricho ou satisfação pessoal.

Atenção:

para imputar crime de abuso de autoridade a alguém deverão ser indicados os fundamentos que demonstram a existência da finalidade especial. A rigor, se o delegado, promotor, ou juiz, por exemplo, imputarem crime de abuso de autoridade a alguém sem essa demonstração poderão incorrer eles próprios em crime de abuso de autoridade.

Não há muita dificuldade na definição da intenção de **"prejudicar outrem"** ou **"beneficiar a si ou terceiro"**, eis que é óbvio que o agente público deve agir para cumprir a lei e de forma impessoal, e não para gratuitamente prejudicar alguém, beneficiar-se ou beneficiar outro.

1 Também com esse entendimento, CUNHA; GRECO. Op. cit., p. 13.
2 É a posição de LIMA. Op. cit., p. 59.

Já as expressões **"mero capricho"** e **"satisfação pessoal"** são muito abertas e de difícil definição na prática. Agir por "mero capricho" pode ser conceituado como a intenção sem base e sem justificativa, arbitrária e desnecessária. Já "satisfação pessoal" é a intenção mesquinha de agir por algum sentimento do indivíduo, como a vingança ou a inveja, apenas para regozijo do agente público.

14.2.1. Vedação ao crime de hermenêutica

> § 2º A divergência na interpretação de lei ou na avaliação de fatos e provas não configura abuso de autoridade.

Outra previsão importante para evitar insegurança jurídica na atuação de agentes públicos é a de que **não haverá crime** de abuso de autoridade por **divergência de interpretação jurídica ou avaliação probatória.**

Assim, não há que se falar em abuso de autoridade na decisão de delegado de polícia, juiz de direito, manifestação de membro do Ministério Público, etc., quando houver discussão, ainda que mínima, sobre um ou outro posicionamento jurídico.

Atenção:

é essa previsão legal que **afasta** o famigerado **crime de hermenêutica,** que seria a possibilidade de punir o agente público pelo simples fato de aplicar o direito ao caso concreto. Ou seja, punir posicionamentos jurídicos divergentes, perseguindo-os. Isso a lei não permite, proibindo expressamente.

A previsão legal **consolida entendimento que já existia mesmo na vigência da antiga Lei de Abuso de Autoridade** no sentido de que

> "faz parte da atividade jurisdicional proferir decisões com o vício *in judicando e in procedendo*, razão por que, para a configuração do delito de abuso de autoridade, há necessidade da demonstração de um mínimo de "má-fé" e de "maldade" por parte do julgador, que proferiu a decisão com a evidente intenção de causar dano à pessoa".[3]

14.3. Art. 2º: sujeito ativo e sujeito passivo dos crimes de abuso de autoridade e competência

> **Art. 2º** É sujeito ativo do crime de abuso de autoridade qualquer agente público, servidor ou não, da administração direta, indireta ou fundacional de qualquer dos Poderes da União, dos Estados, do Distrito Federal, dos Municípios e de Território, compreendendo, mas não se limitando a:

3 "(...) atualmente se fala e se abomina o crime de hermenêutica, porque a tal hipótese penal retira do magistrado a independência própria da função, fulminando seu instrumento básico de trabalho, que é a interpretação, a majoração de fatos e atos normativos, tornando-o refém de situações 'casuisticamente casuístas". STJ. APn 858/DF – corte especial – rel. Min. Maria Thereza de Assis Moura – j. 24-10-2018 – *DJe* 21-11-2018.

I – servidores públicos e militares ou pessoas a eles equiparadas;

II – membros do Poder Legislativo;

III – membros do Poder Executivo;

IV – membros do Poder Judiciário;

V – membros do Ministério Público;

VI – membros dos tribunais ou conselhos de contas.

Parágrafo único. Reputa-se agente público, para os efeitos desta Lei, todo aquele que exerce, ainda que transitoriamente ou sem remuneração, por eleição, nomeação, designação, contratação ou qualquer outra forma de investidura ou vínculo, mandato, cargo, emprego ou função em órgão ou entidade abrangidos pelo caput deste artigo.

Todos os crimes de abuso de autoridade são **próprios**, isto é, exigem uma qualidade especial do sujeito ativo, que é justamente a condição de ser agente público. Em alguns delitos, há posições no sentido de que o sujeito ativo é tão específico que são verdadeiros crimes de **mão própria.**

Importante para Concursos:

crimes comuns são aqueles que podem ser praticados por quaisquer pessoas. **Crimes próprios** são os que exigem uma qualidade especial do sujeito ativo. Já os **crimes de mão própria** são de **atuação pessoal** e só podem ser praticados por pessoas que ostentem determinada condição prevista na lei, caso em que **não se admite coautoria,** apenas a participação.

O art. 2º **traz um rol exemplificativo** de agentes públicos que podem praticar crime de abuso de autoridade. O rol é **bastante amplo**, mencionando expressamente todos os agentes públicos de **toda a administração** (direta, indireta ou fundacional) e **de todos os Poderes** (Executivo, Legislativo e Judiciário) e **de todos os entes** (União, Estados, Distrito Federal, Municípios e eventual território).

Na sequência, o dispositivo elenca os exemplos desses agentes, mencionando os servidores públicos e militares; os membros do Legislativo, Executivo, Judiciário e Ministério Público, e dos tribunais de contas. A lei é clara, portanto, ao prever sua aplicação também a esses **agentes políticos**[4].

O parágrafo único deixa claro ainda que estão abrangidos tanto os **servidores públicos estatutários** (titulares de cargos públicos com estabilidade), como os **servidores empregados públicos** (titulares de empregos públicos regidos pela Consolidação das Leis do Trabalho – CLT).

4 "Agentes políticos: são os componentes do Governo nos seus primeiros escalões, investidos em cargos, funções, mandatos ou comissões, por nomeação, eleição, designação ou delegação para o exercício de atribuições constitucionais. Esses agentes atuam com plena liberdade funcional, desempenhando suas atribuições com prerrogativas e responsabilidades próprias, estabelecidas na Constituição e em leis especiais". MEIRELLES, Hely Lopes. *Direito Administrativo Brasileiro*. 42. ed. São Paulo: Malheiros, 2016. p. 80. Neste sentido são agentes políticos os membros do Ministério Público, da Magistratura, e os Delegados de Polícia.

Além disso, como a lei menciona aqueles que exerçam **função**, ainda que transitoriamente ou sem remuneração, podem ser autores de abuso também os **servidores temporários** (contratados nos termos do art. 37, IX, da Constituição Federal).

Atenção:

como a Lei de Abuso de Autoridade regulamentou o tema, por força do princípio da especialidade **não se aplica** o previsto no **art. 327 do Código Penal,** que equipara a funcionário público também quem "exerce cargo, emprego ou função em **entidade paraestatal**, e quem trabalha para **empresa prestadora de serviço contratada** ou conveniada para a execução de atividade típica da Administração Pública".[5]

Não estão abrangidos os servidores **aposentados ou exonerados,** eis que não possuem mais vínculo com a administração.

Abuso de autoridade por particular

Exercer qualquer função pública, ainda que transitoriamente, e sem remuneração, abrangendo todas as formas de vínculo, **é elementar dos crimes de abuso,** que só se configurarão se houver essa condição.

Como se trata de **elementar** dos crimes, essa condição **se comunica aos particulares** que eventualmente concorram para o crime com o servidor público, desde que saibam dessa condição dele, nos termos do **art. 30 do Código Penal.**

Competência para julgamento

A competência para julgamento dos crimes de abuso de autoridade será como regra da Justiça Estadual.

Atenção:

no caso de **agentes públicos federais** como, por exemplo, policiais federais, a competência **será da Justiça Federal,** eis que conforme entendimento do **Superior Tribunal de Justiça,** "compete à Justiça Federal processar e julgar crime praticado por funcionário público federal no exercício de suas atribuições funcionais".[6]

14.3.1. Agentes públicos com foro por prerrogativa de função

Caso o autor do crime de abuso de autoridade seja servidor público dotado de **foro por prerrogativa de função** ("foro privilegiado") a apuração do suposto crime de abuso deverá ser **remetida ao órgão com atribuição** para essa investigação.

5 **Nesse sentido também** LIMA. Op. cit., p. 62.
6 STJ. CC 20779/RO – 3ª Seção – rel. Min. Vicente Leal – j. 16-12-1998 – *DJ* 22-2-1999 – p. 64.

Atenção:

no caso dos **magistrados** e dos membros do **Ministério Público,** as respectivas Leis Orgânicas[7] estabelecem que os autos sejam remetidos ao **Tribunal ou órgão especial** competente, ou ao **Procurador Geral de Justiça,** respectivamente, os quais darão prosseguimento à apuração.

14.3.2. Abuso de autoridade praticado por policial militar estadual

A Lei nº 13.491/2017 alterou a redação do **art. 9º, II, do Código Penal Militar** para prever que serão crimes militares também os previstos na legislação comum (Código Penal e leis penais) se praticados por militar nas circunstâncias das alineas *a* a *e* daquele dispositivo, dentre as quais está o **crime praticado por militar no exercício da função.**

Nesse caso, parte da doutrina entende que se o crime de abuso de autoridade for praticado por policial militar no exercício da função, o crime será militar, apesar de previsto na legislação comum (Lei de Abuso de Autoridade). Vingando esse entendimento, a competência será da Justiça Militar da União ou dos Estados.

Porém, tramita no Supremo Tribunal Federal a **Ação Direta de Inconstitucionalidade nº 5.804,** que questiona a constitucionalidade dessa alteração efetivada pela **Lei nº 13.491/2017**, tendo em vista que a legislação foi aprovada pelo Congresso **para ser lei temporária**, mas o dispositivo que previa sua vigência temporária foi vetado pelo Presidente da República que, com isso, tornou a lei permanente.

Por isso, para outra parcela da doutrina permanece válido o teor da **Súmula nº 172 do STJ,** de que "compete à Justiça Comum processar e julgar militar por crime de abuso de autoridade, ainda que praticado em serviço", até que haja mudança jurisprudencial.[8]

14.3.3. Sujeito passivo

O sujeito passivo dos crimes de abuso de autoridade é sempre o **Estado,** afetado pela conduta de seu agente público que causa a quebra de sua confiabilidade perante os particulares. Mas também será sujeito passivo **a pessoa atingida ou vítima** da conduta específica de abuso de autoridade.

Parte da doutrina entende que o particular atingido é apenas sujeito passivo secundário ou indireto. Entretanto, diante da especificidade de vários dos crimes de abuso de autoridade, pensamos que a vítima dessas condutas é verdadeiro sujeito passivo primário em alguns dos crimes.

---

7 No caso dos magistrados se trata do art. 33 da Lei Complementar nº 35/1979. E no caso dos membros do Ministério Público, se trata do art. 41 da Lei nº 8.625/1993.

8 **É nossa posição.** No **mesmo sentido**: LESSA, Marcelo de Lima; MORAES, Rafael Francisco Marcondes de. Lei de abuso de autoridade. In: GARCEZ, William et al. *Legislação Criminal Especial comentada.* Salvador: Juspodivm, 2021. p. 58.

Importante para Concursos:

o sujeito passivo de qualquer crime é dividido em dois grupos. **A) sujeito passivo constante,** também chamado de mediato, formal, geral, ou genérico é sempre o Estado, pois todo crime quebra a expectativa estatal de manutenção da ordem social; **B) sujeito passivo eventual**, também conhecido como imediato, material, particular ou acidental, é o titular do interesse específico protegido pela lei penal.

14.4. Art. 3º: ação penal

Art. 3º Os crimes previstos nesta Lei são de ação penal pública incondicionada.

§ 1º Será admitida ação privada se a ação penal pública não for intentada no prazo legal, cabendo ao Ministério Público aditar a queixa, repudiá-la e oferecer denúncia substitutiva, intervir em todos os termos do processo, fornecer elementos de prova, interpor recurso e, a todo tempo, no caso de negligência do querelante, retomar a ação como parte principal.

§ 2º A ação privada subsidiária será exercida no prazo de 6 (seis) meses, contado da data em que se esgotar o prazo para oferecimento da denúncia.

A **ação penal** nos crimes de abuso de autoridade **é pública incondicionada.** Mas, visando maior rigor no controle dos prazos para a atuação do membro do Ministério Público, a lei prevê que se ação penal pública não for intentada no prazo legal a vítima ou seus representantes poderão ajuizar ação penal privada.

Para essa atuação, a lei fixa o prazo de **seis meses** à vítima ou representante **após o prazo do Ministério Público** se esgotar.

Nesse caso, entretanto, o Ministério Público poderá aditar a queixa ou mesmo substituí-la por sua denúncia, e atuar em todos os termos do processo. Isso porque **a natureza da ação não muda**, ela continua sendo pública, de titularidade do Ministério Público, e ao ofendido somente é dada oportunidade de atuar em razão da inércia ministerial.

Atenção:

a ação penal privada supletiva é autorizada pelo **art. 5º, LIX, da Constituição Federal**, que prevê que "será admitida ação privada nos crimes de ação pública, se esta não for intentada no prazo legal". Também está prevista no **art. 29 do Código de Processo Penal** e no **art. 100, § 3º, do Código Penal**.

14.5. Art. 4º: efeitos da condenação

Art. 4º São efeitos da condenação:

I – tornar certa a obrigação de indenizar o dano causado pelo crime, devendo o juiz, a requerimento do ofendido, fixar na sentença o valor mínimo para reparação dos danos causados pela infração, considerando os prejuízos por ele sofridos;

II – a inabilitação para o exercício de cargo, mandato ou função pública, pelo período de 1 (um) a 5 (cinco) anos;

III – a perda do cargo, do mandato ou da função pública.

Parágrafo único. Os efeitos previstos nos incisos II e III do caput deste artigo são condicionados à ocorrência de reincidência em crime de abuso de autoridade e não são automáticos, devendo ser declarados motivadamente na sentença.

Os **efeitos da condenação** são divididos em **penais** e **extrapenais.** Os efeitos penais se dividem em principais e secundários. O **efeito penal principal** é a imposição da pena ou medida de segurança, ao passo que os **efeitos penais secundários** se referem às consequências penais após a sentença condenatória, como induzir reincidência, interromper e aumentar o prazo da prescrição, dentre outras.[9]

Já os efeitos **extrapenais** podem ser **genéricos,** caso em que serão automáticos e não será necessário que constem expressamente na sentença. Ou podem ser **específicos,** caso em que não serão automáticos e deverão constar expressamente da sentença.

O **Código Penal** trata do tema no art. 91 com relação aos efeitos extrapenais obrigatórios ou genéricos, e nos arts. 91-A e 92 com relação aos efeitos extrapenais específicos.

A lei de abuso de autoridade também tratou do tema no art. 4º em estudo.

14.5.1. Obrigação de reparar dano causado pelo delito

No **inciso I, do art. 4º,** há o efeito extrapenal de fixação de valor mínimo de reparação dos danos causados pela infração, semelhante ao disposto no art. 91, I, do Código Penal e no art. 387, IV, do Código de Processo Penal.

O efeito da Lei de Abuso de Autoridade **também é automático,** mas **exige requerimento expresso do ofendido,** o que o art. 387, IV, do CPP em tese não exige.

14.5.2. Inabilitação para o exercício do cargo, mandato ou função pública

A lei de abuso **prevê também** a possibilidade de o juiz determinar na condenação a inabilitação do condenado para o exercício de cargo, emprego ou função pública pelo **prazo de um a cinco anos.**

Entretanto, é necessário que o agente **seja reincidente** em crime de abuso de autoridade e esse efeito **não é automático,** devendo ser expresso na sentença, conforme dispõe o parágrafo único, do art. 4º, da Lei nº 13.869/2019.

Passado esse período, o condenado voltará a estar habilitado para o exercício do cargo, mandato ou função.

14.5.3. Perda do cargo, do mandato ou função pública

No inciso II, do art. 4º, da Lei de Abuso de Autoridade prevê ainda o efeito extrapenal de perda do cargo, do mandato ou função pública.

9 ESTEFAM, 2021, op. cit., p. 518.

O dispositivo **exige a reincidência** para que o juiz aplique o efeito na sentença condenatória, **mas não condiciona ao montante de pena aplicada**.

Atenção:

diferentemente, **o Código Penal** (art. 92, I, *a*), só admite esse efeito na condenação **igual ou superior a um ano** quando o crime for praticado com abuso de poder ou violação de dever para com a Administração Pública, ou nos demais casos, quando a condenação for **superior a quatro anos**.

Como **a Lei nº 13.869/2019 regulamentou o tema de forma especial** para os crimes de abuso de autoridade, conclui-se que a perda do cargo, mandato ou função pública pode ser decretada na sentença condenatória por qualquer crime de abuso de autoridade, independentemente da pena aplicada.

Efeito Extrapenal de perda do cargo, mandato ou função pública:	No Código Penal	Na Lei de Abuso de Autoridade
1. Nos crimes praticados com abuso de poder ou violação de dever para com a Administração Pública	Condenação deve ser a pena privativa de liberdade por tempo **igual** ou **superior a um ano**	**Qualquer pena** aplicada
2. Nos demais crimes	Condenação deve ser a pena privativa de liberdade por tempo **superior a quatro anos**	**Qualquer pena** aplicada
Reincidência	**Não** exige reincidência	**Exige** reincidência

O efeito **continua sendo não automático**, devendo ser expressamente declarado na sentença condenatória.

Atenção:

o **art. 42 da Lei de Abuso de Autoridade** inseriu o art. 227-A no Estatuto da Criança e do Adolescente para trazer sistemática semelhante na condenação por crimes daquele estatuto praticados com abuso de autoridade.

Importante para Concursos:

o efeito extrapenal de perda do cargo, mandato ou função pública na **Lei de Tortura** (art. 1º, § 5º, da Lei nº 9.455/1997) independe da pena aplicada, é obrigatório, e gera interdição para o exercício pelo dobro do prazo da pena aplicada. Já a **Lei de Organização Criminosa** (art. 2º, § 6º, da Lei nº 12.850/2013) prevê que o servidor condenado também perderá o cargo ou função pública junto de interdição do exercício de outra atividade pública pelo prazo de oito anos contados do cumprimento da pena.

14.6. Art. 5º: penas restritivas de direitos

Art. 5º As penas restritivas de direitos substitutivas das privativas de liberdade previstas nesta Lei são:

I – prestação de serviços à comunidade ou a entidades públicas;

II – suspensão do exercício do cargo, da função ou do mandato, pelo prazo de 1 (um) a 6 (seis) meses, com a perda dos vencimentos e das vantagens;

III – (VETADO).

Parágrafo único. As penas restritivas de direitos podem ser aplicadas autônoma ou cumulativamente.

A Lei de Abuso de Autoridade trouxe sistemática **especial** de substituição da pena privativa de liberdade por restritiva de direitos. Assim, em virtude do **princípio da especialidade**, o rol previsto é o que se aplica em vez do rol genérico de penas restritivas de direito substitutivas do art. 43 do Código Penal.

Penas restritivas de direito substitutivas no Código Penal (art. 43)	Penas restritivas de direito substitutivas na Lei de Abuso de Autoridade (artigo 5º)
I – prestação pecuniária;	Sem correspondente
II – perda de bens e valores	Sem correspondente
III – limitação de fim de semana	Sem correspondente
IV – prestação de serviço à comunidade ou a entidades públicas	**I – prestação de serviços à comunidade ou a entidades públicas;**
V – interdição temporária de direitos;	Sem correspondente
VI – limitação de fim de semana	Sem correspondente
Sem correspondente	**II – suspensão do exercício do cargo, da função ou do mandato, pelo prazo de 1 (um) a 6 (seis) meses, com a perda dos vencimentos e das vantagens;**

Atenção:

entretanto, como a Lei de Abuso de Autoridade não disciplinou os critérios para a substituição da pena privativa de liberdade por restritiva de direitos, entende-se que as **regras são as gerais do art. 44 do Código Penal**.

São **duas penas restritivas de direito** substitutivas na condenação por crimes de abuso de autoridade, que podem ser aplicadas **isoladamente** ou de forma **cumulativa** entre si, mas nunca com a pena privativa de liberdade (afinal, são penas que as substituem). Aliás, prevê a **Súmula nº 493 do STJ,** que: "é inadmissível a fixação de pena substitutiva (art. 44 do CP) como condição especial ao regime aberto".

Com relação à **primeira**, de prestação de serviços à comunidade ou entidades públicas, nada há de novidade. Trata-se de uma das penas mais eficazes[10] na promoção da integração

10 "A pena de prestação de serviços constitui, segundo mostrou a experiência, a mais eficaz pena restritiva de direitos. Isto porque, além de evitar o encarceramento (em crimes de reduzida gravidade), promove a integração do sentenciado com

do sentenciado à comunidade, obrigando-o a contribuir com o serviço de escolas, hospitais, entidades assistenciais etc., em vez de cumprir a pena privativa de liberdade. Como a Lei de Abuso de Autoridade não disciplina seu cumprimento, **aplicam-se as regras do art. 46 do Código Penal.**

A **segunda pena**, entretanto, de suspensão do exercício do cargo, da função ou do mandato pelo prazo de um a seis meses com perda dos vencimentos e das vantagens, não tem paralelo no Código Penal. E diferentemente da hipótese do inciso I, ela **não está vinculada ao período da condenação substituída**, e sim ao período que for fixado entre um e seis meses.

Atenção:

para alguns autores essa pena substitutiva é **controversa** por prever o trabalho sem contraprestação, o que **feriria o princípio da responsabilidade penal pessoal** (art. 5º, XLVda CF/1988) no sentido de que a pena não deve passar da pessoa do condenado, eis que, nesse caso, sua família será afetada. Não concordamos com esse posicionamento, entretanto, pois acaso a pena não fosse substituída, a pena privativa de liberdade seria ainda mais gravosa.

Por fim, **o vetado inciso III, do art. 5º, da Lei de Abuso de Autoridade** previa uma pena controversa, de que servidores policiais fossem proibidos de exercer suas funções no Município em que praticado o abuso de autoridade e no que residisse ou trabalhasse a vítima, pelo período de um a três anos. Nas razões de veto, explicou-se que a previsão feriria o princípio da isonomia por tratar os policiais de forma diferente dos demais agentes públicos. **O veto foi mantido.**

14.7. Arts. 6º, 7º, e 8º: responsabilidade penal, administrativa e civil do agente público e a independência de instâncias

Art. 6º As penas previstas nesta Lei serão aplicadas independentemente das sanções de natureza civil ou administrativa cabíveis.

Parágrafo único. As notícias de crimes previstos nesta Lei que descreverem falta funcional serão informadas à autoridade competente com vistas à apuração.

Art. 7º As responsabilidades civil e administrativa são independentes da criminal, não se podendo mais questionar sobre a existência ou a autoria do fato quando essas questões tenham sido decididas no juízo criminal.

a comunidade em que vive, obrigando-o à realização de tarefas úteis ao corpo social. Não raras vezes o sentenciado cumpre a pena e, mesmo após, continua frequentando o estabelecimento assistencial voluntariamente". ESTEFAM, 2021, op. cit., p. 425.

Art. 8º Faz coisa julgada em âmbito cível, assim como no administrativo-disciplinar, a sentença penal que reconhecer ter sido o ato praticado em estado de necessidade, em legítima defesa, em estrito cumprimento de dever legal ou no exercício regular de direito.

A responsabilidade do agente público pode se dar em **três instâncias distintas**: a **penal**, a **administrativa** e a **civil**.

Os crimes de abuso de autoridade envolvem condutas de agentes públicos no exercício da função ou em razão dela, de modo em grande parte dos casos a conduta criminosa gerará também alguma falta funcional, punida dentro do espectro do direito administrativo disciplinar. Não raro, ainda, a conduta criminosa pode gerar responsabilidade civil por danos causados ao particular, por exemplo.

Assim, a lei de abuso de autoridade reforça que essas **três instâncias são independentes,** e exige que quando houver notícia de crime de abuso de autoridade que também configure falta fucional, haja comunicação à corregedoria para apuração administrativa.

Entretanto, a lei ressalva entendimento consagrado de que **a discussão sobre existência e a autoria do fato,** quando decididas no juízo criminal, afetam as demais esferas. Desse modo, a decisão que reconheça **não ter havido o fato**, ou que a apontada pessoa **não é o autor desse fato,** afetará processos cíveis e administrativos. A previsão é semelhante ao que consta do **art.o 66 do Código de Processo Penal**, e art. 935 do Código Civil.

Afinal, se o juízo criminal reconheceu que não era o servidor o autor da conduta, não pode ele ser acusado de falta funcional por esse ato que se demonstrou não ter sido praticado por ele. O mesmo se diga caso fique provado no juízo criminal que o fato nunca ocorreu.

Atenção:

nem toda absolvição afeta as demais esferas de responsabilidade. Reconhecer **não ter havido** o fato **ou que tal pessoa não é o autor** é **diferente** de **não haver prova** da autoria ou da existência do fato. No caso de falta de provas, também há absolvição, mas simplesmente porque não foi possível provar o fato ou a autoria. Nesse caso, **a falta de provas pode ser suprida na apuração disciplinar ou no processo cível** e, por isso, eles não são afetados pela absolvição criminal por falta de provas.

Pela mesma razão, a sentença penal absolutória afetará as esferas administrativas e civis quando **reconhecer** que o agente agiu em **estado de necessidade,** em **legítima defesa**, em **estrito cumprimento de dever legal** ou no **exercício regular de direito**.

Isso porque quem age autorizado pela lei não comete ilícito. Entretanto, **se não foi a vítima** que deu causa à situação excludente, ou foi terceiro inocente, por exemplo, no estado de necessidade agressivo, não haverá crime diante da excludente, mas persistirá a possibilidade de indenização na esfera cível pela pessoa atingida e que não havia dado causa à situação excludente.

14.8. Quadro sinótico da parte geral

PARTE GERAL	
Aspectos gerais	- Não existem crimes culposos - Não há pena de reclusão - Só há duas molduras de pena: **detenção** de 1 (um) a 4 (quatro) anos, e multa; ou **detenção** de 6 (seis) meses a 2 (dois) anos, e multa.
Art. 1º: elemento subjetivo e proibição do "crime de hermenêutica"	- Todos os crimes exigem no mínimo uma das finalidades especiais, que são de prejudicar outrem ou beneficiar a si mesmo ou a terceiro, ou, ainda, por mero capricho ou satisfação pessoal - Proibição do crime de hermenêutica: "*a divergência na interpretação de lei ou na avaliação de fatos e provas não configura abuso de autoridade*"
Art. 2º sujeito ativo	- Rol exemplificativo: todos os agentes públicos de toda a administração (direta, indireta ou fundacional) de todos os Poderes (Executivo, Legislativo e Judiciário) e de todos os entes (União, Estados, Distrito Federal, Municípios e eventual território). - Não estão abrangidos os servidores aposentados ou exonerados, eis que não possuem mais vínculo com a administração.
Art. 3º ação penal	- Regra: ação penal pública incondicionada - Exceção: ação penal privada supletiva pode ser exercida em seis meses após o prazo do Ministério Público se esgotar. Mesmo assim, o Ministério Público poderá aditar a queixa ou mesmo substituí-la por sua denúncia, e atuar em todos os termos do processo, porque a natureza da ação não muda.
Art. 4º Efeitos extrapenais	- Obrigação de reparar dano causado pelo delito: é automático, mas exige requerimento expresso pelo ofendido. - Inabilitação para o exercício do cargo, mandato ou função pública: não é automático, e exige reincidência em crime de abuso de autoridade; - Perda do cargo, do mandato ou função pública: exige a reincidência para que o juiz aplique o efeito na sentença condenatória, mas não condiciona ao montante de pena aplicada, ao contrário do Código Penal.
Art. 5º penas restritivas de direito	- Rol específico que prevalece em relação ao do Código Penal - Prestação de serviços à comunidade ou a entidades públicas; - Suspensão do exercício do cargo, da função ou do mandato, pelo prazo de 1 (um) a 6 (seis) meses, com a perda dos vencimentos e das vantagens;
Arts. 6º, 7º e 8º: responsabilidade penal, administrativa e civil	- Reforça que as três instâncias são independentes - A discussão sobre existência e a autoria do fato, quando decididas no juízo criminal afetam as demais esferas. - Reconhecimento de excludentes de ilicitude no direito penal também afeta as demais esferas. Mas poderá haver indenização cível ao terceiro inocente no caso do estado de necessidade agressivo.

14.9. Crimes em espécie

14.9.1. Art. 9º: medida de privação de liberdade ilegal

Art. 9º Decretar medida de privação da liberdade em manifesta desconformidade com as hipóteses legais:

Pena – detenção, de 1 (um) a 4 (quatro) anos, e multa.

Parágrafo único. Incorre na mesma pena a autoridade judiciária que, dentro de prazo razoável, deixar de:

I – relaxar a prisão manifestamente ilegal;

II – substituir a prisão preventiva por medida cautelar diversa ou de conceder liberdade provisória, quando manifestamente cabível;

III – deferir liminar ou ordem de habeas corpus, quando manifestamente cabível.'

14.9.1.1. *Bem jurídico tutelado*

O crime do art. 9º **protege não apenas** a dignidade da função pública, mas também a **liberdade de locomoção** das pessoas.

14.9.1.2. *Sujeito ativo e elementos do tipo*

No *caput* a conduta é das **autoridades que podem decretar medidas de privação de liberdade** quando o fizerem em manifesta desconformidade com as hipóteses legais e imbuídas de uma das finalidades especiais exigidas em todos os crimes de abuso de autoridade (art. 1º da Lei nº 13.869/2019).

No caso do *caput*, a definição do sujeito ativo passa pela definição de quem pode decretar **medida privativa de liberdade**. Doutrina minoritária considera que é apenas o magistrado. Entretanto, como no parágrafo único o legislador reservou condutas específicas do magistrado (autoridade judicial), prevalece que **na figura do *caput* o crime também pode ser praticado pelo delegado de polícia** (autoridade policial).

Não basta, entretanto, a decretação da medida privativa de liberdade, é necessário que ela seja decretada em **manifesta desconformidade** com as hipóteses legais. Esse é o **elemento normativo do tipo** que exige que seja incontestável a falta de respaldo no ordenamento jurídico. Isso, pois, a mera divergência na interpretação de lei ou na avaliação de fatos e provas não configura abuso de autoridade (art. 1º, § 2º, da Lei de Abuso de Autoridade).

As medidas privativas de liberdade passíveis de configuração do crime de abuso de autoridade são:

a) **prisão em flagrante:** decretada pelo delegado de polícia, exige que estejam presentes o **requisito temporal** (hipóteses de flagrante do art. 302 do CPP), **e probatório** (fundada suspeita do art. 304, **§ 1º**, do CPP). Comete o crime, nesse caso, por exemplo, o delegado de polícia que lavra prisão em flagrante de seu desafeto, por vingança (satisfação pessoal) vários dias após o cometimento do crime, sem qualquer perseguição, diante de manifesta ausência da situação flagrancial.

Atenção:

em nosso entendimento a chamada **prisão captura**, feita por agentes da autoridade (policiais militares ou civis) nos termos do art. 301 do CPP, é apenas **executada**, para somente depois ser ratificada ou decretada pela autoridade e, por isso, não configura o crime em estudo. O **art. 11** da Lei de Abuso de Autoridade **foi vetado** e tipificaria justamente a conduta dos policiais que capturassem alguém fora das hipóteses legais. Daí a conclusão de que o crime do art. 9º não pode substituir esse veto.[11] Há, entretanto, quem entenda que o "agente da autoridade" também pode ser sujeito ativo do crime do art. 9º.[12]

b) **prisão preventiva:** decretada pela **autoridade judicial** após representação do delegado de polícia ou requerimento do Ministério Público (**nunca de ofício**), diante dos requisitos do **art. 313 do CPP**, e desde que presentes os motivos do **art. 312 do CPP**, ou seja, para garantia da ordem pública, ou ordem econômica, ou conveniência da instrução criminal ou garantia de aplicação da lei penal, e desde que **não haja nenhuma cautelar alternativa suficiente** (art. 319 do CPP).

c) **prisão temporária**: decretada **pela autoridade judicial** durante a primeira fase da persecução criminal (investigação), quando, segundo o entendimento majoritário, a prisão for **imprescindível às investigações** (art. 1º, I, da Lei nº 7.960/1989) ou **o investigado não tiver residência** fixa ou não fornecer elementos ao esclarecimento de sua **identidade** (inciso II do mesmo artigo), desde que, em qualquer dos dois casos anteriores, haja **fundadas razões** de autoria ou participação nos **crimes do rol do inciso III** do mesmo artigo, **ou da Lei nº 8.072/1990** (crimes hediondos).[13]

d) **prisão pena:** decorrente do trânsito em julgado da sentença penal condenatória, para início do cumprimento da pena prevista no Código Penal.

e) **prisão civil:** decretada pela **autoridade judicial** no caso de **dívida por alimentos.** A prisão civil do depositário infiel foi rechaçada pelo Supremo Tribunal Federal, nos termos da **Súmula Vinculante nº 25**: "*é ilícita a prisão civil de depositário infiel, qualquer que seja a modalidade de depósito*".

f) **prisão militar disciplinar:** decretada pelo oficial em virtude de transgressão disciplinar. No caso dos **militares estaduais,** essa hipótese foi banida pela Lei nº 13.967/2019, mas persiste para o caso dos militares das Forças Armadas.

14.9.1.3. *Figuras omissivas da autoridade judicial (art. 9º, parágrafo único)*

Já no **parágrafo único** estão as figuras equiparadas, praticadas exclusivamente por **magistrado** (autoridade judiciária) que se omitir dolosamente e com finalidade especial (art. 1º da Lei nº 13.869/2019), em algumas situações em que deveria garantir a liberdade do preso.

São os casos da autoridade judicial que, **dentro de prazo razoável, a)** deixa de relaxar a prisão manifestamente ilegal; **b)** deixa de substituir a prisão preventiva por medida cautelar

11 **Com esse entendimento também:** LESSA; MORAES. Op. cit., p. 60.

12 **Entendendo que o agente da autoridade também pode ser sujeito ativo do crime do art. 9º da Lei nº 13.869/19:** CUNHA; GRECO. Op. cit., p. 86.

13 Adotamos o entendimento majoritário com relação aos requisitos necessários para a prisão temporária. Para maiores detalhes remetemos o leitor aos comentários à referida lei.

diversa ou de conceder liberdade provisória quando manifestamente cabível; e **c)** deixa de deferir liminar ou ordem de *habeas corpus* quando manifestamente cabível.

A lei não define qual seria o prazo razoável para o juiz ou tribunal analisarem essas hipóteses de liberdade, o que dificulta a tipificação. Daí pergunta-se: a partir de quando há omissão razoável apta a configurar abuso de autoridade? **Há três posições.**

Primeira posição: o prazo é de 24 horas, nos termos do inciso III, do art 800, do CPP, que prevê o prazo de um dia para despachos de expediente. Esse prazo aparenta-se, entretanto, muito curto, pois a análise de hipóteses de prisão é mais complexa do que um mero despacho de expediente.

Segunda posição: o prazo é de 5 dias, nos termos do inciso II do mesmo art. 800 do CPP.

Terceira posição: o prazo é de 48 horas, em analogia ao art. 322, parágrafo único, do CPP, que trata do prazo para o juiz decidir sobre a concessão de fiança. Pensamos que a posição mais abalizada é essa.

Importante para Concursos:

o sujeito ativo da omissão prevista no parágrafo único, do art. 9º, em estudo é a autoridade judicial. O candidato **não pode se confundir com o crime do art. 12, IV,** que trata do prolongamento indevido de prisões por omissão no cumprimento de alvará de soltura.

A conduta é **omissiva** em todos os casos e exige complementação com outras leis, bem como a demonstração incontestável de que a liberdade era manifestamente cabível no caso concreto, o que é de difícil aferição.

14.9.1.4. *Consumação e tentativa*

Na figura do ***caput*, o crime é formal** e se consuma quando há a decretação da medida de privação de liberdade manifestamente ilegal. A **tentativa é possível em teoria,** porém de difícil configuração na prática, eis que seria necessário que a autoridade iniciasse a decretação da medida, mas fosse impedida por circunstâncias alheias **à** sua vontade.

A **tentativa é incompatível com as figuras omissivas próprias** do parágrafo único.

14.9.1.5. *Vítima criança ou adolescente*

No caso da vítima da privação de liberdade ser criança ou adolescente, o crime será o do **art. 230 do Estatuto da Criança e do Adolescente**, que tipifica a conduta de quem *priva a criança ou o adolescente de sua liberdade, procedendo à sua apreensão sem estar em flagrante de ato infracional ou inexistindo ordem escrita da autoridade judiciária competente* (*caput* do artigo 230 do ECA), ou ainda de quem *procede à apreensão sem observância das formalidades legais* (parágrafo único, do art. 230, do ECA).

Nessa situação, a norma do art. 230 é mais específica e prevalece diante do **princípio da especialidade.**

14.9.2. Art. 10: condução coercitiva de testemunha ou investigado

> **Art. 10.** Decretar a condução coercitiva de testemunha ou investigado manifestamente descabida ou sem prévia intimação de comparecimento ao juízo:
>
> **Pena** – detenção, de 1 (um) a 4 (quatro) anos, e multa.

14.9.2.1. Bem jurídico tutelado

O crime do art. 10 protege não apenas a dignidade da função pública, mas também a **liberdade de locomoção** da **testemunha ou investigado**, afetada pela possível condução coercitiva ilegal.

> **Importante para Concursos:**
>
> parte da doutrina enxerga o crime do art. 10 e outros crimes da Lei nº 13.869/2019 como decorrência do chamado **efeito "backlash"** de abusos cometidos em operações policialescas, com conduções coercitivas acompanhadas pela mídia como se fossem prisões. O termo em inglês faz referência ao **efeito rebote do "chicote"** que depois do golpe pode retornar e atingir o próprio chicoteador. É usado para definir um **efeito adverso,** não pretendido inicialmente. No caso, esse efeito adverso seria a **reação legislativa** que levou à tipificação em estudo como suposta retaliação pelos abusos em decisões que determinaram conduções coercitivas.

14.9.2.2. Sujeito ativo e elementos do tipo

A conduta é de **decretar**, ou seja, determinar a condução coercitiva de testemunha ou investigado nas situações em que a lei considera abusiva a providência.

O tipo trata do instituto da **condução coercitiva** prevista nos **arts. 218 e 260 do CPP,** para que a pessoa seja levada à autoridade ainda que contra sua vontade para a prática de determinado ato, como colheita de declarações, identificação, submissão a reconhecimento, etc. Por isso, a definição do sujeito ativo passa pela definição de **quem pode decretar condução coercitiva** no processo penal.

Doutrina minoritária considera que é apenas o magistrado. Mas prevalece que **o delegado de polícia** (autoridade policial) também pode decretar condução coercitiva. Assim o crime também pode ser praticado pela **autoridade policial** ou até mesmo por membro do **Ministério Público** na condução de procedimento administrativo, ou ainda por **parlamentar** integrante de Comissão Parlamentar de Inquérito (**CPI**).

Não basta, entretanto, a decretação da condução coercitiva, é necessário que ela seja decretada **sem prévia intimação** ou em situação **manifestamente descabida.** Esses são **elementos normativos do tipo**, que exigem que seja incontestável a falta de respaldo no ordenamento jurídico. Isso, pois a mera divergência na interpretação de lei ou na avaliação de fatos e provas não configura abuso de autoridade (art. 1º, § 2º, da Lei de Abuso de Autoridade).

Assim, são **duas as formas abusivas** de decretar condução coercitiva: **1.** quando manifestamente descabida, como, por exemplo, se a parte já compareceu ou **2.** sem que haja prévia intimação.

Atenção:

a lei utilizou de **forma atécnica o termo "intimação",** pois na realidade faz referência à notificação do investigado ou da testemunha. Tecnicamente a intimação é a comunicação de ato processual já realizado, ao passo que a **notificação** é a comunicação para que a pessoa realize determinado ato.

A **prévia "intimação"** já era sustentada pela doutrina e pela lei como medida necessária antes da condução coercitiva e passa a ser reforçada pelo crime em estudo. Trata-se até de bom senso que a autoridade dê a oportunidade de a testemunha ou investigado comparecerem voluntariamente antes de serem conduzidos "debaixo de vara", como é conhecida a medida de condução coercitiva no processo penal.

Atenção:

não atendida a intimação, a condução coercitiva passa a ser justificada. Esse **não atendimento** ou **recalcitrância**[14], pode ser direto ou indireto. **Direto** quando a testemunha ou investigado é intimado e não comparece. **Indireto** quando os agentes identificam que o intimado está evitando ser encontrado para intimação, o que deve ser certificado nos autos. Em ambos os casos, pensamos que estará autorizada a condução coercitiva, por ter havido a prévia intimação para comparecimento.

No caso do **investigado,** entende-se que abrange também o acusado durante o processo, eis que a lei menciona a condução para comparecimento **em juízo.** Entretanto, a condução coercitiva do investigado encontra óbice no direito ao silêncio e de não produzir prova contra si (princípio do ***nemo tenetur se detegere***).

Atenção:

nas **ADPFs n. 395 e 444 o STF proibiu a condução coercitiva de investigados para interrogatório**, eis que por força do direito ao silêncio o acusado não é obrigado nem a comparecer, nem a prestar sua versão, se não quiser. Entretanto, o STF não proibiu a condução coercitiva do investigado para outros atos, como submissão a reconhecimento pessoal, nem a condução coercitiva de testemunhas, que continuam permitidas.

14 Também é a posição de LESSA; MORAES. Op. cit.

Assim, decretar a condução coercitiva de investigado **apenas para interrogatório configurará o crime**, porque manifestamente descabido, desde que haja obviamente a finalidade especial exigida para todos os crimes de abuso de autoridade (art. 1º da Lei nº 13.869/2019).

Apesar disso, o crime ainda pode ocorrer mesmo que a condução seja para outro ato permitido, como submissão a reconhecimento pessoal, porque a lei não restringe a ilegalidade da condução ao ato que for destinada. Assim, pode haver abuso nesse caso se a medida for manifestamente descabida por outro motivo ou for decretada sem prévia intimação.

14.9.2.3. *Condução coercitiva de peritos ou vítimas*

O crime em estudo nada fala sobre a condução coercitiva de **vítimas ou peritos,** que também é permitida pelos arts. **201, § 1º, e 278 do CPP**, respectivamente. Assim, **não haverá crime de abuso de autoridade** na condução ilegal de vítimas ou peritos, por falta de previsão no tipo, porém não é aconselhável assim proceder, eis que certamente configurará falta funcional. E, no caso da vítima, inclusive sob o ponto de vista criminológico, por gerar evidente vitimização secundária.[15]

Quem pode ser conduzido coercitivamente	Fundamento legal	Previsão no artigo 10 da Lei de Abuso de Autoridade
Testemunha	**Art. 218 do CPP**	**Sim**
Investigado	**Art. 260 do CPP**	**Sim**
Perito	Art. 278 do CPP	Não
Vítima	Art. 201, § 1º, do CPP	Não

Consumação e tentativa

O crime é **formal**, bastando para sua consumação que haja a decretação da medida nos autos, de forma manifestamente descabida ou sem prévia intimação. A efetiva condução, trazendo a pessoa para o ato, é mero exaurimento.

A **tentativa é possível em teoria,** porém de difícil configuração na prática, eis que seria necessário que a autoridade iniciasse a decretação da medida, mas fosse impedida por circunstâncias alheias a sua vontade.

14.9.3. O veto ao art. 11

> Art. 11. (VETADO).

Conforme mencionamos nos comentários ao art. 9º da Lei de Abuso de Autoridade, pensamos que aquele crime não pode ser cometido pelo agente da autoridade, que apenas executa (e não decreta), medida privativa de liberdade.

15 "Considera-se haver vítima primária quando um sujeito é diretamente atingido pela prática de ato delituoso. A vítima secundária é um derivativo das relaçoes existentes entre as vítimas primárias e o Estado em face do aparato repressivo (polícia, burocratização do sistema, falta de sensibilidade dos operadores do direito envolvidos com alguns processos bastante delicados etc.)". SHECAIRA. Op. cit., p. 55.

Reforça esse entendimento o fato de que o art. 11 da Lei de Abuso de Autoridade pretendia tornar crime de abuso a conduta de "**executar captura**, prisão ou busca e apreensão de pessoa que não esteja em situação de flagrante delito ou sem ordem escrita de autoridade judiciária (...)", **mas essa previsão foi vetada** (e o veto foi mantido pelo Congresso Nacional).

Isso porque essa previsão típica **geraria muita insegurança** jurídica na atuação de agentes de segurança, dos quais não se exige formação jurídica, e que têm de lidar com as situações no calor do momento, que somente depois serão avaliadas com mais calma pelos operadores jurídicos.

Atenção:

não há que se falar em abuso de autoridade na conduta do policial que conduz pessoa para identificação no caso de recusa ou mentira na informação sobre os dados. Primeiro porque o policial age buscando o interesse público de identificar corretamente o cidadão, de modo que não está imbuído da finalidade especial exigida para os crimes de abuso de autoridade. E a garantia do direito ao silêncio, que abrange o direito de não produzir prova contra si não abrange a parte de identificação, nem dá o direito de acusar alguém falsamente ou de se autoacusar falsamente. Isto é, toda pessoa tem o dever de se identificar, com documento de identidade ou informando os respectivos dados, pendentes de confirmação.

A mentira sobre os dados pode configurar o crime do art. 307 do Código Penal, *nos termos da* **Súmula nº 522 do STJ:** *A conduta de atribuir-se falsa identidade perante autoridade policial é típica, ainda que em situação de alegada autodefesa.* E a **recusa a se identificar** pode configurar a contravenção penal do **art. 68 do Dec.-lei nº 3.688/1941.**

14.9.4. Art. 12: omissão na comunicação de prisão

Art. 12. Deixar injustificadamente de comunicar prisão em flagrante à autoridade judiciária no prazo legal:

Pena – detenção, de 6 (seis) meses a 2 (dois) anos, e multa.

Parágrafo único. Incorre na mesma pena quem:

I – deixa de comunicar, imediatamente, a execução de prisão temporária ou preventiva à autoridade judiciária que a decretou;

II – deixa de comunicar, imediatamente, a prisão de qualquer pessoa e o local onde se encontra à sua família ou à pessoa por ela indicada;

III – deixa de entregar ao preso, no prazo de 24 (vinte e quatro) horas, a nota de culpa, assinada pela autoridade, com o motivo da prisão e os nomes do condutor e das testemunhas;

IV – prolonga a execução de pena privativa de liberdade, de prisão temporária, de prisão preventiva, de medida de segurança ou de internação, deixando, sem motivo justo e excepcionalíssimo, de executar o alvará de soltura imediatamente após recebido ou de promover a soltura do preso quando esgotado o prazo judicial ou legal.

14.9.4.1. Bem jurídico tutelado

O crime do art. 12 pune **omissões na comunicação da prisão** de alguém ao **juiz** (caput e inciso I) **ou à família ou pessoa indicada** pelo preso (inciso II). Além disso, pune também a conduta de **não entregar a nota de culpa** ao preso, informando-o dos motivos da prisão e nomes dos responsáveis (inciso III), e o prolongamento indevido de prisão por **demora na execução de alvará** de soltura (inciso IV).

Assim, o crime protege não apenas a dignidade da função pública, mas também a **liberdade de locomoção,** violada com o prejuízo na análise judicial da legalidade da prisão (comunicação ao juiz) ou com a falta de assistência do preso (comunicação da família), ou com a manutenção prolongada no cárcere (demora no cumprimento do alvará de soltura).

Atenção:

o art. **5º, LXII, da CF/88** prevê que "a prisão de qualquer pessoa e o local onde se encontre serão comunicados imediatamente ao juiz competente e à família do preso ou à pessoa por ele indicada".

14.9.4.2. Sujeito ativo e elementos do tipo

– Deixa injustificadamente de comunicar prisão em flagrante à autoridade judiciária no prazo legal

No *caput*, a conduta é **própria da autoridade policial**[16] que não comunica a prisão em flagrante ao juiz em até 24 horas, que é o prazo legal previsto no art. 306, § 1º, do Código de Processo Penal. A lei penal **nada menciona** sobre comunicação ao membro do Ministério Público ou Defensoria Pública.

Atenção:

a expressão **"injustificadamente" é elemento normativo do tipo**, que afasta o delito se a omissão tiver justificativa. Nesse caso, apesar de não configurar o crime, poderá ensejar o relaxamento da prisão pela ilegalidade decorrente do descumprimento do prazo previsto em lei.

– Deixa de comunicar, imediatamente, a execução de prisão temporária ou preventiva à autoridade judiciária que a decretou

A figura do **inciso I** também exige comunicação ao juiz, mas especificamente ao juiz que decretou prisão **temporária ou preventiva.** O crime é **próprio da autoridade policial.**

A comunicação nesse caso **deve ser imediata e não em 24 horas** como no caso da prisão em flagrante, porque a formalização da captura de preso por mandado de prisão

16 Em sentido contrário, Rogério Sanches e Rogério Greco entendem que a autoridade policial ou qualquer agente policial podem ser autores do crime. CUNHA; GRECO. Op. cit., p. 114.

temporária ou preventiva é mais rápida do que a lavratura de auto de prisão em flagrante, que exige providências como oitiva de condutor, testemunha, expedição de nota de culpa, indiciamento, etc.

A lei não define o conceito de imediatamente. **Então, pergunta-se:** a comunicação deve ser feita exatamente quando?

A rigor, os atos para adoção da providência deverão ser tomados tão logo o recolhimento ao cárcere seja determinado. É inviável a comunicação durante a captura, eis que há necessidade de conferência do mandado, revista do preso, e outras cautelas. Assim, considerando as formalidades que sempre envolvem a prisão, o conceito deve ser interpretado no sentido de que a comunicação seja feita na primeira oportunidade dentro do prazo referência de 24 horas.[17]

- Deixa de comunicar, imediatamente, a prisão de qualquer pessoa e o local onde se encontra à sua família ou à pessoa por ela indicada;

O **inciso II** trata da omissão na comunicação de **qualquer tipo de prisão** à **família ou pessoa indicada** pelo preso. Abrange, portanto, prisão em flagrante, civil, temporária, preventiva, etc., que devem ser comunicadas à família ou à pessoa de confiança do preso para que procurem assisti-lo no que entenderem necessário.

Trata-se também de **delito próprio da autoridade policial,** que deve agir **imediatamente** a fim de que os familiares ou pessoa indicada pelo preso possam prestar a devida assistência com as medidas em favor de sua liberdade, e ter conhecimento de seu paradeiro.

Atenção:

se o preso não quiser indicar pessoa para ser comunicada não haverá crime nem ilegalidade na conduta da autoridade que não faz a comunicação, eis que o **Supremo Tribunal Federal** já decidiu que "não ocorre descumprimento do inciso LXII, do art. 5º, da Constituição Federal, quando o preso, voluntariamente, não indica pessoa a ser comunicada da sua prisão".[18]

- Deixa de entregar ao preso, no prazo de 24 (vinte e quatro) horas, a nota de culpa, assinada pela autoridade, com o motivo da prisão e os nomes do condutor e das testemunhas;

O **inciso III** trata da entrega da **nota de culpa no prazo de 24 horas**, prazo previsto também no art. 306, § 2º, do CPP. A nota de culpa é um documento formal que **informa ao preso a razão de sua prisão e quem foram o condutor e testemunha,** e encontra previsão constitucional no art. **5º**, LXIV, da CF/1988. É um documento que dá ciência ao preso das garantias constitucionais.

17 **Também com esse posicionamento:** LESSA; MORAES. Op. cit., p. 66. **Com entendimento contrário,** entendendo que imediatamente não pode se aproximar de 24 horas: LIMA. Op. cit., p. 104.
18 STF. HC 69630/SP – 2ª T. – rel. Min. Paulo Brossard – j. 20-10-1992 – publicação: 4-12-1992.

Atenção:

a entrega de nota de culpa é a formalidade típica da prisão em flagrante, entretanto, a Lei nº 7.960/1989 (**prisão temporária**), também prevê que seja entregue cópia do mandado de prisão que servirá como nota de culpa (art. 2º, § 4º).

O prazo de 24 horas é **contado da captura do preso**, mas dependendo da situação, justificada diante da complexidade da ocorrência, a autoridade policial pode contar a partir de sua decisão pela decretação da prisão em flagrante (ratificação da captura).

O crime também é **próprio da autoridade policial.**

– Prolonga a execução de pena privativa de liberdade, de prisão temporária, de prisão preventiva, de medida de segurança ou de internação, deixando, sem motivo justo e excepcionalíssimo, de executar o alvará de soltura imediatamente após recebido ou de promover a soltura do preso quando esgotado o prazo judicial ou legal.

Por fim, o **inciso IV traz um crime permanente**, de prolongar pena, prisão, medida de segurança, ou internação. Também é crime omissivo, **de qualquer agente responsável pelo cumprimento do alvará de soltura,** e que não dá o devido cumprimento imediato ou o que não solta após o prazo judicial ou legal.

O **alvará** deve ser cumprido **no momento imediato** ao seu recebimento, porém há de ser conferido antes, do que se depreende que não será cumprido automaticamente.

Já no caso de **escoar o prazo legal ou judicial** da prisão, como, por exemplo, de uma **prisão temporária** deferida por 5 dias, ou **prisão civil** por 30 dias, o responsável deve efetivar a soltura imediatamente **independentemente de nova decisão judicial ou alvará**.

O próprio art. 40 da Lei de Abuso de Autoriade alterou o § 7º, do art. 2º, da Lei nº 7.960/1989 (prisão temporária) para prever expressamente que findo o prazo da prisão o preso seja posto em liberdade independentemente de nova ordem judicial.[19]

Atenção:

a lei afasta a configuração do crime se houver motivo **excepcionalíssimo e justo**, que é **elemento normativo do tipo**. Assim, afasta-se a configuração do crime se o atraso se der por motivos de segurança, como risco de rebelião no momento ou outro motivo excepcional de segurança das instalações.

14.9.4.3. Sujeito passivo

Como regra nos crimes de abuso de autoridade, o sujeito passivo é o Estado e a pessoa particularmente afetada pela conduta abusiva. No caso dos crimes do art. 12, entretanto, deve-se atentar que **se a vítima for criança ou adolescente, o crime será outro.**

19 Em São Paulo as normas da corregedoria do Tribunal de Justiça (art. 428) já previam a soltura imediata sem necessidade de nova decisão judicial quando escoado o prazo da prisão temporária.

Atenção:

no caso das figuras do ***caput*** e **incisos I e II** se a vítima for criança ou adolescente o crime será o do **art. 231 do ECA,** que pune a conduta de *deixar a autoridade policial responsável pela apreensão de criança ou adolescente de fazer imediata comunicação à autoridade judiciária competente e à família do apreendido ou à pessoa por ele indicada.* Já no caso do **inciso IV,** na mesma situação, o crime será o do **art. 234 do ECA**, que pune a conduta de *deixar a autoridade competente, sem justa causa, de ordenar a imediata liberação de criança ou adolescente, tão logo tenha conhecimento da ilegalidade da apreensão.*

14.9.4.4. Consumação e tentativa

As figuras **do *caput* e incisos I, II, e III** se consumam **no momento em que o agente se omite,** deixando de realizar a comunicação **no prazo previsto** (24 horas ou imediatamente). Os crimes são **omissivos próprios** e, por isso, não admitem tentativa.

A figura do **inciso IV** se consuma quando **esgota prazo razoável** para o cumprimento do alvará de soltura, ou assim que **escoado o prazo legal ou judicial da prisão**. O crime também é **omissivo próprio** que não admite tentativa.

Importante para Concursos:

as figuras equiparadas do art. 12 possuem prazos e peculiaridades que podem ser facilmente confundidas em provas. É importante verificá-las lado a lado na tabela:

Dispositivo	O que deve ser feito	Para quem	Prazo	Observação
Art. 12, *caput*	Comunicação de prisão em flagrante	Juiz	24 horas	O crime só se configura se a omissão for injustificada
Art. 12, I	Comunicação de prisão temporária ou preventiva	Juiz que decretou	Imediatamente	-
Art. 12, II	Comunicação de qualquer prisão e local que se encontra	À família ou à pessoa indicada	Imediatamente	-
Art. 12, III	Entregar nota de culpa	Ao preso	24 horas	-
Art. 12, IV	Executar alvará de soltura ou promover soltura	-	Imediatamente após o recebimento do alvará ou quando findo o prazo judicial ou legal	O crime só se configura se for sem motivo justo e excepcionalíssimo

14.9.5. Art. 13: exibição e constrangimentos ilícitos a preso ou detento

Art. 13 Constranger o preso ou o detento, mediante violência, grave ameaça ou redução de sua capacidade de resistência, a:

I – exibir-se ou ter seu corpo ou parte dele exibido à curiosidade pública;

> **II** – submeter-se a situação vexatória ou a constrangimento não autorizado em lei;
>
> **III** – produzir prova contra si mesmo ou contra terceiro:
>
> **Pena** – detenção, de 1 (um) a 4 (quatro) anos, e multa, sem prejuízo da pena cominada à violência.

14.9.5.1. Bem jurídico tutelado e elementos do tipo

O crime é uma forma especial do delito de constrangimento ilegal (art. 146 do Código Penal), específico para o constrangimento de preso ou detento por agente público que empregue uma de **três formas de violência.** A **violência física,** a exemplo de chutes, socos, etc. A **violência moral,** como ameaças de causar mal injusto. Ou ainda a **violência imprópria,** reduzindo a capacidade de defesa, como drogando a vítima.

No caso dos **incisos I e II,** de obrigar o preso ou detendo a exibir-se ou ter o corpo exibido, e de submetê-lo **à** situação vexatória ilegal, o bem jurídico tutelado é a **integridade física e moral** do preso (art. 5º, XLIX, da CF/1988) e em geral a **dignidade da pessoa** humana.

Já no inciso III, de produzir prova contra si mesmo ou terceiro, o bem jurídico protegido é o **direito a não autoincriminação** (art. 5º, LXIII, da CF/1988), conhecido como princípio do ***nemo tenetur se detegere.***

> **Atenção:**
>
> portanto o crime protege não apenas a dignidade da função pública, mas também **direitos fundamentais** do preso ou detento.

Além dos elementos subjetivos de todos os crimes de abuso, a conduta do agente público deve ser voltada a forçar que o preso ou detento pratique uma das **três situações previstas** nos incisos do art. 13:

– exibir-se ou ter seu corpo ou parte dele exibido à curiosidade pública;

O **inciso I** pretende coibir a exposição midiática de presos e detentos apenas para saciar a curiosidade pública, comum em veículos sensacionalistas. Veda, com isso, a exposição do preso ou detento como "troféu" de agentes ou instituições responsáveis por sua prisão, como quando o agente puxa os cabelos do preso para revelar sua face à televisão, visando sua satisfação pessoal.

Não haverá o crime, entretanto, se a **exposição for alicerçada no interesse público,** como no caso da divulgação de foto de pessoa procurada ou no interesse da investigação (para identificação por outras vítimas por exemplo). Nesses casos, faltará o elemento subjetivo específico de todos os crimes de abuso de autoridade (art. 1º, § 1º, da Lei de Abuso de Autoridade), e há autorização legal para **utilização de imagem no interesse público** no **art. 20 do Código Civil** (Lei nº 10.406/2002).

Atenção:

em **locais abertos** nos quais os agentes públicos **não tenham como controlar o acesso** da imprensa, também não ocorrerá o crime, porque a exposição do preso será inevitável e fora da esfera de atribuição do servidor. Esta foi justamente a razão do veto ao art. 14 da Lei nº 13.869/2019, que criminalizava a conduta de permitir ou fotografar ou filmar preso sem seu consentimento.

– submeter-se à situação vexatória ou a constrangimento não autorizado em lei;

O **inciso II** deve ser dividido em **duas partes.**

Na **primeira**, configura-se com a submissão do preso ou detento a **qualquer situação vexatória,** como forçar o preso a cantarolar "parabéns a você", porque capturado no dia do seu aniversário de maioridade, ou a seguir a viatura cantando o hino de determinada instituição policial.

De forma alternativa, na segunda parte o inciso prevê que **também se configura o crime** se o preso ou detento for **submetido a constrangimento não autorizado em lei.** Nesse caso, a configuração do crime depende de análise dos diversos dispositivos que regulamentam principalmente a atuação policial.

Apesar de ter sido **vetado o art. 17** da Lei de Abuso de Autoridade, que previa o crime de **utilização abusiva de algemas** ou outro objeto de restrição de membros, fato é que tal conduta seria especial em relação ao constrangimento do inciso II, do art. 13 em análise. Diante do veto ao art. 17, pensamos que a conduta se subsume ao artigo em estudo, que está em vigor. Assim, se forem utilizadas algemas de forma desnecessária e humilhante, sem justificativa, e com uma das finalidades especiais do art. 1º, § 1º, da Lei de Abuso de Autoridade, pode-se configurar o crime.

Atenção:

prevê a **Súmula Vinculante nº 11 do STF,** que

> "só é lícito o uso de algemas em caso de resistência e de fundado receio de fuga ou de perigo à integridade física própria ou alheia, por parte do preso ou de terceiros, justificada a excepcionalidade por escrito, sob pena de responsabilidade disciplinar civil e penal do agente ou da autoridade e de nulidade da prisão ou do ato processual a que se refere, sem prejuízo da responsabilidade civil do Estado".

– produzir prova contra si mesmo ou contra terceiro:

Ninguém é obrigado a produzir prova contra si (princípio do *nemo tenetur se detegere*), e com muito mais razão nenhum agente público pode constranger preso ou detento a produzir prova contra si ou contra outra pessoa. É o caso de policiais que forçam o preso, mediante grave ameaça, a indicar onde está o comparsa, ou a indicar onde guardou mais entorpecentes, ou a desbloquear seu aparelho celular, etc.

Importante para Concursos:

o crime em estudo não se confunde com o crime de tortura (art. 1º, I, *a*, da Lei nº 9.455/1997). A **principal diferença** é que o crime de tortura exige **intenso sofrimento físico ou mental à vítima,** o que não é exigido no crime de abuso. Outra distinção é que o **crime de abuso é próprio** dos agentes públicos, ao passo que a tortura é crime comum. A terceira diferença é que o **crime de tortura não admite a violência imprópria**, isto é, não pode ser praticado mediante a redução da capacidade de defesa da vítima, ao passo que o crime de abuso pode.

14.9.5.2. Sujeito passivo

Como regra, nos crimes de abuso de autoridade, o sujeito passivo é o **Estado** e a pessoa particularmente afetada pela conduta abusiva. No caso do crime em estudo, o sujeito passivo será o **preso ou o detento.**

Preso é aquele cuja prisão já foi formalizada, seja por auto de prisão em flagrante, prisão preventiva, ou mesmo por condenação transitada em julgado. O **detido é aquele que está ambulatorialmente restrito**, aguardando a formalização da prisão. Ficam apenas detidos, por exemplo, autores de crimes de menor potencial ofensivo, esperando a lavratura do Termo Circunstanciado e que só serão efetivamente presos caso se recusem a assinar o termo de compromisso.

De todo modo, tanto o detido como o preso podem ser vítimas desse crime de abuso de autoridade. Mas **se a vítima for criança ou adolescente** o crime será o do **art. 232** do Estatuto da Criança e do Adolescente.

14.9.5.3. Consumação e tentativa

O crime do art. 13 em suas três modalidades (incisos I a III) **se consuma quando a vítima faz ou deixa de fazer o ato** para o qual foi constrangida. É dizer, o crime se consuma quando o constrangido age, submetendo-se. O crime **admite a tentativa.**

Art. 14. (VETADO).

14.9.6. Art. 15: constrangimento no depoimento de pessoa impedida ou prosseguimento indevido de interrogatório

Art. 15. Constranger a depor, sob ameaça de prisão, pessoa que, em razão de função, ministério, ofício ou profissão, deva guardar segredo ou resguardar sigilo:

Pena – detenção, de 1 (um) a 4 (quatro) anos, e multa.

Parágrafo único. Incorre na mesma pena quem prossegue com o interrogatório:

I – de pessoa que tenha decidido exercer o direito ao silêncio; ou

II – de pessoa que tenha optado por ser assistida por advogado ou defensor público, sem a presença de seu patrono.

14.9.6.1. Bem jurídico tutelado

O crime do art. 15 é mais um exemplo de **forma especial do crime de constrangimento ilegal** do art. 146 do Código Penal, mas aqui praticado pelo **agente público**, mediante **"ameaça de prisão"**, contra pessoa proibida de depor (no caso do *caput*).

Já no **parágrafo único** a figura independe de ameaça, e se configura pela violação ao direito ao silêncio ou direito à assistência a advogado do preso (nos casos do parágrafo único).

Os crimes protegem não apenas a **dignidade da função pública**, mas também o **sigilo profissional** (no *caput*), e o direito **à não autoincriminação, à ampla defesa** e **à assistência de advogado** (no parágrafo único).

Trata-se de **norma penal em branco** que depende de complementação quanto às previsões constitucionais e legais que tratam dessas garantias à testemunha e ao interrogando.

14.9.6.2. Sujeito ativo e elementos do tipo

– constranger a depor, sob ameaça de prisão, pessoa que, em razão de função, ministério, ofício ou profissão, deva guardar segredo ou resguardar sigilo

O constrangimento no caso do *caput* deve ser praticado **exclusivamente por meio de ameaça de prisão**, não abrangendo a violência física, outras ameaças, ou a violência imprópria. **Trata-se de crime de forma vinculada.**

Segundo o **art. 207 do CPP,** "são proibidas de depor as pessoas que, em razão de função, ministério, ofício ou profissão, devam guardar segredo, salvo se, desobrigadas pela parte interessada, quiserem dar o seu testemunho".

Atenção:

é o caso dos **advogados**, que devem guardar sigilo sobre fato conhecido no exercício da advocacia (art. 7º, XIX, da Lei nº 8.906/1994); dos **parlamentares**, sobre informações recebidas em razão do mandato (art. 53, § 6º, da CF/1988); **jornalistas**, sobre suas fontes (art. 5º, XIV, da CF/1988); **médicos e psicólogos** (art. 73 do Código de Ética Médica – Res. CFM nº 1.931/2009 e art. 9º do Código de Ética do Psicólogo – Res. CFP nº 10/2005).

Configurará o crime, por exemplo, ameaçar "alertando" a testemunha sobre o crime de falso testemunho, desde que sabendo que pela condição profissional, funcional, etc., a testemunha é proibida de depor.

O crime é **próprio de qualquer agente público** (art. 2º, da Lei nº 13.869/2019).

– Incorre na mesma pena quem prossegue com o interrogatório: I – de pessoa que tenha decidido exercer o direito ao silêncio; ou II – de pessoa que tenha optado por ser assistida por advogado ou defensor público, sem a presença de seu patrono.

O parágrafo único trata da **proibição de interrogatório** de pessoa que quis ficar em silêncio (art. 5º, LXIII, da CF/1988), ou que manifestou desejo de constituir advogado ou ser assistida por defensor público.

O verbo **é prosseguir,** indicando que o ato já se iniciou e a pessoa manifestou desejo de não continuar, seja porque não quer se manifestar, seja porque deseja ter um advogado.

Atenção:

como o réu tem o direito ao silêncio e o interrogatório também é meio de defesa, entende-se que ele pode escolher não responder a nenhuma pergunta, ou responder a apenas parte delas, ou ainda responder somente às da defesa. No **Superior Tribunal de Justiça,** há decisões liminares em *habeas corpus* garantindo esse direito ao réu. [20]

Não foi feita ressalva alguma sobre a fase do interrogatório, se na **fase policial** (inquérito) **ou em juízo** (processo), de modo que em qualquer caso poderá ocorrer o crime. Da mesma forma, também pode ocorrer durante CPIs e procedimentos do Ministério Público.

Em nosso entendimento, o **sujeito ativo** não é qualquer agente público, mas apenas aqueles com **atribuição para realização de interrogatório**, seja em investigação ou processo, a saber, o delegado de polícia, o membro do Ministério Público, presidentes de CPI, e o magistrado, por exemplo.

Atenção:

o tema guarda relação com o chamado "**aviso de Miranda**" (*Miranda warning)* construção jurisprudencial do direito norte-americano no caso **Miranda *versus* Arizona**, em que a Suprema Corte Americana absolveu acusado confesso que não havia sido alertado do seu direito ao silêncio e de ser assistido por advogado, fixando a partir daí o dever de os policiais comunicarem esses direitos logo no ato da captura. No **Brasil,** o tema já foi analisado pelo **Supremo Tribunal Federal**, que rechaçou o chamado **interrogatório sub-reptício**, que é aquele travestido de entrevista sem os alertas ao preso.[21]

20 **A exemplo da decisão liminar** no HC nº 688748-SC – publicado 27-8-2021, no qual o Min. Joel Ilan Paciornik concedeu "de ofício a ordem para determinar que seja refeito o interrogatório do réu, ora paciente, na Ação Penal n. 5000489-18.2019.8.24.0009, autorizando o mesmo, após a sua identificação pessoal, a responder somente as perguntas de seu advogado, com a anulação de todos os atos subsequentes." **No mesmo sentido,** liminar do Min. Felix Fischer no HC nº 628224-MG – publicado 9-12-2020.

21 "Direito ao silêncio e à não autoincriminação. Há a violação do direito ao silêncio e à não autoincriminação, estabelecidos nas decisões proferidas nas ADPFs 395 e 444, com a realização de interrogatório forçado, travestido de "entrevista", formalmente documentado durante o cumprimento de mandado de busca e apreensão, no qual não se oportunizou ao sujeito da diligência o direito à prévia consulta a seu advogado e nem se certificou, no referido auto,

Se o interrogando for advertido dos seus direitos e mesmo assim **manifestar interesse em ser interrogado sem advogado nada obsta que o ato seja realizado,** sendo prudente que conste tal dispensa no termo.

Importante para Concursos:

o crime do art. 15, II, da Lei nº 13.869/2019 especificamente quanto ao interrogatório na fase policial guarda relação com o disposto no **art. 7º, XXI, da Lei nº 8.906/1994** (Estatuto da OAB) que prevê o **direito de o advogado assistir seu cliente** investigado durante o interrogatório, **sob pena de nulidade** absoluta do ato e dos elementos dele derivados. Essa disposição deve ser entendida, entretanto, no sentido de que deve ser oportunizada a possibilidade de assistência por advogado. Assim, somente se o investigado quiser advogado e essa assistência for impedida é que haverá a irregularidade. Em suma, **é um direito e não uma exigência a presença de advogado no interrogatório durante a fase policial.**

Atenção:

sobre a presença do advogado no inquérito policial o **Supremo Tribunal Federal** decidiu que "em que pese a alteração do art. 7º, XXI, da Lei 8.906/1994 promovida pela Lei nº 13.245/2016, ter implicado reforço das prerrogativas da defesa técnica, a falta desta na fase pré-processual não configura automaticamente nulidade do inquérito, mormente como no caso sob exame em que o próprio indiciado dispensou a presença de advogado para acompanhar seu interrogatório".[22] No mesmo sentido já decidiu o **Superior Tribunal de Justiça.** [23]

14.9.6.3. *Sujeito passivo*

Como regra, nos crimes de abuso de autoridade, o sujeito passivo é o Estado e a pessoa particularmente afetada pela conduta abusiva. Na figura do ***caput,*** o sujeito passivo é também a testemunha proibida de depor, ao passo que no **parágrafo único** é a pessoa interrogada.

14.9.6.4. *Consumação e tentativa*

A conduta do ***caput*** é material e se consuma quando há o efetivo depoimento da testemunha ameaçada de prisão, isto é, quando a pessoa constrangida age[24]. Nesse caso, admite-se a tentativa.

---

o direito ao silêncio e a não produzir provas contra si mesmo, nos termos da legislação e dos precedentes transcritos." STF. Reclamação 33711/SP – rel. Min. Gilmar Mendes – j. 11-6-2019 – publicação: 23-8-2019.

22 STF. RHC 171571 AgR/GO – 2ª T. – rel. Min. Ricardo Lewandowski – j. 6-8-2019 – publicação: 16-8-2019.

23 STJ. AgRg no AREsp 1882836/SP – 5ª T. – rel. Min. Ribeiro Dantas – 24-8-2021 – *DJe* 30-8-2021.

24 **Também com esse entendimento**: LIMA. Op. cit., p. 119. **Com entendimento contrário, Rogério Sanches e Rogério Greco entendem que o crime se consuma com o ato constrangedor, independentemente da vítima começar ou não o depoimento.** CUNHA; GRECO. Op. cit., p. 149.

No **parágrafo único,** o crime se consuma no exato momento em que o agente prossegue, continuando com o interrogatório de quem quis exercer o direito ao silêncio ou constituir advogado. Nesse caso, a tentativa não é cabível porque o delito é unissubsistente.

14.9.7. Art. 15-A: violência institucional

> Art. 15-A. Submeter a vítima de infração penal ou a testemunha de crimes violentos a procedimentos desnecessários, repetitivos ou invasivos, que a leve a reviver, sem estrita necessidade: **(Incluído pela Lei nº 14.321, de 2022)**
>
> I – a situação de violência; ou **(Incluído pela Lei nº 14.321, de 2022)**
>
> II – outras situações potencialmente geradoras de sofrimento ou estigmatização: **(Incluído pela Lei nº 14.321, de 2022)**
>
> Pena – detenção, de 3 (três) meses a 1 (um) ano, e multa. **(Incluído pela Lei nº 14.321, de 2022)**
>
> § 1º Se o agente público permitir que terceiro intimide a vítima de crimes violentos, gerando indevida revitimização, aplica-se a pena aumentada de 2/3 (dois terços). **(Incluído pela Lei nº 14.321, de 2022)**
>
> § 2º Se o agente público intimidar a vítima de crimes violentos, gerando indevida revitimização, aplica-se a pena em dobro. **(Incluído pela Lei nº 14.321, de 2022)**

14.9.7.1. Bem jurídico tutelado e sujeito ativo

O artigo 15-A foi inserido pela Lei n. 14.321/2022 com o objetivo de melhor tutelar a dignidade e integridade psicológica de vítimas e testemunhas. A lei que inseriu o dispositivo surgiu em meio à repercussão do caso Mariana Ferrer, mulher que constava como vítima em processo penal e que foi duramente ridicularizada e humilhada pelo advogado do réu em audiência.

Atenção:

o crime tem evidente relação com o conceito de vitimização secundária[25], ou revitimização, decorrente do constrangimento que a vítima ou testemunha podem passar em órgãos públicos, após procurarem atendimento em razão do crime ou situação que a vitimou inicialmente ou que testemunharam. A previsão típica, assim, tenta seguir a linha do previsto no art. 10-A da Lei n. 10.340/06 (Lei Maria da Penha), e na Lei do depoimento sem dano (Lei n. 13.431/17), bem como das alterações no Código de Processo Penal promovidas pela Lei n. 14.245/21 (conhecida como Lei Mariana Ferrer).

Apesar da repercussão que o vídeo do advogado maltratando a vítima causou, o tipo penal não pune a conduta do particular, advogado ou não, que gere a revitimização

25 "Considera-se haver vítima primária quando um sujeito é diretamente atingido pela prática de ato delituoso. A vítima secundária é um derivativo das relaçoes existentes entre as vítimas primárias e o Estado em face do aparato repressivo (polícia, burocratização do sistema, falta de sensibilidade dos operadores do direito envolvidos com alguns processos bastante delicados etc.)". SHECAIRA, Sergio Salomão. *Criminologia*. São Paulo: Revista dos Tribunais, 2004. p. 55.

de vítima ou testemunha de crimes violentos. O **sujeito ativo**, assim, é qualquer autoridade pública que atue em procedimentos administrativos ou judiciais que lidem com vítimas ou testemunhas de crimes violentos. Eventualmente o particular poderá cometer o crime junto do agente público. Para maiores detalhes, remetemos o leitor ao tópico inicial relativo aos sujeitos ativos dos crimes de abuso de autoridade.

14.9.7.2. *Elementos do tipo*

Na previsão do *caput* a conduta é comissiva, de submeter a vítima ou testemunha de crimes violentos a formas de revitimização, **sem a estrita necessidade**. A lei traz três importantes elementos normativos pelos quais define essa revitimização. Assim, o crime ocorrerá quando o procedimento for **1. Desnecessário**, ou seja, sem utilidade para o fim pretendido; **2. Repetitivo**, ou seja, já realizado e inutilmente adotado novamente; **3. Invasivo**, isto é, que atinja a intimidade da pessoa sem justificativa;

Desta forma, não haverá o crime caso a reinquirição seja realmente necessária para a produção da prova, esclarecimento de determinado detalhe, ou quando as perguntas, embora íntimas, forem pertinentes, e não forem esterilmente invasivas à intimidade da pessoa.

Importante para Concursos:

em decisão relevante no caso da Boate Kiss, o Supremo Tribunal Federal decidiu que "a obrigatoriedade de oitiva da vítima deve ser compreendida à luz da razoabilidade e da utilidade prática da colheita da referida prova. Hipótese de imputação da prática de 638 (seiscentos e trinta e oito) homicídios tentados, a revelar que a inquirição da integralidade dos ofendidos constitui medida impraticável. Indicação motivada da dispensabilidade das inquirições para informar o convencimento do Juízo, forte em critérios de persuasão racional, que, a teor do artigo 400, §1°, CPP, alcançam a fase de admissão da prova. Ausência de cerceamento de defesa".[26]

O crime é de **ação livre** e pode ser praticado de qualquer forma, porém nos incisos do *caput* a lei trouxe exemplos de situações que se revividas de forma abusiva gerarão o crime, que são, **primeiro**, a própria situação de violência, e **segundo**, qualquer outra situação capaz de gerar sofrimento ou estigmatização. Nessa segunda parte o legislador se valeu de **interpretação analógica,** prevendo uma clausula genérica ao final.

A lei **não traz o conceito de crimes violentos**, do qual os sujeitos passivos devem ser respectivamente vítima e testemunha. Pensamos que a melhor interpretação é no sentido de que sejam os crimes com violência contra a pessoa, seja ela real ou presumida pela lei.

14.9.7.3. *Causa de aumento do parágrafo 1º*

Curiosamente, no seu primeiro parágrafo, o artigo 15-A traz uma conduta omissiva que é punida mais gravemente do que a conduta comissiva do *caput*. A hipótese majorada

26 STF. HC 131158. Primeira Turma. Relator: Edson Fachin. Julgamento: 26/04/2016. Publicação: 14/09/2016.

ocorre quando o agente público permite que outra pessoa intimide a vítima de crimes violentos, revitimizando-a. A omissão do agente público elevará a pena do *caput* em dois terços, o que se mostra aparementemente desproporcional em primeira leitura. O verbo **intimidar,** entretanto, revela maior gravidade da conduta, o que justifica o aumento.

Atenção:

no parágrafo primeiro o sujeito passivo é apenas a vítima, e não a testemunha.

14.9.7.4. *Figura qualificada do parágrafo 2º*

A qualificadora do parágrafo segundo pune com o dobro da pena do *caput* a conduta **mais intensa** do agente público que causa a revitimização. Nesse caso, não se trata apenas de submeter a vítima ou testemunha de crimes violentos à revitimização, mas de efetivamente **intimidá-las.**

14.9.7.5. *Consumação e tentativa*

Há quem entenda que a figura do *caput* é crime habitual, que exige reiteração de condutas. Pensamos, entretanto, que todas as figuras são crimes materiais, que exigem a revitimização, ou seja, fazer vítima ou testemunha reviverem a situação de violência ou qualquer outra situação capaz de gerar sofrimento ou estigmatização. A tentativa é possível.

14.9.8. Art. 16: não identificação ou falsa identidade do responsável pela execução da prisão

Art. 16. Deixar de identificar-se ou identificar-se falsamente ao preso por ocasião de sua captura ou quando deva fazê-lo durante sua detenção ou prisão:

Pena – detenção, de 6 (seis) meses a 2 (dois) anos, e multa.

Parágrafo único. Incorre na mesma pena quem, como responsável por interrogatório em sede de procedimento investigatório de infração penal, deixa de identificar-se ao preso ou atribui a si mesmo falsa identidade, cargo ou função.

14.9.8.1. *Bem jurídico tutelado e elementos do tipo*

As figuras típicas do art. 16 tratam da **omissão em se identificar** ou da conduta **comissiva de se identificar falsamente** quando da captura ou do interrogatório do preso. Tutelam principalmente a garantia do **art. 5º, LXIV, da CF/1988** de que "o preso tem direito à identificação dos responsáveis por sua prisão ou por seu interrogatório policial".

Atenção:

a proteção é relacionada também à ampla defesa, ao devido processo legal, e à própria liberdade, eis que o preso precisa conhecer as circunstâncias de sua prisão para poder se defender e buscar sua liberdade. Assim, as figuras típicas protegem não apenas a **dignidade**

da função pública, mas também **os direitos fundamentais** do **art. 5º, XV,** (liberdade de locomoção), **LIV** (devido processo legal), **LV** (ampla defesa), e **LXIV** (direito à identificação dos responsáveis pela prisão), **da CF/1988.**

Trata-se de uma forma especial do crime de falsa identidade do art. 307 do Código Penal, que pode ser praticado **durante a captura** (*caput*), ou **durante o interrogatório** (parágrafo único).

Deixar de identificar-se ou identificar-se falsamente ao preso por ocasião de sua captura ou quando deva fazê-lo durante sua detenção ou prisão

No ***caput*,** a conduta pode ser **omissiva,** no caso de os agentes deixarem de se identificar, **ou comissiva,** caso se identifiquem falsamente.

O crime é de **ação múltipla, ou conteúdo variado,** de modo que se praticadas as duas condutas no mesmo contexto, deixando de se identificar e em seguida se identificando falsamente, por exemplo, o **crime será único**.

Atenção:

na prática a **farda** de policiais militares e o **uniforme** de guardas municipais **contém tarjeta de identificação**, o que possibilita desde logo o conhecimento, pelo capturado, de quem são os responsáveis por sua prisão. Na ausência de tarjeta de identificação ou restando inviável a identificação no momento da ocorrência por razões de segurança, tumulto, etc., a identificação poderá ser feita no momento seguinte, após acalmados os ânimos. **Não haverá a finalidade especial** exigida em todos os crimes de abuso de autoridade se essa demora dos agentes se der por motivos de segurança[27].

A forma de execução do crime é livre, podendo ser praticado pelos mais variados meios, inclusive mediante a troca de tarjetas de identificação. Porém, o delito traz **restrição temporal**, eis que o crime deve ser praticado **por ocasião da captura**.

Ainda no ***caput*** a lei menciona apenas a ausência de **identificação** ou a falsa **identidade**, não mencionando a falsa atribuição de cargo ou função como faz no parágrafo único. Assim, pensamos que a figura do *caput*, por força do princípio da legalidade, abrange apenas a identidade (nome, filiação, idade, sexo e profissão), **e não cargo ou função.**

Incorre na mesma pena quem, como responsável por interrogatório em sede de procedimento investigatório de infração penal, deixa de identificar-se ao preso ou atribui a si mesmo falsa identidade, cargo ou função.

No **parágrafo único,** a conduta também pode ser **omissiva**, quando o responsável pelo interrogatório deixa de se identificar, ou **comissiva**, quando se atribui falsa identidade. Porém, **abrange também a falsa atribuição de cargo ou função.**

27 Nesse sentido também Marcelo Lessa e Rafael Marcondes: LESSA; MORAES. Op. cit., p. 75.

O **sujeito ativo** é o responsável pelo interrogatório na **fase investigativa criminal,** como o delegado de Polícia ou promotor de Justiça. **Não há previsão** neste tipo para o **interrogatório da fase judicial** nem em investigações civis ou processo administrativo, e não há para colheita de depoimento de testemunhas e declarações de vítimas.

14.9.8.2. Sujeito passivo

Como regra, nos crimes de abuso de autoridade, **o sujeito passivo é o Estado** e, eventualmente, a **pessoa, particularmente, afetada** pela conduta abusiva.

No caso do crime do art. 16, o sujeito passivo é também **a pessoa presa.** Assim, **não configurará** o crime se a conduta for praticada durante o interrogatório de **pessoa solta,** por exemplo. Nesse caso, a conduta poderá configurar o crime de falsa identidade do art. 307 do Código Penal.

14.9.8.3. Consumação e tentativa

Nas **figuras omissivas,** o crime se consuma com a inércia do agente público, tanto por ocasião da captura (*caput*), como do interrogatório (parágrafo único). Nesse caso, sendo o **crime omissivo próprio não cabe tentativa.**

Já nas **figuras comissivas**, de se identificar falsamente, o crime se consuma com a atribuição de identificação falsa. Se praticado **verbalmente, a conduta é unissubsistente,** não podendo ser fracionada, e por isso não cabe a tentativa. Na remota hipótese do crime ser praticado por escrito será cabível a tentativa.

> **Art. 17.** (VETADO).

14.9.9. Art.18: interrogatório durante o repouso noturno

> **Art. 18.** Submeter o preso a interrogatório policial durante o período de repouso noturno, salvo se capturado em flagrante delito ou se ele, devidamente assistido, consentir em prestar declarações:
> **Pena** – detenção, de 6 (seis) meses a 2 (dois) anos, e multa.

14.9.9.1. Bem jurídico tutelado e elementos do tipo

O crime objetiva preservar a **autodeterminação do preso**, e o **direito de defesa** no interrogatório policial, pressupondo que à noite essa garantia possa ser violada em virtude do cansaço ou clandestinidade do ato.

Como a conduta abrange apenas o **interrogatório policial, e não o judicial** ou mesmo o interrogatório em investigações do Ministério Público[28], parte da doutrina critica o dispositivo por entender que ele pressupõe clandestinidade da atividade policial, eis que

28 Também entendendo que o vocábulo policial afasta a tipificação no caso de interrogatório em procedimento de investigação do Ministério Público: LIMA. Op. cit., p. 129.

talvez o legislador tenha se esquecido que a atividade policial é serviço público aberto e ininterrupto 24 horas por dia.

De todo modo, **a lei ressalva as hipóteses de flagrante delito**, eis que a proibição prejudicaria a formalização de auto de prisão em flagrante, que surge em situações que demandam pronto atendimento.

Assim, a previsão legal **abrange principalmente** o interrogatório policial noturno de **presos** em virtude de mandado de **prisão temporária ou preventiva**, sejam eles capturados à noite e apresentados à autoridade policial, ou retirados clandestinamente da cela para interrogatório nos respectivos procedimentos.

Atenção:

a **formalização da captura** do procurado por mandado de prisão que seja encontrado à noite e apresentado à autoridade policial **não é proibida**, mas o interrogatório sobre os fatos investigados deve ser deixado para o período diurno.

A realização da primeira parte do interrogatório, de **mera qualificação do preso, não é proibida.** É abrangida pelo tipo **apenas a realização do chamado "interrogatório de mérito"**, relacionado aos fatos e com relação aos quais o investigado exerce seu direito de defesa.

Se o detido consentir e estiver assistido de advogado o ato poderá ser realizado à noite. Para realização do interrogatório noturno do preso fora de situações flagranciais, pensamos que **as duas situações devem estar presentes: o consentimento e a assistência por advogado**. Sem assistência de advogado, mesmo com consentimento, em tese, poderá haver violação à norma caso haja o elemento subjetivo específico exigido em todos os crimes de abuso de autoridade.

Atenção:

Embora não haja o crime no caso do **preso em flagrante**, caso o preso em situação flagrancial queira **exercer o direito ao silêncio** ou **exija a presença de um advogado,** a autoridade deverá interromper o ato não em virtude do crime do art. 18, mas em razão da **proibição do art. 15, parágrafo único, I e II** da Lei de Abuso de Autoridade.

Importante para Concursos:

o conceito de repouso noturno não é dado pelo art. 18 da Lei de Abuso de Autoridade, e por isso surgem três correntes para defini-lo: **1.** É o período compreendido entre as **20 horas da noite e 6 horas da manhã**, eis que o **art. 212 do CPC** prevê que os atos processuais devem ser praticados a partir das 6 horas da manhã e até às 20 horas da noite. **2.** É o período das **21 horas até às 05 horas da manhã**, diante do conceito trazido pela própria Lei de Abuso de Autoridade quando tipificou o crime de cumprimento de mandado de busca em período noturno (**art. 22, § 1º, III da Lei nº 13.869/2019**). **3.** É o período em que **costumeiramente** as pessoas de determinada localidade estão **repousando** e não necessariamente à noite, eis que a lei fala em repouso noturno e não em período noturno, tal como no furto noturno (art. 155, § 1º, do Código Penal).

Conceito de repouso noturno para fins de configuração do crime do artigo 18 da Lei nº 13.869/2019	
1. Art. 212 do CPC	Entre 20 horas da noite e 6 horas da manhã
2. Art. 22, § 1º, III da Lei nº 13.869/2019	Entre 21 horas até às 5 horas da manhã
3. Art. 155, § 1º Código Penal	Horário em que costumeiramente as pessoas estão repousando na localidade [29]

Nos **filiamos à segunda corrente**, eis que a própria Lei de Abuso de Autoridade trouxe o conceito legal de período noturno quando tipificou o crime de cumprimento de mandado de busca à noite (**art. 22, § 1º, III**),[30] de modo que em interprestação sistemática essa é a posição que traz mais segurança jurídica e mantém a proteção ao bem jurídico.

Atenção:

o investigado solto pode ser interrogado em qualquer horário, pois **a lei proíbe** o interrogatório noturno **do preso.** Portanto, caso esteja presente na delegacia o autor de crime pretérito (fora de situação flagrancial) e não estando preso, poderá ser interrogado normalmente. [31]

SITUAÇÃO DA PESSOA	INTERROGATÓRIO NO REPOUSO NOTURNO
Preso em flagrante delito	permitido
Preso por mandado de prisão temporária, preventiva, ou por sentença condenatória	**proibido**
Preso por mandado de prisão temporária, preventiva, ou por sentença condenatória **assistido por advogado e que consente em ser interrogado**	permitido
Pessoa solta	permitido

14.9.9.2. Sujeito passivo

Como regra, nos crimes de abuso de autoridade **o sujeito passivo é o Estado** e, eventualmente, a **pessoa, particularmente, afetada** pela conduta abusiva.

29 Entendimento doutrinário encampado pela jurisprudência. O STF assim já decidiu "(...) PRATICADO O CRIME DE FURTO DURANTE O TEMPO QUE E, PELOS COSTUMES SOCIAIS, DESTINADO AO REPOUSO NOTURNO, INCIDE A AGRAVANTE DO ARAGRAFO 1. DO ART. 155". RE 105329/PR – rel. Min. Rafael Mayer – j. 6-8-1985 – publicação: 23-8-1985.

30 **Também com esse entendimento**: CUNHA; GRECO. Op. cit., p. 160. **E ainda**: LIMA. Op. cit., p. 130.

31 A Academia de Polícia de São Paulo, no Seminário "Polícia Judiciária e a Nova Lei de Abuso de Autoridade (Lei nº 13.869/2019),aprovou a Súmula nº 04 nesse sentido: "o vocábulo "preso", empregado no art. 18 da Lei Federal 13.869/2019, abrange o custodiado temporário ou preventivo e não equivale ao mero investigado que, asseguradas as garantias fundamentais, sobretudo o direito de autodefesa e de acionar defesa técnica, poderá ser ouvido em declarações, sem prejuízo de pronta representação pela prisão provisória diante da suspeita de envolvimento em prática delitiva pretérita e do preenchimento dos requisitos legais".

Especificamente, no crime de interrogatório noturno, o **sujeito passivo é o preso,** vocábulo que abrange o condenado ou o preso por mandado de prisão temporária ou preventiva.

> **Atenção:**
>
> **não está "preso"** o investigado que presta declarações enquanto a autoridade policial concomitantemente representa por sua prisão cautelar.[32]

14.9.9.3. Consumação e tentativa

O crime **se consuma quando se inicia o interrogatório** no período noturno, desde que não seja o caso de prisão em flagrante, ou o preso não tenha consentido e esteja assistido por advogado.

O crime é plurissubsistente e **a tentativa é possível.**

14.9.10. Art. 19: impedir ou retardar pleito de preso

> **Art. 19.** Impedir ou retardar, injustificadamente, o envio de pleito de preso à autoridade judiciária competente para a apreciação da legalidade de sua prisão ou das circunstâncias de sua custódia:
>
> **Pena** – detenção, de 1 (um) a 4 (quatro) anos, e multa.
>
> **Parágrafo único.** Incorre na mesma pena o magistrado que, ciente do impedimento ou da demora, deixa de tomar as providências tendentes a saná-lo ou, não sendo competente para decidir sobre a prisão, deixa de enviar o pedido à autoridade judiciária que o seja.

14.9.10.1. Bem jurídico tutelado e elementos do tipo

Ao tipificar o atraso ou obstáculo do envio de pleito do preso ao juiz, o crime protege não apenas a **dignidade da função pública**, mas também o **direito de petição** e a própria **liberdade individual** (art. 5º, **XXXIV, XV e LIV, da CF/1988**).

Outrossim, reforça o **direito de petição** do preso, previsto no art. 41, XIV, da Lei de Execução Penal (Lei nº 7.210/1984) e os **deveres do juiz,** principalmente o dever de zelar pelo correto cumprimento da pena e da medida de segurança (art. 66, VI, da mesma lei).

O **objeto material** das condutas é o **pleito do preso** ao juiz, que esteja relacionado à legalidade de sua prisão ou circunstâncias da custódia, a exemplo do ***habeas corpus.***

Impedir ou retardar, injustificadamente, o envio de pleito de preso à autoridade judiciária competente para a apreciação da legalidade de sua prisão ou das circunstâncias de sua custódia.

No ***caput,*** a figura pune quem obsta totalmente (**impede**) ou atrasa (**retarda**) sem justificativa o pedido do preso ao juiz competente para analisar sua prisão ou as

---

32 Na prática policial é comum que durante as investigações seja esclarecido o crime e o seu autor localizado para prestar declarações. Garantidos seus direitos fundamentais, como de ser assistido por advogado e de ficar em silêncio, não configura o crime colher suas declarações, eis que ainda solto, mesmo que a autoridade, vislumbrando hipótese de prisão temporária, por exemplo, represente pela medida ao juiz, aguardando a decisão para efetivar a prisão.

circunstâncias da custódia. No **primeiro caso, a conduta é comissiva**, fazer algo que impeça que o pleito chegue à análise judicial. No **segundo caso, a conduta pode ser comissiva,** a exemplo de criar algum entrave causando o retardo, ou **omissiva**, deixando de enviar o pleito por exemplo.

Em ambos os casos, entretanto, a **conduta deve ser injustificada**. Trata-se de **elemento normativo do tipo,** que afasta a tipificação caso haja justificativa para o atraso, como, por exemplo, se há razões de segurança que demandam o servidor em outra atividade momentânea.

Atenção:

o crime em estudo pode ser cometido por **qualquer agente público,** porém, no que se refere à comunicação da prisão em flagrante, há crime mais específico no art. 12, para o qual remetemos o leitor. Aqui o crime é direcionado principalmente à atuação do juiz e seus serventuários.

A **prisão** a ser analisada pelo juiz **não precisa ser penal,** pode ser o caso também de **prisão civil,** como a decorrente de dívida de pensão alimentícia. O **juiz responsável** que deverá ser comunicado do pleito poderá ser o que decretou prisão temporária, preventiva, eventual prisão civil, etc.

Incorre na mesma pena o magistrado que, ciente do impedimento ou da demora, deixa de tomar as providências tendentes a saná-lo ou, não sendo competente para decidir sobre a prisão, deixa de enviar o pedido à autoridade judiciária que o seja

No **parágrafo único,** o crime é **próprio do magistrado** que se queda inerte a partir da ciência da demora já instalada. Como podem ser diferentes os juízes responsáveis pela análise do pleito, a lei equiparou também a conduta do juiz que não tem competência para analisar o caso, mas que, recebendo o pleito, deixa de encaminhar ao juiz competente. Em **ambos os casos, a conduta é omissiva.**

14.9.10.2. Sujeito passivo

Como regra, nos crimes de abuso de autoridade, **o sujeito passivo é o Estado** e, eventualmente, a **pessoa particularmente afetada** pela conduta abusiva.

Especificamente, no crime em estudo, o **sujeito passivo é a pessoa presa** cujo pleito foi atrasado ou obstado.

14.9.10.3. Consumação e tentativa

No ***caput,*** a conduta pode ser **comissiva**, com o impedimento, caso em que se consuma com a ação do agente público. Na **segunda hipótese do *caput*** (retardar), o crime se consuma com a **ação ou omissão** que de alguma forma entrave e atrase a remessa do pleito do preso[33]. Nesses dois casos, **admite-se a tentativa**.

33 Há autores que entendem que no segundo verbo, retardar, a conduta é omissiva própria.

Nos **casos** do parágrafo único, **a conduta é omissiva,** que se consuma com o **transcurso de prazo relevante.** A lei não define esse prazo, que deverá ser definido no caso concreto. Nas **figuras omissivas próprias do parágrafo único, não se admite a tentativa.**

14.9.11. Art. 20: impedimento de entrevista pessoal e reservada do preso com seu defensor

> **Art. 20.** Impedir, sem justa causa, a entrevista pessoal e reservada do preso com seu advogado:
>
> **Pena** – detenção, de 6 (seis) meses a 2 (dois) anos, e multa.
>
> **Parágrafo único.** Incorre na mesma pena quem impede o preso, o réu solto ou o investigado de entrevistar-se pessoal e reservadamente com seu advogado ou defensor, por prazo razoável, antes de audiência judicial, e de sentar-se ao seu lado e com ele comunicar-se durante a audiência, salvo no curso de interrogatório ou no caso de audiência realizada por videoconferência.

14.9.11.1. Bem jurídico tutelado e elementos do tipo

É evidente a proteção do tipo penal à **ampla defesa** e ao direito à **assistência por advogado** (art. 5º, LV e LXIII, da CF/1988), bens jurídicos que se somam **à dignidade da função pública** protegida por todos os crimes de abuso de autoridade.

No ***caput*,** o crime é impedir, obstar, não deixar que o advogado se entreviste reservada e pessoalmente com o preso. Nesse caso, o crime pode ser praticado por **qualquer agente público**, e tanto na fase policial como na fase judicial.

Se houver **justa causa**, entretanto, não haverá o crime, a exemplo de a entrevista ser impedida por razões de segurança momentâneas na cadeia anexa à delegacia. Trata-se de **elemento normativo** do tipo.

Atenção:

o **impedimento** de que o advogado acompanhe o interrogatório **pode gerar a nulidade do ato** e dos elementos derivados dele, nos termos do art. **7º, XXI, da Lei nº 8.906/1994** (Estatudo da OAB), que prevê que é direito do advogado

> "assistir a seus clientes investigados durante a apuração de infrações, sob pena de nulidade absoluta do respectivo interrogatório ou depoimento e, subsequentemente, de todos os elementos investigatórios e probatórios dele decorrentes ou derivados, direta ou indiretamente (...)".

Já no **parágrafo único,** a conduta equiparada é praticada **pelo magistrado**, que é o **sujeito ativo.** Nesse caso, o crime abrange além do **preso,** o **réu solto** ou o **investigado,** porém na fase processual ou de algum modo perante o juiz. O vocábulo investigado se presta à configuração do crime quando da audiência de custódia, em que o magistrado analisará a situação da prisão e o indivíduo ainda não é considerado réu.

Nesse caso, a conduta abrange **tanto o impedimento de entrevista** antes da audiência, como o impedimento de que o defensor **se sente ao lado de seu patrocinado e, com ele, se comunique** durante a audiência. As **exceções**, entretanto, ficam por conta do ato de

interrogatório, que é ato pessoal, em que o interrogado não poderá consultar seu advogado, e em que, geralmente, ficará sentado de frente ao juiz, e no caso de **videoconferência**, ante a impossibilidade física do advogado sentar-se ao lado de seu assistido.

Atenção:

o **art. 185, § 5º, do Código de Processo Penal** garante a entrevista reservada com o defensor antes de qualquer interrogatório e no caso de o ato ser realizado por videoconferência, garante o **acesso a canais telefônicos reservados** para comunicação entre o advogado presente e o preso no presídio.

Ainda na figura típica do **parágrafo único** o legislador utilizou a **expressão prazo razoável,** de modo que o crime pode se configurar mesmo que a entrevista seja permitida, porém seja autorizada apenas por **poucos minutos**. Trata-se de expressão vaga de difícil conceituação no caso concreto.

Atenção:

veja esse quadro esquemático do crime do art. 20 da Lei nº 13.869/2019:

Art. 20	*Caput*	Parágrafo único
Pessoa	Preso	Preso, réu solto, ou investigado
Momento	Fase policial ou judicial	Fase judicial, ante ou durante audiência com juiz
Ato impedido	Entrevista pessoal e reservada	– Entrevista pessoal e reservada; ou – Sentar ao lado do advogado e com ele se comunicar
Ressalva	Se houver justa causa não há o crime	Não se aplica durante o interrogatório ou em audiência por videoconferência

14.9.11.2. Sujeito passivo

Tal como em todos os crimes de abuso de autoridade, **o sujeito passivo é o Estado** e no delito em estudo, especificamente também o **advogado ou defensor** que teve sua prerrogativa violada, e seu assistido **preso** no caso do *caput*, ou o **preso, réu solto, ou investigado** no caso do parágrafo único.

14.9.11.3. Consumação e tentativa

Tanto na figura do *caput*, como nas figuras equiparadas do parágrafo único, a **consumação ocorre com o impedimento** do ato de entrevista ou comunicação com o preso. Os crimes são **materiais**, que exigem o resultado de que o ato não ocorra. A **tentativa é possível**, mas de difícil configuração na prática.

14.9.11.4. Conflito aparente de normas

O crime do art. 20 da Lei de Abuso de Autoridade não se confunde com o crime de violação de prerrogativas de advogados, inserido no **art. 7º-B da Lei nº 8.906/1994** (Estatuto da OAB) pelo art. 43 da própria Lei de Abuso de Autoridade.

O referido dispositivo inserido no Estatuto da OAB **criminaliza a violação de algumas prerrogativas** dos advogados, dentre elas a do **inciso III, do art. 7º**, que prevê como direito do advogado "comunicar-se com seus clientes, pessoal e reservadamente, mesmo sem procuração, quando estes se acharem presos, detidos ou recolhidos em estabelecimentos civis ou militares, ainda que considerados incomunicáveis".

A **diferença nos vocábulos "entrevista"** do art. 20 da Lei nº 13.869/2019 e **"comunicação"** do crime do Estatuto da OAB, revela a primeira distinção entre os crimes. Se o impedimento for de entrevista antes de ato na persecução penal, o crime será da Lei de Abuso de Autoridade. Já o impedimento de qualquer outra comunicação, como no parlatório em estabelecimentos penais, configurará o crime do Estatuto da OAB.

Outra diferença é que o crime do Estatuto da OAB não exige a finalidade especial (ou dolo especial) do art. 1º, § 1º, da Lei nº 13.869/2019, justamente porque não está tipificado na Lei de Abuso de Autoridade.

Atenção:

além desse crime do art. 20, a Lei de Abuso de Autoridade **pune outra prerrogativa** dos advogados no art. 32. Para **melhor compreensão da criminalização da violação de prerrogativas de advogado, remetemos o leitor aos comentários ao art. 43 da presente lei,** para visualização de **tabela comparativa** entre os crimes da Lei nº 13.869/2019 e os crimes do Estatuto da OAB.

14.9.12. Art. 21: manutenção de presos do mesmo sexo, ou menores com adultos na mesma cela ou espaço de confinamento

Art. 21. Manter presos de ambos os sexos na mesma cela ou espaço de confinamento:

Pena – detenção, de 1 (um) a 4 (quatro) anos, e multa.

Parágrafo único. Incorre na mesma pena quem mantém, na mesma cela, criança ou adolescente na companhia de maior de idade ou em ambiente inadequado, observado o disposto na Lei nº 8.069, de 13 de julho de 1990 (Estatuto da Criança e do Adolescente).

14.9.12.1. Bem jurídico tutelado e elementos do tipo

O crime protege principalmente a **dignidade da pessoa humana**, a **dignidade sexual**, e a **integridade física e psicológica** de pessoas custodiadas, que podem ser colocadas em risco caso sejam mantidos homens e mulheres ou crianças e adolescentes com adultos no mesmo espaço de confinamento. Além disso, o delito protege a **dignidade da função pública** como em todos os crimes de abuso de autoridade.

A separação de presos tem **assento constitucional** explícito no **inciso XLVIII, do art. 5º, da CF/1988,** que prevê que "a pena será cumprida em estabelecimentos distintos, de acordo com a natureza do delito, a idade e o sexo do apenado".

A necessidade de **separação das presas mulheres dos homens** está prevista no **art. 82, § 1°, da Lei nº 7.210/1994** (Lei de Execução Penal). E a separação **dos adolescentes dos maiores** de idade está prevista no **art. 175, § 2°, da Lei nº 8.069/1990** (Estatuto da Criança e do Adolescente). A lei de abuso de autoridade tipifica como crime não obedecer a esses regramentos, desde que com dolo e finalidade especial do art. 1º, § 1º, da Lei nº 13.869/2019.

Atenção:

os presos provisórios também devem ser separados dos **condenados** (art. 84 da Lei de Execução Penal), assim como os **presos por prisão civil** devem ser separados dos presos comuns (art. 528, § 4º, do Código de Processo Civil). Entretanto, eventual ilegalidade decorrente da não observância a esses preceitos **não foi tipificada como crime de abuso de autoridade.** Veja na tabela:

Separação de presos	Previsão legal	Violação pode configurar crime do art. 21 da Lei nº 13.869/2019?
Homens de mulheres	Art. 82, § 1°, da Lei nº 7.210/1994	**Sim**
Adolescentes dos maiores de idade	Art. 175, § 2°, da Lei nº 8.069/1990	**Sim**
Presos provisórios dos presos condenados	Art. 84 da Lei nº 7.210/1994	Não
Presos por prisão civil dos presos comuns	Art. 528, § 4º, do Código de Processo Civil	Não

De todo modo, a separação de homens e mulheres e de menores dos maiores abrange qualquer prisão, inclusive a extrapenal (civil). E o crime abrange **não apenas o cumprimento de pena em si,** mas genericamente a manutenção em **cela** ou ainda **qualquer espaço de confinamento,** como o compartimento para presos de viaturas policiais.

A conduta é consubstanciada no **verbo "manter"** que revela um **crime permanente** que se prolonga no tempo enquanto não regularizada a ilegalidade pelo agente ou autoridade.

Apesar do tipo usar a expressão ***sexo***, deve ser observada a **identidade de gênero,** eis que o **Supremo Tribunal Federal, na ADI n. 4275,** reconheceu a identidade de gênero, permitindo inclusive sua alteração diretamente no registro civil independentemente de cirurgia.[34]

Atenção:

diante do reconhecimento da identidade de gênero na administração pública federal pela Lei nº 8.727/2017, e do previsto na **Resolução nº 01/2014** do Conselho Nacional de Política

34 "(...) A identidade de gênero é manifestação da própria personalidade da pessoa humana e, como tal, cabe ao Estado apenas o papel de reconhecê-la, nunca de constituí-la. (...) A pessoa transgênero que comprove sua identidade de gênero dissonante daquela que lhe foi designada ao nascer por autoidentificação firmada em declaração escrita desta sua vontade dispõe do direito fundamental subjetivo à alteração do prenome e da classificação de gênero no registro civil pela via administrativa ou judicial, independentemente de procedimento cirúrgico e laudos de terceiros, por se tratar de tema relativo ao direito fundamental ao livre desenvolvimento da personalidade." ADI 4275/DF – Distrito Federal – j. 1º-3-2018 – publicação: 7-3-2019.

Criminal e Penitenciária, alguns detalhes devem ser observados: **1. Preso travesti** (sexo fisiológico masculino, mas apresentação social feminina, sem rejeitar o órgão sexual) **e homem homossexual (*gay*)** devem ficar em penitenciárias masculinas, mas separados da população geral. **2. Transexuais** (psicologicamente de um gênero, mas anatomicamente de outro, rejeitando órgão sexual), masculinas e femininas, devem ficar em unidades prisionais femininas.

Especificamente para fins de configuração do presente crime, entretanto, a doutrina entende que os transexuais devem ser recolhidos em cela com pessoas de identidade de gênero compatível com a sua, exceto se preferir ficar em cela com pessoas do mesmo sexo anatômico.

No caso do **parágrafo único**, que trata da separação de **crianças e adolescentes** dos maiores de idade, a lei tipifica não apenas a manutenção em cela ou espaço de confinamento, mas também a manutenção em **ambiente inadequado**, nos termos da Lei nº 8.069/1990. Nesse caso, trata-se de **norma penal em branco**, complementada pelas disposições do Estatuto da Criança e do Adolescente.

14.9.12.2. Sujeito passivo

O **sujeito passivo é o Estado** como regra nos crimes de abuso de autoridade, sendo que no delito em estudo especificamente também será o **homem** custodiado com mulheres, ou a **mulher** custodiada com homens. No parágrafo único, será especificamente a **criança ou adolescente** mantidos com maiores de idade, ou em ambientes inadequados.

14.9.12.3. Consumação e tentativa

O delito se consuma quando a pessoa é colocada em cela ou espaço de confinamento, ou espaço inadequado (no caso do parágrafo único), ainda que daí não sobrevenha nenhum dano. O crime pode ser praticado por **comissão**, se a autoridade manda recolher nas situações mencionadas, ou ainda por **omissão**, caso o responsável deixe de sanar a irregularidade. No primeiro caso, a tentativa é possível, mas na forma omissiva não cabe a tentativa.

O crime é de **perigo abstrato**, presumido pela legislação.

14.9.12.4. Conflito aparente de normas

Se da conduta resultar **sofrimento físico ou mental,** o crime será o de tortura previsto no art. 1º, § 1º, da Lei nº 9.455/1997, que tipifica a conduta de quem submete pessoa presa a sofrimento físico ou mental pela prática de ato não previsto em lei.

14.9.13. Art. 22: Violação de domicílio com abuso de autoridade

Art. 22. Invadir ou adentrar, clandestina ou astuciosamente, ou à revelia da vontade do ocupante, imóvel alheio ou suas dependências, ou nele permanecer nas mesmas condições, sem determinação judicial ou fora das condições estabelecidas em lei:

Pena – detenção, de 1 (um) a 4 (quatro) anos, e multa.

§ 1º Incorre na mesma pena, na forma prevista no caput deste artigo, quem:

I – coage alguém, mediante violência ou grave ameaça, a franquear-lhe o acesso a imóvel ou suas dependências;

II – (VETADO);

III – cumpre mandado de busca e apreensão domiciliar após as 21h (vinte e uma horas) ou antes das 5h (cinco horas).

§ 2º Não haverá crime se o ingresso for para prestar socorro, ou quando houver fundados indícios que indiquem a necessidade do ingresso em razão de situação de flagrante delito ou de desastre.

14.9.13.1. Bem jurídico tutelado e elementos do tipo

O crime protege a **inviolabilidade domiciliar** prevista no **art. 5º, XI,** da CF/1988, além da **dignidade da função pública**, eis que se trata de uma forma de violação de domicílio no contexto de abuso de autoridade.

Trata-se realmente de uma **modalidade especial do crime de violação de domicílio** do Código Penal e inclusive a Lei nº 13.869/2019 **revogou expressamente o § 2º, do art. 150, do Código Penal** que previa aumento de pena quando a invasão de domicílio fosse feita por funcionário público. De todo modo, tal dispositivo já era tido como tacitamente revogado.

No ***caput***, a conduta é **invadir, adentrar, ou permanecer,** clandestina ou astuciosamente, ou contra a vontade do ocupante, revelando que se trata de **tipo misto alternativo** e que a prática de um ou vários verbos configurará crime único se dentro do mesmo contexto. No último caso, **de permanecer** nessas condições, **o crime é permanente** e persiste enquanto o agente não deixar o imóvel.

Atenção:

ingresso **clandestino** é aquele feito sem conhecimento, de forma oculta, enquanto o ingresso **astucioso** é o feito com engodo, dissimulação, como no caso de o agente apresentar um mandado falso. De forma geral, ainda, a lei tipifica o ingresso **à revelia,** ou contra a vontade do ocupante. Esses são **elementos normativos** do tipo.

Para que haja o crime, além do ocupante não concordar, não saber ou estar enganado, não pode haver autorização judicial, nem estarem presentes as hipóteses autorizativas da lei.

Com isso, o crime precisa ser **complementado** pelo regramento da inviolabilidade domiciliar do **art. 5º, XI, da CF/1988,** que só permite o ingresso com **consentimento do morador,** ou contra a vontade do ocupante em caso de **flagrante delito, ou desastre** para prestar socorro, ou **durante dia por determinação judicial.** Essas são as condições permitidas pelo ordenamento. Além disso, as buscas domiciliares estão regulamentadas no art. 245 do Código de Processo Penal.

Atenção:

o **§ 2º, do art. 22,** em estudo traz **excludente de tipicidade** justamente quando presentes as hipóteses autorizativas da Constituição Federal.

14.9.13.2. Objeto material: imóvel alheio e suas dependências

O crime do art. 22 usa a expressão **imóvel alheio e suas dependências** em vez do vocábulo "casa" empregado pelo crime de violação de domicílio do art. 150 do Código Penal e pelo art. 5º, XI, da CF/1988.

Para **parte da doutrina,** essa diferença significa que o conceito adotado pelo tipo penal é mais amplo do que "casa" e, por isso, **passou a tipificar o ingresso em qualquer edificação,** solo, ou construções não abertas, nos termos do **art. 79 do Código Civil.**[35]

Para **outra parcela,** entretanto, o delito em questão não se destina a proteger a propriedade, e sim a intimidade e a vida privada, de modo que não tipifica locais desocupados, meros terrenos, e os locais com acesso aberto ao público, como imóveis comerciais. A expressão "imóvel alheio e suas dependências" deve ser entendida como **sinônimo de casa,** exegese que é reforçada pelo fato do § 2º, do art. 22, repetir o texto do inciso XI, do art. 5º, da CF/1988.[36]

Bastante **explicativo,** então, o disposto nos **§§ 4º e 5º, do art. 150, do Código Penal,** que dispõem **que "casa" compreende** qualquer compartimento habitado; aposento ocupado de habitação coletiva; e compartimento não aberto ao público, onde alguém exerce profissão ou atividade, mas **não compreende** hospedaria, estalagem ou qualquer outra habitação coletiva, enquanto aberta; e taverna, casa de jogo e outras do mesmo gênero.

Importante para Concursos:

de acordo com o disposto no art. 150 do Código Penal a jurisprudência entende que no **conceito de casa se incluem 1.** Imóvel alugado, mesmo que por temporada; **2.** O quarto de *flat* e o hotel, que configuram aposento ocupado;[37] **3.** o estabelecimento empresarial nas partes de acesso restrito;[38] **4.** O veículo usado como moradia, tal como a boleia do caminhoneiro;[39] **5.** O **gabinete de servidor público,** mesmo que em prédio público, a exemplo do gabinete de delegado federal.[40]

35 **É a posição de Marcelo Lessa e Rafael Marcondes:** LESSA; MORAES. Op. cit., p. 82. E também de Rogério Greco e Rogério Sanches: CUNHA; GRECO. Op. cit., p. 196.

36 **É a nossa posição. Também com esse entendimento,** Renato Brasileiro: LIMA. Op. cit., p. 144. **Com o mesmo entendimento, ainda:** BALTAZAR; GONÇALVES. Op. cit., p. 979.

37 STF. HC 76336 / *SP – SÃO PAULO* – rel. Min. Sydney Sanches – j. 16-3-1999 – publicação: 13-8-1999. E STF RHC 90376/RJ – RIO DE JANEIRO rel. Min. Celso de Mello – j. 3-4-2007 – publicação: 18-5-2007.

38 STF. RE 331303 AgR/PR – rel. Min. Sepúlveda Pertence – j. 10-2-2004 – publicação: 12-3-2004.

39 A busca veicular se equipara a busca pessoal (e não domiciliar), exceto se o veículo for usado como moradia, como trailers, e etc. O raciocínio constou do inteiro teor de acórdão no HC 216437 do STJ – 6ª T. – rel. Min. Sebastião Reis Júnior – j. 20-9-2012 – *DJe* 8-3-2013.

40 STJ. HC 298763/SC – 5ª T. – rel. Min. Jorge Mussi – j. 7-10-2014 – *DJe* 14-10-2014.

14.9.13.3. Figuras equiparadas do parágrafo primeiro

– Coage alguém, mediante violência ou grave ameaça, a franquear-lhe o acesso a imóvel ou suas dependências;

Diante do **inciso XI, do art. 5º, da CF/1988,** o consentimento do morador é uma das hipóteses que autorizam o ingresso no domicílio mesmo a noite e sem mandado judicial. Entretanto, atento à possibilidade do morador ser coagido, no inciso I, do § 1º, do art. 22, da Lei nº 13.869/2019 o legislador se preocupou em **punir também o consentimento viciado**, quando o agente público coage alguém a franquear o acesso ao imóvel.

A coação deve ser praticada com violência, entendida como a **violência física,** ou grave ameaça, que é a **violência moral.**

Importante para Concursos:

o **Superior Tribunal de Justiça** em paradigmático julgamento da **6ª Turma**[41], ratificado pela **5ª T.**[42], fixou **parâmetros para demonstração da autorização do morador,** entendendo que no confronto entre a versão do policial e a do morador sobre a dita autorização, **a dúvida não pode ser resolvida em favor do Estado.** Assim, definiu que essa autorização deve ser **colhida em gravação de vídeo e áudio**, fixando o período de um ano para adaptação e treinamento das instituições.

– Cumpre mandado de busca e apreensão domiciliar após as 21h (vinte e uma horas) ou antes das 5h (cinco horas).

Outra hipótese autorizada pelo inciso XI, do art. 5º, da CF/1988 para ingresso em domicílio é a existência de **autorização judicial, desde que o cumprimento se dê durante o dia.**

Por isso, o inciso II, do § 1º, da Lei nº 13.869/2019 tipifica o cumprimento de mandado de busca no período noturno, explicando que **configura abuso de autoridade** o cumprimento de mandado de busca **no período** compreendido entre as **21 horas (da noite) e antes das 5 horas** (da manhã). **Fora dessa janela de horário, não há crime de abuso de autoridade por falta de previsão legal.**

Atenção:

para parte da doutrina, esse horário previsto na Lei de Abuso de Autoridade define o período de **repouso noturno** do crime de interrogatório noturno do **art. 18 dessa mesma lei**. É a

41 (...) avulta de importância que, além da documentação escrita da diligência policial (relatório circunstanciado), seja ela totalmente registrada em vídeo e áudio, de maneira a não deixar dúvidas quanto à legalidade da ação estatal como um todo e, particularmente, quanto ao livre consentimento do morador para o ingresso domiciliar. Semelhante providência resultará na diminuição da criminalidade em geral – pela maior eficácia probatória, bem como pela intimidação a abusos, de um lado, e falsas acusações contra policiais, por outro – e permitirá avaliar se houve, efetivamente, justa causa para o ingresso e, quando indicado ter havido consentimento do morador, se foi ele livremente prestado. (...) STJ. HC 598051/SP – 6ª T. – rel. Min. Rogerio Schietti Cruz – j. 2-3-2021 – *DJe* 15-3-2021.

42 STJ. HC 616584/RS – 5ª T. – rel. Min. Ribeiro Dantas – j. 30-3-2021 – *DJe* 6-4-2021.

nossa posição, porém para maior aprofundamento, remetemos o leitor aos comentários daquele artigo.

Entretanto, a **Constituição Federal usa o vocábulo "dia"**, de modo que **se pergunta: a Lei de Abuso de Autoridade definiu o conceito de dia para fins de cumprimento de mandado de busca?** Ou apenas fixou uma janela de horário em que, além de ilícita, a execução do mandado configura crime de abuso de autoridade? Há duas posições.

A **primeira corrente** sustenta que o período temporal previsto nesse artigo serve de base apenas para a configuração ou não do crime de abuso, e que **não se confunde com o conceito de "dia"**. Ou seja, para essa corrente, o mandado de busca só pode ser cumprido quando for fisicamente dia (com os primeiros raios de sol), sendo ilícita a prova se cumprido sem luz solar, ainda que depois das cinco horas da manhã e antes das nove da noite. Nesse caso, para essa corrente, não haverá crime de abuso (porque cumprido depois das cinco horas), mas a prova será ilícita porque terá sido violada a Constituição Federal, que fala em "dia" e não em determinada hora.[43]

Atenção:

em **resumo**, então, para a **primeira corrente haverá três situações**. **1.** Mandado cumprido após as 21h e antes das 5h configurará crime de abuso e a prova será ilícita. **2.** Mandado cumprido antes das 21h ou depois das 5h, porém já fisicamente a noite ou antes de aparecer o sol, não configurará crime de abuso, mas a prova será ilícita. **3.** Mandado cumprido depois do surgimento do sol ou antes do pôr do sol, depois das 5h e antes das 21h, não haverá abuso e a prova será válida.

A segunda corrente, entretanto, sustenta que **a Lei de Abuso regulamentou o conceito de dia para fins de cumprimento do mandado de busca** ao considerar abusivo o cumprimento fora de uma janela razoável de horário. Entende-se perfeitamente possível que a lei ordinária regulamente o conceito de dia previsto na Constituição Federal, trazendo segurança jurídica e uniformidade conceitual para a diligência ser considerada lícita. É a nossa posição.[44]

Facilita ao cidadão, que sabe de maneira exata o horário em que seu imóvel é inviolável pela polícia e traz segurança à atuação policial. Não faria sentido a lei trazer uma janela temporal fixa, considerando abuso o cumprimento fora do horário definido, e a diligência ainda ter de obedecer a critérios doutrinários confusos, divergentes, e que não trazem nenhuma segurança jurídica. Isso porque o critério astronômico ou físico sequer é pacífico, havendo quem sustente também um critério fixo de horário (das 6 às 18 horas) com base no horário da prática de atos processuais definido pelo art. 212 do Código de Processo Civil.

43 **Com esse entendimento:** CUNHA; GRECO. Op. cit., p. 201.

44 **Também com esse entendimento**: LIMA. Op. cit., p. 146. **Com o mesmo entendimento, ainda:** BALTAZAR; GONÇALVES. Op. cit., p. 984.

Assim, **seria mais razoável entender que** a Lei de Abuso disciplinou a restrição ao direito fundamental da inviolabilidade domiciliar prevendo um horário em que a diligência será considerada lícita, e outro em que será considerada abusiva. A restrição ao direito fundamental já é autorizada pela Constituição Federal, isto é, trata-se de direito fundamental cujo peso já foi dosado pela Constituição, restringível, e a lei trouxe parâmetros razoáveis para essa restrição.

Importante para Concursos:

para fins de prova e até para a atuação na prática policial, entretanto, até que se firme a jurisprudência sobre o tema, **é mais seguro que o mandado de busca seja cumprido atendendo aos requisitos cumulativos,** ou seja, fora do horário que a lei prevê que configura crime de abuso de autoridade e estando já fisicamente dia, com os primeiros raios solares. Em provas discursivas ou orais é possível aprofundar a discussão.

- Não haverá crime se o ingresso for para prestar socorro, ou quando houver fundados indícios que indiquem a necessidade do ingresso em razão de situação de flagrante delito ou de desastre.

O **§ 2º, do art. 22,** reitera a previsão constitucional do inciso XI, do art. 5º, da CF/1988, afirmando que não haverá crime no ingresso para prestar socorro ou diante de situação flagrancial. Trata-se, portanto, **de excludente de ilicitude especial.**

O dispositivo detalha que a situação de flagrante ou desastre deve estar fundada em indícios. A **jurisprudência** tem exigido que esses **indícios sejam identificados anteriormente,** de modo que a análise da legalidade da invasão seja feita com base no momento em que se decidiu pela entrada e não posteriormente. Tais justificativas, entretanto, são apresentadas depois da ocorrência.

Atenção:

o **Supremo Tribunal Federal** definiu, em **repercussão geral (Tema 280),** a tese de que:

> "a entrada forçada em domicílio sem mandado judicial só é lícita, mesmo em período noturno, quando amparada em fundadas razões, devidamente justificadas *a posteriori*, que indiquem que dentro da casa ocorre situação de flagrante delito, sob pena de responsabilidade disciplinar, civil e penal do agente ou da autoridade, e de nulidade dos atos praticados".[45]

A ideia é que **a diligência não seja validada apenas pelo seu resultado.** O importante é analisar se quando houve a decisão pelo ingresso havia indícios concretos de que havia situação de flagrante delito ou desastre. Afinal nessa situação não se pode exigir dos agentes

45 STF. RE 603616/RO – Tribunal Pleno – rel. Min. Gilmar Mendes – j. 5-11-2015 – publicação: 10-5-2016.

que aguardem. De outro lado, essa exigência de indícios prévios impede violações a esmo na busca casual de um crime permanente, como ocorre com o tráfico de drogas. Invadindo um domicílio sem indício prévio algum, a prova poderá ser considerada ilícita, mesmo que fortuitamente os agentes se deparem com uma situação flagrancial.

Importante para Concursos:

com relação à demonstração de situação flagrancial que autoriza o ingresso em domicílio pela polícia o **Superior Tribunal de Justiça** decidiu casos interessantes que devem ser de conhecimento:

1. O fato de haver **denúncia anônima de tráfico de drogas e a fuga** do acusado ao visualizar a viatura não autorizam o ingresso policial no domicílio sem consentimento[46];
2. **Denúncias anônimas** somadas ao fato de os agentes visualizarem estufa para cultivo de "maconha" não justifica o ingresso sem mandado; [47]
3. A **abordagem dos agentes no quintal de uma residência**, em local conhecido como ponto de tráfico, sendo que um deles empreendeu fuga para dentro do imóvel e o outro permaneceu parado, sendo encontrado com ele uma certa quantidade de entorpecentes, não autoriza o ingresso na residência, por não demonstrar os fundamentos razoáveis da existência de crime permanente dentro do domicílio.[48]
4. O **quarto de hotel** é considerado casa para fins de proteção constitucional, todavia o nível de exigência de indicadores de que ocorre situação flagrancial deve ser menor do que aquele exigido para autorizar o ingresso em residência, porque é diferente invadir uma casa habitada permanentemente e invadir um quarto de hotel. [49]

14.9.13.4. Sujeito passivo

Além do **Estado**, especificamente no crime do art. 22, o sujeito passivo é o titular do direito à intimidade no domicílio. **Não é necessariamente o proprietário** do imóvel, e sim o habitante cuja privacidade é protegida.

14.9.13.5. Consumação e tentativa

Nas figuras do ***caput***, o crime se consuma quando o agente **invade ou adentra** o imóvel alheio ou suas dependências. Se a conduta for **permanecer**, entretanto, o crime se consuma

46 STJ. RHC 89.853/SP – 5ª T. – rel. Min. Ribeiro Dantas – *DJe* 2-3-2020.
47 STJ. EDcl no AgRg nos EDcl no HC 561988/PR – 6ª T. – rel. Min. 14-9-2021 – *DJe* 22-9-2021.
48 STJ. HC 586474/SC – 6ª T. – rel. Min Nefi Cordeiro – j. 18-8-2020 – *DJe* 27-8-2020.
49 "(...) Embora o quarto de hotel regularmente ocupado seja, juridicamente, qualificado como "casa" para fins de tutela constitucional da inviolabilidade domiciliar (art. 5º, XI), a exigência, em termos de standard probatório, para que policiais ingressem em um quarto de hotel sem mandado judicial não pode ser igual às fundadas razões exigidas para o ingresso em uma residência propriamente dita, a não ser que se trate (o quarto de hotel) de um local de moradia permanente do suspeito. Isso porque é diferente invadir uma casa habitada permanentemente pelo suspeito e até por várias pessoas (crianças e idosos, inclusive) e um quarto de hotel que, como no caso, é aparentemente utilizado não como uma morada permanente, mas para outros fins, inclusive, ao que tudo indica, o comércio de drogas(...)". STJ. HC 659527/SP – 6ª T. – rel. Min. Rogerio Schietti Cruz – j. 19-10-2021 – *DJe* 25-10-2021.

após o **agente se recusar a sair por tempo relevante**. Nos dois primeiros casos, é possível a tentativa, mas na conduta de permanecer não cabe tentativa.

No **inciso I, do § 1º**, o crime se consuma quando a vítima coagida age, autorizando o ingresso[50]. Já no **inciso II** do mesmo parágrafo o crime se consuma quando o agente ingressar no imóvel para cumprir o mandado fora do horário estipulado. Em ambos os casos **se admite a tentativa.**

14.9.14. Art. 23: fraude processual no contexto de abuso de autoridade

Art. 23. Inovar artificiosamente, no curso de diligência, de investigação ou de processo, o estado de lugar, de coisa ou de pessoa, com o fim de eximir-se de responsabilidade ou de responsabilizar criminalmente alguém ou agravar-lhe a responsabilidade:

Pena – detenção, de 1 (um) a 4 (quatro) anos, e multa.

Parágrafo único. Incorre na mesma pena quem pratica a conduta com o intuito de:

I – eximir-se de responsabilidade civil ou administrativa por excesso praticado no curso de diligência;

II – omitir dados ou informações ou divulgar dados ou informações incompletos para desviar o curso da investigação, da diligência ou do processo.

14.9.14.1. Bem jurídico tutelado e elementos do tipo

O crime protege **especificamente a Administração da Justiça**, afetada pela alteração que pode prejudicar a descoberta da verdade. E, como todo crime de abuso de autoridade, também protege a **própria Administração Pública.**

Trata-se de uma **modalidade especial** do crime de **fraude processual do art. 347 do Código Penal.** O crime de abuso de autoridade do art. 23 é mais grave, tem finalidades diferentes e pode ser praticado inclusive no curso da diligência. Veja a tabela:

	Art. 347 *caput* do Código Penal	**Art. 23 *caput* da Lei nº 13.869/2019**
Conduta	Inovar artificiosamente	Inovar artificiosamente
Momento	na pendência de processo civil ou administrativo (o p. único prevê o dobro de pena se for processo penal).	No curso de diligência, de investigação ou de processo
Objeto	Estado de lugar, de coisa ou de pessoa	Estado de lugar, de coisa ou de pessoa
Finalidades	Induzir a erro o juiz ou o perito	Eximir-se de responsabilidade ou de responsabilizar criminalmente alguém ou agravar-lhe a responsabilidade
Pena	Detenção de três meses a dois anos e multa	Detenção de um a quatro anos e multa

Inovar artificiosamente significa alterar ou modificar de forma fraudulenta o estado de lugar coisa ou pessoa.

50 **Também com esse entendimento**: LIMA. Op. cit., p. 119. **Com entendimento contrário, Rogério Sanches e Rogério Greco entendem que o crime se consuma com o ato constrangedor, independentemente da vítima começar ou não o depoimento.** CUNHA; GRECO. Op. cit., p. 149.

A conduta pode ser praticada no curso de diligência, investigação ou processo, abrangendo, com isso, até mesmo a apuração ainda sem a instauração de inquérito policial (diligências). Podem ser de qualquer natureza, criminal ou civil, como o inquérito civil instaurado pelo Ministério Público, por exemplo.

O *caput* traz **três finalidades alternativas** ligadas à responsabilidade criminal que são:

1. que o agente atue buscando **se eximir de responsabilidade**, a exemplo da conduta do agente que troca a arma utilizada em confronto, eximindo-se de qualquer responsabilidade, eis que a comparação balística resultará negativa.
2. Aja visando **responsabilizar alguém criminalmente,** por exemplo inserindo no local do crime objeto de uso pessoal de seu desafeto, que passará a ser suspeito do crime;
3. ou ainda atue **buscando agravar a responsabilidade de outra pessoa.** É o **exemplo** do agente policial que apresenta arma verdadeira em lugar de simulacro após deter indivíduo por roubo, para prejudicá-lo forçando a aplicação da regra de aumento de pena do roubo com emprego de arma de fogo (art. 157, § 2º-A, do Código Penal).

Importante para Concursos:

o crime em estudo guarda relação com o regramento da **cadeia de custódia** previsto nos arts. 158-A a 158-F, que trata da **preservação do local** e demais etapas envolvendo o reconhecimento, isolamento, fixação, coleta, acondicionamento, transporte, recebimento, processamento, armazenamento, e descarte dos **vestígios** (objetos e pessoas), a fim de garantir a confiabilidade da prova.

14.9.14.2. Figuras equiparadas do parágrafo único

As figuras equiparadas focam em condutas específicas.

No inciso I, o agente age para **eximir-se** especificamente da responsabilidade **administrativa ou civil** decorrente do **excesso** de um ato inicialmente legítimo. Se a intenção for se eximir de responsabilidade criminal, o crime será o do *caput*.

No **inciso II,** a finalidade é especificamente a de **desviar o curso de investigação, diligência ou processo, e o agente deve agir omitindo** dados ou informações ou **divulgando-os** de forma incompleta. O **exemplo** é o do agente policial responsável por transcrições de interceptações telefônicas que omita dados ou os transcreva de forma incompleta para desviar o curso dos trabalhos.

14.9.14.3. Sujeito passivo

O sujeito passivo é o **Estado** e a **pessoa** eventualmente **prejudicada** pela fraude.

14.9.14.4. Consumação e tentativa

O crime é **formal** que se consuma quando o agente inova artificialmente o estado de coisa, lugar ou de pessoa com uma das finalidades exigidas pelo tipo. Desde que o **artifício**

seja idôneo para enganar as autoridades, o crime se consuma ainda que não efetivamente ludibriada a apuração do ocorrido. Se a modificação for **grosseira**, inapta a enganar, haverá **crime impossível**.

A **tentativa é possível** porque a conduta pode ser fracionada (crime plurissubsistente).

14.9.15. Art. 24: constrangimento para que funcionário de hospital atenda pessoa morta

> **Art. 24.** Constranger, sob violência ou grave ameaça, funcionário ou empregado de instituição hospitalar pública ou privada a admitir para tratamento pessoa cujo óbito já tenha ocorrido, com o fim de alterar local ou momento de crime, prejudicando sua apuração:
>
> **Pena** – detenção, de 1 (um) a 4 (quatro) anos, e multa, além da pena correspondente à violência.

14.9.15.1. Bem jurídico tutelado e elementos do tipo

O crime do **art. 24** protege a **Administração da Justiça,** pois é uma forma específica de fraude processual do art. 347 do Código Penal, e especial também com relação ao art. 23 da Lei de Abuso de Autoridade. Também protege a **liberdade individual do funcionário ou empregado do hospital**, ameaçado ou agredido.

O legislador voltou sua atenção **ao socorro fraudulento que prejudica a apuração do crime.** É o caso de policiais que socorrem pessoa falecida, geralmente em confronto, apenas para dar a impressão de que a ação foi legítima. Mas o autor do crime não necessariamente precisa estar envolvido no confronto.

O delito **exige grave ameaça ou violência física** contra o funcionário do hospital que, vendo o óbito, recusa-se a atender porque não há pessoa para ser socorrida.

Deve haver ainda a **finalidade de prejudicar a apuração do crime** mediante alteração do **local** ou do **momento** do crime.

> **Atenção:**
>
> o agente policial geralmente é leigo em medicina **e em regra deve promover o socorro,** até para evitar alegações de omissão de socorro. Assim, excetuados os casos absolutamente evidentes de morte, como decaptações, o agente que acreditar que a pessoa está viva não cometerá o crime e o hospital não deve recusar o atendimento. [51]

14.9.15.2. Sujeito passivo

O sujeito passivo específico do crime é o **funcionário ou empregado** do hospital, além obviamente, do **Estado**, como em todos os crimes de abuso de autoridade.

51 LESSA; MORAES. Op. cit., p. 84.

Atenção:

o crime é **bipróprio**, pois além de ser exigida qualidade especial do sujeito ativo (que deve ser agente público), exige também qualidade especial do sujeito passivo, que deve ser empregado ou funcionário de instituição hospitalar.

14.9.15.3. Consumação e tentativa

O crime se consuma com a **admissão do morto** para atendimento em virtude da violência ou grave ameaça exercidas. Ou seja, quando o funcionário ou empregado, constrangido, agir, admitindo o morto. **Não é necessário** que haja o efetivo prejuízo à apuração.[52] É plenamente **possível a tentativa**, por exemplo, caso o agente ameace o funcionário, mas este não admita o morto.

14.9.16. Art. 25: obtenção ou utilização de prova por meio manifestamente ilícito

Art. 25. Proceder à obtenção de prova, em procedimento de investigação ou fiscalização, por meio manifestamente ilícito:

Pena – detenção, de 1 (um) a 4 (quatro) anos, e multa.

Parágrafo único. Incorre na mesma pena quem faz uso de prova, em desfavor do investigado ou fiscalizado, com prévio conhecimento de sua ilicitude.

14.9.16.1. Bem jurídico tutelado e elementos do tipo

O crime protege não apenas a **dignidade da função pública** como todo crime de abuso de autoridade, mas também os **direitos e garantias fundamentais**, tutelando especificamente o disposto no inciso LVI, do art. 5º, da CF/1988, que prevê que **são inadmissíveis, no processo, as provas obtidas por meios ilícitos.**

Atenção:

a doutrina considera prova ilegal um gênero do qual se extraem as espécies: **1. Prova ilícita:** que viola norma de direito material (penal ou constitucional), a exemplo da confissão obtida mediante tortura; e **2. Prova ilegítima:** que viola norma processual. Em nosso entendimento, **as provas ilegítimas não estão abrangidas** pelo tipo, que menciona apenas as ilícitas.[53]

São também consideradas ilícitas as provas derivadas, assim entendidas as que mesmo produzidas validamente, são consideradas ilícitas por decorrerem logicamente de

52 **Entendendo que há sim necessidade de efetivo prejuízo para que o delito se consume:** BALTAZAR; GONÇALVES. Op. cit., p. 990.

53 **Também com esse posicionamento:** LIMA. Op. cit., p. 157-158.

uma prova ilícita que as contamina. Mas a lei traz exceções, eis que nos termos do **art. 157, § 1º**, do Código de Processo Penal, "são também inadmissíveis as provas derivadas das ilícitas, **salvo** quando **não evidenciado o nexo de causalidade** entre umas e outras, **ou** quando as derivadas **puderem ser obtidas por uma fonte independente** das primeiras".

Importante para Concursos:

a previsão guarda relação com a chamada **teoria dos frutos da árvore envenenada,** baseada em precedentes do direito norte-americano (caso Silverthorne Lumber Co *versus* USA de 1920 e Caso Nardone vs Estados Unidos de 1939).

A lei exige que a prova produzida seja **manifestamente ilícita,** ou seja, não pode haver dúvida doutrinária ou jurisprudencial sobre sua ilicitude. Assim, conjugando essa exigência com o disposto **no art. 1º, § 2º,** da presente lei, se houver a **mínima divergência** ou o tema não estiver consolidado, a produção da prova ou sua utilização não configurarão crime ainda que no caso concreto a prova seja considerada ao final ilícita pelo juiz ou tribunal.[54]

Atenção:

tema **controverso** atual é a questão da **verificação de dados em aparelhos celulares**. Há precedentes considerando ilícita a verificação direta pela polícia de mensagens de aplicativos, e outros precedentes entendendo que em alguns casos isso seria possível[55]. No caso de vítima de homicídio, já se entendeu possível a devassa dos dados contidos no aparelho celular, bastando a autorização dada pela esposa ainda viva, ante a ausência de sigilo a ser protegido em favor do titular morto.[56] Até que seja pacificada a discussão, por exemplo, não haverá crime na produção ou utilização dessa prova, desde que fundamentada a vertente adotada, porque **não será manifestamente ilícita.**

No **parágrafo único,** a lei criminaliza também o **uso da prova ilícita,** com prévio conhecimento da ilicitude **desde que em desfavor** do investigado ou fiscalizado. Conclui-se, então, que a **utilização da prova ilícita em favor** do investigado ou fiscalizado (prova ilícita *pro reo)* **não configura o crime.**

---

54 A Academia de Polícia de São Paulo, no Seminário "Polícia Judiciária e a Nova Lei de Abuso de Autoridade (Lei nº 13.869/2019), aprovou a **Súmula nº 6** nesse sentido: "a obtenção e o uso de prova cuja licitude seja objeto de controvérsia jurisprudencial ou doutrinária estão albergados na ressalva de divergência na interpretação de lei ou na avaliação de fatos e provas do § 2º, do art. 1º, da Lei Federal nº 13.869/2019".

55 "É inequivocamente nula a obtenção de dados existentes em aparelhos de telefonia celular ou em outros meios de armazenamento de dados, sem autorização judicial, ressalvada, apenas, excepcionalmente, a colheita da prova através do acesso imediato aos dados do aparelho celular, **nos casos em que a demora na obtenção de um mandado judicial puder trazer prejuízos concretos à investigação ou especialmente à vítima do delito**". STJ. REsp 1661378/MG – RECURSO ESPECIAL 2017/0062087-3 – 6ª T. – j. 23-5-2017 – *DJe* 30-5-2017.

56 STJ. RHC 86076 /MT – 6ª T. – rel. Min. Sebastião Reis Júnior – j. 19-10-2017 – *DJe* 12-12-2017.

Além de não configurar o crime, com base no princípio da **proporcionalidade** a doutrina tende a admitir em alguns casos **a utilização da prova ilícita em favor do réu** a fim de que não seja consumada uma injustiça.[57]

14.9.16.2. Sujeito passivo

Além do **Estado**, que figura como sujeito passivo de todos os crimes de abuso de autoridade, o delito em estudo tem como sujeito passivo também **a pessoa prejudicada com a produção da prova ilícita.**

14.9.16.3. Consumação e tentativa

No ***caput,*** *o* crime se consuma com a produção da prova ilícita, ainda que não seja juntada ao procedimento, ao passo que no **parágrafo único** o crime se consuma com o seu efetivo uso. A **tentativa é possível** em ambos, pois as condutas são plurissubsistentes.

> **Art. 26.** (VETADO)

14.9.17. Art. 27: requisição ou instauração de procedimento investigatório sem qualquer indício

> **Art. 27.** Requisitar instauração ou instaurar procedimento investigatório de infração penal ou administrativa, em desfavor de alguém, à falta de qualquer indício da prática de crime, de ilícito funcional ou de infração administrativa:
>
> **Pena** – detenção, de 6 (seis) meses a 2 (dois) anos, e multa.
>
> **Parágrafo único.** Não há crime quando se tratar de sindicância ou investigação preliminar sumária, devidamente justificada.

14.9.17.1. Bem jurídico tutelado

A par da **dignidade da função pública,** protegida por todos os crimes de abuso de autoridade, o delito do art. 27 da Lei nº 13.869/2019 protege também a **administração da justiça** e **a honra e imagem** de quem teve instaurado ou requisitada a instauração contra si, de um procedimento investigatório anêmico, sem indício algum da prática de crime, de ilícito funcional, ou de infração administrativa.

14.9.17.2. Sujeito ativo e elementos do tipo

A conduta é **requisitar** ou **instaurar** de modo que será sujeito ativo o agente público com **atribuição de requisitar** (**ordenar**) ou **de instaurar** procedimento investigatório de infração penal ou administrativa.

---

57 Sobre a aplicação do princípio da proporcionalidadena avaliação de provas ilícitas, Antonio Scarance Fernandes explica que "é ampla a aceitação de sua aplicação aos casos em que a prova da inocência do réu depende de prova produzida com violação a uma garantia constitucional. Não se conseguiria justificar a condenação, até mesmo a pena elevada, de uma pessoa quando há nos autos prova de sua inocência, ainda que tenha sido obtida por meios ilícitos". FERNANDES, Antônio Scarance. *Processo penal constitucional.* 6. ed. São Paulo: RT, 2010. p. 85.

No caso das **requisições** de instauração, o tipo abrange membros do Ministério Público e magistrados, nos termos do **art. 5º, II, do Código de Processo Penal**, que prevê que "nos crimes de ação pública o inquérito policial será iniciado mediante requisição da autoridade judiciária ou do Ministério Público" (primeira parte).

Atenção:

o poder de requisição do membro do Ministério Público tem assento constitucional no **art. 129, VIII, da CF/1988**, entretanto, a disposição exige que sejam indicados os fundamentos jurídicos de sua manifestação. Assim, comete o crime em estudo promotor de Justiça que requisita a instauração de inquérito policial contra alguém para apurar crime já prescrito.

Questão polêmica se refere à necessidade de **acatamento das requisições ministeriais pela autoridade policial.** Conquanto a requisição tenha força impositiva, entende-se que se o seu **conteúdo for ilegal**, a autoridade policial **não deve atendê-la**, devendo devolver o expediente com comunicação de suas razões ao órgão do Ministério Público requisitante, informando também suas autoridades correicionais.

No caso de **instaurações**, o crime abrange também delegados de polícia e autoridades corregedoras em geral, competentes para instaurar inquéritos policiais ou processos administrativos correicionais, além de membros do Ministério Público, no caso de investigações criminais, por exemplo.

Atenção:

procedimento investigatório de infração penal ou administrativa é o **objeto material** do crime, que abrange inquéritos policiais, procedimentos investigatórios criminais do Ministério Público, inquérito administrativo, mas **não abrange processo criminal.**

É necessário que a instauração tenha foco **em pessoa determinada**, pois o tipo exige que seja contra alguém, e que **não haja qualquer indício** da prática de crime, ilícito funcional ou de infração administrativa. Para **evitar o crime**, entretanto, não é necessário que já haja certeza, bastando que haja indício objetivo que justifique a apuração, inclusive porque é para esse esclarecimento que a investigação existe.

O **parágrafo único** traz **excludentes de ilicitude**, prevendo que não configura o crime a instauração de investigação preliminar sumária ou sindicância, desde que **justificadas**, porque ambas se destinam justamente a angariar elementos mínimos que amparem a posterior instauração de inquérito policial ou processo administrativo, respectivamente.

Atenção:

no **âmbito administrativo,** o termo usado foi **sindicância**, fazendo referência à sindicância preparatória, para fins de investigação, justamente a destinada à coleta de elementos que justifiquem a posterior instauração de processo administrativo disciplinar.[58] No **âmbito da investigação penal,** o termo usado foi investigação preliminar sumária, que é a **verificação de procedência de informações,** ou "VPI", prevista no art. 5º, § 3º, parte final do Código de Processo Penal, que precede a instauração de inquérito justamente para evitar investigações infundadas.

Importante para Concursos:

sabe-se que as **denúncias anônimas** não justificam a instauração direta de inquérito policial, justamente diante da anemia de evidências. Nesse caso, a solução é a mesma, ou seja, a autoridade policial **deve mandar verificar a procedência das informações** antes de instaurar o inquérito policial, nos termos do mencionado **art. 5º, § 3º, parte final do CPP.**[59]

14.9.17.3. Sujeito passivo

Além do **Estado**, o sujeito passivo é a **pessoa prejudicada** pela investigação abusiva instaurada contra si.

14.9.17.4. Consumação e tentativa

Na conduta de **requisitar instauração,** o crime se consuma com a **expedição da requisição,** que satisfaz o verbo do tipo, ainda que não haja a efetiva instauração. Já **na conduta de instaurar,** o crime se consuma com a efetiva instauração do procedimento investigatório. Em tese é cabível a tentativa.

14.9.17.5. Conflito aparente de normas

Importante para Concursos:

o crime do art. 27 não se confunde com o crime do art. 30 da mesma Lei de Abuso de Autoridade, nem com o crime de denunciação caluniosa do art. 339 do Código Penal. Remetemos o leitor aos comentários ao art. 30 para essa distinção detalhada.

14.9.18. Art. 28: divulgação de gravação sem relação com a prova expondo a vida privada de investigado ou acusado

Art. 28. Divulgar gravação ou trecho de gravação sem relação com a prova que se pretenda produzir, expondo a intimidade ou a vida privada ou ferindo a honra ou a imagem do investigado ou acusado:
Pena – detenção, de 1 (um) a 4 (quatro) anos, e multa.

58 Em determinados estatutos há também a sindicância punitiva, destinada à aplicação de sanções disciplinares mais leves, mas o dispositivo em estudo não se refere a essas.

59 "Notícias anônimas de crime, desde que verificada a sua credibilidade por apurações preliminares, podem servir de base válida à investigação e à persecução criminal". STF. HC 106152 – 1ª T. – rel. Min. Rosa Weber – j. 29-3-2016 – *DJe* 24-5-2016.

14.9.18.1. *Bem jurídico protegido e elementos do tipo*

O crime protege a **dignidade da função pública** e especificamente também a **intimidade e vida privada** do investigado ou acusado (art. 5º, X, da CF/1988).

É uma **forma especial** do crime de **violação de sigilo funcional** do art. 325 do Código Penal, aqui relacionado especificamente às gravações produzidas no processo ou investigação.

> **Atenção:**
>
> o **sujeito ativo** é o agente público que tomou conhecimento de forma **legítima** sobre a gravação ou trecho da gravação.

A conduta é **divulgar**, ou seja, tornar público, dar conhecimento a quem não deveria, a **gravação ou o trecho de gravação**, abrangendo os registros de **interceptação telefônica** e os de **interceptação ambiental**. É possível que a gravação ou trecho diga respeito ainda a outros diversos **atos processuais** como depoimentos de testemunhas protegidas gravados em audiovisual ou de colaboradores (art. 4º, § 13, da Lei nº 12.850/2013).

Entretanto, é necessário que a gravação ou trecho divulgados **não tenham relação com a prova** e devem ter o **condão de expor a intimidade** ou **vida privada**, ou de **ferir a honra ou imagem** do investigado ou acusado. É o caso, **por exemplo**, da divulgação de trecho interceptação telefônica em que o investigado conversa com sua amante.

> **Atenção:**
>
> se a **gravação divulgada tiver relação** com os fatos em apuração, o crime do art. 28 da Lei de Abuso de Autoridade estará afastado por falta de previsão legal. Entretanto, a conduta poderá configurar o **crime do art. 10 ou do art. 10-A, ambos da Lei nº 9.296/1996,** na parte em que tratam da quebra de segredo da Justiça.

14.9.18.2. *Sujeito passivo*

Além do **Estado**, que é sujeito passivo de todos os crimes de abuso de autoridade, especificamente nesse crime, o sujeito passivo é também o **investigado ou acusado.**

14.9.18.3. *Consumação e tentativa*

O crime se consuma assim que revelada a gravação ou trecho de gravação a terceiros, sem relação com a prova pretendida, e **expondo a intimidade ou vida privada** ou **ferindo a honra ou imagem** do investigado ou acusado. Para nós, o crime é **material**, que exige um dos referidos resultados.[60]

A **tentativa é possível** porque é provável fracionar a conduta (crime plurissubsistente).

---

60 **No sentido contrário,** entendendo que o delito se consuma com a divulgação, independentemente da ofensa à intimidade, vida privada, ou honra do investigado ou acusado: CUNHA; GRECO. Op. cit., p. 255.

14.9.18.4. Conflito aparente de normas

O crime do art. 28 não se confunde com o crime do art. 10 ou art. 10-A da Lei nº 9.296/1996 (interceptação telefônica). O **crime de abuso de autoridade em estudo pressupõe que a interceptação tenha sido legítima e lícita**. O abuso ocorre no seu manuseio por quem tem acesso também legítimo a ela. Sobre os aspectos detalhados dos crimes da Lei nº 9.296/1996 remetemos o leitor aos comentários à referida legislação.

14.9.19. Art. 29: prestar informação falsa sobre procedimento

Art. 29. Prestar informação falsa sobre procedimento judicial, policial, fiscal ou administrativo com o fim de prejudicar interesse de investigado:

Pena – detenção, de 6 (seis) meses a 2 (dois) anos, e multa.

Parágrafo único. (VETADO).

14.9.19.1. Bem jurídico tutelado e elementos do tipo

O crime protege não apenas a **dignidade da função pública** e a administração pública, mas também a **fé pública,** abalada com a falsa prestação de informações por agentes públicos.

O crime é uma **modalidade especial de falsidade ideológica** (art. 299 do Código Penal), que pode ser praticado por qualquer agente público que tenha acesso às informações dos procedimentos mencionados.

Atenção:

tipifica o delito a conduta de delegado de polícia que figure como autoridade coatora em *habeas corpus* e, instado a prestar informações ao juiz, mente sobre a apuração visando prejudicar o interesse do investigado.

A **falsidade deve recair** sobre a informação relacionada a procedimento judicial, policial, fiscal ou administrativo.

No primeiro caso, de **procedimento judicial,** há quem entenda que o termo deva ser lido como **processo judicial** de qualquer natureza[61]. Entretanto, como a lei fala em prejuízo do **investigado**, pensamos que a conduta só pode ocorrer **na fase preliminar**, anterior ao processo.

No caso de **procedimento policial,** entendem-se também incluídas as **investigações criminais do Ministério Público,** que tem a mesma finalidade.[62]

61 **Nesse sentido:** LIMA. Op. cit., p. 169.

62 MOREIRA FILHO, Guaracy (Coord.); AZEVEDO, André Boiani e [et al]. *Nova lei do abuso de autoridade comentada artigo por artigo*. São Paulo: Rideel, 2019. p. 101.

Atenção:

exige-se que a conduta seja imbuída **exclusivamente com a finalidade especial** de prejudicar **interesse de investigado.** O tipo **restringiu o dolo específico do art. 1º, § 1º,** da Lei de Abuso de Autoridade, explicitando que o crime só ocorrerá se houver a finalidade específica de prejudicar o interesse de investigado. Se, por exemplo, a **intenção for de beneficiar o investigado, o crime não se configurará,** mas a conduta poderá configurar o crime de prevaricação (art. 319 do Código Penal).

14.9.19.2. Sujeito passivo

Sujeito passivo indireto é o Estado, como em todos os crimes de abuso de autoridade. Especificamente no crime em estudo, o sujeito passivo também é o **investigado**.

Em razão do termo específico empregado pela norma (**investigado e não réu**), pensamos que a conduta só pode ocorrer **na fase preliminar**, anterior ao processo.

14.9.19.3. Consumação e tentativa

O crime se **consuma quando** as informações falsas prestadas **chegam ao conhecimento de quem deveriam**, e desde que tenham potencialidade lesiva. Não é necessário que haja efetivo prejuízo ao investigado, bastando que haja essa intenção.

O **crime é formal**. Se as informações forem prestadas na forma escrita é possível cogitar da forma tentada do crime. Há quem entenda, entretanto, que o crime é de mera conduta.

14.9.20. Art. 30: iniciar ou proceder a persecução sem justa causa ou contra inocente

Art. 30. Dar início ou proceder à persecução penal, civil ou administrativa sem justa causa fundamentada ou contra quem sabe inocente:

Pena – detenção, de 1 (um) a 4 (quatro) anos, e multa.

14.9.20.1. Bem jurídico tutelado

Tal como o crime do art. 27 da Lei de Abuso de Autoridade, **o crime do art. 30** protege também a **administração da justiça** e a **honra e imagem** de quem teve iniciada a persecução penal, civil ou administrativa contra si sem justa causa, ou sendo inocente. Além disso, como todo crime de abuso de autoridade, protege a **dignidade da função pública**.

14.9.20.2. Sujeito ativo e elementos do tipo

As condutas são de **dar início**, ou seja, instaurar ou provocar instauração, e **proceder**, que deve ser entendida como prosseguir na persecução penal, civil ou administrativa.

Assim, o **sujeito ativo** não é qualquer agente público, mas somente aqueles **com atribuição para iniciarem ou continuarem** essas formas de persecução, ou seja, delegado de polícia, membros do Ministério Público, etc.

O **objeto material** do crime é a **persecução penal, civil ou administrativa.** O tipo utilizou a expressão **persecução**, típica da seara penal, também para a esfera civil e administrativa.

A rigor, a **persecução penal é dividida em duas fases**, a investigação preliminar e o processo penal. Nestes termos, o crime pode se configurar com a requisição de inquérito policial pelo membro do Ministério Público, com a instauração pelo delegado, ou ainda com o oferecimento de denúncia pelo promotor, ou prosseguimento no processo. O mesmo raciocínio vale para a persecução administrativa ou civil.

Atenção:

há, entretanto, corrente doutrinária no sentido de que o vocábulo persecução no crime do art. 30 em estudo faz referência apenas à fase processual.[63]

São **duas formas** de cometer o crime. **A primeira é agir sem justa causa,** o que é um conceito aberto e indefinido, mas que pode ser entendido como a falta de suporte probatório mínimo, relacionado aos indícios de autoria e prova da existência do crime. **E a segunda é agir contra alguém que se sabe inocente,** circunstância difícil de ser demonstrada e que revela que essa modalidade só pode ser praticada por **dolo direto**, não admitindo dolo eventual.

14.9.20.3. Sujeito passivo

Além do **Estado**, o sujeito passivo é a **pessoa prejudicada** pela persecução abusiva instaurada contra si.

14.9.20.4. Consumação e tentativa

Na conduta de "**dar início**", o crime se consuma **com a instauração** da persecução penal, civil ou administrativa, ao passo que na conduta de "**proceder**" o crime se consuma **quando o agente dá prosseguimento depois de ficar sabendo** que não havia justa causa ou que a pessoa era inocente. Em ambos os casos, a conduta pode ser fracionada, logo, **é cabível a tentativa.**

14.9.20.5. Conflito aparente de normas

Os crimes dos arts. 27 e 30 da Lei de Abuso de Autoridade e o crime do art. 339 do Código Penal têm redação parecida, o que pode gerar confusão e é muito criticado pela doutrina.

O crime do **art. 27 é de menor potencial ofensivo**, ao passo que o do **art. 30 tem pena de um a quatro anos** de detenção, e o crime de **denunciação caluniosa tem a maior pena** de todos, de reclusão de dois a oito anos.

O crime do **art. 30** tem como objeto material a persecução penal, civil ou administrativa e **é mais abrangente** do que o de denunciação caluniosa. Entretanto, o crime de **denunciação caluniosa é comum**, podendo ser praticado por qualquer pessoa, enquanto os crimes dos arts. 27 e 30 da Lei nº 13.869/2019 são crimes do agente público competente.

63 LESSA; MORAES. Op. cit., p. 91.

Por isso para alguns autores, a conduta dos agentes públicos que antes configurava denunciação caluniosa passou a ser tipificada no art. 30 da Lei nº 13.869/2019, que é especial, apesar de mais brando.[64]

Para outros, entretanto, **o agente público pode cometer o crime de denunciação caluniosa.** É o caso, por exemplo, do membro do Ministério Público que oferece denúncia contra indivíduo que sabe inocente em razão dos elementos contidos no inquérito policial, ou do delegado de polícia que baixa portaria instaurando inquérito contra pessoa que sabe não ter cometido crime nenhum.[65]

Outra especificidade é que o crime de **denunciação caluniosa** exige que o agente **impute** ao inocente um **crime**, uma **contravenção, uma infração ético-disciplinar** ou **ato ímprobo**, o que não é exigido pelo art. 30 da Lei de Abuso de Autoridade.

Importante para Concursos:

especificamente para carreiras do **Ministério Público** é importante anotar que o Conselho Nacional de Procuradores-Gerais (CNPG) e o Grupo Nacional de Coordenadores de Centro de Apoio Criminal editaram o **Enunciado n. 20** que revela o entendimento padrão no sentido de que

> "**o crime do art. 30 da Lei de Abuso de Autoridade deve ser declarado, incidentalmente, inconstitucional**. Não apenas em razão da elementar "justa causa" ser expressão vaga e indeterminada, como também porque gera retrocesso na tutela dos bens jurídicos envolvidos, já protegidos pelo art. 339 do CP, punido, inclusive, com pena em dobro".

Atenção:

tramita no Supremo Tribunal Federal a **ADI n. 6238** contra o art. 30 da Lei de Abuso de Autoridade, sob alegação de que viola a separação dos poderes, ofensa à reserva legal por trazer expressão vaga, e porque ofende as prerrogativas do Ministério Público.

Veja na tabela as distinções entre os tipos penais:

	Art. 27 da Lei nº 13.869/2019	Art. 30 da Lei nº 13.869/2019	Art. 339 do CP
Sujeito ativo	Agente público competente	Agente público competente	Crime comum (qualquer pessoa) e, para alguns, inclusive o agente público
Conduta	Instaurar ou requisitar	Dar início ou proceder	Dar causa à instauração

64 **É a posição de Flávio Monteiro de Barros.** BARROS, Flavio Augusto Monteiro de. *Manual de Direito Penal: partes geral e especial. Volume único.* 2. ed. Salvador: JusPodivm, 2021. p. 1590.

65 **Com essa posição:** GONÇALVES, Victor Eduardo Rios. *Direito Penal parte especial.* 11. ed. São Paulo: Saraiva, 2021. p. 1784. **Com o mesmo entendimento, ainda:** CUNHA; GRECO. Op. cit., p. 245.

	Art. 27 da Lei nº 13.869/2019	Art. 30 da Lei nº 13.869/2019	Art. 339 do CP
	Procedimento investigatório de infração penal ou administrativa	**Persecução** penal, civil ou administrativa	Inquérito policial, de procedimento investigatório criminal, de processo judicial, de processo administrativo disciplinar, de inquérito civil ou de ação de improbidade administrativa
	À **falta de qualquer indício** da prática de crime, de ilícito funcional ou de infração administrativa	**Sem justa causa** ou contra quem **sabe inocente**	**Imputando**-lhe crime, infração ético-disciplinar ou ato ímprobo **de que o sabe inocente**
Pena	Detenção de **seis meses a dois anos** e multa	Detenção de **um a quatro anos** e multa	Reclusão de **dois a oito anos** e multa
Observação	**Não há crime** quando se tratar de **sindicância** ou **investigação preliminar sumária**, devidamente justificada.		Se a imputação for da prática de **contravenção** a pena é diminuída de metade. E se o agente se valer de **anonimato** ou nome suposto a pena é aumentada de 1/6.

14.9.21. Art. 31: procrastinação de investigação em prejuízo do investigado ou fiscalizado

Art. 31. Estender injustificadamente a investigação, procrastinando-a em prejuízo do investigado ou fiscalizado:

Pena – detenção, de 6 (seis) meses a 2 (dois) anos, e multa.

Parágrafo único. Incorre na mesma pena quem, inexistindo prazo para execução ou conclusão de procedimento, o estende de forma imotivada, procrastinando-o em prejuízo do investigado ou do fiscalizado.

14.9.21.1. Bem jurídico tutelado e elementos do tipo

O crime protege especificamente o devido processo legal, notadamente a **duração razoável do processo** (art. 5º, LXXVIII, da CF/1988). Além disso, também protege a dignidade da função pública.

No ***caput*** a conduta é estender sem justificativa a investigação para a qual **haja prazo definido,** a exemplo do inquérito policial.

Como o tipo menciona que a conduta deve ser em prejuízo do investigado ou fiscalizado, conclui-se que **abrange** tanto procedimentos de investigação criminal como os de fiscalização administrativa e, por isso, serão autores **(sujeitos ativos)** todos aqueles agentes que forem responsáveis por essas investigações, como delegados, promotores, corregedores, agentes de fiscalização, etc.

Atenção:

exige-se que a conduta seja imbuída **exclusivamente com a finalidade especial** de **prejudicar** o investigado ou fiscalizado. O tipo **restringiu o dolo específico do art. 1º, § 1º,** da

Lei de Abuso de Autoridade, explicitando que o crime só ocorrerá se houver essa única finalidade específica.

O **parágrafo único** trata da procrastinação da investigação que não tem prazo previsto, a exemplo da verificação da procedência de informações (VPI) estabelecida no art. 5º, § 3º, (parte final) do Código de Processo Penal.

Atenção:

o termo **"injustificadamente" é elemento normativo do tipo** do ***caput***, revelando que se houver justificativa para o atraso não haverá o crime em estudo. Igualmente, no parágrafo único, a expressão é estender de **"forma imotivada",** revelando também que se houver motivo o crime não se configurará. É o caso, **por exemplo,** da prorrogação do prazo do inquérito para diligências necessárias à apuração de fato de difícil elucidação (art. 10, § 3º, do Código de Processo Penal).

14.9.21.2. Sujeito passivo

Além do **Estado**, o sujeito passivo é **o investigado ou fiscalizado** prejudicado pelo atraso na apuração.

14.9.21.3. Consumação e tentativa

O crime se consuma com a **efetiva procrastinação** do procedimento sem justificativa ou sem motivo, em prejuízo do investigado ou fiscalizado. O transcurso do prazo legal, por si só, não se presta a essa demonstração. O **crime é material.**

O crime pode ser **praticado por ação ou omissão.** Por **ação**, quando o agente adota diligências protelatórias para atrasar a conclusão do procedimento. Por **omissão**, quando deixa de tomar as providências cabíveis.

Na conduta omissiva, a tentativa não tem cabimento. Já na conduta comissiva, seria possível cogitar da tentativa, porém de dificílima demonstração na prática.

14.9.22. Art. 32: negativa de acesso aos autos de investigação

Art. 32. Negar ao interessado, seu defensor ou advogado acesso aos autos de investigação preliminar, ao termo circunstanciado, ao inquérito ou a qualquer outro procedimento investigatório de infração penal, civil ou administrativa, assim como impedir a obtenção de cópias, ressalvado o acesso a peças relativas a diligências em curso, ou que indiquem a realização de diligências futuras, cujo sigilo seja imprescindível:

Pena – detenção, de 6 (seis) meses a 2 (dois) anos, e multa.

14.9.22.1. Bem jurídico tutelado

O crime protege não apenas o **regular funcionamento da administração pública,** por ser crime de abuso de autoridade, mas também de forma geral o direito à **ampla defesa** (art.

5º, LV, da CF/1988), e especificamente o **direito do advogado** de examinar quaisquer autos de investigação (art. 7º, XIV, da Lei nº 8.906/1994).

14.9.22.2. Sujeito ativo e elementos do tipo

A conduta é de **negar acesso** aos autos, o que significa não deixar ver, ou ainda **de impedir (obstar), a extração de cópias**, e abrange qualquer procedimento investigatório criminal, civil ou administrativo. O **rol mencionado** se refere a autos de investigação preliminar, termo circunstanciado, e inquérito, mas é **exemplificativo**, porque é seguido da **cláusula geral "qualquer outro** procedimento investigatório de infração penal, civil ou administrativa".

Assim, o **sujeito ativo** será o agente público que presida o procedimento investigatório.

Atenção:

o delito **não abrange** a negativa de acesso ou o impedimento de cópias de **autos judiciais** (processo penal ou de outra natureza).

Como regra, o defensor tem acesso aos autos independentemente de procuração ou de autorização judicial. Entretanto, quando a investigação disser respeito à organização criminosa, o **art. 23 da Lei nº 12.850/2013** prevê que o juiz poderá decretar o sigilo da investigação para garantia da celeridade e eficácia das diligências, e que nesse caso o defensor terá acesso aos elementos de prova **apenas com autorização judicial.** Para maior aprofundamento, remetemos o leitor aos comentários à referida lei.

Atenção:

os procedimentos investigatórios podem ter **três níveis de sigilo**. **1. Publicidade externa**: é a regra geral, de que todo interessado pode acessar os autos e o advogado mesmo sem procuração (art. 7º XIV do Estatuto da OAB); **2. Publicidade apenas interna**: também chamada de **sigilo externo**, quando os autos estiverem sob "segredo de justiça" e acessíveis apenas pelos diretamente interessados e pelo advogado munido de procuração (art. 7º, § 10º, do Estatuto da OAB); **3. Sigilo interno:** excepcional restrição às diligências em andamento ainda não documentadas, cujo acesso é restrito às autoridades e agentes públicos (art. 7º, § 11, do Estatuto da OAB).

Justamente quanto ao último nível de sigilo, o chamado sigilo interno, a lei **ressalva** que **não configura** o crime a **negativa de acesso** a peças relativas a **diligências ainda em curso** ou que **indiquem a realização de diligências futuras.** Isso porque o conhecimento pelo investigado das diligências em curso ainda não documentadas, ou daquelas já realizadas, mas que possam indicar a realização das próximas diligências, pode frustrar a investigação. Por isso ficarão inacessíveis até serem documentadas.

Importante para Concursos:

a ressalva final está relacionada ao teor da da **Súmula Vinculante nº 14 do STF:** *é direito do defensor, no interesse do representado, ter acesso amplo aos elementos de prova que, **já documentados** em procedimento investigatório realizado por órgão com competência de polícia judiciária, digam respeito ao exercício do direito de defesa.*

14.9.22.3. Sujeito passivo

Sujeito passivo, além do Estado, é especificamente o **interessado ou seu advogado/defensor** que tiverem cerceado o direito à ampla defesa e de acesso aos autos ou extração de cópias.

O **conceito de interessado é mais amplo** do que investigado, abrangendo indivíduos que possam vir a ser investigados e tenham interesse na apuração, como o delatado em acordo de colaboração premiada.

14.9.22.4. Consumação e tentativa

O crime se consuma quando o investigado ou o advogado **tiverem negado** o **acesso** aos autos ou **tiverem negada a possiblidade de extraírem** cópias. O crime é formal, e caso a conduta seja praticada **por escrito é possível a tentativa**. O crime pode ser praticado por ação ou omissão.

14.9.22.5. Conflito aparente de normas

Além desse crime do art. 32, a Lei de Abuso de Autoridade **pune a violação a outra prerrogativa** dos advogados no art. 20. Para **melhor compreensão da criminalização da violação de prerrogativas de advogado, remetemos o leitor aos comentários ao art. 43 da presente lei,** para visualização de **tabela comparativa** entre os crimes da Lei nº 13.869/2019 e os crimes do Estatuto da OAB.

14.9.23. Art. 33: exigência de informação ou obrigação sem expresso amparo legal

Art. 33. Exigir informação ou cumprimento de obrigação, inclusive o dever de fazer ou de não fazer, sem expresso amparo legal:

Pena – detenção, de 6 (seis) meses a 2 (dois) anos, e multa.

Parágrafo único. Incorre na mesma pena quem se utiliza de cargo ou função pública ou invoca a condição de agente público para se eximir de obrigação legal ou para obter vantagem ou privilégio indevido.

14.9.23.1. Bem jurídico tutelado

O crime protege especificamente o diposto no art. 5º, II, da CF/1988, que prevê que **"ninguém será obrigado a fazer ou deixar de fazer alguma coisa senão em virtude de lei".**

Também tutela os **princípios da legalidade e impessoalidade** previstos no art. **37, *caput*** da CF/1988.

14.9.23.2. Elementos dos tipos

Exigir informação ou cumprimento de obrigação, inclusive o dever de fazer ou de não fazer, sem expresso amparo legal

No ***caput*** a conduta é de **exigir sem amparo legal**, informação, cumprimento de obrigação, ou que alguém faça ou não faça algo.

Atenção:

a existência de **amparo legal afasta o crime**. É o que ocorre, por exemplo, com requisições de informações por **delegado de polícia**, prevista no art. 2º, § 2º, da Lei nº 12.830/2013,[66] ou **requisições de órgão ministerial**, amparadas no art. 26, II, da Lei nº 8.625/1993, por exemplo.

O verbo exigir não abrange violência ou grave ameaça, que se houver poderá configurar o crime de extorsão. A exigência mencionada na verdade traduz certa **intimidação** decorrente do temor que o agente **faça uso dos poderes relacionados ao cargo.**

Os **objetos materiais** do crime são a informação, o cumprimento de obrigação, ou dever de fazer ou não fazer algo, o que é justamente a diferença desse crime de abuso de autoridade do delito de concussão do Código Penal.

Atenção:

o crime do ***caput*** art. 33 da Lei de Abuso de Autoridade **difere do crime de concussão e do de corrupção passiva** dos arts. 316 e 317 do Código Penal, porque no crime de abuso de autoridade **não há menção à vantagem indevida**, que é o que é exigido nos crimes de concussão e de corrupção passiva.

Incorre na mesma pena quem se utiliza de cargo ou função pública ou invoca a condição de agente público para se eximir de obrigação legal ou para obter vantagem ou privilégio indevido

Já no **parágrafo único,** a lei penal se volta às condutas vulgarmente conhecidas como **"carteiradas"** dos agentes que se valem de seus cargos para obterem vantagem ou tratamento diferenciado, como, **por exemplo,** evitar filas de eventos festivos, ingressarem em casas noturnas sem pagar, etc.

66 A Academia de Polícia de São Paulo, no Seminário "Polícia Judiciária e a Nova Lei de Abuso de Autoridade (Lei nº 13.869/2019), aprovou a **Súmula n. 7** nesse sentido: "a exigência de informações ou obrigações com amparo nas prerrogativas ordinárias e de persecução atreladas ao poder-dever de presidência da investigação criminal dos Delegados de Polícia retrata medida legítima e eventual desatendimento injustificado pode ensejar responsabilização civil, administrativa e penal".

Nesse caso, a conduta é **se utilizar** do cargo ou função públicos **ou invocar** essa condição **visando** se eximir de **obrigação legal** ou obter **vantagem** ou **privilégio indevidos.**

Exemplo de conduta visando **eximir-se de obrigação legal** é a do juiz de direito que invoca sua condição de magistrado para não se submeter à *blitz* de trânsito e à exigência legal de submissão ao etilômetro (bafômetro) ou infração administrativa pela recusa.

Já a **intenção de obter vantagem ou privilégio indevidos** é exemplificada pela conduta do policial que apresenta sua carteira funcional visando ao ingresso em espetáculo público sem pagar pela entrada.[67]

Mas se **houver negociação espúria** relacionada às funções específicas do agente público, o crime será o de concussão ou de corrupção passiva dos arts. 316 ou 317 do Código Penal. Na figura do parágrafo único do art. 33 há menção à vantagem indevida, tal como nos crimes de corrupção e concussão. Entretanto, nestes **há uma negociação criminosa** por algum ato relacionado à função pública específica do agente, **a exemplo** do Promotor de Justiça não denunciar, o delegado de polícia não indiciar, etc.

Atenção:

entretanto, **pequenas doações ocasionais** recebidas pelo funcionário em **gesto de apreço, ou a cortesia** na alimentação, comum com relação a profissionais da segurança, saúde, e socorro, **não configuram nem o crime de corrupção**,[68] **nem o crime de abuso** de autoridade em estudo.[69]A nosso ver não é o caso de aplicação do princípio da insignificância, e sim de falta de dolo do agente público.

14.9.23.3. Sujeito passivo

Além do **Estado**, o sujeito passivo específico do crime do art. 33 da Lei de Abuso de Autoridade **é o particular sujeito** à exigência ilegal do agente público.

14.9.23.4. Consumação e tentativa

No ***caput***, o crime é **formal** e **se consuma com a exigência** mesmo que o agente público não obtenha o resultado de ter a informação, ou o cumprimento da obrigação. Em tese, é **cabível a tentativa**, porém **se a exigência for verbal a conduta será unissubsistente,** impossível de ser dividida e, por isso, não caberá a forma tentada.

No **parágrafo único,** o crime **também é formal** e se consuma com a utilização do cargo ou função ou invocação dessa condição, mesmo que não haja a obtenção da vantagem ou

67 Nesse caso, entretanto, deve-se ressalvar que se o policial ou agente de fiscalização estiver no exercício da função, efetivamente investigando ou fiscalizando o local, não se estará diante de vantagem ou privilégio.

68 A doutrina é majoritária nesse sentido. No entanto, não se trata de aplicação do princípio da insignificância, que a jurisprudência rechaça para o crime de corrupção passiva e para os crimes contra a administração pública em geral, salvo algumas exceções, nos termos da **Súmula nº 599 do STJ**. O caso é, a nosso ver, de falta de dolo.

69 "Aceitar passivamente uma demonstração de apreço não equivale a auferir vantagem ou privilégio, isso, por manifesta ausência de dolo". LESSA; MORAES. Op. cit., p. 96.

privilégio ou o agente não consiga se eximir da obrigação legal. **Se a conduta for verbal, igualmente não caberá a tentativa.**

Art. 34. (VETADO).

Art. 35. (VETADO).

14.9.24. Art. 36: decretação exacerbada de indisponibilidade de ativos financeiros

Art. 36. Decretar, em processo judicial, a indisponibilidade de ativos financeiros em quantia que extrapole exacerbadamente o valor estimado para a satisfação da dívida da parte e, ante a demonstração, pela parte, da excessividade da medida, deixar de corrigi-la:

Pena – detenção, de 1 (um) a 4 (quatro) anos, e multa.

14.9.24.1. Bem jurídico tutelado e elementos do tipo

O crime protege especificamente a **Administração da Justiça**, violada com o abuso no bloqueio de ativos da parte, além da **dignidade da função pública** e o próprio **patrimônio** da parte devedora.

A conduta é de **decretar em processo judicial**, que significa decidir, mandar, competência **própria dos magistrados** (juízes, desembargadores, ministros) nos processos judiciais. Mas deve ainda ser **seguida da omissão em corrigir**, eis que o tipo exige que o magistrado **deixe de corrigir** a medida após a demonstração da excessividade.

Atenção:

a lei exige duas situações sequenciais. Primeiro que haja a decretação de indisponibilidade em valor bem acima do estimado para satisfação de dívida, e **segundo**, que o magistrado não corrija o valor do bloqueio mesmo depois de alertado pela parte interessada. Assim, trata-se de um crime de **conduta mista**, com uma **parte comissiva** (ação), seguida de uma **omissão**.

Primeira parte (ação)	Segunda parte (omissão)
Decretar a indisponibilidade de ativos financeiros em quantia que extrapole **exacerbadamente o valor estimado** para a satisfação da dívida da parte	**Deixar de corrigir** a indisponibilidade após a demonstração, pela parte, da excessividade da medida

Exacerbadamente é **elemento normativo do tipo** de difícil conceituação, que pretende significar a decretação em montante absurdamente acima do valor estimado para a satisfação da dívida da parte.

A **indisponibilidade de bens** mencionada se refere **principalmente** ao ato que antecede a penhora, disposto no **art. 854 do Código de Processo Civil** que prevê que o

> *"(...) juiz, a requerimento do exequente, sem dar ciência prévia do ato ao executado, determinará às instituições financeiras, por meio de sistema eletrônico gerido pela autoridade supervisora do sistema financeiro nacional, que torne indisponíveis ativos financeiros existentes em nome do executado, limitando-se a indisponibilidade ao valor indicado na execução".*

14.9.24.2. Sujeito passivo

Especificamente neste crime, o sujeito passivo é a **parte prejudicada com o bloqueio abusivo.** Como em todo crime de abuso de autoridade, o sujeito passivo também é o Estado.

14.9.24.3. Consumação e tentativa

O crime é **material** e se consuma **quando o juiz não corrige** a indisponibilidade decretada de forma exacerbada. Como nessa segunda parte há **omissão própria, a tentativa não é admitida.**

14.9.25. Art. 37: demora injustificada no exame de processo em órgão colegiado

> **Art. 37.** Demorar demasiada e injustificadamente no exame de processo de que tenha requerido vista em órgão colegiado, com o intuito de procrastinar seu andamento ou retardar o julgamento:
> **Pena** – detenção, de 6 (seis) meses a 2 (dois) anos, e multa.

14.9.25.1. Bem jurídico tutelado e elementos do tipo

O delito protege a **duração razoável do processo** (art. 5º, LXXVIII, da CF/1988) e a dignidade da função pública.

O foco do do tipo penal é o **pedido abusivo de vista em julgamentos colegiados,** em que o exercício do direito de melhor examinar o caso é usado na realidade para procrastinar o andamento ou retardar o julgamento.

O crime é praticado por quem **requereu vista** em órgão colegiado, mas o **sujeito ativo não é exclusivamente magistrado,** podendo ser praticado também por integrantes de órgãos colegiados administrativos e políticos, como **Tribunais de Contas**.

> **Atenção:**
>
> **magistrados de primeira instância também** podem ser autores do delito quando, por exemplo, atuam em **turmas recursais** dos juizados especiais criminais (art. 98, I, parte final da CF/1988).

A conduta é **demorar**, que significa atrasar, retardar, e deve ser de forma **demasiada,** ou seja, em excesso, além de **injustificada**. São dois **elementos normativos** do tipo de difícil conceituação e que podem depender da análise de eventual prazo previsto para o ato, eis que antes desse prazo não se pode realmente falar em demora excessiva.

Atenção:

o art. 940, § 1º, do CPC fixa o prazo de 10 dias para o magistrado proferir seu voto após pedir vista, com possibilidade de **uma prorrogação.**

O crime ainda exige **finalidade específica** de **atrasar o andamento ou o retardar o julgamento**, que se soma aos elementos subjetivos específicos do art. 1º, § 1º, da Lei de Abuso de Autoridade. Assim, atraso por excesso de serviço ou greve de servidores, por exemplo, são situações justificadas que afastam a configuração do crime.

14.9.25.2. Sujeito passivo

É o **Estado**, como em todo crime de abuso de autoridade, mas também **a parte que teve o andamento processual prejudicado** pela demora no requerimento de vista.

14.9.25.3. Consumação e tentativa

O crime se consuma **quando configurada a demora demasiada e injustificada**, demonstrada a intenção específica. Não há necessidade de que realmente ocorra a procrastinação do andamento do feito ou o retardo do julgamento. O crime **não admite a tentativa.**

14.9.26. Art. 38: antecipação de atribuição de culpa por meio de comunicação

Art. 38. Antecipar o responsável pelas investigações, por meio de comunicação, inclusive rede social, atribuição de culpa, antes de concluídas as apurações e formalizada a acusação:

Pena – detenção, de 6 (seis) meses a 2 (dois) anos, e multa.

14.9.26.1. Bem jurídico tutelado e elementos do tipo

O crime protege a **intimidade e vida privada do investigado** e sua **honra objetiva,** afetada pela antecipada atribuição de culpa. Também protege a dignidade da função pública, como todo crime de abuso de autoridade.

A **intenção do legislador** foi **coibir o abuso na divulgação midiática da apuração** pelo responsável pelas investigações. É o **exemplo** do delegado de polícia que dá entrevista afirmando que determinado indivíduo é, com certeza, o autor do crime, antes mesmo de finalizar o inquérito, apenas para satisfazer seu ego perante a imprensa (satisfação pessoal).

Atenção:

o crime **não impede a divulgação dos fatos e da apuração**, desde que não haja a atribuição de culpa ou juízo de valor sobre a responsabilidade, antes de finalização da investigação e formalizada a acusação.

Como a lei fala no **responsável pelas investigações**, o **sujeito ativo** é o agente público com essa atribuição, como o delegado de polícia, o promotor de justiça, ou até o presidente de Comissão Parlamentar de Inquérito.

A lei **não restringe a natureza da investigação** à apuração criminal, de modo que o crime se configura se o responsável aponta alguém como culpado tanto de infração penal, como civil ou ainda administrativa.

A lei define **o conceito de antecipação** como sendo a atribuição de culpa **antes de finalizada a apuração e formalizada a acusação**. São requisitos cumulativos. A **apuração é finalizada** quando não há mais diligências a serem realizadas. Já a **formalização da acusação** ocorre, por exemplo, no âmbito criminal com o oferecimento da denúncia.

14.9.26.2. Sujeito passivo

O sujeito passivo específico do crime do art. 38 é **o investigado que foi considerado culpado de forma antecipada**. Também é sujeito passivo o Estado, como todo crime de abuso de autoridade.

14.9.26.3. Consumação e tentativa

O crime se consuma com a **publicidade da atribuição de culpa** por meio de comunicação. O crime é **de mera conduta**, porque antecipar por meio de comunicação já é fazer a comunicação.[70]

É possível cogitar da **forma tentada** caso a conduta seja praticada **por escrito,** por exemplo, remetendo-se informações à imprensa que, entretanto, não as divulga.

14.9.27. Quadro sinótico dos crimes em espécie

CRIMES EM ESPÉCIE			
Artigo	**Ideia geral**	**Detalhe**	**Pena**
9º	DECRETAR MEDIDA DE PRIVAÇÃO DE LIBERDADE ILEGAL	– ***Caput***: crime das autoridades competentes para decretar medidas de privação de liberdade, como prisão em flagrante; prisão temporária e preventiva; prisão civil; prisão militar disciplinar; – Em nosso entendimento, não comete o crime o agente da autoridade quando da captura, pendente de ratificação/decretação pela autoridade, porque o art. 11 foi vetado. – **Parágrafo único**: omissões do magistrado, quando o caso for manifestamente de liberdade e o juiz: I. Não relaxa prisão ilegal; II. Não substitui prisão preventiva por medida cautelar diversa ou concede liberdade provisória; III. não defere liminar ou ordem de *Habeas Corpus*; – Vítima criança ou adolescente: crime do art. 230 do ECA.	detenção, de 1 (um) a 4 (quatro) anos, e multa

70 Há quem entenda que o crime é formal, e que o resultado seria justamente a antecipação, que não é exigida, entretanto, para a consumação.

10	CONDUÇÃO COERCITIVA ABUSIVA DE TESTEMUNHA OU INVESTIGADO	- Para parte da doutrina, o crime é decorrência do ***efeito backlash*** (efeito rebote do chicote), reação legislativa inesperada como retaliação por supostos abusos em conduções coercitivas midiáticas; - Tanto o magistrado como o delegado de polícia e o membro do Ministério Público podem decretar condução coercitiva; - Deve ser manifestamente descabida ou sem prévia intimação; - Só abrange investigado ou testemunha. A condução coercitiva ilegal de peritos e vítimas não configura o crime. - nas ADPFs nºs 395 e 444 o STF proibiu a condução coercitiva de investigados para interrogatório, eis que por força do direito ao silêncio o acusado não é obrigado nem a comparecer, nem a prestar sua versão, se não quiser. Entretanto, o STF não proibiu a condução coercitiva do investigado para outros atos, como submissão a reconhecimento pessoal.	detenção, de 1 (um) a 4 (quatro) anos, e multa
11	VETADO	- o art. 11 da Lei de Abuso de Autoridade pretendia tornar crime de abuso a conduta de "executar captura, prisão ou busca e apreensão de pessoa que não esteja em situação de flagrante delito ou sem ordem escrita de autoridade judiciária (...)", mas essa previsão foi vetada (e o veto foi mantido pelo Congresso Nacional).	
12	OMISSÃO NA COMUNICAÇÃO DE PRISÃO	- **Deixar de:** - ***Caput***: comunicar a prisão em flagrante ao juiz no prazo de 24 horas (salvo se a omissão for justificada) - **Inciso I:** comunicar prisão temporária ou preventiva ao juiz que a decretou, imediatamente; - **Inciso II:** comunicar qualquer prisão e local em que o preso se encontra à família ou pessoa indicada, imediatamente; - **Inciso III:** entregar nota de culpa ao preso em 24 horas; - **Inciso IV:** executar alvará de soltura ou promover soltura, após o recebimento do alvará ou quando findo o prazo judicial ou legal, imediatamente (salvo se houver motivo justo e excepcionalíssimo).	detenção, de 6 (seis) meses a 2 (dois) anos, e multa
13	EXIBIÇÃO E CONSTRANGIMENTOS ILÍCITOS A PRESO OU DETENTO	- **Forma especial** do crime de constrangimento ilegal - **Três formas de violência**: física; moral; e violência imprópria; - **Três finalidades específicas**: exibir-se ou ter seu corpo ou parte dele exibido à curiosidade pública; submeter-se à situação vexatória ou a constrangimento não autorizado em lei; produzir prova contra si mesmo ou contra terceiro; - **Súmula Vinculante nº 11 do STF:** "só é lícito o uso de algemas em caso de resistência e de fundado receio de fuga ou de perigo à integridade física própria ou alheia, por parte do preso ou de terceiros, justificada a excepcionalidade por escrito, sob pena de responsabilidade disciplinar civil e penal do agente ou da autoridade e de nulidade da prisão ou do ato processual a que se refere, sem prejuízo da responsabilidade civil do Estado".	detenção, de 1 (um) a 4 (quatro) anos, e multa, sem prejuízo da pena cominada à violência.

		- **Crime de tortura**: mais grave, exige intenso sofrimento físico ou mental à vítima; é crime comum; e não admite a violência imprópria;	
15	CONSTRANGIMENTO NO DEPOIMENTO DE PESSOA IMPEDIDA OU PROSSEGUIMENTO INDEVIDO DE INTERROGATÓRIO	- ***Caput***: constrangimento sob ameaça de prisão, para que pessoa proibida de depor preste depoimento. - Art. 207 do CPP: "são proibidas de depor as pessoas que, em razão de função, ministério, ofício ou profissão, devam guardar segredo, salvo se, desobrigadas pela parte interessada, quiserem dar o seu testemunho". - Advogados (art. 7º, XIX da Lei nº 8.906/1994); parlamentares (art. 53 § 6º da CF88); jornalistas (art. 5º, XIV, da CF/1988); médicos e psicólogos (art. 73 do Código de Ética Médica e art. 9º do Código de Ética do Psicólogo). - **Parágrafo único:** Prosseguir no interrogatório de quem decidiu exercer direito ao silêncio ou que optou por ser assistido por advogado/defensor, sem a presença deste. - **"aviso de Miranda"** (*Miranda warning*) construção jurisprudencial do direito norte-americano no caso Miranda *versus* Arizona, em que a Suprema Corte Americana absolveu acusado confesso que não havia sido alertado do seu direito ao silêncio e de ser assistido por advogado, fixando a partir daí o dever de os policiais comunicarem esses direitos logo no ato da captura. No Brasil, o tema já foi analisado pelo Supremo Tribunal Federal, que rechaçou o chamado interrogatório sub-reptício, que é aquele travestido de entrevista sem os alertas ao preso. - art. 7º, XXI, da Lei nº 8.906/1994 (Estatuto da OAB) prevê o direito de o advogado assistir seu cliente investigado durante o interrogatório, sob pena de nulidade absoluta do ato e dos elementos dele derivados.	detenção, de 1 (um) a 4 (quatro) anos, e multa
16	NÃO IDENTIFICAÇÃO OU FALSA IDENTIDADE DO RESPONSÁVEL PELA EXECUÇÃO DA PRISÃO	- ***Caput***: Deixar de identificar-se ou identificar-se falsamente ao preso por ocasião de sua captura ou quando deva fazê-lo durante sua detenção ou prisão. - A farda de policiais militares e o uniforme de guardas municipais contêm tarjeta de identificação; Na ausência de tarjeta ou restando inviável a identificação por razões de segurança, tumulto, etc., a identificação poderá ser feita no momento seguinte, após acalmados os ânimos. - **Parágrafo** único: responsável por interrogatório em sede de procedimento investigatório de infração penal, deixa de identificar-se ao preso ou atribui a si mesmo falsa identidade, cargo ou função; - Não há previsão do crime se o fato for praticado no interrogatório de pessoa solta.	detenção, de 6 (seis) meses a 2 (dois) anos, e multa
18	INTERROGATÓRIO DURANTE O REPOUSO NOTURNO	- Abrange apenas o interrogatório policial, e não o judicial ou mesmo o interrogatório em investigações do Ministério Público; - **Exceções**: interrogatório do preso em flagrante; e interrogatório do preso assistido e que consente em ser interrogado no repouso noturno;	detenção, de 6 (seis) meses a 2 (dois) anos, e multa.

		- Pessoa SOLTA pode ser interrogada normalmente; - **Há três correntes sobre o conceito de repouso noturno**: 1. É o período compreendido entre as 20 horas da noite e 6 horas da manhã, nos termos do art. 212 do CPC; 2. É o período das 21 horas até às 5 horas da manhã, diante do conceito trazido pela própria Lei de Abuso de Autoridade, em seu artigo art. 22, § 1º, III. 3. É o período em que costumeiramente as pessoas de determinada localidade estão repousando e não necessariamente à noite, eis que a lei fala em repouso noturno e não em período noturno, tal como no furto majorado pelo repouso noturno. Adotamos a segunda corrente.	
19	IMPEDIR OU RETARDAR PLEITO DE PRESO	- ***Caput***: Impedir ou retardar, injustificadamente, o envio de pleito de preso à autoridade judiciária competente para a apreciação da legalidade de sua prisão ou das circunstâncias de sua custódia. - O crime é direcionado principalmente à atuação do juiz e seus serventuários, pois no que se refere à comunicação da prisão em flagrante há crime mais específico no art. 12; - **Parágrafo único:** magistrado que, ciente do impedimento ou da demora, deixa de tomar as providências tendentes a saná-lo ou, não sendo competente para decidir sobre a prisão, deixa de enviar o pedido à autoridade judiciária que o seja.	detenção, de 1 (um) a 4 (quatro) anos, e multa
20	IMPEDIMENTO DE ENTREVISTA PESSOAL E RESERVADA DO PRESO COM SEU DEFENSOR	- ***caput:*** impedir que o advogado se entreviste reservadamente e pessoalmente com o preso. Pode ser praticado por qualquer agente público, tanto na fase policial como na fase judicial. - **justa causa:** afasta o crime, a exemplo de a entrevista ser impedida por razões de segurança momentâneas na cadeia anexa à delegacia. - **Parágrafo único:** crime do magistrado, que abrange tanto o impedimento de entrevista antes da audiência, como o impedimento de que o defensor se sente ao lado de seu patrocinado e com ele se comunique durante a audiência. - **Exceções**: durante o interrogatório, porque é ato pessoal, em que o interrogado não poderá consultar seu advogado; e no caso de videoconferência, ante a impossibilidade física do advogado sentar-se ao lado de seu assistido.	detenção, de 6 (seis) meses a 2 (dois) anos, e multa
21	MANUTENÇÃO DE PRESOS DO MESMO SEXO, OU MENORES COM ADULTOS NA MESMA CELA OU ESPAÇO DE CONFINAMENTO	**Separação de presos:** - **Homens de mulheres** (art. 82, § 1°, da Lei nº 7.210/1994). Violação pode configurar o crime; - **Adolescentes dos maiores de idade** (art. 175, § 2°, da Lei nº 8.069/1990). Violação pode configurar o crime; - Presos provisórios dos presos condenados (art. 84 da Lei nº 7.210/1994). Não há previsão no tipo. - Presos por prisão civil dos presos comuns (art. 528, § 4º, do Código de Processo Civil). Não há previsão no tipo. - **O Supremo Tribunal Federal, na ADI nº 4275**, reconheceu a identidade de gênero, permitindo inclusive sua alteração diretamente no registro civil independentemente de cirurgia.	detenção, de 1 (um) a 4 (quatro) anos, e multa.

		- **Resolução nº 01/2014 do Conselho Nacional de Política Criminal e Penitenciária**: 1. Preso travesti (sexo fisiológico masculino, mas apresentação social feminina, sem rejeitar o órgão sexual) e homem homossexual (gay) devem ficar em penitenciárias masculinas, mas separados da população geral. 2. Transexuais (psicologicamente de um gênero, mas anatomicamente de outro, rejeitando órgão sexual), masculinas e femininas, devem ficar em unidades prisionais femininas.	
22	VIOLAÇÃO DE DOMICÍLIO COM ABUSO DE AUTORIDADE	- Modalidade especial do crime de violação de domicílio do Código Penal e inclusive a Lei nº 13.869/2019 revogou expressamente o § 2º, do art. 150, do Código Penal; - No ***caput***, a conduta é invadir, adentrar, ou permanecer, clandestina ou astuciosamente, ou contra a vontade do ocupante; - **Conceito de casa:** 1. Imóvel alugado, mesmo que por temporada; 2. O quarto de *flat* e o hotel, que configuram aposento ocupado; 3. o estabelecimento empresarial nas partes de acesso restrito; 4. O veículo usado como moradia, tal como a boleia do caminhoneiro; 5. O gabinete de servidor público, mesmo que em prédio público, a exemplo do gabinete de Delegado Federal. **§ 1º, I: consentimento viciado por violência ou grave ameaça.** - **STJ**: no confronto entre a versão do policial e a do morador sobre a dita autorização, a dúvida não pode ser resolvida em favor do Estado. Assim, essa autorização deve ser colhida em gravação de vídeo e áudio. **§ 1º, III: cumprimento de mandado após as 21 horas ou antes das 5 horas.** - A Lei de Abuso de Autoridade regulamentou o conceito de dia para fins de cumprimento de mandado de busca? A **primeira corrente** sustenta que o horário previsto na Lei de Abuso de Autoridade serve apenas para a tipificação ou não do crime, e não se confunde com o conceito de "dia", que é quando há raios solares, sendo ilícita a prova se cumprido o mandado sem luz solar, ainda que depois das cinco horas da manhã e antes das nove da noite. **A segunda corrente** entende que a Lei de Abuso de Autoridade regulamentou o conceito de dia para fins de cumprimento de mandado de busca, porque é perfeitamente possível que a lei ordinária regulamente o conceito previsto na Constituição Federal, trazendo segurança jurídica e uniformidade conceitual para a diligência ser considerada lícita. É a nossa posição. - **Observação:** para fins de prova e até para a atuação na prática policial, até que se firme a jurisprudência sobre o tema, é mais seguro que o mandado de busca seja cumprido atendendo aos requisitos cumulativos, ou seja, fora do horário que a lei prevê e estando já fisicamente dia.	detenção, de 1 (um) a 4 (quatro) anos, e multa

		- **Excludente de tipicidade:** não haverá crime se o ingresso for para prestar socorro, ou quando houver fundados indícios que indiquem a necessidade do ingresso em razão de situação de flagrante delito ou de desastre - **Supremo Tribunal Federal** definiu, em repercussão geral (Tema 280), a tese de que: "a entrada forçada em domicílio sem mandado judicial só é lícita, mesmo em período noturno, quando amparada em fundadas razões, devidamente justificadas *a posteriori*, que indiquem que dentro da casa ocorre situação de flagrante delito, sob pena de responsabilidade disciplinar, civil e penal do agente ou da autoridade, e de nulidade dos atos praticados".	
23	FRAUDE PROCESSUAL NO CONTEXTO DE ABUSO DE AUTORIDADE	- Modalidade especial do crime de fraude processual do art. 347 do Código Penal. O crime do art. 23 é mais grave, tem finalidades diferentes e pode ser praticado inclusive no curso da diligência; - **Três finalidades alternativas:** 1. eximir-se de responsabilidade ou 2. de responsabilizar criminalmente alguém ou 3. agravar-lhe a responsabilidade; - **Parágrafo único.** Inciso I: para eximir-se de responsabilidade civil ou administrativa por excesso praticado no curso de diligência; Inciso II: omitir dados ou informações ou divulgar dados ou informações incompletos para desviar o curso da investigação, da diligência ou do processo;	detenção, de 1 (um) a 4 (quatro) anos, e multa
24	CONSTRANGIMENTO PARA QUE FUNCIONÁRIO DE HOSPITAL ATENDA PESSOA MORTA	- Criminaliza o socorro fraudulento que prejudica a apuração do crime. É o caso de policiais que socorrem pessoa falecida, geralmente em confronto, apenas para dar a impressão de que a ação foi legítima; - Exige grave ameaça ou violência física contra o funcionário do hospital - É crime bipróprio, pois exige qualidade especial do sujeito ativo (agente público) e do sujeito passivo (empregado ou funcionário de instituição hospitalar).	detenção, de 1 (um) a 4 (quatro) anos, e multa, além da pena correspondente à violência
25	OBTENÇÃO OU UTILIZAÇÃO DE PROVA POR MEIO MANIFESTAMENTE ILÍCITO	- Prova ilícita: que viola norma de direito material (penal ou constitucional), a exemplo da confissão obtida mediante tortura; - Prova ilegítima: que viola norma processual. - Em nosso entendimento, as provas ilegítimas não estão abrangidas pelo tipo. - A prova produzida ou utilizada deve ser manifestamente ilícita, ou seja, não pode haver dúvida doutrinária ou jurisprudencial sobre sua ilicitude ou não; - A utilização da prova ilícita em favor do investigado ou fiscalizado (prova ilícita pro reo) não configura o crime.	detenção, de 1 (um) a 4 (quatro) anos, e multa
27	REQUISIÇÃO OU INSTAURAÇÃO DE PROCEDIMENTO INVESTIGATÓRIO SEM QUALQUER INDÍCIO	- A conduta é requisitar ou instaurar. O sujeito ativo é o agente público com atribuição de requisitar (ordenar) ou de instaurar procedimento investigatório de infração penal ou administrativa;	detenção, de 6 (seis) meses a 2 (dois) anos, e multa

		- Polêmica da necessidade de acatamento das requisições ministeriais pela autoridade policial: a requisição tem força impositiva, porém se o seu conteúdo for ilegal a autoridade policial não deve atendê-la, devendo devolver o expediente com comunicação de suas razões ao órgão do Ministério Público requisitante, informando também suas autoridades correicionais. - **Parágrafo único:** excludentes de ilicitude, prevendo que não configura o crime a instauração de investigação preliminar sumária ou sindicância, desde que justificadas, porque ambas se destinam justamente a angariar elementos mínimos que amparem a posterior instauração de inquérito policial ou processo administrativo, respectivamente; - Distinção do art. 30 da Lei de Abuso de Autoridade e do art. 339 do Código Penal: vide tabela nos comentários ao art. 30.	
28	DIVULGAÇÃO DE GRAVAÇÃO SEM RELAÇÃO COM A PROVA EXPONDO A VIDA PRIVADA DE INVESTIGADO OU ACUSADO	- É necessário que a gravação ou trecho divulgados não tenham relação com a prova e devem ter o condão de expor a intimidade ou vida privada, ou de ferir a honra ou imagem do investigado ou acusado. - Exemplo: diivulgação de trecho interceptação telefônica em que o investigado conversa com sua amante - Se tiver relação com os fatos em apuração, o crime estará afastado por falta de previsão legal. Mas a conduta poderá configurar o crime do artigo 10 ou do artigo 10-A, ambos da Lei nº 9.296/1996, na parte em que tratam da quebra de segredo da Justiça.	detenção, de 1 (um) a 4 (quatro) anos, e multa
29	PRESTAR INFORMAÇÃO FALSA SOBRE PROCEDIMENTO	- Abrange procedimento judicial, policial, fiscal ou administrativo - Com o fim de prejudicar interesse de investigado: diante da especificidade do termo investigado, pensamos que não abarca a fase processual; - Exclusivamente com a finalidade especial de prejudicar interesse de investigado: o tipo restringiu ainda mais o dolo específico do art. 1º, §1º.	detenção, de 6 (seis) meses a 2 (dois) anos, e multa
30	INICIAR OU PROCEDER À PERSECUÇÃO SEM JUSTA CAUSA OU CONTRA INOCENTE	- As condutas são de dar início (instaurar ou provocar instauração) e proceder (prosseguir) na persecução penal, civil ou administrativa; - **Duas formas:** a primeira é agir sem justa causa, falta de indícios de autoria e prova da existência do crime. E a segunda é agir contra alguém que se sabe inocente, o que revela que essa modalidade só admite dolo direto. - **O Conselho Nacional de Procuradores-Gerais** (CNPG) e o Grupo Nacional de Coordenadores de Centro de Apoio Criminal editaram o **Enunciado nº 20**, que revela o entendimento padrão no sentido de que "o crime do art. 30 da Lei de Abuso de Autoridade deve ser declarado, incidentalmente, inconstitucional. Não apenas em razão de a elementar "justa causa" ser expressão vaga e indeterminada, como também porque gera retrocesso na tutela dos bens jurídicos envolvidos, já protegidos pelo art. 339 do CP, punido, inclusive, com pena em dobro"	detenção, de 1 (um) a 4 (quatro) anos, e multa.

		- **Distinção do art. 27** da Lei de Abuso de Autoridade e do art. 339 do Código Penal: vide tabela nos comentários ao art. 30.	
31	PROCRASTINAÇÃO DE INVESTIGAÇÃO EM PREJUÍZO DO INVESTIGADO OU FISCALIZADO	- Exige-se que seja exclusivamente com a finalidade de prejudicar o investigado ou fiscalizado. O tipo restringiu o dolo específico do art. 1º, §1º; - O termo "injustificadamente" é elemento normativo do tipo do *caput*, revelando que se houver justificativa para o atraso não haverá o crime. No parágrafo único, a expressão é estender de "forma imotivada", revelando que se houver motivo o crime não se configurará.	detenção, de 6 (seis) meses a 2 (dois) anos, e multa
32	NEGATIVA DE ACESSO AOS AUTOS DE INVESTIGAÇÃO	A conduta é de negar acesso aos autos, ou ainda de impedir (obstar), a extração de cópias, e abrange qualquer procedimento investigatório criminal, civil ou administrativo. - O rol menciona autos de investigação preliminar, termo circunstanciado, e inquérito, mas é exemplificativo, porque é seguido da cláusula geral "qualquer outro procedimento investigatório de infração penal, civil ou administrativa"; - Níveis de sigilo na investigação: **1. Publicidade externa:** é a regra, de que todo interessado pode acessar os autos e o advogado mesmo sem procuração (art. 7º, XIV, do Estatuto da OAB); **2. Publicidade apenas interna:** também chamada de sigilo externo, quando os autos estiverem sob "segredo de justiça" e acessíveis apenas pelos diretamente interessados e pelo advogado munido de procuração (art. 7º, § 10º, do Estatuto da OAB); **3. Sigilo interno**: excepcional restrição às diligências em andamento ainda não documentadas, cujo acesso é restrito às autoridades e agentes públicos (art. 7º, § 11, do Estatuto da OAB). - **Súmula vinculante nº 14 do STF:** é direito do defensor, no interesse do representado, ter acesso amplo aos elementos de prova que, já documentados em procedimento investigatório realizado por órgão com competência de polícia judiciária, digam respeito ao exercício do direito de defesa. - A violação de outras prerrogativas do advogado pode configurar outros crimes. Vide tabela nos comentários ao art. 43.	detenção, de 6 (seis) meses a 2 (dois) anos, e multa
33	EXIGÊNCIA DE INFORMAÇÃO OU OBRIGAÇÃO SEM EXPRESSO AMPARO LEGAL	No ***caput***, a conduta é de exigir sem amparo legal, informação, cumprimento de obrigação, ou que alguém faça ou não faça algo; - A existência de amparo legal afasta o crime. Exemplo: requisição de informações por Delegado de Polícia, prevista no art. 2º, § 2º, da Lei nº 12.830/2013; - O verbo exigir não abrange violência ou grave ameaça, que se houver poderá configurar o crime de extorsão; - Difere do crime de concussão e do de corrupção passiva dos arts. 316 e 317 do Código Penal porque no crime de abuso de autoridade não há menção à vantagem indevida;	detenção, de 6 (seis) meses a 2 (dois) anos, e multa

		- No **parágrafo único**, a lei penal se volta às condutas vulgarmente conhecidas como "carteiradas" dos agentes que se valem de seus cargos para obterem vantagem ou tratamento diferenciado como, por exemplo, evitar filas de eventos festivos, ingressarem em casas noturnas sem pagar, etc. - Na figura do parágrafo único há menção à vantagem indevida, tal como nos crimes de corrupção e concussão. Entretanto, nestes há uma negociação criminosa por algum ato relacionado à função pública específica do agente. - **Pequenas doações ocasionais** recebidas pelo funcionário em gesto de apreço, ou a cortesia na alimentação, comum com relação a profissionais da segurança, saúde, e socorro, não configuram nem o crime de corrupção, nem o crime de abuso de autoridade.	
36	DECRETAÇÃO EXACERBADA DE INDISPONIBILIDADE DE ATIVOS FINANCEIROS	- A conduta é de decretar em processo judicial (ação), competência própria dos magistrados (juízes, desembargadores, ministros) nos processos judiciais. - Deve ainda ser seguida da omissão em corrigir, após a demonstração da excessividade. - Exacerbadamente é elemento normativo do tipo de difícil conceituação.	detenção, de 1 (um) a 4 (quatro) anos, e multa
37	DEMORA INJUSTIFICADA NO EXAME DE PROCESSO EM ÓRGÃO COLEGIADO	- O crime é praticado por quem requereu vista em órgão colegiado, mas o sujeito ativo não é exclusivamente magistrado, podendo ser praticado também por integrantes de órgãos colegiados administrativos e políticos, como Tribunais de Contas, ou ainda por magistrados de primeira instancia atuando em turmas recursais dos Juizados especiais criminais. - A demora deve ser **demasiada** e **injustificada**, dois elementos normativos do tipo de difícil conceituação na prática. - O **art. 940, § 1º, do CPC** fixa o prazo de 10 dias para o magistrado proferir seu voto após pedir vista, com possibilidade de uma prorrogação.	detenção, de 6 (seis) meses a 2 (dois) anos, e multa
38	ANTECIPAÇÃO DE ATRIBUIÇÃO DE CULPA POR MEIO DE COMUNICAÇÃO	- Busca coibir o abuso na divulgação midiática da apuração pelo responsável pelas investigações. Exemplo: delegado de polícia que dá entrevista afirmando que determinado indivíduo é, com certeza, o autor do crime, antes mesmo de finalizar o inquérito, apenas para satisfazer seu ego perante a imprensa (satisfação pessoal); - O crime não impede a divulgação dos fatos e da apuração, desde que não haja a atribuição de culpa ou juízo de valor sobre a responsabilidade, antes de finalizada a investigação e formalizada a acusação. - A apuração é finalizada quando não há mais diligências a serem realizadas. Já a formalização da acusação ocorre, por exemplo, no âmbito criminal com o oferecimento da denúncia.	detenção, de 6 (seis) meses a 2 (dois) anos, e multa.

14.9.28. Art. 39: procedimento no processo e julgamento dos crimes de abuso de autoridade

Art. 39. Aplicam-se ao processo e ao julgamento dos delitos previstos nesta Lei, no que couber, as disposições do **Dec.-lei nº 3.689, de 3 de outubro de 1941** (Código de Processo Penal), e da **Lei nº 9.099, de 26 de setembro de 1995.**

A Lei de Abuso de Autoridade expressamente prevê a aplicação da Lei nº 9.099/1995 (juizados especiais cíveis e criminais) aos crimes de abuso de autoridade.

Como são consideradas infrações de menor potencial ofensivo todas aquelas com **pena máxima não superior a dois anos**, verifica-se que são de competência do Juizado Especial Criminal os crimes dos arts. **12, 16, 18, 20, 27, 29, 31, 32, 37, e 38** da Lei de Abuso de Autoridade.

Atenção:

o benefício da **suspensão condicional do processo** (art. 89 da Lei nº 9.099/1995) se aplica **em tese a todos** os crimes de abuso de autoridade, eis que a pena mínima de todos não supera um ano.

Já no que se refere à **aplicação do Código de Processo Penal**, o art. 1º *caput* do CPP já prevê que "o processo penal reger-se-á, em todo o território brasileiro" pelo referido Código, sem ressalvar os crimes de abuso de autoridade. Daí que se entende que a previsão do art. 39 da Lei de Abuso de Autoridade seria totalmente desnecessária.

A **questão relevante** que surge é saber se os crimes de abuso de autoridade se sujeitam **ao rito dos arts. 513 a 518 do Código de Processo Penal**, específico para os denominados **crimes funcionais.**

Atenção:

no caso dos **crimes de abuso de autoridade de menor potencial ofensivo o rito não se aplicará,** porque serão delitos de competência **do Juizado Especial Criminal.** Mas para os demais crimes deverá ser observado referido procedimento especial.

Uma das peculiaridades mais importantes é que esse **rito prevê** a apresentação defesa antes do primeiro ato de recebimento da denúncia, possibilitando convencer o juiz a não receber a acusação. A **falta de oportunidade ao acusado de apresentação da defesa preliminar** ensejará nulidade, mas o acusado pode deixar de apresentá-la, não sendo obrigado, e não haverá nulidade se o prazo para o ato for ofertado.

Atenção:

esse procedimento especial **não se aplica ao particular corréu com o servidor,** porque a defesa preliminar do art. 514 do CPP se presta a evitar que o funcionário público seja perseguido pelo exercício de suas funções, ofertando-lhe uma chance prévia de demonstrar a inexistência do crime ou a improcedência da ação.[71]

14.9.29. Art. 40: Alterações na Lei de Prisão Temporária

> **Art. 40.** O art. 2º da **Lei nº 7.960, de 21 de dezembro de 1989**, passa a vigorar com a seguinte redação:
>
> "Art.2º..
>
> **§ 4º-A** O mandado de prisão conterá necessariamente o período de duração da prisão temporária estabelecido no caput deste artigo, bem como o dia em que o preso deverá ser libertado..........................
>
> **§ 7º** Decorrido o prazo contido no mandado de prisão, a autoridade responsável pela custódia deverá, independentemente de nova ordem da autoridade judicial, pôr imediatamente o preso em liberdade, salvo se já tiver sido comunicada da prorrogação da prisão temporária ou da decretação da prisão preventiva.
>
> **§ 8º** Inclui-se o dia do cumprimento do mandado de prisão no cômputo do prazo de prisão temporária." (NR)

O art. 40 **acrescentou dispositivos na lei de prisão temporária** consolidando que o mandado de prisão deverá conter o tempo de duração da prisão e que **escoado o prazo da prisão o preso deve ser posto em liberdade sem necessidade de nova decisão judicial.**

Tratando-se de prazo material (prisão), **o dia inicial também é computado,** ao contrário dos prazos processuais, em que o dia inicial é excluído. Para maiores detalhes remetemos o leitor aos comentários à Lei nº 7960/1989.

14.9.30. Art. 41: Alteração na Lei nº 9.296/1996 (Interceptação Telefônica)

> **Art. 41.** O art. 10 da **Lei nº 9.296, de 24 de julho de 1996**, passa a vigorar com a seguinte redação:
>
> "Art. 10. Constitui crime realizar interceptação de comunicações telefônicas, de informática ou telemática, promover escuta ambiental ou quebrar segredo da Justiça, sem autorização judicial ou com objetivos não autorizados em lei:
>
> **Pena** – reclusão, de 2 (dois) a 4 (quatro) anos, e multa.
>
> **Parágrafo único.** Incorre na mesma pena a autoridade judicial que determina a execução de conduta prevista no caput deste artigo com objetivo não autorizado em lei." (NR)

71 "Não ostentando o agente a qualidade de agente público, não há que se falar em aplicação do art. 514 do Código de Processo Penal." STJ. AgRg no REsp 1273837/SP– 5ª T. – rel. Min. Jorge Mussi – j. 5-2-2013 – *DJe* 15-2-2013.

O art. 41 **modificou o crime do art. 10 da Lei nº 9.296/1996** (interceptação telefônica), inserindo expressamente a possibilidade da conduta criminosa abranger a **escuta ambiental** sem autorização judicial ou com objetivos não autorizados em lei, e inserindo também a possibilidade da **autoridade judicial** cometer o crime ao determinar a execução da medida ilegal. Para maiores detalhes sobre o crime remetemos o leitor aos comentários à referida lei.

14.9.31. Art. 42: Alteração nos efeitos da condenação por crime do Estatuto da Criança e do Adolescente

> **Art. 42.** A <u>**Lei nº 8.069, de 13 de julho de 1990**</u> (Estatuto da Criança e do Adolescente), passa a vigorar acrescida do seguinte art. 227-A:
>
> "Art. 227-A Os efeitos da condenação prevista no inciso I do *caput* do art. 92 do Decreto-Lei nº 2.848, de 7 de dezembro de 1940 (Código Penal), para os crimes previstos nesta Lei, praticados por servidores públicos com abuso de autoridade, são condicionados à ocorrência de reincidência.
>
> **Parágrafo único.** A perda do cargo, do mandato ou da função, nesse caso, independerá da pena aplicada na reincidência."

O art. 42 modificou a sistemática dos **efeitos da condenação** dos **crimes do Estatuto da Criança e do Adolescente que forem praticados com abuso de autoridade,** deixando-os com tratamento igual ao que foi dado aos crimes de abuso de autoridade (art. 4º, parágrafo único, da Lei nº 13.869/2019).

São condutas que configurariam crime de abuso de autoridade, porém como tem vítima criança ou adolescente, estão tipificados de forma especial no Estatuto da Criança e do Adolescente. Veja-se, a título de exemplo, alguns crimes do ECA que podem ser praticados com abuso de autoridade:

Crimes do Estatuto da Criança e do Adolescente praticados por servidores públicos com abuso de autoridade	
Art. 231	Deixar a autoridade policial responsável pela apreensão de criança ou adolescente de fazer imediata comunicação à autoridade judiciária competente e à família do apreendido ou à pessoa por ele indicada
Art. 232	Submeter criança ou adolescente sob sua autoridade, guarda ou vigilância a vexame ou a constrangimento
Art. 234	Deixar a autoridade competente, sem justa causa, de ordenar a imediata liberação de criança ou adolescente, tão logo tenha conhecimento da ilegalidade da apreensão
Art. 235	Descumprir, injustificadamente, prazo fixado nesta Lei em benefício de adolescente privado de liberdade.

O dispositivo trata do **efeito da condenação de perda do cargo, função ou mandato,** que antes dependia de condenação à pena privativa de liberdade igual ou superior ou um ano, pouco importando se o condenado fosse primário ou reincidente, porque seguia a regra do **art. 92, I, *a* do Código Penal.**

Com a mudança, a perda depende apenas de condenação definitiva, **independentemente da pena aplicada, mas desde que seja reincidente.** Para maior aprofundamento, remetemos o leitor aos comentários ao **art. 4º da Lei nº 13.869/2019.**

Importante para Concursos:

o art. 4º, parágrafo único, da Lei nº 13.869/2019 exige reincidência específica em crime de abuso de autoridade, ao passo que a previsão inserida no **art. 227-A do Estatuto da Criança e do Adolescente fala apenas em reincidência**, o que pode ser objeto de questão em prova objetiva.

14.9.32. Art. 43: Alteração do Estatuto da OAB para incluir crimes de violação de direito ou prerrogativa de advogado

Art. 43. A **Lei nº 8.906, de 4 de julho de 1994**, passa a vigorar acrescida do seguinte art. 7º-B:

'Art. 7º-B Constitui crime violar direito ou prerrogativa de advogado previstos nos incisos II, III, IV e V do caput do art. 7º desta Lei:

Pena – detenção, de 3 (três) meses a 1 (um) ano, e multa.'"

A lei inseriu o **art. 7º-B na Lei nº 8.906/1994** (Estatuto da OAB) para **prever como crime a violação de alguns direitos dos advogados**, especificamente os previstos nos **incisos II, III, IV, e V, do art. 7º, do Estatuto da OAB,** que são as prerrogativas que o legislador entendeu mais importantes a ponto de eleger como crime violá-las.

É um crime inserido no Estatuto da OAB e não na Lei de Abuso de Autoridade, razão pela qual pensamos que a ele não se aplica a sistemática da Lei nº 13.869/2019, **não se exigindo, portanto, o elemento subjetivo específico do art. 1º, § 1º, da Lei nº 13.869/2019.**

As prerrogativas cuja violação dolosa ensejará o crime são as dos **incisos II, III, IV, e V, do art. 7º, do Estatuto da OAB:**

Inciso II: a inviolabilidade de seu escritório ou local de trabalho, bem como de seus instrumentos de trabalho, de sua correspondência escrita, eletrônica, telefônica e telemática, desde que relativas ao exercício da advocacia;

Atenção:

se houver indícios da prática de crime pelo advogado não se aplica a inviolabilidade, sendo permitido que o juiz determine busca e apreensão no escritório de advocacia, caso em que a medida deve ser acompanhada de um representante da OAB (§ 6º do mesmo art. 7º do Estatuto da OAB).

Inciso III: comunicar-se com seus clientes, pessoal e reservadamente, mesmo sem procuração, quando estes se acharem presos, detidos ou recolhidos em estabelecimentos civis ou militares, ainda que considerados incomunicáveis;

Atenção:

a violação à prerrogativa de **entrevista** com o cliente pode configurar também **crime específico do art. 20 da Lei de Abuso de Autoridade**. Para maior aprofundamento, remetemos o leitor aos comentários a esse artigo, e à tabela comparativa ao final deste capítulo.

Inciso IV: ter a presença de representante da OAB, quando preso em flagrante, por motivo ligado ao exercício da advocacia, para lavratura do auto respectivo, sob pena de nulidade e, nos demais casos, a comunicação expressa à seccional da OAB;

Atenção:

quando o advogado é preso em flagrante deve ter um representante da OAB, geralmente da comissão de prerrogativas, acompanhando sua prisão. Entretanto, **somente se a prisão for por motivo ligado ao exercício da advocacia**. Se for por outro caso, como, por exemplo, caso o advogado seja flagrado dirigindo embriagado, basta apenas comunicação do fato à OAB.

Inciso V: não ser recolhido preso, antes de sentença transitada em julgado, senão em sala de Estado Maior, com instalações e comodidades condignas, e, na sua falta, em prisão domiciliar;

Atenção:

sala de estado maior é compartimento de unidade militar, que se distingue de uma cela por não possuir necessariamente grades. Se não houver, a lei determina que o advogado fique em prisão domiciliar, porém a **jurisprudência admite alocação em cela separada**, com garantias mínimas de salubridade.[72] Se aplica apenas à prisão cautelar.

14.9.32.1. Tabela comparativa da criminalização da violação dos direitos do advogado

Além do art. 7º-B do Estatuto da OAB, a alguns crimes da própria Lei de Abuso de Autoridade também protegem direitos do advogado previstos no art. 7º do Estatuto da OAB. Para facilitar a visualização e os potenciais conflitos aparentes entre essas normas, confira no quadro a seguir como está a proteção penal dos direitos do advogado.

72 "PRISÃO ESPECIAL. Advogado. Prisão preventiva. Cumprimento. Estabelecimento com cela individual, higiene regular e condições de impedir contato com presos comuns. Suficiência. Falta, ademais, de contestação do paciente. Interpretação do art. 7º, V, da Lei nº 8.906/1994 – Estatuto da Advocacia, à luz do princípio da igualdade. Constrangimento ilegal não caracterizado". STF. HC 93391/RJ – 2ª T. – rel. Min. Cezar Peluso – j. 15-4-2008 – publicação: 9-5-2008.

Previsão	Direito do advogado	Violação gera crime na Lei nº 8.906/1994?	Violação pode gerar crime na Lei nº 13.869/2019?
Art. 7º, III da Lei nº 8.906/1994	Comunicar-se com seus clientes, pessoal e reservadamente, mesmo sem procuração, quando estes se acharem presos, detidos ou recolhidos em estabelecimentos civis ou militares, ainda que considerados incomunicáveis;	Art. 7º-B da Lei nº 8.906/1994: Detenção de três meses a um ano.	Art. 20 da Lei nº 13.869/2019: Detenção de seis meses a dois anos
Art. 7º, II da Lei nº 8.906/1994	Inviolabilidade de seu escritório ou local de trabalho, bem como de seus instrumentos de trabalho, de sua correspondência escrita, eletrônica, telefônica e telemática, desde que relativas ao exercício da advocacia;	Art. 7º-B da Lei nº 8.906/1994: Detenção de três meses a um ano.	Art. 22 da Lei nº 13.869/2019: Detenção de um a quatro anos
Art. 7º, XIV da Lei nº 8.906/1994	Examinar, em qualquer instituição responsável por conduzir investigação, mesmo sem procuração, autos de flagrante e de investigações de qualquer natureza, findos ou em andamento, ainda que conclusos à autoridade, podendo copiar peças e tomar apontamentos, em meio físico ou digital;	-	Art. 32 da Lei nº 13.869/2019: Detenção de seis meses a dois anos
Art. 7º, IV da Lei nº 8.906/1994	Ter a presença de representante da OAB, quando preso em flagrante, por motivo ligado ao exercício da advocacia, para lavratura do auto respectivo, sob pena de nulidade e, nos demais casos, a comunicação expressa à seccional da OAB	Art. 7º-B da Lei nº 8.906/1994: Detenção de três meses a um ano.	-
Art. 7º, V da Lei nº 8.906/1994	Não ser recolhido preso, antes de sentença transitada em julgado, senão em sala de Estado Maior, com instalações e comodidades condignas e, na sua falta, em prisão domiciliar	Art. 7º-B da Lei nº 8.906/1994: Detenção de três meses a um ano.	-

14.9.33. Art. 44: Revoga a Lei nº 4.898/1965 e dispositivos do Código Penal

Art. 44. Revogam-se a **Lei nº 4.898, de 9 de dezembro de 1965**, e o **§ 2º do art. 150** e o **art. 350, ambos do Decreto-Lei nº 2.848, de 7 de dezembro de 1940** (Código Penal).

A Lei nº 13.869/2019 **revogou expressamente a Lei de Abuso de Autoridade anterior** (Lei nº 4.898/1965). Também **revogou a causa de aumento do crime de violação de domicílio** quando praticado por agente público (art. 150, § 2º, do Código Penal), conduta que está tipificada agora no art. 22 Lei nº 13.869/2019. Revogou ainda **o crime do art. 350 do Código Penal,** de exercício arbitrário ou abuso de poder, **que está agora tipificado** no art. 9º da Lei nº 13.869/2019.

14.9.34. Art. 45: Vigência da Lei de Abuso de Autoridade

Art. 45. Esta Lei entra em vigor após decorridos 120 (cento e vinte) dias de sua publicação oficial.

A Lei de Abuso de Autoridade **entrou em vigor em 3 de janeiro de 2020** com relação à maior parte de seu texto.

Entretanto, houve retificação no **art. 13 da Lei nº 13.869/2019,** pois foi publicado originalmente sem a pena correspondente, o que foi ajustado com publicação retificadora em 18 de setembro de 2019, que **entrou em vigor em 16 de janeiro de 2020**.

Por fim, os **arts. 3º, 9º, 13, III, 15, parágrafo único, I e II, 16, 20, 30, 32, 38 e 43** haviam sido vetados pelo Presidente da República, porém os **vetos foram derrubados** pelo Congresso Nacional, levando a nova publicação em 27 de setembro de 2019. Com relação a esses crimes a vigência se iniciou em **25 de janeiro de 2020.**

14.10. Quadro sinótico das disposições finais

PROCEDIMENTO E DISPOSIÇÕES FINAIS	
Art. 39: procedimento	– Aplica-se o Código de Processo Penal e a Lei nº 9.099/1995 – São de competência do Juizado Especial Criminal os crimes dos arts. 12, 16, 18, 20, 27, 29, 31, 32, 37, e 38 da Lei de Abuso de Autoridade. – O benefício da suspensão condicional do processo (art. 89 da Lei nº 9.099/1995) se aplica em tese a todos os crimes de abuso de autoridade, eis que a pena mínima de todos não supera um ano. – O rito dos arts. 513 a 518 do CPP se aplica aos crimes de abuso de autoridade que não forem de menor potencial ofensivo. Assim, deve haver apresentação defesa antes do primeiro ato de recebimento da denúncia, possibilitando convencer o juiz a não receber a acusação. – Mas esse procedimento especial não se aplica ao particular corréu com o agente público.
Art. 40: alterações na Lei de Prisão Temporária	– Mandado de prisão deve ter o tempo de duração da prisão – Escoado o prazo o preso deve ser posto em liberdade sem necessidade de outra decisão; – O dia do cumprimento deve ser computado no prazo
Art. 41: alterações na Lei de Interceptação telefônica	– Alterou a redação do artigo 10 para incluir a conduta de promover escuta ambiental ilícita; – Inseriu o parágrafo único nesse artigo prevendo a possibilidade de a autoridade judicial cometer o crime ao determinar a execução da medida ilegal;
Art. 42: alteração nos efeitos da condenação nos crimes do ECA	O art. 42 modificou a sistemática dos efeitos da condenação dos crimes do Estatuto da Criança e do Adolescente que forem praticados com abuso de autoridade, deixando-os com tratamento igual ao que foi dado aos crimes de abuso de autoridade. Vide art. 4º, parágrafo único, da Lei nº 13.869/2019.
Art. 43: crime no Estuto da OAB	– Inseriu o art. 7º – B na Lei nº 8.906/1994 (Estatuto da OAB) para prever como crime a violação de alguns direitos dos advogados, especificamente os previstos nos incisos II, III, IV, e V, do art. 7º do Estatuto da OAB. – Como é um crime inserido no Estatuto da OAB e não na Lei de Abuso de Autoridade, não se exige o elemento subjetivo específico do art. 1º, § 1º, da Lei nº 13.869/2019. – Vide tabela comparativa nos comentários ao art. 43.
Art. 44: revogações	– Revogou expressamente a Lei de Abuso de Autoridade anterior (Lei nº 4.898/1965). – Revogou a causa de aumento do crime de violação de domicílio quando praticado por agente público (art. 150, § 2º, do Código Penal), conduta que está tipificada agora no art. 22 Lei nº 13.869/2019. – Revogou o crime do art. 350 do Código Penal, de exercício arbitrário ou abuso de poder, que está agora tipificado no art. 9º da Lei nº 13.869/2019.
Art. 45: vigência	– A Lei de Abuso de Autoridade entrou em vigor em 3 de janeiro de 2020 com relação à maior parte de seu texto. – Foi publicada retificação no art. 13 da Lei nº 13.869/2019, que entrou em vigor em 16 de janeiro de 2020. – Com a derrubada de vetos dos arts. 3º, 9º, 13, III, 15, parágrafo único, I e II, 16, 20, 30, 32, 38 e 43 eles foram publicados posteriormente e entraram em vigor em 25 de janeiro de 2020.

14.11. Questões de concurso

1. **(PC/PA – Escrivão de Polícia Civil – INSTITUTO AOCP – 2021)** Referente à Lei de Abuso de Autoridade (Lei nº 13.869/2019), assinale a alternativa INCORRETA.

A) A divergência na interpretação de lei ou na avaliação de fatos e provas não configura abuso de autoridade.

B) Os crimes previstos nessa Lei são de ação penal pública incondicionada.

C) São possíveis efeitos da condenação, dentre outros, a inabilitação para o exercício de cargo, mandato ou função pública, pelo período de um a oito anos.

D) A perda do cargo, do mandato ou da função pública, como efeito da condenação, está condicionada à ocorrência de reincidência em crime de abuso de autoridade e não é automática, devendo ser declarada motivadamente na sentença.

E) Entre as possíveis penas restritivas de direitos substitutivas das privativas de liberdade, está a suspensão do exercício do cargo, da função ou do mandato, pelo prazo de um a seis meses, com a perda dos vencimentos e das vantagens.

Gabarito: C.

2. **(PF – Delegado de Polícia Federal – CESPE – 2021)** Com relação aos crimes previstos em legislação especial, julgue o item a seguir.

A antecipação, por delegado da Polícia Federal, por meio de rede social, da atribuição de culpa, antes de concluídas as apurações e formalizada a acusação, caracteriza crime previsto na Lei de Abuso de Autoridade.

Gabarito: Certo.

3. **(PRF – Policial Rodoviário Federal – CESPE – 2021)** A respeito da identificação criminal, do crime de tortura, do abuso de direito, da prevenção do uso indevido de drogas, da comercialização de armas de fogo e dos crimes hediondos, julgue o item que se segue.

Qualquer agente público, ainda que não seja servidor e não perceba remuneração, pode ser sujeito ativo do crime de abuso de autoridade.

Gabarito: certo.

4. **(PC/PR – Delegado de Polícia – NC-UFPR – 2021)** Sobre a Lei nº 13.869/2019, que dispõe sobre os crimes de abuso de autoridade, assinale a alternativa correta.

A) O interrogatório pode ser realizado em período de repouso noturno, sem que a realização do ato constitua abuso de autoridade nas hipóteses de cumprimento de prisão preventiva, temporária e captura em flagrante, ainda que sem a concordância do preso.

B) É típica a conduta da autoridade que deixa de comunicar imediatamente a prisão de qualquer pessoa e o local onde se encontra esse preso à sua família ou à pessoa por ele indicada.

C) Os crimes de abuso de autoridade só se processam mediante representação da vítima.

D) É atípica a conduta da autoridade que prossegue com o interrogatório de pessoa que tenha decidido exercer o direito ao silêncio.

E) A divergência na interpretação de lei ou na avaliação de fatos e provas não serve como fundamento para afastar a configuração de abuso de autoridade.

Gabarito: B.

5. **(MPM – Promotor de Justiça Militar – MPM – 2021)** A Lei nº 13.869, de 5 de setembro de 2019, dispõe sobre os crimes de abuso de autoridade, cometidos por agente público. Sobre os aspectos administrativos da nova legislação, assinale a alternativa correta:

A) A nova lei não se aplica aos membros do Ministério Público e do Judiciário, pois a sua incidência no caso importaria em violação à autonomia funcional.

B) Faz coisa julgada em âmbito cível, assim como no administrativo disciplinar, a sentença penal que reconhecer ter sido o ato praticado em legítima defesa ou no exercício regular de direito.

C) Caso seja reconhecida, em sentença penal, a negativa de autoria ou a inexistência do fato imputado como crime de abuso de autoridade, a responsabilidade administrativa pelo mesmo fato praticado por agente público poderá ser apurada caso seja obtida nova prova, não considerada na sentença penal absolutória.

D) A aplicação de sanção administrativa pela prática de ato tipificado também na legislação como crime de abuso de autoridade não depende do trânsito em julgado da condenação criminal correlata; todavia, a sanção administrativa aplicada será anulada em caso de sentença penal absolutória por insuficiência de provas.

Gabarito: B.

6. (PEFOCE – Auxiliar de Perícia – IDECAN – 2021) Marcelo, indiciado em inquérito policial que apura prática de delito de extorsão, é chamado a depor pela autoridade policial. Ao comparecer, opta por ser assistido por seu advogado. Todavia, enquanto aguarda a chegada do patrono, é constrangido pela autoridade policial, que passa a fazer insinuações no sentido de que, se Marcelo não colaborasse, não desse seu depoimento logo, poderia sair dali preso. Nessa hipótese, assinale a alternativa correta.

A) Embora não tenha agido corretamente, a autoridade policial não praticou crime algum, pois, na fase pré-processual, é possível inquirir pessoas sem a presença de advogado.

B) Não houve prática de delito no caso em tela, pois, na fase pré-processual, não há previsão de contraditório nem ampla defesa.

C) Agiu corretamente a autoridade policial, pois a falta de cooperação do indiciado traduz comportamento que deve ser reprimido.

D) Na hipótese, somente ocorreria delito previsto na lei de abuso de autoridade se o delegado realizasse o constrangimento mediante violência ou grave ameaça.

E) A autoridade policial praticou delito previsto na lei de abuso de autoridade. Embora seja possível inquirir pessoas sem a presença de advogado na fase pré-processual, sua presença se impõe quando investigado fizer essa opção.

Gabarito: E.

7. (PC/DF – Agente de Polícia – CESPE – 2021) Com base na legislação relativa a crimes de abuso de autoridade e atos de improbidade administrativa, julgue o item subsequente.

Caracteriza abuso de autoridade o cumprimento de mandado de busca e apreensão domiciliar fora do horário do expediente forense, se feito sem justa causa.

Gabarito: errado.

8. (PEFOCE – Auxiliar de Perícia – IDECAN – 2021) Ivo foi preso em flagrante pela prática de delito de roubo com emprego de arma de fogo. Mesmo após 24 horas do flagrante, e sem qualquer justificativa, a autoridade policial ainda não havia feito a necessária comunicação da prisão em flagrante à autoridade judiciária. Nessa hipótese, é correto afirmar que

A) a atitude da autoridade policial configura crime previsto na lei de abuso de autoridade; crime omissivo próprio que inadmite tentativa, consumando-se com a mera omissão.

B) a atitude da autoridade policial configura crime previsto na lei de abuso de autoridade, mas na modalidade tentada, pois o prazo para a comunicação da prisão ainda não expirou com as 24 horas.

C) a autoridade policial não praticou crime algum, mas a prisão em flagrante será considerada ilegal e, portanto, deverá ser imediatamente relaxada.

D) a autoridade policial não praticou crime algum, mas será possível ao defensor de Ivo entrar com pedido de habeas corpus em virtude da ilegalidade da prisão.

E) a autoridade policial praticou crime de constrangimento ilegal e cárcere privado; além disso, a prisão será considerada ilegal e poderá anular todo o processo.

Gabarito: A.

9. **(PC/PR – Delegado de Polícia – NC-UFPR – 2021)** A nova lei de abuso de autoridade (Lei 13.869/19) trouxe inovações consideráveis. A legislação anterior, existente desde 1965, visava exclusivamente o Poder Executivo. Com a novel legislação, membros do Legislativo, do Judiciário, do Ministério Público e de Tribunais ou Conselhos de Contas também podem ser alvos de penalidades. Sobre a lei de abuso de autoridade, considere as seguintes afirmativas:

1. A lei não traz sanções administrativas ou civis específicas a serem aplicadas no caso de prática de crime de abuso de autoridade, mas apenas reforça a independência das instâncias.
2. A decisão do juízo penal sobre as excludentes de ilicitude previstas no art. 23 do Código Penal é soberana, não podendo o tema ser revisto na instância cível e administrativa.
3. Em caso de reincidência, poderá haver a perda do cargo do serventuário ou autoridade e a inabilitação para a retomada ao serviço público por um prazo de até 5 anos.
4. Os crimes da lei de abuso de autoridade são perseguidos mediante ação penal pública incondicionada.

Assinale a alternativa correta.

A) Somente a afirmativa 1 é verdadeira.

B) Somente as afirmativas 1 e 4 são verdadeiras.

C) Somente as afirmativas 2 e 3 são verdadeiras.

D) Somente as afirmativas 2, 3 e 4 são verdadeiras.

E) As afirmativas 1, 2, 3 e 4 são verdadeiras.

Gabarito: E.

10. **(PC/PR – Investigador de Polícia – NC-UFPR – 2021)** Considere as seguintes ações:

1. Submeter preso capturado em flagrante delito à realização de interrogatório policial durante o período de repouso noturno.
2. Utilizar prova ilícita em desfavor do investigado, ainda que haja divergência na interpretação de lei sobre o caráter ilícito da prova.
3. Retardar, injustificadamente, o envio de pleito de preso à autoridade judiciária competente para a apreciação da legalidade de sua prisão ou das circunstâncias de sua custódia.
4. Prosseguir com o interrogatório de pessoa que tenha decidido exercer o direito ao silêncio.

De acordo com a Lei nº 13.869/2019, constitui(em) crime(s) de abuso de autoridade:

A) 1 apenas.

B) 2 e 3 apenas.

C) 3 e 4 apenas.

D) 1, 2 e 4 apenas.

E) 1, 2, 3 e 4.

Gabarito: C.

Referências

ACADEPOL. Súmulas doutrinárias do seminário sobre a nova lei de abuso de autoridade. Disponível em: <https://www.conjur.com.br/dl/sumulas-policia-civil.pdf>.

ALENCAR, Rosmar Rodrigues; ARAÚJO, Fábio Roque; TÁVORA, Nestor. *Legislação criminal para concursos*. Salvador: JusPodivm, 2021.

AVENA, Norberto. *Processo Penal*. 8. ed., Rio de Janeiro: Forense, 2016.

AZEVEDO, Breno. *Da razoabilidade do prazo da interceptação telefônica em face ao sigilo das comunicações*. Disponível em: <http://www.conteudojuridico.com.br/consulta/Artigos/53649/da-razoabilidade-do-prazo-da-interceptao-telefnica-em-face-ao-sigilo-das-comunicaes>. Acesso em: 18 abr. 2022.

BALTAZAR, José Paulo Junior; GONÇALVES, Victor Eduardo Rios. *Legislação penal especial*. 7. ed. São Paulo: Saraiva Educação, 2021.

BARROS, Flavio Augusto Monteiro de. *Manual de Direito Penal: partes geral e especial. Volume único*. 2. ed. Salvador: JusPodivm, 2021.

CABETTE, Eduardo; SANINNI, Francisco. *Tratado de legislação especial criminal*. 2. ed. São Paulo: Mizuno, 2021.

CABETTE, Eduardo Luiz Santos. *A vedação da prisão em flagrante em crime de trânsito quando há socorro à vítima*. Disponível em: <https://www.conjur.com.br/2018-mai-31/cabette--vedacao-prisao-flagrante-crime-transito>. Acesso em: 18 abr. 2022.

CAPEZ, Fernando. *Curso de Legislação Penal especial*. 14 ed. São Paulo: Saraiva Educação, 2019.

CASTELLO, Gisele Barbosa. Da (im) possibilidade da autoridade policial arbitrar fiança nas infrações penais praticadas contra as mulheres no âmbito da violência doméstica e familiar. In: BELIATO, Araceli Martins; IBRAHIN, Francini Imene Dias. *Direito Policial, temas atuais*. Salvador: Juspodivm, 2021. p. 182.

CUNHA, Rogério Sanches; ARAÚJO, Fábio Roque; COSTA, Klaus Negri. *Crimes federais*. 5. ed. rev., ampl. e atual. Salvador: JusPodivm, 2021.

CUNHA, Rogério Sanches; GRECO, Rogério. *Abuso de autoridade. Lei 13.869/2019, comentada artigo por artigo*. Salvador: Juspodivm, 2020.

DEZEM, Guilherme Madeira. *Curso de Processo Penal.*, 7. ed. São Paulo: Ed. Revista dos Tribunais, 2021.

DIAS, Maria Berenice. *A Lei Maria da Penha na Justiça*. 5. ed. Salvador: JusPodivm, 2018.

DIAS, Maria Berenice. *Medidas protetivas mais protetoras*. Disponível em: <http://www.mariaberenice.com.br>. Acesso em: 16 set. 2021.

ESTEFAM, André. *Direito penal: parte geral (arts. 1º a 120)*. 7. ed. São Paulo: Saraiva Educação, 2018, p. 568.

ESTEFAM, André. *Direito penal: parte geral (arts. 1º a 120)*. 10. ed. São Paulo: Saraiva Educação, 2021.

FERNANDES, Antônio Scarance. *Processo penal constitucional*. 6. ed. São Paulo: RT, 2010.

FONSECA, Cibele Benevides Guedes. Colaboração Premiada. Belo Horizonte: Del Rey, 2017.

GARCEZ, William. *Legislação Criminal Especial comentada*. Salvador: JusPodivm, 2021.

GONÇALVES, Victor Eduardo Rios. *Direito Penal parte especial*. 11. ed. São Paulo: Saraiva, 2021.

GONÇALVES, Victor Eduardo Rios; JUNIOR, José Paulo Baltazar. In: LENZA, Pedro (Coord.). *Legislação Penal Especial*. 7. ed. São Paulo: Saraiva Educação, 2021

GUEIROS, Artur; JAPIASSÚ, Carlos Eduardo. *Direito Penal. Volume único*. São Paulo: Atlas, 2018.

HABIB, Gabriel. *Leis penais especiais*. 10. ed. Salvador: JusPodivm, 2018.

HUNGRIA, Nelson. *Comentários ao Código Penal. Volume V. Artigos 121 a 136*. 5. ed. Rio de Janeiro: Forense, 1979. p. 170-171.

JESUS, Damásio Evangelista de. *Crimes de Trânsito*. 8. ed. São Paulo: Saraiva, 2010.

LESSA, Marcelo de Lima; MORAES, Rafael Francisco Marcondes de. Lei de abuso de autoridade. In: GARCEZ, William et al. *Legislação Criminal Especial comentada*. Salvador: JusPodivm, 2021.

LIMA, Renato Brasileiro de. *Legislação criminal especial comentada. Volume único*. 9. ed. Salvador: JusPodivm, 2020.

LOPES, Aury junior. *Direito Processual Penal*. 16. ed. São Paulo: Saraiva, 2019.

MACHADO, Leonardo Marcondes. O indiciamento policial não pode ser ato surpresa! *Revista Conjur*. Disponível em: <https://www.conjur.com.br/2018-abr-03/academia-policia--indiciamento-policial-nao-ato-surpresa>. Acesso em: 18 abr. 2022.

MARÇAL, Vinícius, MASSON, Cleber. *Crime Organizado*. São Paulo: Método, 2020.

MASSON, Cleber. *Direito Penal parte geral (art. 1º ao 120)*. 14. ed. São Paulo: Método, 2020.

MASSON, Cleber. *Direito Penal. Vol. II. Parte especial*. 11. ed. Rio de Janeiro: Forense, 2017.

MEIRELLES, Hely Lopes. *Direito Administrativo Brasileiro*. 42. ed. São Paulo: Malheiros, 2016.

MIRABETE, Julio Fabrinni. *Juizados Especiais Criminais – Comentários, Jurisprudência e Legislação*. São Paulo: Atlas, 1997.

MORAES, Alexandre Rocha Almeida de. A teoria dos mandados de criminalização e o combate efetivo à corrupção. *Revista Jurídica ESMP-SP*, vol. 5, p. 43-68, 2014.

MORAES, Rafael Francisco Marcondes de. *Prisão em flagrante delito constitucional*. Salvador: JusPodivm, 2018.

MOREIRA FILHO, Guaracy (Coord.); AZEVEDO, André Boiani e [et al.]. *Nova lei do abuso de autoridade comentada artigo por artigo*. São Paulo: Rideel, 2019.

MOUSINHO. Paulo Reyner Camargo. In: GARCEZ. William. *Legislação Criminal Especial Comentada*. Salvador: Editora JusPodivm, 2021.

NASCIMENTO, Heloisa Lovatto. Lei n. 11.340/06: desafio ao estabelecimento de ambiente seguro em sede policial. In: BELIATO, Araceli Martins; IBRAHIN, Francini Imene Dias. *Direito Policial, temas atuais*. Salvador: JusPodivm, 2021.

NUCCI, Guilherme de Souza. *Organização Criminosa: comentários à Lei 12.850 de 02 de agosto de 2013*. São Paulo: Editora: Revista dos Tribunais. 2013.

NUCCI, Guilherme de Souza. *Curso de Direito Processual Penal*. 14. ed. Rio de Janeiro: Forense, 2017.

NUCCI, Guilherme de Souza. *Manual de direito penal*. 16. ed. Rio de Janeiro: forense, 2020.

OLIVEIRA, Eugênio Pacelli. *Curso de Processo Penal*. São Paulo: Atlas, 2014.

PIMENTEL, Jaime Junior; MORAES, Rafael Francisco Marcondes de. *Polícia Judiciária e a atuação da defesa na investigação criminal*. São Paulo: Verbatim, 2017.

RAMOS, André de Carvalho. *Curso de Direitos Humanos*. 4. ed. São Paulo: Saraiva.

ROQUE, Fábio; TAVORA, Nestor; ALENCAR, Rosmar Rodrigues. *Legislação Criminal para Concursos*. Salvador: JusPodivm, 2016.

SANNINI NETO, Francisco. *Inquérito Policial e prisões provisórias*. 1. ed. São Paulo: Ideias e Letras, 2014.

SHECAIRA, Sergio Salomão. *Criminologia*. São Paulo: Revista dos Tribunais, 2004.

SILVA, Marcio Alberto Gomes. *Processo Penal para Carreiras Policiais*. 6. ed. rev. ampl. e atual. Salvador: JusPodivm, 2021.

TÁVORA, Nestor; ALENCAR, Rosmar Rodrigues. *Curso de Direito Processual Penal*. 10. ed. Salvador: JusPodivm, 2015.

ZANOTTI, Bruno Taufner; SANTOS, Cleopas Isaias (Orgs.). *Temas atuais de Polícia Judiciária*. 2. ed. Salvador: JusPodivm, 2016.